O SONHO EUROPEU

JEREMY RIFKIN
O ACLAMADO AUTOR DE *O FIM DOS EMPREGOS*

O SONHO EUROPEU

COMO A VISÃO EUROPÉIA
DO FUTURO VEM ECLIPSANDO
SILENCIOSAMENTE
O SONHO AMERICANO

M.Books do Brasil Editora Ltda.

Av. Brigadeiro Faria Lima, 1993 - 5º andar - Cj. 51
01452-001 - São Paulo - SP - Telefones: (11) 3168 8242 / 3168 9420
Fax: (11) 3079 3147 - E-mail: vendas@mbooks.com.br

Dados de Catalogação na Publicação

Rifkin, Jeremy
O Sonho Europeu/Jeremy Rifkin
2005 – São Paulo – M. Books do Brasil Editora Ltda.
1. Economia 2. Economia Política 3. Política Social
ISBN: 85-89384-67-5

Do original: The European Dream
© 2004 Jeremy Rifkin
© 2005 M. Books do Brasil Ltda.
Todos os direitos reservados.
Original em inglês publicado por Penguin Group

EDITOR
MILTON MIRA DE ASSUMPÇÃO FILHO

Produção Editorial
Salete Del Guerra

Tradução
Roger Maioli dos Santos

Revisão de Texto
Mônica de Aguiar Rocha

Revisão de Economia
Victor E. Troster

Design
Kate Nichols

Capa
Design: Douglas Lucas
Foto: Flag of Europe – Gencay M. Emin / Alamy

Composição Editorial
ERJ Composição Editorial e Artes Gráficas Ltda.

2005
Proibida a reprodução total ou parcial.
Os infratores serão punidos na forma da lei.
Direitos exclusivos cedidos à
M. Books do Brasil Editora Ltda.

Para Carol

*E para
a geração Erasmo
dos universitários da Europa*

AGRADECIMENTOS

GOSTARIA de agradecer a Sarah E. Mann por seu trabalho magistral chefiando as pesquisas para este livro. A mera coordenação do volume de material envolvido na preparação do texto era um desafio intimidador, no entanto, sob a direção de Sarah, o processo demonstrou invariavelmente um enfoque e um discernimento profundos. Tenho a maior admiração pela destreza organizacional de Sarah, e por sua habilidade, em situações extremas, de manter a missão de pesquisa sob controle, nos trilhos e em dia.

Gostaria ainda de agradecer às seguintes pessoas por sua ajuda nas várias fases do projeto: Clara Mack, Alexia Robinson, Michelle Baker, Loring Katawala, Jennifer Brostek, Sima Habash, Peter Kossakowski, Ryan Levinson, Vanessa Mambrio, Alex Merati, Jay Parekh, Jiehae Park, Boris Schwartz, Alex Taylor e Audren Zmirou.

Agradeço também a meu sogro, Ted Grunewald, por suas valiosas contribuições para as pesquisas ao longo do caminho. Agradeço ainda a Ted e a minha sogra, Dorothy Grunewald, pelas muitas conversas animadas e provocadoras que ajudaram a consolidar a perspectiva deste livro.

Quero agradecer também a meu antigo agente literário, Jim Stein, por seu incentivo e apoio.

Agradeço ao grupo Tarcher por dez anos de colaboração em cinco livros diferentes. Agradecimentos especiais a meu velho amigo Jeremy Tarcher, por abrir um espaço para mim em seu leque editorial. Também quero agradecer a Joel Fotinos, meu publisher, pelo inabalável apoio, ao longo dos anos, em nossos projetos editoriais. Meus agradecimentos também para Ken Siman, meu agente publicitário, por sempre dar aquele passo a mais; para Lance Fitzgerald, por sua ajuda em garantir nossos mercados estrangeiros; e para Mark Birkey, pela excelente edição do texto.

Quero agradecer a meu editor Mitch Horowitz pelas muitas e longas discussões que ajudaram a moldar grande parte das idéias e do direcionamento do livro. Todo autor espera trabalhar com um editor que seja a um só tempo colaborador e amigo, estimulador e entusiasta. Considero-me um felizardo por ter um editor como esse.

Finalmente, quero agradecer a minha esposa, Carol Grunewald, por sua inspiração. Escrever este livro foi idéia dela. Ambos passamos um tempo considerável indo e voltando da Europa ao longo dos anos, tendo conhecido gente muito diversa e experimentado a profundidade e riqueza do que a Europa tem a oferecer. No processo, acabamos conhecendo juntos a Europa. As idéias dela encontram-se entremeadas por todo o livro.

SUMÁRIO

Introdução XIII

NOVAS LIÇÕES DO VELHO MUNDO 1

1. A Lenta Morte do Sonho Americano 3
   Uma Nação de Sonhadores 4
   Um Povo Escolhido 9
   O Fenecer da Ética do Trabalho Americana 16
   Algo em Troca de Nada 19
   O Civismo Americano 23

2. A Nova Terra da Oportunidade 28
   Subindo na Vida 28
   A Mentalidade do "Nade ou Afunde" 31
   Quem É Mais Produtivo? 35
   Viver para Trabalhar ou Trabalhar para Viver? 39
   E Quanto aos Empregos? 43

3. O Silencioso Milagre Econômico 48
   O Nascimento de um Novo Tipo de Superpotência Econômica 51
   Mensurando o Sucesso 59
   Qualidade de Vida 66

A Formação da Era Moderna 75

4. Espaço, Tempo e Modernidade 77
   Americanos São de Marte, Europeus São de Vênus 77
   A Obsessão da Europa com o Espaço e o Tempo 80
   Colonizando a Natureza 84
   Dessacralizando o Tempo 90
   A Contribuição Americana para o Tempo e o Espaço 97

5. Criando o Indivíduo 105
   Civilizando a Natureza Humana 107
   O Nascimento da Privacidade 110
   A Formação da Burguesia 114

6. Inventando a Ideologia da Propriedade 118
   A Visão Medieval de Propriedade 119
   A Reforma Protestante da Propriedade 122
   A Metafísica da Propriedade Privada 124
   Meu *versus* Teu 129
   O Caso de Amor dos Americanos com a Propriedade 134
   A Colisão entre Propriedade e Democracia 140

7. Forjando Mercados Capitalistas e Estados-Nação 145
   A Luta por Mercados Livres 146
   A Ascensão do Estado-Nação 149
   Consolidando o Poder 154
   Os Últimos Fiéis Verdadeiros 159

A Vindoura Era Global 163

8. O Comércio em Rede numa Economia Globalizada 165
   O Nascimento de um Novo Sistema Econômico 167
   O Comércio Cooperativo 171
   Pertences *versus* Pertencer 175

9. Os "Estados Unidos" da Europa 180
   O Que É a Europa? 180
   Forjando uma União 184
   A Nova Constituição da UE 191

10. O Governo sem Centro 196
    A Revolução da Retroalimentação 199
    A Política Processual 202
    Governança por Rede 204
    Compartilhando o Poder 211

11. Romantizando a Sociedade Civil 214
    O Setor Esquecido 214
    Abrindo Espaço para um Novo Parceiro Político 218
    Descobrindo um Terreno Comum entre os Direitos Humanos Universais e a
        Identidade Cultural Local 220

12. O Dilema da Imigração 227
    Da Política Classista à Política Cultural 228
    A UE Como Terra de Imigrantes 230
    Repovoando o Velho Mundo 232
    Diásporas Culturais e Multifidelidades 236
    Vivendo em Espaços Múltiplos e em um Tempo Profundo 243

13. Unidade na Diversidade 246
    Vulnerabilidades Compartilhadas e Consciência Global 246
    Da Era da Razão para a Era da Empatia 249
    Impondo os Direitos Humanos Universais 251
    A Política da Empatia 258

14. Promovendo a Paz 261
    Tirando Vidas 262
    Indo Sozinhos 266
    Visões de Mundo Divergentes 271
    O Sonho de Paz Perpétua da Europa 274
    Um Novo Tipo de Força Militar 280
    Assumindo a Responsabilidade por Sua Própria Defesa 286

15. Um Segundo Iluminismo 291
    Questionando a Investigação Científica Irrestrita 291
    O Ônus da Prova 295
    O Princípio da Precaução 303
    O Pensamento Sistêmico 309
    Pondo Mãos à Obra 315
    Os Direitos dos Animais 319
    Reunificando Ecossistemas 327

16. Universalizando o Sonho Europeu 332
    Exportando o Modelo da UE 332
    Males Frios e Ética Universal 339
    O Terceiro Estágio da Consciência Humana 343
    Uma *Persona* Global 348
    Os Sonhos Americano e Europeu 351

Notas 358

Bibliografia 386

Índice Remissivo 393

INTRODUÇÃO

FUI UM JOVEM ATIVISTA na década de 60. Como muitos de meus contemporâneos, vi-me enredado na "Grande Sublevação Social". Afro-americanos exigiam o direito de sentar-se na frente dos ônibus em Montgomery, Alabama, e marchavam pelas ruas de Chicago de punho erguido, entoando "O Poder Negro". Jovens americanos voltavam do Vietnã em sacos pretos, inicialmente aos poucos, em seguida aos milhares. Universitários exigiam o fim de uma injusta guerra americana no sudeste da Ásia, e erguiam barricadas em escritórios da administração universitária em protesto contra um sistema educacional antidemocrático, que lhes negava voz e voto em decisões acadêmicas que afetavam suas vidas.

A liberação estava no ar. Podia-se aspirá-la. Fartos de exercícios de bombardeio nuclear, de guerras frias, de homens em ternos cinzentos e da estúpida mesmice da vida suburbana dos EUA, os jovens se rebelavam por toda parte. A liberdade de expressão, o sexo livre, o *rock and roll*, as drogas e o "paz e amor" ganhavam terreno por todo o país e em toda cidade e metrópole americana. A rebelião se metamorfoseava continuamente: por vezes era difícil acompanhar seu ritmo, ou mesmo ater-se a ela. A política classista deu lugar à política cultural, à política sexual e, finalmente, à política ecológica. Cartazes de Che Guevara e Huey Newton foram pendurados em muros e removidos para abrir espaço a pôsteres dos Beatles e dos Rolling Stones, que por sua vez vieram abaixo para dar lugar a fotos da Terra tiradas do espaço sideral.

A Velha Esquerda deu lugar à Nova Esquerda. A consciência histórica e o discurso abstrato da dialética, do materialismo e do imperialismo começaram a perder terreno para a consciência terapêutica. Conforme a política se convertia em terapia de grupo, os jovens, em vez de citarem o *Manifesto Comunista* de Karl Marx ou o *Livro Vermelho* de Mao Tse-tung, estavam mais propensos a compartilhar seus sentimentos íntimos e falar da dinâmica de seus relacionamentos interpessoais. Discussões sobre revoluções políticas deram lugar à busca de uma transformação espiritual de caráter mais pessoal. No início da década de 70, os processos praticamente atropelaram a ideologia. Nos bastidores, contudo, novos movimentos estavam prontos para imprimir sua marca. O movimento das mulheres, o movimento ambientalista, os movimentos dos direitos humanos e dos direitos dos animais, o movimento gay — todos floresceram e começaram a dominar a atenção pública.

Todo mundo, ao que parecia, estava reivindicando o direito de ser reconhecido. As pessoas irrompiam de armários e portões, derrubavam cercas e barricadas, abriam caminho para microfones e câmeras, numa adrenalínica corrida em massa cujo único propósito visível era por vezes eliminar barreiras e fronteiras de todo tipo imaginável. Era uma loucura de uma espécie muito particular. No núcleo da tempestade havia duas correntes intersecionais: a primeira, um anseio irrequieto por algum tipo de vocação pessoal mais elevada, no que era visto como um mundo de viés progressivamente materialista; a segunda, a necessidade de descobrir algum senso de comunidade partilhada, numa sociedade tornada reclusa e indiferente. Todos sonhávamos com uma nova era em que os direitos de cada um fossem respeitados, em que ninguém fosse deixado para trás, em que diferenças culturais fossem bem-vindas, em que todos pudessem gozar de boa qualidade de vida e ainda assim coexistir sustentavelmente com a Terra, em que as pessoas pudessem conviver em paz e harmonia.

A maioria de nós desancava o império americano, então responsabilizado por praticamente todos os males que acometiam a sociedade. Alguns recorriam até mesmo a atividades terroristas, na vã esperança de derrocar o sistema. Uma sublevação social similar tinha lugar ao mesmo tempo na Europa e em todas as partes do mundo.

Mas durante esse tempo, praticamente todo jovem ativista americano que conheci acreditava, em seu íntimo, que, se mudanças fundamentais viessem a ocorrer, elas teriam início nos EUA, para então se difundirem pelo restante do mundo. Isso porque mesmo nos dias mais negros de nossa descrença, mantivemos nossa crença no Espírito Americano — aquela convicção inabalável de que os EUA são um lugar especial com uma vocação especial. Embora nenhum de meus amigos no "movimento" ousasse admiti-lo, todos preservávamos o exclusivo sentimento americano de que neste país toda e qualquer coisa é factível, desde que nos sintamos fortes e determinados o bastante para fazer a diferença. A juventude européia tinha muito menos convicção de que suas atitudes realmente fariam alguma diferença. Sua política era motivada antes pela rebeldia do que pela reforma.

Hoje, passados mais de 30 anos, as mesas viraram. Muitos dos sentimentos que outrora tínhamos acerca do que havia de errado com o mundo e do que cumpria fazer para que tais erros fossem remediados acabaram não fincando raízes e amadurecendo nos EUA. Sim, temos nosso quinhão de grupos de interesse público favorecendo toda uma variedade de causas e idéias cuja linhagem pode ter suas origens identificadas nos anseios turbulentos que borbulhavam nos guetos e *campi* universitários há mais de uma geração. Curiosamente, porém, foi na Europa que os sentimentos da geração dos anos 60 deram nascimento a uma nova e ousada experiência de vida — cujos contornos difusos não eram senão parcamente visíveis para nós nos dias de nossa juventude.

Podem-se apontar muitas razões para que os europeus pareçam liderar o caminho rumo à nova era. Mas entre todas as explicações possíveis, uma sobressai. Foi o próprio e acalentado Sonho Americano, outrora ideal e inveja do mundo, que conduziu os EUA a seu atual impasse. Esse sonho enfatiza a irrestrita oportunidade de cada indivíduo buscar o sucesso, o que, no vernáculo americano, significava geralmente o sucesso financeiro. O Sonho Americano concentra-se demais no progresso material do indivíduo, em detrimento do bem-estar mais geral do homem, para ter relevância num mundo de riscos, diversidade e interdependência crescentes. É um sonho velho, embebido numa mentalidade de fronteira já de há muito superada. Enquanto o Espírito Americano se extenua e enfraquesse no passado, um novo Sonho Europeu vem nascendo. É um sonho muito mais adequado para o próximo estágio da jornada humana — um estágio que promete levar a humanidade a uma consciência global compatível com uma sociedade cada vez mais integrada e globalizada.

O Sonho Europeu antepõe os relacionamentos comunitários à autonomia individual, a diversidade cultural à assimilação, a qualidade de vida ao acúmulo de riquezas, o desenvolvimento sustentável ao crescimento material ilimitado, a descontração à labuta incessante, os direitos humanos universais e os direitos da natureza aos direitos de propriedade, e a cooperação global ao exercício unilateral de poder.

O Sonho Europeu se situa no cruzamento entre a pós-modernidade e a era global emergente, e proporciona a suspensão para transpormos a vala entre as duas eras. A pós-modernidade nunca pretendeu ser uma nova era, mas antes um período de ocaso da modernidade — um momento para julgar as muitas insuficiências da era moderna. Se a geração de protestos e experimentação dos anos 60 procurava tanto derrubar velhas barreiras que obstruíam o espírito humano como testar novas realidades, ela teve um paralelo intelectual na forma do pensamento pós-moderno.

Os pós-modernistas perguntavam-se como o mundo viera a comprometer-se com uma canção de morte. Quais as razões que levaram ao lançamento de bombas atômicas sobre as cidades japonesas de Nagasaki e Hiroshima, e ao estabelecimento dos campos de morte nazistas na Europa, dos campos de detenção do Gulag e dos campos de reeducação maoísta no interior da China? Como chegamos a um mundo mais dividido do que nunca entre ricos e pobres? Por que mulheres, negros e minorias étnicas por todo o planeta são discriminados ou, pior ainda, mantidos em estado de servidão? Por que estamos destruindo o meio ambiente e envenenando nossa biosfera? Por que algumas nações continuamente intimidam outras e buscam a hegemonia pelo veículo da guerra, da conquista e da subjugação? Como veio a raça humana a perder seu senso inato de descontração e se converter em andróides mecânicos, chegando a ponto de fazer do trabalho incessante a definição mesma da existência individual? Quando e por que o materialismo se tornou um substituto para o idealismo e o consumo se metamorfoseou de um termo negativo em outro positivo?

Os pós-modernistas consideravam a própria modernidade como a culpada. Atribuíram a culpa por muitos dos males do mundo ao que consideravam os pressupostos rígidos alicerçando o pensamento moderno. O Iluminismo europeu, com sua visão de progresso material ilimitado, tornou-se alvo de especial censura, como também o capitalismo de mercado, o socialismo de Estado e a ideologia dos Estados-nação. A modernidade, afirmam os pensadores pós-modernos, continha falhas profundas em seu próprio cerne. As meras idéias de uma realidade objetiva cognoscível, de um progresso linear irreversível e da perfectibilidade humana eram demasiado rígidas conceptualmente e tendenciosas historicamente, e não levavam em conta outras perspectivas e pontos de vista acerca da condição humana e das finalidades da história.

A nova geração de estudiosos via com desconfiança as grandiosas narrativas gerais e as visões utópicas unidirecionais que tentavam criar uma visão unificada do comportamento humano. Por confinar a humanidade à "maneira unívoca" de pensar sobre o mundo, o pensamento moderno, segundo os pós-modernistas, tornou-se avesso a quaisquer outros pontos de vista e acabou por tornar-se intolerante em relação a idéias opostas de qualquer tipo. Ainda segundo eles, os indivíduos no poder — sejam capitalistas ou socialistas, conservadores ou liberais — continuam a usar essas metanarrativas para manter as pessoas reprimidas e controladas. O pensamento moderno, de acordo com seus críticos, foi usado para justificar iniciativas coloniais pelo mundo afora e manter povos cindidos uns dos outros, em estado de subserviência aos poderes instituídos.

Foi contra a natureza sufocante dessas grandiosas visões oniabrangentes e das idéias utópicas unidirecionais sobre como as pessoas deviam se comportar e agir no mundo que a geração dos anos 60 se rebelou. Os pós-modernistas proporcionaram a racionalização da revolta, afirmando que não havia perspectiva unívoca, e sim tantas perspectivas do mundo quanto histórias individuais a contar. A sociologia pós-moderna enfatiza o pluralismo e a tolerância dos diferentes pontos de vista que compõem a totalidade da experiência humana. Para os pós-modernistas, não existe regime ideal ao qual aspirar, mas sim uma miscelânea de experiências culturais, cada uma com seu valor.

Os pós-modernistas se engajaram num ataque desabrido contra as fundações ideológicas da modernidade, negando até mesmo a idéia da história como uma saga de redenção. O que nos resta ao fim do processo de desconstrução pós-moderno é a redução da modernidade a um entulho intelectual, e um mundo anárquico em que a história de cada um é igualmente persuasiva, válida e digna de reconhecimento.

Se os pós-modernistas derrubaram as muralhas ideológicas da modernidade e libertaram seus prisioneiros, eles os deixaram sem lugar aonde ir. Tornamo-nos nômades existenciais, vagando num mundo sem fronteiras repleto de anseios embrionários, numa busca desesperada por algo a que nos apegar e em que acreditar. Embora o espírito humano se tenha libertado das velhas categorias do pensamento, cada um de nós é obrigado a encontrar seus próprios caminhos num mundo caótico e fragmentário, ainda mais perigoso do que o mundo oniabrangente que deixamos para trás.

O pensamento pós-moderno não fez avanços significativos no que chamamos de América média. Ele sempre foi mais influente na Europa. Mais da metade dos norte-americanos é devotamente religiosa — proporção maior que a de qualquer outro povo industrializado —, e simplesmente não compra a idéia de um mundo relativista. Os americanos religiosos ainda acreditam num grande esquema das coisas, e vivem suas crenças intimamente a cada dia. Americanos mais seculares, embora não apegados a um quadro de referência religioso, comprometem-se geralmente com outra visão social oniabrangente — a idéia iluminista da história como o avanço firme e irreversível do progresso material. Mas existe um terceiro grupo nos EUA, de porte mais reduzido, composto sobretudo pela geração ativista e contracultural dos anos 60 e por seus filhos já crescidos, que se sentem muito mais à vontade na pós-modernidade. Eles tendem a ver o mundo menos em termos de valores absolutos e verdades blindadas do que em termos de valores relativos e preferências mutáveis, sendo em geral mais tolerantes para com outros pontos de vista e perspectivas multiculturais.

Analistas políticos dividem os Estados Unidos em dois campos culturais, os vermelhos e os azuis, e afirmam que os primeiros refletem os valores religiosos firmemente sustentados dos EUA, enquanto os últimos são de uma inclinação muito mais liberal e cosmopolita. A população vermelha, de acordo com os institutos de pesquisa, concentra-se geograficamente no Sudeste, no Centro-Oeste, nos Estados das pradarias, nos Estados das Montanhas Rochosas e na região sudoeste do país. A parcela azul da população concentra-se antes no Nordeste, na parte superior do Centro-Oeste e na Costa Oeste.

Embora isso proporcione um resumo conveniente quando se trata de analisar tendências eleitorais, os institutos ignoram que a maioria dos americanos, sejam vermelhos ou azuis, compactuam com um estilo de vida americano fundado na ideologia modernista. Mesmo os azuis, com sua maior tolerância para com outras perspectivas e pontos de vista, inclinam-se a crer que existe um propósito geral na jornada humana e uma maneira correta de viver no mundo.

Os europeus, em comparação, têm se mostrado muito mais dispostos a criticar as premissas básicas da modernidade e abraçar uma orientação pós-moderna. Sua disposição tem muito a ver com a devastação causada por duas guerras mundiais e com o espectro de um continente jazendo em ruínas em 1945, em resultado da cega adesão a visões e ideologias utópicas.

Os intelectuais europeus, compreensivelmente, lideraram o ataque contra o projeto da modernidade. Eles estavam ansiosos por assegurar que os velhos dogmas jamais os poriam de novo no caminho para a destruição. Seu alerta contra as metanarrativas os levou a defender o multiculturalismo e posteriormente os direitos humanos universais e os direitos da natureza. O multiculturalismo era visto pelos pós-modernistas como um antídoto rudimentar contra o pensamento moderno, uma maneira de reprimir, por intermédio de perspectivas múltiplas, um quadro de referência unívoco e doutrinário. A questão dos direitos alargou ainda mais o ataque contra as perspectivas unívocas. Os direitos humanos universais e os direitos da natureza eram um meio de reconhecer que a história de todo indivíduo tem o mesmo valor, e que a Terra em si tem importância. Mas foi aqui que a lógica da pós-modernidade começou a encalhar em suas próprias contradições internas. O mero reconhecimento dos direitos humanos universais e dos direitos da natureza sugere uma metanarrativa. Por "universal" entendemos algo que todos reconheçam e aceitem como fundamental e indivisível. Um tanto involuntariamente, os pós-modernistas cavaram seu próprio túmulo reconhecendo que existe pelo menos uma idéia universal com a qual todos potencialmente concordam — ou seja, que toda vida humana tem igual valor e que a natureza é digna de respeito e consideração.

O Sonho Europeu começa onde a pós-modernidade se descarrila. Reduzido a seus elementos básicos, o Sonho Europeu é um esforço por criar um novo arcabouço histórico capaz de libertar o indivíduo da antiga cangalha da ideologia ocidental e de integrar a raça humana numa nova história compartilhada, caracterizada pelos direitos humanos universais e pelos direitos intrínsecos da natureza — o que chamamos de consciência global. É um sonho que nos leva além da modernidade e da pós-modernidade, em direção a uma era global. O Sonho Europeu, em suma, cria uma nova história.

Tem sido uma moda recente, nos círculos intelectuais conservadores dos EUA, discutir a questão do fim da história. Alguns, como Francis Fukuyama, afirmam que com a queda do comunismo soviético as democracias liberais de mercado triunfaram, sendo improvável que venham a ser substituídas por algum modelo alternativo no futuro. Embora um tanto fútil, o debate sobre o fim da história ilustra o viés de muitos historiadores contemporâneos, que presumem que a história não é mais do que o desdobramento de conflitos entre ideologias políticas e econômicas rivais para determinar como os recursos devem ser expropriados e aproveitados, como o capital e a propriedade devem ser controlados e distribuídos e como as pessoas devem ser governadas. Para alguns, o Sonho Americano, com sua ênfase na acumulação desimpedida de riquezas individuais numa sociedade democraticamente governada, representa a expressão definitiva da finalidade da história.

O novo Sonho Europeu é importante porque ousa sugerir uma nova história, com ênfase na qualidade de vida, na sustentabilidade e na paz e harmonia. Numa civilização sustentável, baseada antes na qualidade de vida que no acúmulo irrestrito de riqueza pessoal, a própria base material do progresso moderno seria uma coisa do passado. Uma economia global em estado estacionário é uma posição radical, não somente porque arrosta nossa maneira convencional de utilizar os recursos da natureza, mas também porque rejeita a própria idéia da história como uma curva sempre ascendente de avanços materiais. O objetivo de uma economia global sustentável é reproduzir sem cessar uma situação presente de alta qualidade equilibrando a produção e o consumo humanos com a capacidade da natureza de reciclar dejetos e renovar recursos. Uma economia sustentável em estado estacionário é, de fato, o fim da história entendida como progresso material ilimitado.

Se o Sonho Europeu representa o fim de uma história, também sugere o início de outra. O que se torna importante na nova visão européia do futuro é a transformação pessoal, e não o acúmulo material por parte do indivíduo. O novo sonho se concentra não na busca de riquezas, e sim na elevação do espírito humano. O Sonho Europeu procura expandir a empatia humana, e não territórios. Ele emancipa a humanidade da prisão materialista em que ela se confinou desde os primeiros dias do Iluminismo setecentista, e a expõe à luz de um novo futuro movido pelo idealismo.

Este livro trata do velho Sonho Americano e do emergente Sonho Europeu. Num certo sentido, ele constitui um esboço preliminar, com todas as deficiências que acompanham esforços do tipo.

Embora eu permaneça visceralmente apegado ao Sonho Americano, especialmente à sua crença inabalável na preeminência da responsabilidade individual e pessoal, minha esperança para o futuro me impele em direção ao Sonho Europeu, com sua ênfase na responsabilidade coletiva e na consciência global. Tentei, nas páginas que se seguem, descobrir alguma sinergia entre as duas visões, no afã de alcançar uma síntese combinando o melhor de cada sonho.

De uma coisa estou relativamente certo. O ascendente Sonho Europeu representa as melhores aspirações da humanidade para um amanhã melhor. Uma nova geração de europeus carrega consigo as esperanças do mundo. Isso confere uma responsabilidade muito especial ao povo europeu, do tipo que sentiram nossos pais e mães fundadores há mais de 200 anos, quando o restante do mundo via a América como um luminar de esperança. Faço votos para que nossa confiança não seja deixada ao léu.

Novas Lições
do
Velho Mundo

1
A Lenta Morte do Sonho Americano

MEU PAI, Milton, nasceu em Denver, no Colorado, em 1908. Minha mãe, Vivette, nasceu três anos depois em El Paso, Texas, bem juntinho à divisa com o México. Eles pertenceram à última geração a crescer numa época em que caubóis ainda trilhavam as montanhas, embora em número bastante reduzido, e a fronteira ainda estava fresca na memória das pessoas. Meus pais eram gente do Oeste. Foram amamentados naquele catecismo tão especial que passamos a chamar de Espírito Americano. Sua visão de mundo era bastante simples, um produto em grande parte da mentalidade da fronteira. Minha mãe me punha para dormir à noite e, em vez de ler histórias infantis sobre duendes e fadas, relatava as atividades do dia, o que fora feito e o que faltava fazer, deixando-me sempre com certa expectativa pelas coisas empolgantes que abrigava o amanhã. Eu mal podia esperar. Minha mãe acreditava que cada pessoa tinha um destino. Éramos todos escolhidos para fazer algo de nós mesmos, para contribuir de algum modo para o mundo. Para ela, contudo, o destino não era algo fatal, e sim uma oportunidade à espera de ser aproveitada e levada a efeito. O cumprimento ou não do destino individual dependia da intensidade com que a pessoa acreditasse em seu potencial para afetar o mundo.

Minha mãe aproveitava qualquer situação como pretexto para ilustrar o princípio que orientava sua vida e a vida de tantos americanos de seu tempo. Ela me dizia: "Jeremy, na América você pode fazer qualquer coisa que quiser, e ser a pessoa que desejar, desde que queira ou deseje suficientemente". A força de vontade pessoal, para minha mãe, era o poder que abria as portas para todas as possibilidades do futuro. "Acredite em si mesmo", ela dizia, "e você poderá mover montanhas". Claro, para a geração de minha mãe, ainda próxima do passado da fronteira, isso tudo parecia senso comum. Meio século depois, quando tais exortações começaram a desaparecer da memória coletiva, educadores, psiquiatras e pais começaram a restaurá-la de modo mais estruturado, quando não mais artificial, na forma de seminários e aulas sobre "auto-estima". Todavia, no novo cenário que se desenvolveu, esse exercício parece desesperado demais, talvez por carecer de toda missão ou contexto histórico. Auto-estima passou a significar "sentir-se bem consigo mesmo", muitas vezes sem nenhuma finalidade específica em vista.

Se minha mãe me forneceu a inspiração que permitiu a minha imaginação alçar vôo, foi meu pai quem me proporcionou o quinhão de realismo e praticidade americanos necessário a concretizar meus sonhos. Ele dizia: "Filho, muita gente sonha em fazer grandes coisas, mas o que separa os sonhadores dos realizadores é a disciplina e o trabalho duro". Em seguida, ele invariavelmente aplicava seu próprio senso de probabilidade estatística às chances de sucesso: "Meu garoto, lembre-se sempre de que o sucesso na vida é o resultado de 99% de trabalho duro e 1% de talento, e nunca se esqueça de que ninguém vai lhe oferecer o sucesso nem lhe dar coisa alguma em troca de nada. Você só depende de si mesmo".

Uma Nação de Sonhadores

Aí está. O credo americano. São estes os aforismos que a maioria dos garotinhos — e uma parcela menor de garotinhas — crescia ouvindo, pelo menos até bem recentemente. Perguntei a muitos de meus amigos europeus se seus pais lhes davam lições similares, somente para deparar expressões atônitas. Assim, suspeito que esse legado particular seja unicamente americano.

É interessante notar que, embora as pessoas vivam o Sonho Americano já há dois séculos, a expressão não se tornou parte do vocabulário popular senão em 1931. O historiador James Truslow Adams publicou um livro chamado *The Epic of America* (*O Épico da América*), e nele a expressão "Sonho Americano" foi usada pela primeira vez[1]. Adams a princípio quis usá-la no título do livro, mas seu editor, Ellery Sedgwick, recusou, dizendo que "nenhum americano de sangue nas veias vai pagar US$ 3,50 por um sonho"[2]. A réplica de Adams na época foi de que "americanos de sangue nas veias sempre estiveram dispostos a apostar seu último peso num sonho"[3]. Retrospectivamente falando, a intuição de Adams sobre a psique americana chegou muito mais perto do alvo. Hoje, por todo o mundo, pessoas conhecem o Sonho Americano e conseguem articular seu significado. A expressão se tornou tão conhecida que na maioria dos idiomas ela é empregada no original inglês.

Para um americano, é curioso pensar que povos de outras terras e culturas não têm um equivalente do Sonho Americano. Quando pergunto a pessoas de todo o mundo qual o seu sonho, elas ficam perplexas. Como deve ser estranho para elas saber tanto sobre nosso Sonho Americano sem ter um sonho próprio! Isso está começando a mudar. Minha impressão é a de que um Sonho Europeu começa a tomar forma. Ele ainda se encontra no estado de gestação, mas seus contornos já estão ficando claros. Sob muitos aspectos, o Sonho Europeu é o reflexo invertido do Sonho Americano, de modo que compreendê-lo fica mais fácil se o compararmos à imagem americana e observar suas muitas dissimilaridades.

Os sonhos americano e europeu versam, em seu íntimo, sobre duas idéias diametralmente opostas de liberdade e segurança. Os americanos têm uma definição negativa do que significa estar livre e, por conseguinte, seguro. Para nós, a liberdade há muito se vincula à autonomia. Se um indivíduo é autônomo, ele não depende dos outros nem está exposto a circunstâncias fora de seu controle. Para ser autônomo, ele deve ter posses. Quanto mais riquezas amealhar, mais independente será no mundo. O indivíduo se liberta tornando-se auto-suficiente e convertendo-se numa ilha pessoal. Com a riqueza vem a exclusividade, e com esta, a segurança.

O novo Sonho Europeu, contudo, baseia-se num conjunto diferente de pressupostos sobre o que constitui a liberdade e a segurança. Para os europeus, a liberdade não se funda na autonomia, e sim na integração. Ser livre é ter acesso a uma miríade de relacionamentos interdependentes com os outros. Quanto maior o número de comunidades a que o indivíduo tem acesso, mais opções e escolhas ele possui para levar uma vida plena e significativa. Com os relacionamentos vem a inclusividade, e com esta a segurança.

O Sonho Americano enfatiza o crescimento econômico, a riqueza pessoal e a independência. O novo Sonho Europeu enfoca antes o desenvolvimento sustentável, a qualidade de vida e a interdependência. O Sonho Americano reverencia a ética do trabalho. O Sonho Europeu sintoniza-se antes com o lazer e a descontração. O Sonho Americano é inseparável do legado religioso e da profunda fé espiritual do país. O Sonho Europeu é intimamente secular. O Sonho Americano é assimilacionista. Associamos o sucesso ao abandono de nossos antigos elos culturais, para nos tornarmos agentes livres no grande caldeirão americano de idéias e culturas. O Sonho Europeu, em contraste, baseia-se na preservação da identidade cultural do indivíduo e na vida em um mundo multiculturalista. O Sonho Americano se apega ao amor nacional e ao patriotismo. O Sonho Europeu é mais cosmopolita e menos territorial. Os americanos estão mais dispostos a empregar sua força militar pelo mundo afora, se necessário, para salvaguardar o que consideram seus interesses vitais. Os europeus são mais relutantes quanto ao uso da força militar, e favorecem em seu lugar a diplomacia e a assistência econômica para atalhar conflitos e operações pacificadoras para preservar a ordem. Os americanos tendem a pensar localmente, enquanto as lealdades dos europeus são mais divididas, estendendo-se do local para o global. O Sonho Americano é profundamente pessoal, dando pouca atenção ao restante da humanidade. O Sonho Europeu é de natureza mais expansiva e sistêmica, estando portanto mais comprometido com o bem-estar do planeta.

Não significa dizer que a Europa se tornou repentinamente um shangri-lá. Apesar de todo o seu discurso sobre inclusividade, diversidade e preservação da identidade cultural, os europeus têm se mostrado cada vez mais hostis para com novos imigrantes e refugiados. Conflitos étnicos e intolerância religiosa continuam a eclodir em vários focos por toda a Europa. O anti-semitismo está novamente em alta, assim como a discriminação de muçulmanos e outras minorias religiosas. Embora as nações e o público europeus deplorem a hegemonia militar americana e o que consideram uma política externa afeita ao gatilho, eles se mostraram ocasionalmente mais que dispostos a permitir que as forças armadas dos EUA salvaguardassem seus interesses de segurança.

Além disso, a máquina governamental de Bruxelas, segundo afirmam indistintamente adeptos e críticos da União Européia (UE), é uma teia labiríntica de processos burocráticos que frustra até mesmo os eurófilos mais otimistas. Oficiais do governo da UE são freqüentemente acusados de insensibilidade e indiferença às necessidades dos cidadãos europeus a quem deviam servir. A administração da União Européia foi flagrada em escândalo financeiro. Interesses especiais — e especialmente o *lobby* da agricultura — são acusados de exercer influência indevida sobre a alocação dos fundos da União. Os pequenos Estados membros acusam a Alemanha e a França de aprovar à força protocolos e tratados favoráveis a seus interesses, e, pior ainda, de não cumprir as atuais diretrizes da UE quando estas não lhes são convenientes, criando com isso uma dupla norma dentro da União. Mais recentemente, ambos os países anunciaram que se negariam a cumprir a exigência da UE de restringir seu déficit orçamentário a 3% de seu Produto Interno Bruto (PIB). (O PIB é uma medida do valor total de bens e serviços produzidos a cada ano.) A Alemanha e a França acusam os Estados menores e mais pobres de ingratidão pela assistência econômica que lhes foi prestada ao longo dos anos. Todos acusam o Reino Unido de sabotar periodicamente os esforços por criar uma união mais robusta de povos europeus. De sua parte, os britânicos oscilam de um lado para outro, sem saber se seus interesses de longo prazo serão melhor atendidos pela união com uma Europa maior ou por sua atuação independente. Acima de tudo, as reformas econômicas dentro da União perderam alento recentemente, suscitando sérias dúvidas quanto à esperança da Europa de se tornar a economia mais competitiva do mundo no final da década. A lista de ressentimentos, frustrações, menosprezos e contratempos é tediosamente longa, mas provavelmente não mais do que seria de esperar em se tratando de acusações dirigidas a outras entidades governamentais no mundo de hoje.

O ponto, contudo, não está em viverem ou não os europeus à altura de seu próprio sonho. Nós, americanos, jamais vivemos à altura do nosso. O importante é antes o fato de que a Europa articulou uma nova visão do futuro, diferente, em muitos de seus aspectos mais fundamentais, da americana. Essa diferença básica no modo como europeus e americanos concebem o futuro tem imensa importância para compreendermos a dinâmica em curso entre estas duas grandes superpotências do século XXI.

Mas estou me adiantando um pouco no assunto. Exploraremos estes dois sonhos tão diversos por todo o restante do livro, buscando compreender por que o Sonho Europeu pode ser mais adequado para acomodar as muitas forças que nos vêm conduzindo a uma sociedade globalizada mais integrada e interdependente.

Para avaliar o novo Sonho Europeu, contudo, precisamos entender melhor o que tornou o Sonho Americano tão atraente para tanta gente, aqui e em todo o mundo, durante mais de dois séculos. Esse sonho, tão poderoso e sedutor que cativou a imaginação e o coração de grande parte da humanidade, está hoje perdendo seu lustro — envelhecendo, se você preferir —, conforme novas realidades globais exigem uma reformulação da visão humana na era vindoura. Aquelas que outrora foram tidas como as virtudes primordiais do Sonho Americano são vistas cada vez mais como retardações e até mesmo impedimentos para a realização das aspirações humanas, fato que até bem recentemente poucos teriam imaginado. A queda do Sonho Americano, sob muitos sentidos, associa-se inseparavelmente da ascensão do novo Sonho Europeu. Isso porque são as próprias deficiências da visão mais antiga que fazem a nova visão parecer tão atraente.

Antes de iniciarmos esta exploração de sonhos cambiantes, cumpre fazer uma confissão. Tenho um apego profundo pelo Sonho Americano. Ele tem sido meu guia espiritual e filosófico ao longo de minha existência. O que quer que eu tenha feito na vida, devo-o em grande parte à observância do Sonho Americano, que meus pais me infundiram em meu tempo de criança. Mas também devo admitir que as incertezas que nutro atualmente sobre o modo como levei a vida também se entrelaçam profundamente com o mito do Sonho Americano, algo que, espero, se tornará mais claro nas páginas e passagens que se seguirem conforme explorarmos o fim de uma grande jornada humana e o início de outra.

Se eu tivesse a chance de reviver minha vida desde o início, provavelmente escolheria ser americano uma vez mais. Há muita coisa a ser admirada neste país. Sua beleza e majestade são o que vem à mente dos recém-chegados que primeiro visitam nossas costas. Ele é há muito um farol em meio a um mundo turbulento, um local em que o ser humano pode ser aquilo que almeja.

O que realmente separa os Estados Unidos de todos os experimentos políticos que os precederam é a esperança e o entusiasmo ilimitados, o otimismo tão denso que por vezes parece capaz de arrebatar-nos. Esta é uma terra dedicada a possibilidades, um lugar onde melhorias constantes são a única bússola significativa e o progresso é considerado tão certo como o nascer do sol. Somos um povo que depôs o jugo da tirania e jurou jamais ser governado por elites arbitrárias de espécie alguma. Evitamos a transmissão hereditária e as distinções de classe, abraçamos o espírito democrático e acreditamos que todos devem ser julgados somente com base em seus méritos.

Os americanos há muito têm ciência de sua situação especial. Vemos nos EUA um refúgio para todo ser humano que já sonhou com uma vida melhor e está disposto a arriscar o que possui vindo para cá e recomeçando do início. O cinismo, o ceticismo e o pessimismo são absolutamente estranhos ao estilo americano, e encontram pouca simpatia por parte de nosso povo. Pode-se dizer o mesmo da Europa?

Por isso me entristece dizer que os EUA já não são um grande país. Sim, eles são ainda a mais poderosa economia do mundo, com uma presença militar sem paralelos em toda a história. Para ser um grande país, contudo, é necessário ser um país bom. É verdade que gente por toda parte aprecia as formas culturais e os bens de consumo americanos. O *rap*, os filmes de ação e outras formas de entretenimento, bem como nossas marcas de roupas, são procurados com afinco em todas as partes do mundo. Os Estados Unidos são até mesmo invejados, mas já não são admirados como antes. O Sonho Americano, antigamente tão cobiçado, tornou-se cada vez mais objeto de escárnio. Nosso estilo de vida já não inspira, sendo visto antes como algo ultrapassado ou, pior ainda, como algo a temer ou abominar.

Mesmo a maioria dos americanos, se pararmos realmente para pensar, teria de confessar que saímos de algum modo dos trilhos, que erramos o caminho. Já não temos tanta certeza quanto a quem somos e o que representamos, quanto ao que nos motiva e inspira nos níveis pessoal e coletivo. Em certa medida, é o próprio sonho americano que nos levou a nossa atual sensação de mal-estar. Seus princípios centrais são menos aplicáveis num mundo globalmente conectado, algo que exploraremos extensivamente ao longo do livro. Igualmente importante é o fato de que o Sonho Americano foi truncado, com parte de sua essência perdendo-se pelas margens do caminho, o que deixou seu núcleo vazio. Voltaremos em breve ao segundo ponto.

Um Povo Escolhido

A primeira coisa que se deve entender sobre o Sonho Americano é que ele foi concebido desde o início como algo exclusivamente americano. Ele nunca pretendeu ser compartilhado ou exportado para o restante do mundo. Seu poder residia em seu particularismo, não em seu universalismo. Só se pode viver o Sonho Americano no solo dos EUA. O confinamento do sonho ao contexto americano é o que o tornou tão atraente e trouxe tamanho sucesso aos Estados Unidos. Sua exclusividade é o que o torna hoje cada vez mais suspeito e impróprio em um mundo que começa a forjar uma consciência global.

Quando os peregrinos desembarcaram em Plymouth Rock em 1620, eles acreditavam realmente que tinham sido libertados por Deus do jugo de seus opressores europeus. Os últimos dentre os reformadores protestantes, esses refugiados viam a si mesmos como os novos israelitas, e comparavam sua jornada perigosa à dos judeus que fugiram de seus senhores egípcios e, após vagar a esmo pelo deserto durante 40 anos, foram conduzidos por Javé a Canaã, a terra prometida. Seu líder espiritual, John Winthrop, disse a seu pequeno rebanho, pouco antes do desembarque, que eles eram "o povo escolhido", convocado por Deus para ser um exemplo e uma luz para o mundo. "Pois cumpre considerarmos que seremos qual uma cidade sobre um monte, com os olhos de todos os povos convergindo sobre nós…".[4] Se falharmos em nossa missão com o Senhor, alertava Winthrop, "cobriremos de vergonha a face de tantos servos dignos de Deus, e faremos com que suas preces sejam convertidas em maldições contra nós, até sermos expelidos da boa terra para a qual rumamos"[5]. Se, por outro lado, eles servissem a seu Senhor melhorando sua sina, Deus lhes daria amparo e os recompensaria.

Embora as crianças aprendam hoje na escola sobre a ousadia e os sacrifícios desses valentes e humildes servos do Senhor, eles nem sempre eram bem-vistos por seus contemporâneos. Alguns, como o arcebispo Richard Hooker, viam em seus modos "puritanos" uma certa atitude de superioridade sacra que os tornava menos aptos a caminhar entre a gente comum e mais dispostos a viver "em algum ermo por si sós".[6]

Os peregrinos, e outras ordens e seitas religiosas oprimidas que seguiram seus passos, viam o ermo americano como uma natureza caída pronta para ser subjugada e reclamada para a glória de Deus. Consideravam a si mesmos, por seu turno, como emissários de Deus, como seus representantes, que à força de fé e perseverança domariam a vastidão selvagem e criariam um novo Éden — uma terra prometida banhada a leite e mel.

A idéia de um "povo escolhido" continuou a ressoar pela história americana, tornando-se o *Leitmotif* do Sonho Americano. O livro *White-Jacket or, the World in a Man-of-War* (*Jaqueta Branca: ou O Mundo num Vaso de Guerra*), de Herman Melville, ecoa o vigor e o zelo que sentem os americanos por serem um povo escolhido e destinado à grandeza. Ele escreve:

> Nós, americanos, somos o peculiar povo escolhido — Israel de nosso tempo, portamos a arca das Liberdades do mundo. Há setenta anos escapamos à servidão, e além de nosso direito primeiro de nascença — o abarcamento de um continente da Terra —, Deus nos concedeu, como legado futuro, os vastos domínios dos pagãos políticos, que hão de acorrer e abrigar-se sob a sombra de nossa arca, sem que mãos sangrentas se alevantem. Deus predestinou, e a humanidade espera, grandes coisas de nossa raça; e grandes coisas é o que sentimos em nossas almas.[7]

Muitos americanos continuam a considerar-se um povo escolhido, vendo nos Estados Unidos a terra prometida. Acreditam que os EUA estão destinados à grandeza, e que o caminho americano é o caminho de Deus. Nosso mero sucesso parece prova positiva de que fomos de fato escolhidos. Deus efetivamente nos recompensou por nossa fé e serviço com a mais próspera e poderosa nação da Terra. A maioria dos europeus acha confuso esse aspecto do Sonho Americano, e até um tanto assustador. A mera idéia de que Deus fez de nós um povo escolhido e de nosso país uma terra prometida costuma suscitar risos de descrença, especialmente em meio a uma população européia mais secularizada, que há muito tempo deixou para trás o Deus pessoal. Mas o que nossos amigos europeus parecem ignorar é que foi precisamente esse elemento do Sonho Americano que serviu de força motriz por trás da confiança — muitos europeus diriam arrogância — americana: a idéia de que cada um de nós pode "mover montanhas" enquanto tiver Deus a seu lado.

Todos os dias, na escola, nossos filhos professam sua lealdade a "uma nação sob Deus". Nossa moeda traz gravado o lema "Em Deus confiamos". Embora procuremos separar Igreja e Estado, a vida privada da vasta maioria dos americanos é impregnada por Deus. Somos o povo mais devotamente religioso de todas as nações industrializadas do mundo.

As crenças religiosas dos americanos com freqüência transbordam para a arena política. Quase metade dos americanos (48%), por exemplo, acredita que os Estados Unidos têm proteção especial de Deus[8]. Alguns proeminentes líderes evangélicos chegam mesmo a sugerir que as torres do World Trade Center e o Pentágono foram atacados e quase três mil pessoas foram lançadas à morte porque Deus, insatisfeito com o descaminho dos EUA, já não concedia proteção especial a seu povo escolhido.

Uma robusta maioria (58%) do público americano diz que a força da sociedade americana "se deve à fé religiosa de seu povo"[9]. Aproximadamente metade do povo americano diz que é necessário acreditar em Deus para ter bons valores[10]. Seis em cada dez americanos dizem que sua fé entremeia-se em todos os aspectos de suas vidas[11], e 40% dizem que tiveram uma profunda experiência religiosa que mudou a direção de sua existência[12].

Os americanos vivem sua fé todos os dias. Trinta e seis por cento do público reza várias vezes por dia, ao passo que adicionais 22% rezam uma vez por dia, 16% várias vezes por semana e 8% uma vez por semana[13]. Sessenta e um por cento freqüentam cultos religiosos pelo menos uma ou duas vezes por mês, enquanto quase metade (45%) comparece aos cultos pelo menos uma vez por semana[14]. Dada a profunda religiosidade dos EUA, é compreensível que 71% do público defenda a idéia de iniciar cada dia na escola com uma prece[15].

O que é ainda mais surpreendente para os europeus é a literalidade com que os americanos vêem as escrituras. Sessenta e oito por cento do público acredita no diabo[16]. Mesmo entre indivíduos com grau universitário e diploma de pós-graduação, 68% e 55%, respectivamente, acreditam no diabo[17]. Mais de um terço de todos os americanos são literalistas bíblicos, acreditando que cada linha da Bíblia é a verdadeira palavra de Deus, e não simplesmente uma interpretação inspirada de histórias fabricadas[18]. (Aliás, 93% dos americanos têm sua Bíblia.[19])

As profundas convicções religiosas dos Estados Unidos colidiram com a educação secular americana quase que desde o início do movimento das escolas públicas. Em lugar nenhum a luta entre ambas foi mais acirrada do que na questão de ensinar-se a evolução ou o criacionismo nas escolas nacionais. Quarenta e cinco por cento dos americanos acreditam que "Deus criou os seres humanos numa forma muito similar à atual há cerca de 10 mil anos"[20]. Não impressiona que 25% acreditem que o criacionismo deva ser ensinado obrigatoriamente nas escolas públicas, enquanto 56% dizem que ele devia ao menos ser oferecido na grade curricular[21].

Ainda mais perturbador para muitos descrentes nos Estados Unidos e na Europa é o fato de que 40% do povo americano acredita que o mundo acabará em um Armagedom entre Jesus e o Anticristo. Quarenta e sete por cento dos que acreditam no Armagedom também acreditam que o Anticristo está hoje na Terra, e 45% acreditam que Jesus voltará durante suas vidas. A maioria dos que acreditam que o Armagedom está vindo aponta para desastres naturais e epidemias, como a da aids, como indícios da ruína e do caos profetizados na Bíblia[22]. Se há uma compensação na história do Armagedom, é o fato de que 82% dos americanos acreditam no Céu, e 63% dizem que provavelmente irão para lá. Somente 1% acha que vai para o inferno[23].

Ouvi mais de uns poucos comentadores dizendo que, embora americanos e europeus se digladiem por questões maiores ou menores, eles ainda são muito mais similares do que díspares em suas atitudes e aspectos básicos. As estatísticas religiosas sugerem outra coisa. Enquanto seis em cada dez americanos dizem que a religião é "muito" importante em suas vidas[24], nos países europeus ela mal chega a ser um fator na vida cotidiana dos indivíduos. Mesmo na Itália e na Polônia católicas, somente um terço do público afirma que a religião tem importância[25]. Na Alemanha, apenas 21% afirmam-na muito importante, ao passo que na Grã-Bretanha a porcentagem cai para 16% e na França para 14%, sendo de 11% na República Checa[26]. Na Suécia o número é ainda mais baixo — 10% —, e na Dinamarca é 9%[27]. Tampouco está a Europa sozinha. Na Coréia, somente 25% da população considera a religião muito importante em suas vidas, e no Japão somente 12% se julgam muito religiosos[28]. Enquanto metade dos americanos freqüenta a Igreja todas as semanas, menos de 10% da população da Holanda, da Grã-Bretanha, da Alemanha, da Suécia e da Dinamarca freqüenta cultos religiosos, ainda que uma vez por mês[29]. Na Europa Ocidental cerca de metade da população quase nunca vai à Igreja, e na Europa Oriental a cifra é ainda mais baixa[30].

Muitos europeus já não acreditam em Deus. Ao passo que 82% dos americanos afirmam que Deus é muito importante em suas vidas, aproximadamente metade de todos os dinamarqueses, noruegueses e suecos diz que para eles Deus não tem peso nenhum[31]. Em matéria de crenças religiosas, as concepções americanas acercam-se muito mais das dos povos de países em desenvolvimento, contrastando rispidamente com as do restante do mundo industrializado.

Isso tudo realmente faz alguma diferença? Nada é mais fundamental para o modo como as pessoas pensam e se comportam no mundo do que seus valores pessoais. No que toca à maioria dos americanos, os valores religiosos colorem nosso comportamento, não só dentro como fora de casa. Por exemplo, as atitudes americanas quanto à natureza do bem e do mal diferem substancialmente das de nossos amigos europeus. A World Values Survey pediu a entrevistados de vários países que escolhessem, entre duas visões diversas de moralidade, aquela que melhor refletisse suas próprias atitudes: "Há princípios absolutamente claros quanto ao que seja bom ou mau. Eles se aplicam a todo o mundo, quaisquer que sejam as circunstâncias"; ou "Não pode haver princípios absolutamente claros quanto ao que seja bom ou mau. O bom e o mau dependem totalmente das circunstâncias de nosso tempo"[32]. A maioria dos europeus, e mesmo canadenses e japoneses, escolheu a segunda resposta, enquanto os americanos são mais propensos a preferir a primeira[33].

Em função de nossa profunda convicção religiosa de que há princípios absolutos e conhecíveis para o que constitui o bem e o mal, e de que tais princípios não mudam a despeito das circunstâncias, tendemos a ver o próprio mundo como um campo de batalha em que forças do bem e do mal atuam continuamente. Por essa razão, nossa política externa sempre foi conduzida, ao menos em parte, como uma progressiva saga moral apoiando as forças do bem contra as forças do mal. Outros países podem ver nossa intervenção militar em termos mais materiais, acreditando que para os americanos, como para outros, o interesse próprio e o ganho utilitarista são os fatores primordiais. Podem ser. Mas, pelo menos no que tange a justificar a guerra, ela sempre foi vendida ao público americano como uma luta do bem contra o mal. Durante a Guerra Fria, nossos esforços por cercear a expansão comunista eram vistos como uma cruzada moral contra o "comunismo sem Deus". Nos anos de declínio da Guerra Fria, o presidente Reagan designava a União Soviética como o "império do mal". Após a queda do comunismo, voltamos nossa bússola moral às ameaças representadas por regimes corruptos e grupos terroristas. Passados os ataques de 11 de Setembro, o presidente George W. Bush cobrou alento ao povo americano, qualificando nossos esforços de caça aos terroristas como uma grande cruzada. Posteriormente, o presidente designaria o Iraque, o Irã e a Coréia do Norte como o "eixo do mal". Embora os europeus se retraiam diante do uso americano de termos religiosos para definir conflitos globais, a retórica da Casa Branca encontra uma audiência receptiva no coração dos EUA.

A crença de que fomos escolhidos fez dos americanos o povo mais patriota de todo o mundo. Em um estudo realizado pelo National Opinion Research Center, os EUA ficaram em primeiro lugar entre 23 países classificados de acordo com o senso de orgulho nacional de seus cidadãos[34]. Setenta e dois por cento dos americanos dizem ter muito orgulho de seu país[35]. Nenhum outro país industrial do mundo ostenta esse tipo de orgulho. Menos de metade das pessoas nas democracias ocidentais — incluindo a Grã-Bretanha, a França, a Itália, a Holanda e a Dinamarca —"sente-se 'muito orgulhosa' de sua nacionalidade"[36]. Não surpreende, dado o ardor patriótico dos EUA, que americanos e americanas se sintam muito mais dispostos a lutar por seu país do que cidadãos de 30 outras nações, de acordo com uma pesquisa realizada pela Gallup Organization"[37].

Os europeus vêem com apreensão o fervor patriótico e o orgulho nacional vigentes nos EUA, e especialmente a idéia americana de superioridade cultural. Seis de cada dez americanos acreditam que "nosso povo não é perfeito, mas nossa cultura é superior às outras"[38]. Em contraste, somente 37% das pessoas na Grã-Bretanha e 40% dos alemães sentem que sua cultura é superior às outras[39]. E eis a surpresa: somente um em cada três franceses acredita que sua cultura é superior às demais[40].

O que mais preocupa muitos europeus é a crença americana de que tudo o mais deve se conformar ao estilo de vida americano. De acordo com o Projeto Pew sobre Atitudes Globais, 79% dos americanos acreditam "ser bom que idéias e costumes americanos estejam se difundindo pelo mundo", ao passo que menos de 40% dos europeus aprovam a difusão de idéias e costumes americanos[41].

Especialmente interessante em meio a todas essas pesquisas sobre patriotismo, nacionalismo e idéias acerca da superioridade cultural é o fato de que entre europeus e povos de outras regiões por todo o mundo o orgulho nacional vem declinando geração após geração. Os EUA são a exceção. Estrondosos 98% dos jovens americanos declaram-se orgulhosos de sua nacionalidade, comparados com apenas 58% dos jovens britânicos e 65% dos alemães[42]. A maioria dos americanos vê tais números como um índice positivo da vitalidade da república. Muitos europeus se perguntam se os EUA estão perdidos no passado. Numa era globalizante, em que a fidelidade a um país torna-se menos importante na definição da identidade individual e coletiva, o fato de que os americanos permaneçam tão ferrenhamente comprometidos com o convencional modelo político do Estado-nação nos situa claramente ao lado da geopolítica tradicional, mas dificilmente na vanguarda de uma nova consciência global.

Enquanto a maioria dos americanos buscar consolo na fé religiosa e continuar a crer que somos um povo escolhido, amparado e protegido pela graça de Deus, haverá pouca probabilidade de que nosso senso de nacionalismo e patriotismo desvaneça. Não pretendo sugerir que o senso de nacionalismo tenha desaparecido do cenário mundial. Fica claro, contudo, que em praticamente todos os países industrializados, e em muitos países em desenvolvimento, o Estado-nação já não é a única plataforma para que o indivíduo expresse suas crenças e convicções e concretize suas aspirações. O Sonho Europeu, como veremos mais adiante no livro, é o primeiro sonho transnacional a emergir numa era global. Se o orgulho nacional vem diminuindo na Europa, isso não ocorre por estarem os europeus menos enamorados de seus países, mas sim por suas identidades e lealdades estenderem-se atualmente abaixo e além das fronteiras do Estado-nação, constituindo um senso mais rico e mais aprofundado de integração com o mundo.

Será muito difícil para os americanos ajustar-se a um mundo de relacionamentos e fluxos sem fronteiras, em que todos estão cada vez mais conectados em redes e mais dependentes uns dos outros para o bem-estar individual e coletivo. O que ocorre com a sensação dos americanos de serem especiais, de serem um povo escolhido, num mundo em que a exclusividade cede lugar progressivamente à inclusividade? Será que Deus realmente dá menos importância ao total de sua criação terrena do que à parte norte-americana? Os europeus podem achar engraçada tal conjectura, mas creia-me: muitos americanos mantêm-se apegados à idéia de nosso estatuto especial como escolhidos de Deus. Se tivéssemos de abrir mão dessa crença, ou mesmo de pôr em dúvida sua veracidade, nossa autoconfiança e o Sonho Americano poderiam sofrer danos irreparáveis. Com freqüência, atletas, celebridades, líderes políticos e empresários americanos dizem, em entrevistas à TV, que quaisquer que tenham sido as adversidades que superaram, os feitos que perpetraram ou o sucesso que atingiram, eles o devem a sua fé religiosa e à graça de Deus. Estou para ver um esportista, celebridade ou pensador político europeu dizendo coisa similar.

Cumpre observar que nem todo imigrante que chegou aos EUA se sentiu inspirado a isso por força de convicções religiosas — a maioria não o fez. Ao passo que alguns descobriram a religião assim que chegaram, muitos outros jamais a descobriram, e ainda assim conseguiram viver o Sonho Americano. Mesmo hoje, uma minoria bastante considerável de americanos não tem religião alguma, e todavia se identifica com o Sonho Americano. Isso ocorre porque a noção de povo escolhido tornou-se tão penetrante na cultura americana ao longo dos últimos dois séculos que ela dispensou parte de suas raízes religiosas e se arraigou na psique americana.

Religiosos ou não, a maioria dos americanos acredita que gozamos de uma condição especial entre nações e povos. Por que essa crença é tão importante? Os europeus não sentem que são um povo escolhido, e todavia parecem fazer boa figura no mundo. Mas eis aqui a diferença. Europeus com freqüência me perguntam como os americanos podem ser sempre tão otimistas quanto ao futuro. Em grande parte, é a idéia de sermos um povo escolhido que faz de nós, americanos, otimistas perpétuos. Não temos dúvidas de que fomos destinados à grandeza, individualmente e como povo. Isso nos deixa dispostos a assumir mais riscos do que outros povos, pois acreditamos ser observados, amparados e destinados ao sucesso.

O Fenecer da Ética do Trabalho Americana

Se a idéia de ser um povo escolhido proporcionou aos americanos certa confiança em sua capacidade de fazer algo útil de suas vidas, há um outro elemento-chave no Sonho Americano sem o qual ele jamais se teria tornado uma visão tão poderosa. Se John Winthrop representou o lado espiritual desse sonho, foi Benjamin Franklin quem o proveu de orientação prática. A visão que Franklin tinha da América se inspirava no Iluminismo Europeu, com sua ênfase no materialismo, no utilitarismo e no interesse individual no mercado. Franklin lançava olhos sobre as imáculas regiões bravias americanas, e via imensos recursos intocados que podiam ser explorados e aproveitados. Ele via a América como uma espécie de grande laboratório para a exploração da ciência e da tecnologia. Sua idéia do Sonho Americano era a de uma nação com gênio inventivo, continuamente empenhada em gerar riqueza e expandir o alcance do mercado. Franklin antepunha o utilitarista ao sagrado, e ansiava criar um cornucópia material mais que conquistar a salvação eterna. Sua América seria composta por um povo industrioso bem fundado nas artes práticas.

Se Winthrop oferecia a salvação, Franklin oferecia o auto-aprimoramento. Para cada ato de revelação, os pioneiros recebiam uma dose de racionalidade utilitarista, o que fez dos americanos, a um só tempo, o povo mais fervorosamente religioso e agressivamente pragmático da Terra — condição que preservamos até os dias de hoje. Franklin levou muito a sério a afirmação radical de Thomas Jefferson, na Declaração da Independência Americana, de que todo ser humano tem o direito inalienável não somente à vida e à liberdade, mas também à busca da felicidade. Nenhum governo antes disso havia sugerido que as pessoas têm o direito de buscar a própria felicidade. Como alguém se empenha em ser feliz? Franklin acreditava que a felicidade era obtida pelo incessante aprimoramento pessoal — ou seja, por fazer-se algo de si mesmo.

O Sonho Americano, com isso, amalgamou duas grandes tradições européias numa espécie de grande aliança que, embora contraditória na superfície, engendrou uma visão da agência humana mais poderosa que qualquer outra que houvesse existido previamente nos anais da história do homem. Enquanto parte do Sonho Americano permaneceria focada no Céu e na redenção eterna, a outra parte enfocaria as forças da natureza e a atração do mercado. Essa mescla única de fervor religioso e utilitarismo pé-no-chão revelou-se uma poderosa força na fronteira americana e posteriormente na construção de uma sociedade industrial, urbana e suburbana altamente avançada.

A razão para que o Sonho Americano tenha permanecido tão durável é o fato de ele apelar para os dois desejos mais básicos do homem — a felicidade neste mundo e a salvação no próximo. O primeiro exigia perseverança, auto-aprimoramento e autoconfiança, e o último, uma fé inabalável em Deus. Nenhum sonho anterior oferecia a perspectiva do melhor de ambos os mundos — o mundo do aqui e agora, e o mundo do porvir.

Embora o comprometimento religioso dos EUA continue forte, há crescentes evidências de que o segundo componente do Sonho Americano começa a enfraquecer. Em anos recentes uma geração mais jovem de americanos parece ter praticamente rasurado a parte da Declaração da Independência em que Jefferson diz que todos têm o direito "de buscar" a felicidade, abreviando-a para expressar a idéia de que todos têm direito à felicidade. Franklin, cumpre lembrar, exortava incessantemente os leitores de seu *Poor Richard's Almanack* a manter mãos à obra. Aforismos ao estilo de Franklin, invariavelmente exaltando as virtudes da disciplina e do trabalho árduo, foram praticamente esquecidos: "Mãos desocupadas são a oficina do Diabo", "Nunca deixe para amanhã o que você pode fazer hoje", "Uma costura a tempo dispensa outras nove". O Sonho Americano alicerçava-se na idéia de que o sucesso decorre da aplicação do indivíduo, de seus recursos, de sua auto-suficiência. Os provérbios de Franklin constituíram os últimos e tênues fios do que fora outrora uma única tessitura unindo o utilitarismo secular do Iluminismo com a tradição religiosa mais antiga do Calvinismo — o que Max Weber posteriormente chamaria de "ética protestante do trabalho". (Discutiremos a teologia da Reforma com mais detalhes nos capítulos 4 e 5.) Hoje, um número crescente de jovens americanos vem rompendo com a ética do trabalho. Para eles, o Sonho Americano tem menos a ver com fé e perseverança do que com sorte e descaramento.

Uma das mais intrigantes pesquisas de opinião pública que já vi, em tantos anos observando esse tipo de coisa, perguntava a jovens abaixo de 30 anos se acreditavam que ficariam ricos. Cinqüenta e cinco por cento dos jovens responderam afirmativamente, declarando crer que enriqueceriam[43]. Isso seria de esperar de jovens americanos. Não nos esqueçamos de que as histórias ao estilo Horatio Alger — de que é possível a todo americano passar da miséria à riqueza — constituem o supra-sumo do sonho americano. Mas o que realmente fascinava nessa pesquisa era a pergunta seguinte. Quando lhes perguntavam de que modo eles adquiririam tais riquezas, 71% dos que estavam empregados declaravam que não havia a menor chance de enriquecerem no emprego em que estavam[44]. Bem, e quanto à perspectiva de empregos futuros? Revelou-se que notáveis 76% dos jovens entre as idades de 18 e 29 anos acreditam que, independentemente do emprego que possuam, os americanos não estão "tão dispostos como antes a trabalhar duro em seus empregos para prosperar"[45]. Presumo que estejam incluindo a si mesmos nessa leva.

Quando realizou essa pesquisa, a *Newsweek* perguntou qual a possibilidade de os entrevistados enriquecerem, se não pelo trabalho, por meio de investimentos, heranças ou boa sorte. No que toca aos investimentos, a pesquisa foi feita em 1999, quando o mercado estava sobrecarregado e investidores registravam ganhos recordes em suas ações. Isso já não ocorre. As heranças são uma possibilidade, mas a maioria dos membros da geração *baby boom* está atolada em dívidas, e não é muito provável que leguem fortunas — pelo menos não suficientemente para cobrir os 55% de jovens que acreditam que enriquecerão[46]. Com isso, resta-nos a sorte. Todas essas categorias — investimentos, heranças e sorte — exigem pouco em matéria de trabalho duro e perseverança, qualidades que Franklin concebia como as virtudes quintessenciais para prosperar na América. Minha suspeita particular é a de que um monte de rapazes acha simplesmente que vai dar sorte. As coisas virão sem que eles tenham de trabalhar duro por elas.

Lembro-me de um livro escrito pelo falecido crítico social Christopher Lasch — que ele intitulou *A Cultura do Narcisismo*. O argumento de Lasch era que o etos do consumo havia se apossado de tal modo da psique americana que a maioria dos americanos, especialmente os jovens, estavam se afogando em prazeres momentâneos e afãs triviais. Ele escreve: "A busca do interesse próprio, antigamente identificada com a busca racional do lucro e da acumulação de riquezas, tornou-se uma corrida pelo prazer e pela sobrevivência física. (...) Viver para o momento é a paixão prevalecente — viver para si mesmo, e não pelos predecessores nem pela posteridade"[47].

Pouco depois da análise de Lasch, Neil Postman, finado educador da Universidade de Nova York, publicou sua própria visão do narcisismo desvairado dos EUA, num livro intitulado *Amusing Ourselves to Death* (*Morrendo de Diversão*). Esses dois observadores atentos da cultura americana temiam que os americanos mais jovens fossem enredados cada vez mais numa cultura midiática que vendia a idéia da gratificação instantânea dos desejos individuais. O resultado era que cada geração sucessiva de americanos estava menos disposta ou menos capacitada a trabalhar duro e adiar a gratificação em troca de recompensas futuras. A perspectiva temporal do narcisista é imediatista e autocentrada. Os compromissos passados e as obrigações futuras são considerados obstruções e impedimentos desnecessários à gratificação instantânea. Nesta nova cultura do narcisismo todos se sentem merecedores da felicidade, estando muito menos dispostos a protelá-la até amanhã. A indústria de 330 bilhões de dólares da publicidade americana é incansável em sua propalação da idéia de que você e eu podemos ter tudo o que desejamos agora. Por que esperar? Para alcançar esse fim, os EUA desenvolveram uma cultura consumista de cartões de crédito que nos permite usufruir agora e pagar depois. Muitos americanos estão vivendo bem além de suas condições, imersos em dívidas de consumo — e tudo isso perpetua o comportamento narcisista que, como notavam Lasch e Postman, vem se apossando rapidamente da vida americana.

Terá o Sonho Americano decaído de seu austero pico de outrora, em que ele combinava a escatologia cristã com a utilidade e o comportamento racional do Iluminismo, para tornar-se meramente um sonho da boa sorte? Ao que parece, para um número crescente de americanos a resposta é sim.

Algo em Troca de Nada

Os americanos sempre foram de correr riscos. É parte da essência do Sonho Americano. Costumávamos associar a assunção de riscos por parte dos americanos à disposição de começar de novo numa terra nova, de domar a natureza bravia, de investir em uma idéia, de abrir um novo negócio. Hoje, para um número cada vez maior de americanos, assumir riscos reduziu-se a pouco mais do que blefar no jogo.

Em 2002, sete de cada dez americanos praticavam alguma forma de jogo ilegal. Cinqüenta e sete por cento dos americanos compraram um bilhete de loteria no ano passado, e 31% jogaram em cassinos[48]. A média de crescimento anual da jogatina americana foi de constantes 9% na última década, o que significa que o jogo vem crescendo significativamente mais rápido que a economia americana como um todo[49]. Os americanos vêm gastando mais em jogos do que em filmes, vídeos, DVDs, música e livros combinados[50]. Em 2002, eles gastaram 68 bilhões de dólares em jogos legais, como corridas de cavalo, cassinos e loterias, comparados com 27 bilhões em 1991[51]. Quando eu era criança, nos anos 50, somente o Estado de Nevada permitia jogos de azar. Hoje, 47 Estados os autorizam. Tais Estados arrecadam mais de 20 bilhões de dólares em loterias e cassinos, ou mais de 4% de sua receita total[52].

Os jogos se tornaram o passatempo nacional e, para muitos americanos, quase uma obsessão. Os prêmios do Powerball podem exceder os US$ 300 milhões. Não é incomum que as pessoas aguardem em filas de por vezes 500 indivíduos, passando a maior parte do dia enfileirada para comprar um único bilhete[53].

Mais de US$ 400 milhões são destinados anualmente a propagandear loterias e outros jogos estatais[54]. Grande parte da propaganda explora o tema "da miséria à riqueza" do Sonho Americano. A Loteria de Nova York seduz os consumidores com o slogan "A Buck and a Dream" ("Uma Nota e um Sonho"). A Loteria de Chicago exclama "This could be your ticket out" ("Este poderia ser seu bilhete de salvação")[55].

Os jogos de azar, como as drogas, tornaram-se um vício perigoso para milhões de americanos. Ambos exploram a necessidade de gratificação instantânea — a felicidade agora. O National Research Council (NRC) estima que mais de 3 milhões de americanos são jogadores patológicos "vitalícios", com outros 1,8 milhão sendo jogadores patológicos "do ano passado"; e que 7,8 milhões de pessoas são jogadores problemáticos "vitalícios", com 4 milhões sendo jogadores problemáticos "do ano passado"[56]. O que mais perturba é o número crescente de jogadores adolescentes que caem na categoria patológica ou problemática "do ano passado" — aproximadamente 20% da juventude americana[57].

O desejo de sucesso instantâneo tornou-se onipresente na cultura americana. Os jogos legais são apenas uma das muitas vias que os americanos cada vez mais adotam na esperança de concretizarem o Sonho Americano. Por algum tempo, no final dos anos 90, o mercado de ações foi a grande onda. Milhões de americanos puseram a perder as economias de toda uma vida na esperança de se tornarem milionários instantâneos. Ações do mercado de alta tecnologia viravam o novo bilhete para o sucesso. O investidor arguto tornava-se o novo Horatio Alger — salvo que, diversamente do herói americano original que teve de trabalhar duro e superar as adversidades para ter êxito, suas contrapartidas modernas precisavam tão-somente ouvir dicas pelas ruas, escolher as possíveis vencedoras e ligar para seus corretores. Finalmente o mercado começou a desmoronar, deixando milhões de *baby boomers* e Gen Xers* sem economias suficientes para seus anos de aposentadoria, tendo de encarar a perspectiva de trabalhar até os 70 para acertar as contas.

Para muitos jovens americanos, o novo gênero dos *reality shows* na TV tornou-se o mais recente veículo a que atrelar sua estrela. Milhares de jovens se enfileiram nas audições de programas como *All American Girl, American Idol, American Jurniors, America's Next Top Model, Average Joe, The Apprentice, The Bachelor, The Bachelorette, Big Brother, Meet My Folks, Mr. Personality, Next Action Star, Fame, The Family, Joe Millionaire, Star Chamber, Survivor, 30 Seconds to Fame* e *Who Wants to Marry a Millionaire?*. Em 2004, havia mais de 170 *reality shows* na TV americana[58].

Todos os participantes desses programas esperam ser descobertos, tornarse famosos, ser celebridades. Embora alguns dos programas exijam um certo grau de talento e perícia, a maioria só requer que os participantes apareçam e

---

* N. do T.: Os *baby boomers* são os membros da chamada geração *baby boom* — o período de alta natalidade que se seguiu ao término da Segunda Guerra Mundial. Os *Gen Xers* são os membros da chamada Geração X, nascidos nas décadas de 60 e 70.

sejam eles próprios. A previsão presciente de Andy Warhol, há mais de 30 anos, de que nos EUA todo o mundo teria seus 15 minutos de fama, vem se cumprindo todas as noites na TV americana, conforme indivíduos comuns se põem em frente às câmeras para que milhões de outros americanos possam vê-los levando a vida.

Para os poucos afortunados que chegam até os *reality shows*, a fama dura bem pouco. A maioria volta a sumir no anonimato da vida cotidiana após figurar no programa. Todavia, para milhões de espectadores americanos, ver na TV alguém como eles, ficando famoso ainda que por um instante, mantém viva a idéia de que o mesmo lhes pode ocorrer... desde que tenham um pouquinho de sorte. Enquanto isso, milhões de espectadores podem viver o Sonho Americano vicariamente, vendo os poucos afortunados que superam obstáculos, convencidos de que o sonho ainda vive e de que sua vez está chegando.

Muitos críticos sociais afirmariam que esses milhões de indivíduos não estão abraçando o Sonho Americano, e sim sonhando acordados. O autêntico Sonho Americano combina a fé em Deus com a crença no trabalho duro e no sacrifício pelo futuro. Os novos substitutos — os jogos legais, os programas televisivos de celebridades e outras coisas do tipo — baseiam-se na fantasia e na ilusão. Tornamo-nos, dizem os críticos, um povo engordado, preguiçoso e sedentário, que passa grande parte do tempo desejando o sucesso, mas está indisposto a "pagar o tributo" com o tipo de comprometimento pessoal necessário a fazer alguma coisa de suas vidas.

Esse é um juízo severo, mas que talvez valha cada vez mais para a multidão de jovens americanos de classe média criados sob afagos e mimos por pais corujas que os cumulavam com todos os prazeres e experiências que o dinheiro podia comprar, muitas vezes antes que eles fossem velhos o bastante para apreciá-los. Superprotegidos, esses filhos e filhas de pais *baby boomers* são candidatos improváveis para o tipo de comprometimento pessoal necessário a manter vivo o autêntico Sonho Americano. Fé, disciplina, trabalho duro, auto-suficiência e sacrifício pessoal dificilmente seriam os termos que associaríamos aos jovens da atual classe média americana. O tédio descreve mais precisamente o estado emocional e mental de quantidades crescentes de jovens americanos. "Eu tive lá, e fiz não sei quê" é uma frase que ouvimos muitas vezes da garotada. Na época em que atingirem a idade adulta, esses jovens terão estado em todas as partes, feito tudo, visto tudo e tido tudo. Terão pouco ou nada a desejar ou ambicionar. Seus sonhos se concretizaram antes mesmo que tivessem a chance de sonhá-los. Para esses jovens americanos, a mais difícil tarefa da vida é a própria motivação. Não impressiona que o álcool, as drogas e os jogos estejam em alta. Quando o futuro já não é algo a ser buscado e concretizado, mas sim uma coisa experimentada e deixada para trás, só restam os prazeres momentâneos para repelir o fastio e superar mais um dia.

Alguns observadores da cena americana afirmaram que uma das razões para que o Sonho Americano esteja perdendo o vigor é o fato de nós termos adulado demais nossos filhos, conferindo-lhes egos inflados e, com estes, a crença de que estão destinados ao sucesso em virtude de seus muitos atributos especiais. Um educador expressou assim essa idéia: "Hoje as crianças ganham A só por marcar presença". Recentemente lecionei numa classe de jovens empresários, metade proveniente da Europa e metade dos Estados Unidos. Os europeus afirmavam-se perplexos pelo fato de que, sempre que compareciam a reuniões de negócios cuja apresentação era feita por um porta-voz americano, os americanos presentes costumavam congratular prodigamente o palestrante por seu brilhante desempenho, mesmo que ele tivesse feito um discurso ordinário sobre tópicos pouco interessantes. Os europeus lamentavam que, como os americanos estivessem sempre se adulando uns aos outros, o nível de desempenho decaía continuamente e os padrões de excelência eram comprometidos. Afinal de contas, se você sempre ouve dizer que tudo o que faz é brilhante, inspirado, ponderado e bem-feito, para que se esforçar mais?

Uma sensação de merecimento segue de mãos dadas com a superadulação. Se um indivíduo está sempre ouvindo louvar sua grandeza, ele acaba acreditando nisso e passa a esperar que todas as coisas boas lhe sejam concedidas. Para esses jovens, o Sonho Americano já não é visto como uma busca, e sim como um direito.

O desejo de gratificação instantânea, quando combinado à adulação e à sensação de merecimento, pode gerar uma mistura emocional volátil. A personalidade narcisista é geralmente menos capaz de lidar com as muitas frustrações da vida e mais propensa ao comportamento anti-social, incluindo-se aí o uso da violência para obter o que sente que deseja e merece.

Estará a outrora nobre missão do Sonho Americano tornando-se obscura e funesta? Uma pesquisa de acompanhamento sobre as visões e valores de cidadãos canadenses e americanos durante os oito anos transcorridos entre 1992 e 2000 proporciona certa luz a esse respeito. Pediu-se a canadenses e americanos que "concordassem ou discordassem" da idéia de que, quando o indivíduo está extremamente tenso ou frustrado, uma certa violência pode oferecer alívio, e que isso "não é nada demais". Em 1992, 14% dos americanos e canadenses concordaram em que não há nada de errado com um pouco de violência[59]. Em 1996, a proporção de canadenses que acreditava haver justificação numa certa violência caíra para 10%, enquanto a proporção de americanos havia saltado para 27%[60]. Em 2000, a proporção de canadenses regressou aos 14%, mas os americanos que acreditavam não haver problemas com um pouco de violência alçaram-se a 31%, quase um terço do público americano[61].

Mais inquietante ainda, perguntou-se a canadenses e americanos se "é aceitável usar a violência para obter-se o que se deseja". Em 1992, 9% dos canadenses e apenas 10% dos americanos disseram ser aceitável usar a violência para obter-se o que se deseja[62]. Em 1996, contudo, 18% dos americanos julgavam correto empregar a violência com esse fim, enquanto os mesmos 9% dos canadenses tinham essa opinião[63]. Em 2000, a brecha entre canadenses e americanos se havia alargado ainda mais. Doze por cento dos canadenses achavam a violência aceitável na busca de seus objetivos, enquanto 24% dos americanos tinham o mesmo parecer[64]. Isso significa que quase um quarto dos americanos acredita que empregar a violência para obter o que deseja é algo aceitável. Michael Adams, líder da organização de pesquisas Environomics, concluía que "os americanos estão dispostos a arriscar muito mais do que os canadenses para concretizar sua versão do Sonho Americano", o que inclui cometer atos de violência, se necessário[65].

O Civismo Americano

Espere um minuto! As coisas estarão mesmo tão ruins? É verdade, os americanos são mais interessados em enriquecer do que qualquer outro povo. E sim, somos provavelmente mais egocêntricos e mimados do que muitos outros povos no mundo. Mas e quanto ao outro lado do caráter americano, o aspecto cívico que o filósofo francês Alexis de Tocqueville achou tão atraente na jovem América que visitou em 1831? Tocqueville registrou a propensão americana a criar associações voluntárias para promover o bem-estar cívico, fenômeno em grande parte inexistente na Europa da época. Ele escreveu[66]:

> Americanos de todas as idades, de todas as condições, de todas as inclinações, se congregam sem cessar. Eles não somente possuem associações comerciais e industriais de que todos tomam parte, mas mil espécies de outras: religiosas, morais, graves, fúteis, muito gerais e muito particulares, imensas e minúsculas; os americanos se associam para dar festas, fundar seminários, construir albergues, levantar igrejas, distribuir livros, enviar missionários aos antípodas; criam dessa maneira hospitais, prisões, escolas. (...) Nada há, a meu ver, que mais mereça nossa atenção do que as associações intelectuais e morais da América.

Enquanto os americanos são de longe o povo mais individualista do mundo, também investimos uma quantidade imensa de nosso tempo servindo as comunidades em que vivemos. Organizações fraternais, clubes de jovens, associações de bairro e cívicas, grupos artísticos e educacionais, atividades esportivas e recreativas e numerosos outros esforços do tipo são há muito tempo um bastião da vida americana. Sempre nos orgulhamos de ser uma nação de voluntários cívicos. Poderíamos ser ao mesmo tempo autocentrados e comunitários?

Embora aparentemente paradoxal, a inclinação americana do civismo passou a refletir nossas noções arraigadas sobre a liberdade individual. Os americanos sempre tiveram receios de ceder poder demais ao Estado. Para nós, a liberdade passou a significar a capacidade de acumular riqueza pessoal e tornar-se independente. Há muito vemos o papel do governo como o de protetor dos direitos da propriedade individual, e fugimos à idéia de que ele deve desempenhar um papel ativista ajudando a contribuir para o bem-estar geral ou a redistribuir a riqueza para os menos favorecidos entre nós. (Mais a respeito no Capítulo 2.) Assim, desde o início, os americanos preferiram manter os impostos baixos e limitar o envolvimento do governo na comunidade, para com isso otimizar a acumulação individual de riqueza e garantir maior controle pessoal sobre a disposição das posses de cada um. Ajudar os necessitados, por conseguinte, torna-se uma questão de escolha pessoal.

Lester Salamon, diretor do Centro de Estudos da Sociedade Civil Johns Hopkins, observa que a tradição exclusiva da sociedade civil americana decorreu de nosso histórico de individualismo. Ele observa que "um etos cultural intensamente individualista (...) gerou um profundo antagonismo contra a concentração de poder". O resultado é que os americanos são "relutantes em confiar demais no governo para lidar com questões sociais e econômicas, deixando portanto problemas consideráveis para serem resolvidos por esforços voluntários da esfera privada"[67]. É por isso, por exemplo, que nos Estados Unidos, diversamente do que ocorre na Europa, metade de todas as faculdades e hospitais e dois terços das organizações de serviço social pertencem ao setor sem fins lucrativos, e não ao setor público[68].

As firmes raízes religiosas dos Estados Unidos também explicam a proliferação de instituições da sociedade civil. Muitas das instituições americanas sem fins lucrativos nos campos da saúde, da educação e dos serviços sociais foram criadas como extensões de instituições religiosas. Por exemplo, os americanos optaram, desde muito cedo, por fundar hospitais sem fins lucrativos, em vez de dependerem do governo para prestar serviços de saúde aos cidadãos. Hoje, 46% dos empregos no setor sem fins lucrativos estão no campo da saúde[69].

Ansiosos por evitar uma única religião oficial de Estado, como era o caso na maior parte da Europa, os americanos tomaram a decisão de separar Igreja e Estado, permitindo que diversas seitas religiosas florescessem. Isso feito, eles entre outras coisas criaram suas próprias faculdades e universidades, para oferecer instrução religiosa juntamente com a educação mais geral.

Quando descascamos as muitas camadas do setor sem fins lucrativos nos EUA, o que se evidencia é a presença imponente da comunidade religiosa na sociedade civil, em contraste com o que ocorre nas nações européias. As organizações religiosas americanas respondem por 11% dos empregos no setor sem fins lucrativos e aproximadamente por um terço de todo o voluntariado, ao passo que na Europa Ocidental os empregos religiosos constituem apenas 3,5% daqueles no setor sem fins lucrativos, e o voluntariado religioso representa apenas 11% do voluntariado total[70].

É verdade que uma parcela considerável da atividade voluntária na comunidade religiosa volta-se a serviços sociais como alimentar os pobres, proporcionar asilo aos desabrigados e disponibilizar serviços de saúde aos necessitados. Ainda assim, a maioria esmagadora das horas voluntárias é empenhada em pastorais e outras atividades relacionadas à perpetuação mesma das instituições religiosas.

Muitos defensores do engajamento em instituições sem fins lucrativos afirmam que organizações da sociedade civil são mais bem equipadas do que agências governamentais para oferecer serviços sociais aos necessitados, uma vez que se encontram nas próprias comunidades que servem e são mais bem informadas e mais motivadas para atender a seus vizinhos. Tudo isso é verdade. O problema é que o setor voluntário sem fins lucrativos nos Estados Unidos não tem sido capaz de proporcionar em parte alguma o mesmo nível de assistência aos necessitados e pobres que o governo poderia oferecer se desempenhasse um papel mais ativista — como faz na Europa. E, em que pese aos elogios cumulados sobre os esforços civis dos americanos por prestar tal assistência, permanece o fato de que nos Estados Unidos os empregos remunerados no setor de serviços sociais sem fins lucrativos ainda ficam abaixo da média apresentada em um estudo comparativo com 22 países. Enquanto nos 22 países estudados um em cada quatro empregos remunerados no setor em questão pertence em média aos serviços sociais, nos Estados Unidos essa proporção é de apenas 13,5%[71].

Nada disso procura sugerir que a sociedade civil americana não seja uma força formidável. Mas grande parte da motivação por trás do civismo americano pode ter suas origens identificadas nas raízes individualistas e religiosas do caráter americano. Na maior parte da Europa, em contraste, a sociedade civil é de orientação muito mais secularizada, apegando-se bem menos à noção cristã de caridade individual do que à idéia socialista de responsabilidade coletiva pelo bem-estar comunitário.

Mais importante que isso, muitas das organizações sem fins lucrativos dos EUA têm servido tradicionalmente como suportes sociais para o setor comercial. Organizações de adultos, como o Kiwanis Club e a Ruritan, e de jovens, como a Junior Achievement ou mesmo a 4-H, são essencialmente adjuntos da arena comercial, muito embora constituam, estritamente falando, organizações voluntárias sem fins lucrativos.

Em anos recentes, um número crescente de observadores começou a notar um declínio firme e mesmo precipitoso na participação voluntária no setor sem fins lucrativos dos EUA. Robert Putnam, de Harvard, divulgou descobertas polêmicas sobre o declínio da sociedade civil em seu livro *Bowling Alone* (*Boliche Solitário*). Ele atribui a redução da participação americana em atividades voluntárias a uma série de fatores. Putnam acredita que aproximadamente 10% do declínio no voluntariado se deva à pressão por tempo e dinheiro, especialmente em famílias em que ambos os cônjuges trabalham fora. Outros 10% do declínio, de acordo com Putnam, são explicados pelo alastramento de subúrbios e cortiços e pelo conseqüente aumento das distâncias até o serviço, o que deixa menos tempo disponível para o envolvimento em atividades não lucrativas após o trabalho. Mas a terceira razão para o declínio, segundo Putnam, é a progressiva privatização do entretenimento nas horas vagas, e especialmente a quantidade de tempo que se passa vendo televisão. Ele estima que mais de 25% do declínio na participação cívica possa estar relacionado ao entretenimento eletrônico de todos os tipos. Finalmente, Putnam afirma que metade do declínio constitui simplesmente uma mudança genealógica, em função da qual os americanos mais jovens estão muito menos interessados em dedicar seu tempo ao outros e em promover metas sociais não pecuniárias[72]. Se ele estiver certo, isso significa que o caráter americano se endureceu, e que a pressão por tempo e dinheiro e a busca do prazer pessoal nos deixaram ainda menos dispostos a zelar pelo bem-estar social de nossos vizinhos.

Se for esse realmente o caso — há quem diga que nosso civismo não decaiu tanto quanto sugerem Putnam e outros —, então o Sonho Americano estaria degenerando ainda mais na promoção estrita do interesse próprio, com conseqüências atrozes para o bem-estar da sociedade.

Há, no entanto, um outro lado nessa história. Não se trata de que todos os americanos sejam egoístas e preguiçosos, queiram algo em troca de nada e não liguem para seus semelhantes humanos. Existem americanos assim. Há, não obstante, milhões de outros que trabalharam duro, fizeram valer o Sonho Americano e compartilharam sua boa sorte com os menos afortunados, mediante atos pessoais de caridade e atividades voluntárias na comunidade. Mas há também um número crescente de outros americanos de bom caráter que simplesmente desistiram do Sonho Americano. Eles acreditaram. Mantiveram sua fé, trabalharam duro, empenharam-se, aprimoraram constantemente suas habilidades, pouparam e se sacrificaram por um futuro melhor para seus filhos, serviram suas comunidades, e todavia não chegaram lá. Seguiram o roteiro, somente para encontrar o desapontamento no fim da história. Embora uma estreita maioria de 51% do eleitorado dos EUA ainda acredite ser possível viver o Sonho Americano, resta o fato chocante de que um terço de todos os americanos (34%) já não julga isso possível[73]. Para muitos deles, o preço de um bilhete de loteria tornou-se sua única chance de viver esse sonho.

Infelizmente, ao passo que as fileiras dos adulados e dos subestimados incharam nos últimos anos, o número de americanos que ainda pode afirmar com legitimidade estar vivendo o Sonho Americano comparativamente minguou. O resultado é que o sonho padeceu imensuravelmente, perdendo muito do poder que outrora desfrutava como a história definidora que unia o povo americano.

2
A Nova Terra da Oportunidade

> *Give me your tired, your poor,*
> Tragam-me vossos cansados, vossos carentes,
> *Your huddled masses yearning to breathe free,*
> Vossas massas caóticas que anseiam respirar livres,
> *The wretched refuse of your teeming shore.*
> Míseros refugos de vossas praias populosas.
> *Send these, the homeless, tempest-tossed, to me:*
> Enviai-mos, os desabrigados, títeres da tempestade:
> *I lift my lamp beside the golden door.¹*
> Eu hasteio minha lanterna junto à porta dourada.

ESSAS PALAVRAS foram escritas por uma jovem poetisa americana do século XIX, Emma Lazarus, e estão inscritas numa placa na base da Estátua da Liberdade, para serem vistas por todo emigrado.

Para milhões de europeus desalentados — e posteriormente de refugiados de outras terras —, os Estados Unidos eram o lugar onde poderiam deixar para trás seus passados de desesperança e começar uma vida nova. Esta era a grande terra da oportunidade. Durante a maior parte dos primeiros 200 anos dos EUA, o mito e a realidade da oportunidade americana estiveram próximos o bastante para não serem contestados. A vida era dura para o novo imigrante. Havia pouco apoio social que auxiliasse o indivíduo neste novo mundo. Por outro lado, para aqueles que estivessem determinados a ter sucesso, que fossem diligentes em seu ofício e versados na ética de trabalho americana, havia excelentes chances de construir uma vida melhor, quando não para si mesmos, ao menos para seus filhos.

Subindo na Vida

Até os anos 60, subir na vida estava no cerne do Sonho Americano. Então o sonho começou a definhar, a princípio lentamente, mas com ímpeto crescente nas décadas de 70, 80 e 90. Hoje, os EUA já não podem se afirmar o modelo mundial de mobilidade social. Isso não significa que não haja oportunidades tanto para nativos como para recém-chegados. Mas o tipo de mobilidade desimpedida que fazia do país a inveja do mundo já não existe.

O mais estranho na atual situação é a inversão de papel ocorrida entre o Novo Mundo e o Velho Mundo em menos de um quarto de século. Há apenas cem anos, a Europa sangrava pessoas — milhões de almas destituídas arriscavam a vida e a pele para renovar sua sorte num novo continente. Esses novos emigrados eram cheios de incerteza, mas também de esperança. Estavam escapando, em maior parte, de uma longa história de direitos hereditários e divisões de classe que mantinham os ricos no poder e os pobres em seu lugar. Haviam deixado um continente onde o comportamento era condicionado pela crença de que todos deviam conhecer e aceitar sua condição na vida, e chegavam a um novo continente onde cada pessoa devia abrir seu próprio caminho e seguir seu próprio sonho.

Hoje é nos Estados Unidos que a mobilidade social vem perdendo impulso, e milhões de americanos descobrem ser cada vez mais difícil viver seus sonhos. Todavia, o grande mito americano da mobilidade continua a vigorar, apesar das crescentes evidências de que o que outrora fora um sonho tornou-se, para muitos, um pesadelo implacável. E quanto àquele Velho Mundo, aquele purgatório dividido em castas e definido por classes de que tantos milhões de pessoas haviam fugido para começar de novo no Éden americano? Ele vem se tornando lentamente a nova terra da oportunidade. Um número maior que nunca de emigrantes vem preferindo a Europa aos Estados Unidos. Eles sentem que a maré de eventos virou e que a qualidade de vida e as chances de alcançar uma vida melhor talvez sejam no mínimo tão boas na Europa quanto nos EUA. É aqui, na linha de frente da mobilidade social, que primeiro começamos a discernir algumas das muitas diferenças que separam o velho Sonho Americano do novo Sonho Europeu. Os números contam a história.

Se a mobilidade social viceja melhor onde há menor distância entre os muito ricos e os muito pobres, a Europa é sem dúvida um local mais promissor para os que anseiam subir na vida. De acordo com dados reunidos pelo Estudo de Renda de Luxemburgo (ERL), o mais respeitado banco de dados do mundo sobre a distribuição de renda, os Estados Unidos ficam em vigésimo quarto lugar entre as nações desenvolvidas em termos de desigualdade de renda. Somente a Rússia e o México ficam abaixo[2]. Todos os 18 países mais desenvolvidos da Europa têm menor desigualdade de renda entre ricos e pobres. Nos EUA, a receita de um típico indivíduo de alta renda é 5,6 vezes maior que a renda de um típico indivíduo de baixa renda, descontados os impostos, as transferências e o porte familiar[3]. Em contraste, essa proporção na Europa setentrional é de somente três vezes, enquanto na Europa central a renda dos que ganham muito representa entre 3,18 e 3,54 vezes a dos que ganham pouco[4]. Embora a desigualdade esteja crescendo até mesmo na Europa, o aumento é bastante modesto — com a exceção do Reino Unido — em comparação com a forte alta ocorrida nos Estados Unidos ao longo das últimas três décadas[5].

Os salários e seus benefícios adjuntos são os melhores indicadores da mobilidade individual na sociedade. Dentre os 20 países mais desenvolvidos do mundo, os EUA ficaram em último lugar em termos de taxa de aumento da remuneração total da força de trabalho nos anos 80. A remuneração média na verdade caiu 0,3% ao ano durante a década. No início dos anos 90, a taxa média de aumento na remuneração do país não melhorou senão ligeiramente, a uma taxa anual de cerca de 0,1%. Praticamente todas as nações européias tiveram aumentos maiores. Entre 1995 e 2000, a remuneração média cresceu 1,6% nos EUA, o que ainda os põe abaixo de sete países europeus. Grande parte do aumento americano, contudo, foi liquidada pela queda do mercado de ações em 2000[6].

Mesmo durante a rápida recuperação econômica do segundo semestre de 2003, o salário médio por hora de empregos não-supervisionados em escritórios e fábricas americanos subiu apenas 3 centavos de dólar, de acordo com o Escritório de Estatísticas Trabalhistas dos EUA — o que mal basta para acompanhar a inflação. Esse é o crescimento salarial mais baixo que os Estados Unidos testemunharam em mais de 40 anos[7]. Além disso, os empregos que vêm sendo perdidos pagam cerca de US$ 17,00 por hora, enquanto os novos empregos criados pagam somente US$ 14,50[8] por hora. Ao mesmo tempo, os lucros corporativos, como porcentagem da renda nacional, atingiram seu nível mais alto desde os anos 60[9].

Um dos melhores locais para procurar indícios de mobilidade social é o setor manufatureiro. Cargos de produção não profissionalizados, semiprofissionalizados e profissionalizados são muitas vezes o ponto de partida para começar a ascender na escala de renda. Em 1979, a remuneração fabril dos EUA era a mais alta em todos os países industrializados do mundo. Em 2000, essa mesma remuneração havia caído abaixo da de cinco países europeus, e a maioria dos outros países da Europa reduzira consideravelmente a diferença[10].

Quando se mensura a proporção de desigualdade entre os ganhos das pessoas com altos salários (as que têm renda superior à de 90% da força de trabalho) e os daquelas com baixos salários (cuja renda só é superior à de 10% da força de trabalho), os EUA desfrutam hoje a distinção de terem a maior disparidade salarial entre as 18 nações de topo. Considerando os números em seu conjunto, Lawrence Mishel, Jared Bernstein e Heather Boushey, do Instituto de Política Econômica, concluíram que "a mobilidade de renda parece ser *menor* nos Estados Unidos do que em outros países da OCDE (Organização para a Cooperação e o Desenvolvimento Econômico)"[11].

Os Estados Unidos, segundo parece, são a terra da oportunidade para um pequeno segmento de pessoas de alta renda, e uma terra de infortúnio para muitas outras. Há mais gente vivendo na pobreza nos EUA do que nos 16 países europeus com dados disponíveis. Dezessete por cento dos americanos vivem na pobreza, ou uma em cada seis pessoas. Em contraste, 5,1% das pessoas vivem na pobreza na Finlândia, 6,6% na Suécia, 7,5% na Alemanha, 8% na França, 8,1% na Holanda, 8,2% na Bélgica, 10,1% na Espanha, 11,1% na Irlanda e 14,2% na Itália[12].

A Mentalidade do "Nade ou Afunde"

Como foi que os Estados Unidos, a terra da oportunidade, se permitiram descambar para a retaguarda das classificações de países desenvolvidos — ficando muito aquém da Europa — em termos de desigualdade de renda e pobreza? A resposta para tal questão pode estar em nossa concepção de por que algumas pessoas enriquecem enquanto outras permanecem pobres. Nós, americanos, adotamos em grande maioria uma atitude *laissez-faire* em termos de negócios e comércio. Se simplesmente proporcionarmos a todos a oportunidade de freqüentar a escola, permitirmos que o mercado livre impere e garantirmos que o governo não interfira muito em seu funcionamento, os motivados e talentosos chegarão ao topo por conta própria. Aqueles que não são motivados ou carecem de talentos não se sairão bem — mas é essa a natureza das coisas. Os Estados Unidos sempre procuraram ser uma terra de "igualdade de oportunidades", mas não de "igualdade de resultados". "Nade ou afunde", como reza o velho adágio americano.

Nos EUA, desenvolvemos a crença de que todos são efetivamente responsáveis por seu destino. É o lema da fronteira, e ele está firmemente gravado em nossa consciência nacional. Mesmo aqueles americanos que transformaram o autêntico Sonho Americano numa réplica pálida, buscando a fama e o sucesso instantâneos, ainda se sentem no comando de seus destinos. Todas as estatísticas e cifras do mundo em contrário dificilmente abalarão a convicção da maioria de nossos compatriotas de que os Estados Unidos ainda são a suprema terra da oportunidade.

O Projeto Pew sobre Atitudes Globais perguntou a entrevistados nos EUA, na Europa e em outras partes por que algumas pessoas são ricas e outras pobres. O que se descobriu é revelador. Dois terços dos americanos acreditam que o sucesso não está fora de seu controle. Compare esse número com o da Alemanha, em que 68% das pessoas acreditam justamente no contrário. Na Europa, uma maioria em todos os países — com a exceção do Reino Unido, da República Checa e da Eslováquia — "acredita que forças fora do controle pessoal do indivíduo determinam o sucesso"[13]. Em proporção superior a seis para um, os americanos acreditam que as pessoas que não têm sucesso na vida fracassam em razão de suas próprias deficiências, e não por causa da sociedade[14]. Outras pesquisas corroboram a descoberta do Pew. Ao serem entrevistados sobre por que as pessoas são abastadas, 64% dos americanos responderam que pela motivação pessoal, pela disposição em assumir riscos e pelo trabalho duro e iniciativa[15]. Por que outras fracassam? Sessenta e quatro por cento dizem que pela falta de parcimônia, 53% dizem que pela falta de esforço e 53% dizem que pela falta de habilidade[16]. A World Values Survey descobriu que 71% dos americanos acreditam que os pobres têm a chance de escapar da pobreza", enquanto somente 40% dos europeus acham que as coisas são assim[17]. Isso é bastante estranho, vindo de um país que possui hoje a mais alta parcela populacional vivendo na pobreza dentre todas as grandes nações desenvolvidas.

Por que essa grande disparidade entre crença e realidade? Uma vez mais voltamos ao cerne do Sonho Americano: a rígida noção da fronteira de que, se mantido em liberdade (especialmente pelo governo), todo homem e mulher pode buscar e realizar seu sonho. Não admira que 58% dos americanos digam que "é mais importante ter a liberdade de buscar metas pessoais sem a interferência do governo", ao passo que somente 34% digam que "é mais importante que o governo cuide para que ninguém passe necessidade"[18].

A mitologia da fronteira tem sem dúvida um papel considerável quando se trata de compreender as atitudes americanas a respeito da desigualdade e da pobreza. Mas há também um lado quiçá mais desagradável nessa história. O racismo, como observa um número crescente de comentadores, não pode ser inteiramente descartado dos resultados das pesquisas. Se cavarmos mais fundo, descobriremos que muitos americanos associam a pobreza com a América negra, ainda que, em termos estritamente numéricos, haja mais brancos vivendo sob a linha da pobreza. Em termos percentuais, contudo, uma proporção muito maior da comunidade negra vive abaixo da linha da pobreza. Em 2002, o censo americano declarou que 8% dos brancos e 24,1% dos negros, comparados com os 22,7% de 2001, viviam abaixo da linha da pobreza[19].

Aproximadamente 400 anos desde que os primeiros escravos chegaram à América, a questão racial ainda domina a psique americana. Qualquer pessoa que visite os EUA sente, desde logo, a tensão racial no ar — ela permeia o país. E, se é para dizer a verdade, muitos americanos brancos acham que os americanos negros são preguiçosos, na melhor das hipóteses, ou geneticamente incapazes de se alçar acima das circunstâncias, na pior.

Alguns observadores sugeriram que uma das razões para que os europeus, diversamente dos americanos, se sintam mais dispostos a acreditar que os pobres são pobres não por sua própria culpa, mas por fatores societários, é o fato de que até recentemente seus pobres não eram minorias raciais, e sim brancos caucasianos, de modo que a maioria conseguia se identificar e mesmo sentir empatia por sua penúria, acreditando que "ali estaria eu, não fosse pela graça de Deus". A raça, especialmente nos EUA, onde a maioria branca ainda precisa conciliar-se completamente com os mais de 200 anos de escravidão, torna-se a linha divisória entre "nós" e "o outro". É mais fácil deixar de lado o inquietante número de pessoas na pobreza se elas não forem como nós, se forem vistas de algum modo como separadas racialmente ou mesmo biologicamente. A América branca não admite crer que o estilo de vida americano pode ser responsabilizado de alguma maneira pelas condições destituídas em que se encontram tantos americanos negros. A triste realidade, contudo, é que a maioria dos afro-americanos provém das legiões dos pobres, sendo criados nas ruas sombrias de cidades do interior, onde as oportunidades de se alçar acima das circunstâncias são poucas. O resultado é que assombrosos 12% dos afro-americanos do sexo masculino entre as idades de 20 e 34 anos acham-se atualmente encarcerados nos Estados Unidos[20]. E todavia a maioria de nós continua a virar as costas a seu suplício, indispostos a modificar a grande crença americana de que neste país oportunidades abundam.

Dadas as vastas diferenças nas visões que a maioria dos americanos e a maioria dos europeus nutrem acerca da idéia de igualdade de oportunidade, não é difícil entender as duas abordagens muito diversas adotadas para lidar com os problemas gêmeos da disparidade de renda e da pobreza. Embora favoreçam esforços particulares para diminuir a pobreza e proporcionar maior mobilidade social, os americanos em maior parte não se dispõem a investir nisso o dinheiro dos impostos. Se os ricos são ricos por serem mais espertos e trabalharem mais duro, e os pobres são pobres por serem preguiçosos ou inábeis, então nada que o governo faça mudará muita coisa. Além do que, isso transmitiria a idéia errada — ou seja, a de que aqueles que trabalham duro e fazem algo de suas vidas devem sacrificar parte de sua renda tão duramente conquistada para compensar os que não se esforçaram e careciam das habilidades para ter sucesso. Redistribuir a riqueza, dizem alguns, poria a perder a própria alma do Sonho Americano, fazendo chacota do pacto da fronteira que se encontra no âmago da história de sucesso americana. Muitos americanos acreditam que o mercado é ainda o mecanismo mais justo para distribuir a riqueza produtiva da sociedade.

Os europeus, por terem uma longa tradição de status e legados hereditários — alguns países da UE ainda têm reis e rainhas — estão mais habituados a conceber a sociedade em termos classistas, e sentem-se muito mais dispostos a apoiar a idéia da intervenção do governo na correção da desigualdade. No continente — e em menor extensão no Reino Unido — o mercado não é visto com o mesmo assombro passivo com que o vêem nos EUA. Vigora a crença de que as forças de mercado, se mantidas livres, são amiúde injustas e precisam portanto ser domadas. A redistribuição governamental, na forma de transferências e abonos aos menos afortunados, é considerada um antídoto apropriado ao irrestrito capitalismo de mercado. É por isso que na Europa a idéia de criar democracias sociais — sistema misto que equilibra as forças de mercado com a assistência governamental — vem florescendo desde a Segunda Guerra Mundial.

De acordo com a OCDE, enquanto os EUA reservam somente 11% de seu PIB para a redistribuição de renda por meio de transferências e outros benefícios sociais, os países da UE destinam mais de 26% de seu PIB a tais benefícios[21]. Os EUA são particularmente melindrosos quando se trata de ajudar os trabalhadores pobres. O salário mínimo legal dos Estados Unidos nos anos 90 era de somente 39% da média salarial, ao passo que na União Européia era de 53%[22]. Nos EUA, os benefícios em caso de desemprego são menos generosos que na UE.

É nos benefícios à família que realmente se nota a diferença entre as atitudes americana e européia com respeito à remissão da desigualdade e à melhoria da qualidade de vida das pessoas. Os EUA são um dos três únicos países industrializados do mundo que não tornaram obrigatória a licença-maternidade ou paternidade. Pior ainda, a maioria dos americanos não tem direito nem mesmo à licença-família não remunerada. Na Europa, a licença-maternidade remunerada vai de três e meio a seis meses. Na Suécia, as mães recebem 64 semanas de licença e 63% do salário. Na Alemanha, na França, na Áustria, na Dinamarca, na Holanda, na Noruega, em Portugal e na Espanha, a licença-maternidade remunerada é de 100% do salário por até três meses[23]. Os pais e mães americanos que trabalham fora de casa ficariam chocados em saber como passam bem os progenitores além do Atlântico.

Economistas e oficiais do governo americano estão sempre criticando os líderes europeus por manterem programas de transferência tão dispendiosos, afirmando que os altos impostos necessários a suportar tais programas de benefícios sociais deixam menos dinheiro para investir em novas oportunidades de mercado, solapam a iniciativa empresarial, mimam os trabalhadores e suas famílias, recompensam o trabalho improdutivo, tornam os trabalhadores europeus caros demais para a contratação e inevitavelmente deixam as pessoas mais dependentes do governo e menos auto-suficientes e versáteis. Eles afirmam que, com todos os seus defeitos, os Estados Unidos ainda têm uma economia mais vibrante, seus trabalhadores são mais produtivos e há menos gente desempregada — provas de que a economia americana é ainda o modelo a ser imitado pela Europa, e não o contrário. Até onde estarão certos?

Quem É Mais Produtivo?

A produtividade é a medida mais freqüentemente citada por economistas para explicar o sucesso econômico dos Estados Unidos e sua superioridade em relação à economia da União Européia. A produtividade é a medida dos bens e serviços gerados por hora de trabalho. Entre 1820 e o final da Segunda Guerra Mundial, a produção horária cresceu efetivamente mais rápido nos EUA do que na Europa — e aliás do que em qualquer outro país do mundo —, o que fez da economia americana a mais poderosa do planeta. Grande parte da razão para o sucesso dos EUA, nesse sentido, está em nossa postura de aceitação de riscos, de perspicácia empresarial, de espírito inovador, de engenho e de disposição a acreditar na virtude de um mercado capitalista desimpedido. Há decerto muito a dizer em favor de todos esses argumentos. Mas há também outras vantagens que os EUA tiveram sobre a Europa e que têm mais a ver com a geografia do que com qualquer outra coisa.

Para começar, a mera amplitude do continente ensejou o maior mercado geograficamente interno do mundo. O idioma comum permitiu aos americanos praticar o comércio com relativa facilidade. Mesmo com novos imigrantes desembocando na América em ondas sucessivas — especialmente após 1890 —, sempre houve escassez de mão-de-obra, o que manteve os salários altos em comparação com a Europa. Os altos salários serviam de incentivo ao desenvolvimento de novas tecnologias para poupar mão-de-obra e reduzir o custo horário da produção. A criação de uma malha ferroviária transcontinental e a instalação de linhas de telégrafo por todo o país aceleraram ainda mais as transações comerciais.

Igualmente importante para o crescimento e produtividade americanos foram os abundantes recursos naturais existentes na América do Norte. Milhões de acres de terras florestais significaram madeira barata para a construção de casas, de fábricas e de cidades inteiras. Minério de ferro barato das montanhas Mesabi ajudaram a fazer da produção de aço americana a mais econômica do mundo. Grandes faixas de terra cultivável fértil e até então inexplorada estendendo-se de Indiana à Califórnia fizeram da comida americana a mais barata do planeta. E a descoberta das maiores reservas petrolíferas da Terra — no sudoeste americano — transformou os Estados Unidos, convertendo-o num incontestes colosso econômico no início do século XX. Finalmente, dois grandes oceanos mantiveram o país relativamente isolado do tipo de guerra que periodicamente engolfava a Europa. Nossas altas tarifas, por outro lado, incentivavam o desenvolvimento de nosso próprio mercado interno.

Apesar de todas essas vantagens naturais, a liderança dos EUA em produtividade começou a decair após a Segunda Guerra Mundial. Dizimada por duas guerras mundiais no curso de meio século, a Europa era pouco mais que uma carcaça em ruínas em 1945. Graças ao auxílio financeiro americano, na forma do Plano Marshall, ela começou a recompor suas economias combalidas.

O que é notável é a velocidade com que a Europa alcançou de novo os Estados Unidos. Em 1960, a economia dos EUA produzia aproximadamente duas vezes mais bens e serviços por hora do que a França e o Reino Unido. Em 2002, contudo, a Europa havia praticamente cerrado a brecha em relação aos Estados Unidos, alçando sua produtividade por hora de trabalho a 97% do nível americano[24].

O crescimento da produtividade européia superou o dos EUA durante praticamente todo o meio século que se seguiu à Segunda Guerra Mundial. Entre 1950 e 1973, a produtividade européia cresceu 4,44%, comparados com 2,68% nos EUA, e entre 1973 e 2000 o aumento da produtividade na Europa foi de 2,4%, ao passo que nos EUA foi de 1,37%[25]. Entre 1990 e 1995, 12 países da UE apresentaram maior aumento de produtividade do que os EUA. Embora a produtividade americana avançasse um pouco na segunda metade da década de 90, apresentando um crescimento de 1,9%, comparado com 1,3% da Europa, sete países da UE cresceram ainda mais rápido. Em 2002, mesmo com a alta da produtividade americana, sete nações européias tiveram uma produtividade maior[26].

Há muito que os americanos crêem que nossos trabalhadores são os mais produtivos do mundo. Claro, ficamos um pouco abalados com a notícia, no início dos anos 90, de que os trabalhadores do Japão talvez nos alcançassem, embora o sucesso japonês acabasse se mostrando efêmero. Mas a mera idéia de que uns poucos países europeus pudessem superar empresas e trabalhadores americanos era inconcebível. E no entanto, em 2002, o trabalhador médio na Noruega produziu o equivalente a US$ 45,55 por hora, em comparação com os US$ 38,83 dos Estados Unidos. A Bélgica, a Irlanda e a Holanda também tiveram maior produção horária do que os EUA. Esses, porém, são países pequenos. E quanto aos principais, aos países que realmente contam? Bem, a Alemanha em 2002 teve maior produtividade por hora trabalhada do que os Estados Unidos. O trabalhador médio produziu o equivalente a US$ 39,39 por hora. E o golpe de misericórdia? Os trabalhadores franceses produziram US$ 41,85 por hora, ou US$ 3,02 a mais que os americanos — o que equivale a uma produtividade 7% maior. A França ficou em terceiro lugar no mundo em termos de produtividade horária no final de 2002, atrás apenas da Noruega e da Bélgica. E cinco outros países europeus estavam concorrendo palmo a palmo com os Estados Unidos — a Dinamarca, a Áustria, a Itália, a Suíça e a Finlândia. (O Japão, aliás, ficou num distante décimo sétimo lugar entre as nações industrializadas em termos de produtividade.)[27]

Os americanos estão tão habituados a estereotipar a comunidade empresarial francesa como excessivamente hierárquica e burocrática e os trabalhadores franceses como um tanto diletantes e descuidados que, mesmo ao se defrontarem com as evidências, eles balançam a cabeça em descrença. O que dizer das empresas e dos trabalhadores americanos se os franceses e outras cinco nações européias forem realmente melhores que nós nas atividades comerciais?

Devo advertir que a produtividade americana disparou desde 2002 — tendo experimentado os maiores aumentos em mais de 50 anos —, o que nos faz perguntar seriamente se os aumentos na produtividade européia serão capazes de alcançar e acompanhar os dos Estados Unidos nos anos futuros, ou se começarão a declinar. Como quer que seja, a produtividade da Europa em muitos setores continua a comparar-se favoravelmente com a dos Estados Unidos[28].

O subsídio a pesquisas básicas sempre foi a chave para fomentar a produtividade. Os EUA sabem disso e há muito investem em pesquisas puras. Recentemente, contudo, cientistas europeus começaram a ultrapassar seus colegas americanos numa série de campos científicos. Por exemplo, a Europa está se adiantando aos Estados Unidos nas pesquisas sobre Física de Partículas, e vem construindo atualmente o mais poderoso acelerador de partículas do mundo. Embora isso possa constituir uma surpresa para a maioria dos americanos, a Europa ultrapassou os Estados Unidos em meados da década de 90 como a maior produtora de literatura científica[29].

As empresas européias têm se mostrado especialmente competitivas na vanguarda das revoluções em software e tecnologia das comunicações. A Europa saiu na frente na área das tecnologias sem fio, e continua a ter uma liderança tranqüila sobre os EUA em termos de adoção e penetração de mercado. Analistas da indústria predizem que a crescente integração das tecnologias sem fio ajudará a propelir a produtividade européia na próxima década, mantendo o continente em condições de competitividade com os EUA.

As companhias européias também estão saindo à frente de suas contrapartidas americanas na próxima grande revolução tecnológica, a computação em grade, suscitando a possibilidade do tipo de salto qualitativo na produtividade que poderia deixar os EUA para trás no final da década.

Essas grades conectam computadores individuais, combinando seus recursos ociosos para dar conta de tarefas extremamente complexas de computação. Os cientistas antevêem um futuro não muito distante em que milhões de computadores estarão conectados em múltiplas grades de computação regionais, nacionais e globais, para criar uma "fonte universal de poder computacional"[30]. A grade, dizem os especialistas Ian Foster e Carl Kesselman, "é uma infra-estrutura emergente que mudará fundamentalmente o modo como concebemos — e utilizamos — computadores"[31]. Pesquisadores no novo campo nos pedem que imaginemos como será o computador pessoal "quando o poder de um supercomputador com capacidades superiores em seis ordens de magnitude estiver a um mero clique do mouse"[32].

Quando a companhia farmacêutica suíça Novartis precisou de um novo supercomputador para projetar medicamentos, em vez de adquiri-lo a custos imensos, ela utilizou um programa criado pela United Devices, uma empresa americana, para interconectar seus 2.700 computadores pessoais, conferindo-lhes o mesmo poder de computação de um supercomputador. A empresa já descobriu uma variedade de novos compostos químicos com o auxílio de sua grade computacional, e hoje planeja expandir a capacidade da grade conectando todos os seus 70 mil computadores pessoais, o que lhes proporcionaria um poder de computação inacreditável[33].

De acordo com cientistas e observadores da indústria europeus, a Europa está 18 meses adiante dos Estados Unidos na criação da tecnologia de grade, e a União Européia anunciou o lançamento de duas iniciativas de última geração em 2004. A primeira é chamada de Grades de Suporte às Ciências Eletrônicas na Europa, e será a maior infra-estrutura internacional de grades no mundo. Ela operará em 70 instituições por toda a Europa, e terá a capacidade computacional de 20 mil dos mais poderosos computadores pessoais de hoje. O segundo projeto, coordenado pelo Centro Nacional de Pesquisas Científicas da França, conectará sete supercomputadores na Europa à velocidade de redes ópticas. Mário Campolargo, diretor da unidade de infra-estrutura para pesquisas na Comissão Européia, diz que "a meta é fazer da Europa um dos mais dinâmicos e criativos ambientes do mundo para a instalação de infra-estruturas baseadas em grades"[34].

A União Européia está determinada a liderar o caminho na revolução da tecnologia de grades, ciente de que os potenciais ganhos de produtividade possibilitados pela liderança nesse campo podem ser enormes e inauditos nos negócios europeus. A UE já implantou um plano estratégico de cinco a dez anos, e planeja investir acima de 428 milhões de dólares entre 2002 e 2006 para atualizar a infra-estrutura das grades[35]. A capacidade européia de estabelecer normas unificadas de operação, coordenar as atividades entre concorrentes e criar parcerias público-privadas deixa os europeus em geral um pé adiante das empresas americanas, nas quais a estratégia do "vá sozinho" resulta amiúde em normas conflitantes, desenvolvimentos aleatórios de novas tecnologias e redundâncias de mercado. Isso é certamente o que ocorreu com a revolução da tecnologia sem fio e o que vem ocorrendo com a nova tecnologia de grades.

As empresas européias vêm apostando na idéia de que um número maior de estabelecimentos de pesquisa pura e de parcerias colaborativas público-privadas para o fomento a novas tecnologias, quando associado às vantagens de operações mercadológicas internas cada vez menos impedidas, será o segredo para alçar o aumento de produtividade a novos níveis e manter a UE em condições de competir com os Estados Unidos.

Viver para Trabalhar ou Trabalhar para Viver?

Muito embora a produtividade da Europa esteja entre 92% e 97% da dos EUA (dependendo do ajuste dos números), a renda *per capita* européia é de apenas 72% da americana. Como explicamos essa divergência? Parte dela tem a ver com as taxas menores de participação dos empregos na Europa — há menos empregos em relação à população total —, com diferenças nas idades para aposentadoria e com os índices de desemprego. Mas 75% da diferença é atribuível ao menor número de horas trabalhadas na UE[36].

Acontece que na França e praticamente em todo país da União Européia os trabalhadores preferiram ter mais tempo livre a ter mais horas de trabalho e pagamentos mais inchados. O governo francês instituiu uma semana de trabalho de 35 horas em 1999.

A experiência francesa é particularmente interessante porque desafia a lógica americana de que o trabalho duro e as longas horas de serviço são indispensáveis para alcançar ganhos significativos na produtividade e proporcionar melhor qualidade de vida para os trabalhadores. Como já foi mencionado, a produtividade francesa em 2002 foi maior que a americana, e os trabalhadores franceses possuem muito mais tempo livre.

Os franceses lançaram mão da semana de 35 horas em parte para criar mais empregos. Se as pessoas trabalharem menos horas, corria o raciocínio, outras poderão ser empregadas, reduzindo com isso o desemprego no país. Para garantir que não haja perda salarial, a lei ordena que a semana de trabalho de 35 horas utilize a escala de remuneração da antiga semana de 39 horas. O governo, por seu turno, é obrigado a subsidiar as empresas reduzindo as contribuições de seguridade social para diminuir a perda líquida de renda dos empregadores após a conversão para a jornada semanal de 35 horas[37]. De resto, o governo oferece às empresas um incentivo para a criação de novos empregos, concordando em subsidiar os pagamentos sociais (aposentadoria, saúde, indenizações e seguro-desemprego) de quaisquer trabalhadores de baixo salário recém-contratados[38]. O custo anual de subsídio às empresas francesas é de cerca de 10,6 bilhões de dólares[39]. Grande parte dos fundos advêm dos chamados "impostos do pecado" sobre o tabaco e o álcool. O governo espera compensar o restante da diferença pela adição de novos trabalhadores às folhas de pagamento. Mais gente trabalhando significa menos gente na assistência governamental. Os novos trabalhadores levam dinheiro para casa, gastam no mercado e pagam impostos, contribuindo assim para o bem-estar geral da economia francesa. Mais de 285 mil empregos foram diretamente criados pelo plano da semana de 35 horas desde sua implantação[40].

A princípio céticos, os empregadores franceses acabaram em maioria aprovando o esquema. Estão descobrindo que trabalhadores novos e motivados podem produzir tanto em sete horas diárias quanto trabalhadores menos motivados e mais cansados em oito horas. E houve um benefício adicional: a lei da semana de trabalho de 35 horas proporciona maior flexibilidade aos empregadores na elaboração das agendas de trabalho. Eles agora podem estabelecer turnos da noite, de fins de semana e de feriados, e pedir aos funcionários que parcelem seu período de férias de modo que acomode a programação de produção[41].

A lei das 35 horas também trouxe outras acomodações tanto para a administração como para a força de trabalho. Por exemplo, a semana de 35 horas pode ser medida não somente pelas horas trabalhadas semanalmente, mas também pelas horas por mês e pelos dias por ano. A alta administração das empresas pode ser isenta das restrições de horas de trabalho. A hora extra, sob a nova lei, deve exceder o pagamento regular em no mínimo 10%. Além disso, o empregado não pode trabalhar mais de 180 horas extras por ano se não houver um acordo coletivo de barganha. As horas extras que excedam o número de 180 requerem um aumento de 20% no pagamento[42]. Numa pesquisa realizada em 2001 com diretores corporativos, 60% dos entrevistados dizem que a nova lei ajudou a melhorar a produtividade introduzindo esquemas de trabalho mais flexíveis e gerando um novo diálogo com os trabalhadores, o que aumentou o moral[43].

O maior tempo livre também aumentou os gastos de consumo nos cafés, cinemas, eventos esportivos e outras atrações francesas. Pesquisas demonstram que, em maior parte, o público francês vê com entusiasmo a semana reduzida. Os trabalhadores com freqüência começam o fim de semana na quinta-feira e não voltam ao trabalho senão na terça. As mães que trabalham fora têm a opção de ficar em casa às quartas-feiras, quando a maioria das escolas francesas está fechada[44].

Embora a recuperação mundial sem empregos dos últimos dois anos tenha abatido os empregos em potencial da França, como abateu os dos Estados Unidos e de todos os demais países do mundo, não há dúvidas de que o índice de desemprego francês seria ainda maior que agora se o país não tivesse introduzido a semana reduzida de trabalho.

Numa série de outros países europeus, a semana de trabalho média já é de 39 horas ou menos, e a maioria está se inclinando para a semana de 35 horas da França. Ao mesmo tempo, o tempo médio de férias na Europa é de seis semanas, e na maioria dos países as férias são impostas pela lei federal[45]. Nos EUA, os empregadores não são obrigados por lei a oferecer períodos de férias. Duas semanas de férias, contudo, tornaram-se um padrão na maioria das indústrias.

Os trabalhadores franceses passam cerca de 1.562 horas por ano no serviço, de acordo com os números mais recentes da OCDE (de 2000). Em contraste, os trabalhadores dos EUA trabalham anualmente 1.877 horas, o mais alto número entre todos os grandes países industrializados. O trabalhador médio americano trabalha hoje dez semanas a mais por ano do que o trabalhador médio alemão, e quatro semanas e meia a mais que o trabalhador médio britânico[46]. Mesmo no Japão, afamado por suas longas e estafantes jornadas de trabalho, os trabalhadores têm 1.840 horas de trabalho por ano, 37 horas a menos que os americanos[47].

A Europa está muito à frente não apenas em promover semanas de trabalho mais curtas, mas também em criar abordagens inovadoras para a administração dos recursos humanos, proporcionando aos trabalhadores maior flexibilidade para harmonizar trabalho e estilos de vida. A Bélgica, por exemplo, criou uma nova lei chamada "créditos de tempo" que passou a vigorar em janeiro de 2002. A lei é destinada a criar um balanço mais flexível entre a vida profissional e particular do indivíduo, atualizando uma lei mais antiga chamada de "pausas na carreira"[48].

Pela nova lei dos "créditos de tempo", o trabalhador pode tirar no máximo um ano de folga durante toda a sua carreira, ou interromper seu trabalho, ou ainda reduzi-lo a um emprego em meio período, sem anular seu vínculo empregatício nem perder seus direitos à seguridade social. Para dar uma pausa geral na carreira, o funcionário precisa avisar seu empregador com três meses de antecedência, mas não lhe cumpre apresentar razão alguma para o pedido. O crédito de tempo pode estender-se por até cinco anos, mediante um acordo com a empresa. Funcionários que trabalharam menos de cinco anos recebem do governo uma concessão mensal de 379 euros. A quantia sobe para 505 euros para os que estiveram empregados por mais tempo[49]. Os trabalhadores podem ainda requerer "licenças temáticas" para tratar um membro da família, prestar assistência médica a um parente ou cuidar de uma criança. Cada uma dessas pausas específicas na carreira vem com abonos e durações diferentes. O trabalhador também pode optar por uma redução de um quinto das horas durante um máximo de cinco anos em sua carreira. Também pode reduzir suas horas de trabalho em 20%, o que geralmente resulta numa semana de quatro dias. Trabalhadores com mais de 50 anos podem reduzir suas horas de trabalho em um quinto ou até pela metade, durante um período indefinido[50].

Os empregadores americanos provavelmente ficariam incrédulos ante a idéia de oferecer pausas na carreira e créditos de tempo, perguntando-se como as empresas belgas podem manter sua competitividade com esse tipo de agenda flexível, mas é interessante notar que, a exemplo da França, a força de trabalho belga tem maior produtividade em termos horários do que a americana[51].

Os europeus gostam de dizer que "os americanos vivem para trabalhar", ao passo que eles "trabalham para viver". Qual o sentido de ganhar mais dinheiro, eles perguntam, quando não se tem tempo livre para aproveitar? De acordo com um estudo, 37% dos americanos trabalham hoje mais de 50 horas por semana, e 80% dos trabalhadores de sexo masculino trabalham mais de 40. E as horas de trabalho de muitos americanos continuam a aumentar, enquanto na Europa continuam a diminuir. Não admira que 70% dos pais americanos se queixem de que não passam tempo suficiente com seus filhos, enquanto 38% dos americanos em geral dizem "sentir-se sempre afoitos", e 61% afirmam que raramente têm tempo sobrando[52]. Com tão pouco tempo disponível após o serviço, os americanos passam grande parte de seus momentos livres meramente cumprindo compromissos, pagando contas e ajeitando a casa.

O aumento nas horas de trabalho afeta duramente a saúde americana, de acordo com profissionais da área. Doenças relacionadas ao estresse — ataques cardíacos, derrames e câncer — estão em alta nos EUA. Um estudo recente do jornal *Psychosomatic Medicine* descobriu que quanto mais os trabalhadores americanos dispensam as férias, maiores são os riscos para sua saúde. Os homens que tiravam férias uma vez por ano estavam 32% menos sujeitos a morrer de doença da artéria coronária do que os que não tiravam[53].

A diferença na concepção que têm europeus e americanos de uma boa economia reflete-se nas horas trabalhadas em um e outro lado do Atlântico. Se mensurarmos o padrão de vida em termos salariais, os americanos são 29% mais ricos que suas contrapartidas européias[54]. Mas se mensurarmos a boa vida pela quantidade de tempo livre disponível, o europeu médio desfruta entre quatro e dez semanas a mais de entretenimento por ano[55]. A questão, com isso, é esta: os 29% de riqueza adicional compram mais alegria e felicidade — pelo menos em quantidade suficiente para justificar o sacrifício de dois ou três meses de tempo livre a cada ano? Como minha esposa está sempre me fazendo lembrar (já que eu, também, sou um americano maníaco por trabalho): "Ninguém jamais lamentou, no leito de morte, não ter passado mais tempo no escritório".

Ironicamente, quando os americanos optam por mais trabalho que entretenimento, os aumentos salariais aparecem nos números do PIB. Todavia, quando os europeus escolhem mais tempo livre que trabalho, o PIB é reduzido para acomodar a queda no consumo e nos salários. O modo como o PIB é elaborado não lhe permite representar certas considerações importantes para a qualidade de vida, como o aumento no tempo livre, embora tais escolhas sejam decisões econômicas fundamentais, tão importantes quanto a escolha de trabalhar mais horas. (Vamos nos aprofundar na questão de como o PIB distorce a noção do que constitui uma boa economia no Capítulo 3.)

E Quanto aos Empregos?

Há, contudo, uma área em que as cifras econômicas tradicionais ainda contam: a dos empregos. Embora a economia americana possa ser contestada em muitos frontes, como admitem os economistas americanos, a questão dos empregos é fundamental para uma economia saudável, a despeito das dúvidas que se possam nutrir acerca da justiça ou da qualidade de vida. A economia americana não pode ser tão disparatada, já que produziu muito mais empregos e pôs mais gente para trabalhar ao longo da última década do que quase qualquer outro país desenvolvido. Encontramos empregos para milhões de pessoas após a recessão do final dos anos 80 e início dos 90. Reduzimos o desemprego da alta de 7,5% em 1992 para 4% em 2000, um feito extraordinário segundo quaisquer critérios. Embora o desemprego tenha voltado a 5,7% (dezembro de 2003) após a quebra do mercado de ações em 2000, é inegável, dizem os economistas, que a economia americana tem sido uma máquina de criação de empregos e um modelo a ser imitado pela Europa[56].

Em incontáveis seminários e encontros com empresários, economistas e políticos dos dois lados do Atlântico ao longo dos últimos oito anos, meus colegas americanos têm sido infatigáveis em elogiar o que chamam de "milagre americano", e aproveitaram toda e qualquer oportunidade de apregoar a seus amigos europeus a superioridade do *know-how* das empresas americanas, que levou à criação de tantos novos empregos nos anos 90. Uma avaliação mais detida sugere que muitos dos novos empregos criados têm pouco a ver com talentos empresariais superiores, melhores técnicas administrativas ou rápida adoção de novas tecnologias, e mais a ver com outros fatores que inflaram artificialmente as cifras do emprego por um breve momento, para sumirem com igual rapidez assim que a bolha do mercado de ações estourou.

Embora o desemprego oficial americano tenha sido de 4% no pico da alta econômica dos anos 90, um estudo nacional recente descobriu que o desemprego real durante o período foi significativamente maior, aproximando-se dos níveis da União Européia. Isso ocorre porque mais de dois milhões de trabalhadores desalentados simplesmente desistiram e abandonaram o mercado de trabalho, com o que deixaram de figurar nas estatísticas oficiais, enquanto a população carcerária subiu de 500 mil em 1980 para dois milhões hoje. Aproximadamente 2% da potencial força de trabalho masculina nos Estados Unidos encontra-se hoje encarcerada[57]. Além disso, muitos dos trabalhadores que encontraram emprego no período de alta entre 1995 e 2000 eram funcionários temporários ou de meio período, sem benefícios, e em maior parte subempregados. Muitos deles regressaram atualmente às fileiras dos desempregados. Embora o Departamento do Trabalho dos EUA tenha situado o desemprego oficial na casa dos 6,2% no verão de 2003, o desemprego real, se contarmos os trabalhadores desalentados que desistiram, é de 9% da força de trabalho[58].

Verifica-se que o chamado milagre econômico americano do fim dos anos 90, que criou uma temporária bolha de novos empregos, foi ilusório. Não foi tanto a perspicácia empresarial dos EUA que estimulou a expansão comercial, e sim a ampliação desmedida do crédito ao consumidor, que permitiu aos americanos incorrer numa desenfreada onda de consumo. A alta nos gastos de consumo fez com que pessoas voltassem ao trabalho por alguns anos para produzir todos os bens e serviços que vinham sendo comprados a crédito. O resultado foi que a média de poupança familiar dos EUA, que era de cerca de 8% no início dos anos 90, despencou para cerca de 2% no ano de 2001[59]. Muitos americanos estavam na verdade gastando mais do que ganhavam. Com seu crédito maximizado, milhões de americanos aproveitaram a baixa histórica nos juros e refinanciaram a hipoteca de suas casas, o que lhes proporcionou uma rápida infusão de dinheiro para continuarem comprando. Agora, passado o estouro da bolha do mercado de ações, os americanos reduziram os gastos, e o declínio temporário no desemprego deu lugar a uma regressão contínua aos níveis de desemprego existentes há cerca de uma década.

A economia dos EUA vem experimentando sua pior baixa em contratações em mais de 20 anos. Mesmo com um crescimento de 2,7% na economia em 2002, e com um aumento acentuado de 4,7% na produtividade da mão-de-obra — o maior aumento desde 1950 —, mais de 1,5 milhão de trabalhadores deixaram totalmente o mercado de trabalho[60]. Eles simplesmente desistiram de procurar emprego, e por isso já não figuram como desempregados. A velha lógica de que avanços tecnológicos e de produtividade destroem empregos antigos, mas criam um número equivalente de novos empregos já não procede. De acordo com um relatório preparado pelo *USA Today* sobre a produtividade nas maiores empresas americanas, hoje são necessários nove trabalhadores para fazer o que dez faziam em março de 2001. A conclusão, diz Richard D. Rippe, economista-chefe da Prudential Securities, é que "podemos ter maior produção sem agregar um monte de trabalhadores"[61].

A União Européia está enredada num grande debate sobre o futuro do trabalho. Padecendo sob o alto desemprego, impostos elevados, sistemas onerosos de bem-estar social e intrincados regimes regulamentares (que segundo alguns perpetuam a estagnação econômica), críticos no governo, na indústria e na sociedade civil se embrenharam numa acirrada querela ideológica para determinar se as normas que regem os empregos, o comércio e os negócios devem ser reformadas, e como. Políticos e líderes empresariais e trabalhistas polemizam sobre as questões de criar uma política de trabalho flexível, reduzir os impostos, reescrever as regras que determinam a concessão de pensões e assistência social, e alinhar a política econômica européia com a dos Estados Unidos.

E no entanto, se o segredo para criar novos empregos consistisse simplesmente em implementar as reformas citadas, os Estados Unidos deviam ter hoje níveis elevados de emprego. Temos praticamente todas as reformas que a União Européia vem tentando implementar. Ainda assim, a força de trabalho dos EUA vem passando por tempos difíceis, e a economia americana ainda não se recobrou plenamente da última recessão. Estoques não se esvaziam, a maioria das indústrias funciona aquém da capacidade, a poupança dos consumidores é escassa, as falências pessoais estão em alta recorde, as exportações andam em baixa e o mercado de ações ainda não recuperou o terreno perdido quando a bolha estourou em 2000-01. Outras economias por todo o mundo estão sofrendo agruras similares.

Todas essas más notícias levantam a questão: a União Européia realmente acredita que seu futuro econômico tem chances de melhorar substancialmente se ela se limitar a seguir o exemplo americano nas reformas do trabalho, do bem-estar social, do comércio e outras? Ninguém diria que tais reformas são desnecessárias, mas a questão de como melhor direcionar o espírito empreendedor sem sacrificar o bem-estar social da força de trabalho da UE é uma preocupação crítica.

Mitos tardam a morrer. Apesar do fato de o milagre americano dos empregos ter se mostrado efêmero e menos robusto do que pretendia a badalação, muitos líderes políticos e oficiais do governo europeus continuam a observar o modelo americano em busca de inspiração e orientação. Seu entusiasmo é equívoco. Em vez de perguntar o que os americanos fizeram certo e o que os europeus fizeram errado — passatempo favorito dos líderes na Europa —, os europeus deviam congratular-se por haverem criado a mais humanitária estratégia capitalista jamais experimentada, e em seguida perguntar-se que novas idéias poderiam ser implementadas para melhorar o modelo existente. Manter os benefícios sociais apropriados e buscar uma alta qualidade de vida para seus cidadãos devia ser considerado pela UE como uma parte essencial da tarefa de criar a primeira superpotência realmente sustentável do mundo.

Se a União Européia resolvesse abandonar grande parte de sua rede social em favor de uma estratégia de mercado mais liberal, seus 455 milhões de habitantes poderiam ver-se afligidos pelo tipo de males sociais que hoje infestam os Estados Unidos, desde a maior desigualdade até o aumento da pobreza, da ilegalidade e da população carcerária. Esse é um alto preço a pagar quando consideramos o fato de que o modelo americano não somente não conseguiu proporcionar aumentos reais no nível de empregos, como levou milhões de americanos a dívidas de longo prazo e à falência.

O verdadeiro desafio que se impõe à UE nos próximos anos é como tirar proveito de seus vastos recursos naturais e humanos para criar uma poderosa economia continental sem solapar seu antigo compromisso com a justiça social e econômica para todos os cidadãos. O resultado de modo algum é certo.

O que não admite dúvidas, todavia, é o fato de que o Sonho Americano e o Sonho Europeu divergem substancialmente no mister de como melhor proporcionar a todos a oportunidade de prosperar e ser alguém no mundo. O Sonho Americano, desde o início, lançou sobre o indivíduo o ônus da responsabilidade por fazer o que puder de sua vida no mercado, com pouco apoio social exceto a garantia de uma educação pública gratuita. Os europeus, em contraste, acreditam que a sociedade tem a responsabilidade de compensar o por vezes inescrupuloso darwinismo de mercado, oferecendo suportes sociais aos menos favorecidos, para que ninguém seja deixado para trás.

Ambos os sonhos têm suas forças e fraquezas. Os europeus são com freqüência criticados pelos americanos por não assumirem maior responsabilidade pessoal por seus próprios destinos. Os americanos, por outro lado, são amiúde criticados pelos europeus por serem desalmados e não assumirem a devida responsabilidade por seus semelhantes.

Curiosamente, os europeus estão começando a dar ouvidos ao conselho americano, instituindo reformas que estabelecem maior equilíbrio entre a iniciativa individual e a responsabilidade coletiva, mas há poucas evidências de que os EUA estejam alterando seu sonho incorporando-lhe um sentido mais amplo de responsabilidade comum pelo bem-estar coletivo da sociedade. O Sonho Americano, se vem mudando, é no sentido contrário, para tornar-se quase uma caricatura do individualismo rústico tão glorificado pela mitologia da fronteira americana. O resultado é que alguns americanos estão ficando mais ricos enquanto muitos outros estão ficando mais pobres. Em ambos os casos, o Sonho Americano padece. Os filhos e filhas de americanos mais ricos crescem no seio do luxo e acabam se sentindo especiais e merecedores da felicidade, estando menos dispostos a trabalhar duro, sacrificar-se e fazer algo da vida. Para eles, o Sonho Americano converteu-se na busca incessante do prazer momentâneo, destituída de quaisquer grandes propósitos na vida. Para aqueles americanos que ainda acreditavam na promessa da América e que fizeram todos os esforços para "levantar-se pelos cadarços das botas" e alcançar o sucesso, somente para serem derrubados vezes sem conta por uma economia de mercado e uma sociedade opositoras, o Sonho Americano passou a parecer uma farsa cruel, um mito sem nenhuma substância real. Para aqueles no topo e aqueles na base, o Sonho Americano está perdendo vigor e, com isso, deixando à deriva o povo americano. Não tendo senão nosso fervor religioso a que nos apegar, tornamo-nos um "povo escolhido" sem narrativa alguma — o que faz dos Estados Unidos um lugar potencialmente mais perigoso e solitário para viver.

Enquanto nosso fervor religioso esteve associado ao sucesso pessoal, a idéia de povo escolhido ajudou a fomentar a mobilidade social e o espírito democrático nos EUA. Agora que o Sonho Americano do sucesso pessoal é visto como dado banal ou — pior ainda — fastidioso por um número crescente de jovens americanos bem de vida, e como algo além do alcance pela maioria dos americanos pobres, só o que resta é a idéia de povo escolhido. A pergunta então é a seguinte: escolhido para quê? O fervor religioso em busca de uma missão, especialmente se complementado pela idéia de um estatuto especial aos olhos de Deus, pode metamorfosear-se de maneiras terríveis, sobre as quais nós americanos não estamos habituados a refletir. Já vimos na era pós-11 de Setembro uma sugestão das possibilidades, com um número crescente de líderes evangélicos americanos, políticos conservadores e intelectuais discorrendo sobre a vindoura confrontação global entre o Ocidente cristão civilizado e o bárbaro mundo muçulmano. É certo que a maioria dos americanos religiosos não nutre tais idéias, ou pelo menos ainda não. E muitos outros americanos mais seculares estão muito longe de nutri-las. Outro 11 de Setembro poderia mudar isso tudo em um instante.

Se o emergente Sonho Europeu pode oferecer uma visão alternativa mais capaz de acomodar as mudanças tumultuosas que ocorrem no mundo de hoje, desde a globalização da economia e o aumento do desemprego até a difusão do terrorismo religioso, é algo que resta ver. No próximo capítulo exploraremos este sonho sob múltiplos pontos de vista e perspectivas, na esperança de entender melhor seu potencial para abrir novos caminhos a serem trilhados pelo espírito humano.

3

O Silencioso Milagre Econômico

GOSTAMOS de passar as férias lá. A cada esquina descobrimos alguma marca de nosso passado. Muitos de nós ainda possuem profundas raízes na Europa. É como estar num gigantesco museu a céu aberto — repleto de tesouros e memórias, algumas horrendas, outras nobres. É agradável visitar o "Velho Mundo". Os aromas são mais íntimos, os detalhes da vida são mais esmeradamente observados. O olfato humano ainda não despertou de todo para a vida até ter passado por uma loja de queijos na França e aspirado a corrente de refinados aromas que emanam de cem queijos diferentes, cada um com sua história particular, e cada um melhor que qualquer queijo que possamos encontrar nos supermercados perto de casa. E há as vitrines das lojas na Oxford Street, no badalado distrito de compras de Londres; nas ruas laterais que circundam o Grande Duomo, em Milão; e ao longo da Champs Elysées, em Paris. Cada vitrine é uma obra-prima à parte, sugerindo aos transeuntes americanos que o que há nas lojas são mais do que produtos à venda: são presentes a compartilhar.

Para a maioria dos americanos, a Europa é um lugar para relaxar, despertar nossos sentidos, rejuvenescer nossos espíritos e alimentar nossas almas. Nada é mais aprazível do que um passeio ao longo do rio Reno, na Basiléia, no início de uma tarde de verão, observando moças, rapazes e famílias inteiras deslizando pela rápida água corrente em suas bóias. Ou escapar das geadas do inverno entrando no santuário caloroso e mal iluminado de uma igreja do século XIV numa cidadezinha nas colinas da Provença. Grandes lembranças.

Mas quando se trata do "mundo real" de ganhar a vida, das receitas e despesas, dos investimentos e retornos, nós americanos não damos tanta atenção aos ires e vires da Europa. Geralmente preferimos manter nossa visão econômica no Oriente — no Japão e nos países dos Tigres Asiáticos. Recentemente, os homens de negócios americanos voltaram um dos olhos para a China, convencidos de que a amplitude de seus recursos, de sua população, de sua educação e de seu empenho fazem dela provavelmente a próxima grande potência econômica.

Enquanto nós, americanos, continuamos a perscrutar as economias do Pacífico e da Ásia em busca de indícios de aceleração da concorrência e de maiores oportunidades comerciais, uma revolução econômica silenciosa, de uma espécie diferente, vem tendo lugar na terra de nossos antepassados europeus, a cujo respeito sabemos muito pouco e diante da qual nos achamos mal preparados para reagir.

Os americanos estão vagamente cientes de que novas realidades econômicas e políticas vêm emergindo na Europa, mas, se pressionados, são incapazes de dizer exatamente que realidades são essas. Sabemos que há hoje uma moeda comum em grande parte do continente e que não precisamos fazer cálculos afobados e muitas vezes desinformados numa fração de segundos para saber quantos dólares vale a moeda local — como fazíamos antes do advento do euro. Com efeito, como o euro está praticamente em igual paridade com o dólar — na verdade ele está valendo um pouco mais —, é mais fácil para os americanos fazer compras na Europa, uma vez que já não precisamos de longas equações mentais para descobrir se encontramos uma pechincha ou estamos caindo num logro. Lembra-se de quando um dólar valia 1.700 liras italianas?

Quando passamos pelo controle de passaporte em Londres, Frankfurt, Paris e Milão, notamos que os europeus na fila ao lado se alinham sob uma insígnia ornada com 12 estrelas dispostas em círculo contra um fundo azul. Um único passaporte da União Européia vale hoje para todo viajante europeu. Começamos a pensar nas pessoas da outra fila não como franceses, italianos, alemães ou poloneses, mas como europeus.

Nós, americanos, ainda somos condicionados por nossas lembranças da velha Europa como um amálgama de milhares de cidades outrora muradas com seus descampados circunvizinhos, aninhadas em meio a dezenas de fronteiras nacionais rigidamente estabelecidas, numa espécie de comprimido mosaico em que divisas chocam-se com divisas. A velha Europa parecia comprimida, e mesmo claustrofóbica, para americanos habituados a apreciar o que chamamos de "espaço para respirar". Lembro-me da conversa que tive com o filho adolescente de um amigo íntimo italiano há mais de 15 anos. O jovem acabara de regressar de sua primeira visita aos EUA, e perguntei-lhe de que ele mais gostara nessa experiência. Ele respondeu: "A América é tão espaçosa!".

A Europa atualmente vem derrubando as muralhas, fronteiras, divisas e todas as infinitas demarcações que durante mais de dois milênios de história separaram cada povo dos povos vizinhos e dos estrangeiros. Pode-se alugar um carro e fazer uma peregrinação por todo o continente sem nem mesmo parar num cruzamento de fronteiras. Como saber que saímos da França e entramos na Espanha? Tudo parece de repente mais aberto e mais expansivo. Se a sensação não é exatamente a do grande firmamento e carece da majestade dos espaços abertos dos EUA, as coisas tampouco parecem estreitas e confinadas, como pareciam em viagens pela velha Europa. Agora há espaço para respirar, e ninguém tem muita certeza do que fazer com todo esse espaço recém-adquirido.

Mas uma coisa é certa: há um novo experimento tendo lugar na Europa. O continente como um todo tornou-se um terreno de testes para repensar o comércio e a política e reimaginar como as pessoas podem conviver umas com as outras. Os números em si são assombrosos, e dão uma idéia da vastidão e escopo, da mera magnitude do experimento. Vinte e cinco países europeus — grandes e pequenos — uniram seus imensos recursos humanos e naturais e assumiram um compromisso ao menos parcial com o compartilhamento de um destino comum. Nós americanos ainda concebemos a União Européia como pouco mais que uma espécie de zona de livre-comércio, ao estilo do Nafta, salvo que mais avançada. Estamos enganados. Ela é muito mais que isso.

O povo da Europa tem um Parlamento Europeu comum, com muitos poderes previamente reservados aos Estados-nação; uma Corte de Justiça Européia que prevalece sobre as leis de cada país; e uma Comissão Européia que regula os negócios, o comércio e mil e uma outras coisas que costumavam ser regidas exclusivamente por governos nacionais. A União estabeleceu seu próprio braço militar, uma força de rápida reação. Ela concordou em firmar uma política exterior comum e, com a ratificação de sua nova constituição, terá um ministro do exterior representando toda a Europa. No curso dos próximos dois anos, os vinte e cinco governos ratificarão uma constituição européia, formalizando sua união. Embora ainda haja muita controvérsia sobre o nível de soberania a ser preservado por cada Estado-nação e o nível a ser concedido à União — sendo o Reino Unido o consorte mais relutante neste novo casamento —, como houve nos primeiros cem anos da união americana, o caminho, a exemplo de nosso grande experimento, carrega as marcas do destino.

O Nascimento de um Novo Tipo de Superpotência Econômica

Os europeus se negam a chamar sua nova união de "Estados Unidos" da Europa, receando confundir seu experimento com o que nós tivemos há duzentos anos, embora haja muitos paralelos. Todavia, as diferenças permanecem no mínimo tão significativas quanto as semelhanças, como veremos com mais profundidade nas páginas que se seguem. O que estamos testemunhando é o nascimento de uma nova entidade política e de uma nova força comercial no cenário mundial. A União Européia, o que alguns observadores chamam de "império relutante", já é um gigante imponente, malgrado ainda na infância. Quatrocentos e cinqüenta e cinco milhões de pessoas são cidadãos da UE. Eles representam aproximadamente 7% da raça humana. Embora ainda seja numericamente inferior à China e à Índia — cada qual com uma população superior a um bilhão de pessoas —, a UE já ultrapassou os EUA, cujos 293 milhões constituem 4,6% da raça humana, e fez empalidecer o Japão, cujos 120 milhões perfazem menos de 2,1% da população humana na Terra[1].

A União Européia é hoje o maior mercado interno e a maior negociante de produtos do mundo. Ela é também o maior mercado mundial de serviços. No ano de 2000, a UE movimentou 590,8 bilhões de euros, ou 24% da movimentação mundial em serviços; os EUA, em comparação, ficaram em segundo, com 550,9 bilhões de euros e uma parcela de 22%. O Japão ficou com um distante terceiro lugar, com 201,6 bilhões e uma parcela de 8% do mercado global[2]. Além disso, diversamente dos Estados Unidos, que operam com déficit na balança comercial e importam mais do que exportam, a UE exporta mais do que importa[3].

O Produto Interno Bruto da União Européia, de 10,5 trilhões de dólares em 2003, já excede os 10,4 trilhões dos Estados Unidos, e, como veremos numa seção mais adiante, mesmo este número mascara certas vantagens econômicas adicionais que a UE tem sobre os EUA e que não figuram nos dados do PIB[4]. O resultado é que o PIB da UE já representa aproximadamente 30% do PIB do mundo, o que faz dela um concorrente formidável para os EUA na economia global[5]. (O PIB da UE é aproximadamente 6,5 vezes maior que o da China.)[6]

A Europa corpórea ainda está ganhando forma. Com a perspectiva de acrescentar outros quatro ou cinco países aos atuais 25 durante a próxima década, a União crescerá até abranger uma massa de terras que se estende da Finlândia ao Mediterrâneo e da Irlanda ao mar Negro. Grande parte do potencial da União Européia depende de sua capacidade de criar um mercado e uma arena comercial internos que sejam desimpedidos e unidirecionais. Ela está dando os primeiros passos para desenvolver uma rede de transportes continental, uma rede integrada de energia e eletricidade, uma grade comum de comunicações, um mercado único de serviços financeiros e um arcabouço regulamentar unificado para a realização de negócios. A União Européia estabeleceu o que chama de Redes TransEuropéias (TENs) cobrindo os setores de transportes, energia e telecomunicações, no objetivo de conectar toda a Europa numa única rede moderna de alta tecnologia. O preço para unificar a Europa é estimado em mais de 500 bilhões de dólares, e será coberto tanto pelo governo como pelo setor privado[7].

Programas educacionais pan-europeus também vêm sendo implementados. A União Européia iniciou três programas educacionais de alto perfil: o Sócrates, o Leonardo da Vinci e o Juventude. O Sócrates abarca a educação em geral, desde as escolas maternais até a instrução adulta. O programa estabelece projetos educacionais comuns, incentiva a mobilidade de estudantes e professores entre os países membros da UE e compromete-se com esforços por harmonizar os currículos. Seu projeto Erasmo concedeu bolsas a mais de um milhão de estudantes europeus para estudar em outros países membros. O projeto Comênio congregou mais de dez mil escolas em esforços educacionais cooperativos por toda a UE. O programa Leonardo da Vinci ajudou mais de 200 mil jovens a obter treinamento profissional em outros países membros. O programa Juventude oferece a jovens entre as idades de 15 e 25 anos oportunidades de prestar serviços voluntários localmente ou em algum dos outros países membros da UE[8].

Talvez a tarefa mais desafiadora no caminho rumo à integração européia seja sanar a grande disparidade de renda e qualificação profissional entre os trabalhadores dos países do oeste e norte da Europa e aqueles das novas economias no centro, no sul e no leste europeus. O ingresso na União de 75 milhões de novos cidadãos de países do Leste e do Sul deflagraram temores no Oeste de um possível influxo em massa de mão-de-obra barata — tanto qualificada como não-qualificada — em economias já saturadas da velha Europa. Há também a preocupação de que empresas que atuam no oeste da Europa transfiram proporções cada vez maiores de suas operações e serviços para o leste europeu, onde os custos de mão-de-obra são consideravelmente menores. Isso já começou a ocorrer.

A empresa de consultoria Gartner afirma que a República Checa, a Polônia, a Eslováquia e a Hungria são destinos particularmente atraentes para as empresas do oeste europeu interessadas em terceirizar parte de suas operações para mercados com mão-de-obra mais barata. Algumas empresas, como a firma de logística DHL, estabeleceram operações próprias no leste europeu. A DHL criou um centro de operações de TI em Praga em 2004[9]. A Gillette, empresa americana, anunciou planos em 2004 de construir uma fábrica de 148 milhões de dólares na Polônia, transferindo o fabrico e a distribuição da Grã-Bretanha e da Alemanha, para tirar proveito dos custos menores de mão-de-obra. Suas novas instalações fabris acabarão empregando 1.150 trabalhadores. Como parte da reestruturação, a Gillette vai fechar duas fábricas na Inglaterra e reduzir a produção e o tamanho da sua força de trabalho na fábrica de Berlim[10].

Os europeus do Oeste também temem que imigrantes pobres vindos em rebanhos do Leste lancem um peso adicional sobre sistemas de bem-estar social já sobretaxados. O medo é tão pronunciado que a maioria dos 15 países membros mais antigos já impôs várias restrições para manter os trabalhadores do leste europeu fora de suas fronteiras por vários anos. Os europeus do Leste receiam que produtos do Oeste recém-introduzidos em suas economias prejudiquem os produtores nacionais ou aumentem os preços para os consumidores.

Restam ainda muitas outras dificuldades para criar um mercado interno coeso na Europa. Mas as realizações positivas são muito mais numerosas que os obstáculos restantes. Igualmente importante, com o inglês se tornando cada vez mais a língua franca da Europa — ele já é a língua usada em muitos cursos universitários e de pós-graduação, especialmente nas áreas de negócios e ciências —, os europeus poderão comerciar sua mão-de-obra, seus bens e seus serviços com uma conveniência quase igual à do mercado interno dos EUA. Isso não ocorrerá da noite para o dia, mas o processo de integrar a Europa num mercado interno unificado já está bem avançado, e continuará a ganhar impulso durante os próximos 25 anos, quando deve atingir o nível de integração que nós usufruímos e mesmo julgamos natural nos Estados Unidos.

Para os céticos — e há muitos — que duvidam que isso tudo seja possível, os líderes europeus observam que, há apenas uns poucos anos, os descrentes, inclusive muitos dos principais economistas e especialistas políticos dos EUA, estavam convencidos de que a introdução de uma moeda comum na UE fracassaria. O euro teve um sucesso que foi além até mesmo das expectativas mais entusiastas de seus criadores, sendo hoje mais forte que o dólar — valia US$ 1,27 em fevereiro de 2004 — e tornando-se um rival nos círculos financeiros mundiais[11]. O Banco Central da Rússia anunciou em 2003 que converteria parte de suas reservas estrangeiras de dólares em euros, e mesmo a China começou uma pequena transição em favor do euro[12]. Recentemente, Javad Yarjani, alto oficial da Organização dos Países Exportadores de Petróleo (Opep), sugeriu que os países membros produtores poderiam começar a vender seu petróleo em euros. Afinal de contas, a Europa é a maior parceira comercial do Oriente Médio, importando muito mais petróleo do golfo Pérsico dos que os EUA. Como já foi dito, a UE responde hoje por uma parcela maior do comércio global. Yarjani sugere que, se os dois principais fornecedores de petróleo americanos, a Noruega e o Reino Unido, adotarem o euro — o que é provável —, "isso pode gerar impulso para que se converta o sistema de apreçamento do petróleo para euros"[13]. Se isso ocorrer, nações importadoras de petróleo por todo o mundo já não precisarão de reservas em dólares para comprar o produto, e a demanda por dólares poderá declinar significativamente, com sérias conseqüências para a economia americana.

A atual dívida interna crescente dos EUA é em grande parte responsável pela valorização de 44% do euro e pela conseqüente depreciação de 31% do dólar entre julho de 2001 e dezembro de 2003[14]. O Fundo Monetário Internacional (FMI) está tão preocupado com a dívida dos EUA — resultante do crescente déficit orçamentário e do desequilíbrio comercial — que publicou um relatório alertando que, se não forem tomadas medidas para reverter a tendência, ela poderá ameaçar a estabilidade financeira da economia mundial. Economistas do FMI dizem que as obrigações financeiras dos EUA para com o restante do mundo devem corresponder a 40% de sua economia total dentro de poucos anos. Eles temem que os empréstimos dos EUA atinjam níveis tão altos que forcem a elevação das taxas globais de juros, arrefecendo os investimentos globais e o crescimento econômico[15].

O déficit fiscal dos EUA era de estrondosos US$ 374 bilhões em 2003, e calculava-se que excederia os US$ 521 bilhões em 2004[16]. Mais assustador ainda, o relatório do FMI concluía que as perspectivas fiscais de longo prazo eram ainda mais funestas. Os economistas do FMI prevêem que a insuficiência de fundos para a seguridade social e a saúde nos EUA provocará escassez de até US$ 47 trilhões nas próximas sete décadas[17]. John Vail, estrategista sênior da Mizuho Securities USA, resumiu os sentimentos de muitos investidores estrangeiros sobre o valor do dólar, dizendo: "A moeda já não tem o estatuto de porto seguro que tinha em anos recentes"[18]. Quem ousaria sugerir há meros cinco anos que o euro seria mais forte que o dólar no final de 2003?

Então por que há tão poucos americanos dando atenção às mudanças dramáticas que vêm ocorrendo no outro lado do Atlântico? Em grande medida, é uma questão de percepção. Quando pensamos na Europa, nosso contexto é cultural ou histórico. Quando pensamos em comércio e política, porém, nosso quadro de referências transmuta-se rapidamente para o dos países individuais da Europa — a Alemanha, o Reino Unido, a França, a Itália. Essa velha concepção que associa comércio e política com os Estados-nação da Europa está sendo rapidamente desmentida pela nova realidade de uma superpotência definida em termos continentais, cujo músculo comercial começa a abarcar um campo de atuação global mais expansivo.

Embora ainda faça sentido tecer comparações entre os EUA e países individuais da Europa no reino político, e especialmente em questões de política externa, faz cada vez menos sentido tecê-las na esfera comercial. As empresas que conheço pessoalmente na Europa consideram-se cada vez mais empresas européias — se não mesmo globais —, assim como nos Estados Unidos as companhias há muito deixaram de se considerar empresas de Nova York ou da Califórnia, para serem empresas americanas e globais.

O significado disso tudo é que temos de começar a remodelar nosso próprio conceito dos Estados europeus, para passar a concebê-los como parte da União Européia, assim como concebemos os 50 Estados americanos como partes dos Estados Unidos. Isso altera fundamentalmente o modo como fazemos comparações. Por exemplo, em vez de pensar na Alemanha em comparação com os EUA, devemos pensar na Alemanha em comparação com a Califórnia — sendo aquela o maior Estado na economia européia e essa o maior Estado na economia americana. Quando começamos a alterar o modo como fazemos comparações, tudo subitamente se transforma, e passamos a enxergar a imensidão do que vem se desenvolvendo, e as potenciais conseqüências para os EUA. Se compararmos o PIB da Alemanha — o maior dos 25 Estados da União Européia — ao da Califórnia, nosso maior Estado, veremos que o da primeira, de 1,866 bilhão de dólares americanos, excede o da segunda, de 1,344 bilhão. O Reino Unido, o segundo maior Estado da União Européia, com um PIB de US$ 1,4 trilhão, é quase duas vezes maior que nosso segundo maior Estado, Nova York, cujo PIB é de US$ 799 bilhões. A França, com um PIB de US$ 1,3 trilhão, é quase 50% maior que nosso terceiro Estado mais poderoso, o Texas, com US$ 742 bilhões. A Itália, cujo PIB é de mais de US$ 1 trilhão, tem mais que o dobro do porte de nossa quarta maior economia estatal, a Flórida, com US$ 472 bilhões. A Espanha, com um PIB de US$ 560 bilhões, joga para escanteio nosso quinto maior Estado, o Illinois, com US$ 467 bilhões. A Holanda tem uma economia maior que a de Nova Jérsei. A da Suécia é maior que a do Estado de Washington. A da Bélgica ofusca a de Indiana. O PIB da Áustria é maior que o de Minnesota. A economia da Polônia é maior que a do Colorado. A Dinamarca é maior que Connecticut. O PIB da Finlândia excede o de Oregon. O da Grécia empata com o da Carolina do Sul[19].

Quando meus colegas e amigos — em ambos os lados do Atlântico — têm a chance de aplaudir ou desancar as façanhas e tolices de empresas globais, pode apostar que são as empresas americanas que lhes vêm à mente. Não significa que eles não têm conhecimento de companhias transnacionais cujas sedes estão em alguma parte fora das estremas dos EUA. A Toyota e a Honda no Japão, a Samsung na Coréia, e a BMW, a Vivendi e a Nestlé na Europa são nomes famosos. Mas eles acreditam que a maioria das corporações gigantescas, aquelas que dominam o comércio mundial, costuma ter raízes americanas. Quando a gigante alemã dos automóveis Daimler-Benz comprou a terceira maior montadora americana, a Chrysler, há alguns anos, isso constituiu um choque para a maioria dos trabalhadores americanos, mas foi visto como uma espécie de acidente. Poucos americanos têm noção do poder das companhias transnacionais européias. Sessenta e uma das 140 maiores empresas do mundo segundo a Global Fortune 500 são européias, ao passo que somente 50 são americanas, com outras 29 situadas na Ásia[20].

A Royal Dutch/Shell e a BP são hoje a quarta e a quinta maiores empresas do mundo. A Nokia, uma empresa finlandesa, é a produtora número um de telefones celulares, com uma receita de US$ 28 bilhões. A empresa controla hoje aproximadamente 40% do mercado mundial de telefones móveis. E é uma empresa que há meros 30 anos vendia papel higiênico e botas de borracha. Em 1998, sua divisão de telefonia móvel ultrapassou a da Motorola para se tornar a porta-voz móvel do mundo[21]. A Vodafone, gigante britânica das telecomunicações, com mais de 100 milhões de assinantes em 28 países, é a operadora número um ou dois de telefonia sem fio numa dezena de mercados pelo mundo, incluindo a Grã-Bretanha, a França, a Suíça, a Holanda, a Itália e, sim, os Estados Unidos. Ocorre que a maior operadora americana de telefonia sem fio, a Verizon Wireless, é uma *joint venture* possuída em 45% pela Vodafone[22].

As chances são de que a maioria dos americanos não conheça a Bertelsmann, companhia de mídia alemã de 167 anos de existência — a terceira maior do mundo depois da Time Warner e da Walt Disney, e a maior editora de livros do planeta. Claro, os americanos compram montes de livros da venerável editora americana Random House. O que não sabem é que a Random House pertence à Bertelsmann. Bem, e quanto àquelas outras editoras americanas famosas e antigas, a Penguin, a Putnam e a Viking? Todas são de propriedade da gigante editorial britânica Pearson[23].

Os americanos se orgulham da Boeing e gostam de imaginar que nenhum outro país supera o *know-how* dos EUA quando se trata de fabricar aviões. Não é assim. A Airbus, o consórcio europeu, superou a Boeing pelos últimos três anos e hoje controla 76% do mercado mundial de aviões[24].

É justo dizer que a Royal Ahold, varejista holandesa de alimentos, tem um índice zero de reconhecimento de marca nos EUA, muito embora, com quase US$ 60 bilhões em receita em 2002, ela seja a segunda maior empresa da área. Durante a última década, a companhia holandesa comprou sem alarde praticamente todas as maiores cadeias de mercados a leste dos montes Apalaches, e hoje opera mais de 1.400 lojas ainda sob os nomes originais, como Bi-Lo, Stop & Shop, Giant e Bruno's. A Ahold é atualmente a maior varejista de itens alimentícios na Costa Leste da América do Norte[25].

A Deutsche Post, os correios recentemente privatizados da Alemanha, vem progredindo no sentido de tornar-se a maior companhia de entregas do mundo, tendo feito mais de 20 aquisições mundiais nos últimos anos, o que inclui a compra, por um bilhão de dólares, da Air Express, a maior companhia americana de fretes aéreos. Ela também tem participação majoritária na DHL International, de Bruxelas, a maior empresa de entregas fora dos Estados Unidos. As americanas United Parcel Service (UPS) e Federal Express, há muito grandes rivais, estão tão preocupadas com o plano da Deutsche Post de assentar pé em solo americano que se uniram, registrando protestos no Departamento Americano do Transporte, em uma tentativa de frustrar os esforços de expansão da companhia alemã nos EUA. A agitação entre as companhias de entrega americanas e sua nova concorrente alemã levou o *Wall Street Journal* a chacotear que "caminhões de entrega americanos rodaram pelas ruas de paralelepípedos da Europa por mais de duas décadas. Agora as transportadoras européias querem descobrir se as fronteiras transparentes funcionam para os dois lados"[26].

É surpreendente a pouca atenção que as empresas européias recebem em discussões sobre a globalização. Em protestos contra a globalização durante reuniões da Organização Mundial do Comércio (OMC), encontros do Banco Mundial e conferências do G8, a atenção nas ruas concentra-se sobretudo nas maquinações pérfidas das companhias transnacionais americanas. Mesmo em fóruns de política mundial, o foco recai quase que exclusivamente sobre companhias americanas. E todavia, em muitas das principais indústrias do mundo, são companhias transnacionais européias que dominam os negócios e o comércio.

Instituições financeiras européias são os bancos do mundo. Quatorze dos vintes maiores bancos comerciais do mundo de hoje são europeus, inclusive três dos quatro maiores: o Deutsche Bank, o Credit Suisse e o BNP Paribas[27]. Na indústria química, a companhia européia BASF é a líder mundial, e três das seis maiores concorrentes são européias[28]. Na engenharia e na construção, três das cinco maiores empresas são européias: a Bouygues, a Vinci e a Skanska; as outras duas são japonesas. Não há uma única empresa de engenharia e construção americana entre as nove maiores concorrentes mundiais[29]. Em alimentos e produtos de consumo, a Nestlé e a Unilever, duas gigantes européias, estão respectivamente em primeiro e segundo lugar em todo o mundo[30]. No setor de varejo para produtos alimentícios e medicamentos, duas companhias européias, o Carrefour e a Royal Ahold, estão em primeiro e segundo nas classificações, e companhias européias ocupam cinco dentre os dez primeiros lugares. Somente quatro empresas americanas estão na lista: Kroger, Albertsons, Safeway e Walgreens[31].

Companhias européias dominam a indústria global de seguros. Oito das dez maiores companhias de seguros são européias, incluindo a Munich Re e a Swiss Re, a primeira e a segunda do mundo[32]. Na área de seguros de vida e de saúde, as cinco maiores são européias — ING, AXA, Aviva, Assicurazioni Generali e Prudential[33]. Na área de propriedade e acidentes pessoais, a companhia européia Allianz é a número um do mundo, e cinco das nove maiores são companhias européias[34].

Na indústria das telecomunicações, companhias européias ocupam seis dos onze primeiros lugares nas classificações[35]. Na indústria farmacêutica, empresas americanas ofuscaram suas rivais européias nos últimos anos, com a Merck, a Johnson & Johnson e a Pfizer no primeiro, segundo e terceiro lugares na classificação global. Todavia, a GlaxoSmithKline, a companhia britânica, detém o quarto lugar; a Novartis, a companhia suíça, o quinto; e a Aventis, a companhia francesa, o sexto. Empresas européias ainda ocupam cinco dentre os dez primeiros lugares[36].

Na indústria de veículos automotores e peças, a General Motors e a Ford ainda estão no topo, mas a DaimlerChrysler é a terceira, e as montadoras européias Volkswagen, Fiat, BMW e Renault estão todas entre as 12 maiores do mundo[37].

Numa recente pesquisa realizada pela *Global Finance* sobre as 50 melhores empresas do mundo, todas, exceto uma, eram européias. A única empresa americana a integrar a lista foi a Hilton. Companhias européias como a Diageo, a gigante de bebidas finas — dona da Seagram's e da Smirnoff; a Anglo Americana, companhia londrina de mineração; a Ryanair, a nova viação irlandesa de vôos econômicos para passageiros; a SAP, a companhia alemã de software; a E.ON, empresa energética sediada em Düsseldorf; a companhia sueca Electrolux; a L'Oréal, gigante francesa dos cosméticos; a Diversified Services, empresa de distribuição e terceirização britânica; a Philips, maior companhia européia de artigos eletrônicos; e a Hermes & Mauritz, o varejista sueco, estavam entre as elogiadas por sua liderança inovadora e sua perspicácia empresarial[38].

Não se depreenda daí que as companhias européias subitamente ultrapassaram suas concorrentes americanas. Em algumas indústrias as empresas européias são claramente líderes, ao passo que em outras as americanas ainda dominam. A mensagem é antes a de que companhias globais com sede na Europa são capazes, na maioria das vezes, de ombrear com suas concorrentes americanas. E, em vários casos, seus sucessos merecem ser observados e absorvidos pelas empresas americanas, se estas pretendem permanecer competitivas nos mercados globais.

Enquanto a Europa mais do que se garante contra os Estados Unidos em termos de número de instituições corporativas globais, ela também possui mais empresas de pequeno e médio tamanho dos que os EUA. A comunidade empresarial americana está sempre alardeando a idéia de que as pequenas empresas são a espinha dorsal da economia dos EUA. Na verdade, a União Européia tem um número muito maior de empresas de pequeno e médio porte (SMEs, na sigla inglesa) do que os EUA. A bem dizer, as SMEs representam hoje dois terços dos empregos totais na UE, comparados com apenas 46% dos empregos totais nos Estados Unidos[39].

Além disso, SMEs conseguiram acompanhar o ritmo da rentabilidade das grandes empresas, unindo seus recursos e talentos em redes maiores, inclusive em *clusters* industriais e cooperativas, obtendo as vantagens de economias de escala e de escopo sem sacrificar a inovação e flexibilidade que acompanham costumeiramente operações em menor escala.

A União Européia fez questão de favorecer os interesses das SMEs e implementou a Carta Européia das Pequenas Empresas em 2000, para promover seu crescimento e desenvolvimento. Entre outras coisas, a carta exige que os Estados membros e a Comissão da UE proporcionem instrução em matéria de técnicas aprimoradas de trabalho, do uso bem-sucedido de modelos de *e-business* e de empreendedorismo, legislação e regulação, para ajudar as SMEs a manter-se competitivas. A UE criou até mesmo uma "Rede Global de Informações para SMEs", para ajudá-las a "trocar informações sobre produtos, tecnologias e recursos humanos" através de fronteiras, de modo que elas possam estender suas atividades para o mercado global[40].

Mensurando o Sucesso

Em geral, embora a União Européia esteja reduzindo sua diferença em relação à economia dos EUA — e seja muito maior que sua principal rival, a economia japonesa —, ela ainda precisa percorrer um longo caminho antes de concretizar sua meta de ser a mais competitiva e dinâmica economia do conhecimento até 2010. (Essa meta foi definida no Conselho da União Européia, em Lisboa, em março de 2000.) Num esforço por avaliar seu progresso, a UE publica anualmente o Painel Europeu da Inovação, enumerando os avanços em 17 grandes indicadores econômicos. Os indicadores se dividem em quatro categorias: recursos humanos para inovação; criação de novos conhecimentos; transmissão e aplicação do conhecimento; e finanças, produção e mercados para a inovação. De acordo com o relatório, a UE supera os EUA em três dos dez indicadores com dados disponíveis: o número de graduados em ciências e engenharia, os gastos públicos em pesquisa e desenvolvimento (P&D) e o novo capital levantado. Ela ainda fica atrás dos EUA, contudo, em sete outras áreas significativas, incluindo a proporção de valor agregado na fabricação de fabricação no setor da alta tecnologia, o número de patentes de alta tecnologia e a parcela da população em idade ativa com alguma forma de educação terciária[41]. É interessante notar, contudo, que as principais economias européias — a Dinamarca, a Finlândia, a Holanda, a Suécia e o Reino Unido — superam tanto os EUA como o Japão em sete dos dez indicadores comparáveis. Além disso, a UE, em geral, vem melhorando mais rápido que os EUA em quatro dos oito indicadores comparáveis: acesso à Internet, registro de patentes nos EUA, gastos *per capita* em tecnologia da informação e participação na educação terciária. A UE superou o Japão em todos os sete indicadores para os quais há dados comparáveis[42]. Os autores do relatório concluem que "os resultados, com essa tendência geral positiva, sugerem que a UE pode estar se equilibrando com seus principais concorrentes"[43].

A maioria dos economistas americanos, e mesmo alguns europeus, relutam em reconhecer o dramático progresso econômico da Europa. De acordo com *The Economist*, o crescimento dos Estados Unidos em 2004 foi de 4,4 e a previsão é de que o ritmo de crescimento para 2005 seja de 3,5; enquanto o crescimento da Europa em 2004 foi de 1,8 e a previsão para 2005 é de 1,6. Segundo Michael Mussa, ex-economista-chefe do Fundo Monetário Internacional, responsável pela elaboração das previsões da agência acerca do crescimento mundial, e atualmente no Instituto de Economia Internacional em Washington, o oeste europeu deve se sair um pouco melhor em 2005, com um ritmo de 2,25%, enquanto o crescimento americano deve cair para 3,5%. O ritmo menos robusto de crescimento da Europa, em comparação com o dos EUA, é mencionado como prova de que a UE está ficando ainda mais para trás na corrida por ser a economia mais competitiva do mundo[44].

A razão para o mau desempenho da Europa, segundo os economistas americanos, está nas políticas trabalhistas inflexíveis dos governos, nos vieses antiempresariais, na taxação excessiva e em programas onerosos de bem-estar social — a chamada "eurosclerose". O que eles convenientemente ignoram é que o crescimento econômico recente dos EUA não ocorreu sem um custo vertiginoso na forma de dívidas recordes de consumo e do governo. Os custos para estimular a economia foram imensos. Os Estados Unidos tiveram de contrair US$ 1,5 trilhão de dólares em dívidas adicionais só entre 2000 e 2004, e aumentar para US$ 500 bilhões o déficit anual do governo apenas em 2004, ao passo que as famílias americanas viram suas taxas de poupança flutuar em 2%. Em certo sentido, os Estados Unidos estão custeando a melhora de seu desempenho econômico de curto prazo, ao menos em parte, contraindo empréstimos do futuro[45].

Admitindo-se que muitas companhias européias ombreiam com suas rivais americanas e que a economia da UE é quase tão competitiva quanto a nossa, os EUA não continuam a produzir mais milionários? Não. De acordo com um relatório compilado pela Cap Gemini Ernst & Young em parceria com a Merrill Lynch, a Europa ostenta 2,6 milhões de milionários — indivíduos cujos ativos financeiros são de no mínimo um milhão de dólares americanos, excluindo-se seu patrimônio imobiliário —, ao passo que a América do Norte só tem 2,2 milhões. O mais revelador é que a Europa adicionou 100 mil milionários ao rol em 2000, enquanto a América do Norte perdeu 88 mil no mesmo ano[46]. Surpreendentemente, dos 7,2 milhões de milionários no mundo de hoje, a maior porcentagem — 32% — vive na Europa, e seus números estão crescendo mais rapidamente que os de qualquer outra região[47].

Embora a economia da UE esteja concorrendo quase que par a par com a do EUA, os números não contam toda a história. Isso ocorre porque as comparações entre a UE e os EUA são feitas tendo-se em conta seus respectivos PIBs. O problema com essa abordagem é o fato de que o PIB proporciona uma falsa impressão de bem-estar econômico real. Por essa razão, ele vem sofrendo crescentes críticas nos anos recentes por reformadores econômicos, e mesmo por fazedores de política de algumas das principais instituições econômicas globais.

O PIB foi criado pelo Departamento de Comércio dos EUA no auge da Depressão dos anos 30, e foi usado pela primeira vez como meio de mensurar a recuperação econômica da nação e em seguida de monitorar sua capacidade de produção durante a Segunda Guerra Mundial. O problema com o PIB é o fato de que ele não discrimina a atividade econômica que realmente melhora o padrão de vida das pessoas da atividade que não melhora.

Numa crítica mordaz ao PIB publicada na revista *The Atlantic* há vários anos, os analistas políticos Clifford Cobb, Ted Halstead e Jonathan Rowe compararam esse instrumento a "uma calculadora que soma, mas não consegue subtrair"[48]. Numa era em que a "produção" — qualquer tipo de produção — era considerada um *sine qua non* para mensurar o bem-estar, o PIB tornou-se a principal referência para economistas, empresários e políticos. Ele considera boa qualquer atividade econômica. Assim, se o crime subir em função do desemprego e da pobreza, exigindo um aumento na proteção e atividade policial, nas despesas de tribunais e nos custos carcerários, bem como um inchaço na segurança e proteção particulares, a atividade econômica resultante entra no PIB. Se um depósito de dejetos tóxicos tiver de ser limpo, ou um derramamento de óleo contido, ou um curso de água subterrânea purificado, uma vez mais a atividade econômica aumenta o PIB total. Se o uso de combustíveis fósseis aumenta, ele é somado ao PIB, muito embora signifique uma redução dos estoques existentes de energia não renovável. E se a saúde de milhões de americanos se deteriorar em função de aumentos na obesidade, no consumo de cigarros, na ingestão de álcool e no uso de drogas, o maior custo em serviços de saúde é igualmente acrescido ao PIB. O mesmo vale para o aumento de custos associado à proteção do país contra o terrorismo. A compra de mais mísseis, aviões, tanques e bombas é registrada no PIB. Só mesmo sob pressão alguém afirmaria que tais atividades resultam efetivamente na melhoria líquida de nossa qualidade de vida. Eis aqui o dilema: uma parcela considerável de nosso PIB — parcela que cresce a cada ano — corresponde a atividades econômicas que claramente não melhoram nosso bem-estar.

O falecido senador Robert Kennedy resumiu muito bem a desvantagem de utilizar o Produto Nacional Bruto para definir o bem-estar econômico do país. Ele escreveu:

> O Produto Nacional Bruto inclui a poluição do ar, os anúncios de cigarro e as ambulâncias que tiram cadáveres das rodovias. Ele inclui travas especiais para nossas portas e celas para as pessoas que as arrombam. O PNB inclui a destruição das florestas de coníferas e a morte do Lago Superior. Ele cresce com a produção de napalm e mísseis e ogivas nucleares. (...) Ele não leva em conta a saúde de nossas famílias, a qualidade de sua educação ou a alegria de seus recreios. Ele é indiferente à decência de nossas fábricas e à segurança de nossas ruas. Não inclui a beleza de nossa poesia ou a força de nossos matrimônios, nem a inteligência de nosso debate público ou a integridade de nossos funcionários públicos. (...) Ele mede tudo, em suma, exceto aquilo que faz a vida valer a pena.[49]

Até o homem que inventou o PIB, Simon Kuznets — ele ganhou posteriormente o Prêmio Nobel em 1971 por este feito — alertou em seu primeiro relatório ao Congresso americano, em 1934, que "o bem-estar de uma nação dificilmente pode ser inferido de uma medida da renda nacional"[50]. Passados 30 anos, Kuznets voltou à carga, depois de ver políticos e economistas abusando da ferramenta que ele inventara havia mais de três décadas. Ele escreveu: "Devem-se ter em mente as distinções entre quantidade e qualidade do crescimento, entre custos e retornos, e entre curto e longo prazo. Metas de 'mais' crescimento devem especificar mais crescimento do que e para quê"[51].

Ao longo dos anos fizeram-se muitas tentativas de encontrar uma alternativa adequada para o PIB. O Índice de Bem-Estar Econômico Sustentável (IBEES), o Indicador de Progresso Genuíno (IPG), o Índice Fordham de Saúde Social (FISH), o Índice de Desenvolvimento Humano da ONU (IDH) e o Índice de Bem-Estar Econômico (IBEE) estão entre os indicadores mais populares. Cada um procura determinar a "real" melhoria econômica no bem-estar humano.

A primeira tentativa de estabelecer um índice alternativo foi o IBEES, criado pelo então economista do Banco Mundial Herman Daly e o teólogo John Cobb em 1989. Seu índice parte dos gastos pessoais de consumo, aos quais agrega o trabalho doméstico não remunerado. Em seguida subtrai do resultado atividades destinadas primariamente a mitigar perdas, como o dinheiro gasto com o crime, a poluição e acidentes. Em seguida o IBEES leva em conta a disparidade de renda e o esgotamento dos recursos naturais[52]. O IPG inclui muitos dos mesmos critérios, mas adiciona o valor do trabalho voluntário na comunidade e subtrai a perda do tempo de lazer[53]. O FISH mensura 16 indicadores socioeconômicos, incluindo a mortalidade infantil, o abuso de crianças, a pobreza na infância, o suicídio entre adolescentes, o abuso de drogas, os índices de desistência no colégio, os ganhos médios semanais, o desemprego, a cobertura dos seguros-saúde, a pobreza entre idosos, os homicídios, o estado da habitação e a desigualdade de renda[54]. O IBEE leva em conta coisas tais como a taxa de poupança das famílias e a acumulação de capital tangível como ações imobiliárias, que mensuram o senso individual de segurança futura[55].

A questão de quão acurado é o PIB em mensurar e monitorar a real melhoria ou deterioração de nossa qualidade de vida ficou clara para mim no decurso dos últimos 20 anos. A partir de meados da década de 80, passei mais de um terço de meu tempo na Europa. Visitei praticamente todas as partes do continente, e fiquei em pequenas cidades, em comunidades rurais e em grandes áreas metropolitanas. Como eu estava sempre oscilando entre um destino a outro, chegando a viajar duas vezes por mês, fui continuamente bombardeado pelas diferenças entre os EUA e a Europa. As pequenas coisas sempre me atraíam a atenção. Por exemplo, quando entro num banheiro masculino na Europa, as luzes se acendem automaticamente e se desativam nove ou dez minutos depois, independentemente de eu haver saído ou não. Ou quando entro na maioria dos quartos de hotel, preciso inserir meu cartão num terminal para que as luzes se acendam. Quando saio, tiro o cartão do terminal e as luzes automaticamente se apagam. Similarmente, quando estou num aeroporto e me aproximo de uma escada rolante, uma luz detecta minha presença e a escada começa a se mover. Todos esses dispositivos se destinam a poupar energia.

Nas ruas, vejo muito pouca gente desabrigada ou com deficiência mental. Embora essas pessoas certamente existam e seus números estejam aumentando, elas não têm uma presença visível como têm nas ruas de Nova Iorque, Washington, Chicago e Los Angeles. As pessoas na Europa caminham pelas ruas à noite, mesmo nos bairros pobres. As mulheres muitas vezes passeiam desacompanhadas nos parques após o anoitecer. Embora haja policiais por perto, eles parecem menos numerosos e tensos do que os que conheço pelas ruas urbanas dos Estados Unidos.

Quando estou na Europa, raramente deparo multidões de gente gorda ou obesa. Por vezes consigo andar um dia inteiro sem encontrar uma única pessoa acima do peso. Nos EUA, em contraste, parece que todo o mundo tem excesso de peso e, mais chocante ainda, não sabe ou não liga para a aparência.

Na Europa, vejo homens e mulheres entretendo-se horas a fio com comida e bebida nas lanchonetes e cafés a céu aberto. Embora isso não seja necessariamente incomum, o estranho é que os vejo nesses estabelecimentos a todo momento, e não somente na hora do almoço ou no fim do dia, como seria o caso nos Estados Unidos. A primeira idéia que me vem à mente é: essa gente estará desempregada ou simplesmente demora a voltar para suas mesas e obrigações?

E ninguém parece afobado. Ninguém. As pessoas ainda passeiam na Europa. Os mais velhos muitas vezes caminham de mãos para trás, segurando em uma delas o pulso oposto. Não me lembro de quando vi pela última vez um grande número de pessoas andando à toa pelas ruas das grandes cidades americanas. E embora haja casas decrépitas e bairros paupérrimos por toda a Europa, eles em maior parte não se comparam aos distritos devastados do lado sul de Chicago, onde cresci, ou ao setor Bushwick/Brownsville do Brooklin, onde morei e trabalhei como voluntário da Vista depois de concluir meus estudos de pós-graduação na universidade.

Embora pichações nos prédios tenham se tornado epidêmicas em algumas partes da Europa — Milão me ocorre imediatamente —, raramente vi o tipo de decadência urbana que caracteriza a maioria das cidades e metrópoles americanas. Parece haver mais simetria no modo como as coisas se organizam na Europa. Os lugares onde se vive são mais bem proporcionados. Bairros vizinhos, escolas e mercados costumam ficar a uma caminhada de distância uns dos outros, ou a poucos minutos via bonde. E eis um dado estatístico que certamente provocará inveja: quase seis em cada dez europeus levam menos de 20 minutos para chegar ao trabalho[56].

Quando visito casas na Europa, as pessoas parecem ter menos coisas e rodear-se de menos parafernália tecnológica. Mas o que elas têm é geralmente de altíssima qualidade e muito bem cuidado. O mesmo se pode dizer da aparência pessoal. Os europeus e européias que conheço — em maioria de classe média ou alta classe média — não têm os imensos guarda-roupas de alguns de meus amigos nos EUA. Mas o que têm é de altíssima qualidade, de modo que quando saem eles parecem mais bem configurados. A diferença, suspeito, está no mais fugidio e imensurável dos fatores, o chamado "estilo". Na Europa, ele tem menos a ver com quanto se possui e mais com o modo como o indivíduo desfruta a vida. A maioria dos europeus é muito esclarecida nesse sentido.

O ponto é que há uma diferença muito real e muito demonstrável entre a "qualidade de vida" que se experimenta na maior parte da Europa e a existente na maior parte dos Estados Unidos. Conversei com inúmeros americanos e europeus, de todos os estilos de vida, que possuem essa mesma visão do assunto. Curiosamente, porém, em meus encontros com empresários, economistas, especialistas em política governamental e funcionários públicos eleitos — especialmente nos EUA —, só ouço falar de como a América é melhor, e, em necessidade de prova, o PIB é invariavelmente proposto como testemunho da superioridade do estilo de vida americano.

Mas o que ocorreria se levássemos a sério as críticas feitas ao PIB como medida do bem-estar e começássemos a considerar devidamente critérios alternativos para avaliar a qualidade de nossas vidas? Acredito que ficaria claro para qualquer observador objetivo que, sob muitos sentidos, os "Estados Unidos" da Europa — embora ainda na infância — já eclipsaram os Estados Unidos da América e se tornaram um novo tipo de superpotência.

Lembre-se de que o PIB da UE é hoje de aproximadamente US$ 10,5 trilhões, enquanto o dos EUA está na casa dos US$ 10,4 trilhões. A diferença de US$ 100 bilhões se alarga, contudo, se os PIBs forem reajustados para refletir a atividade negativa que não contribui para a melhoria da qualidade de vida cotidiana das pessoas. Comecemos com a vasta disparidade em gastos militares. As 25 nações da UE juntas destinaram US$ 155 bilhões em 2002 a atividades relativas à defesa. Os gastos de defesa americanos no mesmo ano totalizaram US$ 399 bilhões, ou US$ 244 bilhões a mais que o total de investimentos em defesa de todos os países da União Européia combinados[57]. Se os US$ 244 bilhões fossem subtraídos do PIB americano, este cairia para US$ 10,16 trilhões, alargando para U$ 344 bilhões a brecha entre a UE e os EUA.

Poder-se-ia argumentar que subtrair os gastos militares americanos é um tanto injusto, já que os Estados Unidos vêm arcando com o fardo de defender a Europa desde o fim da Segunda Guerra Mundial. Se não fosse pela superioridade da máquina militar americana, e pela disposição dos EUA de agir como protetores da Europa por meio da Organização do Tratado do Atlântico Norte (Otan), a Europa há muito teria tido de inflar sua própria máquina militar para defender seus interesses regionais e globais. Isso é perfeitamente justo. Por outro lado, muitos europeus afirmam que as forças militares americanas são muito maiores do que seria necessário num mundo pós-Guerra Fria, e lembram aos EUA que os chamados "dividendos da paz" — a esperada redução nos gastos militares que se supunha ocorreria após a queda do Muro de Berlim e o fim da Guerra Fria — ainda têm de se materializar. Embora a ameaça do terrorismo global suscite novas questões de segurança, não previstas na década passada, os europeus afirmam que tais problemas podem ser melhor resolvidos com uma combinação entre ações policiais, diplomacia sutil e um apoio ao desenvolvimento mais sofisticado e mais generoso. Como quer que seja, dizem os analistas europeus, se os US$ 155 bilhões atualmente investidos pelos 25 países europeus na defesa forem devidamente reorganizados por toda a Europa, para estabelecer uma única força continental e unidirecional de rápida reação — esforço que já vem sendo feito —, eles mais do que bastariam para dar conta de qualquer possível contingência militar.

O uso exorbitante e perdulário de energia pelos americanos é outro fator que, se levado em conta, aumenta ainda mais a disparidade entre o PIB europeu e o dos EUA. Em 2000, os 15 países que então integravam a UE consumiram

63,3 quatrilhões de Unidades Térmicas Britânicas (BTUs) de energia. Embora isso correspondesse a 16% do consumo total de energia do mundo naquele ano, estava 35,5 quatrilhões de BTUs abaixo do consumo dos EUA. Em outras palavras, os EUA consumiram 98,8 quatrilhões de BTUs de energia, ou quase um terço a mais que os 15 países da UE, muito embora a população conjunta dessa última fosse de 375 milhões de pessoas, ou 102 milhões a mais que a população dos Estados Unidos na época[58].

Os EUA continuam a consumir um terço a mais de energia que a União Européia, com US$ 703 bilhões a mais em gastos energéticos em 2000 (a cifra mais recente disponível). Isso significa que um terço do total, ou US$ 234 bilhões, é um mero reflexo do uso perdulário de energia e, se deduzido do PIB, aumentaria a brecha entre o PIB da União Européia e o dos EUA para US$ 578 bilhões[59]. Se também computássemos os gastos crescentes para o combate à poluição resultante da queima de um terço a mais de energia do que nossos amigos europeus, o PIB dos EUA teria de ser uma vez mais reduzido para refletir uma atividade econômica negativa.

Os EUA também gastam muito mais dinheiro no combate ao crime e na administração de justiça civil do qualquer um dos países europeus. Em 1999, mais de US$ 147 bilhões foram destinados à proteção policial, à administração de tribunais e à manutenção de presídios, ou 1,58% do PIB total do ano[60]. Também aqui, se parte desses US$ 147 bilhões fosse deduzida para compensar a diferença em gastos contra o crime nos EUA e na Europa, a diferença do PIB entre as duas superpotências se alargaria ainda mais.

Outras categorias poderiam ser acrescidas à lista. O que fica claro é que a diferença inicial no PIB — com os Estados Unidos pouco atrás da União Européia — mostra-se muito maior quando se levam em conta atividades econômicas destrutivas ou que não contribuem de nenhuma maneira significativa para a melhoria dos padrões de vida.

Qualidade de Vida

Todavia, é quando nos voltamos a indicadores mais específicos para a mensuração do bem-estar econômico e da qualidade de vida que a União Européia começa a disparar à frente dos EUA. Quando pensamos em critérios que determinem a boa qualidade de vida — que devia ser o objetivo de toda economia —, o que acorre de pronto à mente é o acesso a uma educação decente, a garantia de nossa boa saúde, a disponibilidade de cuidados adequados para nossos filhos e a vida em bairros e comunidades seguros. Na maioria desses fatores, a União Européia já ultrapassou os Estados Unidos.

Tome, por exemplo, a educação. Os americanos se orgulham, e com razão, de nosso sistema de ensino público. No século XVII, Massachusetts tornou-se a primeira colônia do Novo Mundo a dar às crianças o direito à educação gratuita. (Em 1635, a Boston Latin School tornou-se a primeira escola pública da América.) O ensino público universal está entre nossas instituições mais acalentadas, e é a assinatura de um país que há muito acredita na igualdade de oportunidades. O Sonho Americano se estriba na idéia de que todos nos EUA, a despeito da condição e das circunstâncias de nascimento, devem receber educação para serem capazes de tirar o máximo de suas vidas.

Não impressiona que os educadores americanos fiquem estupefatos com os resultados da IALS (International Adult Literacy Survey — Pesquisa Internacional sobre a Alfabetização Adulta) realizada em meados dos anos 90 e destinada a comparar as capacidades cognitivas dos adultos em países por todo o mundo. A pesquisa descobriu que americanos com menos de nove anos de educação "classificam-se abaixo de praticamente todos os outros países"[61].

Em 2000, a OCDE divulgou uma detalhada pesquisa global destinada a avaliar a capacidade de leitura em vários países. O Programa Internacional de Avaliação de Alunos (o Pisa) "concentra-se em determinar até que ponto os indivíduos são capazes de construir, expandir e refletir sobre o significado do que lêem, partindo de uma vasta gama de textos comuns tanto na escola como além dela"[62]. Uma vez mais, os americanos se surpreenderiam em saber que nossas crianças ficam em décimo quinto no mundo em termos de capacidade de leitura, abaixo de oito nações do oeste europeu[63].

Embora os EUA gastem a mesma proporção do PIB — 3,6% — que os países da UE em educação, as crianças de 12 nações européias classificam-se melhor em termos de compreensão da matemática, e em 8 países europeus elas superaram as americanas em compreensão científica. Igualmente surpreendente, o adolescente médio na UE conclui 17,5 anos de educação, ao passo que os adolescentes americanos, em média, só concluem 16,5 anos. E em nove países europeus há mais adolescentes ingressando na educação terciária (educação superior) do que nos Estados Unidos[64].

Não há melhor índice do bem-estar de uma sociedade do que a saúde da nação. Os americanos se habituaram a crer que temos o melhor sistema de saúde do mundo, e de sobra a população mais saudável. Embora muitos americanos lamentem o fato de que milhões de seus concidadãos não possam pagar planos de saúde privados e não tenham acesso aos serviços públicos, ainda assim acreditam que os EUA têm um sistema de saúde sem igual. Infelizmente os fatos não sustentam essa crença. Uma comparação da saúde na União Européia e nos Estados Unidos é muito esclarecedora.

Na União Européia, há aproximadamente 322 médicos para cada 100 mil pessoas, ao passo que nos EUA só há 279[65]. A insuficiência de médicos treinados é só o começo de nossa história de saúde. Quando se trata de assegurar a saúde no início da vida do indivíduo, os EUA ficam num remoto vigésimo sexto lugar entre as nações industrializadas, com sete mortes a cada mil nascimentos, classificando-se muito abaixo da média da UE[66].

Os EUA se saem igualmente mal no outro extremo da escala da vida. Ao passo que a média de expectativa de vida na União Européia — excluindo-se os dez novos países — é de 81,4 anos para as mulheres e 75,1 para os homens, com uma expectativa média de 78,2 anos, nos EUA a expectativa das mulheres é de 79,7 anos e a dos homens de 74,2, com uma expectativa média de 76,9 anos. Quando os dez novos países da Europa Central e Oriental são acrescidos às médias da UE, a expectativa de vida cai pouco abaixo da dos Estados Unidos[67]. Ainda assim, o fato de que a expectativa de vida na Europa Ocidental e Setentrional é superior à dos EUA sem dúvida seria recebido com incredulidade pela maioria dos americanos. Pior ainda, de acordo com a Organização Mundial da Saúde (OMS), os EUA estão atualmente num tétrico vigésimo quarto lugar em expectativa de vida considerada a invalidez, muito abaixo de nossos amigos europeus[68].

A OMS também classificou as nações do mundo em termos do desempenho geral em saúde, e os EUA caíram ainda mais, para o trigésimo sétimo lugar. Quando a questão era avaliar a justiça do sistema de saúde dos países, os EUA voltaram a cair, para qüinquagésimo quarto, o último lugar entre os países da OCDE[69].

Tristemente, os EUA e a África do Sul são os únicos dois países desenvolvidos do mundo que não proporcionam serviços de saúde a todos os seus cidadãos[70]. Mais de 46 milhões de pessoas nos EUA estão hoje sem cobertura e são incapazes de pagar por serviços médicos particulares[71].

A ironia é que os Estados Unidos gastam mais *per capita* na saúde do que qualquer outro país do mundo, de acordo com a OCDE — US$ 4.900 por pessoa em 2001[72]. A maior parte do aumento nas despesas é atribuível aos altos custos e margens administrativos envolvidos na manutenção de um sistema de saúde com fins lucrativos. Além disso, como tantos milhões de americanos não possuem cobertura, eles não têm como tomar cuidados preventivos e por isso não detectam doenças logo de início. Aguardar que a doença alcance uma crise aumenta significativamente as despesas médicas[73]. O custo mais elevado dos serviços de saúde são acrescidos ao PIB. Atualmente, mais de 10% do PIB americano destina-se a serviços médicos[74]. Esse é outro exemplo perfeito da disparidade entre a medida da pura atividade econômica, como refletida no PIB, e a qualidade de vida que a sociedade desfruta. O alto custo dos cuidados médicos nos EUA inflam em mais de 10% o PIB americano, apesar da qualidade de vida medíocre e da má saúde do povo americano.

O PIB e a saúde da nação se entrecruzam de outras maneiras interessantes raramente discutidas por economistas. Por exemplo, a obesidade nos EUA atingiu hoje proporções epidêmicas, com mais de 30% dos americanos sendo considerados cronicamente obesos. No mundo, mais de 300 milhões de pessoas são classificadas como obesas[75]. Grande parte do crescimento nas cinturas é atribuível à *junk food* e à cultura de lanches promovida nos EUA e atualmente exportada por empresas americanas por todo o mundo. A obesidade é um dos principais fatores que contribuem para o surgimento do diabetes do tipo 2, de doenças cardiovasculares e do câncer[76].

Embora a Europa esteja alcançando os EUA no aumento da incidência de obesidade — com *fast foods* tornando-se uma parte cada vez mais prevalecente da dieta européia —, o índice de obesidade dos EUA ainda é mais que o dobro. Nos 15 países da UE com números disponíveis, a porcentagem de obesos é de 11,3%[77]. Uma vez mais, quanto mais obesa a população americana, maior o PIB. *Fast foods*, *junk foods* e alimentos processados constituem uma porcentagem sempre crescente de nosso consumo total de comida. E as margens desse tipo de comida são muito maiores que as de alimentos brutos, não preparados nem processados. Tudo isso infla ainda mais o PIB. E há nisso os custos médicos. A Organização Mundial da Saúde estima que somente a obesidade aumente os custos de serviços de saúde em até 7% em alguns países[78]. Com isso o PIB dos EUA continua a expandir-se juntamente com nossas cinturas, mas nossa qualidade de vida continua a definhar.

Os Estados Unidos são considerados há muito tempo a terra da oportunidade. Mas se oportunidade significa começar na vida com recursos financeiros suficientes para ter a chance de chegar a algum lugar, então os bebês nascidos na União Européia têm muito mais condições de ter sucesso, desde o ponto de partida. A pobreza infantil nos Estados Unidos está entre as maiores do mundo desenvolvido. A Unicef define assim a pobreza: pessoas na pobreza são aquelas cujos "recursos (materiais, culturais e sociais) são tão limitados que as excluem do mínimo estilo de vida aceitável nos Estados Membros em que vivem"[79]. A União Européia define a pobreza mais especificamente como "aqueles cujas rendas ficam abaixo da metade da renda média (conforme estabelecida pela mediana) da nação em que vivem"[80]. Por tais critérios, 22% das crianças nos Estados Unidos vivem na pobreza. A pobreza infantil nos EUA põe o país em vigésimo segundo lugar, ou penúltimo, entre as nações desenvolvidas. Somente o México tem uma pontuação pior. Todas as 15 nações altamente desenvolvidas da Europa têm menos crianças na pobreza do que os EUA[81]. Mesmo se considerarmos a pobreza absoluta, usando o equivalente americano do que constitui pobreza, as crianças americanas ainda são mais pobres que as de nove nações européias[82]. Há atualmente 11,7 milhões de crianças americanas sob a idade de 18 anos vivendo abaixo da linha de pobreza como definida pelos EUA. E há mais crianças pobres nos EUA hoje do que há 30 anos[83].

Viver num ambiente seguro é também um dos marcos de uma boa sociedade. Passamos a crer que quanto mais afluente uma sociedade se torna, mais pacífica ela tende a ser. Se o PIB for o referencial, então os Estados Unidos deviam ser uma das nações mais seguras da Terra. E todavia há americanos que lhe dirão ser muito mais perigoso sair desacompanhado pelas ruas de qualquer parte dos EUA do que em praticamente qualquer lugar na Europa. As estatísticas são arrepiantes.

Entre 1997 e 1999, a taxa média de homicídios por 100 mil pessoas na UE era de 1,7. A taxa média americana de homicídios era quase quatro vezes maior, ou aproximadamente 6,26 por 100 mil pessoas[84]. Ainda mais aterrorizante, o Centro Americano para Controle de Doenças (CDC) declara que a taxa de homicídios, suicídios e mortes ligadas a armas de fogo entre crianças excede a das outras 25 nações mais ricas do mundo, incluindo os 14 países mais ricos da Europa. A taxa de infanticídios nos EUA era cinco vezes maior do que a dos outros 25 países combinados. A taxa de suicídios entre crianças americanas era duas vezes maior que a de todos os suicídios combinados em todos os outros 25 países considerados[85].

Não admira que o índice de encarceramento nos EUA seja são alto em comparação com o da União Européia. Como se mencionou anteriormente, no Capítulo 2, mais de dois milhões de americanos estão atualmente na prisão — o que é quase um quarto de toda a população carcerária do mundo[86]. Ao passo que os Estados membros da UE têm em média 87 prisioneiros a cada 100 mil habitantes, os Estados Unidos têm incríveis 685 prisioneiros para cada 100 mil habitantes[87].

A Comissão Européia começou a trabalhar no desenvolvimento de um "Sistema Europeu de Relatórios Sociais e Mensuração do Bem-Estar", com vistas a estabelecer um mecanismo para mensurar acuradamente o "real" progresso econômico de seus 455 milhões de cidadãos[88].

O grupo de estudos da Comissão Européia incumbido do projeto desenvolveu um plano arquitetônico com o tipo de fatores que devem integrar um cômputo social, começando pelo conceito de "qualidade de vida", que ele define como sendo "os aspectos imateriais da situação da vida, como a saúde, as relações sociais ou a qualidade do ambiente humano"[89]. A qualidade de vida também deve incluir "as reais condições de existência", bem como "o bem-estar subjetivo dos cidadãos", segundo um dos autores do estudo inicial[90].

Nos EUA, embora presumamos que toda pessoa tem "certos direitos inalienáveis, entre os quais a vida, a liberdade e a busca da felicidade", acreditamos que o crescimento econômico nos garante uma vida boa. Na Europa, acadêmicos, políticos e o público em geral mostram-se céticos. Dizem que o crescimento, por si só, não é garantia de uma vida melhor para as pessoas. A Comissão Européia vem observando uma multidão de outros indicadores para mensurar a felicidade, inclusive a medida em que a coesão social é aprofundada, a exclusão social diminuída e o capital social ampliado. Ela anseia por uma economia sustentável, "que atenda às necessidades do presente sem comprometer a capacidade das futuras gerações de atender a suas próprias necessidades"[91].

A Europa ainda não está pronta para abandonar a velha escala do PIB. Todavia, o mero fato de que uma superpotência mundial esteja seriamente empenhada no processo de repensar os critérios a serem utilizados para mensurar o crescimento econômico e determinar a base de uma boa economia não é nada menos que revolucionário. Nos Estados Unidos, no âmbito federal, salvo por um único discurso no Senado americano pelo senador democrata Byron Dorgan, em 1995, não houve nenhuma discussão para repensar o modo como os EUA definem o progresso econômico[92]. Com efeito, é talvez justo dizer que se qualquer dos conselheiros econômicos do conselho do presidente tocasse no assunto, ele seria recebido com risinhos de descrença por seus colegas economistas. Na Europa, contudo, os poderes instituídos parecem dispostos, e muito, a desafiar os velhos chavões e reconstituir parte dos pressupostos mais básicos quanto ao que deveria constituir efetivamente o progresso econômico.

O que isso tudo tem a ver com os sonhos americano e europeu? Quando as pessoas pensam no antigo Sonho Americano, o que lhes vem à mente é a idéia de que qualquer um pode passar da miséria à riqueza. Em contraste, o novo Sonho Europeu tem mais a ver com a promoção da qualidade de vida de um povo. O primeiro sonho enfatiza as oportunidades individuais; o segundo, o bem-estar coletivo da sociedade. Quando o assunto são as oportunidades individuais, contudo, as evidências sugerem que a Europa está alcançando rapidamente os Estados Unidos. Quanto à qualidade de vida, está claro que ela já os ultrapassou.

A BRIGA ENTRE A EUROPA E OS ESTADOS UNIDOS envolve mais do que questões de oportunidade pessoal e qualidade de vida. O que realmente distingue os ires e vires da Europa e dos EUA hoje em dia é o fato de que a Europa está ocupada preparando-se para uma nova era, enquanto os EUA estão tentando desesperadamente agarrar-se à antiga. Há uma sensação de entusiasmo permeando a Europa, um pressentir de novas possibilidades. Evidentemente, os sentimentos variam um pouco em intensidade de país para país e de região para região, e mesmo de jovens para idosos. Há também nichos significativos de resistência a um espaço político transnacional. Todavia, a impressão é a de que os europeus sabem que estão criando algo novo e ousado, e que o mundo todo os está observando. Se tivesse de resumir isso tudo, eu diria que a Europa se tornou um gigantesco laboratório experimental livre para repensar a condição humana e reconfigurar as instituições da humanidade na nova era.

Muitos observadores — especialmente americanos — vêem os desenvolvimentos na Europa com cisma, desdém ou, pior ainda, indiferença. Os cínicos aguerridos são ainda menos caridosos, vendo os esforços em curso por criar uma espécie de "Estados Unidos" da Europa como quixotescos e em última instância fúteis. Críticos europeus expressaram reservas similares quanto a nosso próprio experimento em forjar os Estados Unidos da América há mais de 200 anos. Eles se mostraram equivocados então, e creio que nós nos mostraremos equivocados desta vez.

O emergente Sonho Europeu não é somente um sonoro emblema político. Há profundas mudanças ocorrendo na Europa nos níveis pessoal, institucional e mesmo metafísico. Até a maioria dos europeus, quando pressionada, não sabe ao certo onde está se metendo. Nossos fundadores americanos devem ter se sentido da mesma forma. Mas se há dúvidas e reservas, se há sentimentos de frustração e estupefação, isso tudo seria de esperar de um povo empenhado em reescrever a história humana.

É verdade que a Europa vem se tornando uma nova terra da oportunidade para milhões de pessoas por todo o mundo em busca de um melhor amanhã. A ênfase européia na qualidade de vida a distingue efetivamente do modelo americano anterior, com sua atenção singular no crescimento e na acumulação de riqueza pessoal. Mas há muitas outras coisas no Sonho Europeu. Num mundo que vem se fartando de grandes visões utópicas e se sente mais à vontade com narrativas individuais, o novo Sonho Europeu ousou criar uma nova síntese: uma síntese que combina a aceitação pós-moderna a múltiplas perspectivas e ao multiculturalismo com uma nova visão universal. O novo Sonho Europeu nos leva a uma era global.

Para realmente compreendermos a profundidade das mudanças que vêm recompondo a Europa, é essencial relembrar o passado europeu. O novo Sonho Europeu não é tanto um repúdio ao passado como um aprimoramento dele. Os sonhos nos levam aonde gostaríamos de ir, mas para chegar lá precisamos primeiro saber o que estamos deixando para trás. Cada jornada, além de um destino, tem um ponto de partida. No caso do novo Sonho Europeu, o ponto de partida não é o novo milênio, nem o período posterior à Segunda Guerra Mundial, mas sim o período de ocaso entre o fim da era medieval e o início da era moderna, quando muitas das convenções que nos habituamos a conhecer sob o selo de "modernidade" começaram a se afirmar. Essas convenções incluem o Iluminismo e o início da ciência moderna, o florescimento do indivíduo, o estabelecimento de um regime de propriedade privada, a formação do capitalismo de mercado e o nascimento do Estado-nação. A transição para uma era global vem nos obrigando a repensar todas estas batidas convenções da era moderna. Assim, para compreender o caminho que o novo sonho da Europa vem forjando, precisamos antes rever seus percalços mais antigos e ganhar um ponto de referência e, esperemos, algumas idéias que nos ajudem a organizar nossa jornada.

O que descobriremos, retraçando a história européia, são as raízes do Sonho Americano que discutimos no Capítulo 1. Embora os historiadores raramente aludam a isso, a verdade é que o Sonho Americano representa as idéias de um momento específico da história européia congelado e transportado integralmente para as praias americanas no século XVIII, onde continua a animar a experiência americana até os dias presentes. A Revolução Americana ocorreu no momento mesmo em que uma Reforma Protestante decadente vinha sofrendo os últimos ajustes diante das novas forças do Iluminismo. Grande parte da Europa acabou combinando elementos da teologia da Reforma Protestante com a ideologia do Iluminismo, numa nova síntese revestida pelo socialismo democrático. Mas não os Estados Unidos. Em vez disso, gerações sucessivas de americanos preferiram viver simultaneamente as tradições da Reforma Protestante e do Iluminismo em suas formas mais puras, tornando-se, a um só tempo, o povo mais devotamente protestante da Terra e o mais comprometido com iniciativas científicas, com um regime de propriedade privada, com o capitalismo de mercado e com a ideologia do Estado-nação. O Sonho Americano, em sua mais plena encarnação, é um amálgama dessas duas forças anteriores, que livraram a Europa de suas amarras medievais e a propeliram rumo à era moderna. Num sentido muito real, portanto, o Sonho Americano é em grande parte uma criação européia, erradicada e replantada em solo americano e nutrida para adaptar-se ao ambiente único da América.

Nós, americanos, gostamos de nos considerar um povo que pensa para a frente, que tem a atenção focada no horizonte distante. Todavia, nossa visão de mundo encontra-se estranhamente travada num certo período de tempo há muito superado na história da Europa. Em suma, o Sonho Americano é um sonho muito velho, e vem se mostrando cada vez mais irrelevante na nova era da globalização.

Nos próximos quatro capítulos, vamos retraçar as mudanças filosóficas e institucionais que deram origem à era moderna, para melhor compreendermos o passado da Europa e o Sonho Americano que dele brotou. Saber o que a Europa está deixando para trás é essencial para conhecer seus rumos enquanto ela prepara um novo sonho para uma era global.

A Formação
da Era
Moderna

4
Espaço, Tempo e Modernidade

Os GRANDES MOMENTOS DE TRANSIÇÃO na história humana são muitas vezes deflagrados por mudanças na concepção de espaço e tempo. Às vezes a adoção de uma única tecnologia pode ser transformadora por natureza, alterando o modo como nossas mentes filtram o mundo. Considere, por exemplo, o telefone celular. Os europeus foram os primeiros a acolher entusiasticamente a tecnologia das comunicações móveis. Lembro-me de estar sentado com minha esposa num luxuoso restaurante da moda em Milão, há muitos anos, quando ouvimos um telefone tocando em algum ponto numa mesa próxima. A mulher de meia idade tirou um telefone móvel do bolso da jaqueta e entabulou uma longa e animada conversa com alguém no outro lado da linha. Minha mulher me dirigiu o comentário: "Espere só até os adolescentes americanos porem as mãos nesse brinquedinho".

Americanos São de Marte, Europeus São de Vênus

Os americanos adotaram subseqüentemente os celulares. Mas o ponto é que a revolução das comunicações sem fio decolou primeiro, e em grande estilo, na Europa. Em 2000, a UE ostentava 661 assinantes de telefonia celular a cada mil pessoas, comparados com somente 308 nos EUA, o que punha a Europa muito à frente do resto do mundo na adoção precoce da tecnologia das comunicações sem fio[1]. Após séculos cercada de muralhas e vivendo com uma mentalidade de fortaleza, os europeus subitamente descobriram um meio de se emancipar, de se libertar. O telefone celular trouxe consigo um novo tipo de liberdade: a mobilidade, sem dúvida, mas uma mobilidade diferente da que levou milhões de americanos a comprar o econômico Model T de Henry Ford há cerca de cem anos.

Para os americanos, o automóvel foi um meio de abarcar a vasta extensão da paisagem americana — de expropriá-la, colonizá-la e torná-la mais administrável e manipulável. O mero nome "automóvel" é sugestivo. Os americanos, mais que qualquer outro povo, passou a ver a segurança em termos de "autonomia" e "mobilidade". Na fronteira, onde o contato humano é esparso e os elementos ameaçadores, ser auto-suficiente e móvel é uma maneira de garantir a segurança pessoal. A autonomia, a mobilidade e a liberdade sempre estiveram juntas nos EUA. Ser autônomo é ser independente e não dever nada aos outros. A mobilidade, por seu turno, proporciona um sem-número de novas oportunidades. O caubói americano e seu cavalo sacralizam o mito. Com sua renhida independência e perpétuo movimento, ele era um espírito livre que resumia incisivamente a mentalidade americana. Com o fim da grande fronteira americana e dos caubóis que a haviam domado, Henry Ford passou a vender um sucedâneo mecânico do cavalo. O automóvel permitiu a todo americano experimentar a mesma sensação de liberdade que os caubóis deviam ter sentido no lombo de seus corcéis ao percorrerem a fronteira do Oeste.

Na Europa, as sensibilidades têm um teor diferente. Há uma espécie de mentalidade da fronteira, mas de modo mais vicário. As várias iniciativas coloniais das grandes potências da Europa levaram os europeus aos quatro cantos do mundo. Alguns seguiram como colonizadores — para a América, a Austrália e a África do Sul — e adotaram uma psique da fronteira. Mas muitos outros seguiram como administradores coloniais, servidores militares e agentes representando interesses comerciais e políticos de suas nações de origem. Eram extensões do Velho Mundo, e nunca se destituíram totalmente de seu europeísmo.

Para os europeus, a busca por segurança sempre esteve mais associada à participação em comunidades — seja confinados em feudos medievais ou aquartelados em guildas profissionais ou cidades muradas. O indivíduo estaria seguro na medida em que estivesse aninhado numa comunidade que, por sua vez, se achasse a salvo de invasões ou penetrações externas. A ponte levadiça, o fosso e a torre de vigília são os símbolos arquitetônicos da percepção européia de espaço. Até hoje a idéia de um indivíduo solitário e auto-suficiente vagando por uma fronteira sem fim faz pouco sentido para os europeus.

O pronto sucesso da tecnologia dos telefones móveis na Europa sugere volumes. O celular mantém os indivíduos conectados a suas comunidades. Mas ele também lhes permite romper os grilhões da geografia e libertar-se no espaço, mantendo-se todavia conectados aos outros no tempo. E isso tem a ver com uma das diferenças fundamentais no modo como europeus e americanos concebem o espaço e o tempo. Os americanos cobiçam um espaço exclusivo. Cada pessoa tenta ser auto-suficiente e autônoma. É por isso que damos especial valor à privacidade. Os europeus buscam um espaço inclusivo — ser parte de comunidades estendidas, inclusive a família, o clã, a etnia e a filiação classista. A privacidade é menos importante que o envolvimento. Para os americanos, o tempo se refere ao futuro e é visto como uma ferramenta para explorar novas oportunidades. Para os europeus, o tempo volta-se antes ao passado e ao presente, e é usado para reafirmar e cultivar relacionamentos.

Um abrangente estudo antropológico do modo como as pessoas usam celulares em seis países revela algumas das diferenças no relacionamento de europeus e americanos com a nova tecnologia sem fio. Na Suécia, por exemplo, "quando alguém fala ao celular, é como se a pessoa com quem conversa estivesse fisicamente no local"[2]. Como resultado, bater papo ao celular durante um almoço solitário no restaurante é um comportamento perfeitamente aceitável. Os italianos acreditam na conectividade constante e gostam de estar acessíveis o tempo todo. Eles não têm escrúpulo de usar telefones móveis em ambientes públicos. Os americanos são um tanto mais circunspectos em seu uso de celulares. Os nova-iorquinos, por exemplo, tendem a usar telefones móveis sobretudo para realizar tarefas, e também acreditam que ter conversas sem fio em público é muitas vezes intrusivo e constitui uma violação do espaço privado dos outros. Embora em São Francisco as pessoas usem telefones móveis em atividades relacionadas a trabalho e lazer e para comunicar-se com os amigos, há quem receie ficar disponível a todo momento e não ter tempo suficiente consigo mesmo[3].

Alguns comentaristas afirmaram que "americanos são de Marte e europeus são de Vênus" — que, num nível muito fundamental, nós pensamos tão diversamente que nenhum dos grupos pode compreender as idéias do outro. Existe certa verdade nesse argumento. Embora a consciência americana tenha profundas raízes no Velho Mundo, o mero ato de cruzar o oceano para dar novo molde ao destino e à fortuna pessoais assinalou uma brecha psicológica tão vasta e profunda quanto as águas que separam os dois continentes.

As pessoas que vieram para a América foram aquelas forçadas a deixar seu país, ou aquelas que já não se sentiam seguras em seus relacionamentos anteriores. Algumas eram aventureiros ansiosos por fugir ao confinamento. Outras eram pobres e destituídas, e estavam dispostas a se sacrificar, e mesmo a morrer, para encontrar uma existência renovada e mais segura. As pessoas que partiram ambicionavam um novo tipo de segurança, e a descobriram na fronteira americana.

As que ficaram para trás continuaram a buscar consolo em comunidades estreitamente unidas.

Hoje, essas atitudes tão diversas quanto à segurança encontram expressão em mil e uma maneiras diferentes no mercado, na sociedade civil e nas dependências do governo. Os europeus tendem a favorecer a democracia social e o comprometimento comunitário como meios de redimir a penúria dos pobres e menos favorecidos, ao passo que os americanos pregam as virtudes da auto-suficiência e favorecem uma abordagem de mercado para melhorar a sina de seus semelhantes humanos. Para os europeus, as palavras de Karl Marx ainda têm ressonância: "De cada um de acordo com suas habilidades, a cada um de acordo com suas necessidades". Os americanos preferem apostar a sorte com o economista escocês Adam Smith, que pregava um catecismo muito diferente. Em sua celebrada *Investigação sobre a Natureza e as Causas da Riqueza das Nações*, Smith propôs a polêmica idéia de que numa economia de mercado capitalista perfeitamente administrada cada indivíduo trabalha em busca de seu interesse próprio interesse e é somente a seu próprio bem-estar que deve se dedicar. Todavia, no ato mesmo de assegurar seu bem-estar material, ele melhora inadvertidamente a condição geral e contribui para o bem-estar de seus pares e do restante da sociedade.

Esses pontos de partida tão distintos e contraditórios para definir o que vem a ser segurança conduzem a duas jornadas divergentes na era da globalização. As revoluções dos computadores e seus programas, a World Wide Web, a revolução das comunicações móveis, a transição histórica de uma era centralizada de energia de combustíveis fósseis para um futuro descentralizado da energia do hidrogênio, e a disseminação da biotecnologia e em breve da nanotecnologia por cada nicho da vida humana — tudo isso vem provocando mudanças fundamentais no modo como nós, seres humanos, concebemos o espaço e o tempo, e fazendo com que repensemos o tipo de respostas institucionais que serão necessárias para acompanhar nossa percepção cambiante do mundo à nossa volta. Meu pressentimento é que o emergente Sonho Europeu é muito mais adequado para dar conta das realidades espaciais e temporais de um mundo globalizado do que o velho Sonho Americano.

A Obsessão da Europa com o Espaço e o Tempo

Desde o grande alvorecer europeu no final da era medieval até a atualidade, gerações sucessivas ampliaram continuamente seu alcance espacial e aceleraram o ritmo, a velocidade, o fluxo, a conectividade e a densidade do intercâmbio humano. As atividades humanas se estenderam de aldeias para regiões, em seguida para Estados-nação territoriais, e hoje para o próprio globo. A Europa está agora na vanguarda da luta por redefinir a condição humana e o tipo de mundo que precisaremos moldar para acomodar nosso novo alcance global.

A Europa já havia sido o ponto de encontro conceitual da última vez, quando, no início da era moderna, as atenções se voltaram a mudanças revolucionárias na tecnologia e na filosofia — mudanças que começavam então a transformar a consciência espacial e temporal. Compreender como os europeus de gerações passadas responderam aos desafios de uma era anterior, e por que escolheram justamente tal ou qual trilha filosófica, econômica, política e social para fazer a transição rumo à modernidade, proporciona um contexto e um plano de fundo para entendermos as profundas mudanças que vêm ocorrendo hoje, conforme a humanidade experimenta novos modelos espaciais e temporais para o século vindouro.

É o advento de novas tecnologias que muda nossa consciência das relações espaciais e temporais. Ferramentas é uma extensão de nosso ser. É um meio de amplificar nossos sentidos e permitir que ampliemos nosso alcance a ponto de expropriar o espaço, comprimir o tempo e alcançar a segurança. Um revólver estende o poder de nosso antebraço. Um automóvel é uma extensão de nossas pernas. Os computadores amplificam nossas memórias.

Entre o fim da era medieval e o início da era moderna, uma variedade de novas e dramáticas tecnologias foi introduzida na Europa, estendendo vastamente o poder humano sobre o espaço e o tempo.

O surgimento do pesado arado com rodas na Europa Setentrional e a substituição de bois por cavalos, bem como a transição da rotação em dois campos para a rotação em três, permitiram o cultivo de muito mais terras e ampliaram a produtividade por acre, dobrando a produção de comida no século XIII e início do XIV[4]. O excedente de comida provocou um aumento dramático na população humana, o que, por sua vez, levou à rápida urbanização. Povoados rurais deram lugar a cidadezinhas e, então, cidades. As cidades atraíram mercadores e artesãos qualificados e estimularam o início do comércio interno sustentado, pela primeira vez desde a queda do Império Romano[5].

Milhares de moinhos fluviais e de vento foram construídos pela Europa, proporcionando uma nova fonte de energia inanimada para a moedura de grãos, o fabrico de cerveja, a serragem de madeira, a produção de papel, o enchimento de tecidos e a operação dos foles das fundições. No século XIV, os europeus podiam ostentar avanços significativos na substituição da energia humana pela mecânica na maioria dos ofícios básicos[6].

Um alemão, Johannes Gutenberg, inventou em 1436 a primeira prensa com tipos móveis, gerando uma revolução nas comunicações que resultaria no mecanismo indispensável de comando e controle para a organização do comércio moderno e a aceleração das transações e trocas.

Acompanhar transações comerciais imensamente aceleradas, ocorrendo a distâncias muito maiores, exigia um método de registro simplesmente impossível em culturas orais ou manuscritas. Os modernos livros-razões, agendas, conhecimentos de embarque, faturas, cheques e notas promissórias, todos tão fundamentais para o fluxo do moderno comércio, foram produtos da tecnologia de impressão. E a imprensa possibilitou um sistema de apreçamento uniforme, sem o qual as modernas noções de trocas de mercado não poderiam ter evoluído.

A imprensa mudou as relações especiais e temporais de outras maneiras profundas. O falecido Walter J. Ong nos lembrava que, como nas culturas orais o saber era transmitido de boca em boca, histórias e provérbios eram meios de manter o conhecimento vivo. Habilidades eram transmitidas oralmente de pai para filho e de mestre para aprendiz. Muito pouco conhecimento prático era posto por escrito. Como a comunicação era oral, cumpria haver grande proximidade entre falantes e ouvintes. As culturas orais, por sua própria natureza, são mais íntimas e comunais.

As culturas impressas são muito diferentes. O autor de um artigo ou livro raramente entra em proximidade física com o leitor. A escrita e a leitura são ambas praticadas em relativa privacidade. A imprensa rompe os elos comunais e reforça a idéia radicalmente nova de comunicação entre pessoas separadas por grandes distâncias.

Livros impressos também levavam o mundo para todos os lares. Era então possível aprender sobre povos de terras distantes. A imaginação humana foi libertada do provincianismo do ambiente imediato e pôde abarcar a Terra.

As melhorias feitas na bússola e o uso crescente de cartas e mapas marítimos permitiram aos exploradores e aventureiros europeus circunavegar o continente africano e cruzar o Atlântico em direção à América. A colonização de novas e imensas terras teve um efeito dramático no senso espacial dos europeus[7]. Subitamente, o mundo se mostrou um lugar muito maior. Preenchê-lo tornou-se uma obsessão européia. Milhões de europeus migraram para os confins da Terra nos séculos seguintes, difundindo suas crenças religiosas, econômicas e políticas na firme convicção de que levavam a luz da civilização aos povos primitivos e atrasados da Terra. Só na Grã-Bretanha mais de um milhão de pessoas partiram para a América, a Austrália e a Nova Zelândia nos meros 25 anos entre 1815 e 1840[8].

A mudança nos regimes energéticos da madeira para o carvão e o advento da máquina a vapor no final do século XVIII aceleraram em muito o ritmo, o fluxo e a densidade da atividade econômica. A revolução industrial rapidamente firmou pé. Após quase dez mil anos com a sociedade dependendo da energia humana e animal e da força dos ventos e das correntes para propelir-se, a energia a vapor proporcionou um salto qualitativo no uso da energia da Terra. O tempo necessário para transpor distâncias foi reduzido, e o intercâmbio humano — tanto social como comercial — foi acelerado. Há até poucos séculos, o ser humano médio, isolado em aldeias rurais e pequenas cidades muradas, não podia entrar em contato senão com pouco mais de uma centena de pessoas durante toda a vida. Em 1863, Londres — a primeira cidade, desde a queda de Roma, a alcançar uma população de mais de um milhão de habitantes — podia gabar-se de ter várias entregas postais por dia. Uma carta remetida no início da manhã para outro endereço em Londres podia não apenas trazer uma resposta, como fazê-lo a tempo de uma nova carta do primeiro remetente ser entregue antes do final do dia[9].

Meios de transporte mais rápidos, mais baratos e mais seguros — barcos a vapor e trens — alargaram mais profundamente os horizontes espaciais das pessoas do que em qualquer período anterior da história humana. Em 1830, um emigrante podia partir da Europa para a América num navio a vapor e pagar apenas duas libras pela passagem[10]. Viajar longas distâncias costumava ser tão perigoso que a raiz da palavra inglesa *travel* ("viajar", "viagem") é *travail* ("percalço"*). No século XIX, viajar tornara-se antes de tudo uma forma de entretenimento. Um empreendedor inglês, Thomas Cook, começou a conduzir pessoas por trem, e posteriormente por navio, em visitas a lugares fascinantes e curiosos. Ele chamava a tais aventuras "excursões".

A reorganização do espaço e do tempo no início da era moderna causou graves danos às instituições da Europa medieval. A Igreja, a economia feudal e os reinos guerreiros mostraram-se provincianos e morosos demais para acomodar as dramáticas mudanças espaciais e temporais que vinham remodelando a vida européia, e acabaram cedendo lugar a três novas instituições — a ciência moderna, a economia de mercado e o Estado-nação. As novas instituições estavam muito mais bem equipadas para organizar a vida humana em seu contexto radicalmente diverso de espaço e tempo.

Similarmente, hoje a ciência ortodoxa vem tendo suas fundações abaladas por novas maneiras de compreender e organizar a natureza. A economia de mercado, por seu turno, vem sendo derrocada por um novo modelo em rede para a organização do comércio e dos negócios. Ao mesmo tempo, o Estado-nação dá lugar progressivamente a formas regionais e globais de governança, mais capazes de assimilar as novas realidades tecnológicas e as mudanças na consciência humana que caracterizam a era da globalização.

---

* N. do T.: Em francês, "trabalho".

Para compreendermos plenamente a importância do experimento que ora se desenvolve na Europa, precisamos dar um passo atrás e rever como e por que a ciência moderna, a economia de mercado e o Estado-nação emergiram na Europa nos esplendores da última grande transformação na consciência espaço-temporal. Com isso, poderemos começar a perceber a enormidade da tarefa que a nova Europa tem em mãos conforme começa a se remodelar uma vez mais para uma nova era.

Colonizando a Natureza

Uma série de mudanças importantes ocorreu no modo como os europeus organizavam seu relacionamento com o mundo natural no início da era moderna. Tais mudanças deram origem ao que hoje chamamos de ciência moderna.

Em primeiro lugar, o mundo da natureza foi desmistificado ou dessacralizado, dependendo de a sua escola de pensamento ser racional ou romântica. A própria idéia da natureza como uma realidade em si mesma, como um reino primordial ou um éden decaído, deu lugar à idéia utilitarista mais moderna da natureza como um depósito repleto de recursos brutos à espera de serem aproveitados pela ciência e postos em uso no mercado.

Curiosamente, os artistas do Renascimento se tornaram os agentes involuntários que ajudaram a remover Deus de seu reino terreno e abrir espaço aos novos superintendentes, os homens da ciência. Donatello, Uccello e Piero della Francesca não tinham a menor idéia de que a invenção radicalmente nova chamada de "perspectiva" acabaria por encerrar um milênio de supremacia da Igreja.

Nossa história tem início com as grandes catedrais da Europa medieval. A primeira coisa que os turistas americanos notam quando visitam os magníficos redutos de adoração da Europa é que não há meio de tirar uma fotografia decente dos edifícios, qualquer que seja a distância. A maioria das grandes catedrais da Europa está oculta no centro de velhas cidades, cercada por sucessivos anéis de edifícios estendendo-se em círculos concêntricos. Por vezes há uma praça em frente ao pórtico principal, como na Catedral de Notre-Dame de Paris e no Duomo de Milão. Em maioria, contudo, as catedrais estão enterradas em meio a cercanias humanas. Elas devem agir como um magneto, atraindo para si todos os que vivem nas redondezas. Situam-se deliberadamente no centro das comunidades — um forte lembrete de que nos dias de outrora a vida transcorria num casulo de relacionamentos intercalados e a igreja era a alma da comunidade.

Nós, americanos, somos apaixonados por vistas, especialmente as mais elevadas. Se tivermos condições, preferimos construir nossa casa no ápice de uma colina, longe de nossos vizinhos mais próximos, o que serve de lembrança diária de nossa autonomia. Nosso senso de exclusividade faz com que nos sintamos livres e seguros. Mas a Europa configura-se de outro modo. As coisas se apinham umas sobre as outras. As partes velhas das cidades — e mesmo as seções mais novas — são atulhadas, com pouco espaço entre moradores vizinhos. Isso se deve em parte à mera densidade populacional e à indisponibilidade de terras. Mas os antecedentes remontam sobretudo a uma era no tempo em que as pessoas viviam em cidades muradas ou Estados feudais. Fora dos feudos e das muralhas das cidades havia um mundo repleto de riscos e incerteza. Em partes da Europa Setentrional e Central, até o fim da era medieval, densas florestas se estendiam logo após os pastos e campos cultivados.

A arquitetura da velha Europa reflete o modo tão diverso como os europeus de uma era mais remota percebiam o espaço e a própria segurança. Na Idade Média, o senso de segurança do indivíduo ordenava-se verticalmente. As pessoas olhavam para os céus, na esperança de assegurar sua salvação eterna, e para os solos ancestrais a seus pés, que guardavam a segurança de suas tradições honradas e suas associações comunitárias.

Na Europa feudal, as pessoas pertenciam à terra, e não vice-versa. Nascia-se numa dada condição de vida e tinha-se de desempenhar uma ladainha de obrigações comuns que seguiam de mãos dadas com o estatuto que se herdava. A vida cristã estava inserida num drama mais vasto. O espaço era visto como uma grande escala, uma cadeia de seres estendendo-se das mais ínfimas criaturas da Terra até Deus nas alturas. Cada criatura ocupava um degrau na escala da vida e tinha de servir às criaturas superiores, além de cuidar das inferiores. Era uma comunidade em que o estatuto e o pertencer determinavam-se pela hereditariedade.

Examine algumas das belas pinturas e tapeçarias que ornam as paredes das igrejas da Europa, e você notará que todas as formas vivas — animais e homens — ascendem numa superfície plana estendendo-se em sentido vertical, como a grande escala da vida que representam. Não há nelas nenhum senso de perspectiva. Não que os artistas da época fossem incapazes de retratar a perspectiva. Ocorre simplesmente que ela não fazia parte da consciência do período. Num mundo em que a segurança está em estrito plano vertical, a perspectiva raramente é considerada.

O advento da perspectiva na pintura durante o início do Renascimento foi uma revolução na concepção humana do espaço. Pela primeira vez o olhar do "homem" desviou-se dos céus acima para a "paisagem" adiante. A perspectiva é a primeira a situar o indivíduo no centro do mundo. Vemos a pintura pelos olhos do observador. É através dos olhos do homem, e não da graça de Deus, que contemplamos o mundo mais além. E tudo no campo ocular torna-se objeto da atenção humana. A perspectiva leva os seres humanos a um novo reino espacial de relacionamentos entre sujeito e objeto. É o ponto de partida daquilo que o sociólogo Max Weber denominaria posteriormente o "desencanto do mundo".

O ponto aqui é que as grandes catedrais da Europa não foram construídas para serem vistas de longe. O mero ato de "colocá-las em perspectiva" as diminuiria e relegaria a um estatuto inferior, convertendo-as em objeto da interpretação humana. As grandes catedrais, longe disso, eram concebidas para desviar para cima todos os olhares no momento em que as pessoas entrassem, o que é exatamente o que todo visitante ainda faz ao adentrar qualquer um desses grandes templos.

Imagine a mudança que a perspectiva provocou nas consciências. Para os primeiros cristãos, o mundo era concebido como um mero palco temporário, um local de preparo para a salvação eterna e definitiva no mundo do porvir. O que contava era a comunidade de crentes, congregada — como se via na maioria das pinturas medievais — à espera do retorno triunfante de Cristo, o Senhor. A perspectiva desviou a consciência humana para o mundo horizontal do aqui e agora, e reposicionou os seres humanos para que se tornassem finalmente senhores de seu próprio domínio terreno.

A perspectiva migrou das telas dos artistas renascentistas para as escrivaninhas dos filósofos pré-iluministas, em que se tornou a principal ferramenta conceitual para remodelar o mundo "sob a imagem do homem". Francis Bacon, pai da ciência moderna, escreveu suas duas obras mais importantes, o *Novum Organum* e *A Nova Atlântida*, no início do século XVII. A idéia de perspectiva figurava proeminentemente em sua nova concepção das relações espaciais e do papel do homem na Terra.

Bacon era particularmente severo com a ciência dos antigos gregos, com sua ênfase em considerar o porquê das coisas. Os gregos, ele escreveu, não haviam "realizado uma única experiência que tendesse a aliviar e beneficiar a condição do homem"[11]. Bacon tinha muito menos interesse em contemplar a natureza do que em utilizá-la. Ele preferia o como das coisas ao seu porquê. Em sua obra-prima, o *Novum Organum*, ele descreve um esquema radicalmente novo para organizar o mundo natural, a que chamou método científico. Essa nova ferramenta tira deixas fundamentais do conceito pictórico de perspectiva. Seu método baseava-se na noção de separar o observador do observado, criando, na prática, um foro neutro para o cultivo do que ele denominava "conhecimento objetivo". O método científico, como a perspectiva na pintura, punha o homem no centro do universo e transformava tudo em seu campo ocular em objeto da expropriação humana. Se o pintor havia trazido a suas telas certa similaridade com a natureza, o cientista faria praticamente o mesmo nos bancos do laboratório. A natureza deixava de ser o reino do estupor e reduzia-se a recursos aguardando sua remodelação à imagem do homem. Armando-nos de conhecimentos objetivos, Bacon afirmava que seria possível "alargarmos as estremas do império humano até abarcarmos todas as coisas possíveis"[12].

Ao passo que os antigos viam o conhecimento como uma janela para o divino, Bacon o via como um modo de exercer poder sobre a natureza em geral. Pelo recurso ao método científico, a natureza podia ser "removida de seu estado natural, comprimida e moldada"[13]. Ao longo de toda a sua obra, Bacon enfatiza a necessidade de concertar-se um assalto desabrido contra a natureza. Graças ao método científico, ele declarava que tínhamos "o poder de conquistar e subjugar" a natureza, de "abalá-la em suas fundações". A meta da nova ciência, dizia Bacon, era "estabelecer e ampliar o poder de dominação da raça humana sobre o universo"[14].

Se Bacon criou uma metodologia para organizar a natureza, foi o grande filósofo seiscentista francês René Descartes que proporcionou a moldura conceitual para transformar a natureza em recurso. Ele descobriu nas leis universais da matemática o que considerava uma Pedra de Roseta* para decifrar e manipular os segredos naturais. Ele escreveu:

> Porquanto considerando-se com atenção, constata-se finalmente que só se referem à matemática aquelas questões envolvendo ordem ou medida, sem interesse em que sejam números, figuras, astros, sons ou quaisquer outros os objetos cuja mensuração é requerida; donde cumpre haver uma ciência geral que explique tudo aquilo que se possa indagar acerca da ordem e das medidas, sem ater-se a um campo específico, e (...) a ela chamaremos matemática universal. (...) Tal [ciência] deve contar os rudimentos primários da razão humana e estender-se à descoberta da verdade em quaisquer campos.[15]

Descartes destituiu a natureza de sua subjetividade e vividez, substituindo-a por um domínio racional e calculável. "E, para falar francamente, estou persuadido de que [a matemática] é um instrumento de saber preferível a quaisquer outros que nos haja legado a humanidade, sendo naturalmente a fonte de todos os demais."**[16]

A racionalização da natureza, na forma da mensuração matemática, levou-a um passo além no sentido de ser considerada um recurso. John Locke, o filósofo político inglês, deu o empurrão final com sua visão do valor da natureza. Para Locke, qualquer menção ao valor intrínseco da natureza era, para dizer de uma vez, pura balela. Locke afirmava que "à terra deixada totalmente à natureza usa

---

* N. do T.: A Pedra de Roseta é um bloco de basalto com inscrições datadas do século II a.C. Descoberta em 1799 na vila de Roseta, no Egito, ela permitiu finalmente a decodificação dos hieróglifos egípcios.
**N. do T.: Os trechos de Descartes foram traduzidos diretamente do latim. (*Regulae ad Directionem Ingenii*, IV.)

chamar-se — e ela o é efetivamente — um deserto*"[17]. Locke afirmava que a natureza intocada não tinha propósito algum exceto o de ser utilizada pelos seres humanos na melhoria de sua condição. Ele escreveu:

> Quem quer que considere a diferença entre um acre de terra coberto de tabaco ou açúcar, semeado de trigo ou cevada, e um acre da mesma terra deixado sem cultivo em campos comunais, há de constatar que a aplicação do trabalho representa a maior parte de seu valor.[18]

Locke, como sempre pragmático, acreditava que "a negação da natureza é o caminho para a felicidade"[19]. Ele concluía que, enquanto os seres humanos continuassem vulneráveis às forças da natureza, a segurança jamais seria alcançada. A verdadeira segurança, para Locke e outros pensadores iluministas, só seria lograda se "o homem efetivamente [se emancipasse] dos grilhões da natureza"[20]. A chave para a libertação humana era a crescente expropriação, acumulação e consumo do legado natural.

A racionalização matemática da natureza e sua conversão num celeiro de recursos assinalou um ponto de transição de grande relevância na transição da vida medieval para a moderna. Não quer dizer que o homem e a mulher medievais não tivessem ciência da necessidade de expropriar a natureza para sua sobrevivência. No Gênesis, Deus exortou Adão e Eva a crescer e multiplicar-se, conferindo-lhes o domínio sobre tudo o que vivia na Terra. Como já vimos, no fim do período medieval os europeus voltaram sua atenção cada vez mais aos muitos tipos de novas tecnologias, buscando dominar uma parcela sempre maior da abundância da natureza. Ainda assim, sua referência especial e temporal continuava em maior parte ordenada verticalmente, na passagem para a salvação no próximo mundo. Pouco se pensava em converter o reino de Deus em uma cornucópia terrena.

A reconcepção de toda a natureza em termos matemáticos teve um outro efeito mais sutil na sociedade européia. Desde os primórdios do sedentarismo humano, o espaço tinha sido sinônimo de lugar. Estar num lugar qualquer era estar em um reduto único com sua própria história e suas próprias estórias. Os espaços eram lugares. Ao reduzir tudo no mundo — e no universo — a mensurações matemáticas abstratas, os filósofos do Iluminismo conseguiram eliminar efetivamente toda impressão de experiência vivida. No novo esquema das coisas, tudo o que importava era a localização e o movimento. "Dêem-me extensão e moção", exclamou Descartes, "e eu reconstruirei o Universo."[21]

---

* N. do T.: Na tradução perde-se um trocadilho. O termo inglês *waste* significa tanto "deserto" como "desperdício".

A partir de então, a própria idéia de lugar lentamente minguou e acabou por desaparecer das discussões intelectuais, sendo substituída pelas idéias de "local", "sítio" e posteriormente "ponto". Um lugar era meramente um local ou sítio, ou um ponto de referência entre dois locais, sítios ou pontos — tudo era mensurável. Gerações sucessivas estavam sendo preparadas para racionalizar a natureza, e mesmo a natureza humana, bem como as instituições que determinam o comportamento e a atividade do homem. O filósofo matemático do século XX Bertrand Russell observou certa vez que a matemática tem "uma beleza gélida e austera"[22].

Embora Descartes estivesse convencido de que a matemática era a chave para descerrar as operações íntimas do universo, foi o filósofo iluminista Sir Isaac Newton quem proporcionou a fórmula matemática para reorganizar o mundo natural.

Newton descobriu o método matemático para descrever o movimento mecânico. Afirmou que uma única lei poderia explicar por que os planetas se movem da maneira como se movem e por que uma maçã cai da árvore da maneira como cai. Newton afirmou que "todos os fenômenos da natureza podem depender de certas forças mediante as quais as partículas dos corpos, por causas até hoje desconhecidas, são ou impelidas umas em direção às outras, unindo-se em figuras regulares, ou repelidas e afastadas umas das outras"[23]. Segundo as três leis de Newton: um corpo em repouso permanece em repouso, e um corpo em movimento permanece em movimento retilíneo uniforme, a menos que sofra a ação de uma força externa; a aceleração de um corpo é diretamente proporcional à força que lhe é aplicada, e se dá na direção da linha reta em que a força atua; e para toda força existe uma força reativa equivalente e oposta[24]. As três leis da matéria e do movimento de Newton foram recebidas com entusiasmo pelos estudiosos quase que imediatamente após serem publicadas, e seu modelo matemático logo estava sendo ensinado a estudantes de toda a Europa.

No universo constituído por Newton e seus contemporâneos, todos os elementos desordenados, espontâneos e imprevisíveis da vida são deixados de lado, cedendo lugar ao novo mundo límpido, ordenado e calculável de "matéria e movimento". No universo matemático do Iluminismo, não havia espaço para alegria, paixão, exuberância, empatia, fé ou mágoa. Nenhum desses fatores podia ser reduzido a quantidades e explicados por fórmulas matemáticas. A concepção iluminista de vácuo e matéria em movimento era, nas palavras do filósofo científico Alfred North Whitehead, "uma coisa sonsa, muda, inodora e incolor, o mero colidir da matéria, infinitamente e sem propósito algum"[25].

O conceito de natureza do Iluminismo, com sua construção abstrata, racional e matemática, parecia mais adequado a um mundo de máquinas que de seres humanos. Não admira. Os eruditos iluministas faziam fetiche de metáforas mecânicas em suas explicações das operações da natureza. Na verdade, eles estavam tão seduzidos pelo novo poder prometéico liberado pelas máquinas que se puseram a construir uma cosmologia que, em todos os detalhes, tinha uma semelhança notável com o funcionamento das primeiras tecnologias modernas. Descartes, e posteriormente Newton, concebiam a natureza como uma máquina gigantesca regida por princípios mecânicos bem ordenados. Deus, o benevolente e zeloso pastor da cristandade, fora substituído por Deus, o técnico remoto que criara e pusera em movimento um universo mecânico auto-regulado, por natureza ordenado, previsível e autônomo.

Os pensadores do Iluminismo logo extrapolaram a visão de mundo mecanicista de Descartes para a economia, criando uma racionalidade filosófica para a exploração comercial do próprio homem. Fazendo uso da metáfora cartesiana, Adam Smith afirmara que uma mão invisível regia o mercado, garantindo o devido funcionamento da vida econômica. Essa mão invisível era comparada ao pêndulo mecânico de um relógio, regulando meticulosamente oferta e demanda, trabalho, energia e capital, e garantindo automaticamente o equilíbrio necessário entre a produção e o consumo dos recursos da Terra. Se mantida livre de interferências ou regulações externas, a mão invisível do capitalismo funcionaria como uma máquina de moção perpétua, assegurando a autonomia de cada indivíduo numa economia autônoma e auto-regulada. Mesmo hoje os economistas continuam a ver o processo econômico em termos cartesianos quando falam do "mecanismo de mercado".

Assim, no novo esquema das coisas a mão invisível torna-se o superintendente, e o mercado, o campo de batalha na guerra do homem contra a natureza e seus semelhantes humanos. Distante, imparcial, automático e autônomo, o novo deus que governa o mercado só entende a linguagem dos números. Em seu domínio, todos os fenômenos se reduzem a valores de commodities: custo unitário, preço por quilo, dólar por hora, salários por semana, aluguéis por mês, lucros por trimestre e juros compostos semestrais.

Dessacralizando o Tempo

A conversão do espaço de um reino sagrado num plano utilitarista, e de criação divina num reservatório de recursos, foi acompanhada por uma dessacralização similar do tempo. No curso de uns poucos séculos, o tempo foi remodelado para conformar-se aos mesmos critérios científicos que haviam sido usados para expropriar o espaço. A percepção medieval de tempo, com sua ênfase nos ciclos e estações cambiantes da natureza, nos ritmos vagarosos das rotinas diárias e nos longos períodos de preces em preparação para a salvação eterna, transmutou-se em um quadro totalmente moderno e científico, baseado na objetividade, na racionalidade, no cálculo matemático, na imparcialidade e na apropriação. O tempo foi desnaturalizado e convertido em ciência.

O grande debate sobre o sentido e a natureza do tempo teve início curiosamente com uma batalha épica entre a Igreja e uma incipiente classe mercante no fim da era medieval e início da moderna. A celeuma envolvia a questão da usura. Estavam em jogo duas noções diversas de segurança, uma delas sagrada e centrada na salvação eterna, e a outra profana e voltada a uma cornucópia material. A Igreja proibia a usura. Em Mateus, 6:24, lê-se: "Ninguém pode servir a dois mestres, pois ou amará a um e odiará ao outro, ou será dedicado a um e desprezará o outro. Não podeis servir a Deus e às riquezas".

A usura era uma coisa rara na Alta Idade Média, já que a maior parte da Europa era ainda uma economia de subsistência que dependia do escambo como forma dominante de intercâmbio comercial. Conforme a população, as cidades e o comércio começaram a se expandir no século XII, o dinheiro se tornou mais importante na regulamentação das transações econômicas. Uma nova classe de mercadores e banqueiros começou a emprestar dinheiro a juros, auferindo lucros tremendos no processo.

A Igreja afirmava que a usura era um pecado mortal punível com a danação eterna. Para sustentar essa afirmação, ela citava capítulos e versículos de ambos os testamentos. No Êxodo, 22:25, Deus admoesta seu povo escolhido: "Se emprestardes dinheiro a um membro de meu povo que estiver necessitado, não ajais como agiotas; não lhe cobreis juros".

O Vaticano deixava claro que não se opunha ao preço "justo", mas considerava a usura um ganho indevido e, portanto, um roubo. De acordo com São Tomás de Aquino:

> Mas o dinheiro, segundo o Filósofo (...), foi inventado principalmente para a prática das transações; assim, o uso devido e primordial do dinheiro é seu consumo ou dispersão, meios pelos quais ele é gasto nas transações. Segue-se que é ilícito por natureza aceitar um preço pelo dinheiro mutuado, que é a chamada usura.*[26]

No coração da controvérsia sobre a usura, ou lucro, estava a questão do uso do tempo. Os mercadores afirmavam que "tempo é dinheiro"[27]. Para eles, o tempo era fundamental. Seu sucesso dependia de sua capacidade de empregar o tempo

---

* N. do T.: Texto traduzido diretamente do original em latim. *Summa Theologica*, II, i, 78. O "filósofo" a quem São Tomás se refere é Aristóteles.

em benefício próprio: conhecer o melhor momento para comprar barato e vender caro; saber por quanto tempo os estoques deviam ficar disponíveis; determinar quanto tempo levaria para que os bens chegassem ou fossem enviados a seu destino; antecipar oscilações nas taxas de troca, a alta e a queda dos preços, mudanças na disponibilidade de mão-de-obra e o tempo necessário para fabricar um produto. O mercador que reunisse mais conhecimentos sobre como prever, usar e manipular essas várias referências temporais teria os melhores preços e lucraria mais.

Segundo a Igreja, o tempo pertencia exclusivamente a Deus, que o concedia gratuitamente em seu reino temporal. O tempo era uma dádiva que Deus deixava aos seres humanos, para que estes a empregassem preparando-se para a salvação eterna. Usurpando o tempo, os mercadores, banqueiros, senhores feudais e empresários estavam usurpando a autoridade de Deus. Para resumir a posição oficial do Vaticano, Thomas Chobham afirmou que, ao cobrar juros, "o usurário não vende ao mutuário nada que lhe pertença. Ele só vende tempo, o qual pertence a Deus. E ele não pode auferir lucros vendendo a propriedade alheia"[28].

No entanto, se o tempo pudesse ser reduzido a um produto passível de compra e venda, quanto mais lucro o indivíduo tivesse, mais tempo poderia comprar para si mesmo. Ao cobrar juros maiores e lucrar mais, ele podia comprar igualmente o tempo das outras pessoas, aumentando assim seu quinhão de tempo.

Como, então, os seres humanos asseguravam sua perpetuação e sobrevivência? Pela fé em Deus ou pela acumulação de dinheiro? O historiador medievalista Jacques le Goff resume a importância dessa grande batalha na definição do futuro da humanidade: "Assim, o conflito entre o tempo da Igreja e o dos mercadores assume lugar como um dos principais eventos na história mental desses séculos"[29].

A Igreja acabou capitulando sobre a questão do tempo, e a vitória dos mercadores abriu caminho para o nascimento de uma economia monetária. Ao "preço justo" sucedeu o "preço de mercado", e o palco foi montado para a ascendência do capitalismo de mercado e o lento e progressivo declínio do poder eclesiástico na Europa.

O conceito de tempo mudou sob um outro aspecto profundo no período que separa o fim da era medieval e o início da moderna. A invenção da agenda e do relógio mecânico no século XIII pelos monges beneditinos alterou radicalmente a concepção humana de tempo, representando mais um avanço crítico na estrada rumo a uma economia de mercado e um governo por Estado-nação.

Durante a maior parte da história registrada, o calendário dominou as questões humanas. Ele serviu como o principal instrumento de controle social, regulando a duração, a seqüência, o ritmo e a velocidade da vida, e coordenando e sincronizando as atividades grupais das culturas. O calendário orienta-se pelo passado. Sua legitimidade repousa na comemoração. As culturas de calendário comemoram mitos arquetípicos, lendas antigas, eventos históricos, os feitos heróicos de deuses, as vidas de grandes figuras da história e as flutuações de fenômenos astronômicos e ambientais. Nessas culturas, o futuro extrai sentido do passado. A humanidade ordena o futuro ressuscitando e honrando continuamente suas experiências passadas.

O calendário continua a desempenhar um papel importante na cultura contemporânea. Sua relevância política, no entanto, reduziu-se em muito com o surgimento da agenda. A agenda exerce um controle muito maior que o calendário sobre a alocação do tempo. Enquanto o calendário regula o macrotempo — eventos que se distribuem ao longo dos anos, a agenda regula o microtempo — eventos dispostos pelos segundos, minutos e horas do dia. A agenda busca sua legitimidade no futuro, não no passado. Nas culturas de agenda, o futuro é dissociado do passado e passa a constituir um domínio temporal apartado e independente. As culturas de agenda não comemoram; elas planejam. Não estão interessadas em ressuscitar o passado, mas em manipular o futuro. Na nova escala de tempo, o passado é meramente um prólogo do futuro. O que conta não é o que se fez ontem, mas o que pode ser feito amanhã.

O calendário e a agenda diferem num outro aspecto importante. Embora os modernos calendários estejam se tornando cada vez mais secularizados, durante a maior parte de nossa história seu conteúdo social esteve inseparavelmente ligado a seu conteúdo espiritual. Nas tradicionais culturas de calendário, os momentos importantes são sagrados, sendo observados pela comemoração de dias santos especiais. A agenda, em contraste, associa-se com a produtividade. Valores sagrados e preocupações espirituais têm pouco ou nenhum papel em sua formulação. O tempo, no novo esquema das coisas, é um instrumento para assegurar a produtividade. Ele é destituído de todo conteúdo sacro remanescente e convertido em pura utilidade.

George Woodcock observou: "É uma circunstância freqüente na história que uma cultura ou civilização desenvolva o instrumento que será usado posteriormente em sua própria destruição"[30]. A agenda, mais que qualquer outra força, é responsável por solapar a idéia de um tempo sagrado e espiritual e introduzir a noção de tempo secular. Escusado é dizer que os monges beneditinos em momento algum pretenderam que a agenda fosse utilizada com quaisquer fins além da melhor organização do tempo do indivíduo na Terra em preparação para a libertação eterna. Mal suspeitavam eles que ela se tornaria a principal ferramenta do comércio moderno.

A ordem dos beneditinos foi fundada no século VI. Ela diferia, num aspecto importante, de outras ordens da Igreja. São Benedito enfatizava a atividade a todo momento. Sua regra cardeal, "o ócio é o inimigo da alma", tornou-se o lema da ordem[31]. Os beneditinos empenhavam-se em atividades constantes, como forma de penitência e como meio de assegurar sua salvação eterna. São Benedito alertava os membros de sua ordem que "para conseguirmos escapar às dores do inferno e conquistar a vida eterna, devemos nos empenhar — enquanto houver tempo — em fazer agora o que nos possa valer na eternidade"[32].

Como a classe mercante que seguiria seus passos, os beneditinos viam o tempo como um recurso sagrado. Para eles, contudo, o tempo era essencial por pertencer a Deus; pertencendo a Deus, eles julgavam ser seu dever sagrado utilizá-lo o mais plenamente possível para servir à glória divina. Com esse objetivo, os beneditinos organizavam cada momento do dia em atividades formais. Havia um tempo específico para orar, para comer, para banhar-se, para trabalhar, para ler, para refletir e para dormir. Como meio de garantir a regularidade e a coesão grupal, eles restabeleceram a idéia romana das horas, um conceito temporal pouco usado pelo restante da sociedade medieval. Toda atividade devia ocorrer numa hora específica do dia. Veja as seguintes instruções da Regra de São Benedito:

> Os irmãos (...) devem ocupar-se nas horas estabelecidas em trabalhos manuais, como noutras horas em leituras sagradas. Com vistas a esse fim, acreditamos que os momentos de cada dia podem ser determinados da seguinte maneira. (...) Os irmãos devem iniciar o trabalho pela manhã e, desde a primeira hora até a quarta, cumprir as tarefas que devem ser feitas. Da quarta até a sexta hora, que se dediquem à leitura. Passada a sexta hora, e tendo deixado a mesa, que repousem em seus leitos no mais perfeito silêncio.[33]

Para garantir que todos iniciassem as atividades simultaneamente no momento prescrito, os beneditinos usavam sinos. Sinos repicavam, reboavam e tiniam o dia todo, conclamando os monges às rotinas estabelecidas. Os sinos mais importantes eram os que anunciavam as oito horas canônicas em que os monges celebravam os Ofícios Divinos.

Os beneditinos organizavam as semanas e estações com a mesma regularidade temporal com que organizavam os dias. Mesmo atividades mundanas como raspar a cabeça, fazer sangrias e encher os colchões ocorriam em momentos pré-fixados no transcurso do ano[34].

Os beneditinos criaram mais que uma nova organização temporal ao introduzirem a "agenda". Eviatar Zerubavel observa sabiamente que ao prescreverem horários para atividades específicas e exigirem a estrita observância de tais atividades no momento apropriado, os beneditinos "ajudaram a conferir à agência humana os batimentos e ritmos coletivos regulares da máquina"[35]. O cientista político Reinhard Bendix referiu-se ao monge beneditino como "o primeiro profissional da civilização ocidental"[36].

Para assegurarem o devido cumprimento da agenda prescrita, os beneditinos desenvolveram uma ferramenta que poderia lhes proporcionar maior precisão na mensuração do tempo do que a dependência em sinos e sineiros. Inventaram o relógio mecânico. Lewis Mumford observou certa vez que "o relógio, e não a máquina a vapor, é o instrumento-chave da Era Moderna"[37]. A primeira máquina automática da história atuava graças a um sistema chamado de escapamento, um mecanismo que "interrompia regularmente a força de um peso que se precipitava", controlando a liberação de energia e o movimento das engrenagens[38].

A princípio, essa nova invenção foi usada exclusivamente pelos beneditinos, como meio de assegurar maior conformidade com a agenda diária de incumbências. O relógio permitiu ao clero padronizar a duração das horas. Estabelecendo uma unidade uniforme de duração, os monges conseguiam agendar a seqüência de atividades com maior precisão e sincronizar os esforços em grupo com maior confiabilidade.

Não tardou, contudo, para que a notícia da nova maravilha começasse a se difundir. No final do século XV, o relógio mecânico abrira caminho para fora do claustro e tornara-se um elemento regular na nova paisagem urbana. Relógios gigantescos tornaram-se a peça central da vida citadina. Erigidos em meio à praça da cidade, eles logo substituíram o sino da igreja como ponto de encontro e de referência para coordenar as complexas interações da existência urbana.

Apenas um século antes, a grandeza da catedral gótica estabelecera o estatuto de uma comunidade, mas então a ereção do relógio urbano tornou-se símbolo do orgulho citadino. Em 1481, os moradores de Lyon peticionaram um relógio urbano ao magistrado da cidade, justificando os gastos das reservas com o argumento de que "mais gente virá às feiras, os cidadãos ficarão muito contentes, animados e felizes, e levarão uma vida mais ordenada"[39].

Os primeiros relógios não tinham ponteiros. Simplesmente soavam um sino a cada hora. A palavra inglesa *clock* vem com efeito do médio holandês *clocke*, que significa "sino". No século XVI, os relógios bimbalhavam quartos de hora, e alguns eram fabricados com ponteiros para assinalar o transcorrer de cada hora. Em meados do século XVII, o pêndulo foi inventado, proporcionando um mecanismo cronométrico muito mais exato e confiável. Pouco tempo depois surgiu o ponteiro dos minutos. O segundo ponteiro não se estreou senão no início do século XVIII, quando foi usado pela primeira vez por astrônomos, navegadores e médicos para registrar medidas mais acuradas.

A idéia de organizar o tempo em unidades padronizadas de horas, minutos e segundos teria parecido estranha, e mesmo macabra, a um servo camponês do período medieval. O dia dividia-se então em três setores: nascer do sol, meio-dia e pôr do sol. As únicas outras referências, segundo Lawrence Wright, eram "o sino de plantio e colheita que os convocava ao trabalho, o sino do sermão e o sino de recolher"[40]. Ocasionalmente, podia-se ouvir o som do "sino de congregação, o sino do forno — quando o forno senhorial era aceso para assar o pão —, o sino do mercado e os sinos que os convocavam a festas, fogueiras ou funerais"[41]. Mesmo nesses casos, o tempo não era algo estabelecido de antemão e dissociado de eventos externos. O tempo medieval ainda era esporádico, lento, imprevisível e, acima de tudo, atrelado mais a experiências que a números abstratos.

"Por sua natureza essencial", observa Lewis Mumford, o relógio "dissociou o tempo dos eventos humanos"[42]. Também é verdade, como sugere o historiador David Landes, da Universidade de Harvard, que o relógio dissociou os eventos humanos da natureza"[43]. O tempo, que sempre fora medido com relação a fenômenos físicos e bióticos, ao nascer e pôr-do-sol e à mudança de estações, tornou-se a partir de então uma questão de puro mecanismo. O novo tempo substituía a qualidade pela quantidade, e o pulso rítmico do mundo natural pelo automatismo.

A emergente classe burguesa dos mercadores acolheu avidamente o relógio mecânico. Ficou logo evidente que as atividades cada vez mais complexas da vida comercial e urbana exigiam um método de regulagem e sincronização que só o relógio podia proporcionar.

O relógio encontrou sua primeira serventia na indústria têxtil. Embora a produção têxtil tenha antecipado em dois séculos o restante da revolução industrial, ela incorporou muitos dos atributos essenciais que caracterizariam a era vindoura. Para começar, a manufatura têxtil requeria uma força de trabalho grande e centralizada. Também requeria o uso de maquinário complexo e grandes quantidades de energia. O novo proletariado urbano se congregava a cada manhã nas oficinas de tintura e nos moinhos de enchimento, "onde o alto consumo de energia para aquecer as cubas e mover os martelos favorecia a concentração em grandes unidades"[44]. Esse tipo de tecnologia de produção complexo, altamente centralizado e dispendioso em termos energéticos tornou necessário o estabelecimento e a observância de horas fixas para o início e o fim do dia de trabalho.

Os sinos e posteriormente o relógio de trabalho se tornaram os instrumentos com que mercadores e industriais controlariam o tempo útil de seus funcionários. O historiador Jacques Le Goff observa que testemunhamos aqui a introdução de uma ferramenta radicalmente nova para assegurar o poder e o controle sobre as massas. Ele escreve: "O relógio comunal foi um instrumento de dominação econômica, social e política utilizado pelos mercadores que dirigiam a comuna"[45].

Ao passo que nos ofícios artesanais e na agricultura os trabalhadores haviam definido o ritmo das atividades, no novo sistema fabril, o maquinário ditava a velocidade. Tal velocidade era incessante, impiedosa e exaustiva. O modo de produção industrial era, acima de tudo, metódico. Seu ritmo espelhava o do relógio. O novo trabalhador tinha de conceder todo o seu tempo ao novo ritmo da fábrica. Devia aparecer na hora, trabalhar no ritmo da máquina e partir no momento designado. Considerações subjetivas sobre o tempo não tinham lugar na fábrica. Lá, o tempo objetivo — o tempo das máquinas — reinava supremo.

Não foi somente nas fábricas que o relógio desempenhou um novo e importante papel. A classe burguesa descobriu-lhe usos em praticamente todo aspecto de sua vida diária. Essa era uma nova forma de regime temporal, mais rigorosa e exigente do que qualquer outra jamais concebida. A burguesia introduziu o relógio em suas casas, escolas, clubes e escritórios. Nenhum nicho da cultura escapou ao alcance dessa nova e admirável ferramenta de socialização. Lewis Mumford considerou detidamente essa transformação na consciência temporal e concluiu que

> a nova burguesia, ao cronometrar o lar e o trabalho, reduziu a vida a uma rotina minuciosa e ininterrupta: tanto tempo para os negócios, tanto para o jantar, tanto para os prazeres — tudo cuidadosamente mensurado. (...) Pagamentos agendados; contratos agendados; trabalho agendado; refeições agendadas; a partir desse momento nada estaria livre do selo do calendário ou do relógio.[46]

Ser "regular como um relógio" tornou-se o maior valor da nova era industrial[47]. Sem o relógio, a vida industrial não teria sido possível. Ele condicionou a mente humana a conceber o tempo como externo, autônomo, contínuo, rigoroso, quantitativo e divisível. Nisso, preparou o caminho para um modo de produção que funcionaria segundo o mesmo conjunto de padrões temporais.

A metamorfose da natureza de criação de Deus em recurso do homem, a mudança nas leis sobre a usura, a transição do preço justo para o preço de mercado, o nascimento da economia monetária e a introdução da agenda e do relógio influenciaram profundamente em seu conjunto a percepção européia de tempo e espaço.

A Contribuição Americana para o Tempo e o Espaço

Os novos conceitos de espaço e tempo migraram para a América com os primeiros colonizadores. No Novo Mundo, porém, o esquema iluminista assumiu um viés um tanto diverso, mais adequado ao espírito de fronteira da América.

Os americanos introduziram uma nova ferramenta para explorar o espaço e o tempo. Embora a idéia de eficiência seja antiqüíssima, sua forma atual foi desenvolvida nos EUA no século XIX e logo se espalhou pelo restante do mundo, mudando a forma como os seres humanos organizam os detalhes da vida diária. Embora os seres humanos tenham utilizado ferramentas por milhares de anos, a mudança para a energia do carvão e a vapor no século XIX proporcionou novas e imensas oportunidades para manipular o espaço e a duração. Como mencionamos de passagem no início do capítulo, os seres humanos pela primeira vez conseguiram ir além dos limites extremos impostos pelos ritmos da natureza e começaram a converter o espaço e o tempo numa força produtiva em constante aceleração para o avanço material.

Muito embora os europeus — especialmente os ingleses e os alemães — tenham adotado de imediato as novas tecnologias a vapor, foram os americanos que criaram o mecanismo intelectual e conceitual para alinhar o desempenho humano com o ritmo das novas máquinas. A eficiência foi transformada pelos engenheiros americanos num conjunto de práticas metodológicas que, por sua vez, tornaram-se uma ferramenta oniabrangente para organizar o espaço e o tempo. E essa moderna noção de eficiência fez mais que qualquer outra coisa para moldar o caráter americano contemporâneo e proporcionar o supra-sumo que propeliria o Sonho Americano.

Eficiência significava algo muito diverso no início do século XVIII. No dicionário da língua inglesa de Samuel Johnson, publicado em 1755, "eficiência" ainda tinha um quadro de referência teológico. Deus é definido como a mais eficiente das primeiras causas. No relato bíblico da criação, Deus dá existência aos céus e à Terra — o ato perfeitamente eficiente.

A eficiência assumiu sua forma atual no final do século XIX. Cientistas e engenheiros trabalhavam no novo campo da termodinâmica, medindo a entrada e saída de energia e a entropia em máquinas. No processo, eles redefiniram a eficiência, transformando-a num valor puramente mecânico. Doravante, a eficiência seria considerada a máxima produção a ser obtida no tempo mínimo, com um insumo mínimo de trabalho, energia e capital. A nova definição de eficiência migrou rapidamente do banco das máquinas para o chão de fábrica, o escritório, o lar e a vida pessoal, tornando-se a medida do desempenho humano e o critério para determinar o valor das atividades do homem. Mais que isso, a eficiência se tornou a ferramenta indispensável para assegurar o sucesso pessoal e a concretização do Sonho Americano. Quem fosse mais eficiente, e portanto mais produtivo (diz o raciocínio), teria mais chances de ascender ao topo — de ser alguém nesse mundo. Embora o novo interesse na eficiência reverberasse pela Europa e posteriormente pela Ásia, ela foi adotada mais seletivamente no ambiente de trabalho, ao passo que nos EUA ela se tornou a norma comportamental absoluta, condicionando praticamente todos os aspectos da vida.

Os americanos têm paixão pela eficiência. Ela se tornou nosso atributo definidor e está arraigada em nossa essência como povo. Para compreender como transformamos um valor temporal das máquinas numa norma comportamental humana, precisamos remontar às raízes calvinistas dos EUA e a nossa acalentada crença de ser um povo escolhido.

Os reformadores protestantes dos séculos XVI e XVII afirmavam que o autosacrifício e o engenho eram sinais de que a pessoa havia sido escolhida para a salvação. João Calvino, o teólogo francês da Reforma, denunciou a doutrina eclesiástica da salvação pelas boas obras, pela confissão e pela absolvição. Deus não aceitaria subornos por um lugar no céu, dizia Calvino. Os reformadores acreditavam que todo ser humano era eleito ou condenado desde o nascimento, e que as boas obras não podiam mudar o destino pessoal. A questão que permanecia para todo cristão, contudo, era a de como saber se ele havia sido salvo pela graça de Deus. Embora ninguém pudesse saber ao certo, Calvino afirmava que os eleitos cumpririam com zelo todos os mandamentos de Deus, não porque isso lhes asseguraria a salvação, mas simplesmente porque Deus o desejava. Mais que isso, todos tinham a obrigação de acreditar que haviam sido escolhidos e de agir de acordo. O desempenho constante servia como uma espécie de prova parcial, ou pelo menos de indício, de que o indivíduo podia nutrir a esperança de ter sido salvo.

Calvino exigia ainda mais dos fiéis. Ele dizia que não bastava continuar a fazer o que se fazia no mundo da melhor maneira possível — esta era a idéia de vocação de Martinho Lutero. Calvino afirmava que cada pessoa, para servir à glória de Deus, tinha o dever de melhorar constantemente sua sina na vida, aumentando sua produtividade e, no processo, elevando sua condição.

Pela doutrina de Calvino, todo indivíduo era obrigado a viver cada momento buscando certeza contra as próprias dúvidas atrozes, cumprindo constantemente a vontade de Deus. Mesmo um desvio momentâneo do total comprometimento ascético na Terra podia arruinar a crença pessoal do indivíduo e sua confiança em ter sido escolhido.

John Winthrop e os puritanos, como as demais seitas protestantes que seguiram para a América em seus calcanhares, eram, sob muitos aspectos, os seguidores mais fiéis da teologia da Reforma. Muito depois que o fervor religioso esmoreceu na Europa, sua chama foi mantida viva nas colônias americanas por ondas de pessoas que buscavam asilo religioso, ansiosas por preservar a pureza de seu credo.

Aqui os entusiastas religiosos enfrentaram a dura realidade de um continente selvagem e indomado, onde a sobrevivência física era no mínimo tão importante quanto a salvação eterna. Ao combinar a doutrina calvinista de produtividade incessante com a ênfase iluminista no comportamento racional, na perícia tecnológica e no utilitarismo pragmático, eles conseguiam a um só tempo ganhar a vida e observar suas crenças.

A nova noção de eficiência ajustava-se idealmente ao temperamento peculiar americano, com sua ênfase na teologia da Reforma e na ciência do Iluminismo. A eficiência é um modo racional e tecnologicamente mediado para melhorar continuamente a produtividade individual. Quanto mais eficiente o indivíduo se torna, mais certeza ele tem de estar melhorando sua sina, para a maior glória de Deus. Ser sempre mais eficiente, por sua vez, é um meio de o indivíduo convencer-se de ter sido eleito para a salvação.

Mesmo depois que a idéia de eleição perdeu favor nas igrejas protestantes no final do século XIX e início do XX, o princípio de ser sempre mais eficiente, e daí mais produtivo, guardava um teor salvacionista, o qual se extraviou quando os modernos padrões de eficiência foram adotados na Europa e em outras partes. Nós, americanos, ainda tendemos a equiparar eficiência com bons valores morais, e nos inclinamos a condenar aquelas pessoas grosseiramente ineficientes. Seu comportamento é visto como preguiçoso — e a preguiça é um dos sete pecados capitais. Esse teor salvacionista é o que faz dos americanos não somente os primeiros e mais firmes adeptos da moderna idéia de eficiência, mas também seus maiores defensores no século XX.

Os europeus com freqüência se perguntam por que os americanos vivem para trabalhar, em vez de trabalharem para viver. A resposta está em nosso profundo apego metafísico à eficiência. Ser mais eficiente é ser mais semelhante a Deus. Deus, cumpre lembrar, é o mais eficiente dos agentes. Ele conferiu existência ao mundo sem despender tempo, trabalho, energia ou capital. Criou os céus e a Terra do nada. Quanto mais os seres humanos puderem aumentar a produção — e criar seu próprio éden terreno — investindo cada vez menos tempo, trabalho, energia e capital, mais se aproximarão dos assombrosos poderes do próprio Deus.

Sendo a eficiência o novo guia, os americanos se dispuseram a recondicionar o espaço e o tempo com um fervor quase evangélico. Um americano, Frederick W. Taylor, é considerado em grande parte o pai das modernas práticas de eficiência. Seus princípios da "administração científica" foram adotados pela indústria americana no início do século XX e logo depois pelo restante da sociedade, tornando-se a fundação de um etos da eficiência que acabaria transformando o mundo como um todo.

Se o relógio urbano foi a assinatura da transição da Europa para uma nova era temporal, o cronômetro se tornou o distintivo americano. Usando um cronômetro, Taylor dividiu as tarefas dos trabalhadores em pequenos componentes operacionais e então mensurou cada atividade para determinar o melhor tempo sob condições otimizadas de desempenho. Estudando os mínimos detalhes dos movimentos do trabalhador, Taylor podia fazer recomendações para a melhoria do desempenho, para alcançar uma eficiência ainda maior. Muitas vezes, a economia de tempo seria medida em frações de segundo.

Taylor reduziu o comportamento humano ao de uma máquina, julgando o desempenho pelos mesmos critérios — ou seja, quão bem cada trabalhador maximizava a produção num tempo mínimo e com um insumo mínimo de trabalho, energia e capital. O homem e a máquina, para todos os intuitos e propósitos, tornaram-se um só. No século XX, os americanos haviam assimilado a tal ponto o novo valor maquinal em suas vidas que começaram a descrever seu próprio comportamento e bem-estar em termos mecânicos. Dizia-se que as pessoas estavam "engrenadas" ou "elétricas" quando motivadas, e "pressionadas", "sobrecarregadas" ou "pifadas" quando exaustas. Nós "nos ligamos" em coisas de nosso interesse e "nos desligamos" de coisas que nos repelem. Estar "conectado" ou "desconectado" tornou-se sinônimo de estar envolvido ou apartado.

Em pouco tempo, peritos em eficiência estavam se disseminando pelos EUA, implementando os novos métodos no chão de fábrica, no escritório e em estabelecimentos de varejo. A mania da eficiência rapidamente se difundiu pela sociedade em geral, e ali os novos valores se tornaram o teste capital para o progresso em todos os campos da vida. Progressistas levaram a eficiência à arena política e começaram a exigir a despolitização do governo e o estabelecimento de princípios da administração científica em todas as agências e programas governamentais. (Falaremos disso com mais detalhes no Capítulo 10.)

A cruzada da eficiência chegou até mesmo aos lares e escolas. Em 1912, Christine Frederick escreveu um artigo no influente *Ladies' Home Journal* intitulado "O novo serviço do lar", exortando as donas de casa do país a adotar métodos mais eficientes para dar conta da rotina doméstica. Ela confessava a suas leitoras que havia desperdiçado muito tempo precioso em função de práticas domésticas ineficazes. Em suas palavras: "Durante anos nunca percebi que fazia 80 movimentos incorretos somente durante a lavagem, sem contar outros na separação, esfregação e remoção"[48]. Frederick pergunta a suas leitoras: "Não perdemos tempo trabalhando em cozinhas mal organizadas? (...) O trem do serviço doméstico não podia seguir de estação em estação, de tarefa em tarefa?"[49].

O sistema educacional americano foi reformulado pelo movimento da eficiência. Os administradores escolares, diretores de escola e professores do país, para não falar dos estudantes, eram criticados por serem ineficientes e perdulários.

O *Saturday Evening Post* afirmou que "há na administração de muitas escolas um grau de ineficiência que não seria tolerado no mundo dos escritórios e lojas"[50]. Em 1912, no encontro anual dos superintendentes escolares do país, os delegados foram alertados de que "o imperativo da eficiência é sentido por toda parte, de um extremo a outro do país, e a demanda torna-se mais insistente a cada dia". Eles foram informados, em termos inequívocos, que "as escolas, bem como outras instituições profissionais, devem se submeter ao teste da eficiência"[51].

Depois de Taylor, o comportamento concentrou-se quase que exclusivamente em ser eficiente a todo momento do dia. A eficiência tornou-se a ferramenta suprema para explorar os recursos tanto humanos como naturais da Terra, para promover a riqueza material e o progresso econômico. Tudo no mundo se reduziu a fatores para acelerar a produção. Gerações sucessivas de americanos acabariam sujeitando praticamente todos os aspectos da atividade humana a normas rigorosas de eficiência, recondicionando-se para se comportarem exatamente como máquinas. A máquina já não era vista simplesmente como metáfora, como era por Descartes, Newton, Smith e muitos dos filósofos do início da modernidade. Peritos em eficiência e, posteriormente, administradores de recursos humanos e consultores administrativos transformaram tudo em seu caminho em critérios maquinais. Com isso, os americanos foram muito além dos valores mecanicistas e instrumentais do Iluminismo europeu, para tornar-se o povo mais plenamente "moderno" na face da Terra.

O leviatã da eficiência cativou de tal maneira a imaginação do público americano que alguns críticos sociais se sentiram compelidos a desfechar-lhes umas farpas bem servidas. H. L. Mencken imaginou que o país inteiro se transformava em engenheiros. Fabricantes de colchões viravam "engenheiros do sono", maquiadores se convertiam em "engenheiros da aparência" e lixeiros eram chamados de "engenheiros sanitários"[52].

Como não surpreende, o engenheiro tornou-se o novo salvador que conduziria os americanos à terra prometida. A escritora Cecelia Tichi observa: "O engenheiro renovou a missão espiritual gravada por mais de dois séculos e meio na experiência nacional. Ele prometeu, segundo parecia, levar a América industrial diretamente ao novo milênio"[53]. Em 1922, uma pesquisa nacional com seis mil estudantes de colégio declarou que quase um em cada três rapazes apontava a engenharia como a profissão que mais gostaria de seguir[54].

Taylor, e outros que se seguiram, levaram o movimento da eficiência para a Europa, onde ele funcionou bem em meio aos homens de negócios. Mas teve uma recepção menos entusiástica em outros quartéis da sociedade. Os europeus se dispuseram a usar os princípios da administração científica na fábrica e nos escritórios como meio de aumentar a produtividade, embora mesmo nessas áreas tais princípios fossem recebidos com suspeição, especialmente nas empresas familiares, que ainda dominavam a Europa. Lá, as antigas práticas administrativas, que combinavam o paternalismo benigno, a deferência a tradições artesanais e o antagonismo de classes, agiam como uma âncora para o entusiasmo desenfreado que acompanhava o taylorismo nos EUA. Os europeus estavam ainda menos dispostos a levar a eficiência às esferas pessoal, social e cultural. Isso se deve uma vez mais à diferença central no modo como eles, em relação aos americanos, vêem a manipulação do espaço e do tempo na era moderna.

Se os europeus se sentiam mais atraídos pelo relógio urbano, isso talvez ocorresse pelo fato de o verem como um meio de sincronizar os relacionamentos entre as pessoas. Ele era um instrumento para orquestrar o comportamento coletivo da comunidade. Se os americanos se deixavam atrair mais pelo cronômetro, isso ocorria porque ser constantemente produtivo proporcionava altíssima auto-estima. Não significa dizer que a eficiência não foi importante na Europa. Foi e ainda é. Todavia, ao passo que ela tende a definir o comportamento americano, na Europa ela é considerada um adjunto importante, mas não uma característica primordial da motivação humana. Os europeus têm certa aversão ao emprego da eficiência em suas vidas pessoais, já que, em seu cerne, a eficiência é um valor instrumental. Todas as atividades, sejam humanas ou mecânicas, tornam-se fatores para maximizar a produção. Os seres humanos deixam de ser considerados um fim e se tornam um meio para fomentar a produção.

Os europeus são inclinados a perguntar: "Alguém trataria com eficiência uma pessoa de quem gostasse?"; "Diríamos a um ente querido: 'Vou mostrar meu amor maximizando minha produtividade, no mínimo tempo possível com o mínimo dispêndio de trabalho, energia e capital'?". Embora os americanos possam dizer que julgam repugnante essa idéia, na prática o conceito de "tempo de qualidade" — a idéia de dedicar um breve momento preestabelecido no dia para ter um encontro significativo com um filho — penetrou a psique pública e tornou-se a diretiva operacional para que pais sobrecarregados dêem atenção aos filhos. Entre os europeus, não existe um equivalente para o "tempo de qualidade".

Os europeus tendem a ser menos pragmáticos e determinados em seus relacionamentos pessoais do que os americanos. Eles se perguntam: "Pode-se ter empatia ou zelo de maneira eficiente? É possível ter alegria, felicidade ou experiências reveladoras de maneira eficiente?".

Os americanos são mais propensos a usar o espaço e o tempo de maneira mais objetiva. Somos menos acomodados, em geral, do que nossos amigos europeus. Palavras como "devanear", "divagar" e "ponderar" têm grande prestígio na Europa, mas muito menos nos EUA. Os americanos se sentem melhor sendo constantemente produtivos. Para nós, o ócio ainda relembra uma moralidade frouxa. Os europeus, por outro lado, cobiçam o ócio. Eles tiram um tempo para aspirar rosas. Para apreciarmos de fato a vida, segundo me dizem meus amigos europeus, devemos estar dispostos a nos entregar ao momento e esperar o que vier pelo caminho. Os americanos estão menos dispostos a entregar sua sorte e felicidade ao destino. A maioria acredita que a felicidade não é algo que vem até nós, mas algo que precisamos buscar continuamente. Os europeus que conheço simplesmente não pensam nem sentem as coisas assim.

Tudo remonta a uma diferença básica nos sonhos europeu e americano. Nós buscamos a felicidade fazendo. Os europeus a buscam sendo. Para nós, a felicidade consiste em realizações pessoais, sendo uma das principais nosso sucesso material individual. Para os europeus, a felicidade consiste na força de seus relacionamentos e nos elos de sua comunidade. Relacionamentos íntimos e uma profunda sensação de solidariedade — relembram-me meus amigos europeus — levam tempo para serem cultivados. Não podem se sujeitar aos ditames do relógio ou aos requisitos da eficiência.

Os americanos amiúde lamentam ser incapazes de desfrutar uma qualidade de vida similar à de seus colegas europeus. E jamais a desfrutaremos enquanto a eficiência continuar sendo nossa ferramenta mais importante para organizar as relações espaciais e temporais. Se a terra prometida é, de fato, a boa qualidade de vida, não se pode chegar lá se um cronômetro for o único guia.

5

Criando o Indivíduo

MUITOS AMERICANOS ACREDITAM que o arquétipo do indivíduo forte, autônomo e autoconfiante é uma criação americana. Nós nos orgulhamos de não dever nada aos outros e de ter disposição para assumir riscos pessoais consideráveis para conseguirmos o que queremos no mundo. Tudo isso deriva de nosso senso de "individualismo rústico". Em maior parte, nossa autopercepção é correta. Num estudo revelador sobre empreendedorismo realizado em 2003, a Comissão Européia descobriu que, enquanto dois em cada três americanos preferem trabalhar por conta própria, metade de todos os cidadãos da UE preferem ser empregados de outra pessoa. Mais interessante é como os americanos lidam com riscos pessoais, em comparação com os europeus. Ao passo que dois em cada três americanos dizem que abririam uma empresa mesmo que houvesse risco de falência, quase um em cada dois europeus diz que não correria esse risco se a empresa pudesse falir[1]. Quando os americanos, e aliás o restante do mundo, pensam no que significa ser americano, a primeira coisa que acorre à mente é provavelmente o espírito do ir sozinho, do assumir riscos.

Apesar do fato de o "indivíduo" ser mais venerado na sociedade americana que em qualquer outra parte do mundo, não foi ali que ele criou raízes. O indivíduo moderno é um transplante europeu, cujas origens remontam aos anos de ocaso da era medieval. Mudanças espaciais e temporais, na época, vinham provocando profundas alterações no comportamento cotidiano do povo europeu.

Um novo homem e uma nova mulher nasciam na Europa — menos religiosos e mais científicos em caráter. No século XIX, a emergente classe burguesa tinha praticamente se despojado da mentalidade medieval, pensando e agindo de modo totalmente moderno. A idéia radicalmente nova de "indivíduo" racional ganhou forma lentamente, ao longo de um período de vários séculos, e refletiu as profundas mudanças nos mundos da filosofia, da ciência, do comércio e da política.

A idéia do eu era tão revolucionária que, por muito tempo, faltaram metáforas para explicar seu significado. Em eras anteriores as pessoas tinham algum senso de sua própria individualidade. Ainda assim, as vidas eram levadas, em maior parte, pública e comunalmente. Na era medieval, era incomum ver alguém passeando fora das muralhas urbanas ou numa trilha campestre. O historiador Georges Duby diz que "na era medieval, os passeios solitários eram um sintoma de insanidade. Ninguém correria esse risco, a menos que fosse desvairado ou louco"[2].

A vida sempre fora vivida em redutos cerrados; compreensivelmente, já que além das muralhas, campos e pastos havia florestas densas e impenetráveis, animais selvagens em busca de presas e criminosos. A aglomeração era uma estratégia de sobrevivência cujo valor se demonstrara vezes e vezes seguidas. No século XIX, as florestas haviam sido limpas, as zonas bravias domadas e os salteadores mantidos a distância. As pessoas podiam então contemplar os pontos mais remotos do horizonte, e o que viam era um mundo de novas possibilitadas aguardando exploração. Mais importante, cada pessoa se acercava sozinha do que Shakespeare chamou, em *A Tempestade*, de "admirável mundo novo", tendo como único apoio seu patrimônio, que consistia em seu trabalho e suas posses mundanas.

Compare a vida do homem e da mulher medievais com a de seus sucessores modernos. Em menos de 15 gerações, mudanças avassaladoras tiveram lugar. Valores espirituais foram em grande parte substituídos por valores materiais. A teologia deu lugar à ideologia, e a fé foi destronada e substituída pela razão. A salvação tornou-se menos importante que o progresso. Tarefas e rotinas diárias deram lugar a empregos, e a geratividade tornou-se menos importante que a produtividade. Lugares foram rebaixados a locais. O tempo cíclico, acompanhado pelas estações cambiantes, foi marginalizado, e o tempo linear, medido em horas, minutos e segundos, deslocou a experiência vivida. Relacionamentos pessoais já não se baseavam na fidelidade, mas antes em contratos. As boas obras se metamorfosearam na ética do trabalho. O sagrado perdeu terreno para o utilitarista. A mitologia foi reduzida a entretenimento, ao passo que a consciência histórica passou a imperar. Ao preço justo sucedeu o preço de mercado. A salvação tornou-se menos importante que a fatalidade. A sabedoria foi reduzida a conhecimento. E o amor de Cristo foi desafiado pelo amor de si mesmo.

A casta foi ofuscada pela classe, a revelação pela descoberta e as profecias pelo método científico. Por toda parte, as pessoas se tornaram menos servis e mais industriosas. Os europeus se remodelaram. Na nova Europa, e mais ainda na jovem América, possuir, e não pertencer, era o que ditava as condições do intercurso humano. Foram mudanças perturbadoras.

A dissociação do indivíduo da esfera coletiva e a criação da nova autoconsciência ocorreram de modo ordinário e quase banal. Enquanto Descartes, Newton e Locke se ocupavam filosofando sobre a metafísica do novo mundo racional que se aprontava, uma mudança muito mais corriqueira ocorria nos hábitos e no comportamento da gente prosaica — uma mudança que prepararia sucessivas gerações de europeus para pensar e agir objetiva, autoconsciente e autonomamente.

Lembre-se da ênfase que os filósofos iluministas davam ao destacamento do "homem" da natureza e à conversão da realidade num campo de objetos a serem explorados, aproveitados e convertidos em propriedade. A natureza, no esquema do Iluminismo, era selvagem e perigosa, uma força primitiva e amiúde maléfica que precisava ser domada, domesticada, submetida à produção e posta a serviço do homem. Sob muitos aspectos, a domesticação da natureza começou com a do próprio "homem". Separar os seres humanos da natureza exigia que estes fossem remodelados de modo que se tornassem mais racionais, calculistas e indiferentes. Criar o indivíduo autônomo autoconsciente mostrou-se uma tarefa desafiadora.

Civilizando a Natureza Humana

Hoje, imaginamos as pessoas como progressistas ou conservadoras. Há poucas gerações, nós as teríamos caracterizado como modernas ou antiquadas. No fim da era medieval e início da era moderna, um tipo diverso de categorização foi usado para diferençar as gerações. As pessoas eram ou brutais ou civilizadas. O comportamento brutal era associado a uma natureza depravada. Ser brutal era ser animalesco, e o comportamento animalesco era descrito cada vez mais como preguiçoso, lascivo, ameaçador e desalmado.

Temos de recordar que a vida na era medieval ainda transcorria em meio aos animais — domesticados e selvagens — e junto ao chão. A maioria dos lavradores camponeses vivia em tradicionais "casas longas", que conjugavam moradia e estábulo. Os lavradores e seu gado entravam na casa pela mesma porta, e eram separados internamente por uma única parede[3].

O florescimento da vida urbana no século XV impôs pela primeira vez certa distância entre as pessoas da cidade e seus arredores rurais, e logo suscitou desgosto pelo relacionamento próximo que a gente rural tinha com os animais e a natureza. No fim da era elisabetana, os ingleses haviam banido totalmente os animais de suas casas, confinando-os a estábulos e celeiros. Dizia-se que os ingleses "desprezavam" os irlandeses, galeses e escoceses por ainda dormirem sob um teto comum com seus animais[4].

A emergente classe dos burgos — que se tornaria posteriormente a burguesia da era moderna — condenava o que via como um comportamento bestial e brutal, que levava seus semelhantes humanos a agir tão rasteiramente quanto as bestas "mudas" que criavam. Na Inglaterra, e pouco depois na França e em outras partes do continente, o comportamento civilizador tornou-se a um só tempo uma missão e uma obsessão para a ascendente classe mercante, que contava com o auxílio da Igreja e, em menor extensão, da nobreza. Ser civilizado era ter boas maneiras, andar aprumado, exercer controle sobre as funções corporais e, acima de tudo, ser racional e senhor de si. Somente quando fosse capaz de controlar sua própria natureza animal a pessoa poderia exercer controle sobre o restante da natureza. O processo civilizador separou o homem não somente de sua natureza animal, mas também de seus semelhantes humanos. Ele se tornou uma ilha autônoma, um agente livre e apartado, em controle de seu próprio corpo e de seu espaço privado no mundo. Tornou-se um "indivíduo".

Um processo civilizador similar ocorreu na América do Norte nos séculos XVIII e XIX, na fronteira do Oeste. Montanheses e outros solitários que habitavam o ermo, além de errantes e caubóis, foram destacados e submetidos ao olho vigilante de pregadores, reformadores sociais e mulheres, num esforço por civilizar seu comportamento e transformá-los em cidadãos honrados e produtivos, cada um pessoalmente responsável por seu comportamento.

A nova obsessão pela civilidade assumiu muitas formas diferentes na Europa. A nudez, por exemplo, que não fora objeto de consternação no passado, tornou-se de súbito uma grande causa de preocupação pública. Os reformadores lembravam às pessoas que andar vestido era o que diferenciava o homem da fera. Cabelos longos eram igualmente condenados. Bacon observou que "as feras são mais peludas que o homem, (...) e o homem selvagem mais que o civil"[5]. Trabalhar à noite era também suspeito. O jurista inglês Sir Edward Coke observou que a noite "é o momento em que o homem repousa e as feras rondam em busca de presas"[6]. Epítetos animais também foram usados com crescente freqüência para denegrir os outros. John Milton aviltava seus inimigos chamando-lhes "cucos, asnos, macacos e cães"[7].

A mesa de jantar mostrou-se a mais importante sala de aulas para civilizar o comportamento humano e criar o senso do indivíduo. Em 1526, Erasmo publicou um livro sobre etiqueta e modos à mesa. Esse logo se tornou a bíblia da civilidade para a emergente classe burguesa[8].

Comer era um hábito comunal na Europa medieval. O jantar era muitas vezes um evento devasso, e, pelo menos nos lares dos nobres, um espetáculo com trovadores, palhaços, acrobatas e mascotes sortidas perambulando pela sala. Pelos padrões modernos, as refeições medievais seriam reuniões barulhentas e insólitas, recendendo às bacanais romanas. As pessoas se instalavam em bancos longos e planos, enquanto outras se apinhavam pelos cantos, entretidas em falatórios clamorosos. O assoalho se recobria dos dejetos de refeições passadas e presentes. Erasmo descreveu a cena como "uma envelhecida mistura de cerveja, gordura, fragmentos, ossos, cuspe, excremento de cães e gatos e tudo o mais que houver de repulsivo"[9].

A comida não era servida em nenhuma ordem particular, e chegava à mesa quase que na mesma condição em que se achava após o abate. Pássaros inteiros, inclusive papagaios, garcetas e garças, eram empilhados uns por sobre os outros em bandejas imensas e servidos aos convivas. Espetos com coelhos inteiros e outros pequenos animais eram misturados com legumes e flores, e servidos em massa[10]. Cremes ou tortas de frutas podiam vir antes, junto ou depois do espeto ou pássaro, dependendo de estarem prontos ou do capricho do anfitrião[11].

Os talheres eram escassos. As pessoas comiam usando as mãos ou um trincho, que era uma fatia grossa de pão duro. Ao fim da refeição, os convivas atiravam o pão encharcado e sujo sobre o assoalho, para os cães que ficavam à espera[12].

Erasmo e outros se dispuseram a elevar a experiência do jantar de uma "prática bestial" para um plano mais civilizado. Introduziram uma série de inovações destinadas a separar os comensais dos animais que matavam e posteriormente consumiam, e para criar divisões entre os próprios comensais.

A prática de levar um animal inteiro à mesa — um carneiro ou porco — para ser trinchado pelo anfitrião cedeu lugar à prática mais civilizada de ter criados que trinchem a carne fora das vistas, na cozinha[13]. Os autores de *Os Hábitos da Boa Sociedade*, publicado em 1859, condenavam o "barbarismo tosco" de trinchar peças inteiras na frente dos convidados[14].

A faca, há muito o único talher usado pelos comensais, lembrava demais a caçada e matança da presa. Quando os chineses viram os europeus pela primeira vez comendo de faca na mão, ficaram aturdidos. "Os europeus são bárbaros", diziam. "Comem com as espadas."[15]

O garfo foi introduzido às mesas no fim da era medieval, primeiro em Veneza, e em seguida na Alemanha, na Inglaterra e em outras partes[16]. O garfo permitia que as pessoas, de modo sutil, evitassem um contato muito próximo com os animais que consumiam.

Uma outra mudança radical ocorreu no modo como as pessoas se serviam dos alimentos. Na era medieval, era comum que elas os tragassem diretamente da gamela comum, muitas vezes regurgitando pedaços de cartilagem conforme esta última circulava. Adotou-se uma concha comum para evitar que a boca dos convidados tocasse a gamela. No início da era moderna, a gamela e a concha foram totalmente descartadas. Colheres vieram unir-se ao número dos talheres, e cada pessoa tinha sua própria gamela. Similarmente, a toalha comum, que servira costumeiramente de guardanapo geral para limpar a gordura e o molho das mãos e bocas, deu lugar a guardanapos individuais[17].

No século XIX, uma mesa de jantar burguesa podia parecer antes uma equipada mesa cirúrgica. Cada rodada de utensílios podia incluir taças de vinho de tamanhos variados, cada uma destinada a um vinho específico, bem como uma multidão de garfos, facas e colheres, todos destinados a uma parte específica do jantar[18]. E a refeição em si era servida de modo racional e ordenado, começando com um aperitivo e prosseguindo usualmente com uma sopa, um prato de peixes, carne vermelha, salada, sobremesa e café. A caótica, desleixada e desordenada mesa medieval foi transformada num jantar esmerado, eficiente e racional. As mãos humanas jamais tocavam os animais consumidos, e havia pouco no preparo dos pratos que sugerisse um elo entre os comensais e sua presa.

O Nascimento da Privacidade

A configuração cambiante dos modos de vida entre o fim da era medieval e o início da era moderna também desempenhou um papel decisivo na fundação de um indivíduo autônomo. O lar, na era medieval, era um lugar muito público, com poucas divisas separando familiares, parentes e vizinhos. No século XVIII, o lar público se metamorfoseara num domicílio privado, e os membros da família se separavam freqüentemente por paredes e partições, cada uma com uma função específica. No novo lar, cada pessoa tinha seu próprio espaço privado e seus próprios pertences, algo inaudito nos tempos medievais. A separação do espaço privado deixou cada pessoa muito mais ciente de sua própria individualidade e autonomia. A noção de privacidade — conceito sem nenhuma solidez ontológica no fim da era medieval — tornava-se rapidamente o diferencial do novo indivíduo autônomo. A privacidade subentendia a capacidade de excluir os outros, e era um sinal da nova prioridade conferida à vida individual em detrimento das relações familiares, as quais haviam reinado como unidade social dominante desde os primórdios da experiência humana.

A mudança radical nos modos de vida começou modestamente com mudanças funcionais e arquitetônicas nas casas senhoriais do medievo. A casa senhorial era mais uma casa pública do que o tipo de moradia privada a que estamos habituados hoje em dia. A qualquer momento ela podia estar ocupada por dezenas de parentes e criados, para não mencionar amigos e conhecidos. As salas eram grandes e indiferenciadas. Parentes e convidados amiúde se socializavam, comiam e dormiam no mesmo quarto.

Os casebres dos pobres eram pouco mais que "choupanas esquálidas". Não era incomum que 20 ou mais membros de uma família compartilhassem uma cabana de cômodo único, que mal excedia os 20 metros quadrados. As pessoas passavam a vida inteira sem nunca estar realmente sós. Na Europa pré-napoleônica, mais de três quartos da população viviam nessas condições horríveis[19].

No século XIX, contudo, pelo menos para os abastados, a noção de privacidade se afirmou. As casas senhoriais foram divididas em espaços privados, cada um com uma função específica. Passou a haver um saguão, uma sala de jantar formal, quartos de dormir particulares, despensas e alojamentos para os criados. A privatização do espaço proporcionou maior intimidade e auto-reflexão, sentimentos que mal haviam sido cultivados na vida pública dos lares no medievo posterior. Mesmo os pobres alcançaram uma privacidade módica. Entre meados dos séculos XVI e XVII, mais de metade dos lares de todos os trabalhadores haviam se expandido para casas com três ou mais cômodos[20].

As mudanças no desenho das casas foram acompanhadas por mudanças na noção de vida familiar. A família nuclear é uma convenção relativamente nova. Nos tempos medievais, a idéia de família era muito mais elástica. Embora o elo conjugal proporcionasse um sentido de afiliação, precisamos nos lembrar de que as famílias eram instituições estendidas e incluíam avós, tias, tios e primos, geralmente vivendo juntos ou nas proximidades. Mesmo a idéia de infância não estava totalmente desenvolvida. As crianças eram vistas como pequenos adultos e eram valorizadas por sua contribuição econômica para a vida no lar. Muitas saíam de casa para se tornarem aprendizes aos 7 ou 8 anos.

A crescente sofisticação e complexidade da vida econômica e social no início da era moderna exigia um nível maior de aprendizado abstrato e treinamento especializado dos jovens, e estes só podiam ser transmitidos pela instrução formal nas salas de aula. As escolas, que na era medieval eram utilizadas quase que exclusivamente para formar clérigos, se expandiram para incluir uma educação mais geral. Elas isolaram os muito jovens do mundo adulto, resultando em sua classificação como crianças. Os pais assumiram a nova responsabilidade de educar seus filhos e zelar por seu desenvolvimento. Pela primeira vez, observa o historiador Philippe Aries, "a família se concentrou na criança"[21]. No século XIX, a moderna família privada ocupava o lugar da estendida família comunal da era medieval.

A crescente separação e afastamento do indivíduo da vida coletiva da comunidade começou a encontrar expressão em mudanças no vocabulário. A palavra "eu" passou a figurar com maior freqüência na literatura em inícios do século XVIII, juntamente com o prefixo "auto". "Auto-estima", "autopiedade" e "autoconhecimento" passaram a integrar a linguagem popular. A autobiografia se tornou uma nova moda literária. Auto-retratos ganharam popularidade na pintura. Mais interessante ainda, pequenos espelhos pessoais, pouco usados na era medieval, estavam sendo produzidos em massa em meados do século XVI. Gigantescos espelhos de parede se tornaram parte comum da mobília dos lares burgueses. Os espelhos refletiam o novo senso de interesse do indivíduo em si mesmo. O historiador Morris Berman nos lembra que no período medieval as pessoas "não se preocupavam muito com a aparência que tinham diante dos outros"[22]. O crescente senso do ego trouxe consigo maior auto-reflexão e, o que não surpreende, um sem-número de horas solitárias em frente ao espelho.

A nova ênfase no ego e na autonomia pessoal foi particularmente notável nos novos estilos de mobília. A cadeira surgiu por volta de 1490 no Palazzo Strozzi, em Florença[23]. Antes disso, as pessoas se sentavam em bancos de madeira alinhados de encontro às paredes ou em poltronas de três pés, ou então se reuniam assentadas em almofadas sobre o assoalho. A única cadeira nos palácios medievais era o trono reservado ao soberano, denotando seu estatuto exaltado. Séries uniformes de cadeiras entraram em voga pela primeira vez na França durante o auge do Renascimento, refletindo a condição recém-elevada do indivíduo. A idéia da cadeira foi verdadeiramente revolucionária. Ela representava o sentimento emergente no seio da incipiente classe burguesa de que cada pessoa era um ser autônomo e auto-suficiente, uma ilha em si mesmo. O historiador John Lukacs observa que "a mobília interior das casas parecia unida à mobília interior da mente"[24]. Não será talvez injusto dizer que com a introdução generalizada de cadeiras na Europa o indivíduo autônomo da era moderna efetivamente entrara em cena.

A transição da vida pública para a privada e a crescente ênfase no indivíduo ficaram muito evidentes nos quartos de dormir. Os dormitórios medievais eram comunais, como todo aspecto da vida social. Os senhores, com suas amantes, parentes, amigos e mesmo valetes e aias, dormiam lado a lado em leitos improvisados. Pessoas do mesmo sexo normalmente partilhavam a mesma cama. Michelangelo dormia com seus operários, quatro em cada leito.

A cama permanente não foi introduzida senão no século XVI. No XVII, camas de quatro esteios com dosséis eram praxe para a nobreza e a classe burguesa. Cortinas eram fixadas à sua volta, para proporcionar certo grau de privacidade. Ainda assim, ocorria com freqüência de um homem e uma mulher fazerem amor por trás das cortinas enquanto parentes e amigos se socializavam a poucos passos. Nas noites de casamento, os familiares e convidados dos noivos os acompanhavam ao leito de núpcias para testemunhar a consumação do matrimônio. Na manhã seguinte, os recém-casados tinham de mostrar os lençóis manchados aos outros membros da família, como prova da união[25].

Aos poucos, a prática de dormir sozinho num leito único por trás de portas fechadas tornou-se mais comum. O tipo de contato corporal indiscriminado freqüente no fim da era medieval tornou-se uma fonte de embaraço. Exibições públicas de lascívia e sexualidade, característica tão proeminente da era medieval, tornaram-se tabu nas famílias mais elevadas. As relações sexuais se converteram cada vez mais em ato privado, praticado a portas fechadas[26].

O banho, que até então fora uma atividade comunal, também foi privatizado e individualizado. Vale lembrar que banhos públicos eram comuns nas aldeias de grande parte da Europa Central, Ocidental e Setentrional no fim da era medieval. O escritor florentino do século XV Bracciolini ficou estarrecido com sua primeira visita a um banho público em Baden, na Suíça. Naquela época a Itália renascentista já havia deixado para trás a vida comunal. Eis como ele descreveu o evento:

> Os banhos na parte superior são cingidos por uma balaustrada na qual os homens se detêm a observar e conversar. A todos é permitido ingressar e permanecer nos banhos alheios, seja por fazer visita, conversar, divertir-se ou distrair-se, enquanto as mulheres se deixam ver entrando e saindo d'água, com o corpo quase que totalmente nu. E todavia não há guardas nem portões, e tampouco suspeitas de malícia; em muitos lugares os banhos são comuns a homens e mulheres, de modo que ocorre mui freqüentemente de um homem esbarrar numa mulher seminua ou uma mulher num homem nu. (...) Fazem-se amiúde refeições comuns na água. (...) [Os maridos] vêem as esposas de conversa com estranhos, e não ralham nem disso fazem caso, encarando tudo com o melhor dos humores. (...) Todos os dias eles se banham três ou quatro vezes, passando a maior parte do dia cantando, bebendo e dançando.*[27]

Os banhos públicos eram objeto de desprezo dos reformadores protestantes, que temiam que a exibição pública da nudez estimulasse o comportamento licencioso. O banho tornara-se um ato privado no século XVIII em muitas partes da Europa.

O ato de urinar e defecar também se tornou privado nesse período. Na era medieval, as pessoas regularmente se aliviavam em locais públicos. Visitantes do Louvre durante o reinado de Luís XIV "se aliviavam não somente nos pátios,

---

* N. do T.: Texto traduzido diretamente do original italiano. Bracciolini, *I Bagni di Baden. Epistolario, Lettere 130-131*.

mas também nos balcões, nas escadarias e atrás das portas"[28]. No início da era moderna, a visão e o cheiro dos dejetos humanos tornaram-se uma fonte de embaraço e desgosto, e medidas foram tomadas em cidades por toda a Europa para recolher a portas fechadas tais funções corpóreas. Londres foi a primeira cidade a construir um sistema de esgotos subterrâneo, no final do século XIX, e a introduzir vasos com descarga[29].

A repugnância por odores corpóreos animais também foi usada para estabelecer maior distância entre ricos e pobres. Muito antes de Marx elaborar sua teoria sobre a divisão de classes, a burguesia emergente já criava sua própria justificativa para dividi-las. Dizia-se que os pobres rurais e urbanos emitiam fedores animais, reforçando a idéia de que diferiam pouco das feras brutas. A emergente classe média começou a usar o termo "homem do estrume" para designar os pobres. As novas fronteiras olfativas erigidas em torno dos pobres e dos trabalhadores mostraram-se muito mais eficazes que tratados filosóficos para separar as classes e justificar a exploração contínua das massas por uma nova elite comercial. Se os pobres não eram melhores que as feras brutas, não havia razão para que não pudessem ser similarmente explorados, sem mais escrúpulos do que se sentia ao atrelar-se um boi a uma canga[30].

A Formação da Burguesia

As mudanças nos modos à mesa, nas condições de habitação, na vida familiar, na atividade sexual e na higiene fizeram provavelmente mais do que todos os eruditos tomos dos filósofos iluministas para criar a idéia do indivíduo racional, apartado, autônomo e senhor de si. Tais transformações no comportamento pessoal causaram mudanças ainda mais profundas na consciência humana — mudanças que nem sempre recebem atenção suficiente, mas sem as quais a era moderna teria sido uma impossibilidade. Embora pareça contraditório, os novos burgueses e burguesas produzidos por essas mudanças fundamentais de conduta eram, a um só tempo, mais individualizados e autônomos e mais rigidamente apegados a uma cultura de orientação conformista do que qualquer outro povo da história. Como uma coisa dessas ocorreu?

Os períodos históricos seguem um caminho não muito diverso daquele que o ser humano percorre em sua jornada pela vida. Passagens na vida são assinaladas pela crescente diferenciação do indivíduo em relação ao todo — em primeiro lugar a luta da criança por firmar sua própria identidade, separada da mãe; em seguida a parcial separação entre o adolescente e a família; por fim, no início da maturidade, a reivindicação do indivíduo por ser uma pessoa independente. Cada estádio no processo de diferenciação é acompanhado de uma nova e mais complexa integração com um conjunto progressivamente expansivo de relacionamentos sociais e ambientais. As etapas da vida são marcadas por um sofisticado equilíbrio entre maiores reivindicações individuais e maiores obrigações sociais.

A criação de burguês e burguesa é uma boa ilustração desse processo em funcionamento. Embora a diferenciação tenha sido parte e parcela do desenvolvimento humano desde os primórdios de nossa jornada, não foi senão com a era moderna que a reivindicação individual de independência se tornou tão completa. A idéia de um indivíduo autônomo, cuja liberdade consistisse na capacidade de acumular riqueza e excluir os outros de seu domínio material, era tão extrema que ameaçava dissolver a natureza social da vida humana e provocar um regresso à aterradora guerra de todos contra todos de Hobbes. Embora os filósofos iluministas enfatizassem os méritos da diferenciação, eles não apresentavam visão alguma de como tal comportamento anárquico poderia ser regulado para impedir a ruptura do tecido social. Em vez disso, a maioria dos estudiosos da época (excluindo-se Rousseau e seus seguidores) apostava a sorte no palpite de Adam Smith — de que numa economia de mercado cada indivíduo buscava seu interesse próprio e, embora tal comportamento pudesse parecer egoísta, era somente pela maximização do interesse próprio que o bem-estar geral seria alcançado. Uma proposta bastante dúbia.

O real brilhantismo da nova classe burguesa esteve no modo como ela harmonizou a potencial anarquia do individualismo com uma nova e sofisticada compreensão das obrigações sociais de cada um. Max Weber, o grande sociólogo do século XX, percebeu a relevância dessas novas acrobacias mentais em seu exame do papel que teve a teologia da Reforma Protestante na criação de controles internos que permitiram ao capitalismo liberal florescer sem sacrificar a ordem social.

Recorde-se como o teólogo protestante João Calvino substituiu a ordem que a Igreja impunha externamente a cada indivíduo por uma ordem muito mais estrita, imposta internamente. Toda ação, a todo momento da vida do fiel, tinha de se conformar à glória de Deus. Todo ato pessoal devia, portanto, ser perfeitamente controlado e ordenado. Lapsos, vacilações e dúvidas eram indícios de não-eleição, e por isso tinham de ser evitados. A doutrina de Calvino transformou o estilo de vida assistemático e algo casual da Europa medieval na vida metodicamente planejada que caracterizaria a nova classe burguesa. O autocontrole substituiu o controle eclesiástico nos assuntos do dia-a-dia.

O burguês e a burguesa criaram seu próprio despotismo privado sobre o comportamento pessoal. Aprenderam a ter autocontrole, auto-sacrifício e autosuficiência, a ser diligentes e industriosos. A princípio, tais valores foram um meio de viverem segundo suas crenças. Com o tempo, o propósito religioso foi deixado de lado na Europa, mas os valores permaneceram e se tornaram um elemento crítico para fomentar o modo de ser capitalista. Nunca antes na história as pessoas se haviam imposto voluntariamente tamanhas restrições. No passado, o controle sobre o comportamento individual fora imposto externamente, pela família ou por governos e elites, sendo salvaguardado por força de coerção e violência. Numa era dedicada à criação do indivíduo autônomo, cada pessoa tornava-se seu próprio senhor, governando seu comportamento com o tipo de fervor que, se imposto por uma força política externa, teria sido considerado severo e opressivo. O modo de ser burguês demonstrou-se eficaz. Todos aprenderam a harmonizar as recém-conquistadas autonomia e independência com responsabilidades auto-impostas para com a sociedade.

Nos EUA, diversamente da Europa, o processo de integração continuou ligado a suas raízes religiosas. Convencidos de que eram efetivamente o "povo eleito", os americanos estavam muito mais dispostos a harmonizar sua recém-conquistada autonomia com a obediência comum a uma autoridade superior do que com a responsabilidade social perante seus semelhantes humanos. Para os americanos, o autocontrole, o auto-sacrifício e a diligência deviam ser exercidos mais para agradar a Deus — e ao ego — do que para cumprir responsabilidades sociais. Nesse sentido, muitos americanos permaneceram fiéis à ética protestante muito depois que os europeus a haviam dispensado. Foi essa divergência que afastou o Sonho Americano de seus antecedentes europeus.

Os americanos não viram contradição alguma em viver a um só tempo em dois reinos aparentemente contraditórios: um deles caracterizado pelo zelo religioso e a fé na salvação eterna, e o outro pelo secularismo iluminista, pelo comportamento racional e pela crença no progresso material — os mundos contrários de John Winthrop e Benjamin Franklin. O que unia a teologia protestante e a filosofia iluminista era a ênfase que ambas conferiam à autonomia do indivíduo. Os teólogos da Reforma detratavam a autoridade papal na Igreja e advertiam seus companheiros cristãos de que os padres eram imperfeitos como quaisquer seres humanos, não podendo portanto servir como intermediários divinos. Martinho Lutero, João Calvino e seus sucessores afirmavam que a interpretação eclesiástica da doutrina bíblica não tinha mais autoridade que a de qualquer outro cristão, e que o relacionamento de cada indivíduo com Deus era em última instância uma experiência pessoal. A Reforma Protestante procurou solapar a hierarquia da Igreja e elevar todos os fiéis, equiparando mutuamente os seres humanos aos olhos do Senhor. Os filósofos do Iluminismo também elevaram o indivíduo, mas suas razões para isso vinculavam-se antes a idéias sobre o comportamento racional do homem. O status do indivíduo autônomo, contudo, permanece até hoje como o elo comum entre essas duas grandes correntes históricas.

Os americanos são provavelmente o povo mais individualista da Terra, tanto em função de suas profundas convicções religiosas como de suas ambições materialistas. É por isso que eles continuam tão antiautoritários em natureza. Não gostamos de chefes de nenhum tipo e nos recusamos a nos prostrar aos pés de políticos, potentados comerciais ou, em suma, qualquer autoridade superior, com a exceção de Deus nas alturas. Nos EUA, todos se consideram iguais a todos.

Embora a idéia do indivíduo autônomo permita aos americanos ser tanto religiosos como seculares, movidos pela fé e pela razão, viver ao mesmo tempo nos mundos da Reforma e do Iluminismo pode abalar seriamente o senso individual de teleologia. Enquanto a faceta reformista do caráter americano exige que cada indivíduo experimente o sofrimento de Cristo neste mundo em troca da salvação no próximo, a faceta iluminista orienta cada americano a buscar a felicidade aqui e agora, em nome do progresso humano.

Os europeus eram menos esquizofrênicos nesse sentido, e acabaram abandonando seu zelo religioso, o que os deixou somente com a ideologia iluminista. Mesmo isso acabou sendo comprometido por suas idéias profundamente equívocas da perfectibilidade do homem e da fatalidade com que as forças de mercado, se deixadas desimpedidas, ensejariam automaticamente um progresso material ilimitado para todos.

Foram portanto os americanos que se tornaram não apenas os discípulos mais entusiásticos da teologia da Reforma Protestante e os adeptos mais ardentes da ideologia do Iluminismo, mas também os defensores mais enfáticos da autonomia individual. Os europeus, devido a sua longa história de agrupamentos espaciais mais densos e de modos de vida mais paternalistas e comunais, jamais aceitaram plenamente a idéia do indivíduo solitário, como fariam os americanos nas fronteiras esparsamente habitadas de um novo e vasto continente. De resto, os americanos, ao longo de sua história, sempre reverenciaram o indivíduo nos mitos populares, na literatura e em praticamente toda iniciativa humana. O Sonho Americano nunca se propôs ser uma experiência compartilhada, mas antes uma jornada individual. Num sentido peculiar, o estilo de vida americano tornou-se uma caricatura extrema de idéias européias que floresceram e tiveram um período de influência nos séculos XVI, XVII e XVIII, somente para serem temperadas por novas forças contrárias nos séculos XIX e XX — forças que refletiam as remotas raízes paternalistas e coletivistas da Europa.

O "Novo Mundo", portanto, é um nome de certo modo equívoco. Nós, americanos, continuamos a viver um sonho cujas raízes estão fincadas no passado da Europa, e cujos princípios e premissas centrais em grande parte já não vigoram num mundo afastado demais, em espaço e tempo, das condições históricas que lhes deram origem.

6

Inventando a Ideologia da Propriedade

AS VASTAS MUDANÇAS na consciência espacial e temporal e o nascimento do indivíduo racional e autônomo transformaram a vida européia ao longo de um período de várias centenas de anos. Há, no entanto, um outro desenvolvimento institucional que emergiu paralelamente a todas as outras mudanças conceituais — uma instituição que deu forma e sentido concretos a todo o restante e atuou como o catalisador indispensável para o nascimento da economia capitalista e a ascensão do Estado-nação.

A invenção e codificação de um regime de propriedade privada na passagem da Idade Média para a moderna tornou-se a fundação para a busca da utópica visão iluminista do progresso material ilimitado. Os direitos à propriedade privada se tornaram a ferramenta legal essencial para separar o indivíduo da coletividade humana, bem como do restante da natureza. O regime de propriedade privada institucionalizou a nova consciência espacial e temporal e ensejou as modernas noções de autonomia e mobilidade, bem como a idéia negativa de liberdade como independência e auto-suficiência pessoais. Seu desenvolvimento tempestuoso e a resistência igualmente acirrada que ele sofreu constituíram até recentemente a dinâmica definidora da política européia e de grande parte do restante do mundo.

A institucionalização da propriedade privada teria certamente de ser considerada uma das mais importantes contribuições da Europa. Sem um regime maduro e regulado de propriedade privada, o capitalismo de mercado não poderia existir, e o Estado-nação jamais teria sobrevivido. Este último ponto precisa ser frisado. Os meros conceitos de mercado moderno e Estado-nação vinculam-se inseparavelmente ao regime de propriedade privada. O propósito dos mercados é permitir a livre troca de propriedades. A função primária do Estado, por seu turno, é proteger os direitos de propriedade privada de seus cidadãos.

A Europa formulou a noção do novo papel dos Estados somente para dar um passo atrás quando grande parte de sua população de destituídos ficou sistematicamente excluída do novo arranjo econômico. Os americanos, contudo, compraram prontamente a idéia da nova missão estatal, e jamais se afastaram da visão de que a função primária do governo é salvaguardar a propriedade privada do povo. Tocqueville registrou o firme apego dos americanos aos direitos de propriedade privada em sua breve visita ao novo país. Ele perguntou, retoricamente:

> Por que será que na América, terra por excelência da democracia, ninguém faz aqueles protestos contra a propriedade em geral que tão comumente ecoam pela Europa? Há necessidade de explicar? É porque não há proletários na América. Todos, tendo alguma posse a defender, reconhecem em princípio o direito à propriedade[1].

Uma vez mais os americanos se tornaram os mais puros defensores de uma idéia européia posteriormente abandonada pelos próprios europeus, conforme estes começaram a refrear os direitos à propriedade privada com um comprometimento com reformas socialistas. Sabermos, portanto, como emergiu o regime de propriedade privada e compreender seu papel crítico no nascimento dos modernos mercados capitalistas e do governo por Estado-nação, bem como as diferentes maneiras como ele foi acolhido no Velho Mundo e na América, é essencial para entendermos o pleno significado das mudanças que vêm ocorrendo na Europa, conforme esta se prepara para ir além desses dois pilares da era moderna e tornar-se a primeira região a superar os governos territoriais numa economia global em rede.

A Visão Medieval de Propriedade

A propriedade na era medieval significava algo muito diverso do que significa no mundo moderno. No mundo feudal, a propriedade sempre foi considerada condicional por natureza, ao passo que na sociedade industrial ela é vista como um direito absoluto que reside exclusivamente nos proprietários, sujeitando-se a certas limitações impostas pelo Estado. Essa é uma diferença crítica que separa a concepção feudal de propriedade do modo como nós hoje a entendemos.

A sociedade feudal era concebida como parte da "Grande Cadeia do Ser", um universo natural e social estruturado hierarquicamente, estendendo-se desde as criaturas mais vis da natureza até os príncipes da Igreja. A cadeia como um todo era criação de Deus, e se organizava de maneira que garantisse que cada criatura desempenhasse seu papel como Deus prescrevera, o que incluía tratar superiores e inferiores de acordo com seu estatuto.

A estrutura social da sociedade feudal funcionava de modo similar à da grande hierarquia da natureza. Cada elo da escala social é ocupado por uma categoria única de indivíduos que desempenham um papel ou função específica no grande esquema das coisas, e cada categoria relaciona-se com as que se situam acima e abaixo de acordo com um complexo conjunto de obrigações mútuas e relações recíprocas. Do servo ao cavaleiro, do cavaleiro ao senhor e do senhor ao papa, todos eram diferentes em grau e condição, e todavia todos eram obrigados uns para com os outros segundo os elos medievais de deferência, compondo em seu conjunto um reflexo perfeito da criação total de Deus.

A idéia de propriedade deve ser considerada dentro do contexto mais amplo da visão de mundo da Igreja. Embora os líderes eclesiásticos fossem reconhecendo pouco a pouco a legitimidade da propriedade privada no esquema social, sempre se entendeu que a propriedade em si era detida por um truste composto por toda a hierarquia social. Como Deus era o dono da criação, todas as coisas no mundo terreno lhe pertenciam em última instância. Deus concedia aos seres humanos o direito de usar sua propriedade, desde que eles fossem honrados e cumprissem suas obrigações de deferência e fidelidade, tanto para com Ele próprio como para com as demais pessoas na escala social, da maneira preordenada.

A propriedade, portanto, era um fenômeno bastante complexo na sociedade feudal, ligando-se intimamente à idéia de relações proprietárias. As coisas não eram possuídas direta ou exclusivamente por um indivíduo, e sim compartilhadas de diversas maneiras sob as condições e termos estabelecidos por um rígido código de obrigações proprietárias. Por exemplo, quando o rei concedia terras a um senhor ou vassalo, "seus direitos sobre a terra persistiam, exceto pelo interesse particular a que ele havia renunciado". O resultado, diz o historiador Richard Schlatter, é que "não se podia dizer que alguém possuísse a terra; todos, desde o rei, passando pelos feudatários e subfeudatários, até os camponeses que a lavravam, tinham sobre ela certo domínio, mas ninguém tinha a absoluta senhoria"[2]. "A essência da teoria" da propriedade no mundo medieval, escreve o historiador Charles H. McIlwain, "é uma hierarquia de direitos e poderes que recaem ou podem ser exercidos sobre os mesmos objetos ou pessoas, e o relacionamento fundamental de um poder para com outro nessa hierarquia é a prevalência do superior sobre o inferior, e não uma supremacia completa de um sobre todos os outros"[3].

No final do século XVIII, o conceito feudal do direito condicional ao uso da propriedade privada tinha dado lugar à moderna noção de propriedade absoluta. Embora muitos fatores houvessem provocado essa mudança radical na noção de propriedade, nenhum foi mais importante do que a fragmentação das propriedades feudais e o cercamento das terras comunais, que foram convertidas em imóveis privados que podiam ser comprados e vendidos no mercado.

A terra foi transformada, primeiro na Inglaterra, e em seguida no continente. Passado mais de um milênio de história em que as pessoas haviam pertencido à terra, novas iniciativas legais, na forma dos grandes Atos do Cercamento de Terras*, reverteram o reduto espacial e temporal. De então em diante, a terra pertenceria às pessoas e poderia ser trocada no mercado, sob a forma de propriedade privada. Os imóveis também podiam ser transformados em capital e usados como ferramenta de crédito para alavancar a atividade econômica.

É difícil imaginar a mudança de consciência provocada pelas leis inglesas quanto ao cercamento de terras. Durante séculos, a segurança das pessoas esteve associada a suas ligações com sua terra ancestral e a seus deveres e obrigações numa hierarquia cristã que se estendia desde os campos comunais que aravam até o trono de Cristo nas alturas. Então a terra, que desde então havia sido considerada criação de Deus e regida por um complexo conjunto de regras e obrigações que ligavam os servos mais humildes aos Anjos do Paraíso, fora alienada. Ela se fragmentara em lotes possuídos particularmente. Aqueles que não pudessem comprar um lote eram expulsos. Alguns se tornaram lavradores remunerados a serviço dos novos proprietários, ao passo que outros foram obrigados a migrar para as cidades mais próximas em busca de "emprego" nas novas fábricas industriais.

Nesse mundo fragmentado, o trabalho do indivíduo tornou-se uma forma de propriedade, e as pessoas vendiam seu tempo no mercado. A rotina diária deu lugar a empregos, as camadas comunitárias deram lugar a acordos contratuais e todos, quisessem ou não, se tornaram responsáveis por moldar seu próprio destino.

Deve-se enfatizar que o regime de propriedade privada possibilita o mercado moderno, e não o contrário. Na era medieval, as transações eram efetuadas geralmente por meio do escambo entre familiares, parentes e vizinhos. Sem uma lei e um código legal comuns, os únicos meios de confiar na autenticidade da propriedade e assegurar sua pacífica transferência eram o conhecimento que comprador e vendedor tinham um do outro e a participação numa comunidade

---

* N. do T.: Aprovados entre 1760 e 1840. Na prática, porém, o processo de cercamento se intensificara já no século XVI.

social estritamente ligada. Por essa razão, os mercados eram sempre locais e limitados em alcance e importância. Um regime maduro de propriedade privada, em contraste, substitui critérios subjetivos, como a confiança, por critérios objetivos, como títulos de propriedade, estabelecendo mecanismos de cumprimento das leis — como a polícia e os tribunais — para assegurar que vendedores e compradores cumpram seus acordos contratuais. Somente quando tal regime legal é instituído e apoiado pela plena autoridade coerciva do Estado os mercados podem estender-se em espaço e tempo e incluir grandes números de agentes — a maioria dos quais estranhos uns aos outros — na transferência de posses.

A Reforma Protestante da Propriedade

A Reforma Protestante figurou significativamente na reformulação das relações de propriedade privada. Martinho Lutero e seus seguidores desfecharam um desabrido ataque contra a autoridade do papa e a ordem social feudal sobre a qual o Vaticano presidia. Lutero contestou a idéia da Igreja como única emissária de Deus na Terra e disse que os padres eram pecadores como todo o mundo, sendo portanto incapazes de agir como intermediários entre os fiéis e o Senhor Todo-Poderoso. Ele afirmou que a única autoridade infalível em matéria de fé era a Bíblia, e que a vontade de Deus se manifestava para todo cristão pela leitura das escrituras. Cada homem e mulher, segundo Lutero, estava sozinho perante Deus. A doutrina de Lutero desafiava a própria base da autoridade papal — a premissa de que o papa era o representante de Deus na Terra. Com isso, Lutero e seus seguidores puseram em dúvida a legitimidade do Santo Império Romano e dos arranjos da sociedade feudal.

Lutero foi particularmente duro em seus ataques à propriedade da Igreja, argüindo que o Vaticano ao longo dos séculos acumulara riquezas sem conta a expensas do povo e violara a fé cristã, que pregava a abstinência e esquivava-se aos luxos mundanos.

O fervor da Reforma acabou substituindo uma classe proprietária por outra. Terras da Igreja foram confiscadas na Europa Ocidental e Setentrional — mesmo na Espanha e na Áustria católicas —, e as terras de senhores feudais foram ou tomadas ou vendidas. O desmantelo da antiga ordem feudal abriu espaço para o estabelecimento de uma nova classe monetária burguesa de mercadores, negociantes e lojistas.

A idéia de "vocação" de Lutero ajudou a lançar os alicerces para a teoria da propriedade como lei natural e proporcionou o importantíssimo embasamento espiritual para a acumulação de capital e riquezas — o que possibilitou a era industrial. Lutero afirmava que todas as vocações, mesmo as de natureza mais humilde, eram igualmente sagradas aos olhos do Senhor. Ele escreveu que "o que você faz em sua casa vale tanto quanto se o fizesse nos céus para Deus, nosso Senhor"[4]. Lutero reprovava o que via como o elitismo do ascetismo sacerdotal, e afirmava que pelo cumprimento fiel dos deveres terrenos — sem embargo da vocação —, os fiéis estariam servindo como representantes de Deus e zeladores da criação divina.

João Calvino, cumpre lembrar, foi ainda mais longe que Lutero, exortando os fiéis a melhorar continuamente sua sina na vida. Embora a doutrina de Calvino jamais tenha se destinado a promover a idéia de comércio, ela teve o efeito involuntário de fomentar justamente os interesses da nova classe capitalista. Sua ênfase no trabalho incessante, na produtividade e na melhoria da condição do indivíduo se mostrou compatível com uma nova classe cujos interesses estavam no trabalho árduo, na produção expandida, na frugalidade e numa ordenação racional das atividades humanas no mercado[5]. Sua doutrina ajudou a justificar, embora inadvertidamente, a idéia da acumulação de riquezas e de capital, ingredientes-chave do moderno regime de propriedade privada e do estilo de vida capitalista. O historiador econômico Richard Henry Tawney e o sociólogo Max Weber escreveram extensivamente sobre o profundo elo filosófico entre a ascensão do modo de ser do trabalho protestante e a emergência do capitalismo moderno. Ao libertarem os indivíduos da dependência da hierarquia eclesiástica e armar cada pessoa com uma nova psicologia do progresso material, os reformadores deixaram atrás de si muito mais que um legado religioso. Muito depois que as chamas da religião se apagaram, europeus e européias continuaram a ter um novo senso de valor próprio compatível com as modernas noções de acumulação de posses.

A velha idéia do indivíduo como ínfima parte de um complexo organismo social composto de relações e obrigações proprietárias cedeu lugar à sua moderna noção como um ser autônomo no mundo, solitário diante de Deus e de seus semelhantes humanos, imprimindo, pela força de vontade, sua marca pessoal no mundo. A metamorfose do indivíduo de um servo leal enredado nas entranhas de uma Grande Cadeia do Ser num agente autônomo com vocação individual, que aprimora constantemente sua sina material para a maior glória do Senhor, seguiu de mãos dadas com uma mudança na noção de propriedade, dos direitos proprietários para a posse exclusiva. As propriedades, outrora sujeitas a complexos arranjos sociais e a direitos condicionais de uso, passaram a ser vistas, a exemplo do novo indivíduo, como coisas autônomas, cada uma delas única e indivisível. Tawney escreve que o que restou após a queda da ordem social feudal "foram os direitos e interesses privados, o material de uma sociedade, em vez da sociedade em si"⁶. Nesse novo mundo, os direitos de propriedade seriam a cola social que prenderia as pessoas umas às outras. A propriedade privada e a liberdade econômica desimpedida, disse Tawney, "foram aceitas como os fundamentos sobre os quais a organização devia se assentar, e a cujo respeito não se admitiriam novas discussões"⁷.

Embora a ética protestante tenha nascido na Europa, muitos de seus discípulos mais fanáticos migraram para a América, onde atrelaram a visão religiosa de Calvino às noções iluministas de ciência, direitos à propriedade privada e relações capitalistas de mercado, criando o exclusivo Sonho Americano.

A Metafísica da Propriedade Privada

Com a propriedade privada assentada como princípio organizador da sociedade, coube aos eruditos modernos criar a justificativa filosófica adequada para acompanhá-la. Eles descobriram a resposta na teoria da propriedade como lei natural — conceito que se desenvolvera lentamente no fim do período medieval e avançara mais rapidamente durante a Reforma e seu período de repercussão.

O filósofo político francês Jean Bodin começou afirmando que a propriedade comum é desnatural e constitui uma violação da lei divina. A república de Platão, com sua adoração da propriedade comunal, escreveu Bodin, é "diretamente contrária à lei de Deus e da natureza, que não somente detesta os incestos, adultérios e parricídios inevitáveis no caso de as mulheres serem comuns, como nos veta arrebatar e até mesmo cobiçar aquilo que pertença a outrem"⁸. Bodin lembra a seus leitores que o roubo é proibido por Deus, e pergunta por que Deus incluiria o mandamento "Não roubarás" se não admitisse o conceito de propriedade privada.

Bodin prossegue observando que a família — uma instituição natural — se estabelece sobre a propriedade privada, e o Estado, por sua vez, se estabelece sobre a família⁹. Sendo esse o caso, afirmava Bodin, a responsabilidade central do Estado é proteger o direito "natural" que Deus concedera a cada pessoa — e família — à detenção de posses.

A crença de que o papel primordial do governo era proteger o direito inalienável de cada um à propriedade constituía uma idéia radical que, com o tempo, tornou-se o grito de guerra para reformadores republicanos e outros em sua luta por substituir o jugo monárquico por formas democráticas de governo. Bodin era enfático a esse respeito. Se o Estado viesse a suprimir sua principal razão de existência — a proteção da propriedade privada —, não lhe restaria motivo algum para existir. Ele escreveu: "Mas o maior inconveniente é que em suspendendo-se as palavras Teu e Meu, arruínam-se as fundações de quaisquer repúblicas, que são estabelecidas sobretudo para conferir a cada um o que lhe pertence e coibir o roubo"*¹⁰.

Os escritos de Bodin penetraram o véu Igreja/Estado que envolvia a Europa desde a queda do Império Romano. Numa época em que a ortodoxia vigente ainda considerava o Estado como esteio da fé, Bodin ousou afirmar que a incumbência primeira do Estado era de natureza muito mais secular — proteger o direito natural à propriedade privada. Os direitos individuais — que residiam sobretudo na propriedade privada — tinham precedência sobre os privilégios aristocráticos e a deferência à autoridade da Igreja. No novo esquema das coisas, os governantes existiam para proteger os direitos individuais dos detentores de posses, em vez de os indivíduos existirem para servir aos interesses de príncipes e reis. Tawney descreveu destarte a nova concepção do relacionamento entre indivíduo e Estado:

> O que isso implica é o fato de que a fundação da sociedade não reside em funções, e sim em direitos: que os direitos não se deduzem do cumprimento de funções, de modo que a aquisição de riquezas e o usufruto da propriedade sejam dependentes da prestação de serviços; longe disso, o indivíduo chega ao mundo munido de direitos para o livre uso de suas propriedades e a busca de seus próprios interesses econômicos, sendo que tais direitos antecedem e independem de quaisquer serviços que ele porventura preste.¹¹

Uma vez lançados os grandes alicerces intelectuais de uma nova e ousada concepção da propriedade privada nos séculos XV e XVI, a tarefa de preenchê-los com a substância e os detalhes da moderna noção de propriedade foi assumida no século XVII pelo filósofo político John Locke e posteriormente por uma sucessão de teóricos que incluíam Adam Smith, David Hume, Jeremy Bentham, John Stuart Mill e Georg Wilhelm Friedrich Hegel¹².

A teoria da propriedade de Locke foi publicada em 1690 nos *Dois Tratados sobre o Governo*. Seus tratados se tornaram rapidamente a bíblia secular de uma classe média que começava a ascender ao tablado político na Inglaterra. Seus escritos ofereceram uma justificativa para as reformas parlamentares inglesas e, mais adiante, proporcionaram a fundação filosófica das revoluções francesa e americana.

Como muito de seus predecessores, Locke afirmava que a propriedade privada é um direito natural e inalterável. Seu raciocínio, contudo, é o que distingue

---

* N. do T.: As citações de Bodin foram traduzidas diretamente do original francês. *Les Six Livres de la République*. I, ii e VI, iv.

sua teoria daquelas que a precederam. Ele afirma que todo homem cria sua propriedade acrescendo trabalho à matéria-prima da natureza, convertendo-a em coisas de valor. Embora Locke reconheça que a Terra e suas criaturas pertencem comunalmente a todos no estado de natureza, ele emenda que todo homem, por seu turno, "tem uma propriedade em sua própria pessoa (...) à qual ninguém possui direitos senão ele mesmo". Ele prossegue afirmando que "o trabalho de seu corpo e de suas mãos (...) pertencem-lhe justamente". Assim sendo, conclui que

> o homem aplica seu trabalho às coisas que remove do estado em que as fornecera e deixara a natureza, acrescendo-lhes algo que lhe pertence e convertendo-as portanto em propriedade sua. Tais coisas, uma vez removidas por ele do estado comunal em que as mantinha a natureza, passam a ter consigo, por força de tal trabalho, algo que exonera o direito comum dos outros homens. Porquanto, sendo o "trabalho" propriedade inquestionável do trabalhador, ninguém, exceto ele, pode ter direito àquilo a que tal trabalho se aplica, pelo menos onde restem coisas suficientes e igualmente boas na posse comum de todos.[13]

Quanto à questão de quanta propriedade uma pessoa pode reclamar legitimamente para si, Locke dizia: "tantas terras quanto um homem conseguir arar, semear, aprimorar e cultivar, e cujos produtos conseguir utilizar, constituem sua propriedade"[14].

A teoria de Locke do direito natural à propriedade foi vastamente popular para a nova geração de fazendeiros, mercadores, lojistas e pequenos capitalistas independentes, que vinham transformando a vida inglesa e livrando o campo dos últimos vestígios de privilégios feudais. Seus tratados ofereciam mais que uma mera exposição do direito natural à propriedade. Ele elevava o trabalho humano e glorificava a aquisição como a consumadora realização da existência humana. Diversamente dos clérigos medievais, que concebiam o trabalho humano como um conjunto de obrigações necessárias a cumprir, Locke via nele oportunidades que todo homem devia aproveitar.

David Hume (como posteriormente Jeremy Bentham e John Stuart Mill) acrescentou a idéia de valor utilitário à detenção de posses. Hume afirmava que a justificativa da propriedade privada residia na idéia de utilidade. "Examinai os autores que trataram das leis da natureza", escreve Hume,

> e sempre constatareis que, independentemente do princípio de que partam, é nesse ponto que certamente terminam, e apresentam, como razões últimas para toda regra que estabeleçam, a conveniência e a necessidade humanas. E que outra razão, aliás, poderiam esses autores apresentar para que isto seja meu e aquilo vosso?[15]

A teoria da propriedade pela utilidade proporcionava ainda uma outra justificativa a ser usada pela nova classe de mercadores e negociantes para promover seus propósitos pessoais e políticos. Ela desbastava as bordas da teoria do trabalho de Locke, convertendo a propriedade não num fim em si, mas num instrumento para promover a felicidade humana. Os filósofos do período concordavam em que "a maior felicidade possível na sociedade é obtida em se concedendo a todo homem a maior quantidade possível do produto de seu trabalho"[16].

Os utilitaristas estiveram entre os primeiros teóricos modernos a estabelecer a distinção clara entre a propriedade como coisa em si, como algo que se possui, e a propriedade como um instrumento para promover a felicidade humana. O filósofo alemão Georg Friedrich Hegel adotou essa distinção de maneira ligeiramente diversa. Sua teoria da propriedade — a que alguns chamam teoria da personalidade — tornou-se tão importante quanto a teoria do trabalho de Locke em estabelecer a noção de propriedade privada no mundo moderno.

Hegel afirmava que a propriedade tem um papel muito mais importante do que a maioria dos filósofos até então se dispusera a reconhecer. Além de seu valor material e utilitário, dizia Hegel, a propriedade tem uma função mais profunda. Segundo ele, por ela "a pessoa tem o direito de imprimir sua vontade em qualquer coisa"*[17]. O indivíduo expressa seu senso de personalidade estampando-o em posses. É por intermédio da fixação da vontade individual em objetos do mundo externo que cada pessoa projeta seu ser e firma presença entre os homens. Na cosmologia de Hegel, o trabalho, mais que um mero exercício de mão-de-obra, é uma expressão criativa, e seu produto representa a expropriação e incorporação do mundo à personalidade projetada do proprietário. Ele escreve:

> "[A personalidade] é o ato de se alevantar e dar-se realidade, ou, o que vem a dar no mesmo, de tomar a existência como sua". Reclamar a existência como personalidade própria requer a instituição da propriedade.[18]

Como a personalidade do indivíduo está sempre presente no objeto possuído, este se torna uma extensão de tal personalidade. As outras pessoas, por seu turno, passam a conhecer e admitir a personalidade desse indivíduo pelos objetos que ele possui. Hegel, portanto, via a propriedade como algo mais que um meio de satisfazer necessidades. Num nível mais profundo, a propriedade é

---

* N.T.: As citações de Hegel foram traduzidas diretamente do original alemão. *Grundlinien der Philosophie des Rechts*, § 39 & 44.

uma expressão da liberdade pessoal. Ao rodear-se de posses, a pessoa infla sua personalidade no espaço e no tempo, criando uma esfera de influência pessoal. Em suma, cria uma presença expandida no mundo[19].

A propriedade e a personalidade se tornam quase sinônimos na mente de Hegel. Uma se torna expressão da outra. Quase um século depois que Hegel apresentou pela primeira vez sua teoria da propriedade pela personalidade, William James deu apoio à idéia em termos prontamente reconhecíveis por uma geração que vinha se habituando a noções psicológicas de projeção. James escreve:

> Fica claro que entre aquilo a que um homem chama "eu" e aquilo a que chama simplesmente "meu" há uma linha difícil de traçar. Sentimo-nos e agimos com relação a certas coisas que nos pertencem do mesmo modo como nos sentimos e agimos com relação a nós mesmos. Nossa fama, nossos filhos e o trabalho de nossas mãos podem nos ser tão caros quanto nossos corpos e suscitar os mesmos sentimentos e os mesmos atos de represália caso atacados. (...) No sentido mais antigo possível, contudo, a pessoa do homem consiste na soma de tudo o que ele considera seu — não somente seu corpo e seus poderes psíquicos, mas suas roupas e seu lar, sua esposa e seus filhos, seus ancestrais e seus amigos, sua reputação e seu trabalho, suas terras e suas casas, seus iates e sua conta bancária. Todas essas coisas lhe trazem as mesmas emoções. Se elas florescem e prosperam, ele se sente triunfante; se fenecem e declinam, ele se sente combalido. (...) Grande parte de nossos sentimentos com relação ao que nos pertence se explica pelo fato de vivermos mais perto de nossas próprias coisas e as concebermos portanto mais plena e profundamente.[20]

James prossegue observando que quando algo que nos pertence é roubado ou destruído, ou simplesmente perdido, temos "uma sensação de encolhimento de nossa personalidade", já que as coisas que passamos a possuir são uma extensão de quem somos[21].

Se a teoria da propriedade de Hegel parece mais atual que a de Locke, talvez seja porque a ênfase do sistema capitalista deslocou-se substancialmente ao longo dos anos, da produção para o consumo. A teoria da propriedade pelo trabalho constituiu um resguardo filosófico ideal numa era em que as atenções se concentravam estritamente no trabalho duro, no comportamento industrioso, na poupança e no acúmulo de capital. Mercadores, lojistas e uma emergente classe burguesa viam na teoria da propriedade pelo trabalho uma justificativa para seu comportamento. As idéias de Locke, além de explicações da natureza das relações proprietárias, se tornaram valores pelos quais viver. Hoje, o consumo e a conversão da experiência pessoal em produto são fatores muito mais importantes na equação comercial. Não admira, portanto, que a noção da propriedade como extensão da personalidade e marca da individualidade tenha maior aceitação social. Os profissionais de marketing há muito conhecem o elo íntimo entre personalidade e propriedade, e habituaram gerações de consumidores à idéia de que aquilo que somos é um reflexo direto daquilo que temos.

Meu versus *Teu*

A metamorfose nas idéias acerca da natureza da propriedade acompanhou as muitas outras mudanças que vinham comutando um continente de uma economia feudal para uma economia de mercado e do governo dinástico para o governo por Estado-nação. O novo conceito de propriedade serviu para que os europeus reordenassem sua relação para com o espaço e o tempo. As tecnologias que surgiam abriram as portas para novos e amplos espaços, acelerando dramaticamente o ritmo humano. O espaço, concebido por tanto tempo como enclausurado e vertical, tornou-se subitamente horizontal e aberto a perder de vista. O tempo, que por uma eternidade fora visto como cíclico e relativamente limitado, tornou-se subitamente linear e expansivo. As antigas instituições feudais, com suas muralhas espaciais e suas fronteiras temporais, simplesmente ruíram nos alvores do que parecia um incomensurável descampado estendendo-se por um futuro infinito. O desenvolvimento de uma perspectiva de propriedade privada foi a mais importante ferramenta mental para domesticar o novo reduto espaço-temporal.

A realidade terrena como um todo foi reconfigurada numa simples fórmula — "meu *versus* teu". Com essa fórmula, os europeus buscaram abarcar a integralidade do espaço e do tempo. No novo futuro que raiava, todos se tornariam seus próprios deuses privados, e sua divindade consistiria em amealhar propriedades, agigantando seu ser e projetando uma sombra sempre maior sobre a existência e a duração. Quanto mais meu, menos teu. Aqueles que pudessem, por força de talento e argúcia, arrebatar mais propriedades, poderiam convertê-la em capital e usar tal capital para controlar não somente a natureza, mas também as vidas de outras pessoas. Eram os chamados "capitalistas".

A moderna economia de mercado e o Estado-nação, por sua vez, tornaram-se os mecanismos institucionais para acelerar essa nova reorganização do mundo. O mercado seria a arena imparcial em que cada capitalista se engalfinharia em batalha contra os demais guerreiros, na luta por capturar espaço e se apossar do tempo na forma de propriedades privadas. O nascente Estado-nação, por seu turno, seria o protetor da propriedade de todos, estabelecendo códigos legais e mecanismos para seu cumprimento — e garantindo, com isso, a liberdade de todos.

A idéia de uma sociedade que se estribe na santidade dos direitos a posses privadas é exclusivamente européia. Seus defensores viam a propriedade privada como o único mecanismo capaz de assegurar a liberdade individual. Posteriormente, seus detratores marxistas afirmariam que a propriedade privada, longe de ser uma garantia de liberdade individual, era antes o maior obstáculo para que esta fosse alcançada.

Para os filósofos iluministas e juristas dos séculos XVIII e XIX, a liberdade era definida em termos negativos, como o direito de excluir os outros. O início da era moderna era um tempo de diferenciação — a emancipação do indivíduo do manto da Igreja, da cangalha do feudo, das restrições das guildas (associações) de artesãos e das muitas outras obrigações e incumbências que constituíam parte integrante de uma ordem dinástica baseada no estatuto e condição sociais.

A propriedade privada era vista como uma espécie de ingresso para a libertação pessoal. Estar livre, no sentido vigente na época, era ser autônomo e móvel — não ser dependente, não dever nada aos outros nem ser refém das circunstâncias. Quanto mais abastado o indivíduo, mais autônomo e móvel ele seria. Maior autonomia e mobilidade significavam maior liberdade. A propriedade, portanto, era uma fronteira entre o eu e o outro. Ela significava "meu, não teu". Quanto maior o acúmulo de riquezas, maior a extensão do domínio individual e maior a esfera de influência no mundo. Se o indivíduo estivesse seguro em suas posses, todos os demais direitos seriam garantidos — o direito à privacidade, o direito a estar livre de coerção e assim por diante. Os direitos à propriedade, protegidos por lei, asseguravam que homem algum poderia ser amedrontado, oprimido ou sujeitado pela vontade de outro.

Um virginiano setecentista, Arthur Lee, resumiu a alta conta em que a propriedade era tida em ambos os lados do Atlântico ao declarar: "O direito à propriedade é o guardião de todos os outros direitos, e privar dele um povo é privá-lo da própria liberdade"[22]. John Locke perguntara, retoricamente, qual o real propósito dos governos. Eles são instituídos, dizia o mesmo Locke, "para a mútua preservação de [nossas] vidas, liberdades e patrimônios, que em conjunto chamo de propriedade". Quando se reflete sobre a verdadeira razão por que os "homens" se unem em comunidades, segundo Locke, conclui-se que é "pela preservação de sua propriedade"[23].

Hoje, passamos a ver como naturais os densos códigos e estatutos legais, o direito comum, a supervisão legislativa e a análise judicial que situam a propriedade privada no próprio centro da moderna vida social. Mas nos séculos XVIII e XIX, a idéia de um regime de propriedade privada ainda era nova, sendo objeto de grande discussão pública. Reis e rainhas, como a nobreza e a aristocracia de praticamente todos os reinos europeus, ainda reinavam pelo direito divino, sustentados pela ameaça da força e da coerção. A mera idéia de que a única função do Estado era proteger os direitos de cada um à propriedade, equânime e imparcialmente, pelo jugo da lei, era incendiária. Thomas Paine e Alexis de Tocqueville chegaram a ponto de dizer que as revoluções americana e francesa eram produtos, e não fontes, das relações proprietárias[24].

O papel central do Estado soberano numa era pós-dinástica torna-se portanto o de proteger as relações de propriedade privada e permitir o livre acúmulo e comércio de posses. Fica claro que esse novo tipo de Estado existe primariamente para facilitar o funcionamento de uma nascente economia capitalista. Jean-Baptiste Say, economista clássico francês, observou que se o governo "pratica o roubo por contra própria ou é incapaz de reprimi-lo em outrem, ou se a propriedade se torna perpetuamente insegura devido a complicações dos atos legislativos", o mercado não tem como funcionar. É somente quando os direitos à propriedade são assegurados por lei e impostos pelo Estado que "as fontes de produção — ou seja, a terra, o capital e a indústria [o trabalho] — alcançam seu máximo grau de fecundidade"[25].

Será isso pura polêmica setecentista, ou há alguma verdade profunda no que Jean-Baptiste Say e outros filósofos do Iluminismo apregoavam? O economista latino-americano Hernando de Soto escreveu em seu livro mais recente, *O Mistério do Capital*, que Say e outros economistas europeus da época acertaram na mosca. Soto pergunta por que as pessoas são tão pobres no mundo em desenvolvimento, especialmente quando "os pobres já possuem os ativos de que necessitam para ter sucesso no capitalismo"[26]. Ele estima o valor total dos bens imobiliários dos pobres no Terceiro Mundo em mais de 9,3 trilhões de dólares[27]. Mas afirma: "Como os direitos a tais propriedades não são adequadamente documentados, os ativos não podem ser convertidos em capital, não podem ser negociados fora de estritos círculos locais onde as pessoas conheçam e confiem umas nas outras, não podem ser usados como garantia de empréstimo e não podem servir de entrada em investimentos"[28].

O que separa os ricos dos pobres e o mundo desenvolvido do mundo subdesenvolvido, diz Soto, é o fato de que os EUA e a Europa estabeleceram "uma lei formal generalizada para a propriedade e inseriram nessa lei um processo de conversão que lhes permite gerar capital"[29]. Soto diz que os ocidentais "consideram tão natural esse mecanismo [um regime formal de direitos à propriedade] que perderam toda noção de sua existência"[30].

Soto e outros economistas do Terceiro Mundo concluíram que o regime de propriedade privada é a fonte mesma do capitalismo de mercado. Mas para os filósofos utilitaristas do século XVIII ele era muito mais. O regime de propriedade privada seria o meio de substituir a velha visão utópica de inspiração teológica da Igreja por um novo sonho utópico de viés materialista. A salvação divina no mundo do além viria depois da salvação material aqui e agora na Terra. "A propriedade é a liberdade humana exercida sobre a natureza física", escreveu Raymond-Théodore Troplong, presidente do Senado francês entre 1852 e 1869[31]. Por meio do método científico, a natureza como um todo poderia ser expropriada, utilizada e reduzida a propriedade privada produtiva. Adicionar o trabalho individual aos recursos naturais — tirando-se proveito deles — não somente os convertia em propriedade do homem, como também os tornava mais produtivos, aumentando com isso seu valor.

O acúmulo e a troca de propriedades dariam realidade ao sonho de uma cornucópia terrena. Numa época em que grande parte da superfície da Terra jazia inexplorada, os criadores da nova visão acreditavam naturalmente que o acúmulo de posses poderia expandir-se quase que indefinidamente pelo futuro. A salvação eterna perdeu a posição ascendente que usufruíra por mais de 11 séculos na Europa e abriu espaço para a nova e radical idéia do progresso material. Durante a Revolução Francesa, um aristocrata francês, o marquês de Condorcet, previa com confiança que

> a natureza não estabeleceu limite algum para o aperfeiçoamento das faculdades humanas; que a perfectibilidade do homem é realmente indefinida; que o progresso de tal perfectibilidade, doravante independente de toda potência que o queira reprimir, não conhece limites exceto o da duração do globo em que nos situou a natureza.* [32]

Nem todos concordavam. Os opositores, e muitos havia, afirmavam que uma sociedade organizada quase que exclusivamente com base num regime de propriedade privada e numa atitude de "meu versus teu" seria a ruína da civilização. Eles entreviam um mundo de concorrência e conflitos incessantes, em que o mais forte prevaleceria e o restante seria subjugado ou lançado de lado. Jean-Jacques Rousseau, em seu *Discurso sobre a Origem da Desigualdade entre os Homens*, publicado em 1755, escreveu:

> O primeiro sujeito que, tendo cercado um terreno, inventou de dizer "Isto é meu" e encontrou gente assaz simplória para dar-lhe crédito, foi o real fundador da sociedade civil. De quantos crimes, guerras e assassínios, de quantas misérias e horrores não teria poupado o gênero humano aquele que, arrancando as estacas ou tapando o fosso, houvesse gritado a seus semelhantes: "Não empresteis ouvidos a este impostor; estareis perdidos se vos esquecerdes de que os frutos pertencem a todos e a Terra a ninguém".** [33]

---

* N. do T.: Texto traduzido diretamente do original francês. *Esquisse d'un Tableau Historique des Progrès de L'esprit Humain.* "Avant-propos".

**N. do T.: Texto traduzido diretamente do original francês. *Discours sur L'origine de L'inégalité parmi les Hommes.* II.

Quase cem anos depois, Karl Marx publicou seu *Manifesto Comunista*. Ele atacou as raízes filosóficas e históricas da formação do capital privado, julgando-o um flagelo para a civilização e conclamando seus compatriotas europeus a abolir a privatização dos meios de produção.

Embora a Europa fosse o canteiro para a promoção do regime de propriedade privada, houve oposição desde o início. Para cada seguidor de John Locke, havia outros que preferiam apostar sua sorte com Rousseau. Se para alguns a propriedade privada era o caminho para a utopia, para outros era um pesadelo distópico. A Europa viu-se encurralada entre duas concepções muito diferentes de sociedade. A antiga tradição favorecia uma atitude mais comunitária no que tocava à organização da atividade econômica, da vida social e do jugo político. A emergente classe burguesa, contudo, estava mais disposta a deixar todo homem livre para seguir seu próprio caminho. Uma acuada classe aristocrática seguia lado a lado com a burguesia. A nobreza mostrou-se bastante flexível em se adaptar aos novos regimes republicanos, sendo capaz muitas vezes de tirar vantagem de seus bolsos fundos e de seus contatos sociais para dar seus tiros no mercado.

Os trabalhadores, todavia, não chegaram a ver os ganhos materiais prometidos pelos filósofos iluministas e seus sucessores. A vida nas fábricas e oficinas industriais urbanas era desalentadora. Condições de trabalho perigosas, longas horas de labuta na bancada e posteriormente na linha de produção, salários quase que de fome e ambientes esquálidos e superlotados estavam muito distantes do mundo oferecido por Condorcet. Milhões de europeus desesperados simplesmente fizeram as malas e fugiram para a América na esperança de encontrar uma vida melhor. Dos que ficaram para trás, muitos acharam persuasiva a crítica socialista do capitalismo, e mais que uns poucos se filiaram. Os sindicatos, cooperativas e partidos socialistas europeus ganharam crescente apoio da classe trabalhista em países por toda a Europa no século XIX e início do XX.

A idéia de um Estado do bem-estar social ganhou aceitação na Europa por volta dessa época. Era um grande ato de conciliação, um meio de apaziguar por um lado a ascendente classe burguesa e o que restava da aristocracia, e por outro a classe trabalhadora e os pobres da Europa. A idéia de um regime de propriedade privada seria sustentada em troca da promessa de que parte dos excessos do capitalismo irrestrito de mercado seria redistribuída na forma de benefícios sociais do governo. O Estado do bem-estar social se tornaria um meio de arredondar os livros e evitar que as divisões de classe degenerassem em guerras e revoluções abertas pelas ruas. Em maior parte, a grande conciliação européia funcionou.

O Caso de Amor dos Americanos com a Propriedade

Os EUA não seguiram o exemplo da Europa. O socialismo nunca emplacou de verdade em solo americano. O comunista alemão Werner Sombart atribuiu a culpa ao fato de que os trabalhadores americanos comiam três vezes mais bife que os alemães. Ele escreveu: "Nos escolhos do rosbife e das tortas de maçã todas as utopias socialistas soçobram"[34].

A inalterada visão européia de uma sociedade utópica fundada na proteção dos direitos individuais à propriedade encontrou seus adeptos mais entusiásticos no novo mundo. A geografia desempenhou um papel importante nisso. Havia tanta terra livre e barata a ser ocupada! Para milhões de recém-chegados europeus, que viajavam de trem para o Oeste através dos Montes Apalaches e dos campos férteis do Centro-Oeste, rumo às grandes pradarias das planícies americanas, aquilo parecia certamente o éden. Eles escreviam para casa e expressavam seu pasmo diante de toda a terra disponível. Veja só esta descrição do ermo americano feita por um recém-chegado:

> As linhas aparentemente intermináveis de árvores à sua frente, o ermo sem fronteiras à sua volta, as misteriosas profundidades, as abundantes folhagens que o pé do homem jamais penetrou e que os raios do sol da tarde, ora aparentes, ora ocultos, iluminam de passadiça e mágica beleza; o esplendor maravilhoso e a novidade das flores; o silêncio, ininterrupto salvo pelo cantar abafado de um pássaro, pelo murmurar de um inseto ou pelo estrépito e coaxar de um sapo gigante; e a solidão em que prosseguimos, sem seres humanos ou moradias à vista![35]

Desde o início a jovem república concedeu vastas extensões de terra aos fazendeiros. O Ato das Terras Públicas de 1796 lhes permitia comprar lotes a dois dólares por acre e oferecia um ano de crédito para a metade do valor total de compra. Em 1800, o governo vendia lotes de 320 acres e permitia ao comprador acertar apenas 25% do valor, saldando o restante no transcurso de quatro anos. Por menos de 160 dólares, um europeu podia se apossar de centenas de acres de terras virgens, algo impossível na Europa, exceto para os mercadores e aristocratas mais ricos. Em 1811, mais de três milhões de acres de terra foram vendidos a fazendeiros[36].

A venda estatal de milhões de acres de terras públicas continuou no decorrer do século. Houve o Ato das Concessões de 1862, que oferecia 160 acres de terras públicas a todo agricultor. O ato concedeu 270 milhões de acres — 10% de toda a extensão territorial dos EUA — a fazendeiros. O canto da "terra gratuita" ressoou rumo ao Leste e alcançou a Europa. O Ato das Concessões provocou uma das maiores migrações da história. Gente do Leste, imigrantes recém-chegados e escravos libertos ansiosos por encontrar novas oportunidades a Oeste acorreram à fronteira americana. Os concessionários só precisavam pagar uma taxa de preenchimento de dez dólares para requerer a terra, além de seis dólares adicionais pela documentação final e uma comissão de dois dólares para o agente imobiliário. Para tomar posse definitiva, ele precisava ter construído uma casa e cultivado a terra cinco anos depois da requisição. Se os requisitos fossem atendidos, o direito à terra era transferido do governo para o requerente[37]. Milhões de americanos se tornaram proprietários de terras. Em 1873, o governo aprovou o Ato da Cultura de Madeira, em 1887 o Ato das Terras Desertas e em 1916 o Ato das Concessões Pastoris[38].

Em 1890, o Escritório do Recenseamento Americano anunciou oficialmente o encerramento da zona da fronteira. Ele escreveu:

> Até e incluindo 1880, o país tivera uma zona fronteiriça de assentamento, mas atualmente as áreas desocupadas acham-se tão salpicadas por assentamentos isolados que mal se pode dizer que existe uma linha fronteiriça. Portanto, no que toca à discussão de sua extensão, de seu avanço para o oeste, etc., ela já não pode figurar nos relatórios de recenseamento.[39]

Em menos de um século, milhões de acres de terras públicas foram transformados em propriedades privadas. Mesmo com o encerramento da fronteira americana e os crescentes salários dos imigrantes que chegavam a cada ano de todo o mundo, o nível populacional em relação ao território continuava a ser esparso em comparação com a Europa. Nos EUA, ainda temos muito menos gente e muito mais terra inexplorada do que há na Europa. O resultado é que nos sentimos menos espremidos e mais autônomos, menos interdependentes e mais independentes, menos comunitários e mais individualistas. Mesmo Nova Iorque, nosso mais denso ambiente urbano, tem somente um terço das pessoas por milha quadrada de Frankfurt, na Alemanha[40].

As diferenças na população humana com relação à extensão territorial tiveram um profundo impacto no modo como nós americanos percebemos o mundo à nossa volta e o modo como os europeus o percebem. Quando viajamos para a Europa, sempre notamos como tudo parece compacto, como as ruas são estreitas, como os prédios são apinhados, como os cafés são apertados e como as porções desses cafés são miúdas. Mesmo os elevadores são atulhados. Um americano obeso mal consegue espremer-se porta adentro. Tudo parece esmagado, minúsculo, parcimonioso.

Os americanos estão habituados a mais espaço, muito mais. Podemos ter encerrado oficialmente a fronteira há mais de um século, mas ainda vivemos no espírito fronteiriço. Queremos nos sentir livres, e a liberdade para muitos americanos significa expandir o espaço pessoal que podemos controlar.

No século XX, a propriedade de lares suburbanos tornou-se o modo de manter vivo o Sonho Americano. A idéia de viver numa casa afastada, cercada por vastas faixas de jardins e gramados, era, e ainda é, incomum nas comunidades residenciais urbanas da Europa. Na era medieval, a aglomeração proporcionava um sentimento de segurança mútua. Até o século XVIII os holandeses ainda construíam casas contíguas, que haviam sido a regra desde os dias do Império Romano. Mesmo nos Estados Unidos os primeiros colonizadores europeus favoreceram o modelo habitacional da Europa. Mais de 71% da população residencial da capital do país, Washington, ainda viviam em casas contíguas ao estilo europeu na década de 20. Em muitas cidades do Leste, a construção de casas contíguas era a norma até o fim da Segunda Guerra Mundial[41].

Os subúrbios, em contraste, ofereciam um outro tipo de segurança, de caráter menos comunal e mais individualista. Depois de 1870, diz o sociólogo Kenneth Jackson, "a nova idéia já não era ser parte de uma comunidade coesa, mas ser uma unidade auto-suficiente, um país das maravilhas à parte, isolado do restante do mundo"[42].

A casa suburbana personificava a crença americana de que liberdade era autonomia; ou seja, o direito de excluir os outros e de exercer quase que pleno controle sobre o ambiente circunvizinho. Visitantes europeus nos EUA não podem senão notar quão diferentes são os bairros suburbanos americanos dos que existem nas áreas residenciais da Europa, onde as pessoas se aproximam muito mais.

Os europeus ficam surpresos com o mero tamanho das casas americanas, que têm em média mais que o dobro da metragem quadrada da casa média européia. As casas americanas têm em média 213,9 m². Na França a média é de 87,9 m²; na Alemanha, de 86,6 m²; na Espanha de 85,2 m²; e na Grã-Bretanha de somente 75,9 m².[43]

Os europeus ficam ainda mais surpresos com o tamanho do terreno que cada casa ocupa nos EUA. Mesmo com uma população crescente, temos muito menos densidade humana hoje do que há 85 anos. Estamos ficando mais dispersos, e não menos. Como conseguimos isso? Mudando-nos para o campo e convertendo pastos e terras agrárias em zonas de assentamento suburbano. De acordo com o relatório de 1920 do Escritório do Recenseamento Americano, a densidade média das áreas urbanas, que incluem cidades, subúrbios e cidadezinhas, era de pouco menos de dez pessoas por acre. Em 1990, o número caíra para quatro pessoas por acre. Mais importante, a densidade média de todos os novos desenvolvimentos habitacionais nos EUA desde 1960 é de pouco mais de duas pessoas por acre. Isso constitui menos de um quarto da média de 1920. Conseguimos isso ocupando oito vezes mais terra desenvolvida do que há oitenta e tantos anos[44].

A extensão de terra ocupada por cada casa também continua a subir. Isso vem ocorrendo apesar de o número de habitantes por casa estar declinando. Com famílias de pais solteiros, proles menores e casais sem filhos, o porte familiar declinou de 3,28 pessoas em 1940 para menos de 2,48 pessoas em 2000[45]. Embora o número de lares esteja aumentando, o espaço que estes ocupam também aumenta. Em Massachusetts, por exemplo, havia meio acre de terra por pessoa nos anos 50, ao passo que em 1985 havia 1,83 acre[46]. Em Maryland, lotes de um acre ou mais por família é a categoria de desenvolvimento mais popular, compondo três quartos de toda a terra convertida em zona domiciliar no Estado durante a década de 80[47].

Em contraste, as áreas metropolitanas da Europa são, em média, três ou quatro vezes mais densas que as dos EUA. Mesmo as áreas suburbanas européias são quatro vezes mais densas que as nossas[48].

A inclinação americana pela posse de terras é acompanhada por nosso desejo de possuir as casas que ocupam a terra. Políticas do governo federal há muito vêm incentivando a posse em preferência ao aluguel no mercado imobiliário americano. As agências hipotecárias Administração Federal da Habitação (FHA) e Administração dos Veteranos (VA) financiaram mais de um quarto de todos os lares de família única construídos no último meio século[49]. As deduções de impostos federais sobre títulos hipotecários, a depreciação acelerada e outros incentivos também estimularam a propriedade de casas em detrimento dos aluguéis nos EUA.

As políticas dos governos europeus favorecem apartamentos em vez de casas e estimulam o aluguel em preferência à posse. Na Alemanha, na Itália e na Espanha, mais de 50% das famílias vivem em apartamentos; na França, o número é de 41%[50]. A propriedade de casas na maior parte da Europa é significativamente menor que nos Estados Unidos. Ao passo que 68% dos americanos têm casa própria, somente 54% dos franceses e 43% dos alemães a têm. Na Holanda, somente 44% das famílias têm casa própria, enquanto na Suíça o número é de menos de 30%[51]. (Somente no Reino Unido, na Itália e na Espanha a propriedade domiciliar é tão alta quanto nos EUA.)

A habitação pública também é muito mais freqüente na Europa que nos Estados Unidos. E, diversamente do que ocorreu nos EUA, após a Segunda Guerra Mundial ela passou a incluir, além dos pobres, grande parte da classe média. O número de pessoas em conjuntos habitacionais públicos é entre duas e três vezes maior na Europa do que nos Estados Unidos. No Reino Unido e na França, por exemplo, aproximadamente 20% das famílias vivem em complexos sociais[52].

Nos EUA, liberdade significa independência, e independência significa controle privado sobre o espaço. Ser auto-suficiente e senhor de si tem sido o tema recorrente da psique americana desde bem antes da revolução. Gostamos de manter distância de nossos vizinhos. Não surpreende, portanto, que haja pouco senso comunitário no subúrbio americano médio, certamente muito menos do que se experimenta nos bairros residenciais que cercam as cidades européias. Jackson faz a arguta observação de que "há poucos locais tão desolados e solitários quanto uma rua suburbana numa tarde de calor"[53].

Mais de 60% de todos os residentes metropolitanos dos EUA vivem nos subúrbios, e seu número vem crescendo[54]. Por mais chocante que pareça para muitos europeus, dois terços dos 86,4 milhões de lares americanos são domicílios de família única[55]. E, embora busquemos a autonomia dentro de nossos auto-suficientes lares suburbanos, preservamos ainda aquele nervosismo e inquietação que constituem parte integrante do espírito americano. Para os americanos, liberdade significa tanto autonomia como mobilidade. Portanto, não impressiona que, em qualquer qüinqüênio que se escolha, entre 25% e 35% das famílias mudem de residência[56].

Os europeus não compartilham a inquietação americana, talvez por verem o local onde moram como mais do que uma casa — como uma comunidade. Com a comunidade vêm raízes mais profundas e menos disposição a fazer as malas e mudar-se para um lugar novo e desconhecido. O europeu médio se muda com apenas metade da freqüência do americano médio[57]. Tenho uma jovem amiga italiana na casa dos 30 anos que morou vários anos em Roma. Ela me disse que estava prestes a regressar para a pequena comunidade próximo a Bolonha onde crescera, e onde seus pais ainda tinham seu lar ancestral. Nos EUA, é incomum que as pessoas voltem a seu reduto da infância para viverem sua vida adulta. Ocorre bem o contrário na Itália e em outras partes da Europa. Essa amiga me disse que muitos de seus amigos passam alguns anos nas cidades "quentes" da Europa no início da carreira, somente para regressarem às comunidades de sua infância quanto decidem fundar suas próprias famílias.

Há um velho ditado americano segundo o qual "não existe almoço grátis". Pagamos um alto preço por nossa inclinação pela autonomia e mobilidade. O desejo de ter casas sempre maiores e mais espaço pessoal, associado a nosso senso de desarraigamento e a nossa constante mudança de endereço, custou-nos muito caro em termos de estética da vida cotidiana. Um número crescente de americanos vive em zonas domiciliares construídas em série, assentadas sobre territórios rurais a até cem quilômetros dos cinturões metropolitanos. Mais de 60 milhões de pessoas — um quarto da população dos 48 Estados mais ao sul — vivem hoje no que os planejadores chamam de "exúrbios". O maciço êxodo populacional das velhas cidades para subúrbios e exúrbios ocorreu rapidamente, com pouco ou nenhum planejamento espacial de longo prazo para ordenar a migração. Aproximadamente um sexto de toda a terra desenvolvida ao longo da história de nossa nação surgiu nos meros dez anos entre o início das décadas de 80 e 90[58]. O resultado líquido dessa dispersão caótica e descontrolada da população é o que chamamos de alastramento urbano. Ele se tornou uma característica definidora da paisagem americana.

O alastramento urbano é fácil de identificar. Ele consiste em assentamentos domiciliares dispersos, amiúde isolados uns dos outros e distantes dos locais de emprego, de escolas e de áreas comerciais; com zonas de comércio estendendo-se por estradas adjacentes a rodovias inter-estaduais; com pouca ou nenhuma via de pedestres conectando os assentamentos; com escassez de transporte público; e com um trânsito sufocante de veículos. Pior ainda, essas áreas residenciais carecem em geral de desenvolvimento orgânico ou de qualquer tipo de história. Algumas — nem todas — só são comunidades no nome. Um número crescente de americanos vive em "comunidades-dormitório", um evidente paradoxo. Culturalmente estéreis e desinteressantes, os subúrbios americanos podem ser lugares isolados para viver. Em certo sentido, constituem o capítulo final do Sonho Americano. Cada pessoa é rodeada de suas posses e isolada dos arredores — milhões de esferas pessoais autônomas, virtualmente apartadas umas das outras. Poucos americanos são capazes de dizer o nome dos vizinhos que vivem a três minutos de caminhada de suas casas.

As restrições de zoneamento que ainda vigoram nos distritos americanos são muitas vezes dispensadas em prol do livre desenvolvimento residencial e comercial. O planejamento espacial de longo prazo entre distritos adjacentes, nos níveis estadual ou federal, praticamente não existe. É um cada um por si, e o efeito é funesto e flagrante de um extremo a outro da paisagem americana.

As coisas não se dão assim na Europa, pois os direitos dos proprietários individuais, sejam empresários ou donos de residências, são continuamente ajustados aos costumes, normais sociais e metas da comunidade como um todo. Qualquer americano que dirigir através da Europa nota a diferença quase que imediatamente. Cada comunidade tem sua própria história para contar. As comunidades parecem seguir um plano orgânico. Existe um senso de ordem e propósito. Nas cidades grandes, bem como nas áreas metropolitanas periféricas, impera um senso de vizinhança e comunhão. As pessoas parecem fazer parte de um conjunto.

Nada disso ocorreu por acaso. O planejamento espacial é muito mais desenvolvido na Europa. E hoje os governos europeus deram um passo além, criando um ambicioso plano pan-europeu de desenvolvimento espacial. Em setembro de 2000, a Conferência Européia dos Ministros da Administração Territorial (Cemat) adotou aquilo a que chama "Princípios Diretivos para o Desenvolvimento Espacial Sustentável do Continente Europeu". A meta é harmonizar o desenvolvimento econômico e social de cada região com as circunvizinhanças ecológicas e o patrimônio cultural, num "desenvolvimento espacial equilibrado de longo prazo e em grande escala"[59].Os 45 Estados membros do Conselho da Europa concordaram em atuar cooperativamente nos níveis local, regional, nacional e continental para garantir que o futuro planejamento espacial por todo o território europeu seja compatível com o sonho da Europa de inclusividade, diversidade, sustentabilidade, qualidade de vida, direitos humanos universais, direitos da natureza e paz entre os povos.

Tente imaginar o povo dos Estados Unidos concordando em se comprometer com um esforço similar de planejamento espacial coordenado e de longo prazo para o país. Enquanto houver terra inexplorada disponível, o custo da gasolina estiver relativamente baixo, as hipotecas forem acessíveis e houver deduções tributárias pelo pagamento hipotecário, há pouca probabilidade de que revertamos nosso atual curso de desenvolvimento. Os que puderem terão de se contentar com ocasionais férias na Europa, onde terão um breve alívio caminhando por ruas que ligam efetivamente um lugar a outro e que parecem um cenário de vida.

A Colisão entre Propriedade e Democracia

Em 12 de julho de 1893, um jovem historiador americano, Frederick Jackson Turner, leu, durante uma reunião da Associação Histórica Americana em Chicago, um tratado sobre o encerramento da fronteira, anunciado pelo Escritório do Recenseamento Americano em 1890. Turner refletiu sobre os dois sonhos que haviam animado a vida americana ao longo de sua breve história como nação. O primeiro "era a liberdade individual de competir sem restrições pelos recursos de um continente — o ideal do colonizador". Turner observava que, para o pioneiro, "o governo era um mal"[60]. Os americanos desconfiavam — e desconfiam até hoje — do governo, temendo a todo momento que ele possa restringir ou imiscuir-se em seu direito de acumular posses e permanecer livre. "Não pise em mim" foi um dos primeiros lemas dos revolucionários americanos em sua luta contra a coroa britânica. O espírito dessa mensagem permaneceu na vida da jovem república após a Revolução Americana.

O outro sonho, escreve Turner, "era o ideal da democracia — o governo do povo, pelo povo e para o povo"[61]. Esses dois sonhos coexistiram com "a transição para a posse privada dos domínios públicos e recursos naturais dos Estados

Unidos". Turner alertava, contudo, que "a democracia americana baseava-se na abundância de terras livres e baratas; foram estas as condições que determinaram seu crescimento e seus traços fundamentais"[62].

Enquanto houvesse terra livre e barata disponível, os americanos não precisariam se preocupar muito com conflitos de classes. As massas exploradas e destituídas de imigrantes e nativos podiam escapar à opressão do Leste continuando a avançar rumo a Oeste. O Oeste, com efeito, se tornou uma válvula de segurança, um meio de proporcionar igualdade de oportunidades sem a necessidade de preocupar-se com a igualdade de condições. Na fronteira, todos eram iguais no sentido de que só dependiam de si mesmos, livres de editais governamentais ou, em maior parte, da longa mão dos interesses comerciais do Leste. Naquele momento, contudo, observava Turner, "a era da livre concorrência entre indivíduos pelos recursos sem dono da nação acerca-se de seu fim"[63]. Turner temia o destino de um povo cujos "nervos" dedicaram-se por muito tempo quase que unicamente à tarefa de domar os recantos bravios de um vasto continente, transformando sua abundância natural num estoque de propriedades privadas.

O presidente americano Calvin Coolidge observou certa vez que "os assuntos da América são assunto da América". Trinta anos antes, intelectuais como Turner já começavam a nutrir dúvidas quanto ao que o futuro podia guardar para os EUA — se era naquilo que consistia o Sonho Americano. Em seu tratado, Turner cita o intelectual francês Émile Gaston Boutmy, que observara:

> A característica notável e peculiar da sociedade americana é o fato de que ela não é tanto uma democracia quanto uma imensa companhia comercial voltada à descoberta, cultivo e capitalização de seu enorme território.[64]

Turner encerrava o texto com um lamento que, considerado após mais de cem anos, parece funestamente presciente. Ele escreveu:

> Enquanto o êxito em acumular riquezas para o engrandecimento do indivíduo for a norma dominante ou exclusiva de sucesso; enquanto a prosperidade material, a despeito das condições de seu custo, ou da civilização que daí resulta, for a crença geral, a democracia americana — aquela fé no homem comum, tão acalentada pelos pioneiros — estará em perigo. Pois os mais fortes abrirão caminho inequivocamente rumo a quaisquer metas que a sociedade estabelecer como marcas de reconhecida preeminência.[65]

A maioria de meus amigos e conhecidos europeus não reluta em ridicularizar o caso de amor dos EUA com o "todo-poderoso dólar". "Vocês americanos só pensam em dinheiro" tornou-se um mantra comum em praticamente toda discussão aberta sobre o caráter e o estilo de vida americanos. Na verdade, a condição americana é mais complexa. Não se trata do dinheiro em si. Trata-se antes da busca pela segurança pessoal, que decorre da abastança, da crença de que nossas posses nos hão de libertar. Para muitos europeus, que optaram por menos riqueza e mais descontração, a obsessão americana pela geração de riquezas parece antes um tipo de patologia. Eles dizem que "nossas posses acabam por nos possuir".

O ponto, porém, é que foi o povo americano que se tornou o mais puro defensor da idéia do Iluminismo europeu que equipara propriedade e liberdade. Nossa crença tornou-se tão fervente que em 1894, quando o Congresso americano adotou uma nova versão do imposto de renda federal, ela foi declarada inconstitucional pelos tribunais. A Constituição dos EUA teria de sofrer emendas antes que o novo imposto pudesse ser adotado[66]. A mera idéia de que o governo pudesse arrebatar parte da riqueza pessoal do indivíduo para destiná-la a outros propósitos era um anátema para muitos americanos sazonados nas tradições fronteiriças do individualismo rústico e da auto-suficiência.

No fim da primeira década do século XX, com a fronteira fechada e a indisponibilidade de terras públicas baratas, questões de justiça econômica e redistribuição de riqueza começaram a ser ouvidas, especialmente entre imigrantes e nativos que trabalhavam nas novas fundições e fábricas das cidades do Leste e do Centro-Oeste. A ascensão de uma pequena confraria de super-ricos e de barões poderosos como Andrew Carnegie, John D. Rockefeller e Cornelius Vanderbilt, cuja riqueza rivalizava com a das grandes famílias aristocráticas da Europa, não caía bem para milhões de americanos e americanas que se esfalfavam em condições miseráveis nas fábricas e espeluncas que esses novos homens de negócios controlavam.

O presidente Theodore Roosevelt foi o primeiro líder de Estado a trazer à baila a preocupação americana com a propriedade. Em 1910 ele disse ao povo americano:

> Estamos face a face com novas concepções quanto às relações entre a propriedade e o bem-estar humano, sobretudo porque certos advogados dos direitos de propriedade, em oposição aos direitos do homem, levaram longe demais suas reivindicações. O homem que afirma — erroneamente — que os direitos humanos vêm depois de seus lucros deve dar lugar ao advogado do bem-estar do homem, que afirma — corretamente — que todo homem possui o que possui submetendo-se ao direito geral da comunidade de regulamentar o uso de tais posses na medida em que o requeira o bem-estar público.[67]

O flerte dos EUA com a redistribuição de riquezas ganhou novo alento durante a depressão global da década de 30. Os programas do New Deal, da administração do presidente Franklin D. Roosevelt, foram a primeira medida real dos EUA para harmonizar os direitos de propriedade com os direitos humanos. O flerte americano continuou pelos anos 60 e encerrou-se abruptamente com o fim dos programas da Grande Sociedade, do presidente Lyndon B. Johnson.

Em 1980, os EUA tinham praticamente abandonado a idéia de justiça redistributiva. A eleição de Ronald Reagan, homem transplantado do Oeste, para a Presidência, assinalou um retorno ao antigo Sonho Americano, o sonho que glorificava o tema da ascensão da miséria à riqueza e exaltava os direitos de propriedade como alicerces da liberdade americana.

Hoje, contudo, as razões que haviam dado origem às relações de propriedade privada começam a esmorecer à luz de novas tecnologias, que uma vez mais alteram fundamentalmente nosso senso de espaço e tempo. A rápida conexão do sistema nervoso central de todo ser humano com o de qualquer outro ser humano na Terra, através da World Wide Web e de outras novas tecnologias de comunicação global, nos leva forçosamente a um espaço global e a um novo campo temporal sincrônico. O resultado é que a troca de propriedades em mercados nacionais no século XXI dará lugar progressivamente a relacionamentos de acesso em vastas redes globais.

A queda na adesão a um regime de propriedade privada tem grande importância potencial para o futuro do comércio e da governança. Afinal de contas, o capitalismo de mercado se baseia na idéia da troca de propriedades, na forma de bens e serviços, entre vendedores e compradores. Se o apego psicológico e ideológico à propriedade privada continuar a se enfraquecer, qual será o destino final do mercado?

A transição da propriedade para o acesso tem implicações igualmente importantes para o governo por Estado-nação. Os filósofos e economistas do Iluminismo não se cansavam de estabelecer um elo entre o regime de propriedade privada e a legitimidade do Estado-nação. Sempre se presumiu que a missão do Estado-nação era em grande parte assegurar a propriedade privada de seus cidadãos. Se as relações de propriedade privada forem absorvidas por novos relacionamentos comerciais — cujo *modus operandi* filie-se menos a transações de mercado numa unidade política definida territorialmente do que ao acesso a redes globalmente integradas —, quais podem ser os efeitos no futuro do próprio Estado-nação?

O entrave é que as instituições comerciais e políticas que vêm tentando acomodar estas novas realidades espaciais e temporais são as mesmas cujos futuros se encontram em dúvida em função das mudanças abrangentes atualmente em curso no mundo. O mercado capitalista e o Estado-nação são o paradigma institucional definidor da era moderna, como a Igreja e a ordem feudal o foram da era medieval. E, assim como novas mudanças espaciais e temporais causaram o fim do arranjo medieval, hoje mudanças congêneres vêm provocando o enfraquecimento dos mercados nacionais e dos Estados-nação, e a emergência de novas redes comerciais globais e de espaços políticos transnacionais, como a União Européia. A reconcepção do mundo para além dos mercados capitalistas e dos Estados-nação será tão acirrada e intensa quanto a luta que levou à queda da cristandade e da sociedade feudal e à ascensão da economia de mercado e do Estado-nação. Compreender o que o historiador Karl Polanyi chamou de "Grande Transformação" — as voltas e reviravoltas que deram nascimento ao capitalismo moderno e à formação do Estado-nação — pode nos proporcionar uma perspectiva muito necessária quanto aos desafios que se impõem a nossa atual geração, conforme esta se esforça por definir uma nova consciência e novos modelos institucionais mais adequados a um espaço-tempo globalizado.

7

Forjando Mercados Capitalistas e Estados-Nação

A ECONOMIA DE MERCADO tornou-se uma força tão penetrante na vida moderna que passamos a considerá-la quase uma força da natureza. A dizer a verdade, nós americanos ficaríamos totalmente perdidos se o mercado não fosse a peça central de nossa existência. Esquecemo-nos de que a economia de mercado é uma instituição relativamente nova na história humana. Embora os mercados já existissem nos confins da Antigüidade, sempre haviam sido marginais para a vida social. A maior parte da atividade econômica baseava-se tradicionalmente no lar. De fato, o próprio termo "economia" tem raiz no grego *oikos*, que significa "casa". Os membros de uma família produziam por si mesmos aquilo de que precisavam, trocavam bens com os vizinhos e ocasionalmente vendiam algum excedente de produção em mercados ao ar livre, promovidos sem grande freqüência. Grandes mercados, como a grande Feira de Frankfurt no fim dos tempos medievais, eram eventos anuais que atraíam mercadores itinerantes de grandes distâncias. Nas feiras maiores, podiam-se comprar artigos mais exóticos. Seda, livros, pergaminhos, medicamentos e especiarias, sobretudo do Extremo Oriente, estavam entre os bens mais populares disponíveis para venda.

Mas a idéia de uma economia de mercado moderna, plenamente integrada, vai muito além da noção de mercadores que firmam tendas e vendem artigos a compradores locais. Para que os mercados modernos funcionem, todos os elementos envolvidos no fabrico das coisas — terras, trabalho humano e tecnologia devem ser deslocados do tradicional arranjo doméstico e convertidos em algo passível de ser racionalizado, abstraído, quantificado e transformado em propriedade negociável por um preço no mercado.

Muito embora o conceito da moderna economia de mercado tenha se originado na Europa, ele encontrou sua mais plena expressão nos EUA. Os europeus, desde o início, tiveram impressões ambíguas quanto ao capitalismo. Os americanos nunca. Os EUA há muito são considerados o bastião do capitalismo. Tão inabalável tem sido nossa fé no dogma capitalista que as idéias de capitalismo e de Estados Unidos da América ganharam status tautológico.

Os americanos talvez sejam os únicos capitalistas puros que restam no mundo. A idéia de Adam Smith de um mercado livre em que vendedores e compradores individuais maximizam sua propriedade é o campo de atuação primordial para viver o Sonho Americano. Se a arena capitalista fosse seriamente comprometida, o Sonho Americano padeceria. É por isso que os americanos são tão ferozmente leais aos princípios da teoria capitalista. Eles são o alfa e o ômega de nosso estilo de vida, sem os quais o Sonho Americano seria uma impossibilidade.

O mercado capitalista não é tido em tão alta estima pelos europeus. Foram as sensíveis diferenças nas circunstâncias históricas que levaram os europeus a moderar seu entusiasmo pelo capitalismo, ao passo que os americanos se tornaram seus mais ardentes defensores.

A Luta por Mercados Livres

Como se mencionou anteriormente, uma série de novas tecnologias no início da era moderna na Europa abreviou as distâncias viajadas, acelerou as trocas e reduziu os tempos de transação, possibilitando mercados muito maiores. As instituições feudais de governo eram muito pequenas e provincianas para dar conta do novo alcance potencial da atividade humana. De fato, essas mesmas instituições, em maior parte, viam os grandes mercados como uma ameaça potencial e procuravam coibi-los.

No fim da era medieval, mais de mil cidadezinhas brotaram por toda a Europa. As cidades tinham tulhas, lojas e estalagens, e eram servidas por artesãos locais. Esses produziam uma variedade de bens e serviços, requerendo um grau de perícia que não se encontrava em qualquer feudo. Pedreiros, tecelões e tingidores, metalúrgicos e armeiros, e posteriormente bordadores, luveiros, escrivães, agentes funerários e chapeleiros se aglomeraram nessas protótipicas áreas urbanas, estabelecendo "cidades livres" — regiões fora do alcance dos senhores locais. Se um servo, por exemplo, escapasse de seu amo e fugisse para uma cidade, ali permanecendo por um ano e um dia, ele era considerado livre, passando da jurisdição de seu senhor para a dos burgueses citadinos[1].

Cada setor do artesanato estabeleceu uma guilda para regular as atividades de seus membros. As guildas eram responsáveis por manter os padrões de qualidade do setor, determinando quanto devia ser fabricado e vendido, bem como o justo preço para a venda de seus bens e serviços. A economia das guildas operava segundo costumes, e não forças de mercado. O objetivo não era lucrar, e sim manter um estilo de vida. As guildas se opunham ao mercado aberto, à mão-de-obra livre, à comercialização das terras e aos preços competitivos — todos marcos essenciais de uma economia moderna. Por mais de quatro séculos, elas combateram a emergente classe capitalista valendo-se de códigos e regulamentos urbanos para impor sua vontade. As guildas de artesãos não foram abolidas na França senão em 1791, na Inglaterra em 1813 e 1814, na Áustria e na Alemanha em 1859 e 1860, e na Itália em 1864[2].

No século XVI, na Inglaterra, uma classe mercante independente começou a desafiar o controle das guildas sobre a produção de bens e serviços. As condições econômicas na Inglaterra, e depois no continente, vinham tornando o sistema das guildas cada vez mais insustentável. A onda do cercamento de terras vinha liberando camponeses e criando uma força de trabalho explorável. Avanços nos transportes — a construção de estradas melhores e aprimoramentos na navegação fluvial — vinham facilitando o traslado de matéria-prima e produtos finalizados entre o campo e as cidades. Uma população crescente exigia mais bens a preços menores.

As guildas têxteis foram as primeiras a sofrer com a liberação das novas forças de mercado. Mercadores desonestos começaram a burlar o controle das guildas e da jurisdição urbana recorrendo à mão-de-obra mais barata dos campos — o chamado sistema de trabalho em domicílio. Novas descobertas na tecnologia e organização do trabalho levaram a uma "divisão do trabalho", reduzindo substancialmente os custos dos bens manufaturados e o tempo necessário para produzi-los. O novo modelo de produção era mais adequado para dar conta da alta na demanda de consumo[3].

O novo método de negócios teve um outro efeito mais profundo. Sob o sistema das guildas, os mestres e diaristas tinham suas próprias ferramentas, o que lhes dava controle sobre a produção. A nova classe de mercadores independentes começou a "tomar posse direta da produção", fornecendo as ferramentas e o maquinário utilizados pela força de trabalho rural[4]. Camponeses pobres envolvidos na tecelagem em domicílio estiveram entre os primeiros a sentir o pleno efeito do novo estilo capitalista de fazer negócios. Vivendo à margem da pobreza, um camponês era muitas vezes incapaz de pagar pela compra de materiais antes da venda do tecido, e tinha de contrair empréstimos com o mercador que o empregava. Isso significava geralmente empenhar seu ativo de maior valor, o tear, como garantia pelo adiantamento necessário para custear a matéria-prima. Se não conseguisse saldar a dívida, ele teria de entregar o tear ao mercador, deixando os meios de produção diretamente nas mãos do capitalista — e fortalecendo ainda mais a posição deste com relação aos artesãos[5].

Ao fornecer a matéria-prima e as ferramentas necessárias à produção, e ao controlar o transporte de suprimentos e produtos finalizados entre o campo e a cidade, os novos mercadores puderam exercer um controle muito maior sobre os custos de mão-de-obra. Já destituídos, desesperados e sem outros meios de ganhar a vida, os trabalhadores camponeses tinham pouca escolha senão aceitar as condições de emprego que lhes eram impostas por uma emergente classe capitalista. As guildas, por seu turno, não podiam competir com o ritmo, o volume de produção ou o preço dos produtos finalizados.

O advento das fábricas na Europa abalou ainda mais o poder dos mestres-artesãos e de suas guildas. Na segunda metade do século XVI, a manufatura fabril chegou à Inglaterra. Usinas de papel, ferrarias, fábricas de canhões e, posteriormente, indústrias têxteis inauguraram a idéia de centralizar todas as tarefas de produção sob um único teto, com uma única fonte de energia — a princípio utilizando-se moinhos fluviais e de vento, e posteriormente carvão e maquinário a vapor. A produção em fábricas exigia grande quantidade de capital — amiúde muitos milhares de libras ou mais —, o que estava muito além dos meios até mesmo do mestre-artesão mais abastado. Somente a nova classe de mercadores capitalistas podia arcar com os custos deste novo tipo de modelo manufatureiro[6]. O historiador Maurice Dobb observa que "a subordinação da produção ao capital e o surgimento desse relacionamento de classes entre o capitalista e o produtor devem ser vistos portanto como o divisor de águas crucial entre o antigo e o novo modo de produção"[7].

Os mestres-artesãos achavam difícil conter a maré do capital. Muitos simplesmente desistiam e se tornavam funcionários pagos nas novas fábricas capitalistas. Outros revidavam erigindo o máximo possível de barreiras para impedir que os novos mercadores capitalistas irrompessem dos campos e penetrassem mercados maiores. Por exemplo, observa o economista e historiador Robert Heilbroner: "Numa viagem de cem milhas, um mercador viajante podia ter de se avir com uma dúzia de diferentes soberanias, cada uma com regras, regulamentos, leis, pesos, medidas e moedas diferentes"[8].

Os postos de pedágio representaram mais um obstáculo formidável ao comércio regional e nacional. Em toda fronteira e jurisdição havia postos de pedágio. No século XIV, declara Heilbroner, "diz-se que havia mais de 30 postos de pedágio ao longo do rio Weser, e pelo menos 35 em volta do Elba; no Reno, um século depois, havia mais de 60 postos"[9]. Ao longo do Sena, na França, havia tantos postos de pedágio no fim do século XV "que custava metade do preço final de venda transportar grãos até 200 milhas rio abaixo"[10]. Heilbroner faz o revelador comentário de que somente a Inglaterra tinha um mercado interno unificado no final da Idade Média, o que em grande medida explica sua emergência como a primeira grande potência econômica da Europa[11].

Todavia, se as guildas e as cidadezinhas locais podiam controlar efetivamente as condições de comércio dentro de seus muros e circunvizinhanças por meio de táticas exclusivistas e protecionistas, era muito mais difícil controlar o comércio externo. Ambas se uniram num esforço por cercear a nova iniciativa capitalista que efervescia nas regiões rurais. Os nascentes capitalistas mercantes revidaram usando todos os meios de que dispunham pra atravessar as barreiras e criar mercados nacionais.

A Europa andava às voltas com uma grande luta entre uma nova ordem comercial e um velho regime econômico. Novas tecnologias vinham alterando radicalmente as realidades espaciais e temporais. A velha economia social, baseada em controlar a produção, fixar preços e excluir a concorrência externa, era provinciana demais para acomodar a variedade de novas tecnologias que vinham possibilitando a maior troca de bens e serviços, entre mais pessoas e ao longo de maiores distâncias. As novas tecnologias deram nascimento a uma classe capitalista disposta a tudo para explorar seu pleno potencial. E ela descobriu seu modelo comercial nos mercados livres auto-reguladores.

O que faltava era um novo arcabouço político mais expansivo e mais ágil, que conseguisse impor sua vontade aos milhares de municípios locais e causar a eliminação de pedágios e tarifas locais e dos inumeráveis estatutos e códigos que preservavam uma economia medieval decrépita. Além disso, cumpria estabelecer uma língua comum, um sistema educacional unificado, uma única força policial e outros mecanismos centralizados para viabilizar um mercado comercial interno de âmbito nacional. Foram tais necessidades, diz Karl Polanyi, "que destacaram o Estado territorial como instrumento da 'nacionalização' do mercado e criador do comércio interno"[12].

A Ascensão do Estado-Nação

O Estado-nação é uma instituição relativamente nova para o governo da sociedade humana. Alguns estudiosos julgam que suas origens não recuam para além das revoluções americana e francesa no final do século XVIII, enquanto outros sugerem que suas raízes se estendem até a Inglaterra dos séculos XII e XIII. A concepção popular do Estado-nação é a de uma criação orgânica enraizada na cultura, na língua e nos costumes comuns que evoluiu com o passar do tempo até adquirir a formação de um Estado moderno. Embora haja um germe de verdade nessa idéia, o fato é que o Estado-nação é antes uma "comunidade imaginária" — um construto artificial criado em grande parte por elites políticas e econômicas para estimular mercados nacionais mais expansivos e assegurar colônias ultramarinas. Com certeza, parte das lutas étnicas de grupos nacionalistas na era pós-comunista na Europa Central e Oriental tem menos a ver com mercados em expansão do que com a preservação de identidades étnicas. Todavia, em maior parte o Estado-nação e os mercados nacionais emergiram juntos, alimentando-se um ao outro num relacionamento simbiótico. Os mercados nacionais aumentaram o ritmo, a velocidade, o fluxo e a densidade da troca de propriedades entre os povos, ao passo que o Estado-nação territorial criou e preservou as regras e regulamentos necessários a assegurar um fluxo eficiente de propriedades através de um plano geográfico unificado e expansivo.

A genialidade do Estado-nação esteve em sua capacidade de proporcionar uma identidade coletiva para o número crescente de agentes autônomos que compunham o mundo das relações de propriedade privada em mercados auto-reguladores. Isso ele conseguiu ao se estabelecer quase como um reflexo exato dos indivíduos da nascente economia capitalista, com seus interesses próprios e sua maximização do mercado. Como cada um dos indivíduos autônomos que reivindicavam soberania sobre suas propriedades pessoais, o Estado-nação reivindicava uma soberania similar sobre o território mais vasto de que faziam parte todos os agentes livres. E, como seus cidadãos, ele apregoava sua autonomia como um igual entre nações, e defendia seu direito de proteger as propriedades sob seu controle, bem como de concorrer com outros Estados-nação — mediante o comércio ou a guerra — por territórios sob disputa.

O difícil desafio do novo Estado-nação seria eliminar todos os nichos internos de resistência, no intuito de liberar o comércio num mercado nacional, e ao mesmo tempo obter o apoio emocional de seus súditos — e posteriormente de seus cidadãos — nas tarefas coletivas da sociedade, inclusive na coleta de impostos e no alistamento militar para a proteção dos interesses nacionais. Essa não era uma tarefa fácil, já que a idéia iluminista de agentes autônomos, apartados e ensimesmados — que agiam tendo em vista tão-somente seus interesses materiais, determinados a otimizar suas posses — discordava sob muitos aspectos dos esforços por forjar um senso coletivo de propósito e identidade comuns. Como o Estado-nação convenceria milhões de indivíduos recém-emancipados a conceder ao governo parte de sua autonomia e liberdade?

A resposta era criar uma história comovente sobre um passado comum, uma história suficientemente persuasiva para cativar a imaginação das pessoas e convencê-las de sua identidade compartilhada e seu destino comum. Os arquitetos do moderno Estado-nação compreendiam a magnitude da tarefa à sua frente. Depois da unificação italiana em 1861, comenta-se que Massimo d'Azeglio, ex-primeiro ministro do Piemonte, disse: "Criamos a Itália; agora temos de criar italianos"[13].

Todo Estado-nação da era moderna criou um mito de origens completo, com seus próprios heróis, heroínas e momentos passados de provação e tribulação, muitas vezes relembrados em laboriosos rituais. Num mundo cada vez mais secular e desiludido, o Estado-nação precisou estabelecer a nova e vigorosa imagem de um povo que compartilhava um passado nobre e estava destinado à grandeza futura. Ao mesmo tempo, cumpriu-lhe criar uma visão utópica suficientemente persuasiva do que estava mais à frente para conquistar a lealdade de seus súditos e, posteriormente, de seus cidadãos. Se o caminho para a imortalidade já não consistia em aceitar Cristo como salvador, talvez consistisse na busca incansável da riqueza material ilimitada, na forma do acúmulo e troca de propriedades. Em troca do juramento de fidelidade ao Estado — teste capital para saber se o cidadão estaria disposto a dar sua vida pelo país —, o Estado cumpriria sua parte do pacto protegendo o direito de cada indivíduo à posse e à troca de bens particulares num mercado livre.

Criar uma identidade compartilhada era também essencial para viabilizar um mercado nacional desimpedido. Antes de haver uma Inglaterra, uma França, uma Alemanha e uma Itália, o que havia eram mil diferentes histórias e tradições sendo vividas em pequenos povoados aninhados em vales e sopés de montanhas por todo o continente. Cada história se passava numa língua ou, quando menos, num dialeto diferente.

Uma miríade de línguas, costumes e regulamentos locais para a condução do comércio mantinha altos os custos de transação para produzir e comerciar bens e serviços ao longo de um vasto território geográfico. Suprimir ou mesmo eliminar nichos de diversidade cultural seria um primeiro passo essencial para criar mercados nacionais eficientes e contínuos. A elaboração de um mito nacional único e homogeneizado exigia a freqüente inescrupulosa destruição ou subordinação de todas as histórias e tradições locais que haviam existido por séculos na história européia.

O sucesso do modelo do Estado-nação deve muito à adoção de processos racionais para organizar atividades de grande escopo. Para começar, era necessário estabelecer uma única língua dominante em cada país, para que as pessoas pudessem se comunicar umas com as outras e compartilhar significados. Pensase de costume que compartilhar uma língua comum era indispensável para que um povo se unisse sob a égide do Estado-nação. Todavia, em geral não é esse o caso. Tome a França por exemplo. Em 1789, às vésperas da Revolução Francesa, menos de 50% das pessoas falavam francês, e somente entre 12% e 13% o falavam corretamente. No norte e no sul da França, teria sido praticamente impossível encontrar alguém que falasse francês. Na época em que a Itália foi unificada em 1861, somente 2,5% da população utilizava o italiano para a comunicação cotidiana. Na Alemanha do século XVIII, menos de 500 mil pessoas liam e falavam o vernáculo que posteriormente se tornaria a língua alemã oficial, e muitas delas eram atores que interpretavam novas obras no palco ou eruditos que escreviam para uma pequena elite intelectual[14].

Grande parte do ímpeto por criar línguas nacionais teve menos a ver com a formação do Estado-nação do que com os fatores demográficos que se impunham à primitiva indústria de impressão. Os impressores dos séculos XV e XVI estavam ansiosos por expandir o mercado para a produção em massa de livros. O problema era que, embora o latim fosse a língua oficial da Igreja e fosse utilizado entre estudiosos e membros dos governos europeus nas cortes palacianas, ele representava um mercado de leitura muito limitado para a nova revolução nas comunicações. Por outro lado, havia tantos idiomas e dialetos falados pela Europa que cada um deles, por si só, constituiria um mercado pequeno demais para ser comercialmente viável. A resposta, na maioria dos países, foi escolher uma única língua vernácula, usualmente a dominante na região, e estabelecê-la como a língua da reprodução — a princípio nas Bíblias e em seguida em obras de literatura e ciência.

Mesmo, então, as línguas que acabaram se tornando os padrões do francês, do alemão, do espanhol, do italiano e do inglês são, em parte, inventadas. Resultam usualmente da combinação de elementos de todos os vários idiomas falados numa região e da posterior padronização da gramática[15]. Todavia, uma vez que uma língua comum se tornava aceita, ela criava sua própria mística de permanência. As pessoas passavam a considerá-la sua língua ancestral e o elo cultural que as mantinha unidas.

Conseguir que todos falassem e lessem o novo vernáculo requeria a criação de um sistema nacional de educação em cada país. Um sistema educacional unificado, por seu turno, estabelecia padrões confiáveis e previsíveis do que devia ser aprendido e como. A educação nacional padronizada foi um fenômeno totalmente novo da era moderna, e ajudou a forjar a consciência nacional. Com cada geração de escolares aprendendo as mesmas matérias da mesma maneira e numa língua comum, não demorou para que as pessoas começassem a se julgar efetivamente como parte de uma experiência compartilhada e um destino comum.

Um ministro francês da Educação, refletindo sobre o sucesso da educação pública francesa, observou que "podia consultar seu relógio a qualquer momento do dia e dizer se as crianças da França, de uma dada faixa etária, estariam fazendo divisões, lendo Corneille ou conjugando verbos"[16].

Com freqüência a educação nacional tinha efeitos mais sutis do que criar uma língua e um senso de identidade cultural comuns. A educação pública administrada pelo Estado situava os alunos na nova consciência espacial e temporal da era moderna. As escolas eram projetadas para se parecerem com fábricas, e os alunos se habituavam à idéia de passar o dia inteiro num estabelecimento amplo e centralizado com salas diferentes destinadas a tarefas discentes especializadas, espelhando o tipo de especialização da mão-de-obra e ambiente de trabalho em que se graduariam uma vez concluída sua educação. Os alunos também aprendiam sobre as virtudes da pontualidade e eficiência, da elaboração e cumprimento de cronogramas, e da industriosidade, disciplina e competitividade. Eram levados a crer que o aprendizado era uma atividade aquisitiva, com a meta de acumular conhecimentos passíveis de serem usados na promoção de seus próprios interesses. O currículo se destinava a prepará-los para as tarefas econômicas que os aguardavam na emergente economia de mercado. Gerar "cidadãos produtivos" tornou-se a principal responsabilidade da educação nacional em todo Estado moderno.

A intervenção do Estado-nação nos assuntos de seus cidadãos estava apenas começando quando se estabeleceu uma língua comum e um sistema de educação universal. A missão do Estado moderno é criar um ambiente totalmente racionalizado capaz de otimizar o livre curso da troca de propriedades numa economia de mercado. Há que manter registros sobre todos os cidadãos. Certidões de nascimento, registros escolares, licenças matrimoniais, atestados de óbito e passaportes têm de ser emitidos. Impostos devem ser coletados e as rendas do governo devem ser distribuídas. Exércitos permanentes devem ser treinados, equipados, aquartelados e enviados à batalha. Normas devem ser estabelecidas para regulamentar tudo, desde a qualidade da comida e dos medicamentos até a qualidade do meio ambiente. Mesmo a reprodução da cultura em si já não é deixada ao acaso ou ao capricho de comunidades locais. Cumpre construir museus, financiar memoriais, reconhecer e celebrar datas histórias e fundar parques para a recreação e o entretenimento. A lista é quase interminável.

As instituições políticas medievais eram muito mais frouxas e menos envolvidas nos assuntos cotidianos de seus súditos. Criar uma sociedade "produtiva" exigia o tipo de mobilização total da vida humana que teria sido impensável em qualquer período anterior da história. A ironia nesse caso é que os filósofos do Iluminismo favoreciam um mundo povoado por agentes autônomos, que não buscavam senão otimizar seu interesse próprio no mercado. Para que isso fosse possível, contudo, os Estados-nação tinham de criar burocracias gigantescas para supervisionar o jogo e assegurar que todo aquele "interesse próprio" não degenerasse numa horripilante guerra hobbesiana "de todos contra todos". No fim das contas, o preço de assegurar a liberdade individual no mercado foi o aumento da intervenção governamental e o maior envolvimento do Estado nos aspectos ínfimos da vida particular das pessoas. Na primeira década do século XX, mais de 700 mil austríacos eram empregados do governo nacional, e mais de 500 mil pessoas na França trabalhavam em estabelecimentos do governo, a exemplo de 1,5 milhão na Alemanha e 700 mil na Itália[17].

Consolidando o Poder

Tanto nações como Estados já existiam antes da era moderna. Uma nação é uma comunidade de pessoas que compartilham uma experiência de vida particular, enquanto um Estado é uma instituição política que controla ou possui uma região geográfica com o propósito de exploração, algo que ele consegue manipulando os meios de violência para preservar a obediência a seu governo. O que é exclusivo da era moderna é o amálgama entre nação e Estado num mesmo esquema.

Na Europa medieval, havia literalmente milhares de comunidades pequenas e isoladas cuja experiência de vida compartilhada era local e mal se estendia para além da serra ou bacia fluvial mais próxima. Essas comunidades tinham elos frouxos com autoridades institucionais maiores, que incluíam reinos, dinastias e o papado em Roma. Todavia, a autoridade, na Europa medieval, era exercida mais sobre povos do que sobre territórios. Com efeito, os territórios eram vagos e fluidos, em vez de precisos e fixos. Mesmo a autoridade local era rudimentar e mais arbitrária. O governo na Europa medieval era personalizado, a ponto de ser muitas vezes portátil — ou seja, as famílias reais muitas vezes assentavam residência numa área e faziam visitas aos vários territórios, levando consigo todo o séquito governamental. Representantes eram enviados para coletar aluguéis e impostos dos aldeões de cada distrito, criando um relacionamento mais pessoal entre governante e governado. No século XIV, esse tipo de arranjo provisório começou lentamente a abrir espaço para formas mais racionalizadas de governo, exercidas a distância[18]. Mas o ponto, diz o historiador David Held, é que na era medieval "impérios eram *dominados*, mas não *governados*"[19]. Eles simplesmente não tinham os meios de administrar um reino inteiro a partir de um local centralizado.

O advento dos canhões em meados do século XV mudou fundamentalmente a natureza do domínio político. Senhores mais poderosos, com fundos suficientes para financiar a nova tecnologia militar, conseguiram, tanto literal como figurativamente, destruir as muralhas e fortalezas dos governantes locais e consolidar seu poder sobre territórios mais vastos. Entre 1450 e 1550, muitos dos milhares de principados e ducados independentes foram enfraquecidos ou totalmente eliminados, conforme os governos centrais se tornavam mais poderosos[20]. No fim das contas, as monarquias conseguiram desarmar as antigas dinastias guerreiras medievais e substituí-las por um único governo soberano. Em meados do século XVII, a Europa já não era governada por famílias feudais locais, mas antes por Estados monárquicos centralizados[21].

A concentração do poder econômico nas mãos do monarca foi com freqüência bem recebida por uma classe campesina farta de se ver encurralada em meio às incessantes guerras entre suseranos locais. As pessoas, ao menos por algum tempo, se dispuseram a sujeitar-se ao jugo severo de cima, desde que isso tornasse a vida cotidiana em suas localidades um pouco menos precária e ligeiramente mais tolerável.

Rousseau, contudo, percebeu o significado político mais profundo da transição do governo de povos para o governo de territórios. Em *O Contrato Social* ele escreveu:

> Percebe-se como as terras dos particulares, reunidas e contíguas, tornam-se território público, e como o direito de soberania, estendendo-se dos súditos para as terras que estes ocupam, torna-se a um tempo real e pessoal (...); vantagem que não parece ter sido bem percebida pelos antigos monarcas, que, não se designando senão reis dos persas, dos citas ou dos macedônios, pareciam considerar-se antes chefes de homens que mestres de países. Os de hoje se autodesignam mais habilmente reis da França, da Espanha, da Inglaterra etc.; dominando assim os territórios, estão mais seguros de dominar seus habitantes.*[22]

Ao afirmarem sua soberania sobre os territórios, as monarquias puderam ampliar seu poder para abarcar todas as propriedades dentro de suas fronteiras jurisdicionais, inclusive o próprio trabalho e os bens terrenos dos indivíduos. Doravante, a lealdade ao rei tornou-se o teste decisivo para que o indivíduo preservasse suas posses e, por extensão, sua liberdade. A autoridade centralizada era então a única força que poderia tanto confirmar a propriedade individual como confiscá-la.

---

* N. do T.: Texto traduzido diretamente do original francês. *Du Contrat Social*. I, 9.

O primeiro reconhecimento formal na lei internacional dos direitos de soberania dos Estados territoriais surgiu na forma de um acordo de paz em 1648 que pôs fim aos 30 anos de guerra entre luteranos, calvinistas e católicos. A Paz da Vestfália reconheceu as diferenças irreconciliáveis entre os vários ramos do Cristianismo e concedeu aos governantes territoriais, em seus próprios domínios, a autoridade soberana no que concernia a assentar questões religiosas, restringindo ao mesmo tempo os direitos de outros países de intervir no que a partir de então seria considerado um assunto interno de cada nação. Os pontos essenciais estabelecidos pela Paz da Vestfália, embora modificados no decurso dos três séculos seguintes, permaneceram quase os mesmos até o fim da Segunda Guerra Mundial[23].

O tratado reconheceu que o mundo é composto de Estados autônomos e independentes, e que cada Estado tem soberania sobre os assuntos internos de seu território fixo. Mais que isso, cada Estado é igual a todos os demais Estados, não havendo sobre eles uma autoridade superior. Finalmente, os Estados territoriais devem preservar seus próprios interesses e, embora tenham a liberdade de estabelecer relações diplomáticas e acordos bilaterais ou multilaterais entre si, também têm o direito de usar a força para resolver disputas, quando necessário[24].

Por algum tempo, os interesses dos novos governantes monárquicos de base territorial e das emergentes classes burguesa e capitalista coincidiram. Os novos poderes estatais, ansiosos por consolidar sua autoridade, precisavam gerar receita. Tinham de recrutar exércitos, construir navios, fabricar armas e estabelecer burocracias administrativas para controlar seu próprio território e colonizar novas terras no exterior. Era, portanto, do interesse das monarquias estimular a atividade econômica nacional.

De sua parte, os mercadores e fabricantes desejavam reformas que ajudassem a acelerar a transição para o livre comércio nos mercados nacionais. Eles buscaram a eliminação das restrições legais e alfandegárias que obstruíam a mobilidade da força de trabalho; exigiram leis que obrigassem ao cumprimento dos contratos comerciais, sustentadas pelo poder policial da monarquia; e pressionaram por melhorias nas estradas, nas vias fluviais e nas comunicações, com o intento de acelerar o comércio e expandir-lhe o alcance geográfico. Também solicitaram que a autoridade política centralizada padronizasse os pesos e medidas e criasse uma moeda única para reduzir os custos de transação e dinamizar as atividades comerciais. A autoridade monárquica mostrou-se mais do que disposta a promover mudanças e apoiar essas reformas com toda a força coerciva estatal, já que o Estado tinha idêntico interesse em criar condições favoráveis ao florescimento de um mercado nacional.

No entanto, as políticas mercantilistas adotadas pelos novos regimes acabaram por gerar uma desavença irreconciliável entre a nascente classe capitalista e o governo. Os Estados desejavam acumular metais preciosos — ouro e prata — para financiar suas despesas nacionais e suas iniciativas externas. Concluíram que a melhor maneira de aumentar seu quinhão monetário seria favorecer o comércio exterior em detrimento do interior. A estratégia seria regulamentar rigidamente a produção nacional, de modo que pudessem obter bens de alta qualidade a preços baixos e revendê-los no exterior a preços maiores, a serem pagos em metais preciosos.

Segundo o esquema, as colônias ultramarinas se limitariam exclusivamente à produção de matéria-prima a ser exportada para a metrópole, e seriam obrigadas a comprar desta última os produtos manufaturados a preços inflados. Qualquer esforço por parte das colônias de manufaturar seus próprios bens para o uso nacional ou o comércio exterior era proibido, e as infrações eram duramente punidas.

Muitos Estados estabeleceram suas próprias companhias de comércio estrangeiro para fazer negócios em seu nome nas colônias. As mais poderosas e notórias foram a Companhia Holandesa das Índias Orientais e a Companhia Britânica das Índias Orientais. Essa última gabava-se de ter um exército próprio, e num certo período chegou a administrar a maior parte da Índia como sub-rogada do governo britânico.

A ênfase no comércio exterior beneficiou em muito os exportadores, mas a expensas dos fabricantes nacionais. Embora a princípio a intensificação das transações externas ajudasse a expandir o mercado nacional de produtos manufaturados, as restrições que governos como o da Grã-Bretanha acabaram por impor ao volume de produção doméstica, no intuito de manter artificialmente altos os preços de exportação, atuaram em prejuízo dos fabricantes[25].

A jovem classe capitalista preferia mercados abertos e livre comércio, acreditando que esta seria a melhor maneira de aumentar a produção, otimizar as margens e elevar os lucros. O campesinato, o proletariado urbano e a ascendente classe média sentiam todos o ferrão dos altos preços dos produtos nacionais. Também padeciam sob o fardo dos maiores impostos para financiar os gastos do governo em exércitos, armas e guerras.

No fim do século XVIII, a brecha entre a emergente classe capitalista e as monarquias mostrou-se irreversível. Em 17 de junho de 1789, deputados do Terceiro Estado desafiaram o rei Luís XVI estabelecendo sua própria Assembléia Nacional e exigindo uma constituição francesa. Poucos meses depois, os radicais promulgaram a Declaração dos Direitos do Homem e do Cidadão, que afirmava, entre outras coisas, que "o princípio de toda soberania reside essencialmente na Nação. Nenhum órgão, nenhum indivíduo pode exercer autoridade que não emane expressamente dela"*[26].

A um golpe de pena, o governo instituído pela autoridade divina e transmitido pela hereditariedade real foi destronado. De então em diante, a soberania residiria na "nação". O que constituía a "nação"? Os cidadãos. E quem eram os cidadãos? Aqueles que compartilhavam uma experiência de vida comum e estavam unidos por um passado coletivo e um destino futuro. O cidadão, a nação e o Estado conjugaram-se como uma única entidade de governo pela primeira vez na história. De então em diante, o governo seria do povo, pelo povo e para o povo.

A Revolução Francesa foi bastante influenciada pelos Estados Unidos da América, que já haviam lutado e vencido sua própria revolução para assegurar os direitos do povo. Americanos e franceses estavam envolvidos num tipo radicalmente novo de experimento político, para o qual havia poucos precedentes. O historiador Anthony Smith escreve:

> Em épocas anteriores era incogitável que o povo se mobilizasse para tomar parte central na política, ou que houvesse a necessidade de que os homens, para não falar das mulheres, se tornassem politicamente conscientes e "cidadãos" ativos. Tampouco havia qualquer interesse em proporcionar uma infra-estrutura e instituições que atendessem a todas as necessidades e interesses dos cidadãos.[27]

Uma vez abrandada a euforia de se declararem soberanos, os franceses passaram a uma definição mais restritiva de cidadão, "limitando os direitos políticos a homens de posses e instrução"[28]. Os americanos, os britânicos e a maioria dos outros Estados-nação dos séculos XVIII e XIX fizeram o mesmo. Como se presumia que a razão de ser do Estado-nação era proteger os direitos de propriedade de seus cidadãos, era coerente que o voto só se estendesse aos "homens" da sociedade que detivessem posses.

A grande transição para os modernos Estados-nação, que teve início com a Inglaterra, os Estados Unidos e a França, se difundiu rapidamente para outras partes da Europa no século XIX e no início do XX. Dois desenvolvimentos foram particularmente importantes para acelerar essa transição: o confisco das terras da Igreja pela emergente classe burguesa e o advento da ferrovia e do telégrafo.

A França e a Espanha começaram a se apossar das propriedades dos jesuítas já na década de 1760. A venda forçada de terras da Igreja continuou na Itália, na Alemanha e em outras partes. Grande parte das terras foi comprada em leilões, a preços mínimos, por abastados advogados burgueses. Os novos proprietários de

---

* N.T.: Traduzido da declaração original, artigo 3.

terras uniram forças com a velha classe aristocrática nas décadas de 1850 e 1860 para apoiar um regime de propriedade privada, livre comércio, mercados nacionais e governo centralizado por Estado-nação[29].

De todos os desenvolvimentos que propiciaram a conversão para o moderno Estado-nação, nenhum foi mais importante do que o advento da ferrovia e do telégrafo. Essas duas tecnologias sozinhas romperam as antigas barreiras espaciais e temporais que haviam mantido os europeus relativamente isolados uns dos outros desde a queda do Império Romano. Em 1780, uma carruagem transpunha a distância entre Londres e Manchester em quatro ou cinco dias. Em 1880, o trem percorria o mesmo trajeto em menos de cinco horas[30]. A ferrovia ensejou o rápido despacho de tropas para grandes distâncias, o transporte expedito e eficiente de matéria-prima e produtos finalizados para mercados afastados e o dramático aumento na mobilidade e no alcance dos viajantes. O telégrafo proporcionou a comunicação instantânea entre pessoas separadas por grandes distâncias e permitiu que as ferrovias coordenassem os trens de carga e de passageiros e mantivessem os trilhos seguros.

A Grã-Bretanha em 1840 possuía instalados somente 2.390 quilômetros de trilhos. Em 1900, instalara mais de 30.079 quilômetros, conectando todo vilarejo, aldeia, cidadezinha e cidade numa malha nacional. Similarmente, a França passou de 496 quilômetros em 1840 para 38.109 quilômetros em 1900[31].

Principados e cidades-Estado eram pequenos demais para dar conta das potenciais "economias de escala" possibilitadas por essas novas e revolucionárias tecnologias de transporte e comunicação. Somente mercados nacionais expandidos, operando por um vasto território e protegidos pelo governo territorial do Estado-nação, poderiam explorar o pleno potencial das tecnologias que começavam a aniquilar o tempo e o espaço. No século XVI, a Europa era governada por mais de 500 entidades distintas; em 1900, 25 Estados-nação governavam a maior parte de seu território[32]. Nenhum dos líderes políticos da época teria imaginado a possibilidade de que, apenas meio século depois, os Estados-nação da Europa, pressionados pelas novas realidades espaciais e temporais, iniciariam uma nova jornada, fundindo seus interesses comerciais e políticos numa união que acabaria absorvendo grande parte da soberania dos regimes de Estado-nação.

Os Últimos Fiéis Verdadeiros

O que fica claro mesmo num exame passageiro da evolução dos mercados capitalistas e dos governos por Estado-nação na Europa é o fato de que seu desenvolvimento foi tudo, menos tranqüilo. A história desses dois pilares da modernidade européia é repleta de lutas e conciliações por todo o caminho, conforme interesses conflitantes procuraram impor suas próprias crenças e propósitos ao longo do processo.

Os europeus muitas vezes se perguntam por que nós, americanos, aceitamos a teoria capitalista de modo tão inconteste e somos são patriotas e leais a nosso país. A diferença é que os EUA não enfrentaram todos os labirínticos conflitos de interesse que impediram com tanta freqüência a evolução dos mercados livres e o desenvolvimento do Estado-nação no Velho Mundo. O experimento econômico e político americano germinou em solo virgem. Havia poucos resquícios de feudalismo nas colônias, embora se possa dizer que o sistema das plantações e o trabalho escravo eram um razoável fac-símile. Ainda assim, fomos poupados de ter de lidar com uma nobreza e uma aristocracia resguardadas. Mais que isso, as guildas de artesãos jamais se tornaram uma força considerável na América. A mão-de-obra livre existiu desde o início. Os capitalistas nunca tiveram de avir-se com um conjunto preexistente de relacionamentos econômicos que favorecesse os preços estabelecidos em detrimento dos preços de mercado e impusesse restrições à produção, buscando permitir aos artesãos manter controle sobre seus respectivos ofícios.

Igualmente importante, o mercantilismo jamais se firmou realmente em solo americano. Os Estados Unidos da América nasceram de uma rebelião contra a política mercantilista da coroa britânica. Promovemos uma revolução para nos libertar do que considerávamos um exercício intolerável de tirania econômica do Estado, e embora tenhamos flertado com nosso próprio estilo de mercantilismo nos primeiros dias da república, esse foi um caso passageiro.

Os americanos tampouco tiveram de lidar com filiações culturais conflitantes ao forjarem uma identidade nacional. Imigrantes que fugiram da Europa para a América estavam ansiosos por deixar para trás muitos dos antigos laços. Começar de novo significava aceitar o Sonho Americano — mercados livres e governo representativo. É por isso que vieram. O fato de que o inglês estava estabelecido como língua franca facilitou a assimilação de imigrantes que, em suas terras natais, estavam há muito separados uns dos outros por barreiras lingüísticas.

A americanização do Novo Mundo não ocorreu sem atritos. Já havia índios na América quando os europeus chegaram. O genocídio de indígenas e o aprisionamento dos sobreviventes assombra até hoje os americanos, deitando por terra qualquer idéia que possamos ter de nosso estatuto moral especial entre os povos do mundo. O mesmo se aplica à escravidão. O transporte forçado e a escravização de milhões de africanos no sul dos EUA praticamente anulou qualquer ilusão que nutríssemos quanto à nobreza do experimento americano.

Em geral, contudo, o projeto americano esteve o mais livre possível de empecilhos tradicionais e interesses conflitantes. A classe capitalista e o governo do país raramente se desentenderam. Presumia-se simplesmente que o papel primário do governo era proteger os interesses da propriedade privada de seus cidadãos, o que significava salvaguardar uma economia capitalista de livre mercado. Na Europa, porém, os governos finalmente (se não relutantemente) assumiram o papel de moderar os excessos do mercado, redistribuindo a riqueza de maneira mais eqüitativa, para assegurar que ninguém ficasse para trás.

Assim, se os americanos são os mais apaixonados capitalistas e o povo mais patriota da Terra, isso ocorre porque vemos nossa economia de livre mercado e nosso governo nacional como guardiões do Sonho Americano. Se qualquer uma dessas instituições se debilitasse, ou se os americanos passassem a crer que o sistema capitalista ou nossa forma representativa de governo já não favorece o Sonho Americano, corroendo-o antes, a estabilidade do próprio sistema seria posta em dúvida — o que é justamente o que começa a ocorrer com o crescimento da influência corporativa sobre os assuntos políticos do governo, com a crescente disparidade entre ricos e pobres e com a contínua decadência social dos americanos das classes média e operária.

Observadores políticos temem que um número crescente de americanos esteja alienado do processo político dos EUA e acredite que interesses especiais — especialmente de grandes empresas — governam o país. Eles esquadrinham incessantemente os índices de abstinência eleitoral em busca de indícios de que os americanos estejam ou não se distanciando do processo político. Os números não são nada estimulantes. Aproximadamente 70% de todos os eleitores adultos votaram na eleição nacional de 1964. Na de 2000, somente 55% votaram[33]. Mais importante que a redução no número de pessoas votando é o declínio vertiginoso no número daquelas que ainda acreditam no Sonho Americano. Recorde-se que um em cada três americanos diz que já não crê no Sonho Americano. Se esse número prosseguir nessa queda livre, os EUA se verão em sérios problemas. Sem o Sonho Americano a nos propelir, pouco restará em nossa psique pública para preservar o elo americano.

O problema, contudo, é que a queda do Sonho Americano pode ser inevitável. Num mundo que transcende as premissas ideológicas setecentistas que deram origem a tal sonho, nós americanos podemos acabar como o proverbial "excluído", grosseiramente descompassados com as mudanças que vêm ocorrendo à nossa volta conforme a raça humana adentra uma era global.

A Vindoura
Era Global

8

*O Comércio em Rede
numa Economia Globalizada*

A HUMANIDADE SE ENCONTRA uma vez mais no cruzamento entre uma velha ordem lânguida e o surgimento de uma nova ordem. Novas e revolucionárias tecnologias estão provocando uma mudança fundamental em nossa consciência espacial e temporal. Após 200 anos vivendo sob o domínio de mercados nacionais e Estados-nação territoriais, os relacionamentos humanos estão se emancipando das velhas costuras institucionais. Emergem agora um novo homem e uma nova mulher, cuja visão de si mesmos e do mundo os torna tão diferentes do indivíduo autônomo e empossado da era moderna como este último o fora do indivíduo comunal da era medieval. A nova consciência é de caráter muito mais expansivo e global.

O mercado nacional e o Estado-nação parecem repentinamente pequenos e limitados demais para acomodar um mundo em que mais e mais atividades humanas — tanto econômicas como sociais — prorrompem pelas velhas bordas e se espalham por todo o mundo.

O nascimento de um novo sistema econômico determina as atuais mudanças nos modelos de governo, assim como as determinou no início da era moderna, quando o capitalismo de mercado erradicou a economia feudal e provocou uma transição nos modelos governamentais, dos principados e cidades-Estado para os modernos Estados-nação. Desta vez, é a economia do mercado nacional que vem sendo desafiada por uma economia global em rede, e o Estado-nação que vem sendo parcialmente absorvido por espaços políticos regionais como a União Européia. O comércio em rede é demasiado rápido, denso e abrangente em termos globais para ser constrangido por fronteiras nacionais. Os Estados-nação são muito limitados geograficamente para supervisionar o comércio inter-regional e global e harmonizar os crescentes riscos sociais e ambientais que acompanham um mundo globalizado.

Todos os países vêm enfrentando as pressões de um mundo progressivamente integrado e interdependente. Mas é a sociedade européia que parece estar na vanguarda das mudanças atualmente em curso, o que faz dela a sala de aulas mundial para repensar o futuro.

O que vem motivando todas essas mudanças institucionais é uma revolução nas comunicações que acelera a velocidade, o ritmo, o fluxo, a densidade e a conectividade da vida comercial e social. Programas de software, computadores, a digitalização da mídia, a Internet e as comunicações móveis e sem fio conseguiram, em menos de duas décadas, conectar os sistemas nervosos centrais de aproximadamente 20% da raça humana, à velocidade da luz, 24 horas por dia, 7 dias por semana. Hoje cada pessoa se acha instantaneamente conectada pela World Wide Web a literalmente um bilhão de pessoas ou mais, sendo capaz de se comunicar diretamente com qualquer uma delas. Incrivelmente, a quantidade total de informações à que um lavrador ou um habitante de uma pequena aldeia podiam se expor durante toda a vida há 200 anos não devia ser tão grande quanto a contida numa única edição on-line de domingo do *New York Times*.

Não foi somente o alcance expandido e o maior acesso a informações que se mostrou tão fundamentalmente alterado, mas também a velocidade do intercâmbio entre as pessoas. Recorde-se que a hora-padrão não passou a fazer parte da vida das pessoas senão no século XIII. Antes disso, o intercâmbio social e econômico não era suficientemente denso para permitir a segmentação do dia em 24 unidades padronizadas de medida. Na era medieval, a rotina cotidiana das pessoas era tão limitada e serena quanto podia ter sido na Antigüidade, e requeria somente uns poucos marcos naturais para assinalar a passagem de uma atividade a outra — o dia medieval era dividido em nascer do sol, meio-dia e pôr-do-sol. Conforme a população humana cresceu, vilarejos dispersos se metamorfosearam em cidadezinhas e cidades, e o comércio e o intercâmbio social se intensificaram, tornando necessário o estabelecimento das horas, minutos e segundos para organizar o aumento dramático na densidade e no volume do intercurso humano.

No decorrer da última década, dois novos segmentos de tempo foram introduzidos na vida social, ambos resultando do ritmo acelerado que as revoluções dos computadores e das telecomunicações impuseram à comunicação entre as pessoas. O nanossegundo e o picossegundo são tão breves em duração que se situam muito abaixo do reino da percepção humana. Um segundo representa a passagem de um bilhão de nanossegundos. Embora seja impossível para a mente humana compreender empiricamente o nanossegundo, informações fluem atualmente nessa velocidade por todas as partes do mundo.

A economia de transações no mercado e o Estado-nação limitado territorialmente não se destinam a acomodar uma revolução nas comunicações capaz de abarcar o globo e conectar simultaneamente a tudo e a todos no planeta. O resultado é que estamos testemunhando o nascimento de um novo sistema econômico e de novas instituições de governo tão diversas do capitalismo de mercado e do moderno Estado territorial quanto estes o foram da economia feudal e do governo dinástico de uma era anterior. (Voltaremos nossa atenção às novas instituições de governo no próximo capítulo.)

O Nascimento de um Novo Sistema Econômico

A economia de mercado é lenta demais para tirar pleno proveito da velocidade e do potencial produtivo possibilitados pelas revoluções nos programas de software, nas comunicações e nas telecomunicações. Não é uma mera questão de se descobrirem novos formatos organizacionais para atualizar a condução dos negócios numa economia de mercado. É o mecanismo de transações de mercado em si que vem se tornando antiquado.

Os mercados são modos de operação lineares, isolados e contínuos. Vendedores e compradores se unem por um breve momento para trocar bens e serviços e então se separam. O tempo transcorrido entre a conclusão de uma transação e o início de outra constituem a produtividade perdida e o custo comercial extra que acabam por tornar os mercados obsoletos.

As novas tecnologias das comunicações, em contraste, são cibernéticas, não lineares. Elas permitem atividades contínuas. Isso significa que o mecanismo liga-desliga das transações de mercado pode ser substituído pela idéia de estabelecer-se um relacionamento comercial contínuo entre as partes ao longo do tempo.

Por exemplo, considere o sistema de vendas da Amazon.com em comparação com os modelos das novas companhias musicais para comercializar músicas. A Amazon.com tem com seus consumidores um relacionamento convencional de transações de mercado, ainda que computadores e a World Wide Web sejam usados para efetuar as compras. O comprador paga por um CD qualquer e o vendedor o remete pelo correio. Em contraste, no novo modelo em rede usado por companhias musicais como a Napster, o usuário paga uma assinatura mensal que lhe dá acesso ilimitado aos arquivos da empresa. No velho modelo da

Amazon.com, o CD físico — a propriedade — é trocada entre vendedor e comprador, ao passo que no novo modelo em rede o usuário paga pelo tempo em que tem acesso à música.

Nas redes puras, a propriedade continua existindo, mas permanece com o produtor e é acessada pelo usuário durante segmentos de tempo. Assinaturas, filiações, aluguéis, cotas de tempo, adiantamentos, arrendamentos e acordos de licença se tornam o novo meio de troca. A companhia musical estabelece com o cliente um relacionamento comercial em regime de 24/7, tornando-o parte de uma rede musical. O usuário paga então pelo acesso à música não só enquanto a ouve, mas enquanto dorme, está acordado e trabalha. A companhia musical prefere promover um relacionamento contínuo com o usuário por um período de tempo a ter de vender cada CD em transações de mercado isoladas. É uma questão de tempo e custos.

As companhias musicais mantêm um relacionamento dinâmico, eficiente, estável e contínuo com o cliente ao longo do tempo, enquanto a Amazon.com moureja tendo de negociar cada transação como um processo fechado e isolado. Num mundo em que todos estão conectados no ciberespaço e em que informações são trocadas à velocidade da luz, o tempo — e não os materiais — se torna o recurso mais escasso e valioso. Nas redes puras, fornecedores e usuários substituem vendedores e compradores, e o acesso ao uso dos bens ao longo de períodos de tempo substitui a troca física desses bens entre vendedores e compradores.

As companhias musicais também preferem o modelo em rede a transações de mercado isoladas, uma vez que o relacionamento com o usuário tem mais chances de preservar-se no futuro. Em outras palavras, os usuários ficam menos propensos a levar seus negócios para outras partes do que no caso de transações de mercado isoladas. É por isso que companhias automobilísticas como a General Motors e a Daimler-Chrysler, se pudessem agir a seu critério, jamais venderiam um carro novo. Elas prefeririam manter o mesmo carro e fazer com que o usuário pagasse pelo acesso à condução por meio de um acordo de aluguel. Desse modo, estabeleceriam com o cliente um relacionamento muito mais passível de sustentação do que a mera compra de um automóvel. Na Ford, o índice de renovação de carros alugados é de aproximadamente 50%, ao passo que 24% dos consumidores que compraram seu último carro da Ford estão inclinados a comprar dela seu carro seguinte[1].

Os custos de transação e as margens de lucro também entram em jogo na mudança de modelos de transações de mercado para modelos em rede. Numa economia de transações de mercado, os vendedores lucram com as margens, e as margens dependem dos custos de transação. Mas a maioria dos executivos corporativos com que trabalho me diz que suas margens têm decaído continuamente, sobretudo em função da introdução de novas tecnologias de comunicação e produção, além de novos métodos organizacionais que vêm reduzindo os custos de transação. Quando os custos de transação se aproximarem do zero, as margens praticamente desaparecerão, e as transações de mercado deixarão de ser um meio viável de fazer negócios.

A publicação de livros é um caso bem a propósito. No mercado, vendo meu livro a uma editora, que a envia a uma gráfica. A partir de então, ele é despachado para um atacadista e então a um varejista, onde o consumidor paga por ele. A cada fase do processo, o vendedor aumenta o preço de consumo para abarcar seus próprios custos de transação. Hoje, porém, um número crescente de editoras — especialmente de livros escolares e de pesquisa, que requerem atualização contínua — estão evitando os intermediários na publicação de livros físicos e os custos de transação envolvidos em cada fase do processo. Embora a Enciclopédia Britânica ainda cobre US$ 1.395,00 por sua coleção de 22 volumes, ela tem vendido muito menos livros físicos. Em vez de vendê-los, ela põe o conteúdo dos livros na World Wide Web, onde as informações podem ser atualizadas e acessadas continuamente. Os usuários pagam hoje uma assinatura que lhes permite o acesso durante um dado período de tempo. A Britânica elimina praticamente todos os custos restantes de transação envolvidos em levar a informação até seus assinantes. A empresa fez a transição da venda de produtos físicos a compradores para a provisão de acesso a serviços a usuários, durante um dado período de tempo. Como um livro físico concorrerá futuramente com um livro on-line, quando o último houver reduzido tão dramaticamente seus custos de transação? O mesmo processo vem ocorrendo em muitos setores. (Para uma análise mais detalhada, consulte *A Era do Acesso*.)

Em todas as indústrias há um que outro exemplo operacional de "puros" modelos em rede. Há muito mais exemplos de redes parciais já existentes. Nesses casos, múltiplas partes se reúnem para compartilhar perícia, conhecimento, recursos de pesquisa, linhas de produção e canais de marketing. A idéia por trás das redes é congregar recursos e compartilhar riscos, e ao mesmo tempo aumentar a qualidade e reduzir o tempo necessário para levar os bens e serviços até os usuários finais.

O que essas redes têm em comum é um meio de fazer negócios que difere fundamentalmente do modelo de transações de mercado articulado por Adam Smith, pelos economistas clássicos e por seus sucessores neoclássicos no século XX. As premissas operacionais que orientam as redes viram de ponta-cabeça grande parte da teoria econômica ortodoxa de base mercadológica, abrindo um novo portal para que se repense igualmente a governança política.

Recorde-se que Adam Smith afirmava que a superioridade da economia das transações de mercado estava na capacidade de cada indivíduo de buscar seus próprios interesses. Em *Investigação sobre a Natureza e as Causas da Riqueza das Nações*, Smith escreve:

> Todo indivíduo empenha-se continuamente em descobrir o uso mais vantajoso para todo capital de que disponha. É com efeito o seu próprio benefício, e não o da sociedade, que ele tem vista. Mas o estudo de seu próprio benefício o leva naturalmente, ou antes necessariamente, a preferir o uso que seja mais vantajoso para a sociedade[2].

Os mercados, por sua própria natureza, são foros antagônicos. Consistem de transações reservadas em que cada participante atua com a idéia de maximizar seus interesses próprios às expensas dos interesses alheios. Comprar barato, vender caro e *caveat emptor* — "o comprador que se cuide" — têm sido os supremos princípios comportamentais desde os primórdios das modernas relações de mercado.

As redes operam com princípios inteiramente diferentes. Cada participante entra no relacionamento pressupondo que a otimização dos benefícios de outrem e do grupo como um todo maximizará seus interesses próprios no processo.

As redes são compostas de firmas autônomas que renunciam a parte de sua soberania em troca dos benefícios do compartilhamento de recursos e riscos num campo expandido de atuação. Numa rede, cada participante depende dos recursos controlados por outros participantes. Eles se tornam, na prática, uma única entidade empenhada numa tarefa comum durante um período de tempo.

A indústria cinematográfica foi uma das primeiras a mudar para o estilo dos negócios em rede. Os grandes estúdios desconjuntaram suas operações no fim dos anos 40 e início dos 50. Profissionais especializados e artistas de criação, até então empregados internamente, abriram suas próprias companhias independentes. Hoje, quando se faz um filme, os grandes estúdios cinematográficos o financiam parcialmente e o comercializam, ao passo que produtores-executivos reúnem todas as firmas subcontratadas — cineastas, designers de cenários, editores etc. — numa rede provisória destinada a produzir o filme. Muitas vezes os riscos são distribuídos entre as principais entidades, e todas tomam parte na receita após o lançamento do filme.

O sociólogo Manuel Castells identifica cinco tipos primários de rede: redes de fornecimento, em que empresas subcontratam uma série de serviços, desde operações de projeto até o fabrico de peças; redes de produtores, compostas de empresas que congregam suas instalações produtivas, suas finanças e seus recursos humanos para expandir seu portfólio de bens e serviços, alargar seus mercados geográficos e reduzir o custo de riscos imediatos; redes de consumidores, que agremiam fabricantes, distribuidores, canais de marketing, revendedores de valor agregado e usuários finais; coalizões-padrão, que reúnem o máximo possível de empresas num dado campo com o propósito de conformá-las às normas técnicas estabelecidas por um líder do setor; e redes de cooperação tecnológica, que permitem às empresas compartilhar perícia e conhecimentos valiosos na área de pesquisa e desenvolvimento de linhas de produtos[3].

O Comércio Cooperativo

As chaves para uma rede bem-sucedida são a reciprocidade e a confiança. Cada membro da rede atua a partir de um senso de "boa vontade", sentindo-se obrigado a cooperar e auxiliar, em vez de tirar vantagem dos outros participantes. A confiança está no cerne das relações em rede. O *caveat emptor* é substituído pela idéia de que nenhuma das partes "explorará as vulnerabilidades que as parcerias geram"[4]. Ao formarem uma rede, as empresas renunciam a parte do controle que exercem sobre o mercado. Elas têm de partilhar conhecimentos, deixar suas operações transparentes e permitir que suas parceiras saibam muito mais sobre o modo como fazem negócios. Em suma, elas abrem mão de parte de sua autonomia para se tornarem parte de uma atividade comercial ampliada. No processo, ficam expostas e vulneráveis. Na arena do mercado, em contraste, compartilhar conhecimentos e deixar as operações transparentes pareceria um erro de julgamento, que permitiria aos concorrentes tirar vantagem das fraquezas da empresa. Nas redes, contudo, a vulnerabilidade é considerada uma força, não uma fraqueza — um indício de confiança e de disposição para trabalhar em conjunto pelo bem de todos.

As redes dependem tanto dos elos sociais informais dos participantes quanto dos acordos formais entre as partes. Quanto mais os agentes individuais se entrosarem entre si, mais provável será que se disponham a revelar e compartilhar com os outros sua perícia, seus conhecimentos e dados comerciais quase sempre vitais. Um destacado CEO expressou assim o valor do entrosamento:

> Claro que [o oportunismo] pode ser um problema, mas você acha que eu estabeleceria um relacionamento tão próximo com esse sujeito, ao longo de tantos anos, se achasse que ele ia me atraiçoar caso tivesse a chance? É por isso que ele tem tantos negócios. Eu posso confiar nele.[5]

O relacionamento próximo entre os membros de uma rede muitas vezes os coloca adiante das empresas que praticam aquelas antiquadas transações de mercado reservadas e antagônicas. Brian Uzzi, escrevendo sobre o valor do entrosamento estruturado na *American Sociological Review*, observa:

O entrosamento promove e enseja o máximo de acesso a certos tipos de intercâmbio particularmente favoráveis à redução dos custos de monitoramento, à aceleração do processo decisório e ao aprimoramento do aprendizado e da adaptação organizacionais. Tais benefícios são colhidos não somente pelas empresas individuais entrosadas em rede, mas pela rede como um todo.[6]

As vantagens do entrosamento ficam evidentes quando um grande número de empresas trabalha num projeto complexo que requeira o trabalho conjunto de todas as cabeças. Quanto mais cada empresa souber da perícia, das perspectivas e dos métodos das demais, e quanto mais cada membro estiver disposto a compartilhar suas próprias idéias, maior será a probabilidade de êxito. Em indústrias de tecnologia de ponta e no setor de varejo — áreas em que chegar primeiro ao mercado com uma inovação é fundamental para o sucesso —, poder concentrar o conhecimento de um grande grupo de participantes, em que cada um dos quais entende de uma parte específica do processo, pode resultar na rápida resolução de problemas. Um outro CEO disse:

Quando você lida com um sujeito com quem não possui um relacionamento antigo, isso pode ser um grande problema. As coisas saem errado e não há como dizer o que ocorrerá. Com o meu pessoal [pensando no entrosamento], se algo sair errado, sei que conseguiremos dar um jeito. Conheço o negócio deles e eles conhecem o meu.[7]

As redes também propiciam a troca de informações setoriais vitais que não estariam necessariamente disponíveis para uma empresa que operasse como agente autônomo num mercado antagônico. Uzzi menciona um fabricante que "transmite a seus parceiros [na rede] informações críticas sobre os produtos mais quentes da estação seguinte; isso lhes dá vantagem em atender à demanda futura"[8].

Numa economia global, em que a concorrência é acirrada e a diferença entre o sucesso e o fracasso depende muitas vezes de variações sutis na qualidade dos bens e serviços, as redes muitas vezes levam vantagem sobre os agentes individuais de mercado. Um fabricante de roupas disse:

Se tivermos uma fábrica contratada para produzir nossos artigos, ela saberá qual deve ser o visual final. Ela conhece os estilos. Nem sempre é fácil produzir uma peça de vestuário somente a partir de um modelo, especialmente se o modelo for feito às pressas. Mas uma fábrica com a qual tivermos um bom relacionamento perceberá o problema quando a peça começar a ficar pronta. Ela saberá como produzir o tecido para que a peça tenha o visual pretendido.[9]

No coração do modelo em rede existe um senso de endividamento. É a sensação de que "estamos nisso juntos" e a necessidade de andar um quilômetro a mais para ajudar os outros membros da rede, nos bons e maus tempos. Um

CEO explicou o que significa o endividamento nos relacionamentos de sua própria empresa com os parceiros da rede.

> Eu lhes digo [aos subcontratados] que em duas semanas não terei muito serviço. É melhor saírem em busca de outros pedidos. [Em outros momentos] (...), quando eles não estão tão ocupados, nós tentamos encontrar-lhes trabalho. Colocamos uma peça em produção (...) para manter o subcontratado ativo (...); a destinação do trabalho dependerá de [quem] precisa dele [para sobreviver].[10]

Em última instância, o que vem motivando a transição para um modelo em rede é a escassez de tempo. Os teóricos da organização Candace Jones e Stephen Borgatti, do Boston College, e William Hesterly, da David Eccles School of Business de Utah, observam que o velho modelo econômico que depende de trocas seqüenciais de mercado entre clientes, fornecedores e distribuidores para coordenar tarefas complexas e levar novos produtos aos usuários finais é simplesmente lento e antiquado demais. Redes que coordenem a perícia de todos os agentes na mescla comercial, desde fornecedores a montante até distribuidores e mesmo usuários finais a jusante, numa única estratégia em equipe, levam evidente vantagem em reduzir o prazo necessário para que novos produtos e serviços saiam pela porta. Esse foi certamente o caso dos semicondutores, dos computadores, dos filmes e da moda, campos em que o ciclo de vida dos produtos mensura-se muitas vezes em semanas e meses em vez de anos. As redes também se encontram melhor posicionadas para reduzir custos em mercados competitivos como o da indústria automobilística[11].

As redes proporcionam maior criatividade e inovação pelo simples fato de que dispõem de um pólo maior das melhores mentes. Walter W. Powell diz que, quando se comparam as vantagens e desvantagens dos vários modelos de negócio, fica claro que

> transmitir informações para cima ou para baixo numa hierarquia corporativa ou adquiri-las no mercado é meramente um meio de processá-las ou comprar um produto. Em ambos os casos o fluxo de informações é controlado. Não se geram novos significados ou interpretações. Em contraste, as redes proporcionam um contexto em que se aprende fazendo. Conforme as informações passam por uma rede, elas ficam mais livres e mais ricas; novas conexões e significados são gerados, debatidos e avaliados.[12]

Quando as transações comerciais eram menos numerosas, quando o prazo para a introdução de um novo produto era maior e quando havia grandes possibilidades intocadas e inexploradas no mercado consumidor, as transações de mercado e os modos hierárquicos de organização dos negócios faziam sentido.

Companhias gigantescas, configuradas verticalmente, com uma administração hierarquicamente controlada, podiam fabricar produtos padronizados com longos ciclos de vida, o que lhes permitia amortizar os custos e ao mesmo tempo manter um controle centralizado sobre pesquisa e desenvolvimento, sobre os cronogramas de produção e sobre os canais de distribuição. E o ritmo lento das transações de mercado isoladas e descontínuas ainda bastava para acompanhar a demanda de consumo.

Nos últimos 20 anos, uma série de fatores alterou o contexto comercial. O aumento dramático no custo da energia, os custos e riscos crescentes associados a pesquisa e desenvolvimento, o ciclo de vida sempre menor de produtos e serviços, o maior custo do trabalho, a preferência do consumidor por produtos mais personalizados e instantâneos, a concorrência global e as margens de lucro menores contribuíram como um todo para deixar as transações de mercado e os modelos hierárquicos cada vez mais obsoletos.

O comércio global está se tornando mais denso e mais dinâmico. Nenhuma empresa pode concorrer efetivamente como agente autônomo, atuando exclusivamente pelo mecanismo das transações de mercado. Hoje, andar sozinho é uma receita para a extinção. Somente pela união de recursos e pelo compartilhamento de riscos e lucros em relacionamentos em rede as empresas podem sobreviver. Isso implica abrir mão de parte de sua autonomia em troca das vantagens comerciais e da segurança advindas dos arranjos em rede. Embora ainda haja concorrência entre empresas — os mercados não desaparecerão tão cedo —, a cooperação na forma da terceirização, do *co-sourcing*, da participação nos resultados e dos acordos de economia compartilhada torna-se cada vez mais a norma.

Numa economia globalizada, em que todos estão conectados e cada vez mais interdependentes, a idéia de agentes autônomos livres maximizando seus interesses individuais em transações simples de mercado parece bizarramente ultrapassada. A rede, num sentido muito real, é o único modelo corporativo capaz de organizar um mundo de tal velocidade, complexidade e diversidade.

Embora os modelos em rede estejam ficando mais populares, pouca atenção tem sido dada ao modo como eles mudaram nosso próprio conceito do papel da propriedade e da filosofia do comércio. Discutiram-se ainda menos as implicações de longo prazo da profunda mudança no comportamento pessoal que acompanha a transição para o novo modelo econômico.

A primeira coisa a compreender sobre a transição de mercados para redes é que as fronteiras se tornam menos fixas e mais porosas. Nos mercados, fronteiras são críticas. Uma posse é uma extensão do território pessoal do indivíduo. Ela pertence exclusivamente ao proprietário. Sir William Blackstone, em seus *Commentaries on the Laws of England* (*Comentários sobre as Leis da Inglaterra*), escreveu que a propriedade é "aquele domínio despótico que um homem reivindica e exerce sobre as coisas externas do mundo, em total exclusão dos direitos de qualquer outro indivíduo no universo"[13].

Num regime de base de mercado, a propriedade raramente se destina a ser compartilhada, e sim a ser possuída ou trocada. O status da propriedade é inequívoco. A coisa é "ou minha ou tua". O momento e o local da troca entre vendedor e comprador representam o limiar em que a propriedade deixa uma mão e se transfere para outra. A negociação comercial é um evento antagônico. Ambas as partes esperam ganhar à custa da outra. Por isso é que falamos de concorrência. Vencer é sair da transação com maior valor em posses pessoais. A meta da transação de mercado de propriedades é aumentar o próprio domínio territorial.

Nas redes, a propriedade, seja física ou intelectual, permanece com o produtor e é compartilhada com uma ou mais partes. Conhecimentos, informações e *know-how*, que são todos formas de propriedade, são similarmente compartilhados. O que é meu também é teu. As claras fronteiras territoriais que distinguem os regimes de propriedade privada na era das transações de mercado se dissolvem. O que outrora foi uma fronteira separando as partes torna-se terreno comum. Diversamente das transações de mercado, que devem resultar em vencedores e perdedores, nas relações em rede a atividade compartilhada deve resultar no que hoje chamamos de situações de "vitória ou vitória".

A idéia convencional de que a concorrência por recursos escassos é a natureza essencial do comportamento humano — a ética Hobbes/Darwin — dá lugar à concepção drástica de que a cooperação é mais vital para a sobrevivência e o progresso individuais. Se for esse o caso, quais serão as implicações para o modo como definimos a liberdade pessoal?

Pertences versus *Pertencer*

Lembremos que na era do mercado a liberdade é definida como autonomia. O indivíduo é livre na medida em que não depende dos outros e não deve nada a ninguém. Para ser independente, ele precisa de posses. Com tais posses, poderá gozar de exclusividade e liberdade. Como conseguir posses? Concorrendo com os outros num ambiente antagônico de mercado. O comércio em rede sugere justamente a definição oposta de liberdade. A liberdade do indivíduo é garantida pelo pertencer, e não pelos pertences. Para pertencer, ele precisa ter acesso. Com o acesso, poderá usufruir a liberdade que acompanha a inclusividade. A liberdade consiste em relacionamentos compartilhados, e não no isolamento.

Se a liberdade é o poder do indivíduo de experimentar o pleno potencial de seu ser no mundo, como tal potencial será alcançado — pelo isolamento dos outros e o confinamento em fronteiras territoriais ou pela profunda comunhão com os outros num terreno comum? O teste do "leito de morte" é o melhor juiz para definir qual das duas definições de liberdade está mais perto do alvo. Compare o homem ou mulher que passa a vida inteira acumulando posses e buscando autonomia com aquele que passa a vida fruindo relacionamentos e buscando intimidade. Qual desses dois pode-se dizer que concretizou o pleno potencial de seu ser e alcançou maior liberdade?

O comércio em rede tem conseqüências que vão muito além dos meros modelos de negócios. Suas premissas sobre qual o melhor meio de otimizar o bem individual divergem profundamente com o modo como definimos o comportamento apropriado e a boa vida na era moderna. Os mercados se baseiam na desconfiança, as redes, na confiança. Os mercados dependem da busca do interesse próprio, as redes, do interesse compartilhado. Os mercados são transações reservadas, as redes são relacionamentos íntimos. Os mercados são competitivos, as redes são cooperativas.

A natureza mutante do modo como concebemos nossa relação com a propriedade vem provocando uma reavaliação fundamental da condição humana, a exemplo do que ocorreu no início da era moderna, quando nossas idéias acerca da propriedade mudaram radicalmente. A "grande transição" das obrigações proprietárias nos campos comunais do feudalismo para a troca de propriedades numa economia de mercado representou um divisor de águas em nossas noções da natureza e do propósito do intercurso humano. De maneira similar, a atual transição da troca de posses em mercados para relacionamentos de acesso em redes vem transformando uma vez mais os pressupostos quanto à natureza das atividades humanas.

Infelizmente tem havido pouquíssima discussão, seja na academia, seja nos círculos da política pública, sobre como reformular nossas teorias das relações proprietárias para alinhá-las com a realidade do comércio em rede numa economia globalizada. Uns poucos estudiosos, contudo, fizeram tentativas de revisar nossas noções de propriedade. A mais importante contribuição para o debate até o momento veio do falecido professor da Universidade de Toronto, Crawford MacPherson, considerado por muitos de seus pares uma das mais destacadas autoridades contemporâneas em filosofia e história da propriedade. (Apresentei as idéias de MacPherson pela primeira vez em *A Era do Acesso*, publicado em 2000.)

MacPherson inicia sua análise lembrando-nos de que nosso atual conceito de propriedade é em grande parte uma invenção dos séculos XVII e XVIII. Estamos tão habituados a conceber a propriedade como o direito a excluir os outros do uso ou usufruto de alguma coisa, diz MacPherson, que perdemos de vista o fato de que em tempos anteriores a propriedade também se definia como o direito de não ser excluído do uso ou usufruto dessa coisa. MacPherson ressuscita o sentido mais antigo de propriedade, o direito de acesso a bens possuídos em comum — o direito de singrar vias fluviais, de caminhar por trilhas rurais de uso comum e de gozar do acesso à praça pública.

Embora essa noção dualista de propriedade ainda exista, o direito ao acesso público e à inclusão vem sendo progressivamente marginalizado e diminuído pelo direito da propriedade privada e da exclusão, conforme a economia de mercado se apossa mais e mais do domínio social. Considere, por exemplo, o padrão cambiante da propriedade imobiliária nos EUA. Durante os últimos 40 anos, um número crescente de americanos se tornou proprietário do que chamamos de desenvolvimentos de interesse comum (CIDs). Nesses condomínios fechados, não só as casas são posses privadas dos membros que ali vivem, como também as ruas, as calçadas, as praças e os parques. Quem não for membro tem muitas vezes de pedir permissão nos portões para cruzar de carro as ruas, caminhar pelas calçadas, passear pelos parques ou visitar lojas na praça. Mais de 47 milhões de americanos — aproximadamente um sexto da população dos EUA — já vive nessas comunidades privadas, e os números vêm crescendo dramaticamente[14]. Os CIDs podem se tornar o modelo habitacional dominante até meados do século.

Em apenas dois séculos, nós americanos desembocamos numa contradição básica que reside no âmago do Sonho Americano. Por muito tempo buscamos simultaneamente autonomia e mobilidade, acreditando que ambas se reforcem mutuamente. Hoje milhões de americanos transformaram vastas faixas do espaço público dos EUA em comunidades privadas, negando a milhões de outros americanos o ingresso e a mobilidade em setores inteiros da nação. Um país que se orgulhava de sua abertura e expansividade — de sua falta de fronteiras — está sendo sistematicamente compartimentado em domínios exclusivos num ritmo alarmante, transformando o próprio caráter da paisagem e da experiência americanas. Não há nada na Europa comparável a essa vasta privatização do espaço vital.

MacPherson observa que o regime de propriedade privada foi usado para estruturar os relacionamentos humanos num mundo de escassez física. Hoje, ele comenta, pelo menos para os 20% de mais alta renda, que o problema de assegurar os direitos a uma receita material foi resolvido, e os interesses dessas pessoas voltam-se portanto à questão mais expansiva e profunda de assegurar sua qualidade de vida. MacPherson emenda então que a propriedade precisa ser redefinida para incluir o "direito a uma receita *imaterial*, uma receita de usufruto da qualidade de vida"[15]. Ele sugere que "tal receita só pode ser entendida como o direito de tomar parte num complexo satisfatório de relações sociais"[16].

Numa sociedade de real abundância, a idéia de excluir os outros se torna cada vez menos importante na estruturação das relações proprietárias. Se todos têm mais do que necessitam, qual a vantagem prática em excluir alguém? Numa sociedade que tenha superado a escassez, valores imateriais ganham maior importância, especialmente no que concerne à busca da auto-realização e da transformação pessoal. O direito a não ser excluído de uma "vida plena" torna-se o mais importante valor proprietário das pessoas. A propriedade na nova era, afirma MacPherson, "precisa converter-se no direito de tomar parte num sistema de relações de poder que permita ao indivíduo desfrutar uma vida humana plena"[17].

Claro, para os quatro quintos da raça humana que ainda labutam sob condições de pobreza abjeta ou de parca subsistência, a sugestão do economista Hernando de Soto — de se alcançarem as nações abastadas estabelecendo-se um regime de propriedade privada, como o que tiveram a Europa e os EUA nos últimos 200 anos — ainda faz sentido.

Há, todavia, outra razão para que as sociedades desenvolvidas se vejam encurraladas entre um velho regime proprietário baseado na troca de produtos no mercado e um novo regime baseado no direito de acesso aos ativos alheios em redes — ou seja, o aumento de vulnerabilidade que inevitavelmente acompanha a mudança de complexidade e densidade das interações humanas e o encolhimento de espaço e tempo num mundo globalizado.

Tive a oportunidade, há 23 anos, de conversar com o falecido Ilya Prigogine, o químico-físico belga. Sua teoria das "estruturas dissipadoras", que lhe valeu o Prêmio Nobel, oferece algumas pistas sobre por que nossa concepção das relações proprietárias e nossas noções de liberdade estão mudando tão radicalmente.

Em sua análise, Prigogine conjuga hipóteses da termodinâmica e da cibernética. Ele observa que todos os seres vivos, bem como muitos seres não vivos, são estruturas dissipadoras. Ou seja, mantêm sua estrutura graças ao fluxo contínuo de energia através de seu sistema. A corrente de energia mantém o sistema num estado de fluxo contínuo. As flutuações são geralmente pequenas e podem ser compensadas pela retroalimentação negativa. Ocasionalmente, contudo — diz Prigogine —, elas podem se tornar tamanhas que o sistema é incapaz de se recompor, e ocorre a retroalimentação positiva. As flutuações se alimentam de si mesmas, e a amplificação pode facilmente sobrecarregar o sistema como um todo. Quando isso ocorre, o sistema ou sofre colapso ou se reorganiza. Se ele conseguir se reorganizar, a nova estrutura dissipadora exibirá um grau superior de complexidade e integração e um fluxo maior que o de seu predecessor. Cada organização sucessiva, sendo mais complexa que a precedente, é ainda mais vulnerável a flutuações, ao colapso ou à reorganização. Prigogine acredita que o aumento de complexidade gera a condição para o desenvolvimento evolucionário.

Nossa economia global, com um fluxo de alta energia, é um exemplo ideal das estruturas dissipadoras de Prigogine. Uma mudança dramática no fluxo de energia em qualquer das partes pode traumatizar o sistema como um todo e causar o colapso ou a reorganização num nível superior e mais complexo de desempenho. Na era moderna, em que as distâncias ainda tinham relevância, o tempo era mais abundante e a densidade das trocas menos limitada, flutuações energéticas em qualquer parte do mundo tinham em geral um impacto local, raramente afetando o planeta como um todo. Já não é esse o caso. Numa economia globalizada, em que espaço e tempo são cada vez mais densos e tudo é mais interdependente, um evento em qualquer das partes pode vulnerabilizar tudo o mais no sistema. As redes são o único modelo de negócios capaz de acomodar uma economia global vulnerável e de alto risco. Elas reúnem as partes interessadas com o objetivo específico de concentrar recursos e riscos para mitigar perdas. Somente pela cooperação em redes *business-to-business* e *business-to-consumer* as empresas poderão ter acesso ao tipo de informações, conhecimentos e capacidade de resposta imediata de que necessitam para se ajustarem rapidamente a flutuações em qualquer parte da economia global.

Na era moderna, quando ainda havia no mundo uma zona expansiva e intocada de recursos, mão-de-obra e riqueza potencial a serem explorados, o indivíduo autônomo e combativo — a mentalidade dos caubóis — era o protótipo ideal para o comércio, e o mecanismo de mercado era o arranjo mais eficaz para expropriar e explorar as muitas possibilidades econômicas.

Nesta nova arena global de crescente complexidade e interdependência, as oportunidades cada vez mais se modelam em torno de vulnerabilidades compartilhadas e riscos conjuntos, em vez de se basearem no exclusivo interesse próprio e em cartadas comerciais solitárias. Numa economia de risco global, a confiança, a reciprocidade e a cooperação se tornam valores mais importantes para a sobrevivência do que o comportamento antagônico e o individualismo tosco do cada um por si.

AS CONDIÇÕES GLOBAIS que vêm trazendo à tona um novo modelo econômico cooperativo, baseado na arquitetura em rede, estão afetando igualmente a arena política. Os Estados-nação já não podem seguir sozinhos num mundo denso e interdependente. Como companhias transnacionais, eles estão se reunindo paulatinamente em redes cooperativas para melhor acomodarem as realidades de uma sociedade globalizada de alto risco. A União Européia é o exemplo mais avançado do novo modelo de governança transnacional, e por esta razão seus sucesso e fracassos vêm sendo observados de perto em cada região do mundo, conforme líderes de Estados-nação repensam a arte da governança numa era global.

9
Os "Estados Unidos" da Europa

A UNIÃO EUROPÉIA é a terceira maior instituição de governo do mundo. Seus 455 milhões de cidadãos estão espalhados por uma massa territorial com metade da extensão continental dos Estados Unidos. Dentro dos próximos dois anos, seu povo ratificará uma constituição empenhando suas vidas e fortunas e vinculando seu destino pessoal e coletivo a seu sucesso político.

O Que É a Europa?

Considerada em seu conjunto, a União Européia é um feito notável, especialmente quando paramos para refletir que mesmo seus arquitetos não têm muita certeza quanto ao que ela representa. O problema é que nunca houve uma instituição de governo como a UE. Não se trata de um Estado, embora ela aja como um. Suas leis prevalecem sobre as leis das 25 nações que a compõem, e têm vigor. Ela possui uma moeda única — o euro —, usada por muitos de seus membros. Regulamenta o comércio e os negócios e coordena a energia, o transporte, as comunicações e cada vez mais a educação através das muitas fronteiras nacionais que a perfazem. Seus cidadãos possuem um passaporte comum. Ela tem um Parlamento Europeu, que elabora leis, e um Tribunal Europeu, cujas decisões judiciais se impõem aos países membros e a seus cidadãos. E tem ainda um presidente e uma força militar. A UE atende a muitos dos critérios mais importantes para a composição de um Estado. Ela não pode, contudo, cobrar impostos de seus cidadãos, e os Estados membros ainda têm o direito de veto sobre qualquer decisão que possa envolver o uso de suas tropas.

Mais importante que tudo: a UE não é uma entidade limitada por um território. Embora coordene e regulamente atividades que têm lugar dentro das fronteiras territoriais dos Estados-nação membros, ela não possui território e é, na prática, uma instituição de governo extraterritorial. É isso que a torna única.

Os Estados-nação são instituições governamentais geograficamente definidas que controlam um território específico. Mesmo dinastias e impérios reivindicavam o controle supremo sobre o território de seus reinos subjugados. O único remoto paralelo histórico da UE é o Santo Império Romano, que durou do século VIII até o início do XIX. Naquele período, o Vaticano reclamava soberania sobre principados, cidades-Estado e reinos de grande parte da Europa Ocidental e Setentrional. A bem dizer, a verdadeira influência da Santa Sé sobre questões de interesse territorial era antes moral e etérea do que prática.

Os Estados membros da União Européia ainda controlam o território que representam, mas o poder absoluto que tinham sobre a geografia vem sendo continuamente reduzido em função da imiscuição legislativa da UE. Por exemplo, o Acordo Schengen, firmado pela UE em 1985, dá à União Européia o poder de criar um conjunto de normas pan-européias regendo a imigração em seu território, e inclui até mesmo uma força policial européia destinada a proteger as fronteiras de seus membros. Os Estados individuais, contudo, preservam ainda o direito de decidir quantos imigrantes serão admitidos em seu território e designar os países externos à UE de que eles podem provir. Uma vez que um imigrante se torne cidadão de um país membro, ele tem plena liberdade para fixar residência em qualquer outra parte da União e receber a plena proteção de qualquer país em que se estabeleça. Cidadãos de países membros da UE não somente têm o direito de estabelecer residência em outros países membros, como podem até mesmo votar e concorrer a cargos em eleições locais e para o Parlamento Europeu, exceção sendo feita somente às eleições nacionais do segundo país em que vivam.

Como a UE em si não é limitada por restrições territoriais, ela pode acolher continuamente novos Estados sob sua alçada. Na verdade, seus critérios para a admissão de membros são ditados por valores, e não por condições geográficas. Em teoria, qualquer país pode requisitar a filiação e, desde que atenda às qualificações, ser admitido na União. A natureza aberta e inclusiva desse novo tipo de instituição governamental tem causado preocupação entre os membros atuais e tensão entre as nações candidatas. Alguns afirmam que a filiação, embora se baseie em valores, devia se limitar tão-somente àqueles países que formam a "Europa histórica". O problema é que os historiadores discordam quanto ao que constitui a Europa histórica. Geógrafos dizem que não existe propriamente um continente europeu. Outros afirmam todavia que a Europa começa na borda do oceano Atlântico e se estende pelo continente até a Rússia e mesmo até a Turquia no sudeste. A Rússia é parte da Europa ou da Ásia? A Turquia é parte da Europa ou do Oriente Médio? Cumpre lembrar que o Império Otomano controlou partes da Europa em diversos momentos. A Europa é então parte do Oriente Médio?

Muitos afirmam que a Europa é cerzida por um fio cultural comum, e apontam suas raízes greco-romanas, o Cristianismo e o Iluminismo setecentistas como provas de que ela existe. A Europa, dizem eles, é um estado mental que resulta de um passado compartilhado e um destino comum. Uma vez mais, o problema é que a história não se desenrolou da maneira ordenada como pretendem os euroentusiastas. Por exemplo, no antigo mundo greco-romano a idéia de Europa jamais transcendeu o norte da Gália e das ilhas britânicas. Os países nórdicos seguramente não eram considerados parte do que os antigos viam como "Europa".

A Igreja Católica afirma que o Cristianismo é a goma cultural que constitui a Europa. Mas como explicar o fato de que o Islã governou setores da Europa entre o século VIII e inícios do XX?

Essas não são simples questões acadêmicas. Existe um acirrado debate, tanto dentro como fora da União, sobre admitir-se ou não a inclusão da Turquia e da Rússia. E há a questão adjunta de se alargarem ou não os elos associativos da União para incluir a África Setentrional e o Oriente Médio.

Onde, então, termina a União Européia? Ninguém sabe. Os observadores da UE usam o termo "geometria variável" para designar todas as combinações que podem vir a compor este novo experimento governamental. Se é difícil conceber exatamente o que é a UE, isso ocorre porque ela vem se metamorfoseando continuamente conforme se ajusta a novas e dinâmicas realidades. A UE é, na verdade, a primeira instituição de governo realmente pós-moderna. Se parece amorfa e mal fincada, isso ocorre porque ela navega num mundo de perpétua novidade. Na era global, a duração se reduziu até as raias da simultaneidade, e a história cedeu lugar a um agora em eterna mutação. A geografia, por sua vez, já não é vista contiguamente e em termos de distâncias, mas antes como uma colcha de retalhos que une locais apartados em atividades compartilhadas. Por exemplo, regiões como Baden-Württemberg, Ródano-Alpes, Lombardia e Catalunha encontram-se hoje unidas em cerradas redes comerciais, sociais e políticas, que transpõem suas atuais fronteiras nacionais[1]. Muitas regiões da Europa têm hoje uma atividade mais íntima com regiões consortes bastante distantes em sua situação geográfica.

Diversamente dos impérios e Estados de outrora, cujas origens gravavam-se nos mitos de vitórias heróicas no campo de batalha, a UE é nova no sentido de ser a primeira megainstituição de governo em toda a história a nascer das cinzas da derrota. Em vez de comemorar um passado nobre, ela procura assegurar que o passado jamais se repita. Após mil anos de incessantes conflitos, guerras e derramamento de sangue, as nações da Europa emergiram das sombras de duas guerras mundiais, no intervalo de menos de meio século, dizimadas: sua população aleijada e assassinada, seus antigos monumentos e sua infra-estrutura em ruínas, seus tesouros seculares esgotados e seu estilo de vida destruído. Determinadas a jamais levantar armas novamente umas contra as outras, as nações da Europa buscaram um mecanismo político que conseguisse uni-las e levá-las para além de suas antigas rivalidades.

Em 1948, no Congresso da Europa, Winston Churchill ponderou o futuro de um continente devastado por séculos de guerra, e propôs sua própria visão de um Sonho Europeu. Ele disse: "Esperamos ver uma Europa em que homens de todos os países encarem o fato de ser europeu como encaram o de pertencer a sua terra natal, e que (...) em qualquer parte onde estejam neste vasto domínio (...) possam dizer: 'Aqui eu me sinto em casa'"[2]. Jean Monnet, que mais que ninguém foi responsável por criar a idéia de uma comunidade européia estendendo-se por povos e países outrora divididos, sabia como seria difícil realizar o sonho de Churchill. O problema, observou Monnet, é que "a Europa nunca existiu; precisamos criar genuinamente uma Europa"[3]. Isso significava tornar as pessoas conscientes de seu europeísmo.

O prefácio do Tratado de Roma, que em 1957 estabeleceu a Comunidade Européia, declara inequivocamente que sua meta é "lançar as fundações para uma união maior entre os povos da Europa"[4]. A grande esperança era "substituir rivalidades ancestrais pela fusão de interesses essenciais; criar, pelo estabelecimento de uma comunidade econômica, as bases de uma comunidade mais ampla e mais profunda entre povos há muito divididos por conflitos sangrentos; e deitar os alicerces de instituições que darão orientação a um destino doravante compartilhado"[5]. Eis aí a primeira entidade política da história cuja razão mesma de existência era "promover a paz"[6].

Hoje, dois terços das pessoas que vivem na União Européia afirmam sentir-se "européias". Seis de cada dez cidadãos da UE dizem que se sentem muito ou bastante apegados à Europa, enquanto um terço da juventude européia entre as idades de 21 e 35 afirma "que se considera atualmente mais européia do que nativa de seu país natal"[7]. A pesquisa do Fórum Econômico Mundial com os líderes da Europa descobriu que 92% deles vêem sua "futura identificação como principalmente ou parcialmente européia, e não nacional"[8]. Embora difícil de sondar, essa mudança extraordinária no modo como as pessoas vêem a si mesmas ocorreu em menos de meio século.

Forjando uma União

Desde os primórdios, o processo de forjar uma comunidade européia topou com a outra face de um paradoxo: o fato de que os arquitetos deste novo, expansivo e mais interdependente modelo de governo eram Estados-nação cuja razão mesma de existência consistia no controle exclusivo de territórios, na contestação e apreensão das terras de outros países e no confinamento, dentro de suas fronteiras, de pessoas que juravam fidelidade e lealdade ao Estado. Romper o receptáculo do Estado-nação para ensejar "maior união entre os povos da Europa" ameaçava a antiga soberania dos Estados-nação, solapando sua soberania e autoridade. A questão sempre foi: haverá mais a ganhar do que a perder em se sacrificando certo grau de soberania nacional em troca de uma medida maior de segurança e oportunidade? A cada momento decisivo nos 50 anos de desenvolvimento da União, as nações e os povos da Europa aprovaram, por uma margem estreita, a reescritura do contrato político de modo que conferisse maior autoridade à União, abrindo mão, no processo, de uma parcela cada vez maior de sua soberania nacional.

A jornada rumo à união teve início com a criação da Comunidade Européia do Carvão e do Aço (Ceca) em 1951[9]. Muitos intelectuais e líderes políticos europeus afirmaram que a antiga rivalidade econômica entre a Alemanha e a França estava no âmago dos persistentes conflitos na Europa, sendo uma das principais causas das guerras que periodicamente engolfavam o continente. Jean Monnet propôs a idéia de fundir a produção de carvão e aço da Alemanha e da França, especialmente no há muito contestado corredor industrial que se estende pelas margens dos rios Ruhr e Saar. O Tratado de Paris, da Ceca, assinado por França, Alemanha, Itália, Bélgica, Holanda e Luxemburgo, proporcionou a criação de uma alta autoridade supernacional com amplos poderes reguladores, um conselho com poderes legislativos, uma assembléia política e até mesmo um Tribunal de Justiça Europeu[10]. A nova entidade teria poderes para sujeitar os Estados membros pela primeira vez à alçada de uma autoridade superior. O intuito era preparar o cenário para uma união mais completa[11].

Em 1957, os seis Estados membros da Ceca assinaram o Tratado de Roma, alargando sua missão para incluir a criação de uma Comunidade Econômica

Européia. O mandato da CEE requeria o estabelecimento de um mercado comum e incluía a harmonização dos impostos, a eliminação de barreiras alfandegárias internas, a aprovação de normas regulamentando o capitalismo e o livre uso da mão-de-obra. Instituiu-se um órgão legislativo compreendendo representantes de todos os Estados membros; criou-se uma comissão à que se concedeu o poder executivo; estabeleceu-se um Parlamento Europeu com funções de aconselhamento e legislatura limitadas; e concedeu-se a um Tribunal de Justiça Europeu amplo poder de revista judicial. A nova Comunidade Econômica Européia gozava de uma identidade legal internacional. Como um Estado-nação, ela podia estabelecer relações diplomáticas e negociar tratados em nome dos países membros. O Tratado de Roma e o estabelecimento da Comunidade Econômica Européia significavam que os Estados membros já não tinham o direito de agir sozinhos em questões econômicas[12].

Os seis Estados também firmaram um acordo à parte criando uma iniciativa cooperativa para o desenvolvimento de energia nuclear em seus territórios. A Comunidade Européia de Energia Atômica (CEEA) surgiu porque os seis países se deram conta de que somente unindo seus investimentos e compartilhando tecnologia eles poderiam concorrer com os EUA e a URSS no campo da energia nuclear[13]. Em 1965, a Ceca, a CEEA e a CEE se fundiram.

O Tratado da CEE conferiu à entidade o poder de definir uma política agrária comum para os Estados membros, bem como de estabelecer uma união alfandegária e políticas comuns para os transportes e o comércio exterior[14]. Os arquitetos da CEE sabiam que uma união econômica mais ampla exigiria uma força de trabalho mais livre e móvel, que pudesse procurar empregos e fixar residência através das fronteiras nacionais. O tratado instituiu quatro direitos básicos: o direito dos cidadãos de se mover entre os Estados; o direito de estabelecer residência em outro Estado; o direito de trabalhar em outro Estado; e o direito de movimentar capital entre países[15].

Até muito recentemente, a maioria dos americanos, e possivelmente um número similar de europeus, via a Comunidade Econômica Européia e sua sucessora, a União Européia, como pouco mais que um mercado comum que podia dar a seus Estados membros as vantagens decorrentes da ampliação de uma zona unificada de comércio interno. Seus primeiros arquitetos e imaginadores chegaram até a promover essa idéia publicamente para granjear aceitação para a União. Em particular, contudo, eles deixaram claro desde o início que tinham propósitos muito mais ambiciosos em mente. Jean Monnet, patriarca da União, declarou muito cedo que "não estamos formando coalizões entre Estados, mas uma união entre povos"[16]. Monnet e outros acreditavam que a única solução de longo prazo para garantir uma Europa pacífica e próspera seria a renúncia a um grau maior de soberania nacional em prol de uma união política mais abrangente. Eles sabiam, contudo, que alardear propósitos abertamente políticos seria um tiro pela culatra e geraria resistência por parte dos Estados membros — todos ansiosos por aumentar sua pujança econômica unindo-se numa causa comum na arena comercial. Em maior parte, os líderes nacionais viam a união como um meio de promover objetivos nacionais, fortalecer seus próprios propósitos internos e assegurar sua soberania. Num mundo dominado então por duas superpotências — os EUA e a URSS —, os seis países membros concluíram que somente unindo seus recursos econômicos teriam chances de concorrer. Foi o medo de ser engolidos que os incentivou a buscar novos níveis de integração econômica.

Mas homens de visão mais ampla, como Monnet, Robert Schumann, o chanceler alemão Konrad Adenauer e posteriormente Jacques Delors, presidente da Comissão Européia, viam a União em termos muito mais visionários. Sua estratégia era avançar incrementalmente com medidas técnicas e econômicas destinadas a unir cada vez mais os Estados membros numa rede comercial ininterrupta e interdependente de relacionamentos. Cada pequeno passo rumo à integração econômica resultaria numa ligeira e por vezes imperceptível erosão da soberania nacional. Nenhuma das medidas, eles imaginavam, bastaria sozinha para provocar a ira dos Estados membros e ameaçar o progresso da União. O resultado dessa estratégia paulatina seria que "um dia os governos nacionais despertariam e se veriam envolvidos numa 'rede expansiva de atividades e agências internacionais', da qual descobririam ser quase impossível livrar-se"[17].

Em grande medida, a estratégia compensou. Pressões econômicas na era que se seguiu à Segunda Guerra Mundial propeliram os países europeus em direção à união. Os Estados Unidos proporcionaram o principal estímulo. Ansiosos por impor um conjunto global de regras incentivando o livre comércio, os EUA estabeleceram o Acordo Geral sobre Tarifas e Comércio (Gatt) em 1947. O Acordo de Bretton Woods, que de resto originou o Fundo Monetário Internacional e o Banco Mundial, foi uma outra iniciativa para criar um mercado comercial global destinado a promover o desenvolvimento econômico dos EUA.

Os Estados Unidos preocupavam-se particularmente com a penúria atroz em que se via uma Europa devastada pela guerra. Com a União Soviética já ocupando a Europa Central e Oriental, e com poderosos partidos comunistas na França e na Itália, os EUA temiam que grande parte da Europa sucumbisse aos soviéticos. Para impedir a instauração do comunismo, os EUA embarcaram num programa em dois frontes destinado a auxiliar a Europa Ocidental na era do pós-guerra. Estabeleceram a Organização do Tratado do Atlântico Norte (Otan) em 1949, com a missão de criar e mobilizar uma força militar americano-européia capaz de proteger a Europa Ocidental de agressões soviéticas. Os EUA também promoveram uma iniciativa de recuperação econômica para ressuscitar as economias da Europa Ocidental, na crença de que este seria o melhor meio de retardar o avanço dos partidos comunistas na França, na Itália e em outras partes e reduzir a ameaça da influência soviética.

O Plano Marshall, assim chamado em função de seu arquiteto, o secretário de Estado George Marshall, proporcionou à Europa mais de US$ 25 bilhões em assistência ao desenvolvimento econômico no fim dos anos 40 e início dos 50[18]. Mas os fundos vieram com certas condições: para continuar recebendo o auxílio, as nações européias deviam preparar o terreno para "a formação de um único mercado amplo dentro do qual restrições quantitativas à movimentação de bens, barreiras monetárias contra o fluxo de pagamentos e em última instância todas e quaisquer tarifas sejam permanentemente eliminadas"[19].

Os países europeus também estavam favoravelmente dispostos a criar um mercado comum, mas por outras razões. Temendo ser esmagados pelas superpotências e correndo o risco de se tornar satélites dessa ou daquela, eles viam a união de seus talentos e recursos econômicos como um meio de obter suficientes vantagens para alcançar certo grau de independência econômica.

Ambas as partes procuraram ganhar com a criação de um mercado comum europeu. Uma economia forte no oeste da Europa repeliria a ameaça comunista e criaria um mercado para investimentos americanos no exterior. E um mercado comum europeu daria às nações da Europa a segurança e liberdade de que estas necessitavam para reavivar suas debilitadas economias nacionais e assegurar sua existência continuada. De resto, sob essas considerações econômicas mais estratégicas existia a crença de que as nações européias, ao se unirem, poderiam finalmente pôr um fim a séculos de guerras entre si.

A Comunidade Econômica Européia se expandiu nos anos 70 e 80, acrescentando a suas fileiras o Reino Unido, a Irlanda, a Dinamarca, a Espanha, a Grécia e Portugal. Se a devastação econômica da Segunda Guerra Mundial proporcionou o impulso para a criação de uma comunidade européia, a crise do petróleo de 1973 deu nova urgência aos esforços pela integração. A recessão global que seguiu nos calcanhares da alta nos preços do petróleo imposta pela Organização dos Países Exportadores de Petróleo (Opep) ameaçava arruinar os minuciosos regimes de bem-estar social instituídos pelas nações da Europa Ocidental. A revolução econômica Thatcher-Reagan dos anos 80, com sua ênfase na desregulamentação das empresas estatais e na maior liberalização do comércio global, impôs pressão adicional aos países membros da comunidade européia. O aumento de integração era o único meio viável de os países membros se manterem à tona em tempos conturbados.

Com o Ato Único Europeu (AUE) de 1987 os Estados membros deram um gigantesco passo rumo à união, reduzindo sutilmente a soberania nacional de cada país. Entre suas muitas e abrangentes provisões estava a concessão de novos poderes aos Parlamento Europeu. Pela primeira vez o parlamento teria de ser consultado antes da adoção de novas legislações pela Comunidade Européia. O parlamento também recebeu poder de veto sobre a admissão de novos Estados e sobre acordos firmados com Estados externos à Comunidade. Igualmente importante, o princípio de maioria qualificada dos votos foi adotado em muitas áreas em que até então se exigia a unanimidade de votos dos Estados membros. Por fim, a entidade estabeleceu a idéia de "Competência Exclusiva da Comunidade", que proibia aos Estados membros agir sozinhos numa série de áreas críticas que haviam constituído previamente prerrogativa dos governos nacionais, incluindo questões referentes à união econômica e monetária, à coesão social, à pesquisa e desenvolvimento de tecnologias e a políticas ambientais"[20].

O AUE conseguiu reduzir o poder exercido pelo conselho, que era composto pelos líderes dos Estados membros. Por que os governos membros abririam mão voluntariamente de sua soberania e cederiam mais poder à União? Como o AUE foi apresentado como um tratado puramente técnico destinado a promover a integração econômica e fiscal, cada um dos Estados membros viu nele um meio de promover sua própria visão do papel da Comunidade. Os arquiconfederalistas, que favoreciam a união econômica, mas não a política, esperavam que um mercado mais integrado fortalecesse suas economias nacionais e revigorasse seus regimes políticos. Os que apoiavam uma união política mais federal esperavam que a maior integração econômica deixasse os Estados membros mais interdependentes e ligados à União, comutando finalmente uma proporção maior de poder político dos Estados para Bruxelas[21].

A queda do Muro de Berlim e o colapso do império soviético na Europa Central e Oriental em 1989 obrigaram a Comunidade a rever uma vez mais sua missão. Recorde-se que a Guerra Fria e a divisão da Europa em dois blocos concorrentes após a Segunda Guerra Mundial desempenharam um papel fundamental na formação inicial da Comunidade Européia. Ela devia ser um baluarte econômico e político contra a agressão russa. Com o fim da Guerra Fria, a Comunidade teve de voltar sua atenção à possibilidade de uma Alemanha reunificada e de uma Europa que se estendesse desde as margens do Atlântico até a fronteira com a Rússia. Também por essa vez, eventos externos aumentaram ainda mais a união dos Estados membros.

O Tratado de Maastricht em 1992 transformou a Comunidade Econômica Européia na União Européia. As amplas provisões do tratado deixaram claro, de uma vez por todas, que a União devia ser muito mais que um mercado econômico comum. A recém-constituída União Européia devia firmar-se sobre três pilares[22]. As nações membras concordaram com a adoção de uma única moeda européia — o euro — em 1º de janeiro de 1999. Concordaram ainda em estender a cooperação intergovernamental para incluir uma Política Estrangeira e de Segurança Comum (Pesc). Por fim, concordaram em estabelecer regulamentos para a área de Justiça e Assuntos Internos (JAI), incluindo a concessão de direitos comuns a todos os cidadãos europeus, o estímulo à cooperação policial entre os Estados e a harmonização da imigração e do asilo político por toda a União[23]. Os Estados também acederam em ampliar o número de membros da UE e começaram a avaliar petições de Estados da Europa Central, Oriental e Mediterrânea. (A Áustria, a Suécia e a Finlândia integraram a União em 1995, e dez países da Europa Central, Meridional e Oriental — República Checa, Chipre, Estônia, Hungria, Látvia, Lituânia, Malta, Polônia, Eslovênia e Eslováquia — a integraram em maio de 2004.)[24]

O tratado criou novos órgãos. O Comitê das Regiões deu voz oficial pela primeira vez às regiões da Europa em assuntos da Comunidade Européia. O reconhecimento das regiões serviu para enfraquecer ainda mais a soberania dos Estados-nação. A partir de então, 222 regiões, da Catalunha à Lombardia, seriam oficialmente representadas em Bruxelas, o que lhes daria acesso direto às demais regiões, aos Estados membros e ao maquinário governamental da UE, sem a necessidade de ser representadas exclusivamente por seus Estados-nação[25]. Um Fundo de Coesão foi criado para assistir os Estados cujo desenvolvimento econômico estivesse muito atrás do demais membros da União.

O acordo de Maastricht também inaugurou a idéia de cidadania pan-européia e conferiu ao Parlamento Europeu poderes adicionais[26].

O Tratado de Maastricth foi frisado e reforçado pela aprovação do Tratado de Amsterdã em 1997. Esse último reafirmou o comprometimento da União com os direitos humanos e exigiu que os países peticionários aprovassem as provisões da Convenção Européia dos Direitos Humanos como condição para sua admissão na comunidade. O acordo de Amsterdã deu à UE o poder legislativo de agir contra a discriminação por razão de sexo, raça, religião, etnia, deficiência ou idade em qualquer parte. A União também ganhou poderes para tomar providências quanto a problemas de desemprego nos Estados membros. Ela recebeu até mesmo certo poder para aprovar normas gerais referentes à política de saúde pública, muito embora a organização e a prestação dos serviços de saúde continuem sendo responsabilidade dos Estados membros[27].

Numa conferência complementar em Nice, em dezembro de 2000, membros da União concordaram com novas reformas no conselho — estreitando a gama de assuntos em que os Estados membros individuais poderiam exercer seu poder de veto. Os votos dos grandes países no conselho tiveram seu peso triplicado, enquanto o das nações menores foi meramente dobrado. A aprovação de propostas no conselho passaria a exigir 73,29% dos votos apurados, uma maioria de dois terços entre os Estados membros e de 62% da população total da União[28].

Em Nice, como em convenções anteriores, tanto os que defendiam uma união mais federal como os que preferiam reter o máximo possível de poder no nível estatal podiam afirmar, com certa justiça, que seus interesses foram parcialmente atendidos. A cada passo da existência da União, a impressão transmitida ao público é a da manutenção de um delicado equilíbrio, que preserva a soberania do Estado-nação e ao mesmo tempo fortalece a comunidade. Que os países em si acreditem realmente ser esse o caso é coisa duvidosa. É verdade que todo passo rumo a uma união mais estreita dos povos da Europa foi acompanhado por meio passo para trás na preservação dos poderes dos Estados-nação. Ainda assim, o efeito cumulativo tem sido uma lenta e irreversível jornada rumo à visão desenvolvida originalmente pelo arquiteto primordial da União, Jean Monnet.

Para que não restem dúvidas a esse respeito, o esboço da constituição da UE, que vem sendo atualmente avaliado para aprovação pelos Estados membros, deixa claro que uma nova instituição política transnacional está nascendo, e que ela se destina, em todos os sentidos, a funcionar como um Estado. É possível que vários Estados-nação votem contra a ratificação da constituição, gerando uma crise e uma reavaliação do órgão pan-europeu de governo. De qualquer modo, se é que as pesquisas servem como indicador, a constituição provavelmente será ratificada pelos Estados membros. De acordo com uma pesquisa da Eurobarometer realizada em fevereiro de 2004, consideráveis 77% das pessoas nos Estados membros apóiam a idéia de uma constituição da UE. A oposição a ela é de somente 15% no total, embora seja um pouco maior na Áustria, na Suécia, na Dinamarca e no Reino Unido. No entanto, mesmo nesses países ela continua baixa, situando-se entre os 23% e os 30% da população. Igualmente importante, 62% dos entrevistados disseram aprovar concessões nacionais para assegurar a adoção da constituição, e em somente um país, a Eslovênia, a maioria disse que preferiria não fazer concessões[29].

Todavia, mesmo que a nova constituição venha a ser rejeitada, a União em si já se encontra tão adiantada no caminho rumo à integração que ninguém acredita realmente que ela voltará a se dissolver em governos por Estados-nação, cada um caminhando sozinho em nossa era global. Pelo contrário, a maioria dos observadores políticos acredita que, se essa constituição em particular enfrentar problemas sérios, os Estados membros meramente ressuscitarão seus detalhes em outros tratados e diretivas até que a substância do pacto passe a vigorar sobre a comunidade.

A adoção da Constituição da União Européia confere à UE a estatura legal de um país, muito embora a nova instituição governamental não possua territórios — marca tradicional de todo Estado. Embora suas provisões lhe permitam regulamentar atividades dentro do território dos membros, inclusive atividades que afetam os direitos e as relações de propriedade, vale enfatizar que a UE não é, em si, um governo limitado por um território. Ela é, antes, o primeiro governo transnacional na história cujos poderes reguladores prevalecem sobre os poderes territoriais dos membros que a compõem. Esse fato, por si só, abre um novo capítulo na natureza da governança. A legitimidade da UE consiste não no controle de territórios, nem na capacidade de tributar seus cidadãos ou de mobilizar a polícia ou a força militar para impor obediência, e sim num modo de conduta, condicionado pelos direitos humanos universais e operacionalizado por meio de estatutos, regulamentos, diretivas e, mais importante, por um contínuo processo de engajamento, discurso e negociação com múltiplos agentes operando nos níveis local, regional, nacional, transnacional e global.

A Nova Constituição da UE

Segundo a constituição proposta, que inclui uma Carta de Direitos Fundamentais, a União poderá assinar tratados por conta própria, impondo-os às nações membros. Ela pode acabar recebendo um assento no Conselho de Segurança da ONU — substituindo o Reino Unido e a França. Terá um presidente eleito pelo Conselho Europeu, que servirá por até cinco anos e será responsável por definir os propósitos da entidade. Atualmente a presidência da União se reveza a cada seis meses, e o cargo é ocupado sucessivamente pelos presidentes de cada nação membro.

A UE também terá um único ministro do exterior responsável por administrar a política externa e de defesa. A Constituição exige uma política externa e de segurança unificada, e os Estados membros são conclamados a "apoiar sem reservas tal política num espírito de lealdade e mútua solidariedade"[30]. Todavia, os Estados membros têm uma cláusula de escape. Podem abster-se de votar ou votar negativamente, o que lhes permitiria impedir que uma proposta de política externa chegasse até as mãos do conselho[31]. Além disso, embora a União Européia tenha se incumbido da tarefa de criar uma força militar de rápida reação, os governos nacionais ainda preservam o controle sobre suas próprias forças armadas. Valéry Giscard d'Estaing, o ex-presidente francês que supervisionou o processo de esboço da Constituição, disse acreditar que levaria 20 anos para que a

União tivesse uma política externa unificada e integrada e falasse com voz única na arena internacional[32].

Os governos nacionais preservarão o controle sobre os impostos. Embora o orçamento da UE exceda atualmente os 100 bilhões de euros por ano, até agora os Estados membros têm recusado firmemente conceder-lhe o direito de coletar impostos à sua revelia — o que faz com que ela dependa deles para seu orçamento[33].

Os Estados membros também preservarão o controle sobre decisões relativas à concessão de cidadania, muito embora, como se mencionou anteriormente, qualquer cidadão de um Estado membro terá o direito de fixar residência em outros Estados membros, de trabalhar e votar em eleições locais e do Parlamento Europeu, e até mesmo de concorrer a cargos nessas eleições. Além disso, segundo a nova constituição, políticas amplas destinadas a resolver problemas de imigração e questões de refúgio e asilo serão decididas pelo voto majoritário. Pelas antigas regras, qualquer país poderia exercer o veto[34].

A Constituição também concede à União o direito de estabelecer pelo menos regras mínimas no tocante a procedimentos judiciais que envolvam os direitos dos réus e das vítimas e a admissibilidade de evidências nos processos das cortes. Para se efetuarem mudanças no direito criminal da UE, bastará o voto da maioria.

Os que favoreciam uma União Européia mais forte esperavam que quaisquer mudanças futuras na Constituição teriam de ser promovidas pela maioria dos Estados, dependendo da aprovação de quatro quintos dos membros. Eles perderam, contudo, para os confederalistas, que conseguiram impor uma provisão de concórdia unânime para quaisquer propostas de mudança constitucional[35].

A Constituição da UE vem sendo vendida como uma espécie de grande conciliação, com um pouco para todo o mundo. Para países como o Reino Unido e a França, que acreditam que a UE deve existir como uma extensão do Estado-nação, mas não como sua substituta, a Constituição proporciona algum alívio. As novas regras fortalecem o poder de voto dos grandes países no Conselho de Ministros[36]. Segundo as novas provisões, o Conselho pode aprovar leis quando metade dos membros, representando 60% da população da UE, votarem a favor. Isso dá às maiores nações — a Alemanha, o Reino Unido, a França e a Itália — poderes mais amplos para direcionar os programas legislativos. Por outro lado, a influência do Conselho de Ministros é de certa forma reduzida em função dos novos poderes cedidos à Comissão.

No caso das nações menores, que gostariam de ver uma união de caráter mais federal, a Constituição fortalece a Comissão Européia. Essa última monopoliza o direito de propor novas leis, o que equivale ao poder de vetar as leis prospectivas a serem avaliadas pelo Conselho de Ministros e pelo Parlamento Europeu. O presidente da comissão, que será eleito pelo Parlamento Europeu, terá maiores poderes executivos e de imposição.

O parlamento também terá novos poderes sobre o orçamento e a feitura de leis. A maior parte das leis da UE votadas pelo Conselho de Ministros estará sujeita à aprovação parlamentar.

Minha primeira impressão ao ler a Constituição Européia foi a de que grandes trechos dela jamais soariam aceitáveis para a maioria do povo americano caso fossem apresentados para a ratificação nos EUA. Conquanto pelo texto afora haja passagens que convenceriam indubitavelmente muitos americanos — incluindo sentimentos em grande parte plagiados de nossa própria Declaração de Independência e da Carta de Direitos da Constituição dos EUA —, suas 265 páginas contêm outras idéias e noções tão estranhas à atual psique americana que poderiam ser consideradas com suspeição ou mesmo tidas como um tanto bizarras.

Para começar, não há a menor menção a Deus e uma única referência velada à "herança religiosa" da Europa. Deus está ausente. Isso é estranho, num continente em que grandes catedrais adornam a praça central da maioria das metrópoles e em que pequenas igrejas e capelas se apinham por todos os cantos. No entanto, a maioria dos antigos santuários é hoje visitada sobretudo por turistas. Seria estouvamento esperar ver mais do que um punhado de pessoas das vizinhanças na missa numa manhã de domingo. Como mencionamos no capítulo de abertura, em maior parte os europeus — e especialmente a geração pós-guerra — deixaram Deus para trás. A Europa é provavelmente a região mais secularizada de todo o mundo. Não significa dizer que não haja um acirrado debate sobre a ausência de Deus no documento. O papa João Paulo II e o Vaticano requisitaram publicamente "uma clara referência a Deus e à fé cristã" no preâmbulo[37]. Outros afirmaram que não mencionar o Cristianismo, quando ele desempenhou um papel central na história da Europa, era imperdoável. A maioria, porém, concordou com Anna Palacio, ex-ministra do Exterior da Espanha e membro da convenção responsável pelo esboço, que disse que "a única bandeira que temos é o secularismo"[38]. Um diplomata francês exprimiu-o de modo ainda mais abrupto: "Não gostamos de Deus"[39].

Deus não é o único fator a receber pouca atenção. Há uma única referência à propriedade privada, perdida em meio ao documento, e não mais do que uma menção passageira aos mercados livres. Os objetivos da União, contudo, incluem um claro compromisso com "o desenvolvimento sustentável (...) baseado no crescimento econômico equilibrado", "uma economia social de mercado" e "a proteção e melhoria da qualidade do meio ambiente"[40]. Os outros objetivos da União são "promover a paz (...), combater a exclusão e a discriminação sociais (...) e promover a justiça e proteção sociais, a igualdade entre homens e mulheres, a solidariedade entre as gerações e a proteção dos direitos das crianças"[41].

Grande parte da Constituição se ocupa do problema dos direitos humanos fundamentais. Pode-se mesmo dizer que eles são o coração e a alma do documento. Giscard d'Estaing declarou orgulhosamente, ao apresentar o documento, que "dentre todos os homens e mulheres do mundo, os cidadãos da Europa é que terão os direitos mais amplos"[42].

Os direitos delineados na Carta dos Direitos Fundamentais da União Européia vão muito além dos contidos em nossa própria Carta de Direitos e em subseqüentes emendas constitucionais. Incluem o Direito à Vida: "ninguém deve ser condenado à pena de morte, nem executado". Todos têm o direito de ver respeitadas suas atividades físicas e mentais. Nos campos da medicina e da biologia, o direito do indivíduo ao consentimento livre e informado é assegurado. Práticas eugênicas são proibidas, "em particular as que se destinam à 'seleção' de pessoas". Vender partes do corpo humano também é proibido, assim como a clonagem reprodutiva de seres humanos. Todos têm "o direito à proteção de dados pessoais que lhes digam respeito". Similarmente, "todos têm o direito de acessar dados coletados sobre suas pessoas, e o direito de retificá-los". Todos têm "o direito de se casar e o direito de constituir família". Todos têm "o direito de formar e integrar sindicatos para a proteção de seus interesses". "Todos têm direito à educação e ao acesso à educação vocacional e continuada." Se a discriminação por razão de sexo, raça, cor e contexto étnico ou religioso já é proibida, outros tipos de discriminação, por razão de traços genéticos, língua e opinião também passam a sê-lo. A União também "deve respeitar a diversidade cultural, religiosa e lingüística". As crianças têm os direitos convencionais "à proteção e aos cuidados necessários para seu bem-estar", mas também ganharam o direito de "expressar livremente suas opiniões". "Tais opiniões devem ser levadas em conta em questões que as afetem, de acordo com sua idade e maturidade." Além disso, "toda criança deve ter o direito de manter, com base regular, um relacionamento pessoal e o contato direto com ambos os pais, a menos que isso seja contrário a seus próprios interesses"[43].

Há ainda outros direitos que não existem na Constituição dos EUA. Por exemplo, a Constituição da UE concede a todos "o direito de acesso a um serviço gratuito de colocação profissional", bem como "o direito à limitação do máximo de horas de trabalho, a períodos de descanso diários e semanais e a um período anual de licença remunerada". A constituição garante ainda o direito dos pais à licença remunerada após o nascimento ou adoção de uma criança. A União "reconhece o direito à assistência social e habitacional, para assegurar uma existência decente para todos os que careçam de recursos suficientes". As garantias constitucionais incluem também "o direito de acesso a serviços preventivos de saúde e o direito ao usufruto de tratamento médico". A UE garante até mesmo "um alto nível de proteção ambiental e a melhoria da qualidade do meio ambiente (...), de acordo com o princípio do desenvolvimento sustentável"[44].

Muitos dos direitos garantidos pela nova Constituição Européia continuam objeto de polêmica nos Estados Unidos. Embora eles tenham seus defensores e possuam certo grau de apoio popular, os sentimentos públicos continuam demasiado divididos para elevá-los à condição de direitos humanos universais. E os EUA não estão sozinhos. Poucos países fora da Europa aprovariam a maior parte dos direitos humanos universais concedidos pela nova Constituição da UE. Nesse sentido, a UE tornou-se a líder incontestede na promoção de novos direitos humanos entre os regimes governamentais do mundo.

A Constituição da UE é algo novíssimo na história humana. Embora soe muitas vezes pesada — e até desajeitada — e careça da eloqüência, digamos, das Constituições francesa e americana, ela é o primeiro documento em seu gênero a expandir as liberdades humanas até o nível da consciência global, com direitos e responsabilidades que abrangem a totalidade da existência humana na Terra. (Embora a Carta das Nações Unidas e as posteriores convenções de direitos humanos da ONU também defendam os direitos humanos universais, a ONU em si não é uma instituição de governo que represente cidadãos individuais, como é o caso da UE.)

A linguagem por todo o texto é a do universalismo, deixando claro que seu enfoque não é um povo, um território ou uma nação, e sim a raça humana e o planeta que habitamos. Se tivéssemos de resumir a essência do documento, ela seria o compromisso de respeitar a diversidade humana, promover a inclusividade, defender os direitos humanos e os direitos da natureza, fomentar a qualidade de vida, buscar o desenvolvimento sustentável, libertar o espírito humano para a descontração, promover uma paz perpétua e cultivar uma consciência global. Hoje esses valores e metas, que figuram sob muitas formas diferentes na Constituição, compõem a tessitura mesma de um nascente Sonho Europeu.

10

O Governo sem Centro

SONHOS REFLETEM ESPERANÇAS, não realizações. Nesse sentido, a Constituição Européia representa um futuro a ser concretizado. E, a exemplo da Constituição dos EUA há mais de 200 anos, podem-se apontar as muitas hipocrisias e contradições que desmentem os nobres sentimentos contidos no novo pacto da Europa. Ainda assim, os imaginadores da Constituição Européia deitaram francamente ao papel a visão do tipo de mundo a que aspiram e em que gostariam de viver, além das regras para coordenar a jornada.

Durante o último meio século, as elites políticas da Europa estiveram envolvidas numa progressiva batalha por definir os limites de poder da emergente Comunidade Européia. Enquanto os federalistas defenderam a cessão de mais poderes à União, os confederalistas tentaram preservar o poder nas mãos dos Estados membros e conceberam a União Européia antes como um foro intergovernamental para coordenar objetivos nacionais e fortalecer os interesses próprios de cada membro. O ex-primeiro ministro francês Lionel Jospin expressou assim a posição confederalista: "Desejo a Europa, mas continuo apegado a meu país. Fazer a Europa sem desfazer a França, ou qualquer outra nação européia, é minha opção política"[1]. Em outras palavras, a União deve ser uma "Europa de Estados". As conciliações pelo caminho refletiram as tensões entre essas duas forças divergentes.

Enquanto os poderes instituídos continuam a oscilar entre o federalismo e o confederalismo, as mesmas realidades tecnológicas, econômicas e sociais que deram origem à Comunidade Européia e que continuam a estimulá-la em sua jornada criaram uma dinâmica política de outra natureza. Em vez de se tornar um grande Estado ou um mecanismo para representar os interesses nacionais esclarecidos, a UE assumiu uma terceira forma. Tornou-se um foro discursivo cuja função é julgar relacionamentos e ajudar a coordenar atividades entre grande número de agentes, dos quais o Estado-nação é apenas um. O papel primário da UE se tornou orquestral. Ela promove a reunião de redes de envolvimento que incluem Estados-nação, mas também abarcam, num âmbito maior, organizações transnacionais e, num âmbito menor, governos municipais e regionais, bem como organizações da sociedade civil.

A UE é uma resposta a um tipo peculiar de globalização — um tipo que os visionários da era pós-Segunda Guerra Mundial jamais previram. Entre 1945 e o final da década de 80, o mundo esteve dividido entre dois poderosos blocos políticos, os Estados Unidos e a União Soviética. Cada um tentou expandir sua esfera de influência exercendo certa medida de controle centralizado sobre países, regiões e forças comerciais globais. Da mesma forma, a era pós-Segunda Guerra testemunhou a ascensão de centenas de corporações transnacionais que procuraram estender seu alcance e influência por meio de fusões e aquisições no estrangeiro e do estabelecimento de vastas cadeias de valores globais. Essa foi a era das operações centralizadas e hierárquicas de comando e controle, tanto no nível econômico como no político.

O que nem políticos nem empresários previram foi o advento de um novo tipo de revolução tecnológica cujo *modus operandi* é a um só tempo altamente conectivo e altamente descentralizado. A revolução do software, a digitalização da mídia, os computadores pessoais, a World Wide Web e os fluxos de informação sem fio transferiram as comunicações de um plano vertical para outro horizontal, e do comando e controle centralizado para a interatividade descentralizada. Similarmente, a transição que vem ocorrendo hoje no regime global de energia, de fontes elitistas como o petróleo, o carvão, o gás natural e a energia nuclear — todas organizadas centralmente e distribuídas verticalmente — para fontes mais dispersas e renováveis como o sol, o vento, a biomassa, a energia geotérmica e a energia do hidrogênio — geradas localmente em terminais, de maneira descentralizada — vem transformando a própria natureza da partilha de energia. O poder, tanto literal como figurativamente, será cada vez mais descentralizado no século vindouro.

A UE nasceu no antigo mundo da organização vertical e do controle centralizado. A Comunidade foi um esforço por congregar os recursos econômicos, sociais e políticos dos Estados-nação e criar "economias de escala" capazes de concorrer com as forças políticas e comerciais maiores que a envolviam. Embora uma das duas superpotências políticas ainda exista e corporações transnacionais continuem a expandir seu alcance para todos os cantos do globo, forças contrárias nos níveis local e regional vêm emergindo, desafiando a hegemonia global, política e comercial e ao mesmo tempo tentando garantir seu lugar num mundo cada vez mais integrado.

As novas tecnologias descentralizadas estão sendo exploradas em duas direções opostas — rumo à maior concentração e também à maior dispersão do poder. Por exemplo, embora a Microsoft tenha tentado ser a porteira do ciberespaço, impondo seu sistema operacional à maioria dos proprietários de computadores pessoais, a nova e aguerrida companhia Linux, empresa aberta por ativistas sociais dedicados à livre geração de códigos-fonte entre usuários de computador, vem atualmente ameaçando a predominância da Microsoft.

De modo similar, embora corporações globais estejam usando as atuais formas descentralizadas de comunicação para criar parcerias *business-to-business* e estabelecer maior controle sobre seus respectivos setores e sobre as comunidades em que fazem negócios, ativistas locais por todo o mundo usam as mesmas tecnologias conectivas de comunicação para organizar movimentos de resistência global ao que consideram um poder corporativo desmedido.

O ponto é que a ascensão das novas tecnologias descentralizadas da informação e comunicação no fim dos anos 80 liberou novas e poderosas forças e contraforças, levando novos atores ao palco público. As novas tecnologias conectivas ajudaram as corporações a transcender fronteiras nacionais e dispersar suas atividades de produção e distribuição por todo o globo. As mesmas tecnologias conectivas, contudo, ajudaram cidades e regiões, grupos culturais e étnicos e movimentos sociais e ambientais a transpor fronteiras nacionais e começar a exercer influência sobre um campo maior de atuação global.

A UE descobriu-se subitamente em meio a um redemoinho de forças opostas lutando por poder e reconhecimento, cada uma das quais com seus próprios recursos e seus próprios intuitos, sendo que nenhuma é poderosa o bastante para dominar sozinha o processo político. Tínhamos em cena um jogo político muito mais complexo.

Até então, a UE tinha meramente de negociar relações exteriores com as duas superpotências (os EUA e a URSS) e relações interiores com Estados membros conflitantes. Esses últimos, por sua vez, continham em seus territórios a miríade de forças subnacionais. As revoluções globais na informática e nas comunicações dizimaram as fronteiras dos Estados-nação, assim como em outros tempos o canhão pôs abaixo as muralhas das cidades-Estado na era feudal. E, como na era anterior, novas forças foram liberadas no panorama político, desta vez transcendendo o alcance do próprio Estado-nação.

A Revolução da Retroalimentação

Os primeiros indícios de que os mecanismos centralizados de comando e controle eram antiquados demais para acomodar as vastas mudanças na orientação espacial e temporal provocadas pelas novas revoluções nas tecnologias da informação e das comunicações surgiram com a súbita queda do império soviético. As novas tecnologias causaram estragos nos rígidos e burocráticos estilos de governo na Europa Central e Oriental e na ex-União Soviética. A incapacidade da governança comunista, em todos os níveis, de reagir ao poder liberador das tecnologias globais da informação e das comunicações contribuiu para selar seu destino. As velhas muralhas da repressão e da censura eram tênues demais para resistir à invasão da mídia. A penetração da MTV (Music Television), do *rock* e de estilos de vida ocidentais através da Cortina de Ferro, por meio das novas tecnologias da informação e das comunicações, mostrou-se excessiva para um aparato de governo combalido cujos métodos de governança baseavam-se em tecnologias e estilos organizacionais populares no início do século XX.

As antigas formas centralizadas de governo — tanto na União Soviética como no Ocidente — eram modeladas segundo os Princípios da Administração Científica de Frederick Taylor. Taylor, sobre quem falamos no Capítulo 4, foi o primeiro a introduzir um mecanismo racionalizado e hierárquico de comando e controle na indústria americana, na primeira década do século XX. Seu modelo foi rapidamente adotado por governos em todas as partes do mundo.

Taylor afirmava que a administração devia assumir plena autoridade sobre o modo como o trabalho é realizado no chão de fábrica e no escritório. Seu raciocínio era o de que, se os trabalhadores retivessem algum controle sobre o modo como seu trabalho era executado, eles conspirariam para trabalhar o mínimo necessário para a realização das tarefas de que eram incumbidos. O modelo organizacional de Taylor dependia de suspender todo julgamento independente por parte dos trabalhadores e de transmitir-lhes ordens exatas e instruções precisas sobre como deviam realizar seu trabalho.

> O trabalho de todo operário é integralmente planejado pela administração, com pelo menos um dia de antecedência, e cada homem recebe, na maioria dos casos, instruções completas por escrito, descrevendo em detalhes a tarefa que deve realizar, bem como os meios a serem utilizados no serviço. (...) Esta tarefa específica não somente o que deve ser feito, mas como o deve, e o tempo exato destinado a fazê-lo. (...) A administração científica consiste em grande parte em preparar-se para tais tarefas e desempenhá-las[2].

Os governos, como as empresas, utilizaram esse modelo burocrático de governança durante a maior parte do século XX. Nesse esquema, as idéias, os sentimentos e a perícia das pessoas que prestam serviços públicos, e também os dos cidadãos afetados, são em grande parte ignorados. A organização tida por mais eficiente é aquela em que os servidores civis agem como soldados, e os cidadãos são tratados como recipientes passivos. O velho estilo de comando e controle racionalizado espelhava a mentalidade maquinal da era. Tanto máquinas como homens eram concebidos como instrumentos passivos que recebiam corda de uma força motora externa, sendo levados a repetir indefinidamente as mesmas ações. O modelo racionalizado deixava pouco ou nenhum espaço para a participação daquelas pessoas que executavam as tarefas ou que recebiam os serviços. Presumia-se que elas tinham pouca coisa de valor a oferecer para a linha de comando.

O surgimento de máquinas inteligentes na área da informática e das comunicações, com circuitos de retroalimentação, mudou a natureza da tecnologia e criou novas metáforas para repensar-se a arte da governança.

A inspiração filosófica para a nova revolução tecnológica remonta aos primeiros anos do século XX e aos escritos científicos de Alfred North Whitehead, pai da filosofia processual. Ele foi o primeiro a eliminar a antiga muralha que separava espaço e tempo — ser e devir — e reduzir todos os fenômenos a pura atividade. Antes de Whitehead, a maioria dos filósofos acreditava que os fenômenos se dividiam em duas realidades: o que uma coisa era e o que ela fazia. Havia estrutura e função, o "ser" de uma coisa e o seu "devir". Whitehead, um dos primeiros filósofos modernos a viver durante a transição para a eletricidade, concebeu o comportamento como um processo puro em que espaço e tempo se fundiam num campo único e ampliado de pura atividade. O que uma coisa é, proclamou Whitehead, não pode ser diferenciado do que ela faz. Todos os fenômenos representam padrões de atividade contínuos que respondem a mudanças nos padrões de atividade à sua volta. Como tudo se acha em fluxo contínuo, a novidade está presente a todo instante. Whitehead acreditava que todas as coisas vivas antecipam continuamente novidades no ambiente ao seu redor, e fazem ajustes a tais mudanças de modo que garanta sua perduração — o que hoje chamamos de retroalimentação (em inglês, *feedback*). Whitehead chamou a esse mecanismo de antecipação e resposta "meta subjetiva", e disse que era nisso que consistia a "mente".

Meio século depois das idéias de Whitehead, Norbert Wiener apresentou um análogo mecânico da filosofia processual. Wiener e seus colegas estavam trabalhando para aperfeiçoar o sistema de mira da artilharia antiaérea durante a Segunda Guerra Mundial. As idéias de engenharia de Wiener sobre o modo como máquinas e homens se comunicam conferiram nova forma à filosofia processual, gerando pouco depois a moderna tecnologia da informação e das comunicações.

Wiener inaugurou o novo campo das pesquisas sobre cibernética. "Cibernética" vem do termo grego *kyberneties*, que significa "timoneiro". Ela reduz o comportamento proposto a dois componentes — informação e retroalimentação —, e postula que todos os processos podem ser compreendidos como amplificações e complicações de ambos. Wiener definia informação como

> o nome que se dá ao conteúdo daquilo que é trocado com o mundo externo conforme nos ajustamos a ele e fazemos com que nossos ajustes sejam nele sentidos. O processo de receber e/ou utilizar informações é o processo de nosso ajuste às contingências do ambiente externo e de nossa vivência eficaz dentro de tal ambiente.[3]

A cibernética é a teoria do modo como tais mensagens ou informações interagem umas com as outras para produzir resultados previsíveis.

De acordo com a teoria da cibernética, o "mecanismo timoneiro" que regula todo comportamento é a retroalimentação. Qualquer pessoa que já tenha ajustado um termostato sabe como funciona a retroalimentação. O termostato regula a temperatura de uma sala monitorando as mudanças internas de temperatura. Se a sala se esfria e a temperatura cai abaixo do limite estabelecido no visor, o termostato aciona o aquecimento, que continua ligado até que a temperatura da sala coincida uma vez mais com a da regulagem. Em seguida o termostato desativa o aquecimento até que a temperatura da sala caia novamente, requerendo calor adicional. Esse é um exemplo de retroalimentação negativa. Todos os sistemas se mantêm pelo uso da retroalimentação negativa. Seu oposto, a retroalimentação positiva, produz resultados de um tipo muito diverso. Na retroalimentação positiva, uma mudança de atividade se alimenta de si mesma, reforçando e intensificando o processo em vez de fazer reajustes e amortecê-lo. Por exemplo, uma garganta inflamada leva a pessoa a tossir, e a tosse, por seu turno, agrava a garganta inflamada.

A cibernética ocupa-se primariamente da retroalimentação negativa. Wiener observa que "para que qualquer máquina sujeita a um ambiente externo variado aja efetivamente, é necessário que informações a respeito dos resultados de sua ação lhe sejam fornecidos, juntamente com informações sobre como ela deve continuar a agir"[4]. A retroalimentação oferece à máquina informações sobre seu desempenho real, que é então comparado com o desempenho planejado. As informações permitem que a máquina ajuste devidamente suas atividades, de modo que diminua a discrepância entre o que se espera dela e o modo como ela de fato se comporta. A cibernética é a teoria de como as máquinas se auto-regulam em ambientes mutáveis. Mais que isso, ela é a teoria que explica o comportamento proposto nas máquinas.

As tecnologias inteligentes de hoje funcionam todas segundo princípios cibernéticos. A contínua retroalimentação negativa — com uma ocasional retroalimentação positiva — nos transporta de uma era tecnológica muito mais lenta, organizada em torno de ações lineares, isoladas e descontínuas, a uma era imensamente acelerada de processo puro e fluxos ininterruptos.

A Política Processual

As tecnologias inteligentes atingiram a maturidade no início da década de 80, no exato momento em que governos por toda parte se encontravam sob a atenção detida de um público cada vez mais desconfiado e cínico. A burocracia governamental era acusada de ser inchada, inepta, empedernida e lenta. Uma profunda recessão mundial em 1973-75 e novamente em 1980-82 — ocasionada pelo choque do petróleo — acrescentou bilhões de dólares ao déficit governamental nos EUA e em outras partes, suscitando uma grande discussão sobre o tamanho adequado do governo e a extensão em que ele é confiável quando se trata de proporcionar aos cidadãos uma rede social abrangente. A primeira-ministra Margaret Thatcher, na Grã-Bretanha, e o presidente Ronald Reagan, nos EUA, comandaram uma rebelião política contra os grandes governos, pregando os valores da desregulamentação da indústria e da privatização dos serviços públicos. A idéia era dispersar o máximo possível de atividades do governo pela arena comercial e pelo setor sem fins lucrativos, nos quais, presumia-se, o mercado e a sociedade civil proporcionariam meios mais eficientes para a provisão de valor. O "quanto maior melhor" perdeu o atrativo, e a descentralização entrou em voga.

A filosofia processual e os princípios da cibernética, que já vinham tendo uma considerável penetração nas áreas da tecnologia, do comércio e mesmo da psicologia — a terapia pessoal faz um uso intensivo do recondicionamento mental de base processual — começaram a tomar parte em discussões sobre governança. Cientistas políticos afirmavam que em questões de política pública a abordagem burocrática racional, de caráter descendente, não ensejava uma retroalimentação ou contribuição apropriada por parte de todos os atores envolvidos — tanto os agentes como os constituintes afetados. Uma nova geração de cientistas e analistas políticos favorecia, para a governança, uma abordagem processual, que substituiria o velho e cerrado modelo hierárquico por um novo modelo de sistemas abertos. Afirmavam que a governança eficaz é menos uma questão de impor-se, do topo, decisões predeterminadas a recipientes passivos na base do que de se envolverem todos os atores — o governo, as empresas e os membros da sociedade civil — num processo contínuo de deliberação, negociação, conciliação e consenso, na radical sugestão de que as melhores decisões são aquelas tomadas democraticamente por todos os afetados. O processo em si — com ênfase na retroalimentação contínua — torna-se o novo modelo de governança. No modelo de base processual, as redes se tornam o melhor mecanismo para o engajamento contínuo entre as partes.

A idéia de que a governança abrange uma gama mais vasta de agentes e atividades do que o mero governo tinha implicações revolucionárias. Embora o moderno Estado-nação, especialmente os modelos francês e americano, reverenciasse a idéia do governo do povo, pelo povo e para o povo, na prática, conforme os governos assumiram maiores responsabilidades e suas burocracias se inflaram, o jogo político estreitou-se numa relação binária entre governantes e governados. O governo era visto como uma atividade auto-suficiente, separada e distinta de todas as demais atividades que ocorrem na sociedade.

A rebelião estudantil de 1968 desempenhou um papel seminal em flexibilizar a idéia de governança. Os estudantes afirmavam que a universidade era uma comunidade de interesses compartilhados e que eles deviam ter alguma voz no modo como ela era governada. Tentaram se emancipar do confinamento que mantinha todo o processo decisório nas mãos de um remoto conselho de diretores e da burocracia universitária. A governança, declaravam, vai muito além dos confins das regras acadêmicas e protocolos institucionais, incluindo a totalidade dos relacionamentos e atividades que compõem a vida da comunidade universitária. Eles exigiam uma abordagem processual contínua na tomada de decisões universitárias, incluindo todos os atores envolvidos em relacionamentos dentro da universidade — diretores, administradores, faculdades, pessoal de apoio, alunos e mesmo inspetores e outros operários que serviam à comunidade, bem como os membros das comunidades mais amplas em que as universidade se situavam. A governança, diziam os reformadores estudantis, não consistia em editais e regras transmitidas de cima para baixo, e sim num processo deliberativo aberto promovido por agentes iguais, cada um com seus próprios interesses e aspirações, mas todos interdependentes e responsáveis, em última instância, pelo bem-estar comum de todos.

Conturbações similares ocorreram no nível estatal uma década depois da revolta estudantil. Filósofos como Michel Foucault afirmavam que num mundo pós-moderno de crescente complexidade, densidade e interdependência, toda ação de todo agente afeta a natureza, a qualidade e a distribuição de poder por todo o sistema. Ele escreveu que o governo

> compreende todos os esforços por moldar, guiar e dirigir a conduta dos outros, seja a tripulação de um navio, os membros de um domicílio, os funcionários de um chefe, as crianças de uma família ou os habitantes de um território[5].

Foucault e outros afirmam que o velho modelo não deixava espaço para a retroalimentação e inclusão de todos os atores potenciais. No novo modo de pensar, cada nível de governança está embutido em todos os demais níveis, num processo contínuo de envolvimento — o que Foucault chama de "governamentalidade"*. O sociólogo Mitchell M. Dean define a governamentalidade como "o relacionamento entre o governo de nós mesmos, o governo dos outros e o governo do Estado"[6].

O governo torna-se somente um agente entre muitos outros agentes no jogo político. O Estado já não é soberano. Ele perde seu poder de agente exclusivo responsável por disciplinar os cidadãos. O exercício de poder torna-se muito mais difuso e descentralizado. Dean chama a esse novo tipo de governança "governo sem centro, uma forma de administração em que já não há uma inteligência diretora central"[7].

As novas tecnologias da comunicação figuram proeminentemente na desconstrução da soberania estatal. Agora os agentes que outrora se viam isolados e impotentes na base da velha pirâmide de governo do Estado-nação dispõem dos meios de comunicação necessários para se conectarem com seus semelhantes e com outras pessoas com interesses mútuos, num campo que cruza, penetra e transcende o reduto do Estado-nação. A governança é reconcebida como a administração de fluxos de comunicação, e os agentes se posicionam em junções estratégicas, situadas em múltiplas redes de interação, nas quais toda decisão e ação que tomarem tem conseqüências que permeiam toda a rede e vão mesmo além dela.

O dramático crescimento na conectividade global possibilitado pelas novas tecnologias da comunicação aumenta de tal maneira a interdependência geral que a velha unidade governamental do Estado-nação é simplesmente incapaz de administrar sozinha o volume e o fluxo da interação e interatividade humana que vêm sendo promovidas.

Governança por Rede

No início dos anos 90, a UE começou a avaliar as novas tecnologias descentralizadas da informação e das comunicações que vinham remodelando o comércio e a vida social, e também os novos modelos em rede sendo usados para organizar as atividades interativas cada vez mais complexas possibilitadas pelas

---

* N. do T.: Em francês, *gouvernementalité*.

novas tecnologias, no intuito de convertê-las na peça central de um novo estilo de governança. Havia o consenso generalizado de que a União Européia tinha de se pôr em dia com as novas tecnologias que então revolucionavam a sociedade.

Em 1994 a Comissão Européia publicou um relatório intitulado *O Caminho da Europa Rumo à Sociedade da Informação: um Plano de Ação*. O relatório desencadeou uma série de iniciativas para converter a União Européia na primeira sociedade da informação plenamente integrada do mundo. O plano consistia na integração de uma vasta gama de atividades transnacionais da UE em redes interativas, e incluía propostas para uma rede de universidades e centros de pesquisa, uma rede de trabalho remoto, uma rede de ensino a distância, redes de controle de tráfego rodoviário e aéreo, redes de saúde e uma rede de administração pública transeuropéia. Num relatório complementar em 1996 intitulado *A Europa na Vanguarda da Sociedade Global da Informação: um Plano de Ação em Andamento*, a UE afiou e refinou a visão anterior, dando mais ênfase à extensão das novas tecnologias pela indústria e ao estabelecimento do regime regulatório e dos estímulos adequados para tornar viáveis e eficazes os meios de fazer negócios em rede. O plano também enfatizava a integração das práticas em rede e das novas tecnologias da informação e das comunicações no sistema educacional, bem como sua conversão em parte integrante da vida cotidiana dos cidadãos europeus. O mais importante, a UE começou a recriar seu estilo de governança procurando acomodar as muitas mudanças que vêm ocorrendo e inaugurar uma sociedade da informação[8].

As várias agências e organizações governamentais da UE foram incentivadas e mesmo orientadas a estabelecer "altos níveis de interação e de trabalho em rede entre agências de nível europeu, Estados, governos provinciais e locais, ONGs, empresas e atores corporativos, organizações educacionais, institutos de pesquisa e uma variedade de grupos de usuários"[9]. As agências governamentais da UE foram incumbidas de estruturar as redes e tornar-se co-membros, juntamente com outras partes interessadas. Enfatizou-se a criação de redes que transcendam as fronteiras dos Estados-nação. A idéia era estabelecer um padrão europeu de referência. Por exemplo, institutos de pesquisa que solicitem concessões da UE devem estabelecer redes transnacionais de agentes para estarem qualificados a receber fundos. Muitas dessas redes operam de maneira geralmente informal. Suas atividades têm lugar muitas vezes externa ou paralelamente aos protocolos e procedimentos mais formais que caracterizam o antigo estilo de governança descendente que ainda existe[10].

A cada ano, uma parcela maior do trabalho diário da governança da UE é delegada a essas redes mais informais de agentes, alterando o próprio modo como a governança é concebida. O velho modelo centralizado de governança descendente, com seus padrões racionais de desempenho e seus estritos mecanismos de comando e controle, vem cedendo lugar a um modelo de governança de base processual, que opera em redes estruturadas horizontalmente. As novas tecnologias da informação e das comunicações estão provocando mudanças políticas do mesmo modo como provocaram mudanças comerciais.

Quando a densidade das atividades humanas salta de um plano geográfico regional para um campo eletrônico global, e de um intercurso mimético, linear e isolado para a novidade, a retroalimentação e o fluxo contínuos, os mecanismos hierárquicos de comando e controle tornam-se lentos demais para governá-las. Estatutos ficam ultrapassados quase no momento em que são aprovados, e as antiquadas instituições do governo descendente mostram-se morosas demais para dar conta da cascata de novidades, e sofrem, como resultado, uma espécie de engarrafamento político.

A União Européia é o primeiro experimento governamental num mundo que se metamorfoseia de planos geográficos para campos planetários. Ela não governa relações proprietárias em territórios, mas administra atividades humanas abertas e em perpétua mudança em redes globais. Tornou-se até mesmo popular, na União Européia, falar de governança "policêntrica", em contraste com o governo convencional. O governo tradicional associa-se ao domínio territorial. A governança policêntrica é descentralizada e não se limita àquilo que os governos fazem. Pelo contrário, diz o teórico social Paul Hirst e o teórico político Grahame Thompson, "ela é uma função que pode ser desempenhada por uma grande variedade de instituições e empresas públicas e privadas, estatais e não estatais, nacionais e internacionais"[11]. Com a governança policêntrica, a esfera governante é expandida para incluir agentes não estatais. É um novo jogo político muito mais complexo e sofisticado, em que nenhum agente sozinho é capaz de dominar um campo ou determinar resultados, todos tendo certo poder para afetar a direção e o fluxo do processo.

O estilo de governo policêntrico é caracterizado por diálogos e negociações contínuas entre os agentes nas muitas redes que compõem seu campo cambiante de influência econômica, social e política. O novo gênero de líder político assemelha-se mais a um mediador que a um comandante militar. A coordenação substitui as ordens no novo esquema político das coisas.

Numa era tecnológica em que o espaço vem se tornando um campo unificado global, a duração se reduz quase que à simultaneidade e tudo é comprimido e acelerado, a consciência histórica caracterizada por grandes visões utópicas, ideologias políticas bem definidas, procedimentos burocráticos estabelecidos e metas sociais de longo prazo dá lugar progressivamente a uma consciência mais terapêutica, caracterizada por cenários perpetuamente em mudança e opções estratégicas oportunas de curto prazo. A UE, como já observamos, é uma instituição política pós-moderna. O seu é um mundo de contornos em perpétua transformação e de realidades efêmeras, onde só a novidade é permanente e a duração se estreitou num sempre presente "agora". Se as antigas dinastias foram concebidas com o propósito de comemorar e ritualizar o passado, e os modernos Estados-nação foram incumbidos de organizar um futuro aberto, novas instituições políticas como a UE se destinam a lidar com um presente continuamente mutável.

Assim, se a UE parece apresentar muitas faces diferentes, dependendo da mudança de condições e circunstâncias, isso ocorre porque sua personalidade está continuamente se reajustando aos padrões sempre cambiantes de atividade à sua volta. Sua capacidade camaleônica de reinventar a si mesma é seu grande trunfo.

Diversamente dos Estados-nação, portanto, a UE é vista não como um agente do destino, mas antes como uma administradora de conflitos momentâneos e propósitos concorrentes. Na nova era, as grandes metanarrativas — do tipo que motivava a lealdade dos cidadãos na era do Estado-nação — acham-se ultrapassadas. Em seu lugar há um grande número de histórias menores, cada uma refletindo as perspectivas e metas dos diferentes constituintes. Descobrir um terreno comum entre os variados agentes e forjar um diálogo contínuo e um consenso periódico capaz de levá-los adiante como comunidade, ao mesmo tempo em que preservam suas identidades individuais, torna-se o mandato e a missão da União Européia. "Unidade na diversidade" é o lema extra-oficial da nova Constituição Européia.

A UE tem continuamente aturdido seus críticos e expandido e aprofundado sua influência política precisamente porque seu modelo organizacional teve uma base mais processual ao longo de seu último meio século de existência. O sucesso político da UE foi mais impressionante pelo fato de que seus primeiros arquitetos, os franceses, são renomados por seu estilo mais convencional, hierárquico e centralizado de exercer o controle político. Muito embora o velho estilo de governo do Estado-nação tenha procurado estampar sua marca na governança da UE a cada passo do trajeto — continuando a fazê-lo hoje em dia —, as novas e desagregadas realidades tecnológicas, comerciais e sociais de uma era global obrigaram a UE a administrar antes por processos que por editais e estatutos.

A "governança multinível" é a inusitada síntese que emergiu da contenda travada entre federalistas e confederalistas para definir o futuro da comunidade. O contínuo "toma-lá-dá-cá" entre os que favorecem uma abordagem mais centralizada e os que preferem uma abordagem intergovernamental resultou em acomodações sem conta pelo caminho, as quais começaram a alterar fundamentalmente a dinâmica política, de um modo que nenhum dos lados previu. Por exemplo, a introdução do Princípio da Subsidiariedade tornou-se um pilar da governança da UE. Ele representou uma espécie de meio-termo entre confederalistas e federalistas. O princípio, que foi incorporado à nova constituição, declara que, sempre que factível, as decisões de governo devem ser tomadas o mais próximo possível das comunidades e dos constituintes mais afetados por elas. Os intergovernamentalistas esperavam que o Princípio da Subsidiariedade manteria as decisões de governo confinadas ao reduto do Estado-nação. Os federalistas esperavam que ele liberaria as regiões locais da autoridade do Estado-nação e lhes daria maior licença para evadir o Estado e trabalhar diretamente com Bruxelas. Como se mencionou anteriormente, um Comitê das Regiões foi estabelecido em 1994 para representar interesses regionais dentro da UE. O resultado da subsidiariedade é que as regiões se converteram atualmente numa espécie de terceiro poder, e se valem de relacionamentos com seus países de origem e com a UE para promover suas metas. Além disso, é freqüente que elas evadam ambas as instituições de governo e formem redes com outras regiões e com instituições globais transnacionais para concretizar seus objetivos. Elas propiciaram um novo nível de engajamento à mescla política da Europa. Hoje, as redes de governança são compostas cada vez mais de agentes locais, regionais, nacionais, transnacionais e globais, numa miríade de alianças modulatórias, cada uma tentando influenciar os rumos do jogo político.

O resultado líquido do prolongado embate entre confederalistas e federalistas para confinar a autoridade política ao interior dos Estados ou estendê-la para além das fronteiras nacionais até a própria União foi que nem os Estados membros nem a União se fortaleceram. Em vez disso houve uma balcanização da autoridade, com o advento de novos agentes e a multiplicação de propósitos conflitantes.

A UE acabou se tornando a guardiã e legisladora. Ela estabelece as diretivas que governam o jogo, reúne os agentes e ajuda a promover o processo político entre as partes. A UE é o primeiro Estado puramente regulatório cuja função é servir de árbitro entre forças concorrentes.

Costuma-se dizer que os Estados Unidos são únicos entre as nações porque devem sua existência a uma idéia — a crença nos direitos inalienáveis das pessoas à vida, à liberdade e à busca da felicidade. A UE é um experimento político ainda mais etéreo. A legitimidade do governo dos EUA fundamenta-se ainda nas noções convencionais do controle sobre um território, da capacidade de taxar e do direito de exercer a força, quando necessário, para assegurar a obediência a suas leis. A UE não possui nenhum dos requisitos convencionais dos Estados. Sua legitimidade fundamenta-se exclusivamente na confiança e na boa vontade continuada dos membros que a compõem e nos tratados e diretivas — e em breve numa nova constituição — que estes membros se comprometeram a sustentar.

Estamos tão habituados a ver a cidadania como algo que segue de mãos dadas com um território e uma nação que fica difícil conceber a idéia de cidadão num órgão de governo transterritorial, que consiste não em relações proprietárias tradicionais, e sim em códigos universalmente aceitos de conduta humana. O falecido sociólogo britânico Ernest Gellner captou bem a dificuldade intrínseca de pertencer a um ideal compartilhado que transcenda a geografia. Ele escreveu:

> A idéia de um homem sem nação parece exigir demais da imaginação moderna. (...) Um homem deve ter nacionalidade, como deve ter um nariz e duas orelhas. (...) Tudo isso parece óbvio, embora — ai de nós! — não seja verdadeiro. Mas que tenha vindo a *parecer* tão obviamente verdadeiro é com efeito um aspecto, ou talvez o próprio âmago, do problema do nacionalismo. Ter nacionalidade não é um atributo inerente da humanidade, mas passou a parecer que sim.[12]

Alguns teóricos políticos pós-modernos sugerem que, no novo mundo de relacionamentos densos, sobrepostos e sempre mutáveis, a governança consiste antes em associações e na conectividade do que no controle de um espaço físico específico[13]. Estudiosos designam a reconfiguração política da Europa como "o novo medievalismo", termo cunhado pelo falecido Hedley Bull, da Universidade de Oxford, num ensaio escrito em 1977. Já nessa época Bull sentia a emergência de um novo panorama político na Europa. Ele achava "concebível que os Estados soberanos desapareçam e sejam substituídos não por um governo mundial, e sim por um equivalente moderno e secular do tipo de organização política universal que existiu na cristandade ocidental durante a Idade Média"[14]. Bull observava que "naquele sistema nenhum governante de Estado era soberano no sentido de ter poderes supremos sobre um dado território e um dado segmento da população cristã; cada um deles tinha de compartilhar a autoridade com vassalos abaixo e com o papa e (no caso da Alemanha e da Itália) o santo imperador romano acima"[15]. Bull observava que "toda autoridade na cristandade medieval era vista como derivando em última instância de Deus"[16]. Ele sugeriu que

> se os Estados modernos vierem a compartilhar sua autoridade sobre os cidadãos e sua capacidade de exigir a lealdade destes com autoridades regionais e mundiais por um lado e com autoridades subestatais ou subnacionais por outro, a tal ponto que o conceito de soberania deixe de vigorar, então pode-se dizer que uma forma neomedieval de ordem política universal veio à tona[17].

Bull usou seu próprio país como modelo. Ele se perguntou o que ocorreria se o Reino Unido tivesse de compartilhar sua autoridade com o País de Gales, com Wessex e com a Escócia, no nível subnacional, e com Bruxelas e órgãos mundiais como a ONU em Nova Iorque, "a tal ponto que a noção de sua supremacia sobre o território e o povo do Reino Unido deixe de vigorar"[18]. Bull acreditava que a reconfiguração do mundo político numa "estrutura de autoridades sobrepostas e lealdades intersecionais que mantenha todos os povos unidos numa sociedade universal"[19] seria muito superior tanto ao sistema existente de Estados soberanos concorrentes, com sua propensão à guerra, como à perspectiva de um único governo mundial cujo monopólio dos meios de coerção e violência aumentaria em grande medida a repressão e a opressão[20]. A tese de Bull demonstrou notável presciência.

O que é então a UE? O sociólogo Ulrich Beck diz que ela é "um Estado de negociação que arranja o palco e os diálogos e dirige o espetáculo"[21]. A UE, portanto, é menos um lugar que um processo. Embora preserve muitos dos adereços físicos fixos dos Estados — um passaporte, uma bandeira, uma sede —, seu gênio consiste em sua indeterminação. Diversamente do Estado-nação tradicional, cujo propósito é integrar, assimilar e unificar os diversos interesses dentro de suas fronteiras, a UE não tem esse tipo de missão. Pelo contrário, seu papel é justamente o oposto do papel do Estado-nação. Seu diferencial político consiste na promoção e regulamentação de um fluxo concorrente de atividades e interesses divergentes.

A UE pode parecer para alguns fraca e vacilante, sem suficiente autoridade coerciva — a capacidade de taxar e policiar. Para outros, contudo, ela representa o próprio modelo de um novo tipo de instituição de governo, adequada para processar os múltiplos interesses que proliferam e se interconectam através de todas as fronteiras imagináveis num ambiente globalizado. O cientista político Tim Luke vê a UE como

> um meio mais dinâmico, mais interconectado e todavia mais fragmentado para a imposição da autoridade e a administração de fluxos de influência provindos de múltiplas fontes, do que seria possível pela geometria euclidiana e pelos espaços identitários da modernidade territorializada ou supraterritorializada[22].

Apesar de sua natureza efêmera, a UE possui grande poder de impacto. Seus estatutos e diretivas têm uma inestimável influência sobre os países membros. O Reino Unido, por exemplo, calcula que mais de 80% da legislação ambiental imposta a seus cidadãos advém de diretivas promulgadas pela Agência de Proteção Ambiental da Europa[23]. Outros estatutos e diretivas determinando coisas tais como a segurança de artigos de consumo, testes de medicamentos, protocolos médicos, serviços financeiros e a concorrência fluem de Bruxelas para os Estados. O mais importante a ter em mente, contudo, é o fato de que as decisões regulatórias tomadas em Bruxelas são, em si mesmas, o resultado de um processo policêntrico de negociação, conciliação e consenso, envolvendo muitas partes nos níveis regional, nacional, transnacional e global.

Em última análise, o processo como um todo funciona porque o povo da Europa deseja que "problemas sem fronteiras" sejam discutidos por toda a Comunidade Européia. As questões de introduzir ou não alimentos geneticamente modificados (GM) e rotular os produtos que os utilizem, de desenvolver diretrizes para deixar o gado sob quarentena para impedir a transmissão de encefalopatia espongiforme bovina (EEB), de assinar tratados para reduzir o nível dos gases do aquecimento global e proteger a biodiversidade, de proibir a clonagem humana, juntamente com a consideração de um sem-número de outras iniciativas, são melhor avaliadas no nível pan-europeu, já que a natureza e as conseqüências de tais atividades transcendem as fronteiras nacionais e só podem ser efetivamente estimadas pela comunidade como um todo atuando de modo concertado.

Compartilhando o Poder

Embora redes de política governamental tenham muitos atributos em comum com as redes comerciais, há diferenças em suas metas. As redes comerciais se dedicam a otimizar o fluxo de renda dos agentes. As redes públicas têm um propósito diferente — sugerir e discutir iniciativas legais e ajudar a implementar decisões estratégicas tomadas na arena política.

Em certa medida, a proliferação de redes públicas tem sido por natureza bastante defensiva. A opinião cada vez mais negativa que o público tem da eficácia do governo em prover serviços ajudou a gerar o movimento pela desregulamentação, privatização e descentralização das atividades públicas. Existe, contudo, um outro lado nessa história. Alguns afirmam que o setor privado desempenhou um papel proeminente em acirrar as chamas do descontentamento dos cidadãos — chegando até mesmo a ponto de gerar uma crise de confiança pública não de todo justificada —, com o objetivo de colher novas e imensas oportunidades comerciais surgidas com a privatização de grandes partes dos serviços humanos vitais.

Motivações à parte, as redes de política pública foram criadas como um meio de estancar a hemorragia que vinha levando a uma desconstrução generalizada das atividades relativas ao governo. Havia um real senso de temor entre os líderes políticos dos anos 80 e 90 de que os governos estivessem passando por uma rápida implosão e de que o mercado capitalista pudesse se tornar o árbitro incontestado dos relacionamentos humanos. Muitos alertaram que a noção de democracia estava sendo subvertida e que decisões políticas que de costume tinham sido tomadas por cidadãos nas urnas eram tomadas cada vez mais por consumidores no mercado. Neoliberais e libertários favoreciam justamente esse tipo de coisa, afirmando que o mecanismo de mercado era muito superior ao processo político como meio de representar a vontade coletiva do povo e assegurar o futuro bem-estar da sociedade.

As redes de política governamental foram vistas como um meio de enfrentar as críticas a meio caminho. Governos por toda parte sentiram a real necessidade de ampliar e envolver tanto o setor privado como a sociedade civil na iniciação e também na implementação da política governamental. Esse reconhecimento representou uma revolução no pensamento político. Até o advento de redes de política pública, a arena política fora dividia em dois reinos separados. Os cidadãos votavam em líderes eleitos que, por sua vez, aprovavam leis refletindo a vontade de seus eleitores. A burocracia do governo, por seu turno, era responsável por implementar a vontade política. Seu papel era visto como neutro e puramente administrativo em natureza. O estabelecimento de redes de política pública era uma espécie de admissão de que a política da democracia representativa não se limitava à eleição de governantes e à aprovação de leis, e que as questões da voz ativa e da implementação eram tão carregadas politicamente e tão necessitadas de envolvimento ativo quanto as de votar em líderes e aprovar projetos de lei.

Redes de política pública se tornaram um meio para que o governo voltasse à tona e revigorasse o processo político antes que a involução transferisse atividades demais para o mercado. A razão por trás de tais redes era whiteheadiana. O ambiente social encontra-se em fluxo contínuo e costuma mudar consideravelmente a cada estádio do processo político. Tampouco os interesses dos constituintes afetados se acham congelados no tempo. Suas prioridades e metas estão igualmente mudando conforme eles prevêem e se ajustam a mudanças em seu ambiente. Redes de política pública são um meio de o governo manter vivas e relevantes a deliberação, a tomada de decisões e a implementação políticas, por meio de contínuos diálogos e negociações entre todos os constituintes afetados. A governança já não se divide em fases isoladas e separadas, tornando-se antes um "processo contínuo" de envolvimento.

Percebendo que o governo já não seria capaz de monopolizar os processos governamentais, os governantes propuseram um pacto — um compartilhamento do domínio político com o setor comercial e a sociedade civil. De então em diante, o governo seria mais um promotor do processo político do que um supervisor. A esperança era de que uma comunicação mais aberta entre todos os agentes e a disposição de procurar um terreno comum aprofundariam o processo democrático, acelerariam a busca do consenso e harmonizariam a implementação de decisões políticas. Redes de política pública, segundo se afirmava, ensejariam uma nova política de vitória ou vitória, em oposição aos resultados de vitória ou derrota da tradicional política antagônica. Essas redes também proporcionariam meios organizacionais de lidar com o ritmo acelerado da mudança e com a crescente densidade do intercâmbio num mundo conectado globalmente.

O sociólogo Andrew Barry observa que a rede, na União Européia, tornou-se

> um meio de transcender o conflito político entre o neoliberalismo e o bem-estar social e de desenvolver uma forma de intervenção pública que *anime* os atores sociais e econômicos, em vez de criar uma relação de dependência ou proteção entre o Estado e seus clientes[24].

Cumpre acrescentar que redes de política pública são também um meio de assegurar que as forças desenfreadas do mercado não assumirão um poder desmedido sobre os assuntos da sociedade.

Com redes de política pública, a política se torna um assunto 24/7, assim como o comércio. No novo mundo das informações e comunicações instantâneas e dos circuitos de retroalimentação, já não há início nem fim para o envolvimento político; somente um interminável discurso político. A densidade do intercâmbio e a multiplicidade de interesses mitigam os momentos de inatividade. A governança deixa de ser uma atividade limitada e se converte num processo aberto. A política, no novo sentido europeu do termo, compreende toda a atividade propositada de que pessoas e organizações tomam parte, por meio de redes formais ou informais, para concretizar seus interesses e metas. A democracia participativa migra para as estremas do espaço e abarca a duração, tornando-se um esforço humano oniabrangente. Tudo na sociedade passa a ser politizado, e qualquer pessoa deixada de fora das redes de governo se arrisca a ficar para trás no processo político, com poucas chances de acompanhar o fluir do jogo.

11

Romantizando a Sociedade Civil

A POLÍTICA NA era do Estado-nação opera entre dois pólos — o mercado e o governo. A política da UE, em contraste, funciona entre três junções — o comércio, o governo e a sociedade civil. A transição da política de dois setores para a de três representa um progresso radical na evolução da vida política, com grande relevância para o modo como nós, seres humanos, organizamos nosso futuro. Se a política de dois setores viabilizou a visão do Iluminismo, a de três torna possível o novo Sonho Europeu.

O Setor Esquecido

A sociedade civil é o reino empoleirado entre o mercado e o governo. Ela é composta por todas as atividades que perfazem a vida cultural dos indivíduos e de suas comunidades. A sociedade civil inclui instituições religiosas, artes, educação, serviços de saúde, esportes, recreação e entretenimento públicos, movimentos sociais e ambientais, movimentos de bairro e outras atividades cuja função é estabelecer elos comunitários e coesão social. A sociedade civil é o ponto de encontro para reproduzir a cultura em todas as suas variadas formas. Ela é o local onde as pessoas se entrosam para criar capital social e estabelecer códigos de conduta e normas comportamentais. A cultura é o reduto onde os valores intrínsecos imperam. A sociedade civil é o foro para a expressão da cultura, e constitui o setor primordial.

Apesar da importância da sociedade civil na vida da sociedade, esse reino tem sido progressivamente marginalizado na era moderna pelas forças do mercado e da governança por Estado-nação. Economistas e empresários, em particular, passaram a ver o mercado como a instituição primordial nos assuntos humanos. Teóricos tanto capitalistas como socialistas afirmam que o comportamento humano é, em seu âmago, materialista e utilitarista, e que os valores morais e as normas culturais da sociedade decorrem de sua orientação econômica — ou, para citar Madonna, "Vivemos num mundo material, e sou uma garota material".

A filosofia materialista tem profundas raízes no passado iluminista e pré-iluminista. Como discutimos no Capítulo 4, Locke, Descartes, Smith e outros filósofos do início da modernidade promoveram um desabrido assalto contra a visão de mundo da Igreja, fundada na fé. Embora alguns entre eles ainda professassem seu apego a uma autoridade divina superior, com freqüência eles prefeririam a razão à fé e davam tanta ênfase ao progresso material e à visão de uma cornucópia terrena como à salvação eterna. Os modernos acreditavam que o mercado era a fonte do espírito humano e que a cultura é sua beneficiária. Eles puseram o trabalho antes do lazer e substituíram os valores intrínsecos por valores utilitaristas.

Os materialistas vêem o mercado como uma instituição social crítica e um árbitro primordial das relações humanas. O problema é que sua análise contradiz a história do desenvolvimento humano. Não conheço nenhum exemplo de um povo que primeiro se reunisse para estabelecer mercados e promover o comércio, para somente então assumir uma identidade cultural. Tampouco há exemplos de povos que se reúnem primeiro para criar governos e somente depois geram cultura. Primeiro as pessoas criam um idioma para se comunicarem umas com as outras. Em seguida elaboram uma história a seu próprio respeito. Ritualizam suas origens e antevêem um destino coletivo. Criam códigos de conduta, estabelecem elos de confiança — o que hoje chamamos de "capital social" — e desenvolvem coesão social. Em outras palavras, elas se entrosam para estabelecer uma identidade comum. Somente depois que seu senso de solidariedade e coesão se encontra bem desenvolvido é que elas criam mercados, promovem o comércio e estabelecem governos para regulamentar as atividades. Mesmo no início da era moderna, quando os emergentes capitalistas e burgueses erigiram um nacionalismo imaginário para unir povos até então isolados numa nova configuração política — o Estado-nação —, eles tiveram de cavar fundo no passado e reunir fragmentos e peças de diversas histórias culturais locais para moldar um novo mito unificado de origens nacionais.

O advento de novas tecnologias numa sociedade é também condicionado, em grande parte, pela consciência cultural. Por exemplo, em 1831 os europeus inventaram o clorofórmio para o uso cirúrgico. Séculos antes, os chineses inventaram a acupuntura e a usaram como anestésico. Por que os europeus nunca descobriram a acupuntura e os chineses nunca descobriram o clorofórmio? Porque as idéias européias e chinesas de espaço, tempo e realidade eram imensamente diferentes.

A cultura dos chineses, com sua ênfase nos contextos, no pensamento holístico, na complementaridade dos opostos e na harmonia com a natureza, predispunha-os a descobertas como a acupuntura. A mente européia, sendo mais reducionista, analítica e imparcial, predispunha-se a descobertas como o clorofórmio. Não se sugere com isso que a consciência cultural predetermine rigidamente avanços evolucionários específicos na tecnologia, mas simplesmente que ela condiciona a mente a ver o mundo de uma certa maneira, levando por conseguinte a novas descobertas que se conformam à percepção mental que têm os povos do esquema das coisas.

Claro que a consciência cultural não é estática. Novas descobertas e invenções modificam continuamente a consciência espacial e temporal, podendo promover uma transformação no próprio paradigma da cultura, bem como mudanças nos arranjos econômico e político. Mas eu sugeriria que no transcurso histórico a experiência que as pessoas têm da realidade começa com a criação de uma história acerca de si mesmas e do mundo, e que tal história age como uma espécie de DNA cultural básico para todas as permutações evolucionárias que se seguem.

O ponto aqui é que a cultura não é e nunca foi uma extensão nem do mercado nem do governo. Pelo contrário, os mercados e governos são extensões da cultura. São instituições secundárias, não primárias. Existem graças às culturas que as criam. Jean Monnet percebeu isso, admitindo no final da década de 60 que "se o processo de construção européia tivesse de começar de novo, seria melhor que começasse pela cultura"[1].

Após um longo período de colonização nas mãos do mercado e do Estado-nação, a sociedade civil — juntamente com as forças culturais mais profundas que a embasam — vem procurando restabelecer seu papel central no esquema da vida pública. E, como todos os movimentos de libertação, os primeiros pré-requisitos para reafirmar sua proeminência é despojar-se de grande parte das expressões que vieram a defini-la. Os ativistas se queixam de que a sociedade civil não é o "terceiro setor", como afirmam muitos acadêmicos, e sim o primeiro. Similarmente, categorizar grupos da sociedade civil como "organizações sem fins lucrativos" ou "organizações não-governamentais" faz com que pareçam menos significativas que as instituições comerciais ou governamentais, ou meras sombras delas. Uma nova geração de ativistas prefere ver suas instituições como organizações da sociedade civil (OSCs). Também definem sua atividade como um serviço, e não como um voluntariado, para exprimir sua importância no desenvolvimento e na reprodução da cultura.

O alcance da sociedade civil é impressionante. Um estudo realizado pelo Projeto Comparativo do Setor sem Fins Lucrativos da Universidade Johns Hopkins, envolvendo 22 nações, descobriu que o setor sem fins lucrativos é uma indústria de 1,1 trilhão de dólares que emprega 19 milhões de trabalhadores em tempo integral. Os gastos do setor nesses países correspondem em média a 4,6% do produto interno bruto, e seus empregos constituem 5% de todos os empregos não agrários, 10% dos empregos na área de serviços e 27% dos empregos públicos[2].

Diversas nações européias exibem hoje níveis de emprego no setor sem fins lucrativos superiores aos dos Estados Unidos. Na Holanda, 12,6% do total dos empregos remunerados pertencem a esse setor. Na Irlanda, 11,5% de todos os trabalhadores atuam em iniciativas sem fins lucrativos, enquanto na Bélgica são 10,5%. No Reino Unido, a porcentagem é de 6,2% da força de trabalho, enquanto na França e na Alemanha é de 4,9%. A Itália tem atualmente mais de 220 mil organizações sem fins lucrativos, e o setor emprega mais de 630 mil trabalhadores em tempo integral[3].

O crescimento no nível de empregos no setor sem fins lucrativos foi maior na Europa durante a década de 90 do que em qualquer outra região do mundo, expandindo-se em média 24% na França, na Alemanha, na Holanda e no Reino Unido[4]. A expansão deste setor em tais países representou sozinha 40% do crescimento total de empregos, ou 3,8 milhões de vagas[5].

É interessante notar que nos dez países europeus com dados de receita disponíveis, os impostos sobre produtos e serviços responderam por entre um terço e metade da arrecadação do setor sem fins lucrativos entre 1990 e 1995. Globalmente, nos 21 países com dados disponíveis, 49% da receita do setor advinha de impostos sobre produtos e serviços. Nos EUA, o número é de 57%[6]. A proporção de fundos advindos dos setores público e filantrópico, porém, declinou em muitos países, desfazendo com isso o mito insistente de que o setor sem fins lucrativos depende virtualmente do governo ou da caridade privada para sustentar-se.

O serviço comunitário é muito diferente do trabalho no mercado. A contribuição do indivíduo é livre, e nasce da simpatia pelos outros. Embora as atividades tenham conseqüências econômicas, estas são subordinadas ao intercâmbio social. A meta não é a acumulação de riqueza, mas a coesão social e o bem-estar.

Diversamente do capitalismo de mercado, que se funda na idéia de Adam Smith de que o bem comum é promovido se cada pessoa buscar seu interesse individual, a sociedade civil parte da premissa oposta — a de que se cada pessoa der de si aos outros e otimizar o bem social da comunidade como um todo, seu próprio bem-estar será promovido.

Numa economia globalizada de forças impessoais de mercado, a sociedade civil tornou-se um importante refúgio social. Ela é o reduto onde as pessoas desenvolvem um senso de intimidade e confiança, de propósito compartilhado e identidade coletiva. O terceiro setor é o antídoto para um mundo cada vez mais definido em termos estritamente comerciais.

Organizações da sociedade civil proliferaram por todo o mundo nos últimos 20 anos. Em grande parte, elas constituem uma reação à nova economia globalizada, em que as forças de mercado se encontram mais afastadas e são menos responsáveis perante as comunidades locais, e os governos se tornaram a um só tempo pequenos demais para lidar com problemas que cruzam fronteiras e afetam o mundo como um todo — como o aquecimento global, a imigração ilegal, os vírus de computador e as ameaças terroristas — e grandes demais para acomodar as necessidades de bairros e comunidades locais. Organizações da sociedade civil permitem às pessoas promover seus próprios interesses num mundo em que corporações e governos estão menos propensos a fazê-lo. Ativistas civis afirmam que a excessiva confiança num mercado global desregulamentado levou a uma ganância e a uma exploração capitalista sem freios, diminuindo ao mesmo tempo o papel tradicional do governo como agente redistributivo e provedor de serviços sociais essenciais. Os autores do estudo da Johns Hopkins sobre o crescimento dramático das instituições da sociedade civil concluem que o sucesso dessas organizações se deve a sua capacidade de preencher o vácuo deixado pelos fracassos do mercado e dos governos.

As OSCs são mais flexíveis que os governos e mais profundamente ancoradas na geografia do que as empresas. O lema da sociedade civil é "pense globalmente e aja localmente". Organizações da sociedade civil distribuem-se muitas vezes através de fronteiras nacionais, representando todavia os interesses de vizinhanças e comunidades locais. Elas conseguem ser transnacionais e globais, e ao mesmo tempo comunais e locais, o que as converte nos agentes sociais mais adequados para dar conta da multidão de problemas que confrontam a humanidade num mundo mais denso e interconectado.

Abrindo Espaço para um Novo Parceiro Político

As OSCs pressionaram por maior representação em todos os países e nas instituições globais como as Nações Unidas, o Banco Mundial, o FMI e a Organização Mundial do Comércio. A participação permitida, contudo, raras vezes foi mais que superficial e consultiva em natureza. A UE tornou-se o primeiro governo a reconhecer formalmente as OSCs como parceiras plenamente desenvolvidas nas redes de política pública. A União Européia reconheceu a sociedade civil como o "terceiro componente" de sua governança, vendo-a como desempenhando "uma função intermediária entre o Estado, o mercado e os cidadãos"[7]. Há um crescente entendimento de que o próprio sucesso da UE como um novo tipo de Estado regulatório depende, em grande medida, da eficiência das organizações da sociedade civil em representar os interesses de constituintes reais cujas preocupações transcendem fronteiras locais, regionais, nacionais e mesmo da União Européia. As OSCs levam uma verdadeira "democracia participativa" ao processo de governo, o que as torna agentes críticos no novo experimento político. Os governantes sabem que sem a ativa e plena participação delas, a UE provavelmente não vingará. O Comitê Econômico e Social (CES) da UE observou que "um dos maiores desafios para a governança européia é assegurar a participação efetiva da sociedade civil organizada"[8].

Romano Prodi, presidente da Comissão Européia, sublinha a importância da nova parceria política. Ele antevê "instituições, governos nacionais, autoridades regionais e locais e a sociedade civil interagindo de novas maneiras na UE: consultando uma às outras numa vasta gama de assuntos; moldando, implementando e monitorando juntas a política"[9]. Esse processo é o que o presidente Prodi chama de "Europa em rede"[10].

Embora a representação formal das OSCs em redes de política pública ainda seja fraca, o mero fato de a UE reconhecer uma parceria em três setores tem grande significância história. Recorde-se que o Estado-nação foi, desde o início, um servo dos interesses comerciais. Sua missão fora proteger os direitos proprietários e criar condições favoráveis à extensão geográfica das forças de mercado. A política de dois setores — comércio e governo — foi a realidade sempre presente da era moderna.

Agora que as forças comerciais superaram seu reduto nacional e levaram suas atividades a um campo de atuação global, elas dependem muito menos dos Estados-nação para a proteção de seus interesses proprietários. Com efeito, companhias globais podem agora pôr Estados uns contra os outros — ameaçando transferir suas operações para outras partes caso seus interesses não sejam atendidos —, o que converte os Estados em reféns e os deixa cada vez mais subservientes aos propósitos comerciais dessas empresas. E, se os Estados não conseguem se conciliar com interesses comerciais globais, órgãos reguladores como o FMI, o Banco Mundial e a Organização Mundial do Comércio podem impor sanções e exigir sua observância.

A dissolução da parceria entre comércio e Estado debilitou este último e reduziu seu poder. A corte que a UE faz à sociedade civil é uma tentativa de restabelecer sua influência política numa era de comércio global. Renunciando a parte da soberania que lhe resta e congregando seus interesses e os das organizações da sociedade civil, os Estados-nação podem atuar coletivamente num campo geográfico maior e, com isso, negociar mais efetivamente condições de envolvimento com instituições corporativas globais cujo poder ofusca o de muitos Estados-nação individuais e cuja influência abarca todo o globo.

Descobrindo um Terreno Comum entre os Direitos Humanos Universais e a Identidade Cultural Local

A mais notável mudança política das últimas três décadas foi o crescente envolvimento do setor da sociedade civil no processo político. Há três grandes divisões na sociedade civil. Em primeiro lugar há todas aquelas organizações e atividades que promovem a religião, a educação e as artes; que prestam serviços sociais; que zelam por bairros e comunidades; e que fomentam a recreação, os esportes e o lazer. Em maior parte, essas atividades confinam-se dentro de fronteiras nacionais, e em geral não são abertamente políticas. Em segundo lugar há as organizações dos "direitos", cujos objetivos têm um viés muito mais político e cujas atividades, na maioria dos casos, se estendem para além de fronteiras nacionais e ligam-se a questões mais universais. Em terceiro lugar há as muitas organizações que representam os interesses de culturas locais e subgrupos étnicos e cujo propósito é preservar suas tradições, seus rituais e seus valores e representar seus interesses grupais, tanto nacional como internacionalmente, para assegurar sua sobrevivência e crescimento.

O movimento pelos direitos civis, o movimento ambientalista, o movimento pelos direitos das mulheres, o movimento pelos direitos humanos, as campanhas contra a pobreza, as campanhas contra a pobreza, o movimento pela paz, o movimento pelos direitos dos deficientes, o movimento pelos direitos dos homossexuais, o movimento pelos direitos dos animais, o movimento pelos direitos do consumidor e o movimento contra a eugenia remodelaram o panorama político. Esses movimentos da sociedade civil transcendem as fronteiras territoriais dos Estados-nação. Sua visão é universal. Suas metas são globais. Eles buscam uma transformação na própria consciência humana — uma nova ciência dos direitos de todo indivíduo e da indivisibilidade da comunidade viva da Terra. A União Européia se tornou o local onde esses movimentos estão começando a fazer ouvir suas vozes, dentro e fora dos corredores do poder político.

Vale observar que as novas OSCs transnacionais e politicamente ativas dos direitos não foram as primeiras a romper os grilhões das prerrogativas do Estado-nação na arena internacional. Um gênero anterior de organizações internacionais não governamentais, de caráter técnico e profissional, sedimentou o caminho para os novos agentes. O Bureau Internacional de Pesos e Medidas, a União Internacional para a Proteção das Obras Literárias e Artísticas, o Bureau Internacional de Estatística Comercial, a Organização Internacional do Trabalho, o Instituto Internacional de Agricultura e a Associação Internacional de Sismologia estiveram entre as milhares de organizações não governamentais que proliferaram entre a virada do século e os anos 60[11].

Como os movimentos dos direitos que as sucederam e que começaram a firmar raízes no fim da década de 60, após o movimento pelos direitos estudantis, estas OINGs mais antigas baseavam-se na participação individual, na associação voluntária e em práticas democráticas. Sua meta era estabelecer normas universais para campos, esforços ou atividades particulares. Elas procuraram influenciar o comportamento político e comercial conquistando a aceitação e adoção de suas normas por parte de instituições importantes em ambas as arenas. Elas representavam uma terceira força com propósitos não impositivos, cuja influência se baseava em grande parte na perícia técnica ou profissional e em normas racionais de comportamento.

Os novos movimentos transnacionais dos direitos também procuraram estabelecer códigos universais de conduta, não de natureza técnica ou profissional, mas sim para reger o comportamento humano em si. Sua legitimidade não se baseia na perícia profissional, fluindo antes de um senso profundo da consciência humana. Eles atraem a empatia humana, mais que o cálculo racional. Suas visões se orientam por valores intrínsecos, não por preocupações utilitárias. Sua meta é menos materialista e mais idealista. Seus esforços se destinam a promover não somente o crescimento econômico, mas a qualidade de vida. Para eles, a transformação pessoal, além do mero avanço material, torna-se uma medida equivalente de progresso.

Enquanto as OSCs dos direitos concentram muitas vezes sua atenção para além de fronteiras nacionais, as de orientação étnica concentram-se geralmente aquém de tais fronteiras, em regiões específicas. Às vezes os objetivos das OSCs étnicas complementam os da UE, e por outras vezes conflitam com eles. Apesar de o lema da UE ser "unidade na diversidade", as subculturas que permeiam a Europa são muitas vezes insulares e xenófobas, temendo os efeitos da europeização e da globalização em suas comunidades. Se as OSCs dos direitos humanos universais são mais cosmopolitas e mundiais em suas orientações, as subculturas locais podem muitas vezes ser defensivas e reacionárias, mais voltadas a construir muralhas do que a eliminar fronteiras.

A dificuldade com as muitas subculturas que pontilham a paisagem européia é o fato de que sua história entrelaça-se profundamente com seu território. Num mundo globalizado de maior mobilidade e fronteiras em rápido desaparecimento, as subculturas territoriais sentem-se amiúde sitiadas. Seus temores e sua ira voltam-se freqüentemente contra imigrantes e pessoas em busca de asilo, que eles vêem como ameaças a sua capacidade de preservar sua identidade cultural. O sentimento de estar sendo "invadido" leva muitas vezes ao ódio aos estrangeiros e a movimentos políticos de extrema direita.

Ainda assim, subculturas locais, especialmente as que existem como minorias dentro de uma cultura maior que afirma representar a identidade nacional, encontraram razões para fazer causa comum com a UE. Os escoceses e catalães, por exemplo, vêem a UE como uma espécie de força libertadora. Fazer parte de um órgão político maior e transnacional lhes conferiu maior mobilidade dentro de suas próprias nações. Hoje, subculturas locais, atreladas a regiões geográficas específicas, podem muitas vezes evadir as restrições do Estado-nação e estabelecer elos políticos, comerciais e sociais no nível da União Européia, o que lhes proporciona um grau de independência e autonomia superior ao que elas possuíam sob o domínio do Estado-nação.

Os arquitetos da UE começaram a ver um potencial aliado nos agrupamentos culturais e abriram canais políticos diretos com subculturas locais, procurando amortecer a influência dos Estados-nação. Antonio Ruberti, ex-comissário de Ciência, Pesquisa, Desenvolvimento Tecnológico e Educação da União Européia, resumiu grande parte dos sentimentos ambíguos que vigoram em Bruxelas quanto ao estatuto das culturas locais. "Embora seja uma desvantagem em certos respeitos", observa Ruberti, "em maior parte a diversidade européia representa um trunfo"[12].

Os grupos étnicos e de direitos com freqüência se sobrepõem e compartilham propósitos comuns. Por exemplo: organizações dos direitos humanos universais apóiam a luta do povo tibetano por preservar sua identidade e autonomia contra os avanços políticos chineses e a repressão que ameaçam sua própria existência. Mas com a mesma freqüência grupos étnicos e de direitos se engalfinham entre si. Isso ocorre porque os últimos representam em última instância os interesses globais de indivíduos livres, enquanto a preocupação dos primeiros é com os interesses mais tradicionais das comunidades. Por exemplo, alguns grupos culturais na África ainda praticam a mutilação genital feminina e consideram-na um rito de passagem para a vida adulta. Grupos femininos no Primeiro e no Terceiro Mundos procuraram dar fim a essa prática, afirmando que ela viola o direito humano básico das mulheres de controlar seus corpos. Eles afirmam que ela constitui um meio de os homens manterem as mulheres na servidão.

O que torna o Sonho Europeu tão interessante e problemático é o fato de que ele procura incorporar sob a mesma alçada os direitos humanos universais e novos direitos culturais provincianos. Isso é algo muito diferente do programa do Estado-nação, cujas metas se limitavam à proteção dos direitos à propriedade individual e à liberdade civil, e à assimilação e integração de subgrupos numa única identidade nacional. Acomodar ao mesmo tempo o multiculturalismo e os direitos humanos não é uma tarefa fácil. Cumpre lembrar que as comunidades culturais têm raízes na família, em elos de parentesco e/ou em experiências religiosas compartilhadas, ancorando-se geralmente em ambientes físicos. Os vários movimentos pelos direitos humanos, em contraste, são universais, não particulares. Sua ênfase recai sobre o indivíduo, não sobre o grupo. Seu ambiente é a biosfera, não um território.

A verdadeira questão em pendência na Europa é a possibilidade ou não de seus povos estenderem suas filiações e aspirações do particular para o universal e do local para o global. É possível coexistir ou mesmo florescer num mundo de lealdades tão divididas? Pode-se ser um catalão e ao mesmo tempo um espanhol, um europeu e um cidadão global? Na medida em que as culturas locais se sentem ameaçadas por forças nacionais, transnacionais e globais maiores, elas propendem a ver as culturas como "posses a defender", e imergem ainda mais na mentalidade do "meu *versus* teu". Por outro lado, na medida em que vêem a europeização e a globalização como meios de se libertarem do velho jugo do Estado-nação e de conquistarem maior independência, mobilidade e acesso ao mundo exterior, elas podem passar a ver suas culturas mais como "dádivas a compartilhar", o que as levaria a um relacionamento menos antagônico e mais cooperativo com as outras culturas. Não há dúvidas de que a idéia de uma "Europa em rede" condiz mais naturalmente com a segunda possibilidade.

Qual tendência tem mais chances de prevalecer? Atualmente tanto a escola cultural xenófoba como a pluralista estão na partida. A questão dos resultados futuros depende em grande medida de os interesses de base étnica e de base nos direitos conseguirem ou não chegar a um entendimento entre si e com a União Européia, num campo geográfico ampliado que se estende da arena local para a transnacional. Se a UE conseguir promover a união desses interesses variados em redes de governo pan-européias, o palco será lançado para um novo tipo de política, mais adequado aos desafios de um mundo em processo de globalização. O sucesso do Sonho Europeu depende, em grande medida, da capacidade de fazer-se da identidade cultural, dos direitos humanos universais e da governança européia uma relação unificada, e não contraditória.

A nova parceria entre a UE e organizações da sociedade civil há de se mostrar difícil de administrar. Precisamos ter em mente que as OSCs se altercam muitas vezes com o governo em questões de política oficial. Os governos, por sua vez, vêem-nas freqüentemente como ameaças a sua autoridade, e procuram solapar sua credibilidade e desacreditar sua legitimidade.

Não surpreende, portanto, que a UE nem sempre tenha acolhido de braços abertos a participação do terceiro setor. Foi a combinação entre a incessante pressão pública e a mobilização do apoio popular por trás dos programas das OSCs que conquistou o reconhecimento governamental e lhes concedeu um lugar no debate formal quanto à política pública.

O ex-secretário-geral da ONU Boutros Boutros-Ghali caracteriza os movimentos e organizações da sociedade civil como "uma forma básica de representação popular no mundo atual". Ele diz que "a participação nas relações internacionais é, de certo modo, uma garantia da legitimidade política dessas organizações internacionais"[13].

A opinião de Boutros-Ghali, embora bastante compartilhada, é ainda polêmica em muitos setores. Embora a Assembléia Geral da ONU admita maior participação formal das OSCs em encontros internacionais, o Conselho de Segurança veta a participação da sociedade civil, como também a OMT. Algumas organizações globais, como o Banco Mundial e o FMI, aprovam da boca para fora a representação das OSCs, mas em geral limitam sua participação a um papel consultivo, com freqüência muitos passos distante dos procedimentos oficiais. Os Estados-nação e os governos provincianos e locais são igualmente ambíguos quanto à medida de participação formal que se deve conceder às OSCs. A maioria dos governos provavelmente preferiria limitar o envolvimento das organizações a uma função de monitoramento e comentário e à mobilização de apoio por trás de iniciativas governamentais, com parcerias formais limitadas à mera prestação de serviços. As OSCs, compreensivelmente, gostariam de figurar na mesa de decisões, com igualdade de voz e voto nas decisões políticas. As tensões entre os dois setores muitas vezes se incendeiam e extravasam pelas ruas. Protestos da sociedade civil em foros políticos globais e na UE, bem como em conferências e encontros de nível nacional e regional, aumentaram dramaticamente em anos recentes.

Muito da ambivalência por parte dos atores do governo e o crescente senso de frustração e irritação por parte dos ativistas se explica por programas políticos conflitantes. Movimentos transnacionais da sociedade civil usam seu poder para conquistar crescente reconhecimento para os direitos universais dos indivíduos — bem como da natureza — sob o amparo de leis internacionais, e procuram fazer com que o governo responda pelo cumprimento de tais leis. Sua meta final é criar uma nova esfera política planetária conectando diretamente indivíduos e a natureza por intermédio de pactos e convenções globais. Organizações da sociedade civil que representam subculturas locais consomem, no outro extremo, parte da soberania nacional. Elas estão constantemente em busca de novos meios de conquistar maior autonomia regional e local, e uma voz mais independente em decisões que afetem suas comunidades. Os Estados-nação sentem que as metas das organizações da sociedade civil dos direitos e das subculturas ameaçam por vezes sua própria soberania e hegemonia, e procuram ou absorver ou ignorar os esforços ativistas por conquistar um espaço no processo político.

A União Européia, por outro lado, mostrou-se um pouco mais aberta no tocante a integrar a sociedade civil a sua esfera política, muito embora mesmo em Bruxelas haja nichos de resistência à idéia de promover maior participação das OSCs. A razão para que a UE esteja disposta a partilhar pelo menos parte de seu poder de governo com organizações da sociedade civil é o fato de elas trazerem consigo o tipo de credibilidade local e popular de que Bruxelas tanto necessita para sustentar efetivamente sua legitimidade num mundo acossado por forças locais, nacionais, regionais e globais.

Um estudo recente realizado pela Edelman PR, uma das maiores firmas de relações públicas do mundo, descobriu que entre os líderes de opinião pública, especialmente na Europa, as organizações da sociedade civil são vistas mais favoravelmente e recebem níveis maiores de confiança do que os setores comercial ou governamental. Enquanto 41% dos líderes europeus de opinião pública mostravam-se favoráveis às OSCs na Europa, somente 28% viam favoravelmente as empresas, e meros 17% eram favoráveis ao governo[14]. Líderes de opinião nos EUA, contudo, mostravam-se mais favoráveis às empresas e ao governo, com 40% vendo favoravelmente o comércio e 46%, as instituições políticas. Somente 34% eram favoráveis às OSCs[15].

Quando o assunto é confiança, uma vez mais os líderes de opinião na Europa dizem que confiam mais nas OSCs do que nas empresas ou no governo. Os números são sugestivos. Cinqüenta e um por cento dos líderes de opinião dizem confiar nas OSCs, enquanto somente 41% dizem que confiam nas empresas e magros 26% afirmam ter confiança no governo. Também nesse caso os líderes de opinião nos Estados Unidos expressam maior confiança no governo e nas empresas do que nas OSCs, mas a diferença de confiança entre os três setores é mínima[16]. Outras pesquisas revelam constatações similares.

Assim, não é difícil compreender por que a União Européia abraçou, ao menos como tentativa, a idéia de compartilhar a governança com OSCs em redes de política européias. As OSCs possuem um vasto apoio público e conferem uma impressão de democracia participativa ao processo político. A UE é muitas vezes criticada por não estreitar o que os observadores chamam de "déficit democrático". Com as pesquisas européias de opinião pública mostrando um apoio morno à União Européia, os burocratas em Bruxelas têm tudo a ganhar e pouco a perder acolhendo as OSCs como parceiras em redes políticas pan-européias.

Igualmente importante, as OSCs são o motor social para preservar a diversidade cultural por toda a União Européia e mobilizar o apoio público por trás dos programas de direitos universais. Elas se encontram inseridas em comunidades geográficas e, ao mesmo tempo, conectadas em suas atividades para além das fronteiras regionais e mesmo da UE. São agentes locais, transnacionais e globais, e parceiras políticas essenciais para um Estado regulatório da UE dedicado a promover tanto a diversidade cultural como os direitos humanos universais.

O que está ficando claro é que num mundo cada vez mais dominado por interesses corporativos globais, os governos de todos os níveis — municipal, regional, nacional e transnacional — terão de estabelecer com as organizações da sociedade civil profundas redes políticas interligadas, como meio de reunir poder suficiente para servir como um efetivo contrapeso à arena comercial.

12
O Dilema da Imigração

A EUROPA É UM CALEIDOSCÓPIO de diversidade cultural. Os habitantes da União se dividem em uma centena de diferentes nacionalidades que falam 87 línguas e dialetos diferentes, o que faz da região uma das áreas mais culturalmente diversificadas do mundo[1].

Por muito tempo, a comunidade empresarial e a elite política da Europa viram esses enclaves culturais como obstáculos ao progresso, como remansos históricos que resistiam à mudança e fomentavam preconceitos tradicionais contra outros grupos, especialmente imigrantes e estrangeiros. Os Estados-nação tentaram assimilá-los às culturas nacionais dominantes, mas só tiveram um sucesso parcial. As culturas locais se mostraram bastante resistentes.

Os primeiros visionários da UE, como suas contrapartidas políticas no Estado-nação, inquietavam-se com a idéia de acomodar culturas distintas. Eles temiam que culturas locais se mostrassem avessas à europeização e, com isso, abriram-lhes pouco espaço nas mesas. Nos anos 70, contudo, o multiculturalismo experimentou uma espécie de ressurgência. Uma nova geração de estudiosos pós-modernos aderiu a sua causa, afirmando que o projeto do Iluminismo, com sua ênfase em grandes metanarrativas, na hegemonia do Estado-nação e em ideologias monolíticas, era o verdadeiro empecilho à mudança. Os pós-modernos afirmavam que a ênfase em visões unificadas de perspectiva única só servia para apoiar um projeto colonial que fomentava a intolerância contra outros pontos de vista e gerava repressão e violência contra minorias nacionais e povos do estrangeiro. Num mundo cada vez mais dominado por forças comerciais globais e burocracias políticas remotas e impessoais, os pós-modernos defendiam um antídoto na forma de perspectivas multiculturalistas e da reificação de culturas locais.

Se na era do Estado-nação a luta era classista e se centrava na questão da posse e distribuição de capital e na proteção dos direitos à propriedade privada, numa era global a luta é pela diversidade e se concentra antes em preservar a identidade cultural do indivíduo e promover os direitos de acesso num mundo densamente conectado e interdependente.

O que a maioria das pessoas teme numa era de globalização em que todas as velhas barreiras estão sendo derrubadas é perder-se e ser deixadas de fora. As afiliações culturais do indivíduo lhe proporcionam uma identidade grupal mais ampla e representam um meio de ele ser ouvido, de conquistar um porto seguro no novo mundo multinivelado. Ter acesso é um meio de ser incluído no fluxo maior de atividades que conduz a raça humana inexoravelmente a uma arena comercial compartilhada e a uma praça pública global. A ressurgência da identidade cultural, portanto, serve a uma dupla função. Ela tanto estabelece uma fronteira para que o indivíduo se diferencie do mundo externo como proporciona um poderoso veículo social de que ele pode se valer para preservar seu direito de acesso aos fluxos globais que o rodeiam.

Da Política Classista à Política Cultural

Administrar a diversidade cultural já seria difícil o bastante se fosse meramente o caso de se acomodarem os propósitos amiúde conflitantes das subculturas existentes na Europa. A situação é exacerbada pelo aumento dramático de culturas imigrantes vindas de fora da União Européia.

A globalização dos fluxos de capital criam novas divisas. Os pobres do mundo são forçados a imigrar para onde quer que o capital fixe residência. É uma questão de encontrar trabalho. Na Europa, as empresas estão ansiosas por recrutar operários imigrantes mais baratos para cortar seus custos de mão-de-obra e permanecer competitivas nos mercados mundiais. Grupos imigrantes muitas vezes aceitam empregos que a população nativa recusa. A mão-de-obra barata dos imigrantes tem também o efeito de reduzir os salários de todos. Além disso, num mercado de trabalho em depressão, com alto desemprego estrutural, os europeus temem que grupos imigrantes abocanhem os poucos empregos disponíveis no setor fabril e de serviços, às expensas dos nativos.

Há também o temor de que as culturas imigrantes esgotarão ainda mais um sistema de bem-estar social já sobrecarregado, consumindo preciosos serviços sociais. Numa era caracterizada por altos impostos e benefícios diminuidores de bem-estar social, as populações nativas, e especialmente comunidades culturais locais menos favorecidas, têm aversão a ver seus impostos sendo investidos na educação de "estrangeiros" e na provisão de benefícios de bem-estar social para apoiar suas famílias.

Ultimamente, as comunidades culturais nativas têm afirmado que imigrantes pobres representam uma ameaça real à segurança pública. É verdade que uma quantidade desproporcional de imigrantes comete crimes e acaba na cadeia. Na Alemanha, por exemplo, os estrangeiros perfazem assombrosos 33% da população carcerária, muito embora não representem senão 9% da população do país. Na França, 26% dos prisioneiros são imigrantes, enquanto os estrangeiros só compõem 8% da população[2].

A principal razão para a criminalidade elevada é o alto índice de desemprego entre estrangeiros que vivem em países da UE. Na Alemanha, 15% da população operária imigrante se encontra desempregada, comparados com 7% da população nativa. Na França, o índice de desemprego entre imigrantes masculinos é de 20%, comparado com 9% da população nativa. Os europeus estão ficando cada vez mais receosos. Numa pesquisa recente realizada pela Comissão Européia, 39% dos residentes da UE dizem que imigrantes legais deviam ser mandados para casa se estivessem desempregados. Os imigrantes replicam que gostariam de trabalhar, mas que são sistematicamente excluídos do emprego em muitas indústrias. Na França, há mais de 50 profissões que excluem de empregos os não-nativos da UE, incluindo as de piloto de avião, farmacêutico, diretor de funerária, parteira e arquiteto. Os estrangeiros não têm nem mesmo o direito de obter licença para vender álcool e tabaco. Outros países impõem restrições empregatícias similares[3].

Os imigrantes são freqüentemente discriminados pelos países em que se fixam. A discriminação, por seu turno, perpetua o ciclo de alienação e miséria, despertando as chamas da inquietação social entre os imigrantes e criando um tipo de círculo vicioso difícil de romper. Além disso, os pais de imigrantes muitas vezes não podem exercer sobre os filhos o mesmo tipo de controle paterno que poderiam em sua terra natal. A ruptura da autoridade familiar, combinada com a pobreza abjeta e a sensação de desarraigamento, provoca uma intensa e crescente mescla de crimes e comportamentos anti-sociais.

Os europeus, em grande maioria, sentem-se inundados e soterrados pelo impacto da imigração. O ressentimento tem se acumulado lentamente ao longo do último meio século, e agora ameaça arruinar o processo de europeização. Somente

21% dos europeus entrevistados em 2000 se consideram "ativamente tolerantes" a imigrantes. Mais de metade da população entrevistada da Europa disse que a qualidade da educação padece se a porcentagem de imigrantes no meio escolar "for alta demais"[4]. Mais que isso, metade da população da UE concordou em que "pessoas de grupos minoritários abusam do sistema de bem-estar social"[5].

Mesmo no Reino Unido, por muito tempo conhecido por ser um pouco mais tolerante com imigrantes, dois terços dos entrevistados diziam que havia estrangeiros demais em seu país[6]. Similarmente, de acordo com uma pesquisa na Alemanha, dois terços da população favorecem controles de imigração mais rígidos[7]. O crescente ressentimento contra imigrantes fomentou o surgimento de partidos antiimigrantes de extrema direita, muitos dos quais gozam de grande apoio popular. A Liga Norte da Itália, o Partido Popular Suíço, o Partido da Liberdade da Áustria e a Frente Nacional francesa tiveram grande sucesso nas pesquisas, graças a seu apelo populista de ataque aos imigrantes[8].

A UE Como Terra de Imigrantes

Embora os países europeus tenham experimentado ondas migratórias no passado, os números, até recentemente, foram relativamente pequenos em comparação com os dos Estados Unidos. Os EUA são uma nação de imigrantes. Todos — com a exceção dos índios americanos — vieram de outras partes, e a maioria dos imigrantes, pelo menos durante os primeiros três séculos, provinha da Europa. Em contraste, as culturas européias em muitos casos existiram na mesma região por milênios de história. Acolher recém-chegados mostrou-se um desafio e tanto.

A moderna onda de imigrantes começou a afluir para a Europa após a Segunda Guerra Mundial. A escassez de mão-de-obra ocasionada pela perda de tantos jovens na guerra levou a Alemanha, a França, a Bélgica e a Suíça a recrutar mão-de-obra barata no sul da Europa no fim dos anos 50 e nos 60, e na Turquia e na África Setentrional nos anos 50, 60 e 70[9]. Em maioria os operários estrangeiros eram tidos como trabalhadores convidados, sendo vistos como residentes temporários, e não permanentes. O Reino Unido, a França e a Holanda buscaram mão-de-obra imigrante em suas colônias no estrangeiro. A Itália e a Espanha logo seguiram o exemplo, acolhendo operários convidados para executar tarefas rasteiras no setor agrário[10]. A escassez de mão-de-obra por toda a Europa foi na época tão aguda que os imigrantes eram recebidos de braços abertos. Eram vistos como essenciais para os esforços de reconstruir as economias do continente, assoladas pela guerra. Nos anos 70, o dramático crescimento econômico do pós-guerra começou a arrefecer. O embargo do petróleo pela Opep em 1973 provocou uma recessão global e crescentes filas de desemprego em toda a Europa. O receio da perda de empregos suscitou ressentimentos políticos dos nativos e fez brotar movimentos antiimigrantes em praticamente todos os países europeus.

A imigração atingiu novo pico após o colapso do império soviético e a derrubada do Muro de Berlim. O *boom* econômico na Europa Ocidental nos anos 90 absorveu novos imigrantes. Muitos eram pessoas em busca de asilo e estrangeiros ilegais da Europa Central e Oriental, e especialmente da turbulenta Iugoslávia.

As sucessivas ondas de imigrantes que se encaminharam para a Europa Ocidental durante as últimas cinco décadas quase que se equiparou em intensidade às grandes migrações para os EUA na virada do último século. A Alemanha acolheu 24,5 milhões de imigrantes entre 1950 e 1988, enquanto a França abriu suas portas a 21,9 milhões de imigrantes. O Reino Unido, a Suíça e a Escandinávia, bem como os países baixos da Holanda, de Luxemburgo e da Bélgica, responderam por outros 25 milhões de imigrantes[11].

A Comissão Européia informa que em 1999 19 milhões de pessoas, ou 5,1% da população total dos 15 países membros, eram não-nativos. Trinta por cento dos migrantes, ou seis milhões de pessoas, eram de outros Estados da UE. Os outros 13 milhões de imigrantes, perfazendo 3,4% da população total da Europa, vinham de fora da UE. Para efeito de comparação, em 1985 havia somente 8,4 milhões de imigrantes de terceiros países (pessoas de fora da UE) vivendo na Europa, ou 2,3% da população total. Na Áustria, os não-nativos compõem 9% da população, e na Alemanha, aproximadamente 7%. Na França e na Suécia, os não-nativos perfazem 6% da população[12].

Os efeitos sociológicos desse tipo de rápida imigração podem ser estarrecedores. Por exemplo, na Alemanha em 1960 quase todos os que se casavam eram alemães. Em apenas um de cada 25 consórcios um dos cônjuges era estrangeiro. Em 1994, em um de cada sete casamentos um ou ambos os cônjuges eram estrangeiros. Os nascimentos são ainda mais reveladores. Em 1960, somente 1,3% dos recém-nascidos tinham o pai ou a mãe estrangeiros. Em 1994, 18,8% dos recém-nascidos tinham como estrangeiros o pai, a mãe ou ambos[13]. Casamentos interculturais parecem ter dois efeitos contraditórios. Eles com freqüência aprofundam o sentimento de diminuição da cultura alemã e provocam um entrincheiramento cultural mais duro e represálias contra estrangeiros. Ao mesmo tempo, a fusão de tradições culturais abre novos canais de comunicação entre as culturas e diminui parte das barreiras culturais, pelo menos entre crianças nascidas de casamentos mistos.

As tensões crescentes envolvendo o influxo de novos imigrantes levaram a Organização Internacional da Migração a concluir, num relatório publicado no verão de 2002, que havia uma visão prevalecente na Europa "de que as pressões da imigração atingiram níveis intoleráveis"[14]. O relatório alertava que os Europeus sentiam que suas identidades estavam sendo postas em risco pelo assomo de estrangeiros[15].

Como quer que seja, para pormos tudo isso em perspectiva, a taxa de migração líquida para a Europa entre 1990 e 1998 foi de 2,2%, enquanto para os EUA, durante o mesmo período, foi de 3%, e para o Canadá de 6%[16]. O sumo da questão é que, com justiça ou não, muitos europeus — nem todos — se sentem acuados pela imigração, e seus receios provavelmente não se abaterão tão cedo.

Repovoando o Velho Mundo

O ressentimento contra a imigração pressagia conseqüências graves para o bem-estar continuado da Europa. A triste verdade é que sem um aumento maciço na imigração oriunda de países externos à UE nas próximas décadas, a Europa provavelmente murchará e morrerá — tanto figurativa como literalmente.

De acordo com a Comissão Européia, a população total da UE deve atingir um pico por volta de 2022. Só nos próximos 15 anos a população acima dos 65 anos na Europa aumentará em 22%. A população com mais de 80 anos crescerá ainda mais rápido. O número de pessoas muito idosas aumentará em 50%, para mais de 20 milhões. O número de europeus entre as idades de 55 e 64 crescerá 20%, sendo que na França, em Luxemburgo, na Holanda e na Irlanda o aumento será de mais de 40%. Atualmente os idosos compõem 16% da população total da UE, mas em 2010 representarão 27% dessa população[17]. Os dados demográficos ficam ainda mais desoladores conforme avançamos século adentro. Em 2050, a população de idosos crescerá para 35%. Haverá 2,4 idosos para cada criança, e um terço da população européia terá mais de 60 anos[18]. O resultado é que a faixa etária mediana na Europa, que atualmente é de 37,7 anos, será de 52,3 em 2050. Em contraste, nos EUA a faixa etária mediana em 2050 não terá subido senão ligeiramente, para 35,4 anos[19]. A população total da Europa deve cair notáveis 13% entre 2000 e 2050[20]. Alguns países em particular se sairão ainda pior. Prevê-se que a Itália perderá um quinto de sua população até 2050[21]. (A Itália já tem a população mais idosa do mundo. Vinte e cinco por cento dos seus cidadãos têm mais de 60 anos.) A população atual da Espanha, de 39,9 milhões, deve cair para 31,3 milhões até 2050[22].

No coração do problema está a taxa assustadoramente baixa de fecundidade do continente. A Europa tem a taxa de fecundidade mais baixa entre todas as regiões do mundo. Na Espanha, na Suécia, na Alemanha e na Grécia, ela caiu para 1,4% ou menos, de acordo com a Organização Mundial de Saúde. Em países da Europa Oriental, como a Bulgária, a Látvia e a Ucrânia, a taxa de fecundidade é ainda mais baixa, de 1,1%[23].

Comparações históricas ilustram o fenômeno. Entre as mulheres nascidas na Alemanha Ocidental em 1950, 14,9% não tinham filhos. Das mulheres nascidas no mesmo país em 1965, contudo, 31,2% não os tinham[24].

A Comissão Européia alerta que "após séculos de contínua expansão, o fim do crescimento populacional na Europa está agora à nossa vista"[25]. O colunista do *Financial Times* Martin Wolf disse-o de modo mais brusco, afirmando que "a Europa está se tornando um gigantesco asilo de velhos"[26].

A única graça remitente em todas essas funestas estatísticas é o fato de que quando a UE passar de 25 a planejados 28 países, sua população total excederá os 550 milhões de pessoas. Os EUA, que têm uma taxa de fecundidade maior, não chegará aos 550 milhões de cidadãos antes de 2050[27].

Agregar novos países com população adicional não resolverá o problema de uma população em envelhecimento. Os governos estão preocupados. Eles adotaram uma série de programas para promover mais nascimentos. Ofereceram atraentes isenções tributárias aos pais, licenças-maternidade remuneradas, cuidados infantis gratuitos, redução nos custos de serviços públicos para famílias numerosas e assistência financeira para que jovens pais adquiram casas. Ainda assim, até agora essas iniciativas políticas tiveram pouco ou nenhum efeito[28].

Há várias razões para que as taxas de fecundidade continuem a cair. Os europeus ficam na escola por mais tempo e se casam mais tarde. As mulheres com carreiras têm protelado a decisão de ter ou não filhos. Muitos casais precisam que ambos os cônjuges trabalhem para manterem o padrão de vida que tinham durante sua época de crescimento. A contracepção, o aborto e o divórcio também tiveram seu papel em manter baixo o número de nascimentos. Além disso, muitos dos membros da geração mais jovem preferem estar menos atrelados a obrigações paternas e mais livres para gozar a vida.

A população em envelhecimento provavelmente fará com que a Europa perca sua vantagem competitiva na economia mundial durante a primeira metade do século XXI. Os sinais de alerta já são sinistros. Por toda a Europa, trabalhadores mais jovens estão se organizando para o que chamam de "justiça geracional"[29]. Eles sentem o fardo de ter de financiar benefícios de aposentadoria para a população mais velha. Recentemente, 30 mil jovens foram às ruas de Paris protestar contra o que viam como os benefícios excessivamente generosos usufruídos pela geração de seus pais[30].

Em 2006, mais gente estará se removendo da força de trabalho francesa do que a integrando. Com menos trabalhadores para proporcionar receita tributária para financiar os benefícios de aposentadoria, o governo francês, como o de outras nações européias, está sugerindo mudanças radicais em seu programa pensionista. Segundo a legislação recém-proposta, as pessoas terão de trabalhar quarenta anos, em vez dos atuais trinta e sete e meio, para ter direito aos benefícios integrais[31]. Os sindicatos combateram vigorosamente as reformas e promoveram dias de suspensão no trabalho por todo o país[32]. O primeiro-ministro Jean-Pierre Raffarin promete, contudo, continuar a exigir reformas na previdência, dizendo que "este é meu dever para com as futuras gerações"[33].

Na Alemanha, os benefícios dos aposentados já representam 15% do PIB, e até 2040 calcula-se que chegará até a 26%[34]. Na Áustria, o governo cortou os benefícios pensionistas em 10% e vem gradualmente aumentando a idade de aposentadoria de 60 para 65 anos[35].

Um número menor de trabalhadores mais jovens pagando pela aposentadoria de um número crescente de trabalhadores mais velhos — muitos dos quais se aposentam à idade de 55 e vivem da previdência por mais anos do que trabalharam — é algo claramente insustentável. Economistas alertam que o peso para a economia européia decorrente da necessidade de sustentar mais e mais aposentados provavelmente será catastrófico. A Comissão Européia estima que a participação da UE no produto mundial bruto poderia cair de seus atuais 30% para menos de 10%, o que faria da Europa uma região econômica de segunda categoria até a segunda metade do século XXI[36]. Como quer que se avalie a questão, a população em envelhecimento da Europa será um fardo cada vez mais pesado para a economia européia.

A realidade demográfica põe a Europa nas garras de um dilema. A única saída, excetuando-se uma onda milagrosa de fecundidade — o que é altamente improvável — é abrir os portões a milhões de novos imigrantes. Num artigo sobre o tema das mudanças demográficas na Europa, publicado na *Science Magazine* de 2003, os autores, Wolfgang Lutz, Brian C. O'Neill e Sergei Scherbov, escrevem que "vigora o receio de que, assim como o mundo vem entrando na fase mais competitiva de todos os tempos, a Europa pode vir a ser menos competitiva em comparação com as economias dos Estados Unidos e da Ásia, que são muito mais jovens e vêm se beneficiando do que se pode chamar de janela demográfica de oportunidades"[37]. Os pesquisadores concluem que a Europa precisaria acolher mais de um milhão de imigrantes por ano para ter o equivalente ao parto médio de um filho por mulher européia[38]. Só a Alemanha precisaria receber 500 mil jovens imigrantes todos os anos pelos próximos 30 anos, ou dobrar sua taxa de natalidade, para evitar um acentuado declínio demográfico de seus atuais 83 milhões de pessoas para menos de 70 milhões, e para reverter o envelhecimento de sua população, que deve subir de uma média atual de 41 para 49 anos até 2050[39].

A questão da imigração submete o Sonho Europeu a um teste supremo. Embora seja relativamente fácil falar de incentivo à diversidade e promoção da inclusividade, é bastante mais difícil abrir as portas a estrangeiros com os quais os nativos terão de compartilhar seu próprio espaço e sua própria sorte.

Os europeus se encontram, em certa medida, entre a panela e o fogo. Sem um influxo maciço de imigrantes pelas próximas décadas, eles envelhecerão e o projeto da Europa morrerá. Por outro lado, um dilúvio imigratório — que é o necessário para que a economia européia se sustente no cenário mundial — ameaça sobrecarregar orçamentos governamentais de bem-estar social já bastante pressionados e o senso dos povos de sua própria identidade cultural.

Diversamente dos EUA, onde acomodar as ondas de imigração foi relativamente fácil em função da disponibilidade de terra livre e barata, na Europa cada reduto e recanto já foi preenchido por grupos culturais diferentes. Há poucos espaços vazios para absorver recém-chegados. A maioria dos novos imigrantes conflui para áreas urbanas e suburbanas já congestionadas, onde se acotovelam com outros grupos imigrantes e com a população nativa na luta por um lugar onde levar a vida.

É difícil imaginar 50 milhões de imigrantes chegando à Europa entre hoje e 2050[40]. Mesmo esse número, diz a Comissão Européia, só faria uma diferença marginal na proporção de idosos dependentes em 2050[41]. De acordo com a comissão, "a imigração pode contribuir para preencher certas brechas específicas no mercado de trabalho europeu, mas não pode de modo algum deter ou reverter o processo do considerável envelhecimento populacional na Europa"[42]. Para fazer uma real diferença, essa imigração robusta teria de se combinar com uma dramática alta de fecundidade. Isso significa elevar o número de nascimentos novamente para 2,1%, nível em que a Europa conseguiria replicar exatamente sua população[43].

O aspecto mais estranho do que vem se desenrolando na Europa é a aparente discrepância entre a população em envelhecimento e um sonho jovem. No passado, civilizações animadas pela vitalidade e o dinamismo da juventude eram as que criavam novos e vigorosos sonhos para sua orientação futura. As revoluções francesa e americana foram promovidas por homens e mulheres jovens. Foi Thomas Paine, o grande líder revolucionário que lutou em ambas as revoluções, quem disse: "Toda idade e geração deve ser tão livre para agir por contra própria, em todos os casos, quanto o foram as idades e gerações que as precederam"[44].

O novo Sonho Europeu é de um tipo muito diferente. Ele não compartilha da paixão inicial do Sonho Americano, com sua visão de um povo jovem e eleito destinado à grandeza. É menos evangélico e mais paciente. Sua meta é a harmonia, não a hegemonia. Ele prenuncia um mundo futuro em que as pessoas poderão viver em paz entre si, usufruir boa qualidade de vida e ter a oportunidade de concretizar um sonho mais particular de transformação pessoal. Em suma, não é a exuberância da juventude, mas a sabedoria da idade que propele o Sonho Europeu.

Sonhos sempre envolvem expectativas para o futuro. Os imigrantes que chegaram à América estavam dispostos a se sacrificar para criar um mundo melhor para seus filhos. Suas esperanças foram sacralizadas pela taxa de natalidade. Ter filhos era o teste determinante de sua fé no futuro. Pode haver de fato um Sonho Europeu sem um comprometimento íntimo com reproduzir-se a população que será sua beneficiária?

Aumentar a taxa de fecundidade e abrir espaço para novos imigrantes requer sacrifício. A questão, então, é esta: num mundo pós-moderno em que a qualidade de vida e a transformação pessoal aqui e agora têm freqüente precedência sobre sacrifícios que beneficiarão outras pessoas num futuro distante, qual a possibilidade de que os europeus comprometam suas opções atuais em prol de gerar oportunidades para gente que ainda não está aqui? Eu sugeriria que o sucesso ou fracasso do emergente Sonho Europeu depende, em grande medida, de como a atual geração de europeus lidar com os problemas da fecundidade e da imigração. De que serve um sonho se não restar ninguém no futuro para se beneficiar de sua promessa? Para que o Sonho Europeu viva e seja concretizado, os europeus precisam enfrentar dois desafios críticos: reproduzir seus números de maneira sustentável e acolher estrangeiros em seu meio.

Diásporas Culturais e Multifidelidades

Há uma diferença fundamental entre o modo como a imigração se manifesta na Europa e o que temos visto tradicionalmente nos EUA. Aqui os imigrantes foram rapidamente assimilados pela cultura dominante. Muitos estavam ansiosos por deixar seus passados para trás. Seu sonho era tornar-se americanos. Os filhos de imigrantes, na maioria dos casos, sentiam-se embaraçados pelos costumes e trejeitos de seus pais, e faziam todo o possível para se despojar de seu passado. "Começar de novo" era parte e parcela do Sonho Americano.

A dinâmica da imigração na Europa é de natureza muito diversa. Os imigrantes não estão tão ansiosos por ser assimilados. Bem pelo contrário. A maioria leva consigo suas culturas, como os ciganos fizeram por séculos. Diásporas culturais promoverão uma reformulação da idéia de imigração e, com isso, criaram novos desafios e oportunidades na Europa e no restante do mundo.

Etnógrafos identificaram mais de duas mil nacionalidades no mundo atual. Como só há 200 Estados-nação reconhecidos pela lei internacional, a vasta maioria dos povos distintos vive como minorias em seus próprios países, ou como um povo deslocado vagando pelo mundo em busca de um lar[45].

A globalização dos fluxos financeiros, das comunicações e dos transportes acelerou o fluxo global de trabalho humano. O mundo vem experimentando um grande caos migratório, conforme indivíduos e povos inteiros levantam acampamento e seguem seu caminho para acompanhar o fluxo do capital. Milhões de seres humanos estão em trânsito a cada ano, a maioria movendo-se do Sul para o Norte e do Leste para o Oeste em busca de novas oportunidades econômicas em terras mais afluentes. Povos inteiros passaram a ser como os judeus errantes dos últimos dois milênios. Muitos, como os chineses étnicos, existem em comunidades cerradas destinadas a recriar suas culturas no exterior. Estima-se que 50 milhões de chineses vivam hoje fora da China[46].

A noção de diáspora subentende que a fidelidade e lealdade do indivíduo ainda se voltam parcialmente a sua tradicional terra natal. Uma terra natal é muitas vezes territorial, mas também se define em termos de costumes e tradições compartilhados, de um idioma comum, do folclore e da religião.

As comunicações e o transporte, em particular, permitiram às pessoas estar em dois mundos ao mesmo tempo. Nos séculos passados, as migrações terrestres e as viagens oceânicas rumo a terras distantes eram de costume permanentes. Poucos retornavam a seus países de origem. E a comunicação por carta com essas terras era tão imprevisível e exigia tanto tempo que pouco contato era mantido com a família e com amigos do país original. Embora os antigos estilos culturais permanecessem vivos no coração e nas práticas dos imigrantes, eles invariavelmente desapareciam após duas ou três gerações na nova terra.

Hoje, um imigrante egípcio que chegue aos EUA pode ver a programação televisiva de sua terra natal 24 horas por dia. Esportes, entretenimento e notícias mantêm o imigrante em dia com os últimos acontecimentos de seu país. A Internet, as linhas telefônicas e os telefones celulares proporcionam contato instantâneo com os parentes. Vôos baratos permitem viagens freqüentes entre uma terra e outra. Pode-se tomar parte numa rica rede de atividades comerciais, sociais e mesmo políticas com membros da mesma cultura isolados em nichos culturais por todo o mundo. Essas esferas públicas dispersas emprestam nova dimensão à idéia de cultura. Já não confinadas estritamente pela geografia, as culturas se tornam cada vez mais desterritorializadas e móveis. O ser do indivíduo se estriba menos num lugar do que num estado mental. As culturas passam a ser transnacionais e globais, assim como as atividades comerciais e políticas.

As pessoas vivem sua cultura "tanto aqui como lá", observa o sociólogo cultural Ulrich Beck[47]. Em caso algum isso é mais evidente do que nos recentes fluxos migratórios entre o México e os Estados Unidos. Um estudo detalhado das comunidades mexicanas nos EUA, feito pelo sociólogo americano Robert Smith, revela quão diversa é a nova imigração pós-moderna do século XXI em comparação com os modelos assimilacionistas, ou de "cadinho", dos séculos XIX e XX.

Smith comenta o estabelecimento de comitês de apoio em Nova Iorque compostos por trabalhadores oriundos do México que doavam dinheiro para a canalização de água potável e a reconstrução de igrejas, edifícios e mesmo praças centrais em suas cidades nativas. A soma coletada por imigrantes mexicanos vivendo nos EUA era com freqüência maior do que os gastos públicos em infra-estrutura de suas cidades. Esses imigrantes mexicanos também participavam ativamente de decisões sobre como os fundos deviam ser utilizados, e mantinham um diálogo contínuo com os governantes de suas comunidades nativas por meio de teleconferências[48]. Prefeitos mexicanos chegavam até mesmo a viajar para Nova Iorque para apresentar propostas de investimento comunitário às associações de imigrantes[49].

Empresas transnacionais também entrelaçam imigrantes nos Estados Unidos com suas contrapartidas no México. Por exemplo, a La Puebla Food Corporation, uma pequena empresa familiar que faz tortilhas em Nova Iorque, conecta sua produção e suas operações de marketing com empresas e mercados no México, criando sua própria versão de comércio transnacional.

Além disso, o número crescente de imigrantes mexicanos vivendo nos EUA lhe dá maior poder político. Candidatos a cargos públicos em grande parte do sudoeste dos EUA não têm chances de se eleger sem o apoio dos eleitores méxico-americanos. Isso dá às associações méxico-americanas o músculo político necessário para influenciar decisões políticas nos EUA que afetam os interesses vitais do México[50]. Tampouco o imigrante méxico-americano é um caso único. Estima-se, por exemplo, que o mero fluxo de fundos de imigrantes para suas comunidades nativas monte a mais de 100 bilhões de dólares por ano, com 60% destinando-se aos países em desenvolvimento. Isso excede a assistência oficial ao desenvolvimento para países do terceiro mundo[51].

Em muitos casos, a proliferação de diásporas culturais com fidelidades e lealdades divididas demonstrou-se comprometedora e mesmo ameaçadora para a população nativa. O influxo de muçulmanos na Europa, e especialmente na França, é um bom estudo de caso. Muçulmanos constituem hoje 8% da população francesa. Muitos dos quase cinco milhões de imigrantes muçulmanos — em maior parte da Argélia, do Marrocos e da Tunísia — são de segunda e terceira gerações[52]. Eles se consideram tanto franceses como muçulmanos. Por vezes, contudo, as duas lealdades colidem.

Em 2003, na cidade de Lyon, uma garota muçulmana de 16 anos usou um véu — traje tradicional entre as muçulmanas — numa escola pública, provocando em toda a França um fogo cerrado político acerca do que devia ser considerado o comportamento adequado para imigrantes vivendo no país. Os professores da escola consideraram o ato da garota provocatório e divisivo, e se negaram a admitir sua presença na sala. Uma regra governamental de 1994 permite que as escolas proíbam a "exibição ostentosa" de símbolos religiosos em suas dependências. A mediadora oficial dos véus na França, Hanifa Cherifi, procurou estabelecer negociações entre a família da garota e as autoridades da escola local, e acabou firmando um entendimento entre as partes — mas não antes que o público francês se dividisse entre ambos os lados da questão, num debate altamente acirrado e polarizado[53].

A comunidade muçulmana afirmou que o direito da garota a praticar sua religião e seus costumes estava sendo violado. Membros do governo, contudo, observaram que a política francesa, desde a fundação da república, havia enfatizado a indivisibilidade da cidadania francesa, e portanto não reconhecia a existência de minorias ou nações distintas em seu meio. Roger Fauroux, presidente do Alto Conselho para a Integração da França, órgão independente que presta consultoria ao governo em matéria de integração, falou por muitos de seus compatriotas ao afirmar que "existe uma obsessão desde que a República Francesa foi criada: a unidade do povo francês é frágil, e por isso não a tornemos ainda mais frágil"[54]. Em 12 de fevereiro de 2004, a Assembléia Nacional da França aprovou, pela avassaladora maioria de 494 a 36, a proibição do uso de véus muçulmanos e outros símbolos religiosos, inclusive cruzes cristãs e solidéus judaicos em escolas públicas. Embora a nova lei reflita o sentimento da vasta maioria dos cidadãos franceses, ela serviu para irritar ainda mais a já profundamente alienada comunidade muçulmana que vive na França[55].

O ideal assimilacionista francês esteve sob ataques crescentes nas últimas décadas, conforme muçulmanos e outros imigrantes fluíram para a França. Em Marselha, a segunda maior cidade da França, onde 10% da população é árabe e 17% muçulmana, a questão passou a ser esta: qual a autêntica cultura francesa? "Já não somos uma França de baguetes e boinas, mas uma França de 'Allah-u akbar' e mesquitas", gracejou Mustapha Zergour, líder de uma estação de rádio árabe-francesa em Marselha[56].

As diásporas muçulmanas estão transformando partes da França numa esfera transnacional multicultural. Muitos dos imigrantes são pobres, discriminados e desempregados, e vivem em esquálidos guetos urbanos e suburbanos com altos índices de criminalidade. São vistos com crescente suspeição e temor por parte da acuada população francesa mais antiga. Ao mesmo tempo, a penúria em que vivem muitos jovens muçulmanos vem levando alguns deles ao fundamentalismo religioso extremo. A Al Qaeda e outros grupos militantes muçulmanos têm tido êxito em recrutar a juventude muçulmana para células terroristas, disseminando o horror entre os franceses em todas as partes do país.

Em 2003, o governo francês estabeleceu o Conselho Francês da Fé Muçulmana, organização cuja função é representar a comunidade muçulmana no nível nacional. A França também vem experimentando, pela primeira vez, programas de ação afirmativa num esforço por melhorar as perspectivas da juventude carente muçulmana[57].

A França não é o único país da Europa às voltas com uma população crescente de imigrantes muçulmanos. Existem hoje mais de dez milhões deles vivendo dentro da União Européia, além de outros cinco milhões que viveram durante séculos em lugares como a Bósnia, a Albânia e Kosovo. Prevê-se que a Europa receberá outros 10 milhões de muçulmanos só nos próximos dez anos; e, se a Turquia se tornar parte da União, 60 milhões de outros muçulmanos se unirão às fileiras da cidadania da UE. Conforme a população nativa da Europa envelhece, os demógrafos estimam que uma população mais jovem de muçulmanos tendo famílias maiores logo passará a representar mais de 10% da população européia, e talvez muito mais que isso em meados do século. Turcos muçulmanos na Alemanha, paquistaneses muçulmanos no Reino Unido e marroquinos muçulmanos na Espanha já compõem diásporas culturais consideráveis[58]. Sua presença vem transformando suas novas terras natais. Escrevendo na *New York Times Magazine*, Timothy Garton Ash refletiu sobre quão penetrante tem se tornado a influência dos imigrantes muçulmanos. Ele escreve: "Acabei de comprar meu jornal de um agente de notícias muçulmano, de retirar minhas roupas num tintureiro muçulmano e de comprar um remédio num farmacêutico muçulmano, tudo isso na exuberante North Oxford"[59].

A influência muçulmana é particularmente complexa porque o Islã considera-se por tradição uma irmandade universal em prol da fé. A fidelidade ao Islã deve prevalecer sobre a fidelidade a toda e qualquer cultura, local ou instituição política. Muitos muçulmanos devotos acreditam que sua primeira lealdade deve voltar-se a promover a fé e expressar solidariedade para com outros muçulmanos. A lealdade a Estados-nação tem sido muito menos importante para o pensamento do mundo muçulmano do que para o do mundo cristão. Na era pós-11 de Setembro, a descoberta de redes muçulmanas globais canalizando assistência financeira, apoio político e mesmo suporte paramilitar a redes terroristas foi alarmante.

A crescente preocupação com possíveis ataques terroristas em solo europeu tornou-se real em 11 de março de 2004, quando muçulmanos do Grupo Combatente Islâmico Marroquino, suspeito de possuir elos com a Al Qaeda, explodiu trens metropolitanos no centro de Madri, matando 200 pessoas e ferindo mais de 1.500. O pior ataque terrorista em mais de meio século na Europa aturdiu o continente. Dias depois do ataque, os eleitores espanhóis foram às urnas na eleição nacional e dispensaram o Partido Popular de centro-direita em favor dos socialistas, em grande parte para expressar sua oposição à decisão da Espanha, no ano anterior, de apoiar os EUA enviando soldados espanhóis para a guerra no Iraque. O novo primeiro-ministro socialista, José Luís Rodríguez Zapatero, anunciou que a Espanha estava removendo suas tropas do Iraque e declarou que a guerra iraquiana é "um desastre" que "não gerou nada além de mais violência e ódio"[60].

Somente um dos possíveis terroristas no bombardeio de Madri era cidadão espanhol. Ainda assim, o público espanhol, como os europeus em geral, teme que terroristas de fora da União possam encontrar porto seguro entre populações islâmicas locais vivendo na Europa, o que lhes permitiria recrutar novos membros e estabelecer células em solo nacional.

Embora os muçulmanos em vasta maioria sejam cidadãos pacíficos e cumpridores da lei nos países em que residem, é talvez justo dizer que há pelo menos alguns cuja lealdade ao Estado é tênue em comparação com sua lealdade ao Islã. (O mesmo se pode dizer de certas seitas judaicas ortodoxas e de certas comunidades fundamentalistas cristãs.) É interessante notar que seu próprio universalismo deixa o mundo muçulmano potencialmente mais à vontade do que muitos outros numa sociedade globalizada. O desafio é saber se a fé muçulmana pode restaurar o tipo de aceitação tolerante de outras religiões e culturas que foi o lema da religião no auge de sua influência, nos séculos XIII, XIV e XV.

Diásporas culturais estão desfazendo o tradicional relacionamento entre povo, propriedade e território. Por uma eternidade, os três eram virtualmente inseparáveis. Isso já não ocorre. Culturas existem em múltiplos domínios, tanto virtuais como reais. Conforme se dispersam pelo mundo, as comunidades culturais começam a se reorganizar de maneira que se assimilam a junções em redes. As sofisticadas tecnologias das comunicações e dos transportes permitem que membros de culturas comuns permaneçam em contato social e comercial através de miríades de fronteiras nacionais. As diásporas culturais constituem um veículo que permite a um povo reter seu senso de identidade e ao mesmo tempo abrir seu caminho num mundo progressivamente globalizado. Na nova era tudo é mais móvel. Mesmo a propriedade, na forma do capital, do crédito e dos investimentos, já não se atrela rigidamente a um território, sendo livre para circular pelas junções das redes mundiais de diásporas.

Considerada sob uma perspectiva mais ampla, a proliferação de diásporas culturais assinala o início do fim da noção mais geograficamente limitada de "esfera pública" como um sistema com fronteiras dentro do receptáculo de um Estado-nação. As diásporas culturais abrem as portas à possibilidade de uma esfera pública efetivamente global, composta de diversas comunidades culturais que existem tanto dentro como através de fronteiras nacionais, já não sendo determinadas por territórios.

O antropólogo da Universidade de Yale Arjun Appadurai argumenta que grande parte da violência que ora freme entre grupos culturais resulta da impossibilidade de escapar-se à velha lógica política que liga a nação ao território e ao Estado.

> Essa incapacidade de muitos grupos desterritorializados de desvincular seu destino do imaginário do Estado-nação é em si a causa de grande parte da violência global, já que muitos movimentos de emancipação e identidade são obrigados, em sua luta contra os atuais Estados-nação, a abraçar o mesmo imaginário de que tentam escapar.[61]

De acordo com Appadurai, as diásporas culturais ainda precisam criar um novo idioma para "descrever formas de fidelidade complexas, não territoriais e pós-nacionais". Ele conclui sugerindo que "nem o pensamento popular nem o acadêmico (...) conseguiram comportar a diferença entre ser uma terra de imigrantes e ser uma junção numa rede pós-nacional de diásporas"[62].

O que ocorre, então, numa era de fluxos globais de mão-de-obra, em que os povos mudam de uma região do mundo para outra com a mesma facilidade com que costumavam mudar de residência de uma cidade para outra? E, se eles levam consigo sua identidade cultural a qualquer parte do mundo onde fixem residência, podendo estar ao mesmo tempo "aqui e lá", como faremos para redefinir a geografia política? A política das diásporas, por sua própria natureza, é transnacional e global em seu quadro de referências e em sua perspectiva. Uma Europa composta de diásporas culturais de todas as partes do mundo se tornaria, na prática, uma praça pública global.

A velha idéia convencional de jurar fidelidade exclusiva a uma nova terra torna-se cada vez mais problemática num mundo de diásporas culturais. Poderão os cidadãos americanos — ou, como se queira, franceses, alemães ou britânicos — sentir-se realmente à vontade compartindo sua terra com pessoas cujas fidelidades são divididas? Num mundo em que as pessoas levam consigo suas culturas, não se deve esperar que os imigrantes se mostrem imediatamente dispostos a fazer o sacrifício supremo esperado pelos Estados-nação — portar armas em defesa do Estado e prontificar-se a dar a vida pelo país.

Desconsiderando-se, porém, esse tipo de lealdade inabalável a um Estado-nação territorialmente ancorado, cimentada por uma metanarrativa e uma ideologia comumente aceitas, como povos díspares hão de conviver? O que os une, se não for um território compartido, a lealdade ao Estado e uma ideologia comum?

A resposta para essa questão começa com a disposição de rever nossa noção de espaço e tempo políticos num mundo globalizado. Embora tenhamos discutido vários dos aspectos da reorientação espacial e temporal que vem ocorrendo nos alvores da globalização, duas novas considerações merecem discussão.

Vivendo em Espaços Múltiplos e em um Tempo Profundo

Para iniciantes, num mundo composto cada vez mais por diásporas culturais, o espaço político é mais complexo. Recorrendo à idéia de Hedley Bull de um arranjo político neomedieval, o teólogo John Milbank, da Universidade da Virgínia, afirma que a idéia do "espaço simples iluminista" é uma noção limitada demais num mundo denso, multinivelado e profundamente integrado de realidades de vida conflitantes e sobrepostas [63]. O espaço do Iluminismo, com sua ênfase em mensurações abstratas, localização, extensão e fronteiras, é incapaz de acomodar as lealdades cruzadas e os propósitos concorrentes de comunidades reais que colidem umas com as outras em zonas de convívio. Milbank sugere que a antiga idéia de "espaço complexo gótico" pode ser uma metáfora mais apropriada para repensar as categorias espaciais[64]. No mundo medieval, o espaço era mais relacional que territorial, e as fronteiras eram menos fixas e mais porosas. Havia menos fronteiras separando a vida pública da privada, e a atividade humana entrelaçava-se com uma complexa série de histórias que se sobrepunham. Michel Foucault explicou assim o senso medieval de espaço:

> Na Idade Média havia um conjunto hierárquico de lugares; lugares sagrados e profanos; lugares protegidos e lugares abertos e expostos; lugares urbanos e lugares rurais (todos eles relativos à vida real dos homens). Na teoria cosmológica, havia lugares supercelestiais opostos ao lugar celestial, que se opunha, por sua vez, ao lugar terrestre. (...) Era essa completa hierarquia, essa oposição, essa intersecção de lugares que constituía o que se poderia chamar grosseiramente de espaço medieval: o espaço do posicionamento.[65]

As diásporas culturais, por serem vividas simultaneamente "aqui e lá", são fixas no tempo, e não no espaço, não sendo por isso contidas pela geografia. Com pessoas cada vez mais vivendo em lugares múltiplos, com lealdades múltiplas, o espaço político precisa ser redefinido para afrouxar a velha rigidez do território com fronteiras. Alguns estudiosos cogitam lançar a idéia de uma Europa Labiríntica, sugerindo que as fronteiras fixas dão lugar a zonas de interatividade, fronteiras móveis ou indistintas preservadas por arranjos regulatórios multinivelados[66]. Isso vem começando a ocorrer na UE conforme regiões, OSCs e diásporas culturais interagem através das tradicionais fronteiras do Estado-nação. Isso também está acontecendo na periferia da UE. Muitos países que fazem fronteira com a UE e mesmo outros um pouco mais afastados estabeleceram vários "arranjos associativos" com a União. Conforme o intercâmbio comercial, político e cultural entre a UE e seus vizinhos ganha densidade, as fronteiras se tornam ainda mais indistintas. John Gerard Ruggie, de Harvard, afirma que a própria missão da UE, ao menos em parte, é desenfardar territórios[67].

Por outro lado, a UE vem tomando medidas vigorosas para proteger suas fronteiras contra o fluxo ilegal de imigração pela comunidade. O já mencionado Acordo Schengen, destinado a desenvolver uma abordagem unificada para policiar as fronteiras da UE e bloquear o fluxo de imigrantes ilegais, vem sendo zelosamente observado. Se isso tudo soa um pouco contraditório, é porque de fato o é. A UE está presa entre a velha política do território dividido e a nova política do espaço global. Ela vem tentando acomodar realidades globais, políticas e comerciais emergentes dentro das restrições impostas por seus membros, cuja autoridade e legitimidade se associam à territorialidade. Não admira que Jacques Delors, ex-presidente da Comissão Européia, tenha se referido à UE como "um objeto político não identificado"[68].

A confusão da UE quanto ao que constitui a geografia numa época de diásporas culturais e fluxos comerciais globalizados torna-se ainda mais óbvia quando se levanta a questão de abrigar novos membros sob seu leque. Alguns dos arquitetos da UE recordam seus dias de estudante na primavera de 1968, quando radicais franceses vociferavam "ao inferno com as fronteiras"[69]. A UE se afirma inclusiva e diz que a adesão deve basear-se em princípios universais comuns, o que leva alguns observadores a sugerir uma "Europa sem costas"[70]. Embora ninguém considere seriamente a idéia de uma Europa que possa envolver o globo, existe um crescente reconhecimento de que a UE "representa uma ruptura com o moderno conceito de territorialidade política"[71].

O ponto mais difícil em tentar-se estabelecer uma política que transcenda a territorialidade é determinar como unir todas as forças conflitantes num novo senso de propósito compartilhado que seja tão vigoroso quanto o ancestral imperativo territorial. Jean-Marie Ghéhenno, ex-subsecretário geral de Operações Pacificadoras da ONU, expressou-o idealmente: "Tendo perdido o conforto de nossas fronteiras geográficas, devemos redescobrir na prática o que gera o elo interpessoal que constitui uma comunidade"[72].

Se a nova realidade espacial é muito mais complexa do que a simples geometria que o Iluminismo admite, a cambiante referência temporal é igualmente complicada. Enquanto a temporalidade do velho Sonho Americano dirige-se totalmente para o futuro, a do emergente Sonho Europeu combina todos os três domínios temporais — passado, presente e futuro — num único complexo. Para os americanos, a única consideração verdadeira era como melhorar sua própria condição dando o máximo de si mesmos. Lutar por um futuro melhor, tanto material como emocional, tem estado na raiz do Sonho Americano. A maioria dos imigrantes americanos preferiu esquecer seu passado e sacrificar seu presente por recompensas futuras. O Sonho Europeu, em contraste, é muito mais ambicioso. Os europeus querem preservar e cultivar sua herança cultural, usufruir boa qualidade de vida aqui e agora e criar um mundo sustentável de paz num futuro próximo ou não muito distante. E, além de tudo isso, eles procuram estabelecer uma política baseada na inclusividade — ou seja, em honrar igualmente o sonho individual de cada um; um desafio difícil, como quer que o concebamos.

O que temos, portanto, é uma orientação espaço-temporal radicalmente nova e um novo Sonho Europeu que dela emerge. Todavia, falta na equação um novo cimento social poderoso o bastante para unir 455 milhões de pessoas numa causa comum. Para que o Sonho Europeu se torne uma realidade, esse cimento deve ser ainda mais forte e aderente que o que vem unindo as pessoas sob a fidelidade nacional e territorial.

13

Unidade na Diversidade

O SONHO EUROPEU é atraente, mas parece um tanto utópico e fora de alcance. É difícil imaginar centenas de milhões de pessoas juntas em torno desse tipo de visão grandiosa. Mas, pensando-se assim, a idéia de que as pessoas poderiam reunir-se em torno de valores democráticos e da ideologia do Estado-nação talvez tivesse parecido igualmente ilusória e despropositada no fim da era medieval. A questão é: que tipo de elo comum propeliria as pessoas a transcender suas antigas lealdades e converter o Sonho Europeu num sonho universal viável? Para dizer de forma simples: embora esta não seja uma tarefa fácil, teríamos de nos dispor a alargar nosso senso de vinculação, passando de direitos de propriedade e obrigações fundadas em territórios para direitos humanos universais e obrigações fundadas em nossa participação coletiva numa Terra comum.

Vulnerabilidades Compartilhadas e Consciência Global

Antes que os céticos e cínicos dispensem tais idéias como simplesmente inatingíveis, permitam-me dizer que as forças globalizantes tornam tal perspectiva menos improvável hoje do que em qualquer outro período da história humana.

Em primeiro lugar, a crescente mobilidade da raça humana e a desespacialização da cultura na forma de diásporas culturais dispersas, bem como a emergência de uma praça pública global, fazem com que os direitos de propriedade e os estreitos interesses territoriais sejam no mínimo menos importantes nos assuntos humanos do que antigamente.

Em segundo lugar, os contornos da vulnerabilidade mudaram dramaticamente para a raça humana. Em tempos remotos, quando a vida era levada no espaço e no tempo locais, a vulnerabilidade de todos os tipos era similarmente local. Ameaças à sobrevivência e segurança do indivíduo eram geradas perto de casa. As regiões bravias nas vizinhanças, os senhores em guerra, as doenças e as pestes raramente tinham efeitos que fossem além da região. Por essa razão, as instituições políticas precisavam proporcionar um senso de segurança local e regional. Na era moderna, quando melhorias nas comunicações e nos transportes reuniram pessoas através de distâncias maiores e em padrões de atividade mais densos, as ameaças à segurança e sobrevivência individuais também se expandiram. As atividades comerciais se expandiram para mercados geográficos mais vastos, a mobilidade do homem aumentou dramaticamente por distâncias muito maiores e o ritmo e fluxo das atividades humanas se aceleraram. A vulnerabilidade, por sua vez, expandiu-se na proporção direta da compressão de espaço e tempo e da aceleração da interatividade humana. Os principados e as cidades-Estado locais eram provincianos e estreitos demais em alcance para protegerem seus súditos. O resultado foi a formação de Estados-nação.

Hoje a compressão de espaço e tempo vem dando origem a um fluxo global de atividades humanas. A alta dramática na densidade do intercâmbio humano, por sua vez, vem gerando novas ameaças à segurança, cujos efeitos são muitas vezes imediatos e globais em escala. O terrorismo, a ameaça da guerra nuclear, o aquecimento global, os vírus de computador, a clonagem de seres humanos, a morte dos oceanos, a perda de biodiversidade, o crescimento do buraco na camada de ozônio, um escândalo em mercados de ação regionais e uma série de outros eventos podem imergir o mundo no caos.

Os Estados-nação são muito constrangidos geograficamente para enfrentar com êxito ameaças e riscos globais. Além disso, eles se destinam a proteger a propriedade e defender territórios. São instituições governamentais exclusivas, e não inclusivas. Jamais foram concebidos como veículos para administrar riscos e ameaças globais.

O que ocorreria, contudo, se milhões — e mesmo bilhões — de seres humanos acreditassem realmente que ameaças globais a sua segurança fossem no mínimo tão reais e perigosas quanto as ameaças mais localizadas que enfrentam a cada dia? Para lidar com tais ameaças seria necessário um novo pacto entre os seres humanos, ampliando seus compromissos e fidelidades, bem como seu senso de segurança, para além dos limites exíguos do território e da proteção ainda mais limitada dos direitos proprietários e civis.

Os direitos humanos universais constituem o próximo capítulo político na história evolutiva de nossa espécie. Alguns de seus defensores acreditam que o apoio aos direitos humanos decorre em última instância do altruísmo e é motivado somente pela boa vontade. Embora o altruísmo e a boa vontade tenham seu papel, há uma outra faceta nos direitos humanos — faceta que descobre causas no senso de vulnerabilidade e na necessidade de segurança. David Beetham escreve que "é tanto a exposição a ameaças comuns quanto a participação numa humanidade comum que justifica a afirmação de que o programa dos direitos humanos é universal"[1].

A primeira percepção real da vulnerabilidade comum da humanidade sobreveio com o lançamento das bombas atômicas sobre as populações de Hiroshima e Nagasaki, no Japão, em 1945. Percebemos rapidamente que nossa humanidade comum estava em risco no caso de uma guerra nuclear sem limites. Ulrich Beck escreve que "com a contaminação nuclear, experimentamos o 'fim do "outro"'"[2]. Hoje estamos sujeitos a uma variedade de problemas globais que afetam toda a humanidade. As soluções, por seu turno, requerem um esforço coletivo.

Bryan Turner, cientista político da Universidade de Cambridge, afirma que a noção de "vulnerabilidade" e "fragilidade humana" e o conseqüente sentimento de simpatia são as únicas emoções compartilhadas com o poder de unir a humanidade e proporcionar uma fundação para a aceitação dos direitos humanos universais[3]. Turner observa que os direitos se associaram tradicionalmente às noções lockianas de propriedade. Esse tipo de direito, por sua própria natureza, não pode ser tido como universal, já que estabelece, desde o início, a idéia de "meu *versus* teu". Os direitos proprietários individuais e, por extensão, os direitos territoriais de Estados-nação procuram ser excludentes. Embora se possa argumentar que todos têm direito a adquirir propriedades, não é esse o tipo de direito capaz de unir toda a humanidade de modo profundo e fundamental[4]. Pelo contrário, a luta entre possuidores e despossuídos acerca dos direitos proprietários parece ter servido mais para dividir nossa espécie do que qualquer outro fenômeno socialmente construído. Mesmo o direito mais vago esposado por Thomas Jefferson em nossa Declaração de Independência — o direito de buscar a felicidade — é "notável por sua diversidade cultural", observa o sociólogo de Harvard Barrington Moore. "Somente a miséria", afirma Moore, "se caracteriza por sua unidade."[5]

Recorrendo aos trabalhos anteriores de Arnold Gehlen e Helmut Plessner, Turner observa que "os seres humanos são ontologicamente frágeis e (...) os arranjos ou instituições sociais são precários"[6]. As pessoas estão sujeitas a desastres naturais, fome e doenças, à ira de seus semelhantes e à decadência natural e morte. Hoje tais fragilidades são agravadas pela imprevisibilidade resultante da maior densidade da interação humana e do advento de novas e poderosas tecnologias cujos impactos negativos podem ser rapidamente sentidos numa escala global.

As concepções de Turner acerca da "condição humana" diferem substancialmente das de Thomas Hobbes, que afirmava que o homem era inerentemente agressivo e aquisitivo, em vez de frágil e dependente. Hobbes acreditava que as pessoas firmavam um contrato social para obter certo tipo de segurança — o direito a adquirir propriedades sem o temor da expropriação pelos outros. Turner, contudo, acredita que o que une as pessoas não é a aquisitividade — como pode a ganância ser uma força de união? —, mas a participação numa "comunidade de sofrimento". Suas idéias podem ser vistas como uma secularização da história de Cristo[7].

As pessoas requerem instituições políticas, de acordo com Turner, não por serem ardilosas e agressivas, mas porque são abertas e vulneráveis[8]. Ao reconfigurar dessa maneira a universalidade da condição humana, Turner inaugura a possibilidade de uma nova visão a ser acolhida pela raça humana. No mundo medieval da cristandade, a natureza caída do homem era considerada sua condição universal, e a salvação eterna era oferecida como o sonho para unir a humanidade. Na era moderna, a natureza utilitária e aquisitiva do homem era vista como sua condição universal, e o progresso material era acolhido como sonho unificador. Na era global, a fragilidade e a vulnerabilidade converteram-se na condição universal da humanidade, e a consciência global tornou-se o sonho tão buscado. Similarmente, as obrigações proprietárias estruturavam a visão de mundo salvacionista e fundada na fé do Cristianismo; os direitos proprietários estruturavam a era utilitária do progresso material; e os direitos humanos, no novo mundo vindouro, se tornaram a norma indivisível para avançar a consciência global e fomentar a zeladoria sustentável da Terra.

A fragilidade e a vulnerabilidade são provavelmente uma condição universal. Mas isso não significa que todos irão abraçar automaticamente os direitos humanos universais. Para que isso ocorra, os seres humanos precisarão internalizar um senso de empatia com o mesmo comprometimento apaixonado que tiveram as gerações passadas ao substituírem a fé pela razão. Somente tendo empatia com a penúria alheia — com o sofrimento dos outros — poderemos valorizar a noção dos direitos humanos universais.

Da Era da Razão para a Era da Empatia

O cimento social que manteve vivo e vibrante o sonho cristão da salvação eterna era a fé. Na era moderna, a razão torna-se o comportamento cobiçado para assegurar o progresso material. Na nova era, a empatia é a resposta humana para a vulnerabilidade compartilhada e a chave para a consciência global.

Ter empatia é cruzar e experimentar, no sentido mais profundo, o íntimo alheio — especialmente a luta das outras pessoas por perdurar e prevalecer em sua jornada na vida. Muito embora a empatia tenha profundas raízes biológicas, ela deve, como uma língua, ser praticada e renovada continuamente para ser útil. A empatia é a expressão definitiva da comunicação entre os seres.

No longo decorrer da história humana, o que fica claro é que a jornada humana compreende, em seu âmago, a extensão da empatia a domínios maiores e mais inclusivos. A empatia dos pais pelos filhos é a primeira escola. Nessa fase, o processo é tanto biologicamente determinado como socialmente construído. Cada passo para além dessa conexão, fundada sobretudo na biologia, requer revelações pacientes. A empatia é algo que se revela para nós se estivermos abertos a experiências. E com freqüência estamos mais abertos quando enfrentamos dificuldades e percalços pessoais em nossa jornada individual por perdurar e prevalecer.

Assim, embora a jornada humana seja repleta de derrotas, fracassos e sofrimentos de imensa magnitude, a graça salvadora é o fato de que as dificuldades que enfrentamos, tanto individual como coletivamente, podem nos preparar para que nos abramos aos sofrimentos dos outros, para que os consolemos e apoiemos suas causas.

"Agi para com os outros como gostaríeis que agissem para convosco" é a expressão operacional do processo de empatia. A princípio, a Regra Dourada só se aplicava aos familiares e à tribo. Por fim, ela acabou se estendendo para pessoas de mentalidade similar — aquelas que possuíam uma religião, nacionalidade ou ideologia comum. Hoje, a sociedade de risco global tornou-se como que uma sala de aulas gigante para a extensão da empatia. As comunicações e os transportes modernos nos permitem testemunhar diariamente a fragilidade, a vulnerabilidade e o sofrimento de nossos semelhantes humanos, bem como das demais criaturas e da Terra que habitamos. Começamos a experimentar a penúria alheia como se fosse nossa. Quando, por exemplo, um pai americano vê uma entrevista televisiva com um pai desconsolado que acaba de perder um filho para os horrores da aids em alguma parte distante do mundo, a conexão é imediata e compassiva. Pensamos: "Podia ter sido meu filho".

O argumento de Turner é que "os seres humanos desejarão que seus direitos sejam reconhecidos porque vêem na penúria alheia sua própria (possível) miséria"[9]. Sentimentos altruístas não são tão profundos quanto a empatia. Por isso, embora o altruísmo possa servir de base para que algumas pessoas acreditem nos direitos humanos universais, ela não toca o âmago de nosso ser tão profundamente quanto a empatia, sendo portanto uma força emocional menos poderosa para engendrar uma transformação da consciência humana.

Se a razão utilitária nos vincula a um mundo de "meu *versus* teu", entretecido nos direitos proprietários, a empatia nos leva a um novo mundo de "nós", entretecido nos direitos humanos universais.

A empatia é o novo cimento social e os direitos humanos universais são o novo código legal de conduta para promover uma consciência global. Isso não significa, contudo, que os antigos cimentos sociais da fé e da razão, que vincularam a humanidade a uma busca transcendente e ao progresso material, já não sejam relevantes e devam ser abandonados. Longe disso, uma consciência global plenamente articulada abre espaço para os três cimentos sociais, mas de forma não hierárquica. Fé, razão e empatia são todas essenciais para uma consciência humana madura. Uma não exclui a outra, e sim sugere-a. São Tomás de Aquino, o grande escolástico da Igreja no século XIII, lutou para descobrir uma acomodação entre a fé e a razão — a chamada "síntese delicada". A tarefa intelectual mais urgente na vindoura era global é criar uma nova síntese que una fé, razão e empatia num poderoso composto que permita que cada uma dê acesso às outras.

Impondo os Direitos Humanos Universais

Ameaças universais requerem a adoção de obrigações e direitos humanos universais. Embora o encolhimento do mundo esteja ajudando a expandir nossa noção de vulnerabilidade e empatia, como criar um veículo institucional que proporcione aos direitos humanos universais o mesmo estatuto de vigência usufruído pelos direitos proprietários na era do Estado-nação?

Teríamos de começar repensando a idéia de cidadania. Tradicionalmente, os direitos que as pessoas usufruíam eram decorrentes de seu estatuto como cidadãos de um país soberano. Nos últimos anos, contudo, o direito do Estado de conferir cidadania e ser o árbitro decisivo dos direitos de cada cidadão esmoreceu continuamente. A proliferação de identidades múltiplas enfraqueceu em muito a hegemonia do Estado sobre a cidadania. Por exemplo: historicamente uma pessoa não poderia reclamar cidadania num novo país a menos que renunciasse a sua cidadania anterior, no país do qual emigrara. Essa visão prevaleceu na maioria dos países até depois da Segunda Guerra Mundial. O Departamento de Estado dos EUA informava regularmente os duplos cidadãos que viviam no exterior que, caso atingissem a maioridade morando fora do país, eles perderiam a cidadania americana. Os governos desconfiavam de cidadãos cuja lealdade pudesse ser comprometida, especialmente em tempos de guerra.

No mundo mais móvel dos fluxos globais de mão-de-obra e das diásporas culturais, a dupla cidadania já não é uma anomalia, mas um fato da vida. A maioria dos americanos ficaria surpresa em saber que 90% das mais de um milhão de pessoas que imigram para nossas costas a cada ano chegam de países que admitem a dupla cidadania. (Mais da metade das nações no mundo respeitam a dupla cidadania.) Atualmente, cerca de 40 milhões de americanos podem reclamar cidadania em outro país[10]. Isso significa que um de cada sete americanos poderia votar em outro país, concorrer a cargos públicos e mesmo servir nas forças armadas.

O conceito de cidadania vem mudando dramaticamente para atender às necessidades de um mundo globalizado. Em seu já famoso ensaio *Citizenship and Social Class* (*Cidadania e Classe Social*), publicado em 1950, T. H. Marshall, filósofo político britânico, descreveu três estádios na história da cidadania e dos direitos e deveres por ela conferidos. A cidadania, ele escreveu, conferia direitos civis no século XVIII, direitos políticos no século XIX e direitos sociais no século XX[11]. Os direitos civis compreendiam o direito à propriedade privada e outros, inclusive o direito à privacidade, o direito de portar armas (no caso dos EUA) e o direito à liberdade de expressão, religião e imprensa. Os direitos políticos estenderam o sufrágio dos proprietários de terras do sexo masculino para mulheres, minorias e pobres. No século XX, a cidadania incluía direitos sociais, inclusive o direito a serviços de saúde, educação e pensões. A evolução dos direitos dos cidadãos devia conceder a cada pessoa a oportunidade de levar uma vida plena e significativa.

Hoje, a noção de vida plena e significativa uma vez mais se alargou e aprofundou, sugerindo a necessidade de uma nova metamorfose na idéia de cidadania e nos direitos e obrigações que a acompanham.

O sociólogo John Urry enumera seis novas categorias de cidadania emergindo na era pós-moderna. Em primeiro lugar há a cidadania cultural, que reconhece o direito de toda cultura de preservar e cultivar sua identidade. Em segundo lugar há o direito das minorias de firmar residência e permanecer em outras sociedades, recebendo todos os direitos, bem como todas as responsabilidades da população nativa. Em terceiro lugar, há o direito à cidadania ecológica. Todo ser humano tem o direito de viver num relacionamento sustentável e harmonioso com a Terra e de gozar os frutos do mundo natural. Em quarto lugar, existe o conceito de cidadania cosmopolita — o direito de todo ser humano de estabelecer relacionamentos com outros cidadãos, sociedades e culturas sem interferência de autoridades estatais. Em quinto lugar, existe a cidadania do consumidor, por cujo intermédio se designa o direito de livre acesso a bens, serviços e informações fluindo pelo mundo. A sexta é a cidadania da mobilidade, que abrange os direitos e responsabilidades de visitantes e turistas enquanto cruzam outras terras e culturas[12].

Todos esses novos tipos de cidadania existem abaixo e além, bem como dentro das fronteiras dos Estados-nação. Cada uma, à sua maneira, solapa a territorialidade do Estado-nação como reino exclusivo do engajamento do cidadão. As novas formas de cidadania constituem direitos desterritorializados, o que as torna universais em natureza e escopo. O porém, observa Urry, é que "existe uma crescente contradição entre direitos, que são universais, uniformes e definidos globalmente, e identidades sociais, que são particularistas e especificadas territorialmente"[13].

A cidadania se torna cada vez mais internacional conforme as atividades humanas se tornam cada vez mais globais. A antiga idéia de vincular a cidadania à nacionalidade parece quase obscura num mundo de comércio global, movimentos transnacionais da sociedade civil e diásporas culturais cambiantes.

A própria palavra *citizen* [em inglês "cidadão"] é grosseiramente inepta para definir os novos direitos e obrigações que emergem numa sociedade globalizada. *Citizen* vem da raiz latina *civis*, que significa "membro de uma cidade". Os direitos e obrigações do indivíduo, portanto, atrelam-se a um lugar. Os direitos humanos universais eclipsam todo lugar específico. Eles existem independentemente do território. É por isso que ativistas dos direitos usam a expressão "direitos humanos" em oposição a "direitos do cidadão", procurando deixar clara a diferença entre a velha idéia de vincular direitos a territórios e a nova idéia de desterritorializar os direitos e torná-los universais.

A Carta do Tribunal Militar Internacional, que governou os julgamentos por crimes de guerra em Nuremberg após a Segunda Guerra Mundial, foi o primeiro acordo multilateral entre governos a transcender os Estados soberanos. Os EUA e seus aliados julgaram os criminosos nazistas por "crimes contra a humanidade". Embora os oficiais nazistas afirmassem que estavam simplesmente seguindo as ordens de seu governo e que se achavam protegidos de julgamento por seus direitos como cidadãos alemães, os Aliados discordaram. Afirmavam que segundo a Doutrina de Nuremberg, os nazistas tinham o direito e a obrigação de desobedecer "ordens ilegais" de seus superiores — definidas como ordens que negavam às pessoas seus direitos básicos como seres humanos. Se os nazistas haviam seguido ordens ilegais, poderiam ser julgados por crimes contra a paz e a humanidade.

A era dos direitos humanos começou de fato com a formação da ONU em 1945. A Carta das Nações Unidas afirma que um dos principais propósitos da ONU é promover e incentivar o "respeito pelos direitos humanos e pelas liberdades fundamentais de todos, sem distinção de raça, sexo, língua ou religião"[14]. Em 1948, a Assembléia Geral da ONU adotou a Declaração Universal dos Direitos Humanos, o primeiro acordo internacional a articular a idéia dos direitos inalienáveis de todo ser humano e a estabelecer uma lista detalhada descrevendo os direitos e liberdades específicos de todo ser humano. No mesmo ano, a ONU adotou a Convenção para a Prevenção e Punição do Crime de Genocídio. Isso 40 anos antes de os Estados Unidos finalmente ratificarem o tratado.

Uma série de outras convenções e acordos se seguiram às primeiras declarações da ONU. A Convenção pelo Direito de Organização e Negociação Coletiva foi adotada pela Organização Mundial do Trabalho (OMT) em 1949. Em 1951, adotou-se a Convenção Relativa ao Estatuto dos Refugiados da ONU. Em 1957, a Convenção Relativa à Abolição do Trabalho Forçado da OMT foi adotada, bem como a Convenção sobre Populações Indígenas e Tribais. Um ano depois, a OMT adotou a Convenção sobre a Discriminação em Matéria de Emprego e Ocupação. Em 1965, a ONU adotou a Convenção para a Eliminação de Todas as Formas de Discriminação Racial. No ano seguinte, a ONU adotou dois acordos de direitos humanos: o Pacto Internacional dos Direitos Civis e Políticos e o Pacto Internacional dos Direitos Econômicos, Sociais e Culturais. As duas convenções foram finalmente ratificadas e entraram em vigor em 1976. Em 1979, a ONU adotou a Convenção para a Eliminação de Todas as Formas de Discriminação Contra as Mulheres. Em 1984, a Convenção contra a Tortura e outros Tratamentos ou Penas Cruéis, Desumanos ou Degradantes. A Declaração do Direito de Desenvolvimento foi adotada em 1986. A Convenção da ONU sobre os Direitos das Crianças, em 1989. Em 1993, a ONU estabeleceu formalmente o posto de Alto Comissário de Direitos Humanos[15].

Uma vez ratificadas, essas convenções têm atrás de si a força da lei internacional. Os Estados membros e todo cidadão de todo país podem ser responsabilizados por quaisquer violações das garantias estatutárias contidas nos tratados. Os Estados-nação perdem seu controle absoluto sobre questões relativas ao tratamento de seus cidadãos e submetem-se a uma autoridade superior. Infelizmente, os mecanismos de cumprimento são fracos. Como a ONU em si não tem um poder independente de coação, ela deve contar com a concórdia intergovernamental para impor sanções a violações dos direitos humanos. Sem o consentimento de seu Conselho de Segurança, a ONU é incapaz de agir. Muitas vezes os Estados membros negociam interesses estratégicos e programas conflitantes e se mostram relutantes em impor sanções severas, mesmo no caso de violações extremas dos direitos humanos, incluindo o genocídio. E aí está o dilema. Os direitos humanos universais deveriam prevalecer sobre as leis dos Estados-nação. Todavia, pelo atual sistema da ONU, os Estados-nação retêm o poder — por meio de seu voto no Conselho de Segurança e na Assembléia Geral da ONU — de frustrar a implementação de leis de direitos humanos. Isso significa que a ONU fica com poucos recursos, salvo a conquista do apoio público mundial a sanções e a esperança de que a pressão obrigará as nações membros a agir com sabedoria e responsabilidade.

Desde os primórdios, OSCs internacionais desempenharam um papel fundamental como catalisadoras na preparação e adoção de convenções dos direitos humanos e como monitoras do cumprimento dos acordos. Organizações femininas foram fundamentais para moldar a Convenção para a Eliminação de Todas as Formas de Discriminação contra Mulheres, de 1979. A Anistia Internacional e a Comissão Internacional de Juristas fizeram contribuições importantes para a declaração e a convenção das Nações Unidas contra a tortura. Organizações ambientais foram instrumentais para ajudar a moldar o Tratado da ONU sobre Biodiversidade, de 1992[16].

Embora a ONU não possua autoridade extraterritorial para impor direitos humanos universais, a União Européia a possui — o que a torna a primeira instituição política não territorial da história com o poder de impor a observância de estatutos de direitos humanos aos países membros e aos 455 milhões de pessoas que vivem sob sua jurisdição.

Os Estados membros da União Européia submetem-se às provisões da Convenção Européia dos Direitos Humanos, um abrangente documento acerca dos direitos humanos universais. Com a ratificação impendente da Constituição da União Européia, os direitos humanos universais serão adotados como lei oficial. O Tribunal Europeu dos Direitos Humanos tem autoridade investida para arbitrar segundo as provisões da Convenção Européia, e o Tribunal Europeu de Justiça é responsável pela supervisão judicial no que toca à observância, pelos Estados membros, da Carta de Direitos Fundamentais da União Européia. Os poderes judiciais tanto do Tribunal dos Direitos Humanos como do Tribunal de Justiça prevalecem sobre a autoridade judicial de qualquer dos Estados membros da União. Além disso, todos os cidadãos da UE têm o direito de apelar junto ao Tribunal de Direitos Humanos da Europa de decisões tomadas a seu desfavor em cortes nacionais[17].

Ao dissociar os direitos humanos da territorialidade, a União Européia aventurou-se numa nova fronteira política, com conseqüências abrangentes para o futuro da raça humana. Embora o mundo tenha observado atentamente enquanto a UE criava uma zona comercial e um mercado sem fronteiras com uma moeda comum para unir mais estritamente seus membros, de muito maior importância a longo prazo é o sucesso da UE em estabelecer uma gama completa de direitos humanos universais e submeter seus Estados membros e seus cidadãos a sua estrita observância, alicerçada pelo poder da coação legal. Não existe precedente para essa dissociação. Como observa o cientista político Carlos Closa Montero: "O elemento definidor e primordial da cidadania é o usufruto de direitos políticos"[18]. Mas a cidadania, até então, sempre esteve associada exclusivamente ao Estado-nação. O que ocorre, então, com a idéia mesma de Estado quando os direitos políticos de seus membros são concedidos e garantidos por um órgão extraterritorial? O filósofo Roger Scruton vai ao cerne da questão. Ele escreve: "A lei internacional não reconhece distinção entre cidadania e nacionalidade, e vê a primeira como totalmente determinada pela segunda"[19].

Ao conceder cidadania européia a 455 milhões de cidadãos de seus 25 países membros, a UE criou uma nova forma não territorial mas legalmente coativa de representação política. Acrescentemos a isso o fato de que a Convenção Européia dos Direitos Humanos, sustentada pelo Tribunal Europeu dos Direitos Humanos e pelo Tribunal Europeu de Justiça, concede a todo "cidadão da União Européia" direitos humanos universais que se sobrepõem aos tradicionais direitos políticos do Estado-nação, e começaremos a compreender a profunda significância do experimento da UE. O sociólogo Yasemin Soysal resume assim a idéia: "O que temos é uma tendência rumo a um novo modelo de participação, ancorado em noções desterritorializadas de direitos pessoais"[20].

Essa idéia transnacional de cidadania pode ajudar a criar um novo senso de vinculação para todos os indivíduos e grupos dispersos que já não se sentem à vontade concebendo-se exclusivamente como cidadãos de um dado país, com todas as limitações e restrições políticas que acompanham a afiliação territorial numa era global. O cidadão da UE é o primeiro do mundo a ter plenamente garantidos os direitos humanos universais pelo jugo da lei. O exemplo da UE, porém, deve provavelmente ser seguido por outros, conforme a globalização provocar uma expansão concomitante dos direitos, para tornar coativos os direitos humanos universais.

O sociólogo Gerard Delanty afirma que o novo tipo de cidadania desterritorializada pode ser a única forma de reorganizar num todo mais coerente a multidão de interesses e propósitos concorrentes que ora divide os povos. Ele escreve: "como uma identidade coletiva européia não pode basear-se numa língua, religião ou nacionalidade sem que resultem grandes conflitos e divisões, a cidadania [européia] pode ser uma opção"[21]. A parte mais difícil é convencer os europeus a ter sentimentos tão intensos pelos direitos humanos como os que tiveram pelos direitos civis, políticos e sociais.

Os primeiros direitos não foram articulados subitamente e acolhidos de uma só vez. Foram antes a personificação de uma longa luta por redefinir as aspirações humanas. Num sentido muito real, esses primeiros direitos representam a codificação do último grande sonho humano que emergiu com o Iluminismo e amadureceu com a difusão do capitalismo de mercado e a maturação do Estado-nação. Esse sonho, ainda bastante vivo nos EUA, praticamente se exauriu na Europa. Hoje os europeus têm um novo sonho, mais expansivo do que o que deixaram para trás: ter boa qualidade de vida, respeitar as culturas alheias, criar um relacionamento sustentável com o mundo natural e viver em paz com o próximo. Os direitos humanos universais são a articulação legal do novo Sonho Europeu. Ambos vêm juntos no mesmo pacote. O sonho é a aspiração; os direitos são as normas de conduta para concretizar as esperanças dos europeus para o futuro.

O verdadeiro problema está na efetiva profundidade dos anseios dos europeus por uma nova história a respeito de si mesmos. Poderá o Sonho Europeu encontrar uma acomodação entre a particularidade de tradições e valores culturais mais antigos, mais diversos e amiúde divergentes por um lado e os direitos humanos universais por outro, sabendo-se que ambos freqüentemente colidem? Quão eficazes serão os movimentos internacionais da sociedade civil em "pensar globalmente e agir localmente"? Poderão servir de ponte política entre culturas locais e valores globais? O experimento da UE com a cidadania desterritorializada — submetida a estatutos dos direitos humanos universais — sobreviverá? Qual a probabilidade de que esta nova abordagem para a noção de cidadania se estenda para outras regiões do mundo no século XXI? Ou permanecerá ela uma curiosidade européia?

O sucesso do Sonho Europeu dependerá tanto da argúcia política como da psicologia humana. O velho Sonho Americano, fundado na teologia da Reforma e na filosofia do Iluminismo, deveu seu sucesso, em grande parte, à fusão efetiva de direitos de propriedade, mercados e governança por Estado-nação. Os direitos proprietários possibilitavam relações previsíveis de mercado. Os Estados-nação, por sua vez, eram os veículos reguladores, que, por força de seu monopólio sobre a aprovação e o cumprimento de códigos legais, a taxação e o poder policial, obtinham ampla adesão para um regime de propriedade privada e para o projeto iluminista de progresso material.

O novo Sonho Europeu constitui uma amálgama diferente, composta de direitos humanos universais, redes e governança multinível. Os direitos humanos são as normas que determinam as atividades em rede. A União Européia, por sua vez, é o mecanismo regulatório cuja autoridade administrativa e legitimidade moral possibilitam o contínuo diálogo entre as partes para promover o sonho da consciência global.

A velha visão iluminista e o novo Sonho Europeu refletem duas noções muito diversas de liberdade. Como observamos em capítulos anteriores, no sonho mais antigo a liberdade é definida negativamente como autonomia. Ser livre é não depender dos outros. Ser auto-suficiente requer propriedades. Com propriedades, pode-se ter exclusividade e estar livre de intrusões alheias. A luta pela liberdade no mundo moderno — o que não surpreende — foi travada em linhas classistas, e as reivindicações do capital se tornaram o coração da luta pela libertação. Os direitos civis, políticos e sociais destinavam-se todos, de uma maneira ou de outra, a promover interesses proprietários. Eram normas de conduta cuja principal razão de ser era estreitar a lacuna entre possuidores e despossuídos.

No novo Sonho Europeu, a liberdade é definida da maneira exatamente oposta. Ser livre é estar envolvido em relacionamentos interdependentes com os outros. Quanto mais inclusivos e profundos os relacionamentos, maior a probabilidade de que o indivíduo seja capaz de concretizar suas ambições. Para ser incluído, cumpre ter acesso. Quanto mais acesso se possui, mais relacionamentos se pode ter e mais liberdade se desfruta.

Se os direitos proprietários são essenciais para alcançar a autonomia, os direitos humanos universais são críticos para assegurar a inclusão. Os direitos humanos consistem essencialmente na inclusão. Eles representam o direito das mulheres, das minorias, dos grupos culturais, dos deficientes, das crianças e dos animais de ter seus interesses igualmente incluídos. Os direitos humanos universais são uma garantia de que o ser individual de cada pessoa será considerado e não deixado para trás. A luta pela liberdade num mundo globalizado é travada com base em afirmações de identidade e no acesso aos outros. Os direitos humanos universais são as normas de conduta que estreitam a lacuna entre conectados e desconectados, entre incluídos e excluídos.

Mas se todo grupo tem sua identidade única e seus interesses concorrentes e conflitantes no mundo, o que os motiva a concordar com as reivindicações de reconhecimento e inclusão de outras pessoas? A empatia. O ato de reconhecerem na fragilidade, vulnerabilidade e lida alheias sua própria luta na vida. Enquanto as pessoas tiverem visões diferentes do mundo e seguirem caminhos diferentes na vida, tudo o que teremos em comum é a luta pelo reconhecimento. "Ser ou não ser." Como operacionalizar a empatia? "Agis para com os outros como gostaríeis que agissem para convosco", ou, igualmente importante, "não façamos aos outros o que não gostaríamos que fizessem conosco".

A Política da Empatia

Como já se mencionou, a empatia não é apenas uma predisposição inata, mas também um processo de aprendizado. Ela requer um envolvimento constante e contínuo com os outros. A empatia individual amadurece e se aprofunda na proporção do envolvimento individual com os outros. E é aqui que a nova abordagem multinível e em rede para a governança desempenha um papel central. Ela é o foro para que as pessoas sejam representadas e reconhecidas e tenham seus interesses acomodados. Mas para que a governança multinível e em rede funcione para alguns, deve funcionar para outros. As redes se baseiam na idéia de que todo agente conta e que ninguém sozinho pode ditar resultados. As redes requerem uma atitude de deixe estar, a disposição de confiar, de ouvir os outros, de ter reciprocidade e conciliar interesses. O indivíduo ingressa na rede com a idéia de que otimizar o bem-estar do todo é essencial para otimizar seu interesse próprio individual. Em outras palavras, diversamente dos mercados, que são antagônicos e competitivos, as redes são interdependentes e cooperativas. Concede-se alguma autoridade ao grupo, não necessariamente por benevolência, mas em razão da fragilidade e vulnerabilidade comum. Num mundo complexo, de múltiplas camadas e densa interatividade, ninguém pode seguir sozinho. Gostando ou não, todos são vulneráveis e sujeitos a riscos. As ameaças são globais, e ninguém pode ficar realmente isolado das conseqüências. Num mundo de riscos, a cooperação deixa de ser um luxo e se torna uma necessidade de sobrevivência.

A governança em rede é portanto um modo de congregar riscos para promover o interesse de todos. Mas no próprio processo de envolvimento com os outros nesse tipo de governança, cada agente passa a conhecer a luta dos demais por consideração e reconhecimento. Redes de governo multinível são como laboratórios gigantescos para a exploração da empatia. Esta nova forma de governança só funciona na medida em que todos os agentes possam acessar e sentir empatia pelas aspirações e aflições dos demais. A reconciliação de interesses díspares depende, acima de tudo, da aceitação da luta comum por reconhecimento. Os direitos humanos universais, por seu turno, codificam o reconhecimento. Eles são nada menos que declarações da aceitação do "outro", sejam mulheres, minorias, culturas diferentes, crianças, animais ou a Terra que habitamos em conjunto.

Reconhecer o "outro" é um processo difícil e doloroso. Ele requer que se renuncie a certo grau de hegemonia. Por exemplo, como um muçulmano devoto ou um judeu ortodoxo aprende a abdicar de seu controle sobre a comunidade e a reconhecer o direito das mulheres de participar plenamente da comunidade e do mundo em geral? Uma exigência e tanto, que provavelmente não será aceita da noite para o dia. Mas a governança multinível pelo menos proporciona um ponto de encontro, um campo de atuação, para o envolvimento mútuo. Se alguém deseja ser reconhecido e ver seus objetivos atendidos, precisa estar disposto a ouvir e acomodar os interesses dos demais membros da rede. Claro, pode-se optar por não participar, mas o preço da não-participação é o isolamento, que é a suprema expressão do não-reconhecimento. A luta por reconhecimento num mundo globalizado será provavelmente travada com tanto vigor e contestada com tanto afinco quanto o foi a luta de classes no século XX.

O Sonho Europeu é um delicado ato aristotélico de equilíbrio entre o desejo por maior diferenciação e a integração mais profunda, os dois pólos que caracterizaram o desenvolvimento do homem desde os primórdios da jornada humana. Negociar a evolutiva dialética entre diferenciação e integração tem sido a missão central de todo arranjo de governo na história. Escravos e impérios, súditos e reinos, cidadãos e Estados, e atualmente pessoas e instituições globais de governo — todos são marcos na jornada evolucionária rumo à maior individuação e integração da espécie humana. Os direitos humanos universais na era global, como o regime de direitos proprietários na era do Estado-nação e as obrigações proprietárias na era feudal, são a personificação legal do relacionamento existente entre as forças da individuação e da integração. São o tecido conjuntivo entre o particular e o universal.

Em todo período da história, a luta entre as forças da individuação e da integração constituíram o plano de fundo essencial da política. Escravos querem ser libertados, súditos querem se emancipar, cidadãos querem ser representados e pessoas querem ser reconhecidas. Por outro lado, reinos querem dominar, Estados querem governar e instituições de governo multinível querem administrar. Códigos de fidelidade, direitos civis, direitos políticos, direitos sociais e atualmente direitos humanos prescreveram, à sua maneira, códigos de conduta para preservar aquele sensível equilíbrio entre a diferenciação e a integração humanas. E é por isso que as pessoas lutam tão apaixonadamente por articular, assegurar e fortalecer esses códigos. Há uma profunda e tácita percepção de que são essas as linhas vitais que conectam o indivíduo com as forças sociais maiores em cada fase da jornada humana.

O novo Sonho Europeu representa o próximo estádio na progressiva história humana de individuação e integração. A União Européia é o primeiro experimento de governo a ensaiar uma acomodação entre as novas forças da individuação e da integração — forças que alargam a consciência humana internamente no sentido das identidades múltiplas e da *persona* pós-moderna e externamente no sentido das forças globalizadoras da economia. Pode esperar que a luta pelos direitos humanos se amplie e aprofunde na Europa, conforme centenas de milhões de pessoas repensarem suas identidades numa sociedade cada vez mais globalizada.

14

Promovendo a Paz

OS LINHAS-DURAS AMERICANOS gostam de dizer que a União Européia, embora seja talvez uma superpotência econômica, é um anão político quando o assunto é o mundo bravio da geopolítica global. É justo dizer que a direita conservadora, incluindo a maior parte dos membros da Casa Branca de Bush, abomina a "mentalidade de Bruxelas". Impera a visão de que a UE é de caráter delicado, quase feminino, sem capacidade nem disposição para lutar por si mesma. Sempre que a conversa em Washington se volta para a geopolítica, comenta-se invariavelmente que Bruxelas lamenta as táticas opressivas e o comportamento de valentão dos EUA, mas parece estar muito disposta a deixar que sacrifiquemos nossos jovens uniformizados ao redor do mundo para proteger os interesses de segurança da Europa.

Alguns dizem que o problema é que, com o fim da Guerra Fria, os interesses americanos e europeus começaram a divergir. A luta por defender o Ocidente da agressão soviética uniu nossos povos numa causa comum por mais de meio século. A queda do império soviético tornou o elo americano-europeu menos saliente. Além disso, agora que a União Européia rivaliza com os EUA em matéria de poderio econômico, é compreensível, afirmam os "realistas", que pressões competitivas entre as duas superpotências gerem atritos no relacionamento e abram fissuras na aliança do Atlântico. Por outro lado, vozes mais moderadas afirmariam que as economias americana e européia estão tão enredadas que, apesar das áreas de discórdia, temos muito mais a ganhar do que a perder preservando os laços com nossos amigos do outro lado do Atlântico.

Minha crença pessoal é que a crescente lacuna entre os EUA e a Europa é antes visceral que pragmática. Ela se associa aos diferentes modos como cada superpotência encara seu relacionamento com o mundo e ao tipo de visão de futuro que uma e outra possuem.

Tirando Vidas

Se quisermos realmente entender quão profundo é o abismo ideológico entre as visões americana e européia de como conduzir a política externa, o melhor meio de começar é analisando a maneira tão diversa como cada sociedade encara a questão da pena capital. Aqui nós nos descobrimos face a face com duas posições muito diferentes quanto a poder ou não o Estado tirar a vida de um ser humano. Como a guerra consiste basicamente em tirar e sacrificar vidas, a posição européia quanto à pena de morte torna mais clara sua abordagem para a política externa e para questões de segurança.

Nenhum assunto une mais os europeus do que a questão da pena capital. Para eles, a oposição à pena de morte é tão profundamente sentida quanto o foi a oposição à escravatura por parte dos abolicionistas americanos do século XIX. Com efeito, para uma sociedade tão habituada a refrear suas paixões, os europeus exprimem um desgosto emocional pela pena de morte que não tem paralelos em nenhuma outra parte do mundo. Sempre que um prisioneiro do corredor da morte americano é executado, o fato mal chega a ser citado nos EUA, mas provoca protestos violentos por toda a Europa. Que não haja equívocos quanto a isso: os europeus são os abolicionistas do século XXI, estão determinados a doutrinar o mundo e não descansarão até que a pena capital seja abolida em toda a Terra.

Os americanos achariam inacreditável que países candidatos ao ingresso na UE devam abolir a pena capital como condição preliminar de inclusão. Ela encabeça a lista de condições para a aceitação no leque. Tente imaginar os Estados Unidos exigindo a oposição à pena de morte como condição para a cidadania.

Por que esse fervor todo? Os europeus sofreram, em primeira mão, tantas mortes humanas e tanta destruição nas garras dos governos ao longo do século XX que a idéia de o Estado preservar o poder formal de executar um ser humano é vista com repulsa. Mais de 187 milhões de seres humanos foram mortos só no século passado, muitos deles na Europa[1]. A pena de morte, para os europeus, é um lembrete constante do lado negro de seu passado, de um período em que os

Estados ordenavam regularmente a morte de milhões de seres humanos nos campos de batalha e em campos de concentração, desde Auschwitz até o Gulag.

Em 1983, o Conselho da Europa adotou o Protocolo N° 6 da Convenção para a Proteção dos Direitos e das Liberdades Fundamentais do Homem, ilegalizando a pena de morte, exceto no caso de atos cometidos em tempo de guerra ou de ameaça de guerra iminente. Em 2002, o Conselho da Europa emendou o Protocolo N° 6, proibindo incondicionalmente a pena de morte, mesmo incluindo crimes cometidos em tempos de guerra ou de ameaça de guerra iminente[2].

O protocolo emendado foi objeto de crescente polêmica. Os ânimos entre os EUA e seus aliados europeus se inflamaram após os ataques ao World Trade Center e o Pentágono, quando a França, o Reino Unido, a Espanha e a Finlândia deram a entender que não extraditariam para os EUA possíveis terroristas da Al Qaeda caso estes fossem julgados sob as cortes militares propostas e ficassem sujeitos à pena de morte[3]. Oficiais da Casa Branca e do Departamento de Estado ficaram lívidos, como também muitos americanos, ante a possibilidade de que um suspeito de terrorismo, talvez responsável pelo flagrante assassínio de três mil pessoas, recebesse a proteção legal dos países europeus.

Mesmo que uma pessoa cometa o mais hediondo dos crimes contra seus semelhantes humanos, inclusive o genocídio, ela usufrui, nas palavras oficiais da União Européia, "uma dignidade inerente e inalienável"[4]. A pena de morte, de acordo com a UE, é "uma negação da dignidade humana, que é a base fundamental da herança comum da União Européia como união de valores e princípios compartilhados"[5]. Isso significa que se Adolf Eichmann, por exemplo, arquiteto do plano nazista para exterminar os judeus e outras pessoas, fosse julgado hoje na Europa e declarado culpado, ele seria poupado da pena de morte. (Eichmann foi julgado por uma corte israelense em 1961 por crimes contra a humanidade, sendo condenado e enforcado em 1962.)

Embora muitos americanos se oponham à pena de morte e estejam tão comprometidos com sua abolição quanto os europeus, a vasta maioria dos americanos — dois em cada três — não está, e provavelmente diria que um assassino em massa abre mão de seu direito de ser considerado parte da raça humana[6].

Os europeus consideram sua posição quanto à pena capital diretamente ligada ao âmago de seu novo sonho, e esperam convencer o mundo da justiça de sua causa. Eis como a UE o expressa, num memorando oficial sobre a pena de morte:

> Há muito tempo os países europeus, seja na prática ou na lei, fizeram uma escolha para a humanidade, abolindo a pena de morte e promovendo com isso o respeito pela dignidade humana. E este é um princípio definitivo que a UE deseja compartilhar

com todos os países, como compartilha outros valores e princípios comuns, como a liberdade, a democracia, o império da lei e a salvaguarda dos direitos humanos. Se conseguir alcançar essa meta, tanto a UE como esses países terão promovido a causa da humanidade.[7]

O memorando diz em seguida que a UE "convida os EUA a abraçar igualmente esta causa"[8].

A ironia de tudo isso é que a União Européia, cujos povos em maior parte se desvincularam há muito tempo de toda devoção cristã, parece estar dando continuação à doutrina cristã da inviolabilidade de toda vida humana.

Muitos europeus poderiam relutar em reconhecer sua dívida para com o Cristianismo, mas a essência da questão é que a oposição à pena de morte está enraizada na doutrina do Novo Testamento. Em seu Sermão da Montanha, Jesus disse aos fiéis: "Ouvistes o que foi dito: 'Olho por olho, dente por dente'; mas eu vos digo que não resistis ao mal; que, sempre que alguém vos atingir na face direita, voltai-lhe a outra face"[9].

Cristo vai ainda mais longe, dizendo: "Ouvistes o que foi dito: 'Deves amar o teu vizinho, e odiar teu inimigo'. Mas eu vos digo: amai vossos inimigos, abençoai os que vos amaldiçoam, fazei o bem a quem vos quiser mal e orai pelos que agirem de má-fé para convosco e vos perseguirem"[10].

Compare a oposição européia à pena de morte com o sentimento americano. Aqui, no país mais aberta e devotamente cristão do mundo, a maioria dos americanos favorece a posição do Antigo Testamento no quesito punição. Trinta e sete por cento dos que aprovam a pena de morte afirmam fazê-lo com base no adágio do Antigo Testamento do "olho por olho"[11].

Apesar do fato de Cristo, enquanto morria na cruz, haver pedido a Deus que perdoasse seus executores, "pois eles não sabem o que fazem", os americanos são muito menos compassivos. Os sentimentos americanos quanto ao crime são de natureza muito mais retributiva. Pesquisas mostram que muitos americanos acreditam que as pessoas sentenciadas à pena de morte a merecem. Alguns observadores da psique americana, inclusive os psicólogos Richard Nisbett, da Universidade de Michigan, e Dov Cohen, da Universidade de Illinois, acreditam que a predisposição retributiva americana originou-se, ao menos em parte, da necessidade de proteger posses na fronteira, onde os direitos de propriedade eram menos garantidos[12]. Todo jovem americano cresce vendo faroestes de Hollywood em que ladrões de gado são caçados pelos capangas ou vigilantes do xerife e enforcados na árvore mais próxima.

Os europeus, por outro lado, opõem-se profundamente à idéia de retribuição. A União Européia deixa claro que "a pena capital não deve ser vista como um meio apropriado para compensar o sofrimento das famílias de vítimas de crimes, pois isso converteria o sistema de justiça numa mera ferramenta de ilegítima vingança particular"[13].

No coração da doutrina cristã está a crença na redenção — a crença de que mesmo o pior pecador pode ser salvo. A União Européia acolhe essa crença cristã básica em seu apoio à reabilitação. A UE afirma que "manter a pena capital não se ajustaria à filosofia da reabilitação adotada nos sistemas de justiça criminal de todos os Estados membros da UE, segundo a qual uma das metas penológicas das punições é reabilitar ou ressocializar o ofensor"[14].

Para sermos justos, cumpre observar que a reabilitação continua a ser a meta declarada do sistema penal americano. Mas as pesquisas mostram que muitos outros americanos começam a dar as costas a essa doutrina e a enrijar suas visões sobre o sistema de justiça criminal como um todo. A inversão de atitude em poucas décadas é surpreendente, considerando-se quão fundamental é a questão da reabilitação *versus* retribuição para o modo como um povo define a si mesmo e aos códigos morais segundo os quais vive. Enquanto a Europa — e praticamente o restante do mundo industrial — aboliu a pena capital no decurso das últimas três décadas, os EUA seguiram na direção oposta. Trinta e oito Estados autorizam hoje a penalidade, e nos últimos 29 anos mais de 800 pessoas foram executadas. Mais de 85% das execuções ocorreram só na última década[15].

O apoio americano à pena de morte reflete não somente nossa tradição fronteiriça da justiça rápida e decisiva do Antigo Testamento, como também a visão apocalíptica americana de um mundo dividido entre forças do bem e do mal. No fim o bem triunfa, mas somente se apoiado pelo poder virtuoso do Estado. Embora os europeus também reconheçam que há gente má no mundo e que o poder do Estado precisa ser usado ocasionalmente para assegurar a paz e o bem-estar gerais, eles partem da premissa de que a imposição da violência estatal é um último recurso e só deve ser cogitada na mais extraordinária das circunstâncias.

Deve-se reconhecer que nem todos os europeus se opõem à pena de morte. Um número considerável de pessoas, em certos países, sente-se como a maioria dos americanos no que toca a essa questão. Mas a elite política, os líderes de opinião e as classes média e trabalhadora há muito inclinaram a balança a favor da abolição de execuções sancionadas pelo Estado.

Assim, os americanos acusam os europeus de afagar criminosos ou, pior, de amparar o comportamento maléfico. Os europeus acusam os americanos de ser inescrupulosos e incivilizados por sancionarem execuções estatais. Por trás de todo esse ardor está a diferença muito real na perspectiva de ambas as superpotências com relação ao tipo de mundo em que vivem e ao futuro que abraçam.

O zelo europeu pela abolição da pena de morte se associa inextricavelmente a seu sonho de direitos humanos universais. Se o sonho iluminista mais antigo envolvia o estabelecimento de normas de conduta civilizadas, o novo sonho cosmopolita envolve o estabelecimento de códigos de conduta empáticos. Se os europeus aceitassem a idéia de que o Estado tem o direito legítimo de tirar a vida de qualquer ser humano, isso poria por terra a idéia de direitos humanos universais sobrepondo-se às prerrogativas estatais.

O problema com que se confronta a Europa, contudo, é que ela precisa viver simultaneamente em dois mundos: o mundo cotidiano da *Realpolitik* e o sonho de um mundo melhor no futuro. Manter o compromisso com o futuro sem perder de vista os perigos reais do presente é sua extenuante tarefa. Em parte alguma esse desafio é mais exaustivo para a UE do que na questão de elaborar um programa de política exterior. Como os europeus compatibilizam sua posição de não tirar a vida de um criminoso com a promoção de guerra contra um inimigo?

Indo Sozinhos

A resposta da administração Bush ao "pacifismo aparente" da Europa é "caiam na real". Num país em que a maioria das pessoas acredita no "olho por olho", não surpreende que a política externa americana se baseie em critérios diferentes para lidar com adversários. A abordagem americana combina um paternalismo antiquado com a justiça severa. Recompensar amigos e punir inimigos.

Para compreender realmente as raízes da política externa americana, os europeus precisam levar em conta a quase que obsessão dos americanos pela autonomia. Para nosso país, há muito envolvido por dois grandes oceanos, a liberdade significou a autonomia num mundo hostil e imprevisível. Não depender dos outros nem dever nada a ninguém, e ser auto-suficiente — este tem sido o *Leitmotiv* das políticas externa e de segurança americanas, desde os primeiros dias da jovem república.

A política externa americana antes das duas guerras mundiais sempre foi expansionista no continente americano e isolacionista no mundo. Os EUA não entraram na Primeira Guerra Mundial senão em 1917, três anos depois de os conflitos terem início e somente um ano antes de eles se encerrarem. Similarmente, os EUA se uniram aos Aliados na Segunda Guerra Mundial dois anos após o início da guerra, e só depois dos ataques-surpresa japoneses contra nossas frotas navais e aéreas em Pearl Harbor, no Havaí.

Antes da Segunda Guerra Mundial, a maioria dos países aceitava a doutrina hobbesiana de que o comportamento humano era, por sua própria natureza, agressivo e aquisitivo; portanto, se deixado livre, levaria a uma "guerra de todos contra todos". Somente em se estabelecendo uma autoridade soberana capaz de impor uma vontade única e unificada às pessoas seria possível abater a violência e promover o progresso material. O mesmo comportamento vigora entre Estados. Portanto, as únicas maneiras de preservar a paz seriam a conquista da hegemonia por parte de algum dos países, que imporia sua vontade sobre os demais na forma de um império ou federação, ou, excluída essa possibilidade, a união de países com forças relativamente iguais numa aliança destinada a preservar o equilíbrio de poder e impedir que qualquer um deles dominasse os demais. A história dos últimos três séculos está repleta de tentativas de certas potências de obter hegemonia sobre as outras — o império espanhol, o Império Austro-Húngaro, os impérios Bourbon e napoleônico, o Terceiro Reich alemão e a União Soviética nos vêm à mente. Cada uma dessas tentativas provocou movimentos contrários na forma de alianças de outros Estados com o fim de desafiar a hegemonia. O estabelecimento da Paz da Vestfália em 1648, que discutimos de passagem no Capítulo 7, cerceou o poder do império Habsburgo, e posteriormente o Congresso de Viena impôs um equilíbrio de poder similar após a derrota de Napoleão.

A teoria liberal clássica das relações exteriores proporciona uma alternativa rudimentar para a visão hobbesiana. Ela parte da idéia iluminista de que o interesse material de cada um é melhor promovido por mercados abertos e pela liberalização do comércio, tanto nacional como estrangeiro. Os teóricos liberais se desavinham com a idéia hobbesiana de que a guerra era a condição natural do homem. Preferiam pensar que o interesse próprio racional era o motor primário e que a eficiência econômica era a força motriz do comportamento humano. Vinculavam suas idéias à teoria de Locke dos direitos de propriedade, à noção da mão invisível de Adam Smith e à fé da burguesia na democracia representativa. Os liberais viam o mercado livre como a ordem natural das coisas, e acreditavam que ele, se deixado desimpedido e livre para florescer, evitaria que as nações imergissem num pesadelo hobbesiano. Os britânicos foram os primeiros a adotar as teorias liberais na política externa. Em nome do "livre comércio", eles se tornaram uma potência mundial hegemônica no fim do século XIX e início do XX, somente para provocar a ira de outras potências, especialmente a Alemanha, que estava decidida a não ser marginalizada no cenário mundial.

Após a Segunda Guerra Mundial, os Estados Unidos e a União Soviética emergiram como grandes potências mundiais. Nenhuma foi capaz de impor sua vontade à outra e tornar-se hegemônica. Ambas, contudo, perceberam que seu futuro consistia em mobilizar a maior parte possível do mundo sob suas bandeiras.

Embora buscassem alianças na Ásia, na África e no Oriente Médio, sua principal luta por influência foi travada na Europa. A União Soviética impôs sua vontade na Europa Central e Oriental pela força das armas. Os americanos, em contraste, confiaram na doutrina liberal de promover mercados abertos e o livre comércio, e se puseram a implementar uma série de iniciativas para ressuscitar as economias da Europa Ocidental, procurando criar uma vibrante parceria atlântica capaz de deter os avanços soviéticos e favorecer os interesses econômicos americanos. (Discutimos as várias iniciativas institucionais, inclusive o Plano Marshall e a criação das Nações Unidas, do FMI, do Banco Mundial, da Otan e de outros no Capítulo 11.)

Com o colapso do império soviético no fim dos anos 80, o governo dos EUA aprofundou seu compromisso com uma política externa liberal. Os presidentes George Bush e Bill Clinton procuraram uma maior liberalização do comércio, esperando criar finalmente um mercado capitalista global dominado pelo poderio econômico americano.

O comprometimento dos EUA com uma política externa multilateral baseada em alianças sofreu uma virada abrupta com a eleição do presidente George W. Bush em 2000. Políticos conservadores e ideólogos de extrema direita vinham preparando o terreno há anos. Muitos ex-servidores da administração Reagan se haviam empenhado na tarefa de moldar uma política externa sombria nos anos 90. Fundaram bancos de idéias, escreveram livros e artigos, criaram forças-tarefa e publicaram documentos criticando o que viam como uma política externa e de segurança fracassada. Os conservadores acreditavam que os interesses americanos eram mal servidos — e mesmo prejudicados — pelo envolvimento do governo em tratados, alianças e compromissos globais multilaterais que nos submetiam à vontade de terceiros, cujos interesses nem sempre correspondiam aos nossos. Os conservadores favoreciam um retorno à antiga política externa americana baseada na autonomia e sustentada pelo poderio militar. Afirmavam que ela nos havia servido bem ao proteger os interesses vitais no hemisfério americano nos séculos XIX e XX e que poderia servir de novo no teatro global, graças a nossa inaudita superioridade econômica e militar.

Alguns críticos alertaram que se os "neoconservadores" retomassem o poder, os EUA apostariam a sorte com uma política externa "radical", estranha ao papel histórico do país. Nisso se equivocavam. Na maior parte da história americana, a visão conservadora de como os EUA deviam conduzir sua política externa constituiu a norma. Somente no breve intervalo de 50 anos entre o fim da Segunda Guerra Mundial e o fim da Guerra Fria é que os EUA se afastaram de seu legado histórico e firmaram relacionamentos multilaterais com o restante do mundo.

Quando intelectuais europeus acusam os atuais líderes americanos de promover uma "diplomacia de caubóis", eles estão certos. A tradição americana na política externa segue nos calcanhares do Sonho Americano. Nossa visão do americano nobre é a de um homem ou mulher sozinha num mundo hostil e imprevisível, mas capaz, pela mera perseverança e força de vontade, de domar a selvajaria, aplacar as forças do mal, criar uma ilha de ordem e fazer do mundo um lugar seguro. Todo romance e filme de faroeste americano glorifica essa história. É isso o que cremos ser: um povo sem complicações e de bom coração, que se alevanta contra o mal e promove o direito de toda pessoa a ser livre — o que definimos como ser autônomo e independente. Por que adotaríamos uma política externa incondizente com nosso senso básico de quem somos?

Mesmo antes dos ataques terroristas às torres do World Trade Center e ao Pentágono, a administração George W. Bush começava a levar a política externa americana de volta a sua visão anterior do "vá sozinha". Os Estados Unidos começaram a se desvencilhar dos antigos compromissos no globo, rejeitando novas iniciativas globais.

Numa seqüência de impressionantes reversões, o governo dos EUA se negou a assinar o Protocolo de Quioto para limitar os gases do efeito estufa, disse não ao Tratado das Minas Terrestres e ao Tratado de Proibição Total de Testes Nucleares e se removeu do Tratado contra Mísseis Balísticos, apesar de praticamente quase todas as outras nações darem apoio a esses pactos. E, num último desdém da opinião pública mundial, os EUA se negaram a apoiar o Tribunal Criminal Internacional, que comprometia as nações do mundo com uma norma obrigatória para assegurar os direitos humanos universais.

A "grande reversão" vinha germinando há muito tempo. Em 1992, quando o atual vice-presidente Dick Cheney era secretário de Defesa, o Pentágono esboçou um documento descrevendo qual seria a pedra angular da política externa americana uma década depois. O documento do Pentágono declarava bruscamente que o governo dos EUA devia "coibir as nações industriais avançadas de desafiar nossa liderança ou mesmo de aspirar a um papel regional ou global maior"[16]. O relatório do Pentágono dizia ser fundamental que os Estados Unidos "retenham a responsabilidade primária por corrigir (...) os males que ameaçam não apenas nossos interesses, mas também os de nossos aliados ou amigos, ou outros que possam abalar seriamente as relações internacionais"[17].

Os ataques às torres do World Trade Center e ao Pentágono deram às forças de Cheney a oportunidade de operacionalizar a visão de política externa americana que haviam esboçado uma década antes. A nova estratégia de segurança nacional exposta pela Casa Branca determinava que o governo americano manteria toda a capacidade militar necessária para assegurar que nenhum outro

Estado pudesse impor sua vontade aos EUA ou a seus aliados, e coibiria e mesmo impediria qualquer adversário potencial de tentar fortalecer sua capacidade militar para desafiar a nossa[18].

Num discurso de abertura na Academia Militar dos EUA em West Point, em junho de 2002, o presidente Bush deixou claro que "os EUA possuem e tencionam manter um poderio militar sem paralelos — tornando assim insensatas as corridas armamentistas de outras épocas e limitando as rivalidades ao comércio e a outras atividades pacíficas"[19]. As observações do presidente eram calculadas para informar o mundo de que, a partir de então, os EUA usariam sua vasta máquina militar para serem a potência hegemônica inconteste, e não admitiriam ser refreados por compromissos e tratados multilaterais nem obstruídos por alianças que requeressem deliberação e consenso antes da tomada de atitudes.

Grande parte das razões para a nova política impopular foram proporcionadas pelas novas circunstâncias em que os EUA se descobriram no período pós-11 de Setembro. A administração Bush afirmava que numa era pontuada pelo terrorismo global, "uma força militar (...) deve estar pronta a atacar ao menor aviso em qualquer recanto obscuro do mundo"[20]. Como é impossível saber quando ou onde terroristas atacarão, os EUA devem estar prontos para optar pela ação preventiva como forma de autodefesa. O secretário de Defesa Donald Rumsfeld expôs assim a situação que se impunha aos EUA e ao mundo: "Não sabemos o que não sabemos"[21]. Sendo esse o caso, os EUA podiam ter de atacar antes de ser atacados. A nova estratégia de segurança da Casa Branca depois de 11 de Setembro é inequívoca a esse respeito. Em sua já famosa diretiva sobre a segurança nacional em setembro de 2002, a administração Bush declarou que "para frustrar ou impedir (...) atos hostis por parte de nossos adversários, os Estados Unidos, se necessário, agirão antecipadamente"[22].

Receando que terroristas possam se apoderar de armas de destruição em massa e atacar a seu desejo, o governo americano disse que não tinha escolha senão determinar por conta própria, se necessário, quando os direitos soberanos dos EUA se encontravam em risco, e agir sem ter de consultar ou receber permissão prévia de outros governos. Pela nova política, os EUA assumiam praticamente carta branca para invadir qualquer país suspeito de albergar ou financiar terroristas ou de desenvolver armas de destruição em massa sujeitas a cair em mãos de terroristas. A nova política externa, portanto, é o que se pode chamar eufemisticamente de "autodefesa antecipatória". Os críticos afirmam que tal política é um paradoxo e ameaça arruinar todo o conjunto de acordos posteriores à Segunda Guerra Mundial incorporados nos artigos 2 e 51 da Carta das Nações Unidas, que proíbem que um país ataque outro salvo se atacado previamente, e neste caso somente como autodefesa[23].

Os EUA replicam que, se forem obrigados a aguardar até que haja suficientes evidências de agravos, ou até que possam obter o consenso do Conselho de Segurança da ONU, pode ser tarde demais para a defesa. O problema, como observa G. John Ikenberry num artigo no *Foreign Affairs*, é que se "os Estados Unidos sentirem que podem tomar tal atitude, nada impedirá que outros países façam o mesmo"[24]. Ikenberry pergunta, retoricamente, se os Estados Unidos desejariam "esta doutrina nas mãos do Paquistão, ou mesmo da China ou da Rússia"[25].

Quando observadores políticos se perguntam se os EUA e sua aliada mais próxima, a União Européia, estão começando a divergir e distanciar-se em algum sentido fundamental, a resposta é um sim incondicional. A política externa americana procura ressuscitar a *Realpolitik* de uma era anterior, e apóia seus intuitos no direito e dever soberanos de proteger e defender seu território e seus cidadãos como julgar adequado. Tampouco ela se sente obrigada a levar em conta arranjos internacionais que a impeçam de fazer o que julga ser de seu interesse vital. Os figurões da administração Bush chegaram até o ponto de dizer, segundo Stanley Hoffman, de Harvard, que "a Constituição dos Estados Unidos não admite reverência a leis superiores, como a lei internacional, nem a transferência, união ou delegação de soberania para ou com qualquer organização internacional"[26].

Muitos no governo dos EUA não aprovariam uma retórica tão excessivamente ardorosa. Todavia, a realidade é que a doutrina Bush, se levada a seu extremo lógico, submete efetivamente todos os pactos e compromissos internacionais a seu direito soberano de ser o árbitro decisivo das ações do país.

Visões de Mundo Divergentes

A política externa dos EUA está a anos-luz de distância da dos 25 Estados membros que compõem a União Européia. Esses países vêm se despojando cada vez mais do legado histórico da soberania do Estado-nação em prol do trabalho em conjunto, observando as leis internacionais com as quais se comprometem. O Sonho Europeu é um sonho de inclusividade, não de autonomia. Eles procuram viver num mundo governado pelo consenso. A política americana do "vá sozinho" é para os europeus um anátema, pois ameaça arruinar todos os pequenos e laboriosos passos que já deram no sentido de agremiar seus interesses e compartilhar um destino coletivo. Eles temem que a violação de normas e acordos internacionais por parte dos EUA abra as portas para o exato mundo hobbesiano da "guerra de todos contra todos" que eles esperavam deixar para trás nas cinzas da última guerra mundial.

Alguns dirão: "Espere aí. Um grande número de membros da União Européia não agiu em possível violação da lei internacional, sem falar dos próprios princípios de governo da UE, ao unir-se aos EUA em sua 'coalizão dos dispostos' no Iraque?". Talvez. Mas o ponto interessante é que a divergência dentro da UE foi objeto de um intenso exame de consciência após a invasão do Iraque. Em vez de levar a fissuras irreconciliáveis e à desagregação da União, como alguns previam, ela teve o efeito oposto. Os Estados membros começaram a perguntar como poderiam fortalecer sua política externa e de segurança comum para assegurar que não sofreriam uma repetição do espetáculo que se desenrolou nos dias anteriores à invasão americana do Iraque.

A questão da soberania é o que separa em última análise os EUA da UE, e o velho Sonho Americano do novo sonho compartilhado pela maior parte dos europeus. A quem devemos nossa fidelidade última? Onde reside a autoridade num mundo globalizado? Os EUA estão recuando para uma era anterior em que a fidelidade volta-se ao Estado-nação e a autoridade definitiva reside no governo soberano. O Estado confere todos os direitos a seus cidadãos e determina o papel da nação na comunidade internacional. Não há autoridade superior. Dentro do receptáculo do Estado-nação, as pessoas recebem direitos civis, políticos e sociais, o que lhes proporciona a oportunidade de granjear posses e buscar a felicidade.

O Sonho Europeu é muito mais cosmopolita. Embora os Estados membros da UE preservem uma soberania módica, seus cidadãos também estão comprometidos com os direitos humanos universais que se sobrepõem às prerrogativas dos Estados soberanos. Se a doutrina americana de soberania estatal incondicional prevalecesse, a noção de direitos humanos universais, edifício sobre o qual se assenta o Sonho Europeu, ruiria. Os direitos humanos universais são uma farsa num mundo em que a autoridade suprema reside no Estado soberano. Se o Estado-nação é a autoridade soberana decisiva, como crêem muitos na administração Bush, então os direitos humanos não podem ser universais, já que sua viabilidade dependeria dos caprichos e venetas de uma instituição política limitada territorialmente.

É um estranho paradoxo que num mundo progressivamente globalizado, em que fronteiras geográficas de todos os tipos estão esvanecendo e até desaparecendo, o governo dos EUA esteja enrijecendo sua noção de soberania, na contramão de tudo o que ocorre à sua volta. Mas isso ocorre porque sonhos custam a morrer. Somos um povo que não aprecia que alguém lhe diga o que fazer. Apraz-nos pensar que podemos fazer nosso próprio caminho no mundo sem interferências externas. Não gostamos nem mesmo que nosso governo nos diga o que podemos ou não fazer. Por que estaríamos mais dispostos a ter uma potência estrangeira ditando condições para nosso comportamento? Nosso senso de autosuficiência e autonomia é profundo, e permeia até as entranhas de nosso ser.

A mera idéia de ser constrangido pela vontade alheia se indispõe com a essência do espírito americano. Restrições não são nosso forte. Na verdade, é a falta de restrições, a abertura do estilo de vida americano, que nos permitiu realizar nossos sonhos. Curvar-se à vontade dos outros parece demasiado subserviente, demasiado submisso para a mente americana. O presidente Bush, apesar do que nossos amigos europeus pensam de suas faculdades intelectuais, entende a psique americana. Em seu Discurso sobre o Estado da União em 2003, ele disse ao povo americano que "o destino desta nação não depende das decisões dos outros"[27].

Os americanos, em grande maioria, têm sentimentos ambíguos quanto à lei internacional. As pesquisas demonstram que em maior parte eles apóiam nossa participação na ONU e aprovam o envolvimento dos EUA em acordos internacionais. Uma pesquisa abrangente realizada pelo Fundo Marshall, da Alemanha, no outono de 2002 — um ano depois dos ataques às torres do World Trade Center e ao Pentágono — descobriu que 61% dos americanos favorecem uma abordagem multilateral para a política externa, e 65% dizem que os EUA só deviam invadir o Iraque com a aprovação da ONU e o apoio de seus aliados[28]. Eu sugeriria, contudo, que o sentimento americano a esse respeito é débil se comparado com o de nossos amigos na Europa. Apenas seis meses depois que a pesquisa foi realizada, uma firme maioria de americanos sustentou a decisão do presidente Bush de enviar tropas ao Iraque sem uma resolução da ONU. Na época da invasão americana do Iraque, 72% do público americano diziam favorecer o envio de tropas, e somente 25% diziam opor-se à invasão[29]. Embora alguns americanos se fizessem às ruas em protesto, os números foram comparativamente pequenos em comparação com o sentimento expresso na Europa em oposição à invasão americana.

A realidade é que os americanos estão profundamente divididos sobre como melhor conduzir a política externa. Uma minoria considerável, sobretudo nas regiões nordeste e noroeste do país, julga esse assunto ao estilo dos europeus. Suas visões tendem a ser mais cosmopolitas. As regiões Sul, Sudoeste, Centro-Oeste e a das Montanhas Rochosas — cuja população perfaz uma sólida maioria — tendem antes a se identificar com a mentalidade de fronteira americana e a favorecer a abordagem do "vá sozinho", se necessário, para assegurar os interesses dos EUA no estrangeiro.

Similarmente, o Fundo Marshall declarou que 75% dos americanos acreditam que o aquecimento global é um assunto sério, e a maioria aprovaria que os EUA se unissem à UE em ratificar o Protocolo de Quioto[30]. Todavia, também aqui a realidade é um pouco diferente. Os eleitores americanos se opõem a leis do governo que obriguem as montadoras de automóveis a aumentar os padrões de eficiência do combustível se isso significar a necessidade de guiar carros menores, e a maioria se opõe até mesmo a um aumento moderado no imposto sobre a gasolina — os EUA têm os menores impostos sobre a gasolina dentre todos os grandes países industrializados.

Ou então considere a visão americana do Tribunal Criminal Internacional. Setenta e um por cento dos americanos dizem favorecer a ratificação do tratado. Todavia, mal se ouviu um sussurro de discórdia nos bastidores quando a administração Clinton afirmou que a aprovação americana do tratado dependeria de os soldados americanos ficarem imunes de julgamento pelo órgão — o que equivalia a fazer chacota da instituição[31]. A vasta maioria dos americanos concorda com a posição da Administração Clinton. Enquanto 71% do eleitorado francês, 65% do público alemão e 52% do povo britânico dizem que o tribunal devia ter autoridade para julgar seus soldados por crimes de guerra, somente 37% dos americanos afirmam que o Tribunal Criminal Internacional deva ter jurisdição sobre soldados dos EUA acusados de tais crimes[32]. Acho difícil imaginar o público americano permitindo que o tribunal julgue soldados americanos por crimes de guerra.

O cientista político Francis Fukuyama escreve que "os americanos (...) tendem a não ver nenhuma fonte de legitimidade democrática superior ao Estado-nação"[33]. Os europeus pensam de outra forma. Enquanto os países da Europa estão cedendo cada vez mais soberania à UE e a órgãos internacionais, os EUA seguem na direção oposta. Isso porque os europeus sentem que sua liberdade é beneficiada pela inclusividade e a integração com os outros, ao passo que os americanos sentem que transferir direitos soberanos a acordos e instituições extraterritoriais diminui sua soberania e resulta em perda da liberdade pessoal.

O Sonho de Paz Perpétua da Europa

Como é então a política externa e de segurança da Europa? Para os iniciantes, é algo tão diferente de tudo o que a precedeu na história humana que o mero concebê-la exige um salto de imaginação. A política externa européia funda-se mais na difusão da paz que na concentração de poder.

Os europeus rejeitam o tipo de jogo de poder que tem dominado a política externa por séculos e levou a tantas mortes e à tanta destruição no mundo. Os líderes europeus perguntam, retoricamente: quem, melhor do que nós, conhece as terríveis conseqüências que podem advir da tentativa das nações de impor sua vontade aos outros por meio da coerção e da força? E, para aqueles que dizem que o comportamento humano jamais mudará, os europeus replicam: vejam o que fizemos na Europa. Após séculos de luta entre si mesmas, 25 nações deixaram de lado as armas, uniram-se umas às outras e juraram jamais guerrear novamente entre si. O ministro do Exterior alemão Joschka Fischer falou pelos muitos europeus determinados a nunca mais permitir que rivalidades nacionais degenerem em guerra desabrida. Revendo a conturbada história do moderno Estado-nação, Fischer diz que a Europa vem buscando uma rota diferente para o futuro: "A essência do conceito de Europa após 1945 era e ainda é uma rejeição do princípio de equilíbrio de poder e das ambições hegemônicas dos Estados individuais surgidos após a Paz da Vestfália em 1648"[34]. Fischer e outros líderes europeus estão determinados a substituir a antiga ideologia, estribada na visão hobbesiana da "guerra de todos contra todos", por uma nova visão de paz perpétua.

O novo Sonho Europeu tem raízes antigas. Em 1795, o filósofo alemão Immanuel Kant publicou um ensaio intitulado *A Paz Perpétua: um Esboço Filosófico*. Embora tenha recebido pouca atenção na época, a obra foi ressuscitada na era pós-Segunda Guerra, e tornou-se uma fonte quase que bíblica para a nova vanguarda européia. Kant concebia um "estado de paz universal" possibilitado pela criação de uma "república mundial". Ele acreditava que tal Estado seria possível assim que as nações do mundo aceitassem formas representativas de governo. A difusão dos princípios democráticos, pensava Kant, estimularia a cooperação em preferência ao conflito, e deitaria os alicerces para uma ordem cosmopolita.

Embora os europeus não esposem um governo mundial, eles acreditam que o aprofundamento do impulso democrático pode suscitar um novo modo de as pessoas agirem umas para com as outras — um modo baseado no respeito mútuo, na empatia e no reconhecimento do "outro". É por isso que os líderes europeus preferem a negociação aos ultimatos, a reconciliação à recriminação e a cooperação à concorrência.

Romano Prodi, presidente da Comissão Européia, diz que a meta da UE é estabelecer "uma superpotência no continente europeu que se iguale aos Estados Unidos"[35]. Muitos observadores políticos americanos temem que observações como essa possam assinalar uma nova era de conflitos entre a Europa e a América e alertam que os Estados Unidos devem manter-se alertas e em guarda para o caso de a Europa se tornar uma nova hegemonia e uma ameaça para os interesses americanos. Eles não captaram direito o que o Sr. Prodi entende por "superpotência". Os europeus têm uma idéia muito diferente do que constitui uma superpotência numa sociedade globalizada. Leia atentamente como o presidente Prodi define o sucesso do experimento europeu. Ele escreve:

> A genialidade dos pais fundadores esteve em converter ambições políticas extremamente elevadas (...) numa série de decisões mais específicas, quase técnicas. Esta abordagem indireta possibilitou ações continuadas. A reaproximação teve lugar gradualmente. Da confrontação passamos à disposição de cooperar na esfera econômica, e então à integração.[36]

Para Prodi e outros líderes europeus, o estatuto de superpotência decorre da cooperação expansiva, mais que da ampliação da soberania. Não é a força das armas, mas as técnicas de negociação e a abertura ao diálogo e à resolução de conflitos que constituem as características distintivas desse novo tipo de superpotência. É por isso que os "processos" são tão importantes para a nova política. A essência do Sonho Europeu é a superação da força bruta e o estabelecimento da consciência moral como o princípio operacional que governa os assuntos da família humana.

A maioria dos americanos acha tais sentimentos um tanto melosos e irrealistas. Os europeus dizem que o caso é bem o contrário. A nova Europa não nasceu da ingenuidade, nem foi inspirada por fantasias polianescas, mas antes desenvolveu-se a partir de um sentimento de profunda repugnância pelo comportamento bárbaro com que seres humanos conseguem tratar outros seres humanos. O novo experimento europeu é uma tentativa de transcender os últimos vestígios do passado da humanidade, sendo guiado não por idéias desvairadas, mas por uma avaliação circunspecta da condição humana.

Agora que a Europa demonstrou que sua nova abordagem para a política pode funcionar para 25 nações, representando 455 milhões de seres humanos, ela está ansiosa por compartilhar sua experiência com o restante do mundo. A idéia do presidente Prodi de uma superpotência européia é algo novo e extraordinário. Ele acredita que a União Européia "tem um papel a cumprir na 'governança do mundo'" — fazer da experiência européia um modelo a ser emulado pelo restante do globo. Prodi observa com orgulho que na Europa "o império da lei substituiu os jogos crus de poder (...); a política do poder perdeu sua influência". Ele acredita que "ao fazermos da integração um sucesso, estamos demonstrando ao mundo que é possível criar um método para a paz"[37].

Numa pesquisa de opinião pública sobre se a União Européia devia ou não tornar-se uma superpotência, 65% do público europeu declarou-se a favor de a UE se tornar um páreo para os Estados Unidos. Mas quando lhes perguntaram por que favoreciam essa idéia, a resposta que deram era que isso permitiria à Europa cooperar com os Estados Unidos mais efetivamente do que competir. Mesmo na França, país que a maioria dos americanos vê como amiúde avesso aos EUA, 90% do público favorecia a conversão da UE numa superpotência, e uma maioria esmagadora disse que a Europa, se estivesse em maior igualdade de condições com os americanos, poderia atuar em maior proximidade com os Estados Unidos[38].

Os americanos, em contraste, têm uma atitude muito diferente quanto à questão de a UE dever ou não ser uma superpotência. Cinqüenta e dois por cento dizem que os EUA deviam ser a única superpotência do mundo, e somente 33% favorecem a elevação da UE ao mesmo estatuto[39]. Enquanto os europeus vêem sua condição de superpotência como um meio de aprofundar a cooperação no cenário mundial, os americanos a vêem como uma ameaça potencial à sua dominação sobre o mundo.

Robert Kagan, da Fundação Carnegie para a Paz Internacional, resume o crescente cisma na maneira como europeus e americanos vêem seus papéis no mundo. Ele escreve:

> Acerca da importantíssima questão do poder — a eficácia do poder, a moralidade do poder, a desejabilidade do poder —, as perspectivas americana e européia têm divergido. A Europa está dando as costas ao poder, ou, para dizer de modo um pouco diverso, está avançando para além do poder, rumo a um mundo auto-suficiente de leis e normas, de negociação e cooperação transnacionais. Ela vem adentrando um paraíso pós-histórico de paz e relativa prosperidade, a concretização da "paz perpétua" de Immanuel Kant. Enquanto isso, os Estados Unidos continuam atolados na história, exercendo o poder num anárquico mundo hobbesiano onde as leis e normas internacionais são inconfiáveis, e onde a verdadeira segurança e a defesa e promoção de uma ordem liberal ainda dependem da posse e uso do poderio militar.[40]

Compreensivelmente, quando os europeus são entrevistados sobre gastos com a defesa, somente 19% favorecem o aumento de gastos militares, enquanto 33% gostariam de reduzi-los e 42% desejam manter os baixos orçamentos atuais. Quarenta e quatro por cento dos americanos, por outro lado, estão dispostos a aumentar os gastos militares[41]. Não significa que os europeus não se disponham a gastar dinheiro — mas eles querem que os fundos sejam usados para apoiar sua idéia muito diferente de como conduzir a política externa e de segurança.

Chris Patten, comissário da UE incumbido das relações exteriores, descreveu a visão européia de uma política externa para o século XXI num discurso proferido em junho de 2000. Ele disse que a política externa da UE devia comprometer-se com valores que animem suas relações internas e estejam de acordo com suas forças. Patten lembrou a seus colegas europeus que a UE, apesar de sua retórica exaltada acerca de construir pontes para a paz, fora incapaz de deter a luta na vizinha Bósnia ou em Kosovo nos anos 90, e tivera de contar com a intervenção militar americana para encerrar tais conflitos. Como a Europa evitará que futuras Bósnias e Kosovos ocorram? Patten diz que a resposta está em atuar mais preventivamente no futuro e promover o efetivo diálogo e a efetiva cooperação entre países ou regiões conturbadas e a UE, antes mesmo que hostilidades eclodam. "Isso exige", diz Patten, "a aplicação de ferramentas como o comércio, a assistência externa, a cooperação ambiental, uma política competitiva e outras do tipo, que são questões da alçada da Comunidade"[42].

Como Prodi, Patten acredita que a União Européia deve aplicar sua experiência regional de cooperação multilateral num cenário mundial mais amplo. Ele nota que o modelo europeu de integração "vem inspirando experimentos regionais da Ásia até a América Latina" e diz que "a ambição da UE deve ser a de refletir no exterior o que há de melhor em nosso modelo: nosso senso de sociedade civil"[43].

Analistas americanos de política externa não compram a idéia de que os vilões sempre podem ser convencidos por argumentos, e perguntam como o Sr. Patten lidaria com regimes corruptos como o da Coréia do Norte ou do Iraque, ou com focos de agitação onde preconceitos e animosidades de longa data se acham tão profundamente arraigados que parecem irremediáveis, como no caso do conflito entre israelenses e palestinos. Patten replica usando como exemplo a própria experiência passada da Europa. Ele usa o argumento bastante convincente de que "a integração européia demonstra que o comprometimento e a reconciliação são possíveis após gerações de preconceitos, guerras e sofrimentos"[44].

O professor da Harvard Joseph Nye Jr. designa a nova abordagem européia para uma política externa e de segurança comum como o exercício de "poder brando", que ele define como a cooptação das pessoas, em vez de sua coerção. Nye diz que quando o assunto é a condução da política externa

> um país pode obter os resultados que deseja na política mundial porque outros países desejam segui-lo, admirando seus valores, seguindo seu exemplo, aspirando a seu nível de prosperidade e abertura. Nesse sentido, é tão importante estabelecer um programa para a política mundial e atrair os outros quanto forçá-los a mudar por intermédio de ameaças ou pelo uso de armas militares ou econômicas[45].

Por muito tempo, o poder brando dos EUA foi um magneto para o restante do mundo. Nossos valores democráticos, nossas origens multiculturais, nossa abertura, nossa atitude de poder-fazer, nosso otimismo, nossa inovação, nossa criatividade e nossa prosperidade atraíram o mundo para nossas praias. Servimos como inspiração para os outros. Hoje, grande parte dos ativos de poder brando dos EUA começaram a se depreciar. Outros começaram a perder a fé no modelo americano durante a Guerra do Vietnã. Na era pós-11 de setembro, a opinião pública mundial voltou-se dramaticamente contra as políticas mundiais do governo americano. Muitos vêem os EUA, com ou sem razão, como um valentão arrogante, insensível a outras vozes e opiniões e indiferente a uma vasta gama de preocupações que afetam o restante do mundo. De acordo com uma pesquisa da TimeEurope.com, 87% dos europeus acham que os EUA "representam o maior perigo para a paz mundial em 2003"[46]. Similarmente, uma pesquisa da Gallup International realizada em 33 países em 2002 revela que em 23 dos países pesquisados "a população se acha mais inclinada a dizer que a política externa americana tem um efeito negativo do que positivo sobre seu país"[47]. A maioria dos americanos fica indignada com tais atitudes. Sempre nos consideramos campeões da justiça, pacificadores. Como o mundo pode estar tão equivocado em sua opinião a nosso respeito?

Deve-se notar que, embora a opinião pública mundial seja esmagadoramente negativa em sua análise do governo dos EUA, ela é mais favorável quanto ao povo americano e seu estilo de vida, muito embora mesmo aqui nosso poder brando esteja decaindo. Malgrado ainda haja muita coisa que atraia estrangeiros aos EUA, existe uma crescente inquietação quanto ao que é visto como o egoísmo e a brutalidade americanos. Europeus sempre me perguntam, por exemplo, por que os americanos insistem em dirigir automóveis grandes e beberrões que poluem o mundo. Ou por que os EUA, o país mais rico da Terra, fazem tão pouco para ajudar os pobres. Ou por que os americanos têm tantas armas, e por que há tanta violência e derramamento de sangue nas ruas americanas.

É escusado dizer que gente de todo o mundo aprecia a música, os filmes e a televisão americanos, os estilos americanos de vestimenta e consumo, a educação americana. Essas pessoas são menos favoráveis, contudo, ao modo como os EUA agem para com o restante do mundo, e se mostram desconfiadas quanto ao que vêem como o senso de narcisismo e ilegalidade que permeia a cultura americana.

O poder brando da Europa, em contraste, parece ter ganhado valor. Até mesmo muitos de meus amigos americanos ocasionalmente dizem: "Por que não podemos ser mais parecidos com os europeus em nossos valores e atitudes?". Não é assim tão simples. Há muita coisa que não se deve admirar na Europa. Arranhe a superfície e você detectará um senso de elitismo e superioridade entre muitos europeus, especialmente em meio à classe profissional, algo que inexiste entre seus equivalentes profissionais nos EUA. E, embora haja muito menos violência nas ruas da Europa, jovens gangues estão se tornando mais prevalentes, e o crime tem se sobrelevado. E, quanto se trata de discriminar minorias, os europeus mais do que se equiparam aos americanos. O aumento dramático do antissemitismo e da intolerância à população de imigrantes é perturbador. Ainda assim, os europeus parecem estar mais afinados com as mudanças que vêm transformando o mundo numa sociedade globalizada. Há mais de 200 anos, eram os jovens Estados Unidos que haviam chamado a atenção do mundo com seu sonho de democracia e do direito inalienável de todo ser humano de buscar a felicidade. Hoje, a atenção do mundo vem sendo mais atraída pelo novo Sonho Europeu, com sua ênfase na inclusividade, na diversidade cultural, nos direitos humanos universais, na qualidade de vida, no desenvolvimento sustentável e na coexistência pacífica.

Um Novo Tipo de Força Militar

A política externa e de segurança da Europa repousa sobre dois pilares operacionais: em primeiro lugar, redefinir o papel do envolvimento militar, afastando-o da velha idéia do Estado-nação de defesa territorial e aproximando-o da nova idéia transnacional de pacificação e intervenção humanitária; em segundo lugar, empregar a assistência econômica como uma ferramenta de política externa para promover a maior cooperação entre povos e países.

A resolução de conflitos em crise é a peça central da preparação militar européia. Ao longo do último meio século, os Estados membros da UE responderam por 80% das forças pacificadoras envolvidas em conflitos por todo o mundo, bem como por 70% dos fundos para a reconstrução[48]. A meta das operações militares européias, por vezes chamadas de "manutenção da paz robusta" ou "manutenção da paz de segunda geração", é encerrar a violência entre facções belicosas e criar as condições para o estabelecimento de um acordo factível de paz. Esse tipo de intervenção militar requer uma completa reconcepção das estratégias militares. Novas expressões militares, como "portos seguros", "zonas sem vôo" e "corredores humanitários" tornaram-se parte do vernáculo nos últimos anos.

A nova fórmula militar parte da premissa oposta à do envolvimento militar convencional. No antigo esquema, a idéia era impor o máximo de baixas ao inimigo. No novo esquema, é minimizar o número de baixas para todas as facções em conflito. As ordens do soldado já não são arriscar sua vida e matar o inimigo. Os soldados pacificadores têm uma missão diferente — arriscar sua vida para salvar a de civis. Mary Kaldor, professora de Governança Global e Direitos Humanos na London School of Economics, disse-o sucintamente: "Enquanto o legítimo portador de armas, o soldado, tinha de estar preparado para morrer pelo país, o pacificador arrisca a vida pela humanidade"[49]. Os países membros da UE mobilizam dez vezes mais soldados pacificadores do que os EUA, desmentindo o freqüente argumento americano de que a Europa relegou aos ombros dos EUA o fardo de policiar o mundo[50].

A mera idéia de que a União Européia pode despachar tropas para o território de qualquer Estado membro com o intuito de restaurar a ordem em caso de haver violação da Convenção Européia dos Direitos Humanos é revolucionária. O propósito da ação militar já não é confiscar terras, subjugar populações e acumular posses, mas proteger os direitos universais das pessoas. Escrevendo no jornal *Foreign Affairs*, Leslie H. Gelb e Justine Rosenthal salientam o significado histórico desse novo tipo de pensamento militar. Estados e instituições de governo como a UE estão sofrendo uma mudança fundamental no modo como percebem o propósito das forças militares. "Imaginem só", dizem os autores do artigo, "Estados endossando o princípio de que a moralidade se sobrepõe à soberania"[51].

O outro pilar da política externa e de segurança da União Européia é a assistência ao desenvolvimento. A maioria dos americanos acredita que os EUA são de longe o país mais generoso do mundo quando se trata de assistir os menos favorecidos nos países em desenvolvimento. Isso não é verdade. O auxílio externo americano é de apenas 0,1% de nossa Renda Nacional Bruta (RNB), ou um terço dos níveis europeus[52]. Os europeus proporcionam hoje mais de 50% de toda a assistência ao desenvolvimento civil no mundo[53]. A UE também responde por 47% de toda a assistência humanitária mundial. (Os EUA só respondem por 36%.)[54] Em 2002, o auxílio humanitário da UE montou a quase 1,2 bilhão de euros. A assistência humanitária inclui o auxílio a refugiados e expatriados, e o auxílio emergencial a vítimas de desastres naturais ou conflitos étnicos e civis. Os EUA, porém, são os maiores contribuintes em matéria de auxílio alimentar[55].

Uma proporção crescente da assistência européia ao desenvolvimento vem sendo transferida dos Estados membros para a própria União Européia. A UE administra hoje 17% de todos os fundos de assistência ao desenvolvimento gerados por seus países membros[56].

Não é somente a quantidade, mas também a qualidade da assistência econômica que importa. Os EUA, por exemplo, há muito são criticados por vincular seus programas assistenciais a objetivos estratégicos militares, e não somente à necessidade. Em 2003, o Centro de Desenvolvimento Global e a revista *Foreign Policy* publicaram os resultados de um longo estudo classificando os países mais ricos do mundo de acordo com o grau em que sua assistência ao desenvolvimento promove ou atravanca o desenvolvimento econômico e social dos países pobres. O Índice de Compromisso com o Desenvolvimento, ou ICD, destina-se a ir além dos programas de assistência exterior, examinando quão generoso é o auxílio, quão hospitaleiras são as políticas de imigração, de que porte são as operações pacificadoras e quão considerável é o investimento direto em países em desenvolvimento. O índice também penaliza a assistência financeira a regimes corruptos, práticas que prejudiquem o meio ambiente e barreiras contra a importação de países em desenvolvimento[57].

Os Estados Unidos figuram quase no fim do índice. Dos 21 países mais ricos, somente o Japão se sai pior que os EUA. Dezesseis dos 19 países no topo são europeus. Nove nações européias estão entre as dez melhores do índice. Há uma série de razões para o triste desempenho dos EUA em comparação com o dos países europeus no ICD. Embora os EUA ofereçam um auxílio considerável a países em desenvolvimento, eles vinculam cerca de 80% desses recursos a acordos para comprar bens e serviços americanos. Os EUA também se saem mal nos campos da política ambiental e em contribuições para a manutenção da paz[58].

Apesar de toda a conversa sobre a mobilização de um novo tipo de força militar — uma força dedicada à resolução de conflitos e à manutenção da paz —, a Europa tem tido, quando muito, um histórico medíocre. Em grande maioria, as forças européias se mostraram insatisfatórias para intervir em conflitos e em sua capacidade de encerrar efetivamente as hostilidades, e se mostraram mais eficientes em policiar a paz uma vez que estas estivessem encerradas.

A intervenção no conflito na Bósnia em 1992 e na Guerra de Kosovo no fim da última década se mostrou embaraçosa. As forças militares européias mostraram-se virtualmente incapazes de impor sua vontade a um exército andrajoso de capangas sob o comando do líder sérvio Slobodan Milosevic. O conflito em Kosovo foi particularmente doloroso para o comando militar europeu. Não fosse pela intervenção militar americana, é improvável que a Europa conseguisse mobilizar a força militar necessária para encerrar as hostilidades. Ter de contar com forças americanas para o que era essencialmente uma ação militar de segundo escalão foi humilhante. Se a Europa não conseguiu manter a paz em seu quintal contra um inimigo menos que formidável, como a UE espera manter a paz e a segurança de 455 milhões de pessoas vivendo em 25 nações diferentes?

A Guerra de Kosovo demonstrou quão debilitada se tornou a máquina militar da Europa. As forças européias eram tão mal treinadas, suas armas tão ultrapassadas e suas estruturas de supervisão e comando e controle tão ineptas que elas não conseguiram nem mesmo integrar-se com eficácia no que foi essencialmente um esforço de guerra sob chefia americana. No fim das contas, a contribuição européia para esse esforço acabou obstruindo sua execução.

O comando militar americano ficou frustrado não somente pelas insuficiências militares da Europa, mas também pelo que viam como a inépcia dos generais europeus. Políticos com freqüência se intrometiam no assunto, enviando mensagens ambíguas a Milosevic sobre as intenções e a disposição de lutar dos Aliados. O general Wesley Clark, comandante das forças da Otan, queixou-se de que as decisões militares eram freqüentemente criticadas e deixadas de molho enquanto os europeus debatiam sobre suas implicações legais e políticas. "Eram sempre os americanos que pressionavam pela busca de novos alvos mais sensatos", disse Clark, "(...) e sempre algum dos Aliados que expressava dúvidas e reservas[59]". Clark fez uma avaliação reveladora da operação "conjunta" da Otan em Kosovo: "Pagamos um preço em eficácia operacional por termos de constranger a natureza das operações para ajustá-las às preocupações políticas e legais das nações membros da Otan"[60]. Quanto aos europeus, eles se perguntavam em voz alta o que fariam em algum conflito futuro em seu território caso os Estados Unidos não estivessem presentes para resgatá-los e assumir o comando.

A diferença na eficácia militar relativa entre os EUA e a UE é quase atordoante. A máquina militar americana não tem paralelos na história. Os gastos militares dos Estados Unidos superam sozinhos a soma dos outros nove maiores orçamentos de defesa. Os EUA respondem hoje por 80% da P&D militar e por 40% dos gastos militares totais do planeta[61]. Se o governo dos EUA continuar a aumentar seu orçamento militar no ritmo atual, em pouco tempo suas despesas nesse campo serão iguais aos gastos conjuntos do restante do planeta[62].

Os gastos europeus com a defesa, em contraste, são de apenas 155 bilhões de euros, menos de metade dos gastos americanos[63]. Embora fique muito atrás em preparo tecnológico, a União Européia tem na verdade mais soldados armados dos que os EUA — cerca de 2 milhões[64]. Os EUA só têm 1,4 milhão de homens em uniforme[65].

Seria de esperar que, com metade do orçamento militar dos Estados Unidos, as forças combinadas da UE conseguissem ter pelo menos metade da capacidade militar. Infelizmente não é esse o caso. A capacidade européia de reconhecimento estratégico é de meros 10% da americana, sua capacidade aérea é de 20% e sua artilharia antiaérea de precisão representa aproximadamente 10% da nossa[66].

De acordo com pesquisas de opinião pública, mais de 70% dos europeus favorecem uma política comum de defesa e segurança para a União Européia[67]. Todavia, como já se mencionou, quando o assunto é custear o aumento de gastos militares necessário a modernizar a máquina militar da UE, o público é menos entusiasta. Em 2001, a quantia investida na prevenção de conflitos pela UE e pela Organização para a Segurança e a Cooperação na Europa foi menos que o custo de um avião de caça[68].

Um estudo feito pela Rand nos anos 90 estima que o custo de treinar, armar e mobilizar uma força de 50 mil soldados com capacidades militares de última geração nos próximos 25 anos seria para a UE de entre 18 e 49 bilhões de dólares, com um custo adicional de entre 9 e 25 bilhões se houver a intenção de implantar recursos de inteligência via satélite[69]. Para ter meramente esperanças de se aproximar da prontidão militar americana, a União Européia teria de aumentar seus gastos militares do nível atual de aproximadamente 2% do PIB para mais de 4%[70]. Ninguém, em nenhum dos lados do Atlântico, acha que isso ocorrerá.

Os orçamentos de defesa têm na verdade diminuído em todos os países da UE, excetuando-se a Irlanda e a Grécia[71]. Num período de crescimento econômico lento e de orçamentos governamentais mais estritos, é improvável que os países membros da UE prefiram aumentar seus gastos militares no momento mesmo em que são forçados a cortar benefícios benefícios sociais. Karl Zinsmeister, do American Enterprise Institute, um banco de idéias americano de viés conservador, resume o sentimento de muitos conservadores nos Estados Unidos. Ele escreve:

> Até que a Europa demonstre similar disposição de comprometer seus filhos e seu tesouro na defesa nacional, todo esse papo de construir uma força militar independente e formidável na Europa é mera conversa fiada. A boa disposição não bastará para tripular e equipar um destacamento de porta-aviões, construir um escudo antiaéreo ou inspirar o necessário pavor aos tiranos do mundo.[72]

Muitos membros do governo e analistas militares americanos, para não falar dos observadores políticos, perderam a paciência com o que consideram a tola política externa da UE, alicerçada numa presença militar praticamente inexistente. E não estão sozinhos. Observadores políticos britânicos se uniram ao crescente coro de desencantamento nos EUA acerca das idéias difusas das elites européias quanto à política externa. Os comentários ásperos do conservador britânico Michael Govc sobre o assunto são típicos da conversa vigente nos círculos da *Realpolitik*. A seu ver,

> os líderes da Europa procuram administrar conflitos mediante a terapia internacional dos processos de paz, o impedimento de agressões pelo tributo assistencial ou a ereção de um obstáculo de papel de leis globais, que os inescrupulosos sempre deitam por terra. Os europeus podem se convencer de que tais desenvolvimentos são as inovações de um continente na vanguarda do progresso, mas na verdade são os mirrados frutos de outono de uma civilização em declínio[73].

Americanos e europeus defendem, portanto, duas idéias muito diferentes quanto ao modo como a política externa e a segurança devem ser administradas. Os europeus buscam segurança nas leis internacionais, e especialmente em leis que governem os direitos humanos universais. A meta é minimizar as hostilidades entre inimigos e usar a intervenção militar seletivamente para separar facções belicosas. A UE dá grande ênfase à resolução de conflitos em preferência à vitória militar. Ela usa a assistência econômica como meio de fortalecer os pobres, difundir a democracia e atrair possíveis focos de conflitos para a comunidade dos povos civilizados. A atual administração Bush e um imenso número de americanos — é difícil dizer se a maioria — têm outras idéias. Muitos concordariam com a conselheira de Segurança Nacional do presidente Bush, Condoleezza Rice, que escreveu, na época das campanhas para a eleição presidencial de 2000, que os EUA estariam melhor agindo "com base no solo firme dos interesses nacionais, e não de acordo com os interesses de uma ilusória comunidade internacional"[74].

Um número crescente de críticos americanos da política externa e de segurança da União Européia afirma que a única razão para que a Europa consiga se mostrar ao mundo como um "mocinho idealista" é o fato de que os EUA têm de agir como o "paizão realista" e pôr medo nos "vilões" para preservar a paz e a ordem na Europa e em outras partes. O refrão que se costuma ouvir é que os EUA é que fazem o serviço sujo da Europa.

Vozes mais comedidas estão dispostas a reconhecer que existe lugar para ambos os métodos de política externa e de segurança, e que estes poderiam até mesmo se complementar um ao outro — como uma analogia, no campo da política externa, da dupla entre o tira bonzinho e o tira durão. A idéia é que os Estados Unidos, com suas capacidades militares superiores, usem sua supremacia inconteste para agir como uma espécie de inspetor global de disciplina, punindo os malfeitores por suas transgressões e descaminhos. A União Européia, com suas capacidades para a resolução de conflitos e a manutenção da paz, pode servir como reabilitadora, ajudando os malfeitores, graças a uma combinação entre a pacificação e a assistência econômica, a enxergar os erros de suas atitudes e a corrigir seu comportamento. Esse duplo cenário já foi visto em várias ocasiões em regiões conturbadas do mundo. Os EUA "travam o duro combate e a Europa se incumbe em seguida do fardo da reconstrução pacífica"[75]. Nos círculos políticos, costuma-se dizer desta forma: "Os EUA cozinham e a Europa lava os pratos"[76]. Não surpreende que, quando europeus e americanos são entrevistados a respeito de seu apoio para essa fórmula dupla, 52% dos europeus afirmem concordar com a divisão das tarefas, ao passo que somente 39% dos americanos concordem[77].

Sob a perspectiva européia, o escárnio americano pela ideologia infantil de Bruxelas soa falso. Os europeus mostraram que podem usar as ferramentas do diálogo, dos processos e da geração de consenso para construir pontes entre povos e pôr um fim a rivalidades ancestrais. As 25 nações membros da UE são uma prova, em grande escala, da sabedoria de sua abordagem. Elas pensam: se 455 milhões de europeus de diferentes inclinações e interesses conflitantes conseguem transcender suas animosidades mútuas e unir-se como uma comunidade ampliada na busca da paz e da prosperidade econômica, por que isso não pode ocorrer fora da Europa?

Os europeus são um tanto mais circunspectos no que toca à segunda acusação — a de pegarem carona no poderio militar americano. Os governantes e o público da Europa sabem, no fundo, que há certa verdade na acusação. Também temem que um mundo unipolar dominado e controlado pelos Estados Unidos possa acabar sendo um lugar menos seguro para todos — não porque os EUA tenham más intenções, mas porque sempre que existe uma única potência hegemônica, por mais nobres que sejam suas intenções, acabam surgindo contramedidas e atitudes retaliatórias. O presidente francês Jacques Chirac exprimiu os temores de muitos outros líderes mundiais quando alertou que "qualquer comunidade com um único poder dominante é sempre perigosa e provoca reações"[78].

Assumindo a Responsabilidade por Sua Própria Defesa

A União Européia está começando a perceber que precisa criar operações militares dignas de crédito se quiser garantir a segurança de seus cidadãos. Reconhece-se que os EUA estarão provavelmente menos dispostos a enviar soldados americanos para a Europa ou suas cercanias no futuro, mesmo sob a égide da Otan, para travar batalhas que deveriam ser travadas pela Europa. Todavia, cumpre notar que o governo dos EUA parece ter duas posições a esse respeito. Por um lado ele acotovela continuamente a União Européia para que esta assuma mais responsabilidade pela defesa da Europa. Por outro, ele alertou a UE repetidas vezes nos últimos anos para não tentar criar uma organização militar independente da Otan, temendo que, se isso vier a ocorrer, os EUA possam perder a capacidade de ditar condições para potenciais envolvimentos militares no teatro europeu. Em outras palavras, os EUA gostariam que os países membros da UE aumentassem seus gastos militares e intensificassem seu compromisso com a defesa da Europa, mas sob a tutela da Otan, para preservar a dominação militar americana naquela parte do mundo.

A idéia de uma Política Externa e de Segurança Comum (Pesc) foi aceita já em 1993 no Tratado da União Européia assinado em Maastricht. Mas os planos de implementar a Pesc enfraqueceram durante a maior parte do restante da década. Os países membros da UE há muito se dividiram sobre a questão de criar ou não uma força militar realmente independente. Os franceses favorecem uma força de combate européia que se reporte somente às nações membros da UE. O presidente francês Chirac reiterou a posição francesa num discurso feito ao Parlamento Europeu no ano de 1999. Ele disse aos parlamentares que o Comando

Europeu "não pode existir plenamente até que possua capacidade de ação autônoma no campo da defesa"[79].

Os britânicos, contudo, temiam que as intenções de autonomia militar européia pudessem comprometer a Otan e irritar seus aliados americanos. O comprometimento da Grã-Bretanha com a UE sempre foi mais relutante que o de qualquer outro país. Presa entre um relacionamento especial com os EUA e seus antigos elos com a Europa, ela procurou refúgio em ambos os campos, descobrindo-se com freqüência perdida entre duas lealdades, sem certeza quanto a quais seriam seus interesses decisivos.

O Reino Unido começou a flexibilizar sua postura quanto a uma força militar européia no final dos anos 90, em parte para mitigar o ressentimento de outros membros da UE por sua recusa em adotar a moeda única da Europa. A crise nos Bálcãs também convenceu o Reino Unido de que a fraqueza militar da UE tinha de ser corrigida. A Grã-Bretanha passou a acreditar que uma força militar européia poderia servir a dois mestres — a Otan e a União Européia. Ela reduziria a preocupação americana com o fato de a Europa não assumir suficiente responsabilidade por sua própria defesa. E, se as forças européias ficassem sob a alçada da Otan, isso fortaleceria a aliança do Atlântico Norte, em vez de enfraquecê-la. Os franceses viram a nova disposição britânica como uma abertura para sua há muito acalentada meta de uma presença militar independente.

Em dezembro de 1998, uma convenção franco-britânica foi realizada em St. Malo, na França. Os dois países estabeleceram as condições para o que se tornaria a Política Européia de Defesa e Segurança[80]. A França e o Reino Unido assinaram uma declaração que comprometeria a União Européia, pela primeira vez, com tornar-se uma potência militar além de civil. A declaração dizia que a UE requeria "a capacidade de ação autônoma sustentada por forças militares respeitáveis, meios para decidir quando usá-las e a prontidão de fazê-lo em resposta a crises internacionais"[81]. A declaração deixava claro que a força militar recém-proposta para a UE só agiria naquelas situações em que a Otan como um todo não estivesse envolvida, e que ela não duplicaria as operações da Otan[82].

Como que seguindo um roteiro, poucos meses depois que a declaração de St. Malo foi assinada, a Otan iniciou uma campanha de bombardeio de três meses sobre Kosovo. Como no envolvimento militar anterior na Bósnia, as forças européias se demonstraram ineptas, tendo de contar com o comando e o poderio aéreo americanos para ganhar o dia. Ansiosas por se ajustar finalmente com o déficit de segurança, a UE promoveu um encontro em junho de 1999 em Colônia, na Alemanha. Na reunião, decidiu-se estabelecer a Política Européia de Segurança e Defesa (Pesd) com a missão de coordenar ações militares para tarefas humanitárias e de resgate, para a manutenção da paz e para a gestão de crises[83].

Os três objetivos da missão foram chamados de Tarefas de Petersberg, nome do hotel em Bonn onde os europeus os esboçaram pela primeira vez em 1992[84]. Os participantes do encontro também concordaram em estabelecer um comitê político e de segurança, para coordenar a política externa e de segurança da UE; um comitê militar composto pelos chefes de estado-maior dos países membros; e um departamento militar da UE para ajudar a administrar as deliberações e executar as decisões dos outros dois comitês. Numa reunião subseqüente em Helsinki em dezembro de 1999, a UE emprestou novo vigor ao plano, concordando em mobilizar uma força de rápida reação plenamente operacional, composta por 60 mil soldados e capaz de pôr em prática os três objetivos da missão até 2003[85].

O Acordo de Helsinki reitera e formaliza as intenções anteriores expostas pelo Reino Unido e pela França em St. Malo. Ele requer que "a União tenha capacidade autônoma para tomar decisões e, nos casos em que a Otan como um todo não esteja envolvida, para iniciar e conduzir operações militares sob seu próprio comando, em resposta a crises internacionais"[86]. Para tranqüilizar os Estados Unidos, os signatários enfatizaram que "a Otan permanece a fundação da defesa coletiva de seus membros, e continuará a ter um papel importante na gestão de crises. (...) Novas medidas serão tomadas para assegurar a plena consultoria, cooperação e transparência mútua entre a União Européia e a Otan"[87].

Os EUA viram a iniciativa da UE como uma provocação deliberada com a finalidade de solapar a aliança do Atlântico Norte, e criticaram particularmente o uso do termo "autônomo" em referência à nova força européia de rápida reação. O secretário americano de Defesa William Cohen objetou que se a UE criasse uma estrutura de defesa fora do controle da aliança, a Otan se tornaria "uma relíquia do passado"[88]. Os senadores americanos Jesse Helms e Gordon Smith foram menos comedidos em sua reação. Eles advertiram os líderes europeus a "refletir cuidadosamente quanto aos verdadeiros motivos por trás da Pesd, que muitos viam como um meio de a Europa pôr em xeque o poder americano"[89]. Então tiraram as luvas e deram um sério aviso: "Não é do interesse da Europa nem dos EUA desfazer seu atual relacionamento nacional em favor da relação com um superestado europeu cuja criação é motivada, em parte, pelo sentimento antiamericano"[90].

Em novembro de 2000, a então secretária de Estado Madeline Albright expressou a posição oficial da administração Clinton sobre o assunto, com a promulgação do que se chamou de "3 Ds". A Pesd não devia resultar na *dissociação* da defesa européia da Otan; a nova organização militar não devia *duplicar* as capacidades da Otan; e a força européia de rápida reação não devia *discriminar* países membros da Otan que não pertencessem à UE[91].

A realidade é que para o governo americano qualquer operação militar européia é aceitável, desde que faça parte da Organização do Tratado do Atlântico Norte. O então subsecretário de Estado Stuart Eizenstein deixou muito clara a posição dos EUA a seus aliados europeus. Ele lhes disse que os EUA "continuariam a celebrar o sonho de um continente unido sob a União Européia, mas também teremos em vista uma outra visão essencial — a da parceria transatlântica"[92]. É importante notar que tais declarações vêm de uma Casa Branca chefiada por um presidente liberal democrata. Digo isso porque alguns críticos da administração Bush esperam que uma mudança de regime na Casa Branca possa levar a uma reconcepção da antiga política de segurança dos EUA com relação à Europa e ao mundo. Estão enganados. Mesmo que um liberal democrata volte a ser presidente, é improvável que os EUA alterem em muito sua posição declarada de exercer a hegemonia na política externa, o que inclui manter o controle decisivo sobre os interesses de segurança da Europa.

Apesar das vigorosas objeções dos EUA, a União Européia seguiu adiante em seus planos para uma força de rápida reação, mas sempre com a ressalva de que a Otan permaneceria a organização de segurança primária da Europa. Os 60 mil soldados são organizados em cinco brigadas de infantaria, tanques e artilharia, incluindo ainda engenheiros de guerra com plenos recursos de comando, controle e inteligência. Quando entrarem em plena operação, as tropas devem ser apoiadas por 15 navios e 500 aviões de guerra. Os Estados membros da UE também concordaram em comprar 200 jatos Airbus para serem usados como meio de transporte militar[93]. A força de rápida reação deve ser capaz de manter em campo uma força expedicionária por pelo menos um ano. Para isso, 200 mil soldados terão de ficar de reserva sob o comando europeu para substituir unidades em campo[94].

Com o número de soldados americanos na Europa declinando continuamente, de 335 mil no fim da década de 80 para menos de 100 mil em 2000, os europeus estão convencidos de que a defesa da Europa e de suas cercanias imediatas recairá cada vez mais sobre ombros europeus no novo século, sem embargo do que dizem publicamente os EUA a respeito de seu compromisso contínuo com a defesa da Europa, pela aliança do Atlântico Norte[95].

A idéia das forças armadas da UE recebem grande apoio público. Quarenta e dois por cento dos cidadãos da UE acreditam que a política de defesa da Europa deve ser de responsabilidade da UE, enquanto somente 24% acreditam que a responsabilidade deve ser deixada aos governos nacionais, e meros 20% acreditam que a Otan deve se incumbir da defesa européia[96].

Em 31 de março de 2003, a UE iniciou sua primeira missão militar, enviando tropas pacificadoras à Macedônia, assolada por conflitos étnicos. A força, de

400 membros, substituiu a que fora posicionada pela Otan na nação balcânica desde 2001[97]. Somente dois meses depois, em junho de 2003, a UE mobilizou suas primeiras tropas fora da Europa, enviando 1.400 soldados para o Congo, onde conflitos tribais haviam causado mais de 500 mortes[98].

Embora seja provável que continue havendo atritos entre os EUA e a UE quanto ao prospecto das forças armadas européias, pelo menos no futuro sondável a realidade é que a aliança da Otan, que se mostrou tão importante para proteger os interesses virais de segurança do Ocidente durante os 40 anos da Guerra Fria com a União Soviética, é cada vez mais uma organização militar em busca de uma missão. É difícil determinar sua relevância. A idéia de que uma Europa unida continue a depender da Otan, e a sujeitar seus interesses de segurança em última instância a condições e permissões dos EUA, é simplesmente insustentável. A Europa, evidentemente, terá de pagar um preço por seu desejo de independência militar. Ela precisará estar disposta a disponibilizar os fundos necessários para garantir sua própria defesa. Muitos americanos acolhem bem essa possibilidade. De resto, se os europeus vão pagar para ver, eles devem ter direito de voz. Suspeito que muitos de meus compatriotas sejam menos otimistas quanto à questão de a Europa tomar suas próprias decisões militares, à revelia do longo braço dos interesses da política externa americana.

Teremos de nos habituar à idéia de que a União Européia tem seus próprios propósitos globais e seu próprio sonho quanto ao tipo de mundo que gostaria de moldar — sonho que nem sempre coincidirá com o nosso. Com efeito, sob muitos aspectos o Sonho Europeu é tão diferente do nosso que as duas superpotências provavelmente se descobrirão, por vezes, em lados opostos no cenário mundial, conforme avançarmos século adentro.

15

Um Segundo Iluminismo

SIR MARTIN REES é um dos mais destacados astrônomos do mundo. O famoso professor da Universidade de Cambridge provocou um breve terremoto nos círculos científicos em 2003 com a publicação de seu livro *Our Final Hour* (*Nossa Hora Final*). Rees alertava que um novo gênero de experiências e pesquisas científicas de alto risco ameaçava a própria existência da vida na Terra, e até mesmo a existência do universo. Ele disse julgar que "as chances de que nossa atual civilização na Terra sobreviva ao fim do presente século são de 50%"[1]. Ordinariamente, afirmações tão bombásticas seriam ignoradas totalmente ou dispensadas como gritarias de um lunático, mas neste caso os alertas ganharam atenção na mídia e se tornaram objeto de grande controvérsia dentro da comunidade científica, graças às impressionantes credenciais do mensageiro.

Questionando a Investigação Científica Irrestrita

Rees é uma autoridade em buracos negros, e suas teorias quanto à origem e à evolução do universo são tidas por muitos de seus colegas, se não como a última palavra, no mínimo como a melhor palavra sobre o porquê e o como da existência. Assim, quando Rees sugeriu que certas avenidas novas para a pesquisa científica atual e futura talvez não devam ser seguidas em função do grande risco potencial que representam para a existência, suas palavras varreram a comunidade científica como um mau vento, ameaçando os próprios cânones da ciência. Afinal de contas, a idéia de investigação científica sem grilhões é a própria fundação da ciência moderna. A ciência do Iluminismo se baseia na idéia da busca incessante dos segredos da natureza. Tentar limitar essa busca impondo restrições às avenidas de investigação equivale a sufocar o próprio espírito científico. A natureza do "homem" é inquisitiva, afirmavam os arquitetos do Iluminismo. Somos uma criatura prometéica empenhada constantemente em compreender o grande esquema das coisas, para que possamos exercer poder sobre as forças da natureza e comandar nosso próprio destino. A idéia de progresso, tão fundamental para o pensamento do mundo moderno, fica em xeque se os seres humanos tiverem de aceitar limites auto-impostos quanto ao que a mente pode explorar. Além disso, nutrir dúvidas quanto a nossa capacidade de usar a razão para controlar e dirigir as forças da natureza e nosso próprio mundo futuro poria fim ao acalentado sonho utópico da perfectibilidade da vida na Terra. Por todas essas razões, a comunidade científica, desde o início do Iluminismo, afirmou que virtualmente toda investigação humana merece ser posta em prática.

Rees compreendia bem as implicações de sua declaração. Ainda assim, ele se perguntava: temos obrigações hoje que transcendam o catecismo iluminista? A liberdade de inquérito, experimentação e aplicação tecnológica é sacrossanta, mesmo que signifique o possível fim da vida como a conhecemos, e talvez até mesmo da existência?

Rees submete a questão a um teste real, dentro do assunto que melhor conhece. Ele menciona um projeto iniciado no Brookhaven Laboratory em Long Island em 2000. Os físicos locais estão usando um acelerador de partículas para tentar criar um "plasma de quarks e glúons", uma sopa quente de materiais subatômicos densos que reproduz as condições que se acredita terem existido na época em que o "big bang" deu origem ao cosmo há mais de 13,7 bilhões de anos. Alguns cientistas temem que uma alta concentração de energia, como a que se tenta produzir no Brookhaven, pode levar a três conseqüências apocalípticas. Um buraco negro pode se formar — um objeto com tamanha atração gravitacional que nem a luz consegue escapar-lhe. Um buraco negro poderia "sugar tudo à sua volta"[2]. É também possível que os quarks formem um objeto comprimido conhecido como *strangelet* [um fragmento de "matéria estranha"], o qual é "muito menor que um átomo", mas poderia "infectar" a matéria circunvizinha e "transformar todo o planeta Terra numa esfera inerte hiperdensa com cerca de cem metros de diâmetro"[3]. Ou, pior ainda, as forças subatômicas do próprio espaço poderiam ser transformadas pelo experimento. Se isso ocorrer, o efeito seria "o retalhamento do próprio tecido espacial"[4]. O resultado, alerta Rees, pode ser que "a borda desse novo vácuo se estenda como a de uma bolha expansiva", acabando por devorar todo o universo[5].

Rees e outros cientistas admitem que as chances de que qualquer um desses eventos ocorra é excessivamente baixa. Mas embora eles sejam "muito, muito improváveis", diz Rees, "não podemos estar 100% certos quanto ao que pode realmente ocorrer"[6]. Rees faz em seguida a pergunta: mesmo presumindo-se que as chances de que algo dê errado nessa escala seja de uma em 50 milhões, o benefício potencial compensaria a remota possibilidade de destruir a Terra e todo o universo?[7]

Rees prossegue denunciando uma série de experimentos científicos atuais que ameaçam ter conseqüências desastrosas para a Terra, inclusive a construção de pequenos nanorrobôs que se replicam como vírus e poderiam fugir ao controle, devorando a matéria e convertendo a superfície da Terra numa "gosma cinzenta"[8]. Ele receia ameaças similares nos campos da engenharia genética e da tecnologia da computação — especialmente conforme o conhecimento vai se difundindo pelos círculos da alta tecnologia, aumentando a possibilidade de que alguém, por acidente ou de propósito, cause danos irrevogáveis. Ele conclui dizendo que o risco que acompanha essas novas e poderosas pesquisas científicas e tecnológicas precisa estimular uma discussão global sobre os limites da investigação científica.

A réplica imediata da maioria dos cientistas é que se tivéssemos os mesmos receios e temores quando à utilização do fogo, somente porque ele causa tanto males como bens, talvez jamais houvéssemos conhecido os vastos benefícios do progresso, permanecendo num estado primitivo de existência. A grande diferença, contudo, é que os efeitos das antigas investigações científicas eram sempre sentidos localmente e tinham duração limitada. A alta tecnologia científica hoje em dia é de outra espécie. Os efeitos e conseqüências da tecnologia da computação, da biotecnologia e, em breve, da nanotecnologia são globais em escala e potencialmente longos em duração.

A primeira ilustração das vastas diferenças na escala e duração das novas iniciativas e tecnologias científicas veio com a ruptura do átomo e o lançamento das bombas atômicas sobre populações humanas no Japão, nos últimos dias da Segunda Guerra Mundial. Embora alguns dos cientistas envolvidos nesse projeto altamente secreto do governo dos EUA — o Projeto Manhattan — relutassem em prosseguir na pesquisa e aplicar seus resultados, e expusessem seus receios, o peso da ortodoxia científica prevaleceu, e armas nucleares e, posteriormente, energia nuclear continuaram a se desenvolver sem restrições. O raciocínio, até nossos dias, tem sido que embora armas e usinas nucleares representem uma potencial ameaça para a continuação da vida na Terra, os benefícios da segurança militar e da provisão adequada de energia superam a ameaça potencial do mau uso e do abuso ou negligência. Sempre se acreditou que o potencial para acidentes ou mau uso poderia ser "racionalmente" evitado, controlado ou ao menos mitigado.

Embora os americanos, em grande maioria, continuem a defender a visão do Iluminismo europeu, depositando uma fé inabalável em avanços científicos e iniciativas tecnológicas, os europeus começam a albergar dúvidas sobre a sabedoria da aceitação acrítica dos velhos lugares-comuns. A exemplo do ocorrido com a governança, a política externa e as questões de segurança, a Europa está começando a divergir, de maneira fundamental, da abordagem americana à ciência e à tecnologia. No cerne da diferença está o modo como americanos e europeus encaram os riscos.

Nós, americanos, nos orgulhamos de ser um povo que aceita riscos. Somos descendentes de imigrantes que arriscaram a vida viajando para um Novo Mundo para começar de novo, muitas vezes com uns poucos tostões no bolso e um sonho de uma vida melhor. Quando europeus e outros são interrogados quanto ao que mais admiram nos americanos, nossa atitude de assumir riscos, de que tudo é possível, em geral encabeça a lista. Nós com freqüência nos dispomos a apostar tudo num capricho, numa esperança ou simplesmente num palpite das entranhas. Por isso os americanos são tão incrivelmente inventivos, inovadores e empreendedores. Onde outros vêem dificuldades e obstáculos, os americanos vêem oportunidades. Um dos traços que os americanos mais repugnam numa pessoa é a atitude derrotista de que algo não pode ser feito ou não vale a pena, por mero medo do fracasso ou de conseqüências nocivas involuntárias. "Não se sabe até que se tente" é um refrão que reverbera por toda a história americana. Se as pessoas de outras partes quiserem saber o que mais enoja os americanos, é isso. Não toleramos o pessimismo, coisa que freqüentemente vemos em nossos amigos europeus. Somos otimistas eternos — embora muitos europeus que conheço digam que somos meramente simplórios.

Nosso otimismo entrelaça-se profundamente com nossa fé na ciência e na tecnologia. Já se disse que os EUA são uma nação de experimentadores. Em meu tempo de criança, os engenheiros eram tidos em tão alta conta quanto os caubóis. Eram vistos como individualistas inveterados dispostos a seguir contra a corrente, sempre procurando criar uma máquina melhor. O engenheiro era admirado por seu esforço para melhorar a condição da sociedade e contribuir para o progresso e o bem-estar da civilização. Lembro-me de ver as luzes acesas tarde da noite na garagem de meu vizinho, enquanto pai e filho experimentavam várias máquinas e motores em sua bancada feita em casa, sonhando com uma invenção inovadora que pudesse mudar o mundo.

É difícil renunciar a tudo isso. É algo por demais arraigado. É isso o que somos. Mas do outro lado das águas as percepções são diferentes. Não se trata de os europeus não serem inventivos. Pode-se até mesmo dizer que ao longo da história a Europa proporcionou a maioria das grandes descobertas científicas e não poucas dentre as grandes invenções — embora os chineses certamente possam requerer para si, e com justiça, parte da aclamação. Ainda assim, os europeus são muito mais cientes do lado negro da ciência e da tecnologia. Tiveram histórias mais longas com as conseqüências negativas e positivas dessas duas áreas e são, por isso, menos sonhadores. Mais que isso, até a era do pós-guerra, a ciência e a tecnologia na Europa estiveram em grande parte nas mãos de uma elite educada, sendo associadas ao controle sobre a sociedade e à perpetuação das divisões de classe, ao passo que nos EUA elas sempre foram mais democraticamente dispersas. Benjamin Franklin, fundador de minha *alma mater*, a Universidade da Pensilvânia, bem como Thomas Paine, Thomas Jefferson e muitos outros dos pais fundadores, viam-se tanto como cientistas e inventores quanto como revolucionários, e passavam horas intermináveis ocupados em pesquisas científicas e na elaboração de novos inventos. Viam os EUA como uma nação de inventores. Thomas Jefferson, nosso terceiro presidente, formulou as primeiras leis modernas de patentes para recompensar os feitos dos inventores americanos. Ele esperava que essas leis incentivassem a democratização do espírito inventivo. E incentivaram.

Assim como os americanos adotaram do Iluminismo europeu o sonho do progresso material, a busca do interesse próprio e a autonomia individual, seguindo-os em suas formas mais puras, enquanto a adesão européia era mais titubeante, o mesmo se deu com as noções iluministas de ciência e tecnologia. Os britânicos são os que mais se aproximam dos americanos em sua fé inabalável nas iniciativas da ciência e tecnologia iluministas. Todavia, mesmo eles temperam seu entusiasmo com uma ocasional reação romântica ou por vezes classista, como as de Samuel Taylor Coleridge ou os luditas. Também temos nossos Thoreaus e nossas tradições populistas antitecnológicas, mas essas contracorrentes não são tão profundas nos EUA como na Europa.

A divergência nas concepções sobre ciência e tecnologia entre americanos e europeus tem crescido, e recebe destaque atualmente na miríade de debates sobre política pública, ameaçando um cisma tão significativo quanto a divisão existente em nossas diferentes visões de como praticar a política externa e a segurança interna.

O Ônus da Prova

Nos últimos anos, a União Européia virou de cabeça para baixo o procedimento operacional padrão para introduzir novas tecnologias e produtos no mercado e na sociedade, para a grande consternação dos Estados Unidos. A reviravolta começou com a controvérsia sobre alimentos geneticamente modificados (GM) e a introdução de organismos geneticamente modificados (OGMs) no meio ambiente. O governo dos EUA deu luz verde para a introdução generalizada de alimentos GM em meados da década de 90, e no fim da década mais de metade das terras agrárias americanas foram convertidas em lavouras GM. Não se promulgou nenhuma lei nova para regrar os potenciais impactos nocivos sobre o meio ambiente e a saúde. Em vez disso, invocaram-se estatutos já existentes. Tampouco se exigiu algum tipo de tratamento ou rótulo especial para os produtos.

Na Europa, a resposta foi muito diferente. Reações maciças aos OGMs eclodiram por todo o continente. Fazendeiros, ambientalistas e organizações de consumo realizaram protestos e partidos políticos e governos expressaram receios e mesmo oposição. Entrou em vigor uma suspensão temporária da plantação de lavouras e da venda de alimentos geneticamente modificados. Nisso, os grandes processadores, distribuidores e revendedores de gêneros alimentícios se comprometeram a não comercializar produtos com traços GM.

A União Européia embarcou num longo processo de revisão para avaliar os riscos da introdução de alimentos GM. Por fim, ela estabeleceu novas e rígidas proteções para mitigar os perigos potenciais de lavouras e produtos GM. As medidas incluíam procedimentos para segregar e rastrear alimentos e grãos geneticamente modificados desde os campos até os varejistas, como meio de dar garantias contra a contaminação; a rotulagem de tais produtos em todas as fases do processo de produção, para assegurar a transparência; a testagem independente; além da adoção de requisitos de teste mais rigorosos para as empresas que produzem sementes e outros organismos geneticamente modificados.

O governo dos EUA acusou a UE de jogar sujo e sugeriu que a União vinha usando os OGMs como pretexto para obter concessões em outras atividades comerciais a cujo respeito as duas superpotências discordam. O representante comercial dos EUA chegou até a contestar na Organização Mundial do Comércio a política da UE para OGMs, sugerindo que suas restrições violavam acordos vigentes de livre comércio.

O que os EUA não compreenderam é que a oposição da Europa à introdução de OGMs não era uma mera manobra política para conseguir poder de barganha comercial sobre os EUA, mas algo muito mais importante. Para os europeus, a introdução de OGMs tinha implicações mais profundas, desafiando muitas das premissas fundamentais que sustentam o nascente Sonho Europeu. O público europeu tem receios quanto aos possíveis e imprevisíveis impactos ambientais da introdução de grandes volumes de organismos geneticamente modificados na biosfera. Eles também se preocupam com as possíveis conseqüências que daí podem advir para a saúde humana. O argumento que se ouve repetidamente de homens e mulheres nas ruas da Europa, bem como em meio às elites governantes, é que enquanto milhões de dólares foram gastos no preparo de novos produtos para o mercado, muito menos cuidado, atenção e fundos foram dedicados a avaliar os potenciais riscos ecológicos e de saúde que podem acompanhar a introdução dessa nova e radical tecnologia agrícola. Os europeus afirmam que como os OGMs são vivos, se reproduzem, sofrem mutações, se proliferam e podem contaminar e criar nichos irreversíveis, eles representam ameaças de escala global, requerendo portanto um nível diferente de vigilância.

Os europeus também se inquietam com o impacto que alimentos geneticamente modificados podem ter em sua identidade cultural. Na Europa, diversamente do que ocorre nos EUA, os alimentos desempenham um papel fundamental em definir a cultura — muitos afirmariam que a comida é tão ou mais importante que a língua em manter a coesão social das muitas culturas européias. Os americanos acham difícil compreender o estreito relacionamento cultural que os europeus têm com a vida rural, com as práticas agrícolas e com o cultivo, o processamento e o consumo de alimentos, já que há muito renunciaram a isso em prol de uma cultura comercial de comida instantânea. Para os europeus, alimentos geneticamente modificados representam uma ameaça potencial a profundas crenças envolvendo o desenvolvimento sustentável e a proteção da diversidade cultural — princípios que estão no âmago do Sonho Europeu. De acordo com pesquisas de opinião pública, 89% do público francês, 81% do público alemão e 74% do público italiano se opõem à introdução de alimentos GMs. Em média, dois em cada três europeus se opõem aos alimentos GMs, ao passo que nos EUA quase metade (48%) dos consumidores os apóiam[9].

Tampouco o problema dos OGMs constitui uma anomalia. A União Européia já está adiantada na elaboração de uma ampla frente regulamentar, mudando os termos e condições que determinam como novas pesquisas e produtos científicos e tecnológicos são introduzidos no mercado, na sociedade e no meio ambiente. As iniciativas ousadas da UE a põem muito adiante dos Estados Unidos e do restante do mundo em procedimentos e protocolos regulamentando iniciativas científicas e tecnológicas. Por trás de todo o seu recente zelo regulamentar paira a questão de como melhor ajustar os riscos globais e criar uma abordagem sustentável e transparente para o desenvolvimento econômico.

Em maio de 2003, a Comissão Européia propôs novos e abrangentes controles regulamentares para produtos químicos no intuito de mitigar os impactos tóxicos sobre o meio ambiente e a saúde humana e animal. A nova lei proposta exigiria que as empresas registrassem e testassem a segurança de mais de 30 mil produtos químicos, a um custo estimado para os produtores de aproximadamente

8 bilhões de euros[10]. Pelas regras existentes, 99% do volume total de produtos químicos vendidos na Europa não passa por nenhum teste ambiental e de saúde, nem por processos de revisão[11]. De acordo com a comissária ambiental da UE, Margot Wallstrom: "Não existe nenhum tipo de controle sobre os 400 milhões de toneladas de produtos químicos vendidos na União Européia a cada ano"[12]. No passado, não havia nem meios de saber que tipos de produtos químicos eram usados pela indústria, o que tornava quase impossível detectar potenciais riscos à saúde. Os novos regulamentos mudarão tudo isso. O sistema REACH — sigla de Registration, Evaluation and Authorization of Chemicals (Registro, Avaliação e Autorização de Produtos Químicos) — requer que as empresas efetuem testes ambientais e de segurança para provar que os artigos que produzem são seguros. Se não conseguirem, os produtos serão banidos do mercado.

Os novos procedimentos representam uma guinada em comparação com o modo como a indústria química é regulada nos Estados Unidos. Nos EUA, produtos químicos recém-introduzidos são geralmente considerados seguros, e o ônus de provar que eles podem causar danos recai primariamente sobre o consumidor e o público em geral, ou sobre o governo. A União Européia reverteu o ônus da prova. Margot Wallstrom observa que "as autoridades públicas já não precisam provar que eles [os produtos] são perigosos. O ônus recai hoje sobre a indústria", que deve provar que os produtos são seguros[13].

A nova política da UE representa uma mudança diametral na gestão de riscos. Nos Estados Unidos os regulamentos se destinam em maioria a lidar com problemas ambientais uma vez que estes ocorram. O Ato para o Controle de Substâncias Tóxicas (Tosca), aprovado em 1976, é a ferramenta governamental primária dos EUA para regulamentar produtos químicos tóxicos, sendo porém considerada geralmente "fraca e excessivamente condescendente para com a indústria"[14]. A vasta maioria dos produtos químicos não pesticidas não é avaliada nem testada antes da introdução no mercado. Muito embora o Ato Nacional de Política Ambiental (Nepa) requeira declarações prévias de impacto sobre o meio ambiente no caso de certas experiências científicas e aplicações tecnológicas, ele tem sido pouco aplicado pelas cortes federais, tendo um uso limitado. Mesmo nos casos em que foi usado, os critérios mínimos para atender a seus requisitos são tão baixos que se mostram ineficazes na maioria das vezes. A abordagem regulamentar da União Européia, em grande contraste, destina-se a evitar danos antes que estes ocorram.

Fazer com que as empresas provem que seus produtos químicos são seguros antes da venda é uma mudança revolucionária. É impossível imaginar os EUA cogitando o tipo de regime regulamentar preventivo que a UE desenvolveu. Num país em que lobistas corporativos gastam literalmente bilhões de dólares influenciando a legislação no Congresso, as chances de haver um regime regulamentar similar ao que vem sendo implementado na Europa beiram o impossível.

O que torna ainda mais impressionante o novo regime preventivo é o fato de que a União Européia é a maior produtora química do mundo, respondendo por 28% de toda a produção mundial de produtos químicos[15]. A indústria, que é a terceira maior no setor manufatureiro da Europa, com vendas anuais de 519 bilhões de euros, emprega 1,7 milhão de pessoas e é responsável por outros 3 milhões de empregos correlativos[16]. Mesmo assim, a Comissão Européia levou adiante o processo regulamentar.

O governo e a indústria química dos EUA — bem como as empresas e associações européias — combateram os novos regulamentos. Os EUA dizem que os regulamentos químicos da UE ameaçam a exportação de mais de 20 bilhões de dólares anuais em produtos químicos dos EUA para a Europa[17]. Sem se deixar coibir, a Comissão Européia endossou os regulamentos propostos em outubro de 2003. Estima-se que a implementação do REACH custará à indústria química mais de 2,3 bilhões de euros nos próximos 11 anos[18]. O custo para os usuários a jusante (fabricantes que usam substâncias químicas em seus produtos) deve ficar entre 2,8 e 3,6 bilhões de euros num período de tempo similar[19]. Embora algumas organizações ambientais se queixem de que os regulamentos finais foram diluídos e exigem reforço, o mero fato de que a União Européia se tornou a primeira unidade política no mundo a transferir os riscos para as empresas, tornando-as responsáveis por provar a segurança de seus produtos, representa um novo ponto de partida na questão de como melhor regrar os riscos ambientais e de saúde que acompanham novas iniciativas científicas e tecnológicas. As novas propostas ainda têm de ser avaliadas pelo Parlamento Europeu e pelo Conselho Europeu.

OGMs e produtos químicos representam apenas uma parte do novo programa de "prevenção de riscos" que vem ganhando forma em Bruxelas. No início de 2003, a União Européia adotou uma nova norma proibindo os fabricantes de aparelhos eletrônicos de vender produtos na UE contendo mercúrio, chumbo ou outros metais pesados[20]. Outro regulamento recente exige que os fabricantes de eletrodomésticos e eletroeletrônicos arquem com os custos de reciclagem de seus produtos. As empresas americanas se queixam de que o cumprimento das novas regras lhes custará centenas de milhões de dólares por ano[21].

Todas essas novas e rígidas regras para a prevenção de riscos representariam um choque para a maioria dos americanos, que há muito acreditam que os Estados Unidos são o regime regulamentar mais vigilante do mundo em matéria de administrar riscos ao ambiente e à saúde pública. Embora isso tenha sido verdade há 30 anos, já não o é hoje.

A nova atenção dada à prevenção de riscos na Europa reflete uma nova sensibilidade com relação ao desenvolvimento sustentável e ao zelo global pelos recursos e pelo meio ambiente da Terra. Alguns observadores notam que pelo menos parte do ímpeto por fortalecer a vigilância regulamentar resulta do recente fracasso dos procedimentos regulamentares europeus para lidar com epidemias de encefalopatia espongiforme bovina (EEB) em meio ao gado do Reino Unido e de outros países, com a contaminação dos bancos de sangue pelo vírus HIV na França, com o terror do benzeno na Perrier na Europa e com outras calamidades ambientais e de saúde. Embora tais incidentes tenham contribuído para aumentar a preocupação com uma vigilância regulamentar mais atenta, outras forças maiores, e bastante anteriores, já haviam ajudado a moldar uma nova atitude para a prevenção de riscos em todo o continente.

O efeito prolongado da chuva ácida na Floresta Negra da Alemanha; a liberação e difusão de uma nuvem radioativa mortal sobre grande parte da Europa após o desastre da usina nuclear de Chernobyl; os novos temores de mudanças violentas nos padrões climáticos, incluindo inundações na Europa Central e Oriental, que muitos atribuem aos impactos do aquecimento global; e a proliferação de armas químicas e biológicas — todos esses fenômenos cientificaram os europeus dos crescentes riscos globais para a saúde e o meio ambiente que acompanham a nova era. A nova sensibilidade européia a riscos levou a UE a defender o Protocolo de Quioto sobre mudanças climáticas, o Tratado da Biodiversidade, a Convenção de Armas Químicas e muitos outros tratados e acordos destinados a reduzir os riscos globais, ambientais e de saúde. Como já se mencionou no Capítulo 14, o governo dos EUA tem se negado até o momento a ratificar qualquer um desses tratados.

A União Européia é a primeira instituição de governo na história a destacar as responsabilidades humanas para com o meio ambiente global como peça central de sua visão política. Os Estados-nação têm uma missão muito diferente. Sua meta sempre foi expandir sua extensão territorial, explorar a fartura da Terra e promover a riqueza material. A Terra, na era do Estado-nação, foi vista primariamente como um recurso. A ciência e a tecnologia, por outro lado, foram as ferramentas usadas para sondar os segredos da natureza e explorar sua riqueza potencial. A meta era — e ainda é — o crescimento econômico e a acumulação de posses.

Embora os Estados membros da UE ainda se achem bastante apegados à velha missão do Estado-nação, com sua ênfase no direito de explorar os recursos naturais, ao mesmo tempo o povo da Europa se encontra impelido inexoravelmente rumo a um novo centro de gravidade global, em que a obrigação de preservar a integridade da Terra tem igual prioridade. A lealdade cruzada ao interesse material e às responsabilidades ambientais globais assinala a emergência de uma nova mentalidade sem precedentes históricos. Não significa dizer que outras pessoas em outras partes não tenham impulsos similares. Mas nos EUA, por exemplo, minha impressão é de que as preocupações com o meio ambiente global têm menos ressonância com o grande público — embora isso seja difícil de quantificar — e muito menos atrativos aos olhos da elite política e dos legisladores.

Na Europa, os intelectuais debatem cada vez mais o problema da grande transição de uma era de assunção de riscos para outra de prevenção. Esse debate praticamente inexiste entre intelectuais americanos. Os novos intelectuais europeus afirmam que a vulnerabilidade é a face reversa dos riscos. Na medida em que os indivíduos e a sociedade como um todo vêem mais oportunidades do que conseqüências negativas na assunção de riscos, eles são vistos como "corredores de risco". Os americanos, como já observamos, são um povo que aceita riscos. Os europeus, por outro lado, são muito mais sensíveis a esse respeito. Grande parte de sua visão é condicionada por uma história conturbada, em que a assunção de riscos resultou em conseqüências significativamente negativas para a sociedade e a posteridade. A sensibilidade a riscos, contudo, tem uma vantagem. A sensação de vulnerabilidade pode motivar as pessoas a se unirem numa causa comum. A União Européia é um testemunho do envolvimento político coletivo que resulta da sensação de risco e vulnerabilidade compartilhada. Esse senso de vulnerabilidade também pode suscitar maior empatia pelos outros, embora possa gerar igualmente temores e retaliações contra estrangeiros, especialmente se estes forem vistos como responsáveis, em parte, pelas circunstâncias difíceis do indivíduo.

A remoção do indivíduo da esfera coletiva na era industrial gerou um novo senso de vulnerabilidade e exposição ao risco. Seguros públicos e privados foram um meio de os indivíduos compartirem riscos e se protegerem mutuamente. O seguro se tornou um mecanismo para reduzir a vulnerabilidade num mundo que, de outro modo, seria atomizado e autônomo. Embora muitos americanos tenham seguros privados e o governo ofereça a cobertura do fundo de seguridade social, a idéia de seguro — especialmente de natureza pública — é muito mais desenvolvida na Europa. Isso se deve em parte ao fato de que os europeus jamais aceitaram plenamente a idéia iluminista do indivíduo autônomo, totalmente responsável por seu destino. Os europeus mantiveram continuamente um equilíbrio — por vezes incômodo — entre a autonomia individual e a responsabilidade coletiva pela partilha de riscos. É o legado da doutrina católica, dos arranjos feudais e das cidades muradas. Mesmo a Reforma Protestante, com sua quase obsessão pelo indivíduo, não pôde despojar os europeus de uma filiação comunal anterior e mais profunda.

O que mudou qualitativamente no último meio século desde o lançamento das bombas atômicas em Hiroshima e Nagasaki é o fato de que riscos de todos os tipos são globais em escala, indefinidos em duração, incalculáveis em conseqüências e desprovidos de compensações. Seu impacto é universal, o que significa que ninguém pode escapar de seus efeitos potenciais. Os riscos se tornaram verdadeiramente democráticos, vulnerabilizando a todos. Quando todos são vulneráveis e tudo pode ser perdido, as tradicionais noções para calcular e compartir riscos perdem praticamente todo o sentido. É isso o que os europeus chamam de "sociedade de risco".

Os americanos ainda não chegaram lá. Embora alguns acadêmicos falem dos riscos e vulnerabilidades globais e uma minoria significativa dos americanos se mostre preocupada com tais riscos — que vão desde mudanças climáticas até a perda da biodiversidade —, a sensação de total vulnerabilidade não é tão intensa deste lado do Atlântico. Os europeus dizem que estamos de persianas fechadas. Na verdade, a coisa é mais complicada. A maioria dos americanos ainda se apega tenazmente ao pilar de sustentação do Sonho Americano — a idéia de que cada pessoa é em última instância o comandante de seu próprio destino. Chame-se isso de ilusão, mas a sensação de poder pessoal se encontra tão firmemente embutida na mente americana que a maioria dos americanos, mesmo quando confrontada com ameaças globais potencialmente avassaladoras, descarta tais idéias como pessimistas e derrotistas demais. Os indivíduos podem mover montanhas. A maioria dos americanos acredita nisso. Os europeus, nem tanto.

Pode-se criar efetivamente um sonho a partir da sensação de riscos e vulnerabilidades globais compartilhados? As elites européias acham que sim. O público europeu não tem a mesma certeza, embora as evidências casuísticas sugiram que eles estão mais dispostos a tentar que qualquer outro povo no mundo. Aqui nos EUA, contudo, onde 293 milhões de indivíduos se sazonaram no otimismo eterno e se habituaram a pensar que podem seguir seu próprio caminho a despeito dos obstáculos externos, há pouca possibilidade de que uma abordagem coletiva para a prevenção dos riscos envolvidos em iniciativas científicas e tecnológicas encontre uma audiência receptiva.

A União Européia já institucionalizou um critério seletivo, que se vincula diretamente ao âmago das diferenças que separam a nova visão européia de riscos e vulnerabilidades comuns da visão americana mais antiga de oportunidades ilimitadas e bravura pessoal. O critério é o chamado "princípio da precaução", e tornou-se a peça central da política regulamentar da UE para ciência e tecnologia num mundo globalizado. Em maior parte, a elite política européia, como o público em geral, favorece o princípio. Um número muito menor de políticos e cidadãos americanos o aprovaria.

O Princípio da Precaução

Em novembro de 2002, a Comissão Européia emitiu um comunicado sobre a adoção do princípio da precaução na vigilância regulamentar de inovações científicas e tecnológicas e da introdução de novos produtos no mercado, na sociedade e no meio ambiente. De acordo com a comissão, uma experiência, uma aplicação tecnológica ou a introdução de um produto, sempre que propostas, devem se submeter a revisão e mesmo suspensão nos "casos em que as evidências científicas forem insuficientes, inconclusivas ou incertas e a avaliação científica preliminar sugerir motivos razoáveis para recear que os possíveis efeitos nocivos sobre o meio ambiente e a saúde humana, animal ou vegetal sejam inconsistentes com o alto nível de proteção adotado pela UE"[22]. A palavra-chave na diretiva é "incertas". Quando houver evidências suficientes para sugerir um impacto deletério potencial, sem que as haja para prová-lo, entra em jogo o princípio da precaução, que permite às autoridades regulamentares errar do lado da segurança, seja suspendendo totalmente a atividade, seja modificando-a, adotando condições alternativas, monitorando-a para avaliar seus impactos causais ou criando protocolos experimentais para melhor compreender seus efeitos. Os arquitetos da comissão diretiva não relutam em apontar que o princípio da precaução deve ser invocado de maneira ponderada e não arbitrária, para assegurar que não seja usado como martelo político ou econômico na promoção de outros objetivos. A diretiva declara:

> Nos casos em que a ação for vista como necessária, as medidas devem ser proporcionais ao nível de proteção escolhido, não discriminatórias em sua aplicação e consistentes com medidas similares já tomadas. Elas devem basear-se também num exame dos potenciais benefícios e custos da ação ou inação, e submeter-se a revisão à luz de novos dados científicos, devendo portanto se manter enquanto os dados científicos permanecerem incompletos, imprecisos ou inconclusivos e enquanto o risco for considerado alto demais para ser imposto à sociedade.[23]

O primeiro exemplo conhecido em que o princípio da precaução foi posto em prática ocorreu em setembro de 1854 na paróquia de St. James, no centro de Londres. Um físico londrino, John Snow, estava investigando a fonte de um surto de cólera que tirara 500 vidas num período de dez dias. Snow publicara um estudo anterior comparando duas companhias de fornecimento de água — uma que tinha água limpa e outra cuja água fora contaminada por serragem. Ele cogitou que a água suja estivesse associada à cólera. O estudo já estava produzindo dados para apoiar a tese na época da epidemia. Uma rápida investigação demonstrou que todas as 83 pessoas que haviam morrido na área da Golden Square entre 31 de agosto e 5 de setembro haviam bebido água da bomba contaminada da Broad Street, e não da companhia que tinha a água mais limpa. Ele recomendou às autoridades que a bomba da Broad Street Water Company fosse desativada. A ação impediu uma nova epidemia de cólera. Cumpre enfatizar que na época a maioria dos cientistas não concordou com Snow. Eles acreditavam que o cólera se disseminava mediante o contágio pelo ar. O elo científico entre a água poluída e o cólera não seria descoberto senão 30 anos depois[24].

A decisão de seguir o conselho de Snow foi um exemplo clássico do princípio da precaução em funcionamento — ou seja, tomar atitudes numa situação em que há razões para crer que há uma conexão causal entre uma atividade e certas conseqüências deletérias, sem que haja prova científica suficiente para sustentar a afirmação.

O primeiro uso do princípio da precaução na política pública ocorreu nos anos 70 na Alemanha. Cientistas alemães e oficiais públicos expressavam crescente preocupação quanto à "morte florestal" no país. Eles suspeitavam que a chuva ácida resultante da poluição do ar era a causa, mas não tinham provas científicas irrefutáveis. Ainda assim, o governo alemão decidiu reduzir as emissões das usinas com a aprovação da Lei do Ar Puro de 1974, citando o princípio da *Vorsorge*, ou "precaução"[25]. O "princípio da precaução" logo se tornou um cânone da lei ambiental alemã. Ele devia "ser observado em caso de ameaças potencialmente sérias ou irreversíveis à saúde ou ao meio ambiente, quando cumpre agir para reduzir os riscos potenciais *antes* de haver provas concludentes dos danos, levando-se em conta os possíveis custos e benefícios da ação e da inação"[26].

O princípio da precaução procura permitir que as autoridades governamentais respondam tanto antes como depois dos danos, com requisitos de certeza científica menores do que costumava ser a regra no passado. A "certeza científica" foi moderada pela noção de "motivos razoáveis para a preocupação". Os princípio da precaução concede às autoridades a flexibilidade e versatilidade necessárias para reagir a eventos em tempo real, seja antes que estes ocorram ou enquanto ocorrem, de modo que os possíveis efeitos adversos possam ser evitados ou reduzidos enquanto as causas suspeitas estão sendo analisadas e avaliadas.

Os advogados do princípio da precaução afirmam que se ele houvesse sido invocado no passado muitos dos efeitos adversos de inovações científicas e tecnológicas poderiam ter sido evitados ou pelo menos mitigados, e citam a introdução dos halocarbonos e o conseqüente buraco na camada de ozônio, a epidemia de EEB em meio ao gado, a proliferação de variedades de bactérias resistentes a antibióticos em resultado do uso excessivo de tais medicamentos em animais de fazenda, e as mortes generalizadas causadas pelo asbesto, pelo benzeno e por PCBs (bifenis policlorinados)[27].

Nesses e em outros casos, houve indícios sugestivos de efeitos potencialmente nocivos, muitas vezes já no momento da introdução. Os sinais de alerta foram ignorados por uma variedade de razões, inclusive conflitos de interesse entre os pesquisadores responsáveis por averiguar as possíveis ameaças. Por exemplo, nos Estados Unidos, o Serviço de Inspeção de Saúde de Animais e Plantas (Aphis), do Departamento de Agricultura dos EUA (Usda), é responsável por monitorar a saúde de plantas e animais rurais. Mas o Usda também se encarrega de promover os produtos agrícolas americanos. Em exemplos sem conta o departamento era menos do que rigoroso em investigar as práticas agrárias existentes em busca de efeitos potencialmente nocivos à saúde e ao meio ambiente, se isso de algum modo ameaçasse o bem-estar dos interesses agrícolas a que ele igualmente servia.

No caso do surto de EEB no Reino Unido, observou-se subseqüentemente em audiências governamentais e exposições públicas que a razão para que o órgão regulamentar do governo se mostrasse tão lento para responder à agravante crise foi o fato de que sua responsabilidade era salvaguardar a indústria monitorada, e não os consumidores. Em muitos casos, elos potenciais ficaram inexplorados porque as conexões requeriam abordagens interdisciplinares que jamais eram postas em prática. Por exemplo, veterinários que examinavam a EEB no gado não estabeleceram o elo desta última com a Doença de Creutzfeldt-Jakob (DCJ), uma moléstia que afeta o cérebro dos seres humanos e que hoje sabemos ser causada pelo consumo de carne de gado contaminado pela EEB. Se pesquisadores médicos tivessem sido postos desde cedo para trabalhar junto com os veterinários na exploração de possíveis elos entre as doenças de atrofia cerebral humanas e bovinas, medidas para proibir a difusão da EEB nas populações humanas poderiam ter sido tomadas antes, salvando muito mais vidas[28].

No caso dos halocarbonos, dos PCBs e do éter metil-tércio-butílico (EMTB), todos produtos químicos artificiais, sua própria novidade devia ter alçado sobrancelhas. Os pesquisadores sabiam desde o início que tais produtos persistiam no ambiente, dispersavam-se facilmente e podiam se tornar ubíquos. Por isso, se surgissem problemas, seria muito mais difícil livrar-se deles[29].

Freqüentemente, evidências leigas de danos potenciais precedem em anos e mesmo em décadas as evidências clínicas, mas são ignoradas pelos "peritos" e pelos poderes instituídos. Os trabalhadores sabiam dos efeitos nocivos do asbesto e dos PCBs muito antes de os reguladores voltarem sua atenção a tais problemas. Em exemplos sem conta as comunidades notam a associação causal entre males de saúde e atividades da indústria local muito antes dos oficiais públicos. O Love Canal, nos Estados Unidos, vem de imediato à nossa mente.

O princípio da precaução tem aberto caminhos rumo a tratados e pactos internacionais. Ele foi reconhecido pela primeira vez em 1982, quando a Assembléia Geral da ONU o incorporou à Carta Mundial da Natureza[30]. Foi incluído posteriormente na Declaração do Rio de Janeiro sobre o Meio Ambiente e o Desenvolvimento em 1992, na Convenção das Nações Unidas sobre Mudança Climática em 1992, no Tratado da União Européia (Tratado de Maastricht) em 1992, no Protocolo de Cartagena sobre Biossegurança em 2000 e na Convenção de Estocolmo sobre Poluentes Orgânicos Persistentes em 2001[31].

A União Européia espera que ao integrar o princípio da precaução a tratados internacionais e acordos multilaterais, este se torne a norma inconteste pela qual os governos supervisionarão e regularão a ciência e a tecnologia por todo o mundo. Embora os EUA tenham integrado aspectos do princípio da precaução em algumas de suas normas ambientais, em maior parte a abordagem e as normas americanas são muito mais frouxas que as da UE, embora talvez melhores que as de muitos outros países.

Nos últimos anos, o governo dos EUA, paralelamente à indústria americana, aproveitou todas as ocasiões para contestar a adoção mais estrita do princípio da precaução pela UE. Os EUA vêem o enrijecimento do regime regulamentar europeu como um nó no pescoço das exportações americanas, e estão determinados a frustrar os esforços europeus por fazer desse princípio a regra dourada do mundo. O Conselho Nacional de Comércio Exterior dos EUA expressou idealmente as preocupações do governo e da indústria americanos num relatório publicado em maio de 2003. O conselho alertou que a invocação, pela UE, do princípio da precaução "praticamente proibiu a exportação de produtos americanos e de outros países externos à UE caso eles sejam tidos por nocivos, e sufocou a inovação e os avanços científicos e industriais"[32].

Margot Wallstrom, a franca comissária ambiental da UE, deixou clara sua crença de que a Europa e os EUA estavam começando a divergir de maneira fundamental na questão do desenvolvimento sustentável e do zelo pelo meio ambiente global. Ela observou que, embora as preocupações ambientais figurem em último lugar dentre as nove questões que mais preocupam os eleitores americanos, elas aparecem entre as cinco questões mais prementes para os eleitores europeus[33]. Wallstrom também observou que embora "o meio ambiente seja essencialmente um problema local dentro dos EUA (...), na Europa (...) existe maior compreensão, por parte do grande público, da dimensão global do desafio ambiental"[34]. O resultado, conclui Wallstrom, é que enquanto nos EUA o meio ambiente é somente um problema de segundo escalão, "a política ambiental foi uma das pedras angulares da União Européia"[35]. Wallstrom e outros vêem o princípio da precaução como a linha de frente em seu arsenal regulamentar para promover a causa do desenvolvimento sustentável num mundo globalizado.

Mas a importância do princípio da precaução vai ainda mais longe. Ele ilustra uma profunda transição no modo como a sociedade vê seu relacionamento com a natureza e sua atitude para com iniciativas científicas e inovações tecnológicas. A tradição iluminista européia, da qual os EUA se tornaram os adeptos mais entusiastas, dava ênfase ao poder sobre a natureza. Os americanos, em grande maioria, vêem a natureza como um tesouro de recursos úteis aguardando sua utilização com finalidades produtivas. Embora os europeus compartilhem a perspectiva utilitária americana, eles têm também uma outra sensibilidade menos comum nos EUA — ou seja, um amor pelo valor intrínseco da natureza. Constata-se isso no apreço dos europeus pelo interior rural e em sua determinação de preservar os redutos naturais, mesmo que isso envolva a assistência governamental na forma de subsídios especiais ou a renúncia ao desenvolvimento comercial. A natureza figura proeminentemente no sonho dos europeus para uma boa qualidade de vida. Eles passam muito mais tempo do que os americanos visitando os campos nos fins de semana e durante as férias. Esse é para eles um passatempo acalentado.

O equilíbrio entre o tempo urbano e o tempo rural não chega a ser prioridade para a maioria dos americanos, muitos dos quais estão tão propensos a passar os fins de semana num shopping center quanto os europeus a percorrer trilhas rurais. Claro, há muitos americanos que preferem passar seu tempo a céu aberto, assim como há muitos europeus que preferem os confortos da recreação urbana. Não obstante, qualquer pessoa que passe um tempo significativo na Europa e nos EUA sabe muito bem que há maior afinidade pelos redutos rurais entre os europeus. Quase todos os meus conhecidos na Europa nas classes profissional e empresarial têm alguma espécie de segundo lar no campo — uma *datcha* que usualmente pertence à família há gerações. Embora o operariado talvez não seja tão afortunado, em qualquer fim de semana eles podem ser vistos deixando as cidades em massa e guiando até a aldeia ou enclave rural mais próximo, para se aliviar das pressões urbanas.

Os valores firmemente sustentados com relação à vida rural e à natureza são uma das razões para que a Europa tenha conseguido apoiar partidos verdes por todo o continente, com representação substancial nos parlamentos nacionais e no Parlamento Europeu. Em contraste, nenhum legislador de nível federal nos EUA é membro de um partido verde.

A determinação européia de manter uma espécie de equilíbrio entre as visões intrínseca e utilitária da natureza faz com que os europeus vejam mais seriamente sua responsabilidade para com o desenvolvimento sustentável e a zeladoria ambiental do globo. O princípio da precaução é visto, em parte, como um meio de ajustar a balança — como se queira — entre o desenvolvimento comercial e a preservação do ambiente natural.

Existe, contudo, uma outra dimensão na psique européia, dimensão à que aludimos repetidamente nos capítulos anteriores e que torna os europeus mais favoráveis do que os americanos ao princípio da precaução — ou seja, seu senso da interconexão de todas as coisas. O princípio da precaução fundamenta-se na idéia de que toda experiência científica, aplicação tecnológica ou introdução de produtos afeta o meio ambiente numa miríade de modos diferentes, de maneira complexa e difícil de avaliar. Os antigos métodos para determinar riscos, por natureza reducionistas, mecanicistas e lineares, não levam em conta a sutileza de relações naturais imprevisíveis ou difíceis de quantificar.

Como nós, americanos, damos tanta ênfase à autonomia, é muito menos provável que percebamos a profunda interconexão entre as coisas. Tendemos a ver o mundo em termos de receptáculos isolados do todo e capazes de se manter sozinhos. A interconexão, para nós, invoca a noção de dependência e vulnerabilidade compartilhadas, qualidades que não admiramos muito. Nossa percepção do mundo e do eu nos torna discípulos ideais da mentalidade iluminista, com sua ênfase em explorar e isolar fragmentos e pedaços distintos da natureza, para transformá-los em propriedade produtiva. Apraz-nos que os elementos à nossa volta sejam nitidamente separados, autônomos e auto-suficientes — que é como vemos a nós mesmos no mundo. Tudo no modelo iluminista da natureza é destacável e conversível. Não há relacionamentos, somente coisas — em movimento ou em repouso, inertes ou bombardeando outras coisas. A natureza iluminista é eminentemente explorável. Toda "coisa" pode ser tomada e utilizada sem conseqüências para as demais. Só há oportunidades, nunca responsabilidades, já que as coisas existem sozinhas e sem relacionamentos recíprocos.

A nova visão de ciência que vem emergindo com a globalização é muito diferente. Estamos ficando cada vez mais cientes da interconexão entre todas as coisas. A natureza é vista como uma infinidade de relacionamentos simbióticos inseridos num todo mais amplo, de que são parte integral. Nesta nova visão da natureza nada é autônomo, tudo é conectado. Qualquer esforço por separar uma parte do todo tem conseqüências para tudo o mais. Não há ilhas, nem portos seguros, nem redutos auto-suficientes — somente interatividade, mutualidade e envolvimento contínuos.

Os europeus, em razão de sua densa história espacial e temporal, entendem muito melhor o novo modelo da natureza. Suas vidas foram vividas com muito maior comunhão e engajamento do que as nossas nos EUA. Eles compreendem a lógica do princípio da precaução porque sabem que num ambiente densamente habitado tudo o que alguém faz afeta o restante do conjunto.

O princípio da precaução exige que todos olhemos para além da atividade imediata e isolada, contemplando o pleno contexto em que ela se desenrola. A mera magnitude das atuais intervenções científicas e tecnológicas há de ter efeitos significativos e em muitos casos duradouros sobre o restante da natureza — e tais efeitos podem ser catastróficos e irreversíveis. O princípio da precaução diz, com efeito, que, sendo tão altos os riscos, cumpre comparar até mesmo os benefícios mais dramáticos com a possibilidade de conseqüências ainda mais destrutivas. A velha ciência iluminista é primitiva e simplória demais para dar conta de um mundo onde a barra dos riscos foi elevada até o limiar da própria extinção. Quando o mundo todo se encontra em risco como resultado da dimensão das intervenções humanas, é necessário que haja uma nova abordagem científica que leve em conta todo o mundo. É essa a lógica que se encontra no âmago do princípio da precaução.

O Pensamento Sistêmico

Eis então o problema. O mero sucesso da ciência iluminista vem provocando um impasse científico fundamental. Quanto mais poderosas se tornam a ciência e a tecnologia, mais complexos e imprevisíveis são seus impactos e conseqüências. Muitos na comunidade científica expressam receios de que "os crescentes poderes de inovação da ciência parecem estar anulando sua capacidade de predizer as conseqüências de suas aplicações, e ao mesmo tempo a escala das intervenções humanas na natureza amplia as chances de que quaisquer impactos nocivos sejam graves e globais"[36]. A velha ciência iluminista parece ter ficado sem respostas para lidar com esta nova realidade.

A ciência do Iluminismo vincula-se à idéia de que o comportamento do todo é melhor compreendido em se analisando as partes individuais que o compõem. O método analítico reduz todos os fenômenos a seus blocos formadores fundamentais, e em seguida examina as propriedades individuais de cada elemento, na esperança de melhor entender a construção do todo. Como observamos no Capítulo 4, essa atitude científica mecanicista fez um uso intensivo de metáforas mecânicas populares na época. As máquinas podem efetivamente ser compreendidas quando as desmontamos, analisamos seus componentes individuais e reconstruímos seu conjunto. Mas no mundo real da natureza, o comportamento não é mecânico e fixo, mas condicional, aberto e sujeito a outros fenômenos, metamorfoseando-se e sofrendo mutações continuamente em resposta aos padrões de atividade que o rodeiam.

Enquanto a ciência e a tecnologia estiveram mais estritamente ocupadas com questões de aceleração e posicionamento, as leis mecanicistas de Newton mostraram serventia. Fenômenos que pudessem ser isolados, cronometrados, mensurados e sujeitos à quantificação rigorosa cumpriam-nas bem. No século XX, porém, a idéia reducionista e mecanicista mostrou-se demasiado limitada para dar conta da interconectividade da natureza. Ficou mais claro para os cientistas que para compreender a sociedade ou a natureza era necessário compreender os milhares de relacionamentos entre os fenômenos, e não somente as propriedades das partes componentes.

Os cientistas sociais começaram a se perguntar: como conhecemos um homem, senão em relação com o mundo à sua volta? Tirar as medidas do homem — saber seu local de nascimento, sua idade, sua altura, seu peso, suas características físicas e emocionais etc. — nos diz pouca coisa de valor quanto a quem ele realmente é. Somente compreendendo seu relacionamento com o ambiente mais amplo em que ele se situa e os muitos relacionamentos que possui é que teremos noção de quem ele é. No novo esquema, ele é um instantâneo do padrão de atividades em que está envolvido.

Se cada ser humano constitui um padrão de interatividade, por que a natureza não pode igualmente constituí-lo? A ciência, no século XX, se pôs a reexaminar muitas de suas premissas operacionais mais básicas, somente para descobrir que estavam ultrapassadas. A velha idéia de que os fenômenos podem ser compreendidos em se analisando suas partes individuais deu lugar à concepção oposta — a de que as partes individuais só podem ser compreendidas se primeiro soubermos alguma coisa sobre seus relacionamentos com o todo em que se acham inseridas. Em uma palavra, nada existe em isolamento, como objeto autônomo. Tudo existe em relação com "o outro". A nova ciência foi chamada "teoria dos sistemas", e pôs em dúvida as antigas idéias sobre a natureza da natureza. A teoria dos sistemas também lançou sua sombra sobre o restante do projeto iluminista, inclusive — e o que é mais importante — sobre a idéia do ser autônomo que atua num mundo apartado e auto-otimizador, habitado por outros seres autônomos, cada um maximizando sua própria utilidade individual.

A teoria dos sistemas afirma que a natureza do todo é maior que a soma de suas partes. Isso porque as relações entre as partes — os princípios organizadores que animam o todo — geram algo qualitativamente diverso no nível total. Por exemplo, sabemos, por experiência pessoal, que um ser vivo é qualitativamente diverso de um cadáver. No momento da morte, todas as relações que faziam da criatura um todo desaparecem, deixando somente um corpo de matéria inerte. O grande físico do século XX Werner Heisenberg observou certa vez que "o mundo parece, destarte, um complexo tecido de eventos em que conexões de diferentes tipos se alternam, sobrepõem ou combinam, determinando com isso a textura do todo"[37].

As novas concepções sistemáticas devem muito ao campo emergente da ecologia. *Ecologia* deriva do termo grego *oikos*, que significa "casa". O biólogo alemão Ernst Haeckel foi o primeiro a definir o novo ramo da biologia como "a ciência das relações entre o organismo e mundo exterior que o rodeia"[38]. A ecologia desafiou o modelo darwinista, com sua ênfase na luta competitiva entre criaturas individuais por recursos escassos. No novo modelo ecológico, a natureza é composta por uma multidão de relacionamentos simbióticos e sinergéticos, ao passo que o destino de cada organismo é determinado tanto pelos padrões das relações individuais como por quaisquer vantagens competitivas. Enquanto a biologia de Darwin se concentrava antes no organismo individual e nas espécies, relegando o meio ambiente a um armazém de recursos, a ecologia vê o meio ambiente como o conjunto das relações que o compõem.

Os primeiros ecologistas concentraram seus esforços em ecossistemas locais. Em 1911, porém, um cientista russo, Vladimir Vernadski, publicou um tratado que expandiria a noção de relações ecológicas a ponto de incluir o planeta inteiro. Ele descreveu o que chamou de "biosfera", definindo-a como "a área da crosta terrestre ocupada por transformadores que convertem a radiação cósmica em energia efetiva terrestre — elétrica, química, mecânica, térmica etc."[39]

Num livro subseqüente, publicado em 1926 e intitulado *Biospheria*, Vernadski rompeu com a ortodoxia científica da época, afirmando que os processos geoquímicos e biológicos da Terra evoluíam juntos, auxiliando-se mutuamente. Essa idéia radical diverge da teoria darwinista ortodoxa, que presumia que os processos geoquímicos evoluíam separadamente, criando o ambiente atmosférico em que os organismos vivos surgiam, se adaptavam e evoluíam — ou seja, o ambiente como um armazém de recursos. Vernadski sugeriu que a reciclagem de substâncias químicas inertes na Terra é influenciada pela qualidade e quantidade da matéria viva, e que a matéria viva, por sua vez, influencia a qualidade e a quantidade das substâncias químicas inertes que se reciclam no planeta. Hoje, os cientistas definem a biosfera como

> um sistema integrado vivo e de suporte à vida que compreende o invólucro periférico do planeta Terra e sua atmosfera circundante, nas alturas mínima e máxima em que exista naturalmente alguma forma de vida[40].

A biosfera é muito tênue, estendendo-se somente das profundidades oceânicas, onde existem as formas mais primitivas de vida, até a alta estratosfera. A extensão total que a biosfera abrange é inferior a 70 quilômetros, contando-se do leito do oceano ao espaço sideral. Nessa faixa estreita as criaturas vivas e os processos geoquímicos da Terra interagem para se sustentar mutuamente.

Nos anos 70 um cientista inglês, James Lovelock, e uma bióloga americana, Lynn Margulis, expandiram a teoria de Vernadski com a publicação da hipótese de Gaia. Eles afirmaram que a Terra funciona como um organismo vivo auto-regulador. A flora, a fauna e a composição geoquímica da atmosfera atuam numa relação sinergética para manter o clima da Terra num estado relativamente regular e propício à vida.

Lovelock e Margulis usam o exemplo da regulação do oxigênio e do metano para demonstrar como o processo cibernético entre a vida e o ciclo geoquímico atuam para manter um regime climático homeostático. Eles nos lembram que os níveis de oxigênio da Terra devem se confinar a uma faixa muito exígua, ou o planeta inteiro poderia irromper em chamas e destruir toda a matéria viva, ao menos na superfície terrestre. Esses dois cientistas acreditam que, quando o oxigênio na atmosfera se eleva acima de um nível tolerável, algum tipo de sinal de alerta provoca um aumento na produção de metano por bactérias microscópicas. O metano adicional migra para a atmosfera, reduzindo o conteúdo de oxigênio até que um estado regular seja novamente atingido. (O metano age como um regulador, tanto aumentando como diminuindo o oxigênio do ar.)

A interação e a retroalimentação constantes entre as criaturas vivas e os ciclos e conteúdos geoquímicos agem como um sistema unificado, mantendo o clima e o meio ambiente da Terra e preservando a vida. O planeta, portanto, é como uma criatura viva, uma entidade auto-reguladora que se mantém num estado regular propício à continuidade da vida. De acordo com a concepção Gaia, a adaptação e a evolução de criaturas individuais tornam-se parte de um processo mais amplo: a adaptação e evolução do próprio planeta. São as contínuas relações simbióticas entre um ser vivo e outro e entre seres vivos e processos geoquímicos que asseguram a sobrevivência tanto do organismo planetário como da espécie individual que habita o invólucro biosférico.

Muitos outros cientistas desde então acresceram seu peso à hipótese Gaia, moderando, qualificando e expandindo o trabalho de Lovelock e Margulis. Por mais de duas décadas, a idéia de que a Terra funciona como um organismo vivo tornou-se uma via de exploração fundamental para repensar as relações entre a biologia, a química e a geologia.

Se a Terra realmente funciona como um organismo vivo, então atividades humanas que perturbem a bioquímica desse organismo podem ter graves conseqüências, tanto para a vida humana como para a biosfera em geral. A queima maciça de combustíveis fósseis é o primeiro exemplo de atividade humana em escala global a suscitar riscos de uma mudança radical no clima da Terra e da ruína da biosfera que sustenta todas as criaturas vivas.

Nossa nova consciência de que a Terra funciona como um organismo indivisível exige que repensemos nossas idéias de riscos, vulnerabilidade e segurança globais. Se cada vida humana — se a espécie em seu conjunto — e todas as demais criaturas se acham interligadas entre si e com a geoquímica do planeta numa rica e complexa coreografia que sustenta a própria vida, então somos, todos e cada um, dependentes e responsáveis pela saúde do organismo como um todo. Cumprir essa responsabilidade significa viver nossas vidas individuais em nossos bairros e comunidades de maneira que promova o bem-estar geral da grande biosfera que habitamos.

É precisamente essa a missão que a União Européia desenvolveu para seus 25 Estados membros. O princípio da precaução representa um reconhecimento profundo de que a primeira obrigação dos seres humanos é para com a biosfera que sustenta a vida, mesmo que isso signifique deixar de lado um desenvolvimento comercial ou suspender uma atividade econômica em particular. Nenhuma atividade econômica, a despeito de quão lucrativa ou benéfica possa ser, deve ter liberdade para comprometer a integridade dos sistemas de suporte à vida que compõem a biosfera indivisível que todos nós habitamos e da qual tiramos nosso sustento. Naqueles casos em que há evidências razoáveis, mas não concludentes, de que uma experiência científica, uma aplicação tecnológica ou a introdução de um produto podem causar grandes danos a qualquer parte da biosfera, o princípio da precaução serve de vigia, garantindo que a sociedade não agirá com precipitação, e sim com moderação, proibindo ou suspendendo atividades potencialmente adversas, até que o corpo de evidências científicas sugira que não há problemas em seguir adiante ou que se descubram alternativas para promover os mesmos fins.

O princípio da precaução é mais que um mero guardião. Ele é também um método mais sofisticado para avaliar riscos do que os velhos modelos lineares ainda vigentes nos Estados Unidos. Seus princípios diretivos e suas premissas operacionais se baseiam fielmente na teoria dos sistemas. Ele adota uma atitude holística na avaliação de riscos, indagando como uma dada atividade pode afetar a totalidade de relações dentro do invólucro da biosfera. Ele exige uma abordagem interdisciplinar à análise de riscos, que leve em conta todos os possíveis impactos de uma dada atividade sobre a Terra como um todo.

Suspeito que para os europeus a teoria dos sistemas não pareça tão exigente quanto para nós, americanos. Nos EUA a mera idéia de ser parte de um sistema soa meio constrangedora. Não compramos tão facilmente a idéia de que somos não apenas parte de uma comunidade mais ampla de relações, mas totalmente dependentes dela.

Talvez o aspecto mais interessante da nova ciência, com sua ênfase nas relações e na retroalimentação, seja o fato de que ela espelha minuciosamente a mentalidade em rede que começa a permear o reino comercial e a governança. A ciência da ecologia e a noção de uma biosfera auto-reguladora têm tudo a ver com relações e redes. O ecologista Bernard Patten observou que "a ecologia *é* uma rede (...). Compreender ecossistemas equivalerá, em última instância, a compreender redes"[41]. O físico e filósofo Fritjof Capra observa:

> Conforme o conceito de rede tornou-se mais e mais proeminente na ecologia, os adeptos da teoria dos sistemas começaram a aplicar modelos em rede a todos os níveis sistêmicos, vendo os organismos como redes de células, órgãos e sistemas orgânicos, assim como os ecossistemas são vistos como redes de organismos.[42]

Em outras palavras, todo organismo é composto por redes menores de órgãos e células, sendo igualmente parte de redes maiores que compreendem comunidades bióticas, ecossistemas inteiros e a própria biosfera. Cada rede se aninha em redes superiores, sendo ao mesmo tempo composta de redes inferiores, numa complexa coreografia — o que Capra chama de "teia da vida". Durante séculos de história evolucionária, diz Capra, "muitas espécies estabeleceram comunidades tão estreitamente unidas que o sistema se assemelha a um grande organismo de múltiplas criaturas"[43]. Se essa descrição da teia da vida parecer muito similar à emergente "Europa em rede", com suas camadas de redes embutidas — as localidades, as regiões, as organizações da sociedade civil, as diásporas culturais, as companhias transnacionais, os Estados membros, a União Européia e as instituições globais —, não será por acaso.

Uma nova ciência vem emergindo — um segundo Iluminismo —, cujos princípios e premissas operacionais são mais compatíveis com estilos de pensamento em rede. Enquanto a antiga ciência é caracterizada pelo afastamento, pela expropriação, pela dissecção e pela redução, a nova é caracterizada pelo envolvimento, pelo reabastecimento, pela integração e pelo holismo. A antiga ciência vê a natureza como objetos, a nova a vê como relações. A antiga ciência se empenha em tornar a natureza produtiva, a nova busca uma parceria com ela. A antiga ciência enfatiza a autonomia com relação à natureza, a nova enfatiza a reparticipação na natureza.

A nova ciência nos leva da visão colonial da natureza como uma inimiga a ser pilhada e escravizada para uma nova visão da natureza como uma comunidade a ser cultivada. O direito de explorar, utilizar e possuir a natureza na forma de propriedades é moderado pela obrigação de zelar pela natureza e tratá-la com dignidade e respeito. O valor utilitário da natureza dá lugar lentamente a seu valor intrínseco.

O segundo Iluminismo científico esteve em formação durante mais de um século. Os novos campos da termodinâmica e da biologia organísmica na virada do século XIX; o advento do princípio da incerteza, da mecânica quântica, da filosofia processual e da ecologia no início do século XX; o nascimento da cibernética e do pensamento sistêmico juntamente com a teoria da informação após a Segunda Guerra Mundial, e mais recentemente o surgimento da teoria da complexidade; e as teorias das estruturas dissipadoras e da auto-organização — tudo isso contribuiu para a desconstrução e queda da ortodoxia da ciência iluminista tradicional, ajudando ao mesmo tempo a traçar um novo caminho fundamental para a ciência no século vindouro.

Infelizmente, grande parte de nossas idéias sobre comércio, governança e sociedade, como também nosso relacionamento para com o meio ambiente, ainda se vincula ao antigo paradigma científico. A nova ciência precisa imprimir-se com mais firmeza na mente e na política públicas para fazer real diferença. Como quer que seja, a União Européia é a primeira unidade política a sustentar seriamente a visão da Terra como uma comunidade viva indivisível e digna de respeito.

Ao promover uma série de tratados e acordos globais para o meio ambiente e ao institucionalizar o princípio da precaução em sua política regulamentar, a UE provou sua disposição de fazer valer seu compromisso com o desenvolvimento sustentável e a zeladoria ambiental do globo. O fato de que seu comprometimento em muitas áreas continua fraco e vacilante já foi devidamente notado. Mas a Europa pelo menos estabeleceu um novo programa para a condução da ciência e da tecnologia, e este, se for seguido, pode começar a tirar o mundo das antigas trilhas e encaminhá-lo para um segundo Iluminismo científico, mais de acordo com seu sonho de inclusividade, diversidade, sustentabilidade, qualidade de vida e harmonia.

Pondo Mãos à Obra

A União Européia acha-se atualmente envolvida numa série de iniciativas, algumas pequenas, outras mais grandiosas, que representam uma renovação no modo como ela encara a ciência e a tecnologia. Todas essas iniciativas compartilham um tema comum. São ecologicamente sensíveis e projetadas e executadas tendo-se em vista o pensamento sistêmico e o desenvolvimento sustentável. Juntas, são projetos de vanguarda de uma segunda ciência iluminista.

No topo da lista está o novo plano da Europa de se tornar, até meados do século, uma economia do hidrogênio renovável e plenamente integrada. A UE esteve à frente do mundo ao favorecer o Protocolo de Quioto quanto a mudanças climáticas. Para assegurar a adesão aos termos e prazos expostos no Protocolo de Quioto, a UE assumiu o compromisso de produzir 22% de sua eletricidade e 12% de toda a sua energia usando fontes renováveis até 2010[44]. Embora muitos Estados membros ainda estejam bem longe de atingir suas metas de energia renovável — para a grande consternação de Bruxelas —, o mero fato de que a UE instituiu critérios de mensuração já a põe muito adiante dos Estados Unidos na transição dos combustíveis fósseis para fontes renováveis de energia. A administração Bush repeliu consistentemente tentativas no Congresso Americano de estabelecer critérios de mensuração similares para a introdução de um regime de energia renovável nos EUA.

Em junho de 2003, a UE anunciou um ousado plano para se tornar uma economia limpa do hidrogênio até meados do século[45]. O interessante é que a indústria dos EUA, quando teve notícia do plano europeu, intercedeu na Casa Branca exigindo uma atitude americana, com receios que a UE saltasse adiante dos EUA na corrida rumo a um futuro do hidrogênio. O presidente Bush anunciou as intenções de sua administração de liderar o mundo no caminho para a economia do hidrogênio em seu discurso "O Estado da União", em 2003. Mas sua atitude com relação ao hidrogênio difere significativamente da européia.

O hidrogênio é o elemento básico do universo, o mais leve da existência, e, quando usado, emite somente dois subprodutos: água pura e calor. Ele todavia não flutua livre na natureza, tendo antes de ser extraído de outras fontes. O hidrogênio pode ser extraído de combustíveis fósseis, especialmente gás natural e carvão, mas nesse caso continuamos tendo emissões de CO_2. A energia nuclear também pode ser utilizada, mas nesse caso continuamos com dejetos nucleares de transporte perigoso e enterramento inseguro. Outra solução é utilizar fontes renováveis de energia — energia solar, eólica, hídrica ou geotérmica — para gerar eletricidade e, com parte do excesso gerado, eletrolisar a água e separar o hidrogênio, que será armazenado e posteriormente utilizado para atender às necessidades de transporte ou como reserva da rede de energia. O hidrogênio também pode ser extraído do lixo ou de culturas energéticas renováveis. Em outras palavras, existe hidrogênio negro e hidrogênio verde, dependendo da fonte de que é extraído.

Eis aí o problema. Enquanto a Europa está comprometida com a criação de um futuro de hidrogênio verde, o plano da Casa Branca de Bush é promover um futuro de hidrogênio negro, utilizando o carvão e a energia nuclear como principais meios de extração do elemento. Os críticos acusam a administração de utilizar o hidrogênio como cavalo de Tróia para promover os interesses da indústria da antiga energia. Não significa dizer que a Europa também não esteja envolvida com as antigas energias, mas seu objetivo é livrar rapidamente o continente dos combustíveis fósseis e da energia nuclear, conduzindo-o a uma economia renovável do hidrogênio.

Em seu discurso de abertura na Conferência da UE sobre a Economia do Hidrogênio, em junho de 2003, o presidente Prodi alertou que "nossa atual opção energética faz um uso abusivo de combustíveis fósseis e nucleares. E isso não pode continuar indefinidamente"[46]. O verdadeiro problema, observou Prodi, "é se temos ar, terras e mares suficientes para nos desfazer dos dejetos gasosos, líquidos e sólidos dos combustíveis fósseis e nucleares utilizados para produzir energia. A resposta é um evidente 'não'"[47]. "A solução racional", disse Prodi, "seria mudar resolutamente para energias renováveis", com o hidrogênio sendo o meio de armazená-las[48]. Prodi reconheceu que outros países estavam se mobilizando para extrair hidrogênio das antigas fontes energéticas, mas afirmou que pretendia ser "claro quanto ao que torna o programa europeu de hidrogênio realmente visionário. É nossa meta declarada de promover uma transição passo a passo para uma economia do hidrogênio plenamente integrada, baseada em fontes renováveis de energia, até meados do século"[49].

Ao anunciar a iniciativa européia do hidrogênio, o presidente Prodi disse que este, após a introdução do euro, seria o passo crítico seguinte para integrar a Europa. Ele comparou o esforço ao programa espacial americano nos anos 60 e 70, cujo efeito multiplicador ajudou a gerar a economia da alta tecnologia dos anos 80 e 90.

O plano europeu vem sendo implementado tendo-se em mente uma perspectiva histórica. A Grã-Bretanha tornou-se a maior potência do mundo no século XIX porque foi o primeiro país a aplicar suas vastas reservas de carvão na energia a vapor. Os EUA, por sua vez, tornaram-se a potência proeminente no século XX porque foram o primeiro país a utilizar suas vastas reservas de petróleo com os motores de combustão interna. Os efeitos multiplicadores de ambas as revoluções energéticas foram extraordinários. A UE está determinada a comandar o mundo na terceira grande revolução energética da era moderna, na esperança de combinar sua meta de desenvolvimento sustentável com novas oportunidades comerciais condizentes com suas novas ambições de superpotência.

O compromisso da UE com o desenvolvimento sustentável e com uma abordagem sistêmica à aplicação da ciência e da tecnologia vem transparecendo num grande número de campos e iniciativas. Não surpreende que, dada sua profunda identificação cultural com a alimentação e com a vida rural, a Europa lidere a transição para práticas agrícolas sustentáveis e para a produção de alimentos orgânicos. Embora os EUA tenham um setor crescente de alimentos orgânicos — o de mais rápido crescimento da indústria alimentícia —, o governo americano fez pouco para estimular a produção de alimentos orgânicos e práticas agrícolas sustentáveis. E a despeito de o Departamento de Agricultura dos EUA ter um pequeno programa de pesquisas sobre alimentos orgânicos, os fundos do programa montam a meros 3 milhões de dólares, ou menos de 0,004% de seu orçamento de 74 bilhões, o que não chega a constituir um esforço sério. Mais que isso, enquanto os consumidores americanos estão aumentando suas compras de alimentos orgânicos, menos de 0,3% do total de terras cultivadas nos EUA inclui atualmente a produção orgânica[50].

Em contraste, muitos dos Estados membros da União Européia fizeram da transição para a agricultura orgânica um componente crítico de seus planos de desenvolvimento econômico, e chegaram mesmo a estabelecer critérios de mensuração, a exemplo do que fez a UE para pôr em linha fontes renováveis de energia. A Alemanha, que há muito é o motor econômico da Europa e, na maioria dos casos, a líder em estabelecer novas metas ambientais para o continente, anunciou sua intenção de converter 20% de seu produto agrícola em produção orgânica até 2020. (O produto agrícola orgânico corresponde hoje a 3,2% das terras cultivadas da Alemanha.)[51]

A Holanda, a Suécia, o Reino Unido, a Finlândia, a Noruega, a Suíça, a Dinamarca, a França e a Áustria já possuem programas nacionais para promover a transição para a produção de alimentos orgânicos[52]. A Dinamarca e a Suécia possuem o mais alto consumo de vegetais orgânicos da Europa, e os dois países prevêem que seu mercado interno para alimentos orgânicos logo atingirá ou excederá 10% do consumo nacional[53].

A Suécia estabeleceu a meta de pôr 20% de sua área cultivada em produção orgânica até 2005. A Itália já tem 7,2% de suas terras agrárias em produção orgânica, enquanto a Dinamarca vem logo atrás com 7%[54].

O Reino Unido duplicou sua produção de alimentos orgânicos em 2002 e hoje ostenta a segunda maior venda de tais alimentos na Europa, vindo atrás da Alemanha. De acordo com uma pesquisa recente, aproximadamente 80% dos domicílios no Reino Unido compram alimentos orgânicos[55]. Em comparação, somente 33% dos consumidores americanos os compram[56].

O contraste entre as atitudes americana e européia com respeito ao futuro da agricultura deixa clara a diferença entre a antiga visão iluminista de ciência e a nova perspectiva da biosfera. Como notamos neste capítulo, mais da metade dos campos agrícolas nos EUA já se destinam à produção de lavouras geneticamente modificadas. Essas lavouras, dizem os críticos, representam a expressão definitiva da abordagem científica baconiana, com sua ênfase na guerra contra a natureza e na criação de maior distância entre os seres humanos e o mundo natural. Lavouras de alimentos geneticamente modificados são como pequenos guerreiros nos campos. Armados com genes para repelir pragas e vírus e tolerar altas quantidades de herbicidas, a meta é manter afastadas as forças da natureza — criar, como se queira, ilhas de ordem artificial impenetráveis pela selvajaria.

A agricultura orgânica se baseia num conjunto completamente diverso de princípios. A idéia é utilizar uma variedade de práticas agrícolas para reintegrar a produção a seu ambiente local. A meta não é a autonomia, mas a integração. Para que isso ocorra, os fazendeiros adotam uma abordagem sistêmica à agricultura, baseada no estabelecimento de relações simbióticas e mutuamente fortalecedoras entre lavouras, insetos, pássaros, microorganismos e o solo. As fazendas orgânicas utilizam fertilizantes orgânicos em vez de petroquímicos, e controles naturais de pragas em vez de inseticidas, pesticidas e genes produtores de toxinas. As fazendas orgânicas tratam o solo como uma "comunidade viva" e utilizam tecnologias de última geração para nutrir micróbios que liberam, transformam e transferem nutrientes, sempre com vistas a trabalhar com a natureza, em vez de mantê-la afastada. Os fazendeiros orgânicos também usam culturas de cobertura e rodízio de lavouras como meio de evitar que ervas daninhas, insetos e organismos nocivos causem danos a seus campos. Também adotam diversos meios de atrair insetos e pássaros benéficos, para manter sob controle as pragas. Utilizam variedades de plantas cuja composição genômica é compatível com a dinâmica do ecossistema local, dando grande atenção aos ritmos naturais da reciclagem. A agricultura orgânica adota uma abordagem sistêmica, reunindo patologistas vegetais, entomólogos, microbiólogos, geneticistas vegetais, criadores de gado e outros para converter as terras aráveis em miniecossistemas compostos por redes de relações simbióticas, que funcionem conjuntamente como comunidades totais.

A ciência da agricultura orgânica desafia tudo o que sabemos sobre como devia funcionar a ciência iluminista. Se concebemos ciência tradicionalmente como uma ferramenta para explorar os recursos da natureza, uma nova geração de pesquisadores tem em mente uma outra idéia — usar a ciência para restabelecer as relações ambientais e erigir comunidades naturais.

Os Direitos dos Animais

A nova ciência não elimina a razão e a utilidade em sua atitude para com a natureza, mas torna tais valores parcialmente dependentes da empatia e do valor intrínseco. Em parte alguma isso é mais aparente que na atitude da UE para com os animais. Mohandas Gandhi observou certa vez que "a grandeza de uma nação e seu progresso moral podem ser julgados pelo modo como seus animais são tratados"[57]. Sua visão contrasta radicalmente com a crença de René Descartes de que os animais eram meramente "autômatos sem alma", recursos a serem consumidos ou postos para trabalhar, dando-se pouca atenção a seu bem-estar. A situação das criaturas da Terra mudou pouco desde então. Alguns dizem que sua sina piorou. Embora seja difícil concebê-lo, nossos cientistas dizem que estamos nos acercando do fim absoluto da "vida selvagem" após milhões de anos de vida na Terra. Em menos de um século, não restará selva propriamente dita — somente parques.

Se a idéia da perda da vida selvagem é desalentadora, a extinção em massa das outras espécies é ainda mais inquietante. De acordo com um estudo realizado por um grupo internacional de cientistas e publicado na revista *Nature* em 2004, entre 15% e 37% de todas as espécies restantes de plantas e animais na Terra podem estar a caminho da extinção até 2050. Espécies têm se extinguido num ritmo alarmante — entre cem e mil vezes mais rápido que no passado[58]. Desta vez, é o próprio "homem", e não meteoritos do espaço sideral nem erupções vulcânicas, o responsável pelas mortes maciças. O aquecimento global, dizem os pesquisadores que realizaram o estudo, é a principal causa a contribuir para o aumento no ritmo da extinção.

Se os animais selvagens vêm testemunhando o encolhimento de seus *habitats* e um declínio vertiginoso em seus números, os animais de laboratório e de fazenda levam, provavelmente, a existência mais lúgubre da Terra. Sujeitos a experimentos bárbaros em laboratórios de pesquisa e criados em condições horríveis em grandes fazendas, tais animais sofrem sinas cruéis.

Hoje, a União Européia e seus países membros embarcaram numa série de iniciativas destinadas a criar um ambiente muito mais humano para os animais selvagens e os animais usados em experiências científicas ou criados para o consumo do homem. O novo programa europeu estende a idéia de direitos universais — embora de modo experimental — aos animais, de uma maneira que seria considerada inconcebível na política pública há apenas uma ou duas décadas.

Os países industriais avançados há muito têm estatutos nos livros protegendo o bem-estar animal e determinando o tratamento humano dos animais. Infelizmente, tais estatutos têm sido, quando muito superficiais, com pouca imposição efetiva. Isso tudo vem começando a mudar na UE. A grande virada no pensamento ocorreu com a inclusão de duas palavras num protocolo sobre o bem-estar animal anexado ao Tratado de Amsterdã. Os Estados membros da UE declararam que "para assegurar a melhor proteção e o respeito pelo bem-estar dos animais como seres sensíveis", eles concordavam em "dar plena atenção aos requisitos de bem-estar animal"⁵⁹. As palavras-chave são "seres sensíveis". Nunca antes um governo reconhecera as demais criaturas como seres sensíveis, dotadas de sentimentos e consciência. Então, em março de 2002, o Bundestag alemão chocou a comunidade mundial tornando-se o primeiro parlamento do mundo a garantir em sua constituição os direitos dos animais. Pela maioria avassaladora de 543 a 15, os legisladores adicionaram os animais a uma cláusula requerendo que o governo respeite e proteja a dignidade dos seres humanos⁶⁰. A nova lei alemã diz o seguinte: "O Estado assume a responsabilidade de proteger as fundações naturais da vida e os animais, no interesse das gerações futuras"⁶¹. A nova lei exigirá pela primeira vez que o governo alemão leve em conta os direitos dos animais por oposição a outros direitos, incluindo nisso os de realizar pesquisas e praticar religiões. (Muitas religiões, por exemplo, usam sacrifícios ritualísticos em suas cerimônias.)

A idéia de estender direitos fundamentais aos animais seria recebida com estupor nos círculos da política pública americana. Terão os europeus perdido a cabeça? É esse o tipo de resposta que se ouve, especialmente de pesquisadores e representantes do agronegócio americanos. Todavia, o que é estranho, novos estudos de pesquisa comportamental realizados pelos cientistas estão dando crédito à idéia de que os animais são com efeito seres sensíveis, dignos de respeito e da proteção de seus direitos fundamentais por intermédio da lei. Mais estranho ainda, grande parte das novas pesquisas sobre o comportamento dos animais é patrocinada por empresas como o McDonald's, o Burger King, a KFC e outras redes de *fast food*.

Pressionados por ativistas dos direitos dos animais e pelo crescente apoio público ao tratamento humanitário dos animais, essas empresas financiaram pesquisas, entre outras coisas, sobre o estado emocional, mental e comportamental dos animais. O que os pesquisadores descobriram é surpreendente. Parece que muitas espécies de animais são mais parecidas conosco do que jamais imagináramos. Sentem dor, sofrem e experimentam estresse, afeição, entusiasmo e mesmo amor. Estudos sobre o comportamento social dos porcos na Universidade de Purdue, nos Estados Unidos, por exemplo, descobriram que eles desejam afeição e ficam facilmente deprimidos se forem isolados ou não puderem se divertir uns com os outros. A falta de estímulos mentais e físicos pode resultar na deterioração da saúde e na maior incidência de várias doenças. A União Européia levou a sério tais estudos e proibiu o uso de baias isoladoras e desumanas para porcos até 2012, tornando obrigatória sua substituição por baias ao ar livre. Na Alemanha, o governo está incentivando os criadores de porcos a dar a cada porco 20 segundos de contato humano todos os dias e a proporcionar-lhes dois ou três brinquedos, para evitar que briguem uns com os outros⁶².

O estudo sobre os porcos só arranha a superfície do que vem ocorrendo no novo e explosivo campo das pesquisas sobre emoções animais e habilidades cognitivas. Os pesquisadores foram recentemente tomados de surpresa pela publicação de um artigo na revista *Science* tratando das habilidades conceituais dos corvos da Nova Caledônia. Em experimentos controlados, cientistas da Universidade de Oxford declararam que dois pássaros chamados Betty e Abel tiveram a opção de usar duas ferramentas, a primeira um arame reto e a outra um arame recurvo, para arrancar um pedaço de carne de dentro de um tubo. Ambos escolheram o arame recurvo. Mas então, inesperadamente, Abel, o macho dominante, tomou o arame de Betty, deixando-a somente com o arame reto. Inabalada, Betty usou o bico para apoiar o arame numa fissura e em seguida o curvou formando com ele um gancho, como o do arame que lhe fora roubado. Ela então fisgou a comida de dentro do tubo. Os pesquisadores repetiram o experimento outras dez vezes, dando-lhe somente arames retos, e ela criou um ganho no arame em nove das vezes, demonstrando uma sofisticada habilidade para a criação de ferramentas.

Há ainda a história de Alex, o papagaio cinzento da África que conseguiu dominar tarefas até então tidas como atributos dos seres humanos. Alex consegue identificar mais de 40 objetos e sete cores, além de reunir e separar objetos em categorias. Ele é capaz até mesmo de aprender conceitos abstratos, como "o mesmo" ou "diferente", e de resolver problemas utilizando informações que lhe são fornecidas.[63]

Igualmente impressionante é Koko, uma gorila de 150 quilos que aprendeu a linguagem dos sinais e domina mais de mil gestos, compreendendo mais de duas mil palavras em inglês. Nos testes de QI humano, ela faz entre 70 e 95 pontos, o que a põe na categoria de aprendizado lento — mas não de retardados[64].

O preparo de ferramentas e o desenvolvimento de habilidades lingüísticas sofisticadas são apenas dois dos muitos atributos que julgávamos exclusivos de nossa espécie. A autoconsciência é outra. Filósofos e behavioristas animais há muito afirmam que os outros animais não são dotados de autoconsciência porque não possuem senso de individualidade. Não é o que diz uma variedade de novos estudos. No Zoológico Nacional de Washington, orangotangos que receberam espelhos exploram partes de seus corpos que de outro modo não conseguiriam ver, demonstrando ter noção de si mesmos. Um orangotango chamado Chantek, que vive no Zoológico de Atlanta, revelou uma impressionante autoconsciência. Ele usou um espelho para escovar os dentes e ajustar seus óculos de sol, segundo o treinador[65].

Quanto ao teste definitivo para distinguir os seres humanos das demais criaturas, os cientistas há muito acreditam que a real distinção seja o luto pelos mortos. Os outros animais não têm idéia da mortalidade e são incapazes de compreender o conceito de sua própria morte. Não é necessariamente assim. Os animais, segundo parece, experimentam pesar. Os elefantes muitas vezes passam dias junto aos parentes mortos, em silêncio, tocando os corpos ocasionalmente com as trombas. A bióloga queniana Joyce Poole, que estudou elefantes africanos por 25 anos, diz que o comportamento dos elefantes com respeito aos mortos "deixa-me poucas dúvidas de que eles experimentam emoções profundas e têm certa compreensão da morte"[66].

Também sabemos que praticamente todos os animais brincam, especialmente quando jovens. Qualquer pessoa que tenha observado as estripulias de cãezinhos, gatinhos e filhotes de urso não tem como não notar as similaridades entre os modos como eles e nossos próprios filhos brincam. Estudos recentes na química cerebral dos ratos demonstram que, quando eles brincam, seus cérebros liberam altas quantidades de dopamina, uma substância neuroquímica associada com o prazer e a empolgação nos seres humanos.

Notando as semelhanças de anatomia e química cerebral entre os humanos e os outros animais, Steven Siviy, cientista comportamental no Gettysburg College, na Pensilvânia, faz uma pergunta que se acha cada vez mais presente na mente de outros pesquisadores: "Se você acredita na evolução pela seleção natural, como pode acreditar que os sentimentos surgiram subitamente, qual vindos do nada, com os seres humanos?".[67]

As novas descobertas dos pesquisadores estão muito adiante das idéias esposadas pela ciência ortodoxa. Até bem recentemente, os cientistas ainda promoviam a idéia de que a maioria das criaturas se comportava por mero instinto, e que o que pareciam atitudes aprendidas não passavam de atividades transmitidas geneticamente. Hoje sabemos que os gansos precisam ensinar a seus gansinhos as rotas de migração. Na verdade, estamos descobrindo que o aprendizado é transmitido de pai para filho na grande maioria dos casos, e que os animais em maior parte têm todos os tipos de experiência adquirida, conquistada pela experimentação contínua e pela resolução de problemas por tentativa e erro.

O que representa então tudo isso para o modo como tratamos as demais criaturas? E quanto aos milhares de animais submetidos todos os anos a dolorosos experimentos em laboratório? Ou os milhões de animais domésticos criados em condições as mais desumanas e destinados à matança e ao consumo do homem? Devemos proibir armadilhas alça-pé e coibir a compra e venda de casacos de pele? E quanto à matança de animais por esporte? À caça a raposas nos campos ingleses, às touradas na Espanha, às brigas de galo no México? E quanto ao entretenimento? Leões selvagens devem ser enjaulados em zoológicos? Elefantes devem ser obrigados a se apresentar em circos?

Essas são perguntas que começam a se fazer ouvir em cortes e legislaturas de todo o mundo. Hoje, Harvard e 25 outras faculdades de direito somente nos Estados Unidos introduziram cursos sobre os direitos dos animais, e um número crescente de casos envolvendo tais direitos vem dando entrada no sistema das cortes.

Mas é na Europa que a campanha a favor dos animais progrediu mais. A Câmara dos Comuns do Parlamento Britânico aprovou por grande maioria em junho de 2003 a proibição da antiga prática de caça a raposas[68]. O projeto de lei ainda enfrenta renhida oposição na Câmara dos Lordes, cujos membros há muito consideram esse esporte o passatempo nacional da realeza britânica. E todavia mesmo a rainha Elizabeth tem hoje suas dúvidas, de acordo com os observadores. O jornal britânico *The Mirror* declara que a rainha pediu ao príncipe Charles que renunciasse ao esporte, para evitar mais publicidade adversa na mídia e sentimentos negativos por parte do grande público[69].

O crescente interesse pela penúria dos animais na União Européia é o resultado lógico do compromisso com o desenvolvimento sustentável e com a zeladoria do meio ambiente global. Proteger a biosfera significa zelar por todas as outras criaturas que habitam conosco a Terra. E, se todas as redes de comunidades vivas que compõem nossa biosfera comum são de fato conectadas e envolvidas em miríades de relações simbióticas, então o dano a qualquer espécie em particular terá provavelmente repercussões negativas para as demais espécies, inclusive os seres humanos. Esse foi certamente o caso com relação ao tratamento humano dos animais de fazenda. Por exemplo, a EEB ocorreu porque os fazendeiros alimentaram o gado com restos bovinos, para poupar custos. Alimentar o gado com carne de gado — numa espécie de canibalismo bovino — precipitou a doença de atrofia cerebral. No fim das conta, seres humanos que consumiram carne contaminada morreram da doença de Creutzfeldt-Jakob.

O melhor exemplo atual do ditado segundo o qual o que é nocivo para os outros animais é nocivo para nós é o abuso dos antibióticos. Como bois, porcos, frangos e outros animais rurais são mantidos em instalações fechadas em fazendas, o estresse enfraquece seus sistemas imunológicos, deixando-os mais sujeitos a doenças. Essas, por sua vez, se espalham rapidamente em meio a rebanhos densos. O resultado é que mais antibióticos são necessários. O aumento no uso de antibióticos ocasiona a formação de espécimes mais resistentes de bactérias, fazendo com que os antibióticos atuais sejam menos eficazes no tratamento. Hoje, nossa espécie enfrenta o que os oficiais da área médica consideram um sério perigo para a saúde, uma vez que os antibióticos atuais são menos eficazes para repelir bactérias mortíferas. Existem hoje novas espécies de bactérias resistentes a praticamente todos os antibióticos conhecidos no mercado, gerando o risco muito real da disseminação de pandemias globais.

A noção da conectividade de todas as coisas vivas, portanto, fica muitíssimo clara quando se considera a transmissão de doenças dos animais para o homem. Grande parte da nova legislação da UE para a proteção dos animais se destina a criar um círculo virtuoso entre animais e humanos, tendo-se em mente que, se os primeiros sofrerem de má saúde em nossas mãos, os efeitos podem voltar — e com freqüência voltarão — para igualmente nos afligir.

Considere, por exemplo, o caso das aves domésticas. A vasta maioria dos 4,7 milhões de galinhas ovíparas do mundo é mantida em baterias tão pequenas que não pode nem mesmo abrir as asas, quanto mais achar espaço para fazer um ninho para os ovos[70]. Os espaços são tão exíguos que os ossos dos pássaros se tornam quebradiços e podem trincar ao menor distúrbio. O tratamento desumano das galinhas nas fazendas provoca surtos periódicos de salmonela e *campylobacter jejuni* nos ovos e nas aves, e surtos de intoxicação alimentar entre os seres humanos. A União Européia, que é a segunda maior produtora de ovos do mundo, vindo depois da China, concordou em proibir as baterias até 2012[71]. O governo dos Estados Unidos ainda precisa aprovar uma legislação similar, e os prospectos de que o fará são desanimadores.

Talvez nenhum aspecto da proteção dos animais suscite debates mais ardorosos do que as experiências com animais para pesquisas médicas. Isso porque na mente dos cientistas e de grande parte do público, a questão torna-se amiúde a dos direitos dos animais contra os direitos dos seres humanos. Os pesquisadores médicos afirmam que, se não puderem testar novos medicamentos ou procedimentos cirúrgicos em animais, isso pode significar que a cura para doenças humanas graves não serão descobertas a tempo e que vidas serão desnecessariamente perdidas. Ativistas dos direitos dos animais replicam que nessas experiências sacrifica-se um número muito maior de animais do que o necessário, e que pouco se ganha tentando extrapolar os resultados de estudos clínicos em animais para a aplicação em seres humanos. Além disso, já existem hoje alternativas para o teste com animais, especialmente com os sofisticados modelos computadorizados — o que torna essas práticas bárbaras tanto antiquadas como desnecessárias.

A União Européia foi o primeiro governo a promulgar uma diretiva declarando que "esforços devem ser feitos para substituir os experimentos com animais por métodos alternativos"[72]. Nos casos em que modelos alternativos não se encontram disponíveis, a Comissão Européia orienta os pesquisadores a escolher, "entre as experiências, aquelas que façam o uso mínimo de animais, que envolvam animais com os menores graus de sensibilidade neurofisiológica, que causem o mínimo de dor, sofrimento, aflição ou danos duradouros, e que tenham a maior possibilidade de proporcionar resultados satisfatórios"[73]. A comissão sugeriu até mesmo que se estabelecesse um cronograma e um sistema de mensuração para substituir 50% das experiências com animais por modelos alternativos[74]. Embora as mensurações ainda não tenham sido aceitas, o mero fato de terem sido propostas põe a UE muito à frente da consciência da política pública americana a esse respeito.

A União Européia já concordou em proibir testes em animais para cosméticos, algo que os ativistas americanos pelos direitos dos animais vêm buscando há anos em vão. A proibição da UE abrange não somente testes com animais nos Estados membros, mas também a venda em seu território de cosméticos testados em animais, inclusive os que provêm de fora da União[75].

Esses ousados esforços por promover os interesses das demais criaturas e estabelecer uma ecologia mais equilibrada entre seres humanos e animais não vieram sem custos. A União Européia receia que suas políticas progressistas com respeito aos animais a estejam deixando em desvantagem com relação a países cujas leis de proteção animal são fracas ou praticamente inexistentes. Por exemplo, a UE estima que o custo de eliminar as baias individuais para porcos seja de 0,006 a 0,02 euros por quilo de carcaça suína. Na produção de ovos, criar mais espaço para as galinhas deve aumentar os custos em 16% até 2012[76]. Para corresponder ao desafio, a UE tem levado os argumentos em prol da proteção dos animais e seus direitos a parceiros empresariais, na esperança de que esforços bilaterais ajudem a promover reformas pelo bem-estar animal em outros países. Ela também vem favorecendo ativamente a rotulagem, para que os consumidores sejam informados de práticas humanitárias. A rotulagem de ovos já foi aprovada.

Num comunicado promulgado em novembro de 2002, a Comissão Européia deixou claro que a ênfase da política agrária da UE recai cada vez mais sobre a "qualidade, e não a quantidade"[77]. Para a UE, uma "atitude qualitativa" envolve reflexões sobre como otimizar toda a rede de relações que constitui o sistema alimentar. A comissão define o conceito de qualidade como "abrangendo toda uma gama de prioridades, inclusive a maior segurança dos alimentos, a proteção ambiental, o desenvolvimento rural, a preservação da paisagem e o bem-estar dos animais"[78]. Os EUA não têm em sua política pública nenhum paralelo desse tipo de abordagem sistêmica ampla, que procure integrar todas as esferas numa única rede de interesses mútuos.

A extensão de nossa empatia para incluir considerações pela integridade das demais criaturas constitui um divisor de águas na governança humana. Se todos os seres estiverem realmente conectados numa rede vital indivisível, confinada ao invólucro biosférico, reconhecer e salvaguardar tais relações é essencial para concretizarmos uma nova e mais holística visão científica, e para promovermos o desenvolvimento sustentável e uma consciência verdadeiramente global.

Reunificando Ecossistemas

Em parte alguma essa nova compreensão da natureza como uma teia vital indivisível fica mais evidente do que na promoção de "parques da paz transfronteiriços", um novo e radical conceito que vem ganhando apoio rapidamente por todo o mundo, mas sobretudo na Europa. A idéia é estabelecer áreas de conservação transfronteiriças para reconectar ecossistemas naturais até então separados pelas fronteiras dos Estados-nação. A lógica por trás dessas áreas de proteção transfronteiriças foi exposta com eloqüência pelo Dr. Z. Pallo Jordan, ex-ministro sul-africano de Turismo e Questões Ambientais, em seu discurso de abertura para o Congresso sobre Áreas Protegidas Transfronteiriças na Cidade do Cabo, na África do Sul, em 1997. Jordan observou que

> os rios da África Meridional são compartilhados por mais de um país. Nossas cadeias de montanhas não somem abruptamente só porque algum político do século XIX traçou uma linha num mapa. Os ventos, os oceanos, a chuva e as correntes atmosféricas não reconhecem fronteiras políticas. O meio ambiente da Terra é propriedade comum de toda a humanidade e da criação, e o que ocorre num país afeta não somente seus vizinhos, mas muitos outros bem além de suas fronteiras[79].

Áreas protegidas transfronteiriças destinam-se antes de tudo a assegurar a integridade de ecossistemas regionais e preservar a biodiversidade e os *habitats* naturais. Elas também servem a duas outras funções aparentadas: preservar os recursos e valores culturais, especialmente de povos transfronteiriços, e promover a paz entre os países. A Europa ostenta o maior número de parques transfronteiriços, cerca de 45 ao todo, seguida pela África, com 34. Há atualmente 158 parques do tipo por todo o mundo, e seus números têm crescido rapidamente a cada ano[80].

A idéia de isolar ambientes naturais valiosos e fundar parques não é nova. Reis e senhores com freqüência cercavam áreas e as convertiam em reservas especiais, a serem usadas exclusivamente para os propósitos de caça pelos membros da família real.

A moderna noção de parques nacionais surgiu em 1º de março de 1872, quando o governo dos EUA declarou que a área do Yellowstone no Wyoming seria um "parque público e uma área de lazer para o benefício e o usufruto das pessoas"[81]. O movimento dos parques nacionais se difundiu por todo o mundo no século seguinte. Enquanto os países antigamente viam o meio ambiente como uma força a ser domada e explorada em prol de valores econômicos produtivos, a idéia dos parques nacionais introduziu o conceito do valor intrínseco da natureza, como algo digno de ser preservado, imaculadamente, para o deleite estético das pessoas. Foi somente mais tarde que os parques nacionais foram vistos também como um meio de conservar os ecossistemas naturais e promover o devido funcionamento dos sistemas terrestres de apoio à vida. O sistema de parques da Amazônia é um bom exemplo dessa última idéia.

A idéia de parques transfronteiriços é ainda mais radical em conceito e projeto. Recorde-se que a ciência inicial do Iluminismo destinava-se a compartimentar a natureza e convertê-la em propriedade privada negociável no mercado e protegida dentro das fronteiras do Estado-nação. A natureza como recurso foi o tema dominante da ciência nos últimos séculos.

Os parques da paz transfronteiriços são um reconhecimento, por parte dos governos, de que as fronteiras da natureza se sobrepõem às fronteiras dos Estados — de que elas existem anteriormente a qualquer fronteira política e merecem ser reconectadas e mantidas como sistemas integrais. A Europa assumiu a liderança na promoção de parques transfronteiriços, embora as nações africanas também tenham logrado avanços significativos. A idéia de que os ecossistemas naturais devem ser reunificados e que os governos têm a responsabilidade de trabalhar juntos na criação de um espaço transnacional para administrá-los teria sido inconcebível há apenas alguns anos. Uma vez mais, como no caso da extensão dos direitos humanos universais, há uma crescente consciência na Europa e em outras partes de que as fronteiras nacionais já não são a última palavra em matéria de administrar os assuntos humanos e nosso relacionamento com o mundo natural.

Os parques da paz transfronteiriços são administrados cooperativamente pelos países envolvidos. Seus objetivos incluem

> apoiar a conservação cooperativa e prolongada da biodiversidade, dos serviços ecossistêmicos e dos valores naturais e culturais através das fronteiras; promover a administração paisagística dos ecossistemas mediante o planejamento e a gestão integrada e biorregional do uso da terra; fomentar a confiança, a compreensão, a reconciliação e a cooperação entre países, comunidades, agências e outros envolvidos; prevenir ou resolver tensões, inclusive no que tange ao acesso a recursos naturais; promover o acesso e o uso eqüitativo e sustentável desses recursos, de modo consistente com a soberania nacional; e realçar os benefícios da conservação[82].

O reconhecimento de que os ecossistemas naturais devem ser administrados como todos integrais, e não cindidos em peças e fragmentos para se conformarem a fronteiras políticas arbitrárias, é um reflexo da medida em que a análise sistêmica penetrou o pensamento científico e a política pública. Somente em se reconectando a profunda rede de relações que permitem aos ecossistemas naturais funcionar adequadamente será possível preservar de maneira significativa os ambientes naturais. Por exemplo, uma área ampla, contínua e desobstruída é muitas vezes essencial para preservar a mínima população viável de certas espécies — especialmente os grandes carnívoros. Nos casos em que a flora e a fauna existem através de uma fronteira política, é mais fácil administrar suas populações e assegurar sua sobrevivência se houver cooperação e união. Da mesma forma, programas de pesquisa são mais fáceis de pôr em prática se conhecimentos e perícia puderem ser compartilhados entre países. Parques transfronteiriços são com freqüência administrados por uma rede de partes interessadas, incluindo Estados, localidades e regiões, bem como cientistas, OSCs e o setor privado.

A Itália e a França estabeleceram um parque transfronteiriço em 1992 para melhor proteger a zona migratória dos íbices. Essas cabras selvagens ocupam uma região de veraneio na França e passam o inverno na Itália. Os italianos fundaram o Parque Nacional Grand Paradiso em 1922, sobretudo para proteger o íbice. Como o animal só era protegido durante o inverno na Itália, os franceses tomaram finalmente a decisão de criar o Parque Nacional Vanoise, para garantir uma área protegida e sem divisas para ele em toda sua zona migratória. Um acordo formal para a união dos dois parques ocorreu em 1972, levando à expansão de sua fronteira comum de 6 para 14 quilômetros. Hoje o íbice é protegido o ano todo por um parque transfronteiriço[83].

A Polônia e a Eslováquia criaram um parque transnacional em sua fronteira. O parque estabelece uma região sem divisas nos Montes Tatra, ponto mais alto dos Cárpatos. A região é rica em biodiversidade e inclui carstes de calcário e dolomita, prados alpinos e florestas, lagos e cumes rochosos temperados, sendo lar de muitas espécies endêmicas ou raras, como as subespécies tatras da camurça, a marmota e populações de ursos e linces. Um grande número de peixes raros glaciais também habita lagos montanhosos na região. O parque se tornou um grande destino turístico, visitado por mais de oito milhões de pessoas por ano[84].

O potencial dos parques transfronteiriços de desempenhar um papel pacificador e ao mesmo tempo cumprir uma missão ambiental é evidenciado no caso de dois parques nacionais que ligam as fronteiras entre a Polônia e a Bielo-Rússia. Ocorre que o Parque Nacional Bialowieza, na Polônia, e o Parque Nacional Belovezhskaia Pushcha, logo após a fronteira com a Bielo-Rússia, abarcam juntos a última floresta primitiva remanescente em toda a Europa. A floresta que divide os dois países é também lar dos últimos rebanhos restantes do raro bisão europeu, o maior animal terrestre do continente. A criatura outrora vagou por toda a Europa, como sua contrapartida norte-americana. Hoje, os cerca de 500 animais restantes encontram-se separados por uma cerca metálica de dois metros de altura. Além disso, uma estrada de segurança de sete metros de largura, patrulhada por guardas, cinde a floresta onde vivem os bisões. A cerca é uma relíquia da era soviética e foi construída para impedir que dissidentes poloneses entrassem na Bielo-Rússia. Hoje, ela ainda impede que as pessoas tenham pleno acesso a ambos os parques e que os bisões cruzem livremente a floresta.

Conservacionistas e pacifistas vêm promovendo ativamente a idéia de criar um parque da paz transfronteiriço como meio de aliviar as tensões na fronteira entre os dois países e criar um terreno comum para a cooperação na gestão de seus ecossistemas compartidos, na esperança de que tal cooperação possa expandir-se e incluir maior intercâmbio político, cultural e comercial. A cooperação através de fronteiras vem crescendo lentamente entre os dois países, mas ainda está muito longe de criar uma estrutura formal que torne a administração do parque verdadeiramente indivisa. Recentemente, quando a Bielo-Rússia precisou de bisões, a Polônia os forneceu, e quando os poloneses precisaram de pinheiros raros, os bielo-russos lhes mandaram mudas. Ainda assim, só quando a cerca for derrubada e o bisão puder vagar livremente pela floresta primitiva o ecossistema estará a caminho de se reintegrar de fato[85].

Reunificar ecossistemas é uma idéia revolucionária, especialmente quando significa pôr as fronteiras da natureza acima das fronteiras nacionais. Parques da paz transfronteiriços também desafiam outro pressuposto fundamental da era moderna — a sacralidade da propriedade privada. Com os parques da paz, o "meu *versus* teu" é substituído pela noção do "nosso". A propriedade da natureza se torna menos importante que o acesso a ela, e sua utilidade já não é a medida única de seu valor. Em vez disso, seu valor intrínseco é realçado e assume idêntica relevância. Com o ressurgimento do valor intrínseco, a humanidade sustenta a idéia de que a natureza também tem o direito de existir e de ser reconhecida, como qualquer ser humano. Os parques da paz transfronteiriços estendem a noção dos direitos humanos universais de modo que inclua os direitos do restante da natureza.

É CEDO DEMAIS para dizer com certeza se a Europa está levando o mundo rumo a um segundo Iluminismo. Com certeza seus acordos multilaterais, seus tratados e diretivas internos e suas ousadas iniciativas de ponta sugerem uma reavaliação radical do modo como a ciência e a tecnologia são vistas e praticadas. A crescente utilização do princípio da precaução e do pensamento sistêmico pôs a Europa muito à frente dos Estados Unidos e de outros países na reconcepção das questões científicas e tecnológicas num mundo globalmente conectado. Todavia, cumpre dizer uma palavra de alerta. A antiga ciência iluminista, movida pelo poder, continua sendo a atitude dominante na pesquisa, desenvolvimento e introdução no mercado da maioria das novas tecnologias, produtos e serviços na

Europa, nos EUA e em outras partes do mundo. Resta ver se o governo da UE conseguirá aplicar efetivamente as idéias da nova ciência, por meio de seu regime regulamentar, às práticas comerciais da antiga ciência no mercado. A longo prazo, a transição bem-sucedida para uma nova era científica dependerá de a indústria poder internalizar o princípio da precaução e o pensamento sistêmico em seus planos de P&D, criando novas tecnologias, produtos e serviços que sejam, desde o início, ecologicamente sensíveis e sustentáveis.

16

Universalizando o Sonho Europeu

A EUROPA SE TORNOU uma nova "cidade sobre a colina". O mundo está atento a esta nova e grandiosa experiência em governança transnacional, esperando que ela possa proporcionar alguma necessária orientação quanto ao rumo que a humanidade deve tomar num mundo em globalização. O Sonho Europeu, com sua ênfase na inclusividade, na diversidade, na qualidade de vida, na sustentabilidade, na descontração, nos direitos humanos universais, nos direitos da natureza e na paz, mostra-se cada vez mais atraente para uma geração ansiosa por ver-se globalmente conectada e ao mesmo tempo localmente integrada.

Embora seja cedo demais para dizer exatamente quão bem-sucedidos serão os "Estados Unidos" da Europa, o que vejo como certo é o fato de que, numa era em que o espaço e o tempo estão sendo aniquilados e as identidades se tornam multiniveladas e globais em escala, nenhuma nação poderá andar sozinha daqui a 25 anos. Os Estados europeus são os primeiros a compreender e agir a partir das realidades emergentes de um mundo globalmente interdependente. Outros os seguirão.

Exportando o Modelo da UE

Medidas vêm sendo tomadas em várias regiões do mundo para estabelecer zonas de livre comércio e alianças políticas transfronteiriças. O Acordo de Livre Comércio da América do Norte (Nafta), o Mercosul na América do Sul e a Organização dos Estados Africanos (OEA) estão todos tentando dar início a um modelo político transnacional para harmonizar seus mercados e conquistar alguma vantagem global no desenvolvimento de economias de escala regionais.

Dessas experiências, o Nafta é que tem menos possibilidades de se tornar uma união política plenamente desenvolvida, pelo menos nas linhas da UE. Os Estados Unidos são tão mais poderosos do que seus dois parceiros comerciais, o Canadá e o México, que seria impossível criar algo que se assemelhe, ainda que remotamente, a uma parceria entre agentes relativamente iguais. O PIB dos EUA é aproximadamente oito vezes maior que o do Canadá e o do México juntos[1]. A única forma de conceber o mero surgimento de uma união política regional seria o Canadá e o México se tornarem o qüinquagésimo primeiro e o qüinquagésimo segundo Estados americanos, o que, embora improvável, não é de todo impossível. Muito embora as sensibilidades canadenses estejam muito mais alinhadas com a Europa do que com os EUA, as necessidades econômicas de um mundo em regionalização podem obrigá-lo a renunciar a uma proporção crescente de sua soberania e tornar-se uma extensão dos EUA. Existe ainda a possibilidade de o Canadá vir a ingressar na União Européia. Afinal de contas, o Havaí e o Alasca se uniram aos Estados Unidos da América, apesar de não serem parte da geografia contígua do país. O México, embora muito mais pobre que os Estados Unidos — ele figura como a décima potência econômica do mundo —, pode vir a ser absorvido pelos EUA conforme a imigração mexicana no próximo meio século for transformando uma grande parcela do território americano numa diáspora cultural hispânica, borrando ainda mais as linhas entre os dois países[2].

Mas a absorção do Canadá e do México pelos Estados Unidos, criando, na prática, um superestado, só faria dos EUA uma aberração ainda maior num mundo globalizado em que outras nações estão se agrupando ou renunciando a grande parte de sua soberania para se tornar parte de organizações políticas regionais e transnacionais. O mais provável é que os três países da América do Norte cheguem mais próximo a uma zona de livre comércio, sem no entanto criar um superestado ou um espaço político transnacional.

A China e a Índia enfrentam obstáculos ainda maiores num mundo em que o modelo do Estado-nação é menos capaz de acomodar forças comerciais e culturais globais. A mera idéia de que qualquer um desses dois Estados-nação contenha e administre efetivamente mais de um bilhão de pessoas, sob a égide de uma única identidade nacional, é difícil de absorver num mundo em que identidades e lealdades cruzadas conduzem as pessoas a redes de conveniência mais flexíveis. As possibilidades são de que a China e a Índia acabem se decompondo parcialmente em regiões locais semi-autônomas, e que essas regiões estabeleçam suas próprias redes comerciais e políticas, de caráter transnacional e global. Ambos os Estados-nação podem simplesmente desaparecer sob o peso da fragmentação, deixando às respectivas regiões a tarefa de se reconstituírem em uniões políticas transnacionais, mais nas linhas da União Européia.

Dentre as regiões candidatas, a mais propensa a seguir nos calcanhares da União Européia é a comunidade do Leste Asiático, com ou sem a participação da China. A região vem flertando com a idéia de uma versão asiática da União Européia há mais de 35 anos. Em 1967, a Indonésia, a Malásia, as Filipinas, Cingapura e a Tailândia estabeleceram a Associação das Nações do Sudeste Asiático (Ansea) com o objetivo de promover a cooperação econômica e social na região e proporcionar um módico de segurança coletiva contra interferências externas.

Em 1976, os países que compõem a Ansea assinaram a Declaração do Acordo da Ansea, pelo qual os Estados membros se comprometiam com "o estabelecimento inicial da Zona de Paz, Liberdade e Neutralidade"[3]. As partes envolvidas concordavam com a "não-interferência nos assuntos nacionais umas das outras" e se comprometiam com a criação de um alto conselho ministerial para mediar disputas entre Estados membros e recomendar medidas para atalhar conflitos.

Brunei Darussalam se uniu à Ansea em 1984, seguido pelo Vietnã em 1995. O Laos e Myanma integraram a associação em 1997, e o Camboja em 1999, pondo todos os dez países do sudeste da Ásia sob a alçada da Ansea[4].

Em 1998, os dez países membros da Ansea se uniram às repúblicas da Coréia, do Japão e da China para formar o Grupo Visionário do Leste Asiático (EAVG). Em 2001, o EAVG publicou um relatório intitulado "Rumo a uma Comunidade Leste-Asiática: Região de Paz, Prosperidade e Progresso". O grupo visionário fez uma série de recomendações que, se implementadas, pavimentaria o caminho rumo a uma versão asiática da União Européia. As principais propostas caíam em seis categorias: cooperação econômica; cooperação financeira; cooperação política e de segurança; cooperação ambiental; cooperação social e cultural; e cooperação institucional.

Os autores do relatório pedem o estabelecimento da Área de Livre Comércio do Leste Asiático (Eafta); a promoção do desenvolvimento e da cooperação tecnológica entre os países signatários; a concretização de uma economia do conhecimento por toda a região; o estabelecimento e o reforço de mecanismos para lidar com ameaças à paz na região; o alargamento da cooperação política com respeito a problemas nacionais de governo; a amplificação da voz leste-asiática nos assuntos internacionais; a institucionalização da cooperação ambiental multilateral na região e no nível global; o estabelecimento de programas de alívio à pobreza; a adoção de programas para proporcionar maior acesso aos serviços básicos de saúde; a implementação de um programa abrangente para o desenvolvimento de recursos humanos, enfocando a melhoria da educação básica, o treinamento de habilidades e a formação corporativa; a promoção da identidade e consciência regionais; e a cooperação em projetos pela conservação e promoção das artes e da cultura leste-asiáticas[5].

O relatório observou que "no passado, rivalidades políticas, animosidades históricas, diferenças culturais e confrontos ideológicos representavam barreiras para a cooperação entre as nações leste-asiáticas"[6]. Por outro lado, o relatório também observava que "as nações leste-asiáticas compartilham a proximidade geográfica, muitas experiências históricas comuns e normas e valores culturais similares"[7]. Os autores do relatório dizem antever "a integração progressiva da economia do leste da Ásia, culminando numa comunidade econômica leste-asiática"[8].

Tal comunidade seria uma formidável força econômica e política no cenário mundial. O território conjunto do Leste Asiático (incluindo a China, a Coréia e o Japão) é 50% maior que o dos Estados Unidos. Seu PIB se aproximaria ao da União Européia e ao dos Estados Unidos. O volume do comércio leste-asiático já é maior que o dos EUA, mas representa somente 40% do da UE[9]. Com uma população de dois bilhões de pessoas, ela representaria um terço da raça humana.

A China será a incógnita em qualquer tentativa de forjar uma união asiática. Em função de seu mero porte territorial, ela pode simplesmente tentar dominar e intimidar seus vizinhos, impondo-lhes sua soberania, como já fez freqüentemente no passado. A formação de uma comunidade econômica leste-asiática com a inclusão potencial do Japão e da Coréia do Sul poderia servir de contrapeso à hegemonia chinesa na região.

Quão séria é a possibilidade de que os Estados membros das nações do Sudeste Asiático forjem uma versão asiática da União Européia, com ou sem a participação do Japão, da Coréia do Sul e da China? O Banco do Desenvolvimento Asiático, a princípio, julga tão considerável essa possibilidade que já publicou um relatório, em 2002, sobre os custos e benefícios de uma moeda comum para a Ansea. O relatório concluía que "embora os obstáculos para a adoção de uma moeda comum pela Ansea sejam descomunais, pode ser interessante considerá-la seriamente como uma meta de longo prazo, sobretudo porque, se julgarmos pelo critério de uma área monetária otimizada, a região é tão adequada para a adoção de uma moeda comum quanto o fora a Europa antes do Tratado de Maastricht"[10].

No final de 2003, a Ansea estava numa encruzilhada histórica. Já bastante avançados no caminho para a formação de uma Área de Livre Comércio do Leste Asiático, os países membros embarcaram numa séria discussão sobre as possibilidades de criar para a Ansea uma comunidade econômica similar à UE até 2020[11].

Um mercado comum plenamente desenvolvido significaria o livre fluxo de comércio na região, assim como a livre mobilidade de mão-de-obra e capital. A cooperação política mais íntima e a agremiação dos interesses das soberanias nacionais dentro de uma união transnacional mais ampla provavelmente se seguirão.

Ninguém duvida das vantagens comerciais que adviriam caso os países asiáticos unissem seus interesses econômicos. Resta a questão de haver ou não um elo comum suficiente, além do puro interesse pecuniário, para sugerir que uma parceira política mais integrada é factível e viável a longo prazo. Apesar de todos os conflitos entre nacionalidades e governos na Europa ao longo dos últimos dois milênios, há ao menos alguns elos filosóficos, teológicos e culturais que os europeus compartilham, entre os quais a ciência grega, a lei romana, o Cristianismo, o Renascimento e a Reforma, a ciência iluminista e a primeira e a segunda Revoluções Industriais.

No outono de 2003, compareci a um congresso em Seul, na Coréia do Sul, que reuniu ministros de governo, empresários, acadêmicos e OSCs de toda a Ásia para discutir a melhor maneira de criar uma união asiática similar à União Européia. A organização promotora, o Espaço Comum do Leste Asiático, foi um dos principais agentes por trás da idéia de um órgão governamental transnacional para a Ásia. Propus a questão da comunidade a alguns dos membros do comitê executivo da associação. Koji Kakizawa, ex-primeiro ministro de Questões Exteriores do Japão, observou que a influência histórica do Taoísmo, do Confucionismo e do Budismo no leste da Ásia proporcionava um contexto filosófico, teológico e cultural comum para unir os povos asiáticos, e que, sob muitos sentidos, os asiáticos estavam ainda melhor preparados que os europeus para promover o Sonho Europeu de inclusividade, diversidade, sustentabilidade, qualidade de vida, descontração e paz, graças a sua visão de mundo compartida.

Richard E. Nisbett escreveu um inspirado livro sobre o tema de "como asiáticos e ocidentais diferem em seu pensamento", intitulado *The Geography of Thought* (*A Geografia do Pensamento*). Seu estudo da mente asiática confere credibilidade à idéia de que os povos e países asiáticos podem estar até mesmo melhor equipados que os europeus para criar uma governança em rede, um espaço transnacional e uma consciência global.

Nisbett observa que a mente ocidental vê o mundo antes como objetos em isolamento, ao passo que a mente oriental o vê como relacionamentos que existem num contexto geral. A mente ocidental dá ênfase ao indivíduo, a mente oriental ao grupo. No Oriente, a identidade individual é inseparável das relações grupais das quais o indivíduo faz parte. No pensamento confuciano, escreve o filósofo Henry Rosemount, "não pode haver um eu em isolamento, a ser considerado abstratamente: eu sou a totalidade dos papéis que vivi em relação com outros específicos. (...) Assumidos coletivamente, esses papéis tecem, para cada um de nós, um padrão exclusivo de identidade pessoal, de tal modo que se alguns de meus papéis mudam, os outros por necessidade mudarão, convertendo-me literalmente numa outra pessoa"[12].

A mente oriental também é condicionada a aceitar um mundo repleto de contradições. A mente ocidental, e especialmente a americana, é muito diferente. Tendemos a ver o mundo antes em termos racionais e a agir para resolver ou superar contradições, julgando-as impedimentos ao puro conhecimento e progresso. A mente ocidental, observa Nisbett, adota a visão de que "para compreender e apreciar um estado de coisas é necessário ter a experiência de seu oposto"[13]. O todo, nesse esquema, reside na relação que existe entre forças opostas. Juntas elas se complementam mutuamente.

O Confucionismo, o Taoísmo e o Budismo se concentram no todo, mais que nas partes — o que no Ocidente chamamos de abordagem sistêmica. "Todas as três orientações", diz Nisbett, compartilham "preocupações com a harmonia, o holismo e a influência recíproca de tudo sobre tudo o mais"[14]. A idéia de que cada acontecimento está relacionado a todos os demais faz com que a mente asiática seja mais interessada nos relacionamentos entre fenômenos do que em fenômenos isolados.

A atenção constante aos relacionamentos também torna os asiáticos mais sensíveis aos sentimentos alheios, de acordo com Nisbett. Os pais americanos se concentram em objetos e preparam seus filhos para pensar em termos de expropriação, aquisição e relações proprietárias — a mentalidade do "meu *versus* teu". Os pais asiáticos passam muito mais tempo com os filhos concentrando-se em sentimentos e relações sociais, ajudando-os a "antecipar as reações das pessoas com quem terão de coordenar seu comportamento"[15].

Não surpreende, dada sua orientação mais holística, que os asiáticos enfatizem a harmonia entre os seres humanos e a natureza. Enquanto a ciência do Iluminismo se baseia na idéia de reformular a natureza para se ajustar à imagem do homem, os orientais, segundo o cientista político Mushakaji Kinhide, "rejeitam a idéia de que o homem pode manipular o meio ambiente e pressupõem, em vez disso, que cumpre-lhe ajustar-se a ele"[16]. Na prática, os povos asiáticos se tornaram tão hábeis quanto os ocidentais em manipular e despojar o meio ambiente para propósitos comerciais de curto prazo. A diferença, contudo, é que enquanto no Ocidente a exploração da natureza é parte e parcela da visão de mundo iluminista, no Oriente as atuais políticas ambientalmente nocivas acham-se no mínimo em desavença com a tradicional noção asiática da relação harmoniosa do homem com o mundo natural.

Dada sua preocupação com relacionamentos, os asiáticos estão compreensivelmente menos interessados em descobrir a verdade do que em conhecer "o caminho". É saber como se relacionar com "o outro", e não como adquirir "o outro", que realmente importa. Se "o caminho" parece estranhamente similar à filosofia processual de Whitehead, é-o de fato.

Em função da ênfase no relacionamento harmonioso e no bem do todo, os asiáticos são muito mais propensos a destacar o sucesso do grupo em preferência ao interesse próprio do indivíduo. Com efeito, não há em chinês, lembra-nos Nisbett, "uma palavra que signifique 'individualismo'. O mais próximo a que podemos chegar é a palavra que significa 'egoísmo'"[17].

Tente imaginar a mente asiática abarcando a essência do Sonho Americano, com sua ênfase na individualidade, na autopromoção, na autonomia e na exclusividade. Nisbett resume assim a diferença entre as mentalidades asiática e ocidental:

> Os leste-asiáticos vivem num mundo interdependente em que o indivíduo faz parte de um todo maior; os ocidentais vivem num mundo em que o indivíduo é um agente livre unitário. Os orientais valorizam o sucesso e as realizações em grande parte porque tais coisas constituem bons reflexos dos grupos aos quais eles pertencem; os ocidentais as valorizam porque são insígnias de mérito pessoal.[18]

A mentalidade asiática, à primeira vista, parece feita sob medida para um mundo em rede e uma sociedade globalizada, com seu enfoque nos relacionamentos, na inclusividade, no consenso, na harmonia e no pensamento contextual. Em grande medida, essa mentalidade comum provavelmente será útil na busca das sociedades asiáticas por criar um espaço político transnacional num mundo cada vez mais interconectado e interdependente. Por outro lado, e este pode ser meramente meu viés ocidental, o que falta à mentalidade asiática é uma diferenciação individual suficiente para fazer com que cada pessoa experimente uma sensação de profunda responsabilidade pessoal por fazer seu próprio caminho no novo mundo. O estilo asiático nem sempre permite que o indivíduo floresça. Se o ego não chega a ser sacrificado em prol do todo, seu pleno potencial é pelo menos emudecido pelo interesse de promover o bem-estar da coletividade. Se a mentalidade americana é individualista e darwiniana demais, a asiática pode ser igualmente criticada como voltada em demasia ao "pensamento grupal". Nenhuma dessas mentalidades ajusta-se idealmente a um mundo integrado. As novas tecnologias são tão descentralizadas e democratizadas, e ao mesmo tempo tão conectivas globalmente, que fomentam a um só tempo tanto a individuação extrema como a extrema integração. Criar uma nova visão da humanidade capaz de reunir essas duas forças aparentemente contraditórias num novo relacionamento sintético é a chave para fazer da era vindoura um período transformador na história humana.

Minha crença pessoal é que a Europa está melhor posicionada entre a individuação extrema dos EUA e o coletivismo extremo da Ásia para liderar o caminho rumo a uma nova era. A sensibilidade européia abre espaço tanto para o espírito individual como para a responsabilidade coletiva. Na medida em que a visão européia puder incorporar as melhores qualidades das visões americana e asiática do mundo, seu sonho se tornará um ideal a que tanto o Ocidente como o Oriente devem aspirar.

Males Frios e Ética Universal

Criar uma consciência global pressupõe uma *persona* integrada capaz de combinar tanto o livre-arbítrio individual como um senso coletivo de responsabilidade num campo de atuação planetário. Aceitar a humanidade individual do outro é um ato profundamente pessoal. Ele requer que cada indivíduo reconheça esse "outro". Embora os grupos possam ajudar a condicionar o comportamento individual e predispor seus membros à empatia, o sentimento em si tem de emanar do indivíduo, e não do grupo. A responsabilidade coletiva entra em jogo quando se trata de garantir os direitos humanos universais e estabelecer códigos de conduta e normas impositivas para assegurar a observância e punir os contraventores.

Como, então, o Sonho Europeu se tornaria um sonho realmente universal? Ele teria de incorporar um novo código de conduta que permitisse ao indivíduo compreender plenamente como seu comportamento e suas escolhas pessoais reverberam e afetam o restante do mundo. Os direitos humanos universais só vingarão se a moral e a ética pessoal também forem universalizadas.

O Sonho Europeu já começou a promover a causa da moral universal, mas apenas de maneira experimental. Num mundo pós-moderno em que metanarrativas são vistas com suspeição, qualquer menção à moral universal será provavelmente recebida com temores nervosos. O pós-modernismo, afinal de contas, é uma reação à idéia iluminista de "receptáculo onivalente", seja esse receptáculo uma teologia ou uma ideologia específica. Mas os direitos humanos universais não são uma metanarrativa? O termo "universal" que acompanha a expressão certamente sugere que sim. Os direitos não podem existir sem códigos de conduta que os acompanhem. Assim, se eles são universais, deve haver também um código moral universal para acompanhá-los.

O problema com nossas atuais noções de moralidade, pelo menos no Ocidente, é que elas são demasiado lineares e localizadas para condicionar comportamentos cujos efeitos são muitas vezes muito afastados, muito abrangentes e muito sistêmicos em natureza. A moral ocidental é derivada dos Dez Mandamentos. O Judaísmo, o Cristianismo e o Islamismo apegam-se ao que poderíamos considerar uma moral baseada em danos íntimos, verificáveis e causais. Assassinatos, roubos, falsos testemunhos e adultérios são atos facilmente identificáveis, perpetrados por uma pessoa ou grupo contra terceiros. É relativamente fácil atribuir a responsabilidade por esse tipo de ato. Eles são o que poderíamos considerar exemplos de "males quentes".

Todavia, numa sociedade progressivamente globalizada e de conexões cada vez mais densas, em que o comportamento de cada um afeta tudo o mais, existe um novo tipo de moral, versando sobre o que poderíamos chamar de "males frios". (O termo pode ser usado com sentido tanto religioso como secular, para transmitir a idéia de comportamento imoral.) Males frios são ações cujos efeitos se acham tão distantes do comportamento que os provocou que não há suspeita de relações causais, não existe sentimento de culpa e não se exerce responsabilidade coletiva para punir a infração.

Por exemplo, milhões de americanos dirigem veículos utilitários esportivos (os SUVs). Esses veículos, por sua vez, queimam mais gasolina por quilômetro rodado do que os outros carros, expelindo portanto mais dióxido de carbono na atmosfera e aumentando os riscos do aquecimento global. Embora uma elite educada tenha ciência do relacionamento entre o uso dos SUVs e o aquecimento global, a vasta maioria dos americanos ou não sabe ou não se importa. Ainda que vejam uma matéria na TV atribuindo um nível recorde de chuvas, enchentes costeiras e vidas e propriedades perdidas aos efeitos do aquecimento global, é improvável que associem seu uso de um SUV aos infortúnios que sobrevêm em outras partes. E, mesmo que suspeitem de algum tipo de relação causal, dificilmente sentirão o mesmo nível de remorso e culpa que sentiriam, digamos, se estivessem guiando seu SUV descuidadamente sob chuva intensa numa região costeira e trombassem em outro carro, matando o motorista e os passageiros.

Ou veja esse outro exemplo. Milhões de jovens europeus e americanos vestem tênis esportivos de marcas famosas como a Nike, sem suspeitar que os calçados podem ser fabricados em espeluncas no Vietnã, onde o trabalho infantil é explorado sob condições de trabalho das mais atrozes. Se soubessem de tais condições, será que comprariam assim mesmo os tênis, cientes de estar contribuindo para o infortúnio de crianças exploradas do outro lado do mundo?

Milhões de consumidores abastados em países industriais avançados têm uma dieta rica em consumo de carne bovina, sem jamais suspeitar da relação existente entre sua opção alimentar e o aumento da pobreza no Terceiro Mundo. Hoje, 36% dos grãos cultivados no planeta servem como ração de gado. No mundo em desenvolvimento, a proporção de grãos cultivados para o consumo animal triplicou desde 1950, e hoje excede 21% do total produzido. No México 45% dos grãos são ração de gado, no Egito 31%, na Tailândia 30% e na China 26%[19]. Tragicamente, 80% das crianças famintas do mundo vivem em países com excedente alimentar, grande parte do qual na forma de comida dada a animais que, por seu turno, serão consumidos pela população abastada do mundo. É importante ter em mente que um acre de cereais produz de duas a dez vezes mais proteínas do que um acre dedicado à produção de carne bovina; legumes (feijão, ervilhas, lentilhas) podem produzir de 10 a 20 vezes mais proteína; e verduras 15 vezes mais[20].

As conseqüências humanas da conversão da comida em ração de gado foram dramaticamente ilustradas em 1984 na Etiópia, onde milhares de pessoas morriam diariamente de fome. O público não sabia que, naquele exato momento, a Etiópia usava parte de suas melhores terras agrárias para produzir sementes de linhaça, sementes de algodão e colza, destinadas à exportação para os países europeus, onde seriam usados como ração de gado.

A ironia do atual sistema de produção de alimentos é que milhões de consumidores ricos no primeiro mundo vêm morrendo cada vez mais de doenças da afluência — ataques cardíacos, derrames, diabetes e câncer — causadas pelo consumo excessivo de bifes e outras carnes de gado engordado a grãos, ao passo que os pobres no terceiro mundo morrem de doenças da pobreza, causadas pela falta de acesso à terra para cultivar grãos para suas famílias. Mais de 20 milhões de pessoas morrem por ano no mundo de doenças ligadas à fome.

Poucas pessoas na Europa, nos EUA ou no Japão sabem alguma coisa sobre a relação entre comida, ração e fome no mundo. Mas se soubessem, será que se sentiriam compelidas a se alimentar em níveis inferiores da cadeia alimentar, com uma dieta mais voltada a vegetais, para que mais terras agrárias pudessem assim ser liberadas para o cultivo de grãos de comida, e não de ração?

Se soubéssemos que nossos vizinhos estavam matando de fome seus filhos, ficaríamos moralmente indignados. Os mecanismos da lei prenderiam os pais por negligência e abuso dos filhos. Esse é um mal quente. Mas será que experimentaríamos o mesmo ultraje moral ou nos sentiríamos moralmente culpáveis se soubéssemos que nossas opções de dieta estão contribuindo, ao menos em parte, para sustentar uma cadeia alimentar elitista e global a expensas dos pobres, resultando em fome e morte para milhões de pessoas em todo o mundo? Em outras palavras, será que um mal frio nos levaria a agir com a mesma paixão e ardor moralista que o mal quente?

Recentemente, uma grande coalizão de grupos religiosos nos Estados Unidos iniciou uma campanha de educação pública deplorando o uso desenfreado de gasolina pelos americanos e escolhendo por alvo os donos de utilitários esportivos. A literatura da campanha perguntava provocativamente: "O Que Jesus Guiaria?". Um dos patrocinadores religiosos acusou a Chevrolet e outras montadoras de "estimular as pessoas a comprar automóveis que estão envenenando a criação de Deus"[21]. Outro porta-voz religioso perguntou: "Como posso amar o meu próximo como a mim mesmo se estou enchendo seus pulmões com poluição?"[22]. A campanha tocou num nervo sensível. Outros líderes religiosos e comentadores políticos acorreram em defesa da indústria automotiva. Um respondente irado chegou até a sugerir que "Jesus dirigiria uma Hummer"[23]. Esse exercício da ética dos males frios atraiu respostas raivosas. Uma coisa é falar abstratamente da crise do aquecimento global. Outra é sugerir que milhões de proprietários de SUVs podem ser moralmente culpados.

Uma campanha similar promovida por ativistas sociais e sindicalistas para boicotar os produtos da Nike e outras companhias de calçados cujos subcontratados na Ásia estavam explorando o trabalho infantil suscitou reações mistas. Embora alguns universitários nos EUA e na Europa parassem de comprar da Nike, a maioria dos consumidores permaneceu leal à marca, mostrando pouco interesse na celeuma pela exploração do trabalho infantil nas empresas que prestam serviços à Nike.

Campanhas promovidas contra as cadeias de hambúrgueres encontraram reações similarmente mistas.

Todavia, o importante é observar que esse tipo de campanha moral para lidar com os resultados sistêmicos do comportamento humano destrutivo é novo na cena mundial. Levará tempo para que se crie uma moral íntima baseada no pensamento sistêmico. Nesse sentido, os europeus parecem um pouco adiante no jogo. Ainda assim, estamos muito longe do dia em que os males frios serão tratados com o mesmo senso de urgência moral pública e pessoal que os males quentes.

Para centenas de milhões ou até para bilhões de seres humanos, internalizar uma abordagem sistêmica ao comportamento moral e agir com base nela exigirá que eventos mais dramáticos e até catastróficos se precipitem sobre o mundo. Há várias situações em que consigo imaginar nossa espécie ajustando-se com os males frios e adotando uma moral de base sistêmica. Mudanças climáticas violentas induzidas pelo aquecimento global; a difusão de novos e mortíferos vírus e bactérias em resultado de práticas desumanas na agricultura e pecuária; ataques terroristas utilizando armas químicas e mesmo biológicas, e armas nucleares de destruição em massa; blecautes mais prolongados por todo o mundo em resultado da escassez mundial de energia; fomes maciças; e a depressão global — tudo isso poderia promover uma nova abordagem sistêmica para a moral e a ética. Mas é igualmente provável que acontecimentos terríveis com essa magnitude levassem ao acuamento, à xenofobia, à ruína da moral pessoal e pública e à perseguição de bodes expiatórios de todos os tipos.

A natureza da reação humana dependerá de os efeitos sistêmicos progressivamente nocivos da atividade catastrófica gerarem um sentimento de vulnerabilidade e responsabilidade compartilhada pelas outras pessoas e pela Terra, ou de os temores causados por tal atividade culminarem numa mentalidade de encurralamento e na sensação de que é melhor que cada um se vire sozinho na guerra pela sobrevivência. Essa última abordagem só exacerbaria o mal sistêmico, provocando um efeito contínuo de retroalimentação positiva, com conseqüências potencialmente devastadoras para a humanidade e o mundo.

Estas, então, são as questões: como criaremos entre o "eu" e o "outro" uma nova ponte moral expansiva e abrangente o bastante pra ser global em escala e universal em caráter? Podemos estabelecer uma abordagem sistêmica para a ética que nos permita identificar os males frios em todas as suas variadas facetas? Igualmente importante, podemos aprender a exercer a Regra Dourada num campo de atuação muito mais amplo, que inclui não somente nossas relações imediatas com vizinhos, mas também a totalidade das relações que compõem a comunidade planetária mais ampla em que estamos inseridos? É esperar bastante, mas é por isso que chamamos a isso consciência global.

O Terceiro Estágio da Consciência Humana

Para se converter no sonho do mundo, o Sonho Europeu terá de criar uma nova história sobre a missão humana — uma nova metanarrativa capaz de unir a raça humana numa jornada comum e ao mesmo tempo permitir que cada pessoa e grupo siga sua própria trilha específica.

Owen Barfield, o filósofo britânico, propôs algumas idéias a respeito. Suas idéias ajudam a reunir numa nova síntese a noção americana de autonomia e vontade individual e a noção asiática do consenso coletivo e do pensamento contextual. Essa síntese poderia proporcionar um contexto histórico adequado para a promoção da consciência global e a promulgação do novo Sonho Europeu por todas as partes do mundo.

Barfield vê a história como um desdobramento da consciência humana. Sua visão histórica se assemelha à visão de Sigmund Freud da história do desenvolvimento mental de cada pessoa. Tocamos muito brevemente no assunto do movimento dialético entre a diferenciação individual e a integração coletiva no Capítulo 5, e de maneira um pouco mais detalhada no Capítulo 13.

Freud, cumpre lembrar, parte da idéia de que nos primeiros estádios de desenvolvimento a criança experimenta uma união indiferenciada com a mãe. O ego ainda não está formado. O bebê experimenta a mãe como um todo. Não existe uma percepção do "ego" e do "outro", mas somente do que Freud chama de sentimento "oceânico" da unidade. Essa unidade se fragmenta quando a criança percebe que seus anseios e desejos não podem ser satisfeitos imediatamente. O seio da mãe não está sempre disponível. O bebê começa a distinguir entre seus desejos e os objetos de desejo que lhe são negados. A sensação de onipotência, de que "ele é o mundo", é solapada pelas restrições impostas pelo mundo exterior. O "princípio do prazer", diz Freud, é desafiado pelo "princípio da realidade".

O bebê torna-se paulatinamente ciente de sua separação da mãe e do mundo exterior, bem como de sua dependência de forças externas sobre as quais tem pouco ou nenhum controle. Ele experimenta a ansiedade da separação como morte, e passa a arquitetar várias defesas mentais para negar a dor que sente. O restante da vida do indivíduo, de acordo com Freud, é empenhado na tentativa de recapturar a sensação de unidade oceânica e de negar a perda original, já que a dor da separação, da dependência e da morte é mais do que ele pode tolerar.

Freud designa a sensação original de unidade como o "instinto da vida", ou eros. As sensações de contato corporal, de sexualidade e de amor são todas partes do instinto da vida. Conforme se desenvolve, o bebê é cada vez mais separado do eros incondicional pelo treinamento das funções corpóreas, pelos horários do dia e por outras restrições externas. A criança compensa sua sensação de perda, ansiedade e impotência sublimando seus sentimentos corporais e substituindo o instinto da vida pelo que Freud chama de "instinto da morte". Ele nega sua separação original apartando-se e buscando a autonomia. Tenta controlar os acontecimentos, dominar os arredores e afirmar sua própria individualidade. Todo pai conhece os "terríveis dois anos", quando a criança começa a se impor e a exigir um senso de autonomia no mundo.

O instinto da morte continua a assombrar a criança na adolescência e na vida adulta. As pessoas se rodeiam de substitutos para tentar recuperar a sensação de unidade oceânica que experimentaram na infância. Freud acreditava que a história de Cristo servia de sucedâneo para a perda da sensação original de unidade, ao oferecer o amor incondicional de Deus e a esperança da salvação eterna. Na era moderna, a ideologia nacionalista tornou-se o substituto favorito. O fervor patriótico dá a muita gente a sensação de pertencer a um todo maior, amoroso e imortal. A ideologia muitas vezes serve ao mesmo propósito. Muitos capitalistas e socialistas acharam refúgio numa bolha ideológica oniabrangente.

Ao mesmo tempo, nossas tecnologias e nossas posses materiais vêm compensar nossa própria sensação reprimida de perda corporal. Elas se tornam, com efeito, extensões sucedâneas de nossos corpos, e cada vez mais nos rodeamos delas para preencher o vazio deixado pela sensação da perda corporal de nossas mães. Mas na busca por tecnologias cada vez mais avançadas e por maior sucesso material, ficamos cada vez mais distantes da participação original que tentamos recuperar. O psicólogo Norman O. Brown observa que "quanto mais a vida do corpo se transfere para as coisas, menos resta de vida no corpo, e ao mesmo tempo o acúmulo crescente de coisas representa uma articulação cada vez mais completa da vida perdida pelo corpo"[24]. Ambientes de realidade virtual e tecnologias de engenharia genética são as mais recentes tentativas de criar substitutos tecnológicos, na esperança de recuperar o corpo humano. Infelizmente, afirma Brown, o "confinamento da vida do corpo em coisas sem vida" em nome do progresso tecnológico e material só arrasta a humanidade ainda mais para o reino do instinto da morte[25]. Foi o medo corrosivo da morte, que o bebê experimenta pela primeira vez com a separação inicial da mãe, que proporcionou, até hoje, a maior parte do progresso humano. A história da civilização, para Freud, Brown e outros psicólogos, é pouco mais do que a projeção do instinto da morte no mundo exterior.

Criamos grandes pirâmides, grandes catedrais e arranha-céus majestosos para conquistar certo grau de imortalidade, esperando ludibriar a morte e alcançar aquele fugidio senso do ser, aquela unidade oceânica que permanece no fundo dos traços mnemônicos de todas as pessoas que jamais viveram. Nossa quase que obsessão com a criação de uma cornucópia material na era moderna é tão intensa justamente por ser um sucedâneo da cornucópia que experimentamos na infância junto ao seio de nossa mãe.

O instinto da morte tornou-se onipresente com o decorrer da era moderna. Destacamo-nos cada vez mais do corpo da natureza, dissolvemos seus relacionamentos, amortecemo-la em fragmentos e pedaços e expropriamo-la na forma de posses, tudo no esforço por inflar nosso ser individual no mundo. A ciência iluminista, as relações de mercado e a governança por Estado-nação agem em conjunto para gerar a ilusão do indivíduo autônomo, livre de qualquer dependência do mundo natural. Cada vez mais vivemos nossas vidas num casulo de autonomia tecnológica e econômica. Já não somos cercados pela natureza viva, mas antes por artefatos mortos.

A tragédia de tudo isso é que durante muito tempo pensamos que ao nos tornar cada vez mais autônomos e menos dependentes da natureza, poderíamos assegurar melhor nossa segurança e ser livres. Agora o instinto da morte, o ímpeto agressivo por dominar e amortecer a natureza, regressou para nos assolar na forma de ameaças globais como as mudanças climáticas, a proliferação nuclear, a pobreza crescente e a sublevação social. Tentamos alcançar maior segurança, somente para acabarmos mais vulneráveis do que nunca. Chegamos, com efeito, às raias de nossa auto-induzida aniquilação. O instinto da morte prevaleceu.

Freud tinha pouco a dizer em sua época sobre como reverter o dilema da humanidade. Barfield, contudo, tentou propor um novo arcabouço histórico para lidar com a condição humana. Para Barfield, a consciência histórica parece seguir um caminho não muito diverso daquele que cada pessoa segue no desenvolvimento de sua própria consciência individual. A história humana, como a história individual, observa Barfield, é condicionada pelo movimento dialético de duas forças concorrentes, uma buscando a unificação e a interdependência — o instinto da vida —, a outra buscando a separação e a independência — o instinto da morte. A grande tarefa inconclusa que se impõe à civilização é a de reconciliar essas duas forças contraditórias.

Barfield descreve três estádios na história da consciência humana. Ele observa que durante a maior parte da história os seres humanos viveram como caçadores-coletores. A existência paleolítica desenrolava-se, por sua própria natureza, numa estreita e profunda participação no mundo natural. Os seres humanos tinham uma intimidade corpórea não sublimada com a vida à sua volta e com seus próprios corpos. As poucas tribos restantes de caçadores-coletores nas florestas tropicais da Amazônia, nas selvas de Bornéu e nos outros nichos restantes de natureza selvagem ainda possuem uma espécie de elo irreprimido com o mundo natural.

Embora os caçadores-coletores tivessem certo sentido do ser, este não se achava ainda desenvolvido. Eles levavam a vida de modo relativamente indiferenciado, como parte de um todo social maior que, por sua vez, era visto como parte de uma natureza indiferenciada ainda maior. Suas vidas cotidianas transcorriam dentro dos ritmos temporais e restrições espaciais impostas pelo mundo natural. A Mãe Terra era vista menos como uma metáfora do que como uma mãe primordial, sendo tratada com o mesmo amor, respeito e reverência que talvez tivessem por suas mães tribais. E, como haviam dependido das mães, os caçadores-coletores dependiam da Mãe Terra para seu sustento, e usavam vários meios ritualísticos para aplacá-la e assegurar sua benevolência.

Os alvores da agricultura assinalaram o início do segundo grande período da consciência humana. Os seres humanos se puseram a domesticar plantas e animais selvagens para o uso produtivo. Com a agricultura veio a cisão progressiva dos seres humanos da natureza e até de sua própria natureza corpórea. A idéia do eu começou lentamente a emergir da névoa indiferenciada. Como se mencionou no Capítulo 5, as eras do fim do medievo e do início da modernidade testemunharam um rápido avanço no destacamento do "homem" da natureza e uma progressiva diferenciação rumo ao tipo de indivíduo autônomo que hoje conhecemos. A emergência de indivíduos totalmente destacados e autônomos trouxe consigo uma crescente autoconsciência por parte dos seres humanos. Com a autoconsciência veio a sensação de vontade pessoal, a crença do indivíduo em sua habilidade de afetar o mundo à sua volta. O ganho na autoconsciência e no senso pessoal de identidade foi todavia acompanhado de um alto preço — a perda da participação íntima e da comunhão com o mundo natural.

A história evolucionária da espécie, afirma Barfield, recapitulou a história evolucionária do desenvolvimento pessoal de cada indivíduo. A raça humana passou de uma unidade indiferenciada com a Mãe Natureza a um isolamento destacado e autoconsciente. No processo, perdemos aquela sensação primordial de indivisibilidade oceânica que é o instinto da vida, e em seu lugar adotamos um novo relacionamento com a natureza baseado no domínio a distância, com todos os efeitos sistêmicos deletérios que fluem de nossas tentativas de dominação. A humanidade, com efeito, passou do instinto da vida ao instinto da morte.

Onde fica então a humanidade? Barfield sugere que estamos às raias do terceiro grande estádio da consciência humana — o estádio em que fazemos a escolha autoconsciente de nos reintegrar ao corpo da natureza. É aqui que as idéias de Barfield se alinham com o pensamento dos intelectuais, cientistas e visionários europeus, que vêem o mundo cada vez mais como uma entidade viva e indivisível digna de respeito e cuidados.

O terceiro estágio da consciência humana transfere nossa noção de envolvimento da geosfera para a biosfera. A geopolítica sempre se baseou na premissa de que o meio ambiente é um gigantesco campo de batalha — uma guerra de todos contra todos — onde lutamos uns com os outros para conquistar recursos e assegurar nossa sobrevivência individual. A política biosférica, em contraste, baseia-se na idéia de que a Terra é um organismo vivo composto de relações interdependentes e de que vivemos e florescemos zelando pelas comunidades mais amplas de que fazemos parte.

Como então Barfield sugere que reconciliemos o ímpeto pela individualidade com o desejo de unidade oceânica? Não fosse pelo instinto da morte, jamais nos teríamos separado suficientemente dessa unidade oceânica para criar um sentido do ego e, com ele, a autoconsciência. E sem a autoconsciência, não seríamos capazes de exercer a vontade, de fazer escolhas pessoais e de exercer nossa vontade individual. Por outro lado, a autoconsciência e a individualidade só nos deixaram mais cientes, e portanto mais ansiosos, quanto a nossa mortalidade e a nossa existência finita. A ansiedade, por sua vez, alimenta nosso ímpeto agressivo por dominar, amortecer e expropriar tudo à nossa volta, na esperança de inflar nosso ser e repelir nosso óbito inevitável.

A solução para nosso dilema consiste em integrar o instinto da vida e o instinto da morte numa nova unidade. O poeta Rainer Maria Rilke, do início do século XX, legou-nos a deixa. Ele escreveu: "quem quer que compreenda e celebre devidamente a morte, ao mesmo tempo magnifica a vida"[26]. Em outras palavras, não podemos começar efetivamente a viver até aceitarmos o fato de que um dia morreremos. Como nos reconciliamos com nossa própria morte e optamos por viver? Tomando a decisão consciente de deixar para trás o instinto da morte, para já não buscar o império, controle ou domínio da natureza, e inclusive da natureza humana, como meio de repeli-la. Devemos antes aceitar a morte como parte da vida e optar por nos reintegrar ao corpo da natureza. Transitar do ego para o outro e nos reunificar num elo empático com a totalidade das relações que, juntas, constituem a indivisível comunidade viva da Terra.

A decisão de nos reintegrarmos, de escolher o instinto da vida, é muito diferente do tipo de participação original que caracteriza a vida do bebê ou o primitivo desenvolvimento da espécie humana. Em tais casos, a participação não é desejada, e sim fatal. O ego não está suficientemente desenvolvido para tomar decisões conscientes. No caso do bebê, a dependência determina o relacionamento com a mãe. No caso de nossos ancestrais paleolíticos, o temor da ira da natureza, assim como a dependência, condicionavam tal relacionamento. A reparticipação voluntária na natureza, pelo exercício do livre-arbítrio, é o que diferencia o terceiro estádio da consciência humana de tudo que o precedeu. Ao optar livremente por ser parte da natureza, o indivíduo preserva sua identidade exclusiva, inserindo-se na unidade oceânica da biosfera.

Uma Persona *Global*

Numa era pós-moderna caracterizada pela individuação crescente, em que a identidade pessoal fragmenta-se numa miríade de subidentidades e metaidentidades, a reintegração ao todo da biosfera pode ser o único antídoto abrangente o bastante para assegurar que o indivíduo não perca suas âncoras e se desintegre num não-ser.

Alguns observadores da psique pós-moderna mostram-se cada vez mais preocupados com a perda da identidade pessoal num mundo de crescente densidade. Kenneth J. Gergen, professor de psicologia no Swarthmore College, observa que os jovens de hoje precisam abrir caminho numa cultura densa e globalizada em que exigências conflitantes confluem para seus sistemas nervosos centrais de todas as direções imagináveis. Em seus esforços por mediar todos os estímulos e acomodar todas as conexões possíveis, os jovens criam continuamente novos subegos e metaegos — renunciando, na prática, a fragmentos de sua *persona* a cada novo relacionamento, somente para continuar engajados nas muitas redes que os circundam. O medo é ser excluído. Se ter propriedades e usufruir autonomia e exclusividade foi o *sine qua non* do Sonho Americano, ter acesso e estar integrado é a acalentada meta da nova era. Temendo a perda do acesso, os jovens retalham sua atenção em fragmentos cada vez menores, somente para preservar todas as possíveis conexões que os atraem. Gergen alerta:

> Essa fragmentação das autoconcepções corresponde a uma multiplicidade de relações incoerentes e desconexas. Tais relações nos impelem em milhares de direções, convidando-nos a desempenhar uma tal variedade de papéis que o conceito mesmo de "ego autêntico", com características conhecidas, some de vista. O ego supersaturado deixa de ser um ego.[27]

Enquanto Gergen teme a desintegração do ego, o psicólogo Robert J. Lifton é mais esperançoso. Ele afirma que *personae* múltiplas é um mecanismo de luta que permite à psique ajustar-se à crescente densidade de uma sociedade cada vez mais globalizada. Ele acredita que as *personae* múltiplas representam um estado de consciência mais maduro — estado que permite aos indivíduos conviver com as complexidades e ambigüidades que os rodeiam conforme tentam seguir seu caminho num ambiente global mais interconectado[28].

Gergen e Lifton têm razão em um ponto. A *persona* pós-moderna está cada vez mais fragmentada e plástica. A questão passa a ser esta: existe um meio de reintegrar a extrema individuação da personalidade pós-moderna num todo global mais unificado? O fracasso nesse caso só exacerbaria a sensação de alienação pessoal e temor existencial que tantos jovens já experimentam num mundo em que se vêem cada vez mais conectados e se sentem todavia cada vez mais isolados. De acordo com uma pesquisa realizada pela Kaiser Family Foundation, intitulada *As Crianças e a Mídia no Novo Milênio*, as crianças americanas de hoje passam em média cinco horas e meia por dia, sete dias por semana, interagindo com mídias eletrônicas diversas como meio de recreação. Crianças a partir dos 8 anos passam uma parte ainda maior de seu tempo livre com a TV, a Internet, videogames e outras mídias, numa média de 6 horas e 45 minutos por dia. O mais perturbador é que o estudo descobriu que a maioria das crianças interage sozinha com as mídias eletrônicas. Crianças mais velhas passam sozinhas até 95% do tempo que vêem TV, enquanto crianças entre as idades de 2 e 7 anos vêem TV sozinhas mais de 81% do tempo[29].

Superar a sensação de isolamento e alienação pessoal que pode acompanhar um ambiente eletronicamente mediado requer uma nova missão integrativa, poderosa o bastante para ser por natureza transformadora. O que tristemente nos falta é uma razão suprema para que bilhões de seres humanos estejam cada vez mais conectados. Para quê? Mais comércio, maior participação política, maior prazer, acesso a informações, ou mera curiosidade. Todas essas alternativas, embora relevantes, são no entanto insuficientes para explicar por que seis bilhões de seres humanos devem estar conectados e mutuamente inseridos numa sociedade globalizada. Seis bilhões de conexões individuais, na ausência de um propósito supremo e unificador, parece um colossal desperdício de energia humana. Mais importante, conexões globais sem um real propósito transcendente podem provocar não a extensão da consciência humana, mas seu estreitamento.

A boa notícia é que o aumento de conectividade da raça humana vem deixando os indivíduos mais conscientes das relações que compõem esse mundo complexo e diversificado. Uma geração mais jovem está começando a ver o mundo menos como um armazém de objetos a expropriar e possuir, e mais como um labirinto de relações a que obter acesso. Enquanto a geração mais antiga se definia antes em termos de propriedade e preocupava-se com "fazer algo de si mesma", a nova geração é mais propensa a conceber sua vida como um processo continuamente cambiável, operando numa miríade de relacionamentos em rede. Numa era de conectividade global, a velha idéia de uma consciência fixa, auto-suficiente e autônoma vem dando lugar à nova noção do ego como uma história evolutiva cujo enredo e substância são totalmente dependentes dos vários caracteres e acontecimentos com quem o indivíduo se relaciona. Gergen sugere que "o estágio final nessa transição para o pós-moderno é atingido quando o ego se dilui totalmente numa fase de relatividade". Num mundo globalmente conectado, conclui Gergen, "deixa-se de acreditar num ego que independa das relações em que está inserido (...), o que situa tais relações na posição central que o ego individual ocupou durante os últimos séculos da história do Ocidente"[30]. O sentido ocidental de consciência passa a assemelhar-se ao asiático, embora tenha chegado a seu presente estado por uma jornada muito diversa.

Como, então, decidiremos usar nossa recém-descoberta consciência relacional? Barfield e outros pensadores sugerem que os seres humanos estão amadurecendo em seu autodesenvolvimento a ponto de poderem tomar a decisão pessoal de restabelecer sua participação nos milhares de relacionamentos que compõem a biosfera. Nosso crescente envolvimento em redes, nossa recém-descoberta habilidade para desempenhar tarefas múltiplas e operar simultaneamente em trilhas paralelas, nossa crescente consciência das interdependências econômicas, sociais e ambientais, nossa busca por relacionamentos e envolvimentos, nossa disposição em aceitar realidades contraditórias e perspectivas multiculturais, e nosso comportamento processual nos predispõem ao pensamento sistêmico. Se pudermos aplicar esse pensamento a uma nova ética global que reconheça os males frios e aja para evitá-los, e que se dedique a harmonizar as muitas relações que compõem as forças de sustento à vida no planeta, teremos cruzado a fronteira rumo ao terceiro estádio da consciência humana.

A chave para uma jornada bem-sucedida dependerá de quão profunda se torne essa participação. A repartição no corpo da natureza implica o envolvimento íntimo em tempo real, desimpedido por camadas de barreiras tecnológicas. Quando Barfield fala de reparticipação, o que ele tem em mente é o ato pessoal de estender a mão ao "outro", num espírito de profunda comunhão. Esse tipo de relacionamento não pode ser promovido a distância, em ambientes de realidade virtual. Se simplesmente expandirmos nossas conexões, tornando-nos no entanto cada vez mais sozinhos e isolados no processo — num mundo em que todos se comunicam por e-mail, mas raramente têm contato pessoal entre si —, os relacionamentos se tornam ilusórios e nosso sentido do ser passa a ser imaginário, correndo maior risco de dissolução. A reparticipação, um verdadeiro contato com o outro, requer a presença efetiva. Ninguém pode estar afastado e sentir empatia ao mesmo tempo.

As novas tecnologias da globalização na verdade comprimem o espaço e o tempo e reúnem a família humana em teias mais firmes de relações interdependentes. Ficamos mais cientes das muitas conexões que compõem os grandes sistemas que habitamos. Mas se essa ciência não for acompanhada por uma reintegração íntima e direta ao corpo da natureza, nossa jornada rumo a um novo estádio da consciência será natimorta. Nossos egos relacionais serão de natureza antes tecnológica que natural, somente prolongando a velha jornada, com sua fetichização do instinto da morte. O instinto da vida só pode ser reanimado se vivermos realmente a vida, e vivê-la significa participar profundamente da vida dos outros que nos rodeiam.

Portanto, enquanto optarmos pela dissociação do mundo natural e nos ocuparmos quase exclusivamente com o amortecimento de nosso meio ambiente e com sua expropriação e consumo na forma de atividades e caprichos dispendiosos, nossas próprias vidas continuarão confinadas nessa cultura da morte. Somos lembrados de nossa própria morte a cada ato destrutivo de que participamos. Como experimentar a vida se estamos continuamente cercados pela morte e se somos consumidos pela idéia da morte? Ao optarmos pela reparticipação profunda na natureza — por zelar pelas muitas relações de sustento à vida —, nós nos cercamos de um ambiente de afirmação da vida. Somos constantemente lembrados de seu valor intrínseco a cada experiência empática por que passamos.

Os Sonhos Americano e Europeu

Ainda que isso possa soar um tanto esotérico e imaterial, no mundo real em que as pessoas sonham e agem com base no tipo de vida que gostariam de ter e compartilhar, escolhas entre o instinto da morte e o instinto da vida têm conseqüências verdadeiras e profundas para o indivíduo, a família humana e o planeta.

O Sonho Americano está intensamente vinculado ao instinto da morte. Procuramos autonomia a qualquer custo. Consumimos em excesso, satisfazemos qualquer apetite nosso e desperdiçamos a bonança da Terra. Damos ênfase ao crescimento econômico irrestrito, recompensamos os poderosos e marginalizamos os vulneráveis. Somos obcecados por proteger nossos próprios interesses e organizamos a mais poderosa máquina militar da história para conseguir o que desejamos e acreditamos merecer. Nós nos consideramos um povo escolhido e, portanto, merecedor de mais do que nossa justa parcela dos recursos da Terra. Tristemente, nosso interesse próprio está lentamente se metamorfoseando em puro egoísmo. Tornamo-nos uma cultura da morte.

O que quero dizer com "cultura da morte"? Simplesmente isso. Ninguém, e especialmente nenhum americano, negaria que somos os consumidores mais vorazes do mundo. Esquecemos, todavia, que o consumo e a morte estão profundamente ligados. O termo inglês *"consumption"* remonta ao início do século XIV e tem raízes tanto inglesas como francesas. Originalmente, *"to consume"* significava destruir, pilhar, subjugar, exaurir*. É uma palavra fundada na violência, e até o século XX só teve conotações negativas. Recorde-se que até o início do século XX a comunidade médica e o público chamavam a tuberculose de *consumption*. A palavra só se converteu num termo mais positivo nas mãos dos propagandistas do século XX, que começaram a equiparar consumo e escolha. No último quartel do século XX, pelo menos nos EUA, as escolhas de consumo começaram a substituir a democracia representativa como expressão última da liberdade humana, refletindo seu novo estatuto santificado.

Hoje, os americanos consomem mais de um terço da energia do mundo e vastas quantidades dos demais recursos da Terra, apesar do fato de perfazerem menos de 5% da população mundial. Estamos consumindo rapidamente o que resta do legado terrestre para dar vazão a nossos apetites individuais quase insaciáveis. E o que se encontra por trás de nosso comportamento obsessivo, ou até mesmo patológico, é o desejo frenético de viver e prosperar matando e consumindo tudo à nossa volta. O historiador da cultura Elias Canetti observou certa vez: "Cada um de nós é um rei num campo de cadáveres"[31]. Se nós, americanos, pararmos para refletir sobre o mero número de criaturas e recursos e materiais terrestres que cada um de nós expropriou e consumiu ao longo da vida para perpetuar nossos pródigos estilos de vida, ficaríamos provavelmente estarrecidos com a carnificina. Não admira que tanta gente no mundo olhe para o extravagante consumismo americano e nos considere uma cultura da morte.

---

* N. do T.: *Consumir*, em português, deriva do latim *consumere*, que significa destruir, esgotar, gastar etc.

Mas é somente isso o que somos? Alguns críticos da experiência americana afirmariam que não há nada mais a dizer sobre o assunto. É isso o que os EUA se tornaram. Mas eles estão enganados. Existe um outro lado na experiência americana. Abrimos nosso país aos recém-chegados. Acreditamos que todo ser humano merece uma segunda chance na vida. Defendemos o desfavorecido e glorificamos a pessoa que superou as adversidades da vida e fez algo de si mesma. Acreditamos que todo o mundo é responsável, em última instância, por sua própria existência. Consideramo-nos todos responsáveis. É esse outro lado de nosso individualismo que permanece nossa graça redentora. Se nosso senso de responsabilidade pessoal puder ser exorcizado do instinto da morte e posto a serviço do instinto da vida, os EUA podem uma vez mais apontar os caminhos do mundo.

A missão inconclusa da família humana é a adoção de uma "ética pessoal" de responsabilidade perante as comunidades vitais mais amplas que compõem a Terra. Em última análise, para que uma real transformação ocorra, um compromisso com nossos semelhantes humanos, com as demais criaturas e com nossa biosfera comum deve ser sentido pessoalmente e regulamentado coletivamente. A ética só floresce num mundo em que todos se sintam individualmente responsáveis. Se nós, americanos, pudermos redirecionar nossa sensação profunda de responsabilidade pessoal da estreita meta de engrandecimento material do indivíduo para um compromisso mais expansivo com a promoção da ética global, poderemos um dia remodelar o Sonho Americano dentro de linhas mais compatíveis com o emergente Sonho Europeu.

Quão provável será uma tal reviravolta nos Estados Unidos? Para começar, uma minoria considerável de americanos já se responsabiliza pelo que poderíamos chamar de "ética universal". Exercem a responsabilidade pessoal em suas atitudes como consumidores, em seus ambientes de trabalho e em suas comunidades, de uma maneira que reflete a nova consciência global. São favoráveis a iniciativas que expandem os direitos humanos universais e que protegem os direitos da natureza, e tomam a decisão consciente de não participar em atividades que possam contribuir para males frios, seja em sua escolha de automóveis, em suas preferências de dieta ou em suas compras de ações ou títulos. Tornaram-se cidadãos globais.

Mas e quanto à maior parte dos americanos, cujo senso de responsabilidade pessoal raramente vai além do interesse próprio ou do interesse nacional? Como passarão para o outro lado e começarão a "pensar globalmente e agir localmente"?

Para a nossa surpresa, a maior esperança pode estar na comunidade religiosa dos EUA. Uma grande luta tem sido travada entre teólogos, bem como entre congregações evangélicas e tradicionais, na Igreja Católica e no Judaísmo, no tocante à interpretação da história da criação no *Gênesis*. O que está em jogo é a passagem bíblica em que Deus diz a Adão e Eva:

> Crescei e multiplicai-vos, e povoai a terra, e a subjugai; e tende domínio sobre os peixes do mar, e sobre as aves do ar, e sobre toda criatura viva que se mova sobre a terra.[32]

Durante a maior parte da história cristã, o conceito de domínio foi usado para justificar a inescrupulosa dissociação e exploração do mundo natural. Hoje, uma nova geração de estudiosos religiosos e um crescente número de fiéis está começando a redefinir o sentido de "domínio". Eles afirmam que, como Deus criou os céus e a Terra, toda a sua criação está imbuída de valor intrínseco. Deus também concedeu ordem e propósito a sua criação. Portanto, quando os seres humanos tentam solapar o valor intrínseco da natureza, ou manipular e redirecionar os propósitos desta em consonância com seus próprios interesses, estão agindo com orgulho e rebelando-se contra Deus.

A idéia de "domínio" vem sendo redefinida para significar "zeladoria". Os seres humanos devem servir como zeladores de Deus na Terra, cultivando sua criação, em vez de explorá-la e destruí-la. No novo esquema religioso das coisas, as pessoas são partes da natureza e ao mesmo tempo são distintas dela. Somos partes da criação divina, dependendo por isso das outras coisas vivas e inertes que compõem o reino terreno de Deus. Ao mesmo tempo, como os seres humanos são feitos à imagem de Deus, temos a responsabilidade especial de agir como seus guardiões na Terra e zelar por sua criação.

Toda pessoa, segundo a escatologia cristã, é dotada de livre-arbítrio. Pode-se usar esse livre-arbítrio e optar pela redenção, aceitando Cristo como o Senhor. Quem fizer essa opção, contudo, também deve zelar pelo jardim de Deus. Temos aqui uma versão cristã do terceiro estádio da consciência de Barfield — ou seja, cada pessoa é exortada a fazer a escolha consciente de aceitar Cristo e, com isso, de participar, em profunda comunhão, do todo da criação de Deus.

Embora a nova interpretação do *Gênesis* venha ganhando crescente apoio em meio à comunidade religiosa americana, ela ainda não ser tornou uma peça central da vida religiosa nos EUA. Se isso ocorrer, no entanto, milhões de americanos podem descobrir-se às margens de uma nova consciência global. O amor incondicional de cada um por um Cristo sofrido incluiria o amor incondicional pela criação — uma nova e potencialmente poderosa história religiosa que poderia levar os fiéis a um novo compromisso com a Terra e com todos os seus habitantes. Eu advertiria, contudo, que ainda existe um longo caminho a percorrer entre a interpretação retórica da história do *Gênesis* e o compromisso pessoal e ativo de milhões de americanos com uma vida que reflita a nova responsabilidade moral por evitar males frios e agir em provento da biosfera. Ainda é muito cedo para sugerir que o Sonho Americano pode sofrer uma verdadeira metamorfose e dar origem a uma ética universal.

O Sonho Europeu, em contraste, tem todas as características ideais para reivindicar a vanguarda moral na jornada para o terceiro estádio da consciência humana. Os europeus traçaram um mapa visionário rumo a uma nova terra prometida, dedicada a reafirmar o instinto da vida e a indivisibilidade da Terra. Não tenho dúvidas quanto à sinceridade européia nesse sentido, pelo menos no que respeita à elite, às pessoas de instrução e à jovem geração de classe média dos porta-bandeiras da Europa unida. Os europeus que conheço têm um sonho. Querem viver num mundo em que todos sejam incluídos e ninguém seja deixado de lado. De acordo com uma pesquisa realizada pela Pew em 2003, sólidas maiorias em todos os grandes países europeus dizem "acreditar que é mais importante o governo assegurar que não há ninguém em necessidade do que os indivíduos serem livres e buscarem seus objetivos sem a interferência governamental"[33]. É somente nos EUA, entre todos os países ricos do mundo, que a maioria da população — 58% — afirma dar maior importância à liberdade pessoal de buscar metas sem a interferência do governo, enquanto apenas 34% dizem ser mais importante que o governo "assuma uma atitude ativista para garantir que ninguém passe necessidade"[34]. Similarmente, quando se trata de auxiliar os pobres em outros países, uma pesquisa Gallup conduzida em 2002 revela que aproximadamente 70% dos europeus acreditam que se deva conceder maior auxílio financeiro às nações mais pobres, ao passo que quase metade dos americanos acha que os países ricos já estão fazendo demais[35].

Os europeus também querem estar globalmente conectados sem perder seu senso de localidade e identidade cultural. Descobrem sua liberdade nos relacionamentos, e não na autonomia. Procuram ter boa qualidade de vida aqui e agora, o que para eles também significa viver numa relação sustentável com a Terra para proteger os interesses daqueles que estão por vir. Oito de cada dez europeus dizem estar felizes com suas vidas, e quando lhes perguntam o que julgam ser o mais importante legado do século XX, 58% escolhem, de uma lista de 11 legados, a qualidade de vida, que só fica abaixo da liberdade. Ao mesmo tempo, 69% dos cidadãos europeus acreditam que a proteção ambiental é um problema imediato e urgente. Em agudo contraste, somente um em cada quatro americanos sente-se inquieto com relação ao meio ambiente. Mais interessante ainda, 56% dos europeus dizem que "é necessário mudar fundamentalmente nosso estilo de vida e nosso desenvolvimento se quisermos estancar a deterioração do meio ambiente"[36], o que faz deles os mais ávidos defensores do desenvolvimento sustentável entre todos os povos do mundo.

Os europeus trabalham para viver, não vivem para trabalhar. Embora o trabalho seja essencial em suas vidas, ele não basta para definir sua existência. Eles põem a descontração, o capital social e a coesão social acima da carreira. Entrevistados sobre os valores que julgam muito ou extremamente importantes, 95% dos europeus puseram o auxílio aos outros no topo de sua lista de prioridades. Noventa e dois por cento disseram ser muito ou extremamente importante valorizar as pessoas pelo que são, 84% disseram dar grande valor ao envolvimento na criação de uma sociedade melhor, 79% valorizaram o investimento de mais tempo e esforços no desenvolvimento pessoal, enquanto menos da metade (49%) disse ser muito ou extremamente importante ganhar montes de dinheiro, o que punha o sucesso financeiro em último lugar entre os oito valores classificados na pesquisa[37].

Os europeus defendem os direitos humanos universais e os direitos da natureza, e estão dispostos a se submeter a códigos impositivos. Querem viver num mundo de paz e harmonia e, em maior parte, apóiam uma política estrangeira e ambiental para promover esse fim.

Mas não estou seguro quanto à solidez do Sonho Europeu. O comprometimento da Europa com a diversidade cultural e a coexistência pacífica é substancial o bastante para tolerar o tipo de ataque terrorista que nós sofremos em 11 de setembro, ou que a Espanha sofreu em 11 de março? Os europeus continuariam comprometidos com os princípios da inclusividade e do desenvolvimento sustentável se a economia mundial se precipitasse numa baixa profunda e prolongada, talvez mesmo numa depressão global? Eles teriam a paciência de continuar favorecendo uma forma aberta e processual de governança multinível caso enfrentassem sublevação social e levantes nas ruas? São esses os tipos de desafios árduos que testam o brio de um povo e a vitalidade e viabilidade de seu sonho. A despeito do que os outros possam pensar dos Estados Unidos, o Sonho Americano passou no teste, em tempos bons e ruins. Até bem recentemente jamais havíamos perdido as esperanças de nosso sonho, mesmo nas horas mais negras. Poderão os europeus dizer o mesmo sobre seu próprio sonho nascente?

E, finalmente, há a questão da responsabilidade pessoal, ponto forte dos EUA e fraqueza da Europa. Os europeus podem tentar legislar seu sonho. Podem promulgar diretivas, assinar acordos globais, organizar forças-tarefa e estabelecer critérios de mensuração. É bem isso o que já estão fazendo. E não há nada de errado com isso. É um sinal do compromisso da Europa com a concretização de seu novo sonho. Mas se o senso pessoal de responsabilidade não for profundo e sólido o bastante para resistir às inevitáveis tempestades que acompanharão a nova jornada, sem embargo de ações legislativas e executivas e do apoio intelectual, o Sonho Europeu fracassará.

Minha maior preocupação, tendo passado quase 20 anos de minha vida trabalhando tanto na Europa como nos EUA, é se a esperança dos europeus basta para a tarefa de sustentar uma nova visão para o futuro. Sonhos requerem otimismo, a sensação de que as esperanças podem se concretizar. Os americanos são cheios de esperança e otimismo. Os europeus, como um povo, nem tanto. Eles têm esperanças moderadas com respeito a sua nova união. E as pesquisas de opinião pública mostram que a geração mais jovem é contida em seu otimismo. Talvez isso seja tudo o que podemos ou devemos esperar. O tipo de otimismo irrefletido que foi tão característico do Espírito Americano nem sempre nos serviu bem. Num mundo de ameaças globais crescentes, o entusiasmo moderado, equilibrado com uma avaliação realista dos riscos, pode ser mais apropriado. Mas há também uma profunda nódoa de pessimismo arraigado na *persona* européia — o que é compreensível, acredito, após tantos experimentos políticos e sociais equívocos, e tanta carnificina ao longo de seus muitos séculos de história. Fracassos podem esmagar esperanças. Mas também podem tornar um povo mais forte, mais determinado e mais sábio. Superar o cinismo será tão difícil e desafiador para os europeus quanto o será superar o otimismo simplório para os americanos. Todavia, nenhum sonho, por mais atraente que seja, pode vingar numa atmosfera nublada pelo pessimismo e pelo cinismo.

Ainda que haja risco de causar arrepios em ambos os lados do Atlântico, talvez haja lições a compartilhar. Nós, americanos, podemos nos mostrar mais dispostos a assumir um senso de responsabilidade coletiva por nossos semelhantes humanos e pela Terra em que vivemos. Nossos amigos europeus podem se mostrar mais dispostos a assumir um senso de responsabilidade pessoal por seus atos individuais no mundo. Nós, americanos, podemos nos tornar mais circunspectos e comedidos em caráter, enquanto os europeus podem se tornar mais esperançosos e otimistas. Se compartilharmos o que há melhor de ambos os sonhos, poderemos ficar em condições mais propícias para empreendermos juntos a jornada rumo ao terceiro estádio da consciência humana.

Estes são tempos tumultuosos. Grande parte do mundo vem se obscurecendo, deixando muitos seres humanos sem uma direção clara. O Sonho Europeu é um farol de luz num mundo conturbado. Ele nos conduz a uma nova era de inclusividade, diversidade, qualidade de vida, descontração, sustentabilidade, direitos humanos universais, direitos da natureza e paz na Terra. Nós, americanos, costumávamos dizer que valia a pena morrer pelo Sonho Americano. E vale a pena viver pelo novo Sonho Europeu.

NOTAS

CAPÍTULO 1: A LENTA MORTE DO SONHO AMERICANO

1. Decker, Jeffrey Louis. *Made in America: Self-Styled Success from Horatio Alger to Oprah Winfrey.* Minneapolis: University of Minnesota Press, 1997. p. 92.
2. Idem, p. 154-155.
3. Ibidem.
4. Miller, Perry. *Errand into the Wilderness.* Cambridge, MA: Harvard University Press, 1984. p. 11; Winthrop, John. "A Model of Christian Charity." 1630.
5. Cullen, Jim. *The American Dream.* Nova York: Oxford University Press, 2003. p. 24.
6. Morgan, Edmund S., ed. *The Diary of Michael Wigglesworth, 1653-1657.* Nova York: Harper, 1965. p. 8.
7. Melville, Herman. *White-Jacket; Or, the World in a Man-of-War.* (1850) Oxford, R.U.: Oxford Press (Oxford World's Classics), 2000. cp. 36.
8. "Americans Struggle with Religion's Role at Home and Abroad." Pew Research Center for the People and the Press. 20 de março de 2002. *www.people-press.org*.
9. Idem.
10. Ibidem.
11. "Spirituality and Faith Undergird and Motivate Americans to a Surprising Degree: News-Release." The Gallup Organization. 4 de março de 2003. *www.gallup.org*.
12. Gallup, George H. Jr., e Byron R. Johnson. "Religion & Values: New Index Tracks 'Spiritual State of the Union'." The Gallup Organization. 28 de janeiro de 2003. *www.gallup.org*.
13. "American Values: A Survey of Americans on Values." *The Washington Post*/Kaiser/Harvard Survey Project. Setembro de 1998. *www.kff.org/content/archive/1441/values.html*.
14. "Religion & Politics: The Ambivalent Majority." The Pew Research Center for the People and the Press. 20 de setembro de 2000. *www.people-press.org/reports*.
15. "American Values: A Survey of Americans on Values. *The Washington Post*/Kaiser/Harvard Survey Project.
16. Robison, Jennifer. "Religion & Values: The Devil and the Demographic Details." The Gallup Organization. 25 de fevereiro de 2003. *www.gallup.com*.
17. Idem.

18. Ibidem.
19. Ibidem.
20. Brooks, Deborah Jordan. "Substantial Numbers of Americans Continue to Doubt Evolution as Explanation for Origin of Humans." The Gallup Organization. 5 de março de 2001. *www.gallup.org/poll/releases/pr*.
21. "Public Favorable to Creationism." The Gallup Organization. 14 de fevereiro de 2001. *www.gallup.com/poll/releases/pr*.
22. "Poll: 40 Percent of Americans Believe in Apocalyptic End." *DayWatch*. 25 de março de 1999.
23. Leland, John. "Afterlife for Everyone: Heaven Comes Down to Earth." *The New York Times*. 21 de dezembro de 2003.
24. "Among Wealthy Nations U.S. Stands Alone in Its Embrace of Religion." The Pew Research Center for the People and the Press. 19 de dezembro de 2002. *www.people-press.org*.
25. Idem.
26. Ibidem; Inglehart, Ronald. "Cultural Cleavages in the European Union." Institute for Social Research, University of Michigan. 2002.
27. Inglehart, Ronald. "Cultural Cleavages in the European Union."
28. "Among Wealthy Nations U.S. Stands Alone in Its Embrace of Religion." The Pew Research Center for the People and the Press.
29. Ferguson, Niall. "Why America Outpaces Europe (Clue: The God Factor)". *The New York Times*. 8 de junho de 2003.
30. Idem.
31. Ibidem.
32. Inglehart, Ronald. *1990 World Values Survey*. Tabela 2-2. Ann Arbor, MI: Institute for Social Research, 1990.
33. Idem.
34. Smith, Tom W., e Lars Jarkko. "National Pride in Cross-National Perspective." National Opinion Research Center, University of Chicago. Abril de 2001.
35. "Living with a Superpower." *The Economist*. 4 de janeiro, 2003.
36. "What the World Thinks in 2002." Projeto Pew sobre Atitudes Globais. The Pew Research Center for the People and the Press. 2002.
37. Lipset, Seymour Martin. *American Exceptionalism: A Double-Edged Sword*. Nova York: Norton, 1996. p. 20.
38. "Views of a Changing World." Projeto Pew sobre Atitudes Globais. The Pew Research Center for the People and the Press. Junho de 2003.
39. Idem.
40. Ibidem.
41. "What the World Thinks in 2002." Projeto Pew sobre Atitudes Globais.
42. Hastings, Elizabeth Hawn, e Phillip K. *Index to Intenational Public Opinion, 1988-1989*. Nova York: Greenwood Press, 1990. p. 612.
43. "*Newsweek* Poll—750 Adults Nationwide." Princeton Survey Research Associates. 24-25 de junho de 1999.
44. Idem.
45. Ibidem.
46. Ibidem.
47. Lasch, Christopher. *The Culture of Narcissism: American Life in an Age of Diminishing Expectations*. Nova York: Norton, 1979. p. 30, 33.
48. "Gambling in America." The Gallup Organization. 7 de maio de 2003. *www.gallup.com*.
49. Berenson, Alex. "The States Bet Bigger on Betting." *The New York Times*. 18 de maio de 2003.
50. Idem.
51. Ibidem.
52. Ibidem.
53. "Who Wants to Be a Millionaire: Changing Conceptions of the American Dream." *American Studies Online*. 13 de fevereiro de 2003. p. 5. *www.americansc.org.uk*.

54. Idem.
55. Ibidem; Michael J. Sandel. "The Hard Questions: Bad Bet State Lotteries Are Shooting Craps with the Lives of the Poor." *The New Republic.* 10 de março de 1997. p. 27.
56. "National Gambling Impact Study Commission Final Report." National Gambling Impact Study Commission. 1999. *govinfo.library.unt.edu.* 9 de maio de 2003.
57. Idem.
58. "Reality Television Show Directory." *Reality TV Links. www.realitytvlinks.com.* 22 de dezembro de 2003.
59. Adams, Michael. *Fire and Ice: The United States, Canada, and the Myth of Converging Values.* Toronto: Penguin, 2003. p. 53.
60. Idem.
61. Ibidem.
62. Ibidem, p. 54.
63. Ibidem.
64. Ibidem.
65. Ibidem.
66. Eisenberg, Pablo. "The Voluntary Sector: Problems and Challenges." In O'Connell, Brian, ed. *America's Voluntary Spirit.* Washington, DC: Foundation Center, 1983. p. 306; O'Neill, Michael. *The Third America: The Emergence of the Nonprofit Sector in the United States.* São Francisco: Jossey-Bass Publishers, 1989. p. 13.
67. Sokolowski, S. Wojciech, e Lester M. Salamon. "The United States." In Salamon, Lester M., Helmut Anheier, Regina List, Stefan Toepler, e Wojciech S. Sokolowski. "Global Civil Society: Dimensions of the Nonprofit Sector." Projeto Comparativo do Setor sem Fins Lucrativos, Centro de Estudos da Sociedade Civil Johns Hopkins, 1999. p. 267-268. *www.jhu.edu/~ccss/pubs/books/gcs.*
68. Idem, p. 261.
69. Ibidem, p. 268.
70. Ibidem, p. 272.
71. Ibidem, p. 270.
72. Putnam, Robert D. *Bowling Alone: The Collapse and Revival of American Community.* Nova York: Simon & Schuster, 2000. p. 283.
73. Bostrom, Meg. "Achieving the American Dream: A Meta-Analysis of Public Opinion Concerning Poverty, Upward Mobility, and Related Issues." Douglas Gould & Co., pela Ford Foundation. 27 de setembro de 2001.

CAPÍTULO 2: A NOVA TERRA DA OPORTUNIDADE

1. Lazarus, Emma. "The New Colossus." From *The New Dictionary of Cultural Literacy,* Terceira Edição. 2002. *www.bartleby.com.* 13 de agosto de 2003.
2. Smeeding, Timothy M. "Globalization, Inequality, and the Rich Countries of the G-20: Evidence from the Luxembourg Income Study (LIS)." 30 de julho de 2002. p. 14.
3. Idem.
4. Ibidem, p. 11.
5. Ibidem, p. 22; Jesuit, David, e Timothy Smeeding. "Poverty and Income Distribution." Luxembourg Income Study White Paper No. 293. Syracuse, NY: Syracuse University, janeiro de 2002. p. 6.
6. Mishel, Lawrence, Jared Bernstein, e Heather Boushey. *The State of Working America 2002/2003.* The Economic Policy Institute. Ithaca, NY: Cornell University Press, 2003. p. 403-404.
7. Uchitelle, Louise. "A Recovery for Profits, But Not for Workers." *The New York Times.* 21 de dezembro de 2003; Meyerson, Harold. "Un-American Recovery." *The Washington Post.* 24 de dezembro de 2003.
8. Herbert, Bob. "Another Battle for Bush." *The New York Times.* 15 de dezembro de 2003.
9. Uchitelle, Louise. "A Recovery for Profits, But Not for Workers."
10. Mishel, Lawrence, Jared Bernstein, e Heather Boushey. *The State of Working America 2002/2003.* p. 405-406.
11. Idem. p. 407, 410-411.

12. Jesuit, David, e Timothy Smeeding. "Poverty Levels in the Developed World." Maxwell School of Citizenship and Public Affairs at Syracuse University. 23 de julho de 2002. p. 8, 9; Jesuit, David, e Timothy Smeeding. "Poverty and Income Distribution." p. 7.
13. "Views of a Changing World." Projeto Pew sobre Atitudes Globais. The Pew Research Center for the People and the Press. Junho de 2003. p. 8, 108.
14. Idem. p. 108.
15. Glazer, Nathan. "Why Americans Don't Care About Income Inequality." Estudo apresentado na Série de Seminários sobre Desigualdade e Política Social. 11 de fevereiro de 2002. p. 9-10.
16. Idem. p. 10.
17. Ibidem. p. 5; Inglehart, Ronald. *1990 World Values Survey.*
18. "Views of a Changing World." Projeto Pew sobre Atitudes Globais, p. 8.
19. Bernstein, Robert. "Poverty, Income See Slight Changes; Child Poverty Rate Unchanged, Census Bureau Reports." United States Department of Commerce News. 26 de setembro de 2003. *www.census.gov.*
20. Harrison, Paige M., e Jennifer C. Karberg. "Prison and Jail Inmates at Midyear 2002." Escritório de Estatísticas Judiciárias. Abril de 2003; "Two Million Inmates, and Counting." *The New York Times.* 9 de abril de 2003.
21. Glazer, Nathan. "Why Americans Don't Care About Income Inequality." p. 3; "Economic Portrait of the European Union 2002." Comissão Européia, 2002.
22. Glazer, Nathan. "Why Americans Don't Care About Income Inequality." p. 3-4.
23. Mishel, Lawrence, Jared Bernstein, e Heather Boushey. *The State of Working America 2002/2003.* p. 420-421.
24. Idem. p. 399-402; "Progress on the Lisbon Strategy." Comissão Européia, 2003. *www.europa.eu.int.* p. 2.
25. Gordon, Robert J. "Two Centuries of Economic Growth: Europe Chasing the American Frontier." *Economic History Workshop, Northwestern University.* 17 de outubro de 2002. p. 126.
26. McGuckin, Robert H., e Bart van Ark. "Performance 2002: Productivity, Employment, and Income in the World Economies." The Conference Board. Março de 2003. p. 3, 7. *www.conference-board.org/publications/describe.cfm?id=649.*
27. Idem, p. 4,14.
28. Rhoades, Christopher. "U.S., EU Productivity Gap Is Widening." *The Wall Street Journal.* 19 de janeiro de 2004.
29. Broad, William J. "US Is Losing Its Dominance in the Sciences." *The New York Times.* 3 de maio de 2004.
30. Foster, Ian, e Carl Kesselman, eds. *The Grid: Blueprint for a New Computing Infrastructure.* São Francisco, CA: Morgan Kaufman Publishers, 1999. p. xix.
31. Idem.
32. Ibidem.
33. Markoff, John, e Jennifer L. Schenker. "Europe Exceeds U.S. in Refining Grid Computing." *The New York Times.* 10 de novembro de 2003.
34. Idem.
35. Ibidem.
36. McGuckin, Robert H., e Bart van Ark. "Performance 2002: Productivity, Employment, and Income in the World Economies." p. 5; "Progress on the Lisbon Strategy." Comissão Européia, 2003. p. 2.
37. Honore, Carl. "A Time to Work, a Time to Play: France's 35-hour Week: Shorter Hours Result in a Social Revolution." *National Post.* 31 de janeiro de 2002.
38. Trumbull, Gunnar. "France's 35 Hour Work Week: Flexibility Through Regulation." The Brookings Institution. Janeiro de 2001.
39. "Making France Work." *The Wall Street Journal.* 10 de outubro de 2003.
40. Honore, Carl. "A Time to Work, a Time to Play: France's 35-hour Week: Shorter Hours Result in a Social Revolution."

41. Foroohar, Rana, et al. "Eat, Drink, and Go Slow: The Post-Crash Backlash Against American Taste." *Newsweek International, Atlantic Edition.* 2 de julho de 2001.
42. "French Law: The Standard French Working Week." Triplet and Associés. 30 de março de 2004. *www.triplet.com.*
43. Jeffries, Stuart. "The World: C'est magnifique" Le weekend Just Goes On and On for French Workers." *The Guardian.* 27 de maio de 2001.
44. Honore, Carl. "Slowing the World: Last in a Series." *National Post.* 31 de janeiro de 2002.
45. Rhoads, Christopher. "Clocking Out: Short Work Hours Undercut European Economic Drive." *The Wall Street Journal.* 8 de agosto de 2002.
46. Mishel, Lawrence, Jared Bernstein, e Heather Boushey. *The State of Working America 2002/2003.* p. 425.; "Employment Outlook: Average Annual Hours Worked in the OECD, 1979-2000." Paris: OECD, 2001.
47. Mishel, Lawrence, Jared Bernstein, e Heather Boushey. *The State of Working America 2002/2003.* p. 425.
48. "Changeover from Career Breaks to Time Credits Proves Complex." European Industrial Relations Observatory. Agosto de 2001. *www.eiro.eurofound.eu.int.*
49. "Inter-community Dispute on Time Credit Scheme." European Industrial Relations Observatory. Fevereiro de 2002. *www.eiro.eurofound.ie/2002/02/inbrief/BE0202305N.html.*
50. Idem; "Changeover from Career Breaks to Time Credits Proves Complex." European Industrial Relations Observatory.
51. McGuckin, Robert H., e Bart van Ark. "Performance 2002: Productivity, Employment, and Income in the World Economies."
52. Scheier, Lee. "Call it a Day, America." *Chicago Tribune.* 5 de maio de 2002.
53. Idem.
54. "Main Economic Indicators: Purchasing Power Parities." OECD. Fevereiro de 2004. *www.oecd.org.*
55. "Employment Outlook: Average Annual Hours Worked in the OECD, 1979-2000." Paris: OECD, 2001.
56. "Annual Average Unemployment Rate, Civilian Labor Force 16 Years and Older." 18 de março de 2003. Escritório de Estatísticas Trabalhistas. *www.bls.gov/cps/prev_yrs.htm*; "Labor Force Statistics from the Current Population Survey." Escritório de Estatísticas Trabalhistas. 26 de maio de 2004. *www.bls.gov.*
57. "Labor Force Statistics from the Current Population Survey (SIC)." Departamento do Trabalho dos EUA. Escritório de Estatísticas Trabalhistas. *http://data.bls.gov.* 12 de agosto de 2003; "Prison Statistics." Estatísticas Carcerárias do Escritório de Estatísticas Judiciárias. 31 de dezembro de 2002. *www.ojp.usdoj.gov*; "Key Facts at a Glance: Correctional Populations." Departamento de Justiça dos EUA. Escritório de Estatísticas Judiciárias. 27 de julho de 2003. *www.ojp.usdoj.gov/bjs/glance.*
58. Herbert, Bob. "Despair of the Jobless." *The New York Times.* 7 de agosto de 2003; "Jobs and the Jobless." *The Washington Post.* 5 de maio de 2003.
59. "U.S. Personal Savings Rates." Bureau de Análises Econômicas. 3 de outubro de 2003.
60. "New ILO Study Highlights Labour Trends Worldwide: US Productivity Up, Europe Improves Ability to Create Jobs." Organização Internacional do Trabalho. 1º de setembro de 2003. *www.ilo.org*; "Productivity and Costs, Second Quarter 2003, revised." Escritório de Estatísticas Trabalhistas. 4 de setembro de 2003. *www.bls.gov*; Berry, John M. "Efficiency of U.S. Workers Up Sharply." *Washington Post.* 7 de fevereiro de 2003.
61. Jones, Del, e Barbara Hansen. "Companies Do More with Less." *USA Today.* 12 de agosto de 2003.

CAPÍTULO 3: O SILENCIOSO MILAGRE ECONÔMICO

1. "Economic Portrait of the European Union 2002." Comissão Européia. 2002, p. 55.
2. Idem, p. 74; Patten, Christopher. "The European Union and the World." In: Guttman, Robert J. *Europe in the New Century: Visions of an Emerging Superpower.* Boulder, CO: Lynne Rienner Publishers, 2001. p. 79.

3. "United Nations Human Development Report 2002: Deepening Democracy in a Fragmented World." *United Nations Development Program.* Oxford, R.U.: Oxford University Press, 2002. Seção 3, p. 15.
4. "Main Economic Indicators: Gross Domestic Product." *OECD.* Fevereiro de 2004. *www.oecd.org*; "Current Dollar and Real Gross Domestic Product." Bureau de Análises Econômicas. 25 de março de 2004.
5. "The World Economic Outlook (WEO) Database: Selected World Aggregates." *International Monetary Fund.* Abril de 2003. *www.imf.org.*
6. "The World Economic Outlook (WEO): GDP Current Prices." *International Monetary Fund.* Abril de 2003.
7. "Trans-European Networks." Comissão Européia. 8 de agosto de 2002. *www.europa.eu.int.*
8. "The Europe of Knowledge." *Le Magazine: Education and Culture in Europe.* N° 18, 2002. p. 14-15.
9. Thomas, Daniel. "Offshore Gartner Urges Users to Consider New EU States as Potencial Offshore Outsourcing Destinations." *Computer Weekly.* 9 de março de 2004.
10. Aoki, Naomi. "Gillette to Build a Plant in Poland, Jobs Would Be Shifted from Germany, Britain." *The Boston Globe.* 17 de março de 2004.
11. "Dollar Weakens, G7 Warning Dismissed." *Reuters.* 10 de fevereiro de 2004.
12. McCartney, Robert J. "Global Anxiety Propels Euro Above Dollar." *The Washington Post.* 31 de janeiro de 2003.
13. Monbiot, George. "The Bottom Dollar." *The Guardian.* Terça-feira, 22 de abril de 2003.
14. "The Not-So Mighty Dollar." *The Economist.* 6 de dezembro de 2003.
15. Becker, Elizabeth, e Edmund L. Andrews. "I.M.F. Says Rise in U.S. Debts Is Threat to World's Economy." *The New York Times.* 8 de janeiro de 2004.
16. "Statement on the President's Fiscal Year 2005 Budget by Office of Management and Budget Director Joshua B. Bolten Before the Committee on the Budget United States House of Reoresentatives." Executive Office of the President. February 3, 2004, Andrews, Edmund L. "G-7 Statement Signals Worry About Dollar." The New York Times. February 8, 2004.
17. Becker, Elizabeth e Edmund L. Andrews. "I.M.F. Says Rise in U.S. Debts Is Threat to World's Economy."
18. Idem.
19. "A Comparison of the Top 25 United States GSPs with the Top 25 European Union GDPs." Departamento do Comércio dos EUA: Bureau de Análises Econômicas. 15 de novembro de 2002. *www.bea.gov.*
20. "The 2003 Global 500." *Fortune.* 21 de julho de 2003. *www.fortune.com.*
21. Durman, Paul. "Nokia Bets on a Mobile World." *The Sunday Times.* 22 de junho de 2003; Reinhardt, Andy. "Something for Everyone." *BusinessWeek.* 31 de março de 2003; Verdin, Mike. "Why Nokia Is Winning the Phone War." *BBC News Online.* 20 de abril de 2001. *http://news.bbc.co.uk*; "Global 500: Nokia." *Fortune.* 21 de julho de 2003. *www.fortune.com.*
22. Guyon, Janet. "Why Big is Better for Vodafone." *Fortune.* 3 de fevereiro de 2002. *www.fortune.com*; "Profile — VodafoneGroup plc." Yahoo! Finance. 9 de abril de 2003. *Biz-yahoo.com.*
23. Barnard, Bruce. "Business and the Technologies of the Future." In: Guttman, Robert J. *Europe in the New Century: Visions of an Emerging Superpower.* p. 171; Fox, Justin. "Bertelsmann: Tomas Middelhoff Wants Respect." *Fortune.* 15 de maio de 2002. *www.fortune.com*; "Pearson." Yahoo! Finance UK & Ireland. 31 de dezembro de 2002. *uk.biz.yahoo.com.*
24. Rossant, John. "How to Build a Better EU Constitution." *BusinessWeek.* 30 de junho de 2003.
25. Tomlinson, Richard. "International Fortune: AHOLD." *Fortune.* 27 de junho de 2002; "The 2003 Global 500: Royal Ahold." *Fortune.* 21 de janeiro de 2003. *www.fortune.com.*
26. Brooks, Rick. "FedEx, UPS Join Forces to Stave Off Foreign Push into U.S. Market." *The Wall Street Journal.* 1º de fevereiro de 2001.
27. "The 2003 Global 500: Industry Snapshot: Banks: Commercial and Savings." *Fortune.* 21 de julho de 2003. *www.fortune.com.*
28. "The 2003 Global 500: Industry Snapshot: Chemicals." *Fortune.* 21 de julho de 2003. *www.fortune.com.*

29. "The 2003 Global 500: Industry Snapshot: Engineering, Construction." *Fortune*. 21 de julho de 2003. *www.fortune.com*.
30. "The 2003 Global 500: Industry Snapshot: Consumer Food Products." *Fortune*. 21 de julho de 2003. *www.fortune.com*.
31. "The 2003 Global 500: Industry Snapshot: Food & Drug Stores." *Fortune*. 21 de julho de 2003. *www.fortune.com*.
32. "Top Ten World Reinsurance Companies." Insurance Information Institute. 2001. *www. internationalinsurance.org*.
33. "The 2003 Global 500: Industry Snapshot: Life, Health (stock)." *Fortune*. 21 de julho de 2003. *www.fortune.com*.
34. "The 2003 Global 500: Industry Snapshot: Insurance: P&C (stock)." *Fortune*. 21 de julho de 2003. *www.fortune.com*.
35. "The 2003 Global 500: Industry Snapshot: Telecommunications." *Fortune*. 21 de julho de 2003. *www.fortune.com*.
36. "The 2003 Global 500: Industry Snapshot: Pharmaceuticals." *Fortune*. 21 de julho de 2003. *www.fortune.com*.
37. "The 2003 Global 500: Industry Snapshot: Motor Vehicles and Parts." *Fortune*. 21 de julho de 2003. *www.fortune.com*.
38. Johnson, Mark. et al. "The World's Best Companies 2002." *Global Finance*. Novembro de 2002.
39. "SMEs in Europe, Including a First Glance at EU Candidate Countries." Comissão Européia. 2002. p. 13. *www.europa.eu.int*.
40. "SMEs in Europe: Competitiveness, Innovation, and the Knowledge Drive Society." European Commission. 2002. p. 8-9.
41. "European Trend Chart on Innovation: 2002 European Innovation Scoreboard Technical Paper No. 1: Member States and Associate Countries." Comissão Européia. 4 de dezembro de 2002. p. 2, 5. *www.europa.eu.int*.
42. Idem, p. 5-6; Wagstyl, Stefan. "EU Nears US and Japan in Promoting Innovation." *Financial Times*. 11 de dezembro de 2002.
43. Wagstyl, Stefan. "EU Nears US and Japan in Promoting Innovation."
44. Schroeder, Michael. "The Economy: World Economy Expected to Grow 4,75% in 2004." *The Asian Wall Street Journal*. 5 de abril de 2004.
45. "Euro-Indicators: First Notification of Deficit and Debt Data for 2003." *Eurostat*. 16 de março de 2004; "Debt Outstanding by Type of Debt: The Debt to the Penny and Who Holds It." Bureau of the Public Debt, U.S. Department of the Treasury. 5 de abril de 2004. *www.publicdebt.treas.gov*; "Main Economic Indicators: Key Short-Term Indicators for OECD Member Countries." OECD. Abril de 2004; "BEA News: Personal Income and Outlays: fevereiro de 2004." Escritório de Análises Econômicas. 26 de março de 2004.
46. Tran, Muoi. "By the Numbers: New Money: The Very Rich, by Region." *Fortune*. 24 de junho de 2003.
47. Foroohar, Rana, et al. "Eat, Drink, and Go Slow." *Newsweek International, Atlantic Edition*. 2 de julho de 2001.
48. Cobb, Clifford, Ted Halstead, e Jonathan Rowe. "If the GDP IS Up, Why Is America Down?" *The Atlantic*. Outubro de 1995. *www.theatlantic.com/politics/ecbig*.
49. Measuring Progress: Annex 1 — What's Wrong with the GDP?" Friends of the Earth. 13 de março de 2003. *www.foe.co.uk*.
50. Cobb, Clifford, Ted Halstead, e Jonathan Rowe. "If the GDP Is Up, Why Is America Down?" p. 16-17.
51. Idem, p. 17.
52. Tomkins, Richard. "How to be Happy." *Financial Times Weekend*. 8-9 de março de 2003.
53. Idem; "Genuine Progress Indicator: Contents of the GPI." Redefining Progress. 13 de março de 2003. *www.redefiningprogress.org/projects/gpi/gpi_contents*.
54. "Alternatives to the GDP." McGregor Consulting Group. 25 de março de 2003. *www. consultmcgregor.com*.

55. Osberg, Larry, e Andrew Sharpe. "Human Well-Being and Economic Well-Being: What Values Are Implicit in Current Indices?" Center for the Study of Living Standards. Julho de 2003.
56. "The Social Situation in the European Union, 2002." Comissão Européia. 22 de maio de 2002. *www.europa.eu.int*.
57. "World Development Indicators Database: Total GDP 2002." Banco Mundial. Julho de 2003. "Fiscal Year 2004 Budget." Center for Defense Information. 4 de agosto de 2003. *www.cdi.org*.
58. "Country, Region Population." Eurostat. 8 de agosto de 2003. *www.europa.eu.int*; "Energy Information Administration: State Energy Data 2000." Energy Information Administration. *www.eia.doe.gov*; "Historical National Population Estimates." Population Estimates Program, Population Division, Escritório do Recenseamento dos EUA. 11 de abril de 2000. *www.census.gov*; "Regional Indicators: European Union (EU)." Administração de Informações Energéticas. Outubro de 2002. *www.eia.doe.gov*.
59. "Energy Information Administration: State Energy Data 2000."
60. "Justice Expenditure and Employment in the United States, 1999." *Bureau of Justice Statistics Bulletin*. Departamento de Justiça dos EUA, Escritório de Programas Judiciários. Fevereiro de 2002. *www.ojp.usdoj.gov*; "U.S. Department of Justice: Summary of Budget Authority by Appropriation." Escritório de Estatísticas Judiciárias, 2002.
61. Blau, Francine D., e Lawrence Kahn. "Do Cognitive Test Scores Explain Higher U.S. Wage Inequality?" Escritório Nacional de Pesquisas Econômicas." Setembro de 2000. p. 13. *http://papers.nber.org*.
62. "Education at a Glance: OECD Indicators, 2002." Organização para a Cooperação e o Desenvolvimento Econômico. 2002. p. 66.
63. Idem, p. 69.
64. Ibidem, p. 74, 77, 161, 214 e 222.
65. "United Nations Human Development Report 2002: Deepening Democracy in a Fragmented World." *United Nations Development Program*. p. 23, 29.
66. Idem, p. 18, 21. "Preventing Infant Mortality." Departamento de Saúde e Serviços Humanos dos EUA. 18 de abril de 2001.
67. "Economic Portrait of the European Union 2002." p. 129; "United Nations Human Development Report 2002: Deepening Democracy in a Fragmented World." United Nations Development Program. p. 18-19.
68. "The World Health Report 2000." Organização Mundial da Saúde, 2000.
69. "The US Health Care System." Escritório de Educação Trabalhista da Universidade do Maine. p. 4, 6.
70. Ayers, Stephen M. M.D. "Health Care in the United States: The Facts and the Choices." Chicago and London: American Library Association, 1996. p. xii.
71. Rhoades, Jeffrey A. Ph.D. "Statistical Brief #19: The Uninsured in America — 2002." Medical Expenditure Panel Survey. Agency for Healthcare and Research Quality. Julho de 2003.
72. "OECD Data Show Health Expenditures at an All-time High." Organização para a Cooperação e o Desenvolvimento Econômico. (OCDE) 23 de junho de 2003. *www.oecd.org*.
73. "The US Health Care System." Escritório de Educação Trabalhista da Universidade do Maine. p. 2-3.
74. "Real Gross Domestic Product and Related Measures." Departamento do Comércio dos EUA. Escritório de Análises Econômicas. 6 de agosto de 2003. *www.bea.doc.gov*.
75. "Obesity Rates Among the Adult Population." OECD Health Data, 2003. *www.oecd.org/dataoecd/10/20/2789777.pdf*; Power, Carla. "Big Trouble." *Newsweek*. 11 de agosto de 2003.
76. "Obesity in Europe: The Case for Action." International Obesity Task Force and European Association for the Study of Obesity. Setembro de 2002.
77. "Obesity Rates Among the Adult Population." OECD Health Data. 2003.
78. "Obesity and Overweight." World Health Organization: Global Strategy on Diet, Physical Activity and Health, 2003.
79. "Innocent Report Card: A League Table of Child Poverty in Rich Nations." Unicef, Nº 1. Junho de 2000. p. 6.

80. Idem.
81. Ibidem. p. 6-7.
82. Ibidem. p. 7.
83. "Basic Facts on Poverty." Children's Defense Fund. Dezembro de 2002. *www.childrensdefense.org*.
84. Graff, James. "Gunning for It." *Time Europe*. Vol. 159, No. 19. 13 de maio de 2002.
85. "Rates of Homicide, Suicide, and Firearm-related Deaths Among Children — 26 Industrialized Countries." *Morbidity and Mortality Weekly Report*. Vol. 46, No. 5. 7 de fevereiro de 1997. p. 102.
86. Barclay, Gordon, e Cynthia Tavares. "International Comparisons of Criminal Justice Statistics 2000." 12 de julho de 2002; "Two Million Inmates and Counting." *The New York Times*. 9 de abril de 2003.
87. Barclay, Gordon, e Cynthia Tavares. "International Comparisons of Criminal Justice Statistics 2000."
88. Noll, Heinz-Herbert. "Towards a European System of Social Indicators." *Social Indicators Research*. Edição Especial Vol. 58. 2002.
89. Argyle, M. "Subjective Well-Being." In Offer, A. *In Pursuit of the Quality of Life*. Oxford, R.U.: Oxford University Press. Janeiro de 1997. p 18-45.
90. Idem.
91. "Our Common Future." Comissão Mundial sobre Desenvolvimento e Meio Ambiente. Oxford, R.U.: Oxford University Press, 1987.
92. Baker, Linda. "Real Wealth: The Genuine Progress Indicator Could Provide an Environmental Measure of the Planet's Earth." *E/The Environmental Maganize*. 13 de março de 2003. *www.emagazine.com*.

CAPÍTULO 4: ESPAÇO, TEMPO E MODERNIDADE

1. "United Nations Human Development Report 2002." United Nations Development Program. Oxford, R.U.: Oxford University Press, 2002. p. 38.
2. "The Mobiles: Social Evolution in a Wireless Society." Context Based Research Group, 2002. p. 15.
3. Idem, p. 23, 25, 27.
4. Gimpel, Jean. *The Medieval Machine*. Nova York: Penguin, 1976. p. 43-44.
5. White, Lynn, Jr. *Medieval Technology & Social Change*. Londres: Oxford University Press, 1962. p. 78.
6. Idem. p. 88-89.
7. Gimpel, Jean. *The Medieval Machine*. p. 195; Pagden, Anthony. "Europe: Conceptualizing a Continent." In: Pagden. *The Idea of Europe: From Antiquity to the European Union*. Cambridge, R.U.: Cambridge University Press, 2002. p. 50.
8. Johnson, Paul. *The Birth of the Modern*. Nova York: HarperPerennial, 1991. p. 203.
9. Wright, Lawrence. *Clockwork Man*. Nova York: Horizon Press, 1969. p. 154.
10. Hansen, Marcus Lee. *The Atlantic Migration*. Cambridge, MA: Harvard University Press, 1940. p. 178 e seguintes.
11. Randall, John Herman. *The Making of the Modern Mind*. Cambridge, MA: Houghton Mifflin, 1940. p. 223.
12. Idem. p. 224.
13. Bacon, Francis. "Novum Organum." *The Works of Francis Bacon*, vol. 4. Londres: W. Pickering, 1850. p. 246.
14. Idem, p. 114.
15. Randall, John Herman. *The Making of the Modern Mind*. p. 241. Citação de Descartes.
16. Idem, p. 241-242.
17. Locke, John. "Second Treatise." In: Locke. *Two Treatises of Government*. Peter Laslett, ed. Cambridge, R.U.: Cambridge University Press, 1967, p. 315.
18. Locke, John. *The Second Treatise of Civil Government: Chapter V: Of Property, Section 40*. 1690.
19. Strauss, Leo. *Natural Right and History*. Chicago: University of Chicago, 1950. Citação de John Locke, p. 315.
20. Idem, p. 258.
21. Randall, John Herman. *The Making of the Modern Mind*. p. 259. Citação de Descartes.
22. Citação de Bertrand Russell, 1872-1970.

23. Newton, Isaac. *Mathematical Principles of Natural Philosophy*. Livro 3. Prefácio do Autor.
24. Randall, John Herman. *The Making of the Modern Mind*. p. 259.
25. Whitehead, Alfred North. *Science and the Modern World*. Nova York: Free Press, 1967.
26. Le Goff, Jacques. *Your Money or Your Life: Economy and Religion in the Middle Ages*. Nova York: Zone Books, 1988. p. 29. Citação de São Tomás de Aquino.
27. [Sobre a questão do tempo.] Le Goff, Jacques. *Time, Work, and Culture in the Middle Ages*. p. 51-61; Quinones, Ricardo J. *The Renaissance Discovery of Time*. Cambridge, MA: Harvard University Press, 1972. p. 5-8; de Grazia, Sebastian. *Of Time, Work, and Leisure*. Nova York: Anchor/Doubleday, 1964.
28. Chobham, Thomas. *Summa Confessorum*. F. Broomfield, ed. Paris: Louvain, 1968. p. 505, questão XI, capítulo 1.
29. Le Goff, Jacques. *Time, Work, and Culture in the Middle Ages*. p. 30.
30. Woodcock, George. "The Tyranny of the Clock." *Polictics*. Vol. 1. 1994. p. 265-266.
31. de Grazia, Sebastian. *Of Time, Work, and Leisure*. p. 41.
32. Idem, p. 54.
33. McCann, Justin. *The Rule of St. Benedict*. Londres: Sheed & Ward, 1970. capítulo 48.
34. Zerubavel, Eviatar. *Hidden Rhythms: Schedules and Calendars in Social Life*. Chicago: University of Chicago Press, 1981. p. 33.
35. Idem, p. 32.
36. Bendix, Reinhard. *Max Weber*. Garden City, NY: Anchor-Doubleday, 1962. p. 318.
37. Wright, Lawrence. *Clockwork Man*. p. 208.
38. Boorstin, Daniel J. *The Discoverers*. Nova York: Random House, 1983. p. 38.
39. Wright, Lawrence. *Clockwork Man*. p. 62.
40. Idem, p. 55.
41. Ibidem.
42. Mumford, Lewis. *Technics and Civilization*. Nova York: Harcourt, Brace, 1934. p. 15.
43. Landes. David. *Revolution in Time*. p. 16.
44. Idem, p. 72-73.
45. Le Goff, Jacques. *Time, Work, and Culture in the Middle Ages*. p. 35.
46. Goody, Jack. "Time: Social Organization." *International Encyclopedia of the Social Sciences*. David Sills, ed. Vol. 16. Nova York: Free Press/Macmillan, 1968. p. 38-39.
47. Mumford, Lewis. *Technics and Civilization*. Nova York: Harcourt, Brace and World, 1934. p. 16.
48. Frederick, Christine. "The New Housekeeping." *Ladies' Home Journal*. Vol. 29. Nº 9. Setembro de 1912.
49. Frederick, Christine. "Housekeeping with Efficiency." Nova York: *Ladies' Home Journal*, 1913. Prefácio.
50. Warren, Maude Radford. *The Saturday Evening Post*. 12 de março de 1912. p. 11-12, 34-35.
51. "Proceedings." National Eucation Association, 1912, p. 492.
52. Mencken, Henry L. *The American Language: An Inquiry into the Development of English in the United States*, 4ª edição. Nova York: Knopf, 1936.
53. Tichi, Cecelia. *Shifting Gears: Technology, Literature, Culture in Modernist America*. Chapel Hill, NC: University of North Carolina Press, 1987. p. 116-117.
54. Book, William F. *The Intelligence of High School Seniors*. Nova York: Macmillan, 1922.

CAPÍTULO 5: CRIANDO O INDIVÍDUO

1. "Entrepreneurship." *The European Commission: Eurobarometer*. Janeiro de 2004. www.europa.eu.int; Buck, Tobias. "Europeans Balk at Starting Their Own Business." *Financial Times*. 3 de março de 2004.
2. Duby, Georges. "Solitude: Eleventh to Thirteenth Century." In: Duby, Georges, ed. *A History of Private Life: Revelations in the Medieval World*. Vol. 2. Cambridge, MA: Harvard University Press, 1988. p. 510; Tuan, Yi-Fu. *Segmented Worlds and Self: Group Life and Individual Consciousness*. Minneapolis: University of Minnesota Press, 1982. p. 58.

3. Thomas, Keith. *Man and the Natural World: A History of the Modern Sensibility.* Nova York: Pantheon, 1983, p. 95.
4. Beresford, Maurice, e John G. Hurst, eds. *Deserted Medieval Villages.* Nova York: St. Martin's Press, 1972. p. 236.
5. Weiner, Philip P. "Man-Machine from the Greeks to the Computer." In: Weiner, ed. *Dictionary of the History of Ideas.* Nova York: 1973-74. p. iii.
6. Thomas, Keith. *Man and the Natural World: A History of Modern Sensibility.* p. 39.
7. Lamont, William, e Sybil Oldfield, eds. *Politics, Religion and Literature in the 17th Century.* Londres: Dent, Rowman & Littlefield, 1975. p. 61-62.
8. Desidério, Erasmo. *De civitate morum puerilium (On the Civility of Children.).* 1530. Robert Whittinton, trad.; Tuan, Yi-Fu. *Segmented Worlds and Self: Group Life and Individual Consciousness.* p. 48-50; Elias, Norbert. *The Civilizing Process: The History of Manners.* Nova York: Urizen Books, 1978. p. 73-74.
9. Furnivall, Frederick J. *English Meals and Manners.* Detroit, MI: Singing Tree Press, 1969. p. xvi; Tuan, Yi-Fu. *Segmented Worlds and Self: Group Life and Individual Consciousness.* p. 42.
10. Tuan, Yi-Fu. *Segmented Worlds and Self: Group Life and Individual Consciousness.* p. 42.
11. Rifkin, Jeremy. *Biosphere Politics.* Nova York: Crown, 1991, p. 198.
12. Tuan, Yi-Fu. *Segmented Worlds and Self: Group Life and Individual Consciousness.*, p. 42.
13. Idem, p. 44; Elias, Norbert. *The Civilizing Process: The History of Manners.* p. 118.
14. Elias, Norbert. *The Civilizing Process: The History of Manners.* p. 121.
15. Idem, p. 126.
16. Idem, p. 68; Tuan, Yi-Fu. *Segmented Worlds and Self: Group Life and Individual Consciousness.* p. 45; Cooper, Charles. *The English Table in History and Literature.* Londres: Sampson Low, Marston & Company, s/d, p. 17, 19.
17. Elias, Norbert. *The Civilizing Process: The History of Manners.* p. 107; Tuan, Yi-Fu. *Segmented Worlds and Self: Group Life and Individual Consciousness.* p. 46.
18. Brett, Gerard. *Dinner Is Served: A History of Dining in England, 1400-1900.* Londres: Rupert Hart-Davis, 1968. p. 116.
19. Barley, M. W. *The House and Home: A Review of 900 Years of House Planning and Furnishing in Britain.* Greenwich, CT: New York Graphic Society, 1971. p. 40-41; Aries, Philippe. "The Family and the City." In: Rossi, Alice, ed. *The Family.* Nova York: Norton, 1965. p. 227-235; Holmes, U. T. Jr. *Daily Living in the Twelfth Century: Based on the Observations of Alexander Neckham in London and Paris.* Madison: University of Wisconsin Press, 1952. p. 231.
20. Tuan, Yi-Fu. *Segmented Worlds and Self: Group Life and Individual Consciousness.* p. 59-60; Everett, Alan. "Farm Labourers." In: Thirsk, Joan. ed. *The Agrarian History of England and Wales: 1500-1640.* Cambridge, R.U.: Cambridge University Press, 1967. p. 442-443.
21. Aries, Philippe. *Centuries of Childhood: A Social History of Private Life.* Nova York: Random House, 1962. p. 369.
22. Berman, Morris. *Coming to Our Senses: Body and Spirit in the Hidden History of the West.* Nova York: Simon & Schuster, 1989. p. 48.
23. Giedion, Siegfried. *Mechanization Takes Command: A Contribution to Anonymous History.* Nova York: Norton, 1969. p. 268-269.
24. Lukacs, John. "The Bourgeois Interior." *American Scholar* 39. Outono de 1970, Vol. 623. Tuan, Yi-Fu. *Segmented Worlds and Self: Group Life and Individual Consciousness.* p. 83.
25. Elias, Norbert. *The Civilizing Process: The History of Manners.* p. 177; Duby, Georges. "Solitude." In: Duby, ed. *A History of Private Life: Revelations in the Medieval World.* p. 589-590.
26. Elias, Norbert. *The Civilizing Process: The History of Manners.* p. 178-180; Aries, Philippe. *Centuries of Childhood: A Social History of Family Life.* p. 100-127.
27. Duby, Georges. "Solitude." In: Duby, ed. *A History of Private Life: Revelations in the Medieval World.* p. 605.
28. Tuan, Yi-Fu. *Segmented Worlds and Self: Group Life and Individual Consciousness.* p. 125-126.
29. Rifkin, Jeremy. *Biosphere Politics.* p. 212.

30. Idem. p. 214; Corbin, Alain. *The Foul and the Fragrant: Odor and the French Social Imagination.* Cambridge, MA. Harvard University Press, 1986. p. 143-144.

CAPÍTULO 6: INVENTANDO A IDEOLOGIA DA PROPRIEDADE

1. Schaff, Philip. *America: A Sketch of Its Political, Social, and Religious Character.* Cambridge, MA: Harvard University Press, 1855, 1961, p. 87; Tocqueville, Alexis de. *Democracy in America.* George Lawrence, trad. Nova York: Harper, 1988, p. 238.
2. Schlatter, Richard. *Private Property: The History of and Idea.* Nova York: Russell & Russell, 1973.
3. Idem, p. 64.
4. Randall, John Herman, Jr. *The Making of the Modern Mind.* Cambridge, MA: Riverside Press, 1940. p. 140.
5. Marty, Martin E. *A Short History of Christianity.* Nova York: Collins World, 1959. p. 220, 223; Weber, Max. *The Protestant Ethic and the Spirit of Capitalism.* Nova York: Scribner's, 1958. p. 104-105, 108, 116-117.
6. Tawney, R. H. *The Acquisitive Society.* Nova York: Harcourt Brace, 1920. p. 13.
7. Idem, p. 17.
8. Schlatter, Richard. *Private Property: The History of an Idea.* p. 118-120. *Les Six Libres de la République.* 1576. Referência: tradução do latim por Richard Knolles. Londres, Inglaterra, 1606.
9. Schlatter, Richard. *Private Property: The History of an Idea.* p. 119.
10. Idem. p. 120.
11. Tawney, R. H. *The Acquisitive Society.*
12. Idem, p. 20.
13. Reeve, Andrew. *Property.* Londres: Macmillan, 1986. p. 124; Schlatter, Richard, *Private Property: The History of an Idea.* p. 154.
14. Locke, John; Schlatter, Richard. *Private Property: The History of an Idea.* p. 154.
15. Schlatter, Richard. *Private Property: The History of an Idea.* p. 242.
16. Idem, p. 249.
17. Reeve, Andrew. *Property.* p. 137.
18. Idem, p. 137-138.
19. Ibidem, p. 138.
20. Ibidem, p. 298-299.
21. Beaglehole, Ernest. *Property: A Study in Social Psychology.* Nova York: Macmillan, 1932. p. 303.
22. Ely, James W. *The Guardian of Every Other Right.* Nova York: Oxford University Press, 1992. p. 26.
23. Locke, John. *Second Treatise of Civil Government.* Peter Laslett, ed. Cambridge, R.U.: Cambridge University Press, 1963. #123, #124.
24. Kelley, Donald R. *Historians and the Law in Postrevolutionary France.* Princeton, NJ: Princeton University Press, 1984. p. 129.
25. Bethell, Tom. *The Noblest Triumph: Property and Prosperity Through the Ages.* p. 98. Citação de Say.
26. De Soto, Hernando. *The Mystery of Capital.* Nova York: Basic Books, 2000. p. 5.
27. Idem, p. 35.
28. Ibidem, p. 6.
29. Ibidem, p. 10.
30. Ibidem, p. 8.
31. Kelley, Donald R. *Historians and the Law in Postrevolutionary France.* p. 131.
32. Condorcet, Marquês de. *Outlines of an Historical View of the Progress of the Human Mind.* Londres: J. Johnson, 1795. p. 4-5.
33. Rousseau, Jean-Jacques. *Discourse on the Origin of Inequality.* In: Rousseau, *Basic Political Writings*, Donald A. Cress, trad. e ed. Indianapolis: Hackett Publishing, 1987. p. 60.
34. Sombart, Werner. *Why Is There No Socialism in the United States?* White Plains, NY: International Arts and Sciences Press, 1976. p. 106.
35. Jameson, Anna Brownell. *Winter Studies and Summer Rambles in Canada.* Reedição. Toronto: New Canadian Library, 1990.

36. Johnson, Paul. *The Birth of the Modern*. Nova York: Harper Perennial, 1991. p. 211.
37. "The Homestead Act." The National Park Service. 20 de agosto de 2003. *www.nps.gov*.
38. Skaggs, Jimmy M. *Prime Cut*. College Station: Texas A&M University Press, 1967. p. 79.
39. Turner, Frederick Jackson. *The Frontier in American History*. Tucson: University of Arizona Press, 1994. p. 1.
40. "Strategies for Housing and Social Integration in Cities." Organização para a Cooperação e o Desenvolvimento Econômico. Paris: OECD, 1996. p. 40.
41. Jackson, Kenneth. *Crabgrass Frontier: The Suburbanization of the United States*. Nova York: Oxford University Press, 1985, p. 57.
42. Idem. p. 58.
43. "British Homes the Smallest in Europe." Bradford & Bingley, 2003. Fontes: HM Land Registry Residential Property Price Report, outubro-dezembro de 2001; "Characteristics of New Single-Family Homes (1987-2002)." National Association of Home Builders. 21 de agosto de 2003. *www.nahb.org*.
44. Platt, Rutherford H. *Land Use and Society*. Washington, DC: Federal Highway Administration Office of Highway Information Management. Julho de 1992. p. 23-24.
45. Diamond, Henry L., e Patrick F. Noonan. *Land Use in America*. Washington DC: Island Press, 1996, p. 85.
46. Arendt, Randall G. *Conservation Design for Subdivisions*. Washington, DC: Island Press, 1996. p. 19.
47. Schueler, Tom. *Site Planning for Urban Stream Protection*. Washington, DC: Metropolitan Council of Governments, Environmental Land Planning Series, 1995. p. 73.
48. Newman, Peter W. G., e Jeffrey R. Kenworthy. *Cities and Automobile Dependence: A Sourcebook*. Aldershot, R.U., e Brookfield, VT: Gower Publishing CO., 1989. p. 40-44.
49. Jackson, Kenneth T. *Crabgrass Frontier: The Suburbanazation of the United States*. p. 204-209.
50. "British Have Smallest Homes in Europe." The Move Channel. 3 de maio de 2002. *www.themovechannel.com*.
51. Idem; "Housing Vacancy Survey — Annual 2002." Escritório do Recenseamento Americano. *www.census.gov*; Maclenna, Duncan. "Decentralization and Residential Choices in European Cities: The Roles of State and Market." In: Summers, Anita A, Paul C. Cheshire e Lanfranco Senn, eds. *Urban Change in the United States and Western Europe: Comparative Analysis and Policy*. Washington, DC: Urban Institute, 1993. p. 517.
52. "British Have Smallest Homes in Europe"; Nivola, Pietro S. *Laws of the Landscape: How Politics Shape Cities in Europe and America*. Washington, DC: Brookings Institution Press, 1999. p. 22.
53. Jackson, Kenneth. *Crabgrass Frontier: The Suburbanazation of the United States*. p. 280.
54. Stegman, Michael A., e Margery Austin Turner. "The Future of Urban America in the Global Economy." *Journal of the American Planning Association*. Vol. 62. Primavera de 1996. p. 157.
55. Suplee, Curt. "Slaves of Lawn." p. 20.
56. Jackson, Kenneth. *Crabgrass Frontier: The Suburbanazation of the United States*. p. 50.
57. "The Social Situation in the European Union, 2002." Comissão Européia. 22 de maio de 2002. *www.europe.eu.int*.
58. Diamond, Henry L., e Patrick F. Noonan. *Land Use in America*. Washington, DC: Island Press, 1996, p. 68; Davis, Judy S., Arthur C. Nelson, e Kenneth J. Ducker. "The New 'Burbs: The Exurbs and Their Implications for Planning Policy." *Journal of the American Planning Association*. Vol. 60, inverno de 1994. p. 45-46.
59. "Guiding Principles for Sustainable Spatial Development of the European Continent." Conferência Européia dos Ministros da Administração Territorial Cemat). 6 de fevereiro de 2003. *www.coe.int*.
60. Turner, Frederick Jackson. *The Frontier in American History*. p. 320.
61. Idem.
62. Ibidem.
63. Ibidem, p. 312.
64. Ibidem, p. 211.
65. Ibidem, p. 288.

66. Adams, Charles. *For Good and Evil: The Impact of Taxes on the Course of Civilization.* Nova York: Madison Books, 1993, p. 360-364.
67. Roosevelt, Theodore. *The New Nationalism.* Englewood Cliffs, NJ: Prentice-Hall, 1910. (reimpressão em 1961). p. 33.

CAPÍTULO 7: FORJANDO MERCADOS CAPITALISTAS E ESTADOS-NAÇÃO

1. Heilbroner, Robert L. *The Making of Economic Society.* Englewood Cliffs, NJ: Prentice-Hall, 1962. p. 36-38, 50.
2. Polanyi, Karl. *The Great Transformation: The Politican and Economic Origins of Our Time.* Boston: Beacon, 1944. p. 70; Jones, E. L. *The European Miracle: Environments, Economies and Geopolitics in the History of Europe and Asia.* Cambridge, R.U.: Cambridge University Press, 1981. p. 101-102.
3. Jones, E. L. *The European Miracle: Environments, Economies and Geopolitics in the History of Europe and Asia.* p. 98-100.
4. Dobb, Maurice M. A. *Studies in the Development of Capitalism.* Nova York: International Publishers, 1947. p. 123.
5. Idem, p. 150.
6. Ibidem, p. 140-141.
7. Ibidem. p. 143.
8. Heilbroner, Robert L. *The Making of Economic Society.* p. 51-52.
9. Idem.
10. Ibidem.
11. Ibidem.
12. Polanyi, Karl. *The Great Transformation: The Politican and Economic Origins of Our Time.* p. 65.
13. Hobsbawm, E. J. *Nations and Nationalism since 1870: Programme, Myth, Reality.* Cambridge, R.U.: Cambridge University Press, 1990. p. 45. Proferido no primeiro encontro do parlamento do recém-unido reino da Itália (1861). (Latham, E. *Famous Sayings and Their Authors.* Detroit, 1970.) (Com referência a "Criamos a Itália; agora temos de criar italianos.")
14. Brunot, Ferdinand, ed. *Histoire de la langue française.* 13 vols. Paris: 1927-43; de Mauro, Tullio. *Storia linguistica dell'Italia unita.* Bari. 1963, p. 41; Wehler, H. U. *Deutsche Gesellschaftgeschichte 1700-1815.* Munique, Alemanha, 1987. p. 305.
15. Hobsbawm, E. J. *Nations and Nationalism since 1780. Programme, Myth, Reality.* p. 54.
16. Wright, Lawrence. *Clockwork Man.* Nova York: Horizon Press, 1969. p. 121.
17. Flora, Peter. *Economy and Society in Western Europe 1815-1975.* Vol. 1, capítulo 5. Frankfurt, Londres e Chicago, 1983.
18. Mumford, Lewis. *The Culture of Cities.* Nova York: Harcourt, Brace, 1963. p. 79.
19. Held, David, Anthony McGrew, David Goldblatt e Jonathan Perraton. *Global Transformations: Politics, Economics and Culture.* Stanford, CA: Stanford University Press, 1999. pp. 33-34.
20. Jones, E. L. *The European Miracle: Environments, Economies and Geopolitics in the History of Europe and Asia.* p. 130-131.
21. Smith, Dennis. "Making Europe — Processes of Europe-Formation since 1945." *In* Smith, Dennis, e Sue Wright, eds. *Whose Europe? The Turn Towards Democracy.* Oxford, R.U.: Blackwell Publishers, 1999. p. 240-241.
22. Rousseau, Jean-Jacques. *On the Social Contract.* Roger Masters, trad. Nova York: St. Martin's Press, 1978. p. 130.
23. Hindess, Barry. "Neo-liberalism and the National Economy." In: Dean, M., e B. Hindess, eds. *Governing Australia: Studies in Contemporary Rationalities of Government.* Cambridge, R.U.: Cambridge University Press, 1988. p. 210-226; Held, David, Anthony McGrew, David Goldblatt, e Jonathan Perraton. *Global Transformations: Politics, Economics and Culture.* p. 37.
24. Held, David, Anthony McGrew, David Goldblatt, e Jonathan Perraton. *Global Transformations: Politics, Economics and Culture.* p. 37-38.
25. Dobb, Maurice. *Studies in the Development of Capitalism,* p. 193; "Mercantilism." *The Columbia Encyclopedia.* Sexta edição, 2001. *www.bartleby.com.*

26. Shapiro, Michael J., e Hayward R. Alker. *Challenging Boundaries: Global Flows, Territorial Identities*. Minneapolis: University of Minnesota Press, 1996, p. 238; "French Revolution." *The Columbia Encyclopedia*. Sexta Edição, 2001. *www.bartleby.com*; "Declaration of the Rights of Man and the Citizen." Artigo 3. Adotado pela Assembléia Nacional, 27 de agosto de 1789. *www.history.binghamton.edu*.
27. Smith, Anthony D. *Nationalism: Theory, Ideology, History*. Cambridge, R.U.: Polity Press, 2001. p. 45. Para mais informações, ver Brubaker, Rogers. *Citizenship and Nationhood in France and Germany*. Cambridge, MA: Harvard University Press, 1992; Sluga, Glenda. "Identity, Gender, and the History of European Nations and Nationalism." *Nations and Nationalism*. 1998. 4,1: p. 87-111.
28. Hobsbawm, E. J. *Nations and Nationalism Since 1780: Programme, Myth, Reality*. p. 82-83.
29. Maier, Charles S. "Does Europe Need a Frontier?: From Territorial to Redistributive Community." In: Zielonka, Jan. *Europe Unbound*. Londres: Routledge, 2002. p. 26.
30. Lowe, Donald M. *History of Bourgeois Perception*. Chicago: University of Chicago Press, 1982. p. 38.
31. "Spread of Railways in 19th Century." *Modern History Sourcebook*. Fordham University. 22 de setembro de 2001.
32. Russell, J. C. *Medieval Regions and Their Cities*. Newton Abbot: David and Charles, 1972. p. 244, 246; Strayer, Joseph R. *On the Medieval Origins of the Modern State*. Princeton, NJ: Princeton University Press, 1970. p. 61; Tilly, Charles, ed. *The Formation of the National State in Western Europe*. Princeton, NJ: Princeton University Press, 1975. p. 15; Wesson, Robert. *State Systems: International Pluralism, Politics, and Culture*. Nova York: Free Press, 1978, p. 21.
33. "Table A-1. Reported Voting and Registration by Race, Hispanic Origin, Sex and Age Groups: November 1964-2000." Escritório do Recenseamento Americano. 3 de junho de 2002. *www.census.gov*.

CAPÍTULO 8: O COMÉRCIO EM REDE NUMA ECONOMIA GLOBALIZADA

1. Kirkham, Jan, e Timothy McGowan. "Strengthening and Supporting the Franchising System." International Franchise Association. *The Franchising Handbook*. p. 12.
2. Smith, Adam. *An Inquiry into the Nature and Causes of the Wealth of Nations*. Edwin Cannan, ed. Londres: Methuen & Co., 1961. Vol. 1, p. 475.
3. Castells, Manuel. *The Rise of the Network Society*. Cambridge, MA: Blackwell Publishers, 1996. p. 207; Ernst, Dieter. *Inter-firms Networks and Market Structure: Driving Forces, Barriers and Patterns of Control*. Berkeley, CA: University of California, estudo de BRIE 73, 1994. p. 5-6.
4. Scharpf, Fritz W. *Games in Hierarchies and Networks*. Frankfurt am Main, Alemanha: Campus Verlag, 1993. p. 69-70.
5. Uzzi, Brian. "The Sources and Consequences of Embeddedness for the Economic Performance of Organizations: The Network Effect." *American Sociological Review*. Vol. 61. Nº 4. Agosto de 1996. p. 682.
6. Idem. p. 682-683.
7. Ibidem, p. 679.
8. Ibidem, p. 678.
9. Ibidem.
10. Ibidem. p. 682.
11. Jones, Candace, William S. Hesterly, e Stephen P. Borgatti. "A General Theory of Network Governance: Exchange Conditions and Social Mechanisms." *The Academy of Management Review*. Vol. 22, No. 4, outubro de 1997. p. 921.
12. Powell, Walter W. "Neither Market Nor Hierarchy: Network Forms of Organization." *Research in Organizational Behavior*. Vol. 12. 1990. p. 325.
13. Blackstone, Sir William. *Ehrlich's Blackstone*. J. W. Ehrlich, ed. San Carlos, CA: Nourse Publishing, 1959. p. 113.
14. McKenzie, Evan. "Common-Interest Housing in the Communities of Tomorrow." Housing Policy Debate: Vol. 14. Edições 1 e 2. Fannie Mae Foundation, 2003.
15. MacPherson, Crawford. *Democratic Theory: Essays in Retrieval*. Cambridge, R.U.: Oxford University Press, 1973. p. 139.
16. Idem.
17. Ibidem. p. 140.

CAPÍTULO 9: OS "ESTADOS UNIDOS" DA EUROPA

1. "Cross-Border and Interregional Cooperation: Four Motors for Europe." *Interreg.* www.baden-wuerttemberg.de.
2. Byatt, A. S. "What is a European?" *The New York Times Magazine.* 31 de outubro de 2002.
3. Sciolino, Elaine. "Visions of a Union: Europe Gropes for an Identity." *The New York Times.* 15 de dezembro de 2002.
4. "Treaty of Rome." 25 de março de 1957. www.europa.eu.int.
5. Comissão das Comunidades Européias (CCE). *Treaties Establishing the European Communities*, edição abreviada. Luxemburgo: Official Publications of the European Communities (OOPEC), 1983.
6. Shore, Chris. *Building Europe: The Cultural Politics of European Integration.* Londres: Routledge, 2000. p. 15.
7. "How Europeans See Themselves." Comissão Européia. Setembro de 2000; Ratnesar, Romesh. "Generation Europe." *Time Europe.* 2 de abril de 2001.
8. Emerson, Rony. "The Power of Europe." *Newsweek.* 16-23 de setembro de 2002.
9. "Treaty Establishing the European Coal and Steel Community." *The European Union On-Line.* www.europa.eu.int/abc/obj/treaties. 4 de novembro de 2003.
10. Idem.
11. Ruttley, Philip. "The Long Road to Unity." In Pagden, Anthony. *The Idea of Europe: >From Antiquity to the European Union.* Cambridge, R.U.: Cambridge University Press, 2002. p. 234.
12. "Treaty Establishing the European Community (Treaty of Rome)." Part 1: Principles. 25 de março de 1957. www.europa.eu.int.
13. Idem; "The First Treaties." European Parliament Fact Sheets. 9 de junho de 2000. www. europarl.eu.int
14. "The First Treaties." European Parliament Fact Sheets.
15. "Treaty Establishing the European Community (Treaty of Rome)." 25 de março de 1957. Artigos 48-73.
16. Monnet, Jean. Citação do discurso em Washington, DC. 30 de abril de 1952.
17. George, Stephen. *Politics and Policy in the European Community.* Oxford, R.U.: Clarendon, 1985. p. 20.
18. Smith, Dennis. "Making Europe — Processes of Europe-formation Since 1945." In: Smith, Dennis, e Sue Wright, eds. *Whose Europe? The Turn Towards Democracy.* Oxford, R.U.: Blackwell Publishers/ The Sociological Review, 1999. p. 242-243.
19. Hoffman, Paul. Discurso à Organização pela Cooperação Econômica Européia (OEEC). 31 de outubro de 1949. Paris.
20. Ruttley, Philip. "The Long Road to Unity." p. 243-245.
21. Ibidem. "Single European Act." 29 de junho de 1987. www.europa.eu.int.
22. Calleo, David P. *Rethinking Europe's Future.* Princeton, NJ: Princeton University Press, 2001. p. 185; Ruttley, Philip. "The Long Road to Unity." p. 247.
23. Ruttley, Philip. "The Long Road to Unity." p. 248.
24. "The Treaty of Accession 2003." Assinado em Atenas em 16 de abril de 2003. www.europa.eu.int.
25. "Committee of the Regions: Members and Mandate." Comitê das Regiões. www.cor.eu.int.
26. Smith, Dennis, e Sue Wright. *Whose Europe? The Turn Towards Democracy.* p. 14.
27. Ruttley, Philip. "The Long Road to Unity." p. 246, 250.
28. "So That's All Agreed, Then." *The Economist.* 16 de dezembro de 2000. p. 25-28; Calleo, David P. *Rethinking Europe's Future.* p. 254.
29. "Eurobarometer Reveals Growing Support for EU Constitution." *EurActiv.* 18 de fevereiro de 2004. www.euractive.com.
30. Healthcoat-Amory, David. "The Constitution Is a Sham." *The Wall Street Journal Europe.* 20-22 de junho de 2003.
31. "Special Report: Europe's Constitution." *The Economist.* 21 de junho de 2003. p. 22.
32. Mitchener, Brandon. "EU Backs Initiative on Draft Constitution." *The Wall Street Journal Europe.* 23 de junho de 2003.
33. Greene, Robert Land. "We're Still the One." *The New York Times.* 17 de julho de 2003.

34. "Special Report: Europe's Constitution." *The Economist.*
35. Idem.
36. Parker, George, e Daniel Dombey. "'Not Perfect But More Than We Could Have Hoped For': Europe's Draft Constitution." *Financial Times.* 20 de junho de 2003.
37. Fuller, Thomas. "Europe Debates Whether to Admit God to Union." *The New York Times.* 5 de fevereiro de 2003.
38. Idem.
39. Woodward, Kenneth L. "An Oxymoron: Europe Without Christianity." *The New York Times.* 14 de junho de 2003.
40. "Treaty Establishing a Constitution for Europe: Article 3: The Union's Objectives." Convenção Européia. Bruxelas. 20 de junho de 2003.
41. Idem.
42. Rothstein, Edward. "Europe's Constitution: All Hail the Bureaucracy." *The New York Times.* 5 de julho de 2003.
43. "Treaty Establishing a Constitution for Europe." Convenção Européia.
44. Idem.

CAPÍTULO 10: O GOVERNO SEM CENTRO

1. Vinocur, John. "Jospin Envisions an Alternative EU." *International Herald Tribune.* 29 de maio de 2001.
2. Taylor, Frederick. *The Principles of Scientific Management.* Nova York: Norton, 1947. p. 39, 63.
3. Wiener, Norbert. *The Human Use of Human Beings.* Nova York: Avon Books, 1954. p. 26-27.
4. Idem, p. 35.
5. Rumford, Chris. *The European Union: A Political Sociology.* Oxford, R.U.: Blackwell Publishers, 2002. p. 71-72. Citação de Michel Foucault.
6. Dean, Mitchell M. *Governmentality: Power and Rule in Modern Society.* Londres: Sage, 1999. p. 2.
7. Idem, p. 201.
8. Axford, Barrie, e Richard Huggins. "Towards a Post-national Polity: The Emergence of the Network Society in Europe." In: Smith, Dennis, and Sue Wright. *Whose Europe? The Turn Towards Democracy.* p. 192-193.
9. Idem, p. 194.
10. Ibidem.
11. Hirst, Paul, e Grahame Thompson. *Globalization in Question: The International Economy and the Possibilities of Governance.* Cambridge, R.U.: Polity Press, 1996. p. 53.
12. Gellner, Ernest. *Nations and Nationalism.* Ithaca, NY: Cornell University Press, 1983, p. 6.
13. Latour, B. *On Actor Network Theory: A Few Clarifications.* 1993. *www.keele.cstt.latour.html.*
14. Bull, Hedley. *The Anarchical Society.* Nova York: Columbia University Press, 1977. p. 245.
15. Idem.
16. Ibidem.
17. Ibidem. p. 245-246.
18. Ibidem. p. 246.
19. Ibidem.
20. Ibidem.
21. Beck, Ulrich. "The Reinvention of Politics: Towards a Theory of Reflexive Modernization." In: Beck, Ulrich, Anthony Giddens, e Scott Lash. *Reflexive Modernization: Politics, Tradition and Esthetics in the Modern Social Order.* Stanford, CA: Stanford University Press, 1994. p. 39.
22. Luke, Tim. "World Order or Neo-World Orders. Power, Politics, and Ideology in Informationalizing Glocalities." In: Featherstone, M., S. Lash, e R. Robertston. *Global Modernities.* Londres: Sage, 1995.
23. Lowe, P., e S. Ward, eds. *British Environmental Policy and Europe.* Londres: Routledge, 1998.
24. Barry, Andrew. "The European Network." *Technoscience.* Outono de 1996. No. 29. p. 33-34.

CAPÍTULO 11: ROMANTIZANDO A SOCIEDADE CIVIL

1. Nectoux, François. "European Identity and the Politics of Culture in Europe." In: Axford, Barrie, Daniela Berghahn, e Nick Hewlett. *Unity and Diversity in the New Europe*. Oxford, R.U.: Peter Lang, 2000. p. 149.
2. Salamon, Lester M., Helmut Anheier, Regina List, Stefan Toepler, e Wojciech S. Sokolowski. "Global Civil Society: Dimensions of the Nonprofit Sector." Projeto Comparativo do Setor sem Fins Lucrativos, Centro de Estudos da Sociedade Civil Johns Hopkins. 1999. *www.jhu.edu/~ccss/pubs/books/gcs*.
3. Idem.
4. Ibidem. Gráfico: "Changes in Nonprofit Sector FTE Employment, by Country, 1990-1995."
5. Ibidem. p. 29-30.
6. "Civil Society Sector FTE Revenue, by Field, 32 Countries." Projeto Comparativo do Setor sem Fins Lucrativos Johns Hopkins. 15 de abril de 2003. *www.jhu.edu/~cnp/pdf/comptable4.pdf*.
7. Rumford, Chris. *The European Union: A Political Sociology*. Oxford, R.U.: Blackwell, 2002. p. 90.
8. Economic and Social Committee (ESC). *Opinions of the Economic and Social Committee on Organized Civil Society and European Governance: The Committee's Contribution to the Drafting of the White Paper*. Bruxelas: Comitê Econômico e Social da Europa, 2001.
9. Prodi, Romano. "Towards a European Civil Society." Discurso na Segunda Semana Social Européia. Bad Honnef. 6 de abril de 2000.
10. Idem.
11. Murphy, C. *International Organization and International Change: Global Governance Since 1850*. Cambridge, R.U.: Polity Press, 1994. p. 47-48.
12. Ruberti, Antonio. "Science in European Culture." In: Durant, John, e John Gregory, eds. *Science and Culture in Europe*. Londres: Science Museum, 1993. p. 15.
13. Krut, R. "Globalization and Civil Society: NGO Influence in International Decision-making." Estudo apresentado na Conferência sobre Globalização e Cidadania do Instituto de Pesquisa do Desenvolvimento Social das Nações Unidas. Genebra. 9-11 de dezembro de 1996. p. 19.
14. Edelman, Richard. "Non-Governmental Organizations, the Fifth Estate in Global Governance." Edelman Public Relations Worldwide. 2 de fevereiro de 2002.
15. Idem.
16. Ibidem.

CAPÍTULO 12: O DILEMA DA IMIGRAÇÃO

1. "A Europe of Regions?" *The Wall Street Journal*. 13 de novembro de 2002; Nectoux, François. "European Identity and the Politics of Culture in Europe." In: Axford, Barrie, Daniela Berghahn, e Nick Hewlett, eds. *Unity and Diversity in the New Europe*. Oxford, R.U.: Peter Lang, 2000. p. 146.
2. Fuller, Thomas. "Foreign Workers Face Turning Tide: Backlash in Europe." *International Herald Tribune*. 24 de dezembro de 2002.
3. Idem.
4. Ibidem.
5. Ibidem.
6. "Mixed Reaction to EU Asylum and Immigration Plans." Press Association Newsfile. 22 de novembro de 2000.
7. "Christian Democrats to Target Far-Rights Voters." *Reuters*. 11 de dezembro de 2000.
8. Gallagher, Stephen. "Towards a Common European Asylum System: Fortress Europe Redesigns the Ramparts." *International Journal*. Junho de 2002; "Germany Opens the Door Slightly Wider." *Times*. 26 de janeiro de 2001.
9. Held, David, Anthony McGrew, David Goldblatt, e Jonathan Perraton. *Global Transformations: Politics, Economics and Culture*. Stanford, CA: Stanford University Press, 1999. p. 299, 312-313, 319-320; SOPEMI. *Continuous Reporting System on Migration*. Organização pela Cooperação e o Desenvolvimento Econômico. Paris. 1991.

10. Held, David, Anthony McGrew, David Goldblatt e Jonathan Perraton. *Global Transformations: Politics, Economics and Culture.* p. 299.
11. SOPEMI. *Continuous Reporting System on Migration.* Organização pela Cooperação e o Desenvolvimento Econômico.
12. "The Social Situation in the European Union, 2002." Comissão Européia. 22 de maio de 2002. p. 23, 26 c1. *www.europa.eu.int.*
13. Beck, Ulrich. *What Is Globalization?* Cambridge, R.U.: Polity Press, 2000. p. 48.
14. Nyberg-Sorenson, Ninna, Nicholas Van Hear, e Poul Engberg-Pedersen. "The Migration-Development Nexus Evidence and Policy Options." Organização Internacional pela Migração. Julho de 2002.
15. Fidler, Stephen, e Virginia Marsh. "Sense of Crisis as Migrants Keep Moving." *Financial Times.* 25 de julho de 2002.
16. Vitorino, Antonio. "Migratory Flows and the European Labor Market: Towards a Community Immigration Policy." Discurso. 9 de julho de 2001.
17. "The Social Situation in the European Union, 2002." Comissão Européia. 22 de maio de 2002. p. 11 c1, 61 c1, 63 c1, c2. *www. europa.eu.int.*
18. "World Population Prospects the 2002 Revision: Highlights." Divisão de População das Nações Unidas. 26 de fevereiro de 2003. p. 16.
19. Bernstein, Richard. "An Aging Europa May Find Itself on the Sidelines." *The New York Times.* 29 de junho de 2003.
20. Wolf, Martin. "The Challenge Facing Old Europe." *Financial Times.* 4 de março de 2003.
21. "The Old World — Shrinking with Age." *Financial Times.* 1-2 de março de 2003.
22. Bruni, Frank. "Persistent Drop in Fertility Reshapes Europe's Future." *The New York Times.* 26 de dezembro de 2002.
23. Idem.
24. Bernstein, Richard. "An Aging Europe May Find Itself on the Sidelines."
25. "The Social Situation in the European Union, 2002." Comissão Européia. p. 11 c1.
26. Wolf, Martin. "The Challenge Facing Old Europe."
27. Emerson, Tony. "The Power of Europe." *Newsweek.* 16-23 de setembro de 2002. p. 53.
28. Bruni, Frank. "Persistent Drop in Fertility Reshapes Europe's Future."
29. Theil, Stefan. "A Heavy Burden." *Newsweek.* 30 de junho de 2003. p. 28.
30. Idem.
31. Ibidem.
32. Bernstein, Richard. "An Aging Europe May Find Itself on the Sidelines."
33. Theil, Stefan. "A Heavy Burden."
34. "Germany Faces Looming Aging Crisis." Centro de Estudos Estratégicos e Internacionais. 5 de março de 2003.
35. Bernstein, Richard. "An Aging Europe May Find Itself on the Sidelines."
36. Wolf, Martin. "The Challenge Facing Old Europe"; "Economic Portrait of the European Union 2002." Comissão Européia. 2002. p. 55; "The World Economic Outlook (WEO) Database: Selected World Aggregates." Fundo Monetário Internacional. Abril de 2003. *www.imf.org.*
37. Bernstein, Richard. "An Aging Europe May Find Itself on the Sidelines." Citação de Wolfgang Lutz; Lutz, Wolfgang, Brian C. O'Neill, e Sergei Scherbov. "Europe's Population at a Turning Point." *Science Magazine.* Vol. 299. 28 de março de 2003.
38. Idem.
39. Theil, Stefan. "A Heavy Burden."
40. Bernstein, Richard. "An Aging Europe May Find Itself on the Sidelines."
41. "The Social Situation in the European Union, 2002." Comissão Européia, p. 25 c1.
42. Idem.
43. Bruni, Frank. "Persistent Drop in Fertility Reshapes Europe's Future."
44. Paine, Thomas. *Rights of Man.* 1795.
45. Cohen, R. *Global Diasporas.* Londres: University College London Press, 1997. p. ix-x.

46. "China's Control of Media Entities Abroad." Falun Dafa Information Entities Abroad. 21 de novembro de 2003. *www.faluninfo.net*.
47. Beck, Ulrich. *What is Globalization?* p. 28; Friedman, J. "Cultural Logics of the Global System." *Theory, Culture and Society*. Vol. 5. Edição especial sobre pós-modernismo. 1988. p. 458.
48. Pries, Ludger. *Internationale Migration*. Edição especial de *Soziale Welt*, Baden-Baden, Alemanha, 1997.
49. Idem.
50. Ibidem.
51. "IOM News: Inside, a Sneak Preview of World Migration." Organização Internacional da Migração. Dezembro de 2002.
52. Fleming, Charles, e John Carreyrou. "In French High Schools, Muslim Girls Depend on Headscarf Mediator." *The Wall Street Journal Europe*. 26 de junho de 2003.
53. Idem.
54. Ibidem.
55. Sciolino, Elaine. "France Steps Closer to a Head-Scarf Ban." *The New york Times*. 12 de fevereiro de 2004.
56. Sciolino, Elaine. "A Maze of Identities for the Muslims of France." *The New York Times*. 9 de abril de 2003.
57. Fleming, Charles, e John Carreyrou. "In French High Schools, Muslim Girls Depend on Headscarf Mediator."
58. Ash, Timothy Garton. "How the West Can Be One." *The New York Times Magazine*. 27 de abril de 2003.
59. Idem.
60. Sciolino, Elaine. "Spain Will Loosen Its Alliance with U.S., Premier-Elect Says." *The New York Times*. 16 de março de 2004.
61. Appadurai, Arjun. *Modernity at Large: Cultural Dimension of Globalization*. Minneapolis: University of Minnesota Press, 1996. p. 166.
62. Idem. p. 166, 171.
63. Milbank, John. "Against the Resignations fo the Age." In: McHugh, F. P., e S. M. Natale, eds. *Things Old and New: Catholic Social Teaching Revisited*. Nova York: University of America, 1993. p. 19.
64. Idem.
65. Foucault, Michel. "Of Other Spaces." *Diacritics*. Vol. 16. No. 1. Primavera de 1986. p. 22.
66. Christiansen, Thomas, e Knud Erik Jorgensen. "Transnacional Governance 'Above' and 'Below' the State: The Changing Nature of Borders in the New Europe." *Regional & Federal Studies*. Vol. 10. 2000. p. 74.
67. Ruggie, John Gerard. "Territoriality and Beyond: Problematizing Modernity in International Relations." *International Organization*. Vol. 47. No. 1. Inverno de 1993. p. 168-170.
68. Idem.
69. Hassner, Pierre. "Fixed Borders or Moving Borderlands?: A New Type of Border for a New Type of Entity." In: Zielonka, Jan, ed. *Europe Unbound: Enlarging and Reshaping the Boundaries of the European Union*. Londres: Routledge, 2002. p. 39.
70. Idem, p. 45.
71. Ibidem, p. 46.
72. Ghéhenno, Jean-Marie. *The End of the Nation-State*. Minneapolis: University of Minnesota Press, 1995. p. 139.

CAPÍTULO 13: UNIDADE NA DIVERSIDADE

1. Beetham, David. "Human Rights as a Model for Cosmopolitan Democracy." In: Archibugi, Daniele, David Held, e Martin Kohler, eds. *Re-Imagining Political Community: Studies in Cosmopolitan Democracy*. Stanford, CA: Stanford University, 1998. p. 60.
2. Beck, Ulrich. "From Industrial Society to Risk Society: Questions of Survival, Structure and Ecological Enlightenment." *Theory, Culture and Society*. Vol. 9. 1992. p. 109.

3. Turner, Bryan S. "Outline of a Theory of Human Rights." *Sociology*. Vol. 27. N° 3. Agosto de 1993. p. 503; Gehlen, A. *Man: His Nature and Place in the World*. Nova York: Columbia University Press. 1988.
4. Idem.
5. Moore, Barrington. *Reflections on the Causes of Human Misery and Upon Certain Proposals to Eliminate Them*. Boston: Beacon Press, 1970. p. 1-2.
6. Turner, Bryan S. "Outline of a Theory of Human Rights." p. 501.
7. Idem. p. 503.
8. Ibidem.
9. Ibidem. p. 506.
10. Sellers, Frances Stead. "A Citizen on Paper Has no Weight." *The Washington Post*. 19 de janeiro de 2003.
11. Marshall, T. H. *Citizenship and Social Class*. Cambridge, R.U.: Cambridge University Press, 1950.
12. Stevenson, N. "Globalization, National Cultures and Cultural Citizenship." *The Sociological Quarterly*. Vol. 38. 1997. p. 41-66; Yuval-Davis, N. *National Spaces and Collective Identities: Borders, Boundaries, Citizenship and Gender Relations*.Conferência Inaugural da Universidade de Greenwich. 1997; van Steenbergen, B. "Towards a Global Ecological Citizen." In: van Steenbergen, ed. *The Condition of Citizenship*. Londres, R.U.: Sage, 1994; Held, David. *Democracy and the Global Order*. Cambridge, R.U.: Polity, 1991; Urry, John. *Consuming Places*.Londres, R.U.: Routledge, 1995; Bauman, Z. *Postmodern Ethics*. Londres: Routledge, 1993.
13. Urry, John. *Beyond Societies: Mobilities for the Twenty-First Century*. Londres: Routledge, 2000. p. 166.
14. "Charter of the United Nations: Chapter 1: Article 1:3." The United Nations, 1945. *www.un.org/aboutun/charter/chapter1.html*.
15. "Ongoing Struggle for Human Rights: The Universal Declaration of Human Rights (Timeline)." Franklin and Eleanor Roosevelt Institute. 2 de novembro de 2003. *www.udhr.org/history/timeline.htm*; Beetham, David. "Human Rights as a Model for Cosmopolitan Democracy." p. 63.
16. Brownlie, I., ed. *Basic Documents on Human Rights*. 3. ed. Oxford, R.U.: Oxford University Press, 1992. p. 115, 172. "Ongoing Struggle for Human Rights: The Universal Declaration of Human Rights (Timeline)." Franklin and Eleanor Roosevelt Institute; "Biodiversity and the Environment." Organização das Nações Unidas. 24 de novembro de 2003. *www.un.org*.
17. Beetham, David. "Human Rights as a Model for Cosmopolitan Democracy." p. 62-63; Rumford, Chris. *The European Union: A Political Sociology*. Oxford, R.U.: Blackwell, 2002. p. 226.
18. Closa Montero, Carlos. "The Concept of Citizenship in the Treaty on European Union." *Common Market Law Review*. Vol. 29. 1992. p. 1139.
19. Scruton, Roger. *A Dictionary of Political Thought*. Londres: Pan, 1982. p. 63-64.
20. Soysal, Yasemin. "Changing Citizenship in Europe: Remarks on Postnational Membership and the National State." *In* Cesarini, D., e M. Fulbrook, eds. *Citizenship, Nationality, and Migration in Europe*. Londres: Routledge, 1997. p. 21.
21. Delanty, Gerard. *Inventing Europe: Idea, Identity, Reality*. Londres: Macmillan, 1995.

CAPÍTULO 14: PROMOVENDO A PAZ

1. Hobsbawm, E. J. *The Age of Extremes: The Short Twentieth Century, 1914-1991*. Londres: Michael Joseph, 1994. p. 12.
2. "Protocol No. 13 to the Convention for the Protection of Human Rights and Fundamental Freedoms, Concerning the Abolition of the Death Penalty in All Circumstances." Conselho da Europa. 3 de maio de 2002. *http://conventions.coe.int*.
3. Hodgkinson, Peter. "Living without the Death Penalty: The Experience in Europe." *The Lawyer Journal of the Taipei Bar Association*. Abril de 2002. p. 6.
4. "EU Memorandum on the Death Penalty." European Union in the U.S. 5 de fevereiro de 2003. *www.eurunion.org/legislat/DeathPenalty/eumemorandum.htm*.
5. Idem.

6. "Poll Topics and Trends: Death Penalty." The Gallup Organization. 9 de outubro de 2003. www.gallup.com.
7. "EU Memorandum on the Death Penalty." European Union in the U.S.
8. Idem.
9. Bíblia Sagrada, Versão do Rei Jaime. Mateus 5:38, 5:39.
10. Idem. Mateus 5:43, 5:44.
11. "Poll Topics and Trends: Death Penalty." The Gallup Organization.
12. Nisbett, Richard E. *The Geography of Thought: How Asians and Westerners Think Differently... and Why.* Nova York: Free Press, 2003. p. 88.
13. "EU Memorandum on the Death Penalty." European Union in the U.S., p. 3.
14. Idem.
15. Bonczar, Thomas P., e Tracy L. Snell. "Capital Punishment, 2002." Escritório de Estatísticas Judiciárias. Novembro de 2003.
16. Chace, James. "Present at the Destruction: The Death of American Internationalism." *World Policy Journal.* Primavera de 2003. p. 2; Tyler, Patrick E. "U.S. Strategy Plan Calls for Insuring No Rivals Develop." *The New York Times.* 8 de março de 1992.
17. Idem.
18. Chace, James. "Present at the Destruction: The Death of American Internationalism."
19. "President Bush Delivers Graduation Speech at West Point." The White House. 1º de junho de 2002. www.whitehouse.gov.
20. Idem.
21. "Secretary Rumsfeld Media Availability." Discurso de Donald Rumsfeld. 22 de maio de 2002. www.globalsecurity.org.
22. Glennon, Michael J. "Why the Security Council Failed." *Foreign Affairs.* Vol. 82, Nº 3. Maio/junho de 2003. p. 20.
23. "Charter of the United Nations: Chapter 1: Purposes and Principles." The United Nations. www.un.org.
24. Ikenberry, G. John. "America's Imperial Ambition." *Foreign Affairs.* Vol. 81. Nº 5. Setembro/outubro de 2002. p. 56-57.
25. Idem.
26. Hoffman, Stanley. "The High and the Mighty." *American Prospect.* 23 de janeiro de 2003.
27. Bush, George W. "Text: Bush's 2003 State of the Union Address." *The Washington Post.* 28 de janeiro de 2003.
28. Gordon, Philip H. "Bridging the Atlantic Divide." *Foreign Affairs.* Vol. 81. Nº 1. Janeiro/fevereiro de 2003. p. 76-77.
29. "Seventy-Two Percent of Americans Support War Against Iraq." The Gallup Organization. 24 de março de 2003.
30. Gordon, Philip H. "Bridging the Atlantic Divide." p. 77.
31. Idem.
32. "Views of a Changing World." Projeto Pew sobre Atitudes Globais. The Pew Research Center for the People and the Press. Junho de 2003. p. 101.
33. Glennon, Michael J. "Why the Security Council Failed." p. 21.
34. Fischer, Joschka. Discurso na Universidade Humboldt. Berlim, Alemanha. 12 de maio de 2000.
35. Daley, Suzanne. "French Minister Calls U.S. Policy 'Simplistic'." *The New York Times.* 7 de fevereiro de 2002.
36. Prodi, Romano. Discurso no Institut d'Études Politiques. Paris, 29 de maio de 2001.
37. Kagan, Robert. *Or Paradise and Power: America and Europe in the New World Order.* Nova York: Knopf, 2003. p. 60.
38. Kennedy, Craig, e Marshall M. Bouton. "The Real Trans-Atlantic Gap." *Foreign Policy.* Dezembro de 2002. p. 5.
39. Idem.
40. Kagan, Robert. *Or Paradise and Power: America and Europe in the New World Order.* p. 3-4.
41. Kennedy, Craig, e Marshall M. Bouton. "The Real Trans-Atlantic Gap."

42. Patten, Chris, CH. "A European Foreign Policy: Ambition and Reality." Discurso no Institut Français des Relations Internationales (Ifri). Paris. 15 de junho de 2000.
43. Idem.
44. Patten, Chris. "From Europe with Support." *Yediot Ahronot*. 28 de outubro de 2002.
45. Nye, Joseph S. Jr. *The Paradox of American Power*. Oxford, R.U.: Oxford University Press, 2002. p. 8-9.
46. "The Biggest Threat to Peace: You Vote." *Time Europe*. 25 de agosto de 2003. *www.time.com*.
47. "Global Survey Results Give a Thumbs Down to US Foreign Policy." Gallup International. 7 de setembro de 2002.
48. Ioannides, Isabelle. "The European Rapid Reaction Force." Centro Internacional de Conversão de Bonn. Setembro de 2002. p. 8.
49. Kaldor, Mary. "Reconceptualizaing Organized Violence." In: Archibugi, Daniele, David Held, e Martin Kohler, eds. *Re-imagining Political Community: Studies in Cosmopolitan Democracy*. Stanford, CA: Stanford University Press, 1998. p. 108.
50. Moravcsik, Andrew. "How Europe Can Win without an Army." *Financial Times*. 2 de abril de 2003.
51. Gelb, Lesli H., e Justine Rosenthal. "The Rise of Ethics in Foreign Policy." *Foreign Affairs*. Vol. 82, No. 3. Maio/junho de 2003. p. 2-7.
52. "European Union Factsheet: Development Assistance and Humanitarian Aid." Comissão Européia. 25 de junho de 2003.
53. Idem.
54. Ibidem.
55. Barber, Lionel. "The New Transatlantic Agenda." In: Guttman, Robert J. ed. *Europe in the New Century: Visions of an Emerging Superpower*. Boulder, CO: Lynne Rienner Publishers, 2001. p. 97; Lennon, David. "The European Union: A Leader in Humanitarian and Development Assistance." In: Guttman, Robert J., ed. *Europe in the New Century: Visions of an Emerging Superpower*. p. 131.
56. Lennon, David. "The European Union: A Leader in Humanitarian and Development Assistance." p. 127.
57. "Ranking the Rich." *Foreign Policy*. Maio/junho 2003. p. 57-58.
58. Idem, p. 60-61.
59. Clark, Wesley K. *Waging Modern War*. Nova York: Public Affairs, 2001. p. 426.
60. Idem.
61. Zinsmeister, Karl. "Old and In the Way." *The American Enterprise Magazine Online*. 2002. *www.americanenterprise.org*; Hartmann, Andreas. "Europe's Military Ambitions — Myth or Reality?" European Documentation Centre, 2002. *www.edc.spb.ru*.
62. Kennedy, Paul. "Time for an American Recessional?" *Newsweek — Special Edition: Issues 2003*. Dezembro de 2002 — fevereiro de 2003. p. 86.
63. "Fiscal Year 2004 Budget." Center for Defense Information. 19 de março de 2003. *www.cdi.org/budget/2004/world-military-spending.cfm*; "CIA Country Fact Sheets 2003." *CIA World Factbook*. *www.cia.gov.cia/publications/factbook*.
64. Walker, Martin. "Europe: Superstate or Superpower?" *World Policy Journal*. Vol. XVII. Edição 4. Inverno de 2000/2001. p. 9.
65. "United Nations Human Development Report 2002." Programa de Desenvolvimento das Nações Unidas. Oxford, R.U.: Oxford University Press, 2002. p. 45.
66. Heisbourg, François. "Emerging European Power Projection Capabilities." Centro de Política de Segurança de Genebra. 16 de julho de 1999.
67. "Defence & Foreign Affairs: Strong Popular Support for Common EU Policies." *European Report*. 3 de maio de 2003.
68. "Europe Gets Its Guns." *European Security*. Janeiro de 2001. *www.europeansecurity.net*.
69. Wolf, Charles Jr., e Benjamin Zycher. *European Military Prospects, Economic Constraints and the Rapid Reaction Force*. Santa Monica, CA: RAND Publications, 2001. p. 22.
70. Moravscik, Andrew. "How Europe Can Win without an Army." *Financial Times*. 2 de abril de 2003.
71. Ioannides, Isabelle. "The European Rapid Reaction Force."
72. Zinsmeister, Karl. "Old and In the Way."

73. Idem, p. 8.
74. Rice, Condoleezza. "How to Pursue the National Interest: Life after the Cold War." *Foreign Affairs*. Janeiro/fevereiro de 2000.
75. Ash, Timothy Garton. "How the West Can Be One." *The New York Times Magazine*. 27 de abril de 2003. p. 14.
76. Idem.
77. Kennedy, Craig, e Marshall M. Bouton. "The Real Trans-Atlantic Gap." p. 7.
78. Glennon, Michael J. "Why the Security Council Failed." Citação de Jacques Chirac.
79. Walker, Martin. "Europe: Superstate or Superpower?" p. 11.
80. Hartmann, Andreas. "Europe's Military Ambitions — Myth or Reality?" p. 1-2.
81. Idem.
82. Ibidem.
83. Ibidem.
84. Ibidem. p. 3.
85. Ibidem, p. 1-2. "The European Military Structures and Capabilities." Conselho da União Européia. 2002. *http://ue.eu.int*.
86. Walker, Martin. "Europe: Superstate or Superpower?" p. 8.
87. "Presidency Conclusions." Conselho da UE. Helsinque. Dezembro de 1999.
88. Hartmann, Andreas. "Europe's Military Ambitions — Myth of Reality?" p. 4.
89. Idem. p. 4-5.
90. Ibidem.
91. Ibidem.
92. Ibidem.
93. Walker, Martin. "Europe: Superstate or Superpower?" p. 8.
94. Idem.
95. Assemblée nationale, Comission de la defense nationale et des forces armées. Rapport de réunion no. 32 (en application de l'article 46 du Réglement). 18 avril 2001. Président: M. Paul Quilés. Citado em Ioannides, Isabelle. "The European Rapid Reaction Force."
96. Ioannides, Isabelle. "The European Rapid Reaction Force"; "Public Opinion in the European Union." Eurobarômetro da Comissão Européia. No. 56. Abril de 2002.
97. Savic, Misha. "EU Peacekeepers Arrive in Macedonia." *The Washington Post*. 1º de abril de 2003.
98. Geitner, Paul. "EU to Send Peacekeepers to Congo." *The Associated Press*. 4 de junho de 2003.

CAPÍTULO 15: UM SEGUNDO ILUMINISMO

1. Rees, Martin. *Our Final Hour*. Nova York: Basic Books, 2003. p. 8.
2. Idem, p. 120.
3. Ibidem, p. 121.
4. Ibidem.
5. Ibidem.
6. Davidson, Keay. "Saving the Universe by Restricting Research." *San Francisco Chronicle*. 14 de abril de 2003.
7. Rees, Martin. *Our Final Hour*. p. 125, 128.
8. Idem, p. 132.
9. "American and European Public Opinion & Foreign Policy." *Worldviews*. 2002. p. 25 c2-26 c2. *www.worldviews.org*; "Views of a Changing World." Projeto Pew sobre Atitudes Globais. The Pew Research Center for the People and the Press. Junho de 2003. p. 90-99. *www.people-press.org*.
10. "Commission and Industry Divided Over Impact Assessment of Chemicals Review." *EurActiv*. 30 de abril de 2003. *www.euractiv.com*.
11. Becker, Elizabeth, e Jennifer Lee. "Europe Plan on Chemicals Seen as Threat to U.S. Exports." *The New York Times*. 8 de maio de 2003.
12. Idem. Citação de Margot Wallstrom.

13. Loewenberg, Samuel. "Europe Gets Tougher on U.S. Companies." *The New York Times.* 20 de abril de 2003.
14. Becker, Elizabeth, e Jennifer Lee. "Europe Plan on Chemicals Seen as Threat to U.S. Exports."
15. Idem.
16. Ibidem; "Commission and Industry Divided Over Impact Assessment of Chemicals Review." *EurActiv.* 30 de abril de 2003. euractiv.com.
17. Becker, Elizabeth, e Jennifer Lee. "Europe Plan on Chemicals Seen as Threat to U.S. Exports."
18. "REACH on Its Way — Risk or Opportunity for Chemicals Sector?" *EurActiv.* 29 de outubro de 2003. www.euractiv.com.
19. Idem.
20. Loewenberg, Samuel. "Europe Gets Tougher on U.S. Companies."
21. Idem. "Commission and Industry Divided Over Impact Assessment of Chemicals Review."
22. "Commission Adopts Communication on Precautionary Principle." EU Online. 26 de novembro de 2002. www.europa.eu.int.
23. Idem.
24. Harremoes, Poul, David Gee, Malcolm MacGarvin, Andy Stirling, Jane Keys, Brian Wynne e Sofia Guedes Vaz, eds. *The Precautionary Principle in the 20th Century: Late Lessons from Early Warnings.* European Environment Agency. Londres: Earthscan Publications, 2002. p. 7.
25. Pollan, Michael. "The Year in Ideas: A to Z." *The New York Times.* 9 de dezembro de 2001.
26. Harremoes, Poul, David Gee, Malcolm MacGarvin, Andy Stirling, Jane Keys, Brian Wynne e Sofia Guedes Vaz, eds. *The Precautionary Principle in the 20th Century: Late Lessons from Early Warnings.* p. 4.
27. Idem, p. 200.
28. Ibidem, p. 191, 194.
29. Ibidem, p. 189.
30. "Communication from the Commission on the Precautionary Principle." Comissão das Comunidades Européias. 2 de fevereiro de 2000. p. 11. www.europa.eu.int.
31. Harremoes, Poul, David Gee, Malcolm MacGarvin, Andy Stirling, Jane Keys, Brian Wynne e Sofia Guedes Vaz, eds. *The Precautionary Principle in the 20th Century: Late Lessons from Early Warnings.* p. 6.
32. Alden, Edward. "Cautious EU Rules Are 'Bar to Trade', Say US Companies." *Financial Times.* 6 de maio de 2003.
33. Wallstrom, Margot. "The EU and the US Approaches to Environment Policy: Are We Converging or Diverging?" Instituto Europeu. 25 de abril de 2002. www.eurunion.org.
34. Idem.
35. Ibidem.
36. Harremoes, Poul, David Gee, Malcolm MacGarvin, Andy Stirling, Jane Keys, Brian Wynne e Sofia Guedes Vaz, eds. *The Precautionary Principle in the 20th Century: Late Lessons from Early Warnings.* p. xiii.
37. Heisenberg, Werner. *Physics and Philosophy: The Revolution in Modern Science.* Nova York: Harper, 1958.
38. Maren-Grisebach, Manon. *Philosophie der Grünen.* Munique, Alemanha: Olzog, 1982. p. 30. Citação de Ernst Haeckel.
39. Lovelock, James. *The Ages of Gaia: A Biography of Our Living Earth.* Nova York: Norton, 1988. p. 312. Citação de Vladimir Vernadski.
40. Polunin, N. "Our Use of 'Biosphere,' 'Ecosystem,' and Now 'Ecobiome.'" *Environmental Conservation* 11. 1984. p. 198; Serafin, Rafal. "Noosphere, Gaia, and the Science of the Biosphere." *Environmental Ethics* 10. Verão de 1988. p. 125.
41. Patten, Bernard C. "Network Ecology." *In* Higashi, M., e T. P. Burns, eds. *Theoretical Studies of Ecosystems: The Network Perspective.* Nova York: Cambridge University Press, 1991.
42. Capra, Fritjof. *The Web of Life: A New Scientific Understanding of Living Systems.* Nova York: Anchor Books, 1996. p. 34-35.

43. Idem, p. 34; Thomas, Lewis. *The Lives of a Cell.* Nova York: Bantam, 1975. p. 26 e seguintes, 102 e seguintes.
44. Prodi, Romano. "The Energy Vector of the Future." Conferência sobre a Economia do Hidrogênio. Bruxelas. 16 de junho de 2003.
45. O presente autor atua como conselheiro de Romano Prodi, presidente da Comissão Européia, e nessa condição elaborou o memorando estratégico que levou à adoção e implementação do plano do hidrogênio pela UE.
46. Prodi, Romano. "The Energy Vector of the Future."
47. Idem.
48. Ibidem.
49. Ibidem.
50. Greene, Catherine, e Amy Kremen. "U.S. Organic Farming in 2000-2001: Adoption of Certified Systems. Table 5." Agriculture Information Bulletin. No. 55 (AIB780). Abril de 2003. *www.ers.usda.gov/publications*; Scowcroft, Bob. "Bush's Squeeze on Organic Farmers." Organic Consumers Association. 28 de junho de 2003. *www.organicconsumers.org*.
51. "How to Facilitate the Development of Transnacional Co-Operation in Research in Organic Farming by Member and Associated States." Estudo apresentado no Seminário de Pesquisas sobre Agricultura Orgânica na Europa (Bruxelas). 24-25 de setembro de 2002. p. 2.
52. Idem, p. 6.
53. "The European Market for Fresh Organic Vegetables." M2 Presswire. 17 de dezembro de 2002.
54. "How to Facilitate the Development of Transnational Co-Operation in Research in Organic Farming by Member and Associated States." p. 3, 5.
55. Brown, Amanda. "UK Organic Food Sales the Second Highest in Europe." *The Journal (of Newcastle).* 15 de outubro de 2002.
56. "Market Research Shows Rapid Growth of Organic Food." Organic Consumers Association. 20 de junho de 2003. *www.organicconsumers.org*.
57. Wynne-Tyson, Jon. *The Extended Circle.* Sussex, Inglaterra: Centaur Press, 1985. p. 91. Citação de Mohandas Gandhi.
58. "Feeling the Heat: Climate Change and Biodiversity Loss." *Nature.* Vol. 427. 8 de janeiro de 2004. *www.nature.com.* Gorman, James. "Scientists Predict Widespread Extinction by Global Warming." *The New York Times.* 8 de janeiro de 2004; Gugliotta, Guy. "Warming May Threaten 37% of Species by 2050." *The Washington Post.* 8 de janeiro de 2004; Houlder, Vanessa. "Global Warming 'Will Kill Tenth of Species'." *Financial Times.* 7 de janeiro de 2004.
59. "Animal Welfare and the Treaty of Amsterdam." Eurogroup for Animal Welfare. 2000-2001. *www.eurogroupanimalwelfare.org*.
60. "Germany Votes for Animal Rights." CNN. 17 de maio de 2002. *www.cnn.com/2002/WORLD/europe/05/17/germany.animals*.
61. Idem.
62. Barboza, David. "Animal Welfare's Unexpected Allies." *The New York Times.* 25 de junho de 2003.
63. Pepperberg, Irene M., Ph.D. "Referential Communication with an African Grey Parrot." Harvard Graduate Society Newsletter. Primavera de 1991.
64. "Koko's World." The Gorilla Foundation. *www.koko.org/world*.
65. "Grantees in the News." The Glaser Progress Foundarion. 19 de janeiro de 2004. *www.progressproject.org*.
66. Tangley, Laura. "Animal Emotions." *U.S. News & World Report.* 30 de outubro de 2000.
67. Idem.
68. Noah, Sherna. "Fox Hunting Will Never End — Prince." *"PA" News.* 12 de dezembro de 2003. *www.news.scotsman.com*.
69. "Blair to Woo Anti-hunt MPs." BBC News. 27 de dezembro de 2002. *www.news.bbc.co.uk/2/bi/uk_news*.
70. Lymbery, Philip. "The Welfare of Farm Animals in Europe: Current Conditions & Measures." Estudo apresentado no Simpósio sobre o Bem-Estar dos Animais de Fazenda e Agricultura Orgânica no Japão e na UE/R.U. 30 de novembro de 2002. p. 4.
71. Idem.

72. "The Welfare of Non-human Primates Used in Research: Report of the Committee on Animal Health and Animal Welfare." Comissão Européia. 17 de dezembro de 2002. p. 72.
73. Idem.
74. Ibidem.
75. "Conciliation Agreement on Animal Test Ban Does Not Go Down Well." European Report. 9 de novembro de 2002.
76. "Higher EU Standards "Hit Farmers in the Pocket.'" European Report. 20 de novembro de 2002.
77. "Communication from the Commission to the Concil and the European Parliament on Animal Welfare Legislation on Farmed Animals in Third Countries and the Implications for the EU." Comissão das Comunidades Européias. 18 de novembro de 2002. p. 4. *www.europa.eu.int*.
78. Idem.
79. Jordan, Dr. Z. Pallo. Discurso de Abertura na convenção sobre Áreas Protegidas Transfronteiriças, na Cidade do Cabo, em 1997.
80. Kliot, Nurit. "Transborder Protected Areas in Europe: Environmental Perspective to Cross-Border Cooperation." Universidade de Haifa. *www.ut.ee/SOPL/english/border/nk.htm*.
81. "Wonderland: Touring Yellowstone Before the Automobile." "Lying Lightly" exhibit. The National Parks Service. *www.cr.nps.gov*.
82. Sandwith, Trevor, Clare Shine, Lawrence Hamilton, e David Sheppard. "Transboundary Protected Areas for Peace and Co-operation." Comissão Mundial para Áreas Protegidas. União Pela Conservação Mundial, 2001.
83. Cornelius, Steve. "Transborder Conservation Areas: An Option of the Sonoran Desert?" *Borderlines*. Vol. 8. No. 6. Julho de 2000. p. 3.
84. "A Transboundary Biosphere Reserve in the Carpathians." Global Transboundary Protected Areas Network. 17 de dezembro de 2003. *www.tbpa.net*.
85. Sochaczewski, Paul Spencer. "Across a Divide." *International Wildlife*. Julho/agosto de 1999.

CAPÍTULO 16: UNIVERSALIZANDO O SONHO EUROPEU

1. "Total GDP 2002." *World Development Indicators Database*. Banco Mundial. Julho de 2003.
2. Idem.
3. Chalermpalanupap, Termsak. "Towards an East Asian Community: The Journey Has Begun." Relatório do Grupo Visionário do Leste Asiático, 2001. p. 3.
4. Idem.
5. "Towards an East Asian Community: Region of Peace, Prosperity and Progress." Relatório do Grupo Visionário do Leste Asiático, 2001. p. 1-2.
6. Idem, p. 6.
7. Ibidem, p. 7.
8. Ibidem, p. 10.
9. Chalermpalanupap, Termsak. "Towards an East Asian Community: The Journey Has Begun." p. 12.
10. Madhur, Srinivasa. "Costs and Benefits of a Common Currency for ASEAN." ERD Working Paper Series No. 12. Departamento de Economia e Pesquisas. Banco do Desenvolvimento Asiático. Maio de 2002. p. vii.
11. Soesastro, Hadi. "Regional Integration Initiatives in the Asia Pacific: Trade and Finance Dimensions." Centro de Estudos Estratégicos e Internationais. Apresentado no 15º Encontro Geral da PECC: Focus Workshop on Trade, Brunei Darussalam. 1º de setembro de 2003.
12. Nisbett, Richard E. *The Geography of Thought*. Nova York: Free Press, 2003. p. 5.
13. Idem, p. 13.
14. Ibidem, p. 17.
15. Ibidem, p. 59.
16. Ibidem, p. 76.
17. Ibidem. p. 51.
18. Ibidem, p. 76.

19. "United States Leads World Meat Stampede." Worldwatch Institute. 2 de julho de 1998. *www.worldwatch.org*.
20. "Meat Production Is Making the Rich Ill and the Poor Hungry." Transnational Corporations Observatory. *Global Policy Forum*. 21 de maio de 2002. *www.globalpolicy.org*.
21. Hakim, Danny. "A Heavenly Drive for Greater Fuel Efficiency." *The New York Times*. 20 de novembro de 2002.
22. Idem.
23. Ibidem.
24. Brown, Norman O. *Life Against Death. The Psychoanalytical Meaning of History*. 2. edição. Middletown, CT: Wesleyan University Press, 1985. p. 297.
25. Idem, p. 297-298.
26. Ibidem, p. 108. Citação de Rainer Maria Rilke.
27. Gergen, Kenneth J. *The Saturated Self: Dilemmas of Identity in Contemporary Life*. Nova York: Basic Books, 1991. p. 7.
28. Lifton, Robert J. *The Protean Self: Human Resilience in an Age of Fragmentation*. Nova York: Basic Books, 1993. p. 17.
29. Edwards, Ellen. "Plugged-In Generation." *The Washington Post*. 18 de novembro de 1999. p. A1.
30. Gergen, Kenneth J. *The Saturated Self: Dilemmas of Identity in Contemporary Life*. p. 17, 246-247.
31. Canetti, Elias. *Crowds and Power*. Carol Stewart, trad. Londres: Gollancz, 1962. p. 448.
32. Bíblia Sagrada, Versão do Rei Jaime. Gênesis, 1:28.
33. "View of a Changing World." Projeto Pew sobre Atitudes Globais. The Pew Research Center for the People and the Press. Junho de 2003. p. 105.
34. Idem.
35. "Poverty and Not Terrorism Is the Most Important Problem Facing the World." Gallup International: Voice of the People. 29 de setembro de 2002.
36. "What Do Europeans Think About the Environment?" Comissão Européia, 1999. p. 10; "How Europeans See Themselves." Comissão Européia. Setembro de 2000. p. 7, 41. *www.europa.eu.int*; Dunlap, Riley, e Lydia Saad. "Only One in Four Americans Are Anxious About the Environment." The Gallup Organization. 16 de abril de 2001. p. 2, 6. *www.gallup.com*.
37. "How Europeans See Themselves." Comissão Européia. Setembro de 2000. *www.europa.eu.int*.

BIBLIOGRAFIA

Adams, Charles. *For Good and Evil: The Impact of Taxes on the Course of Civilization*. Nova York: Madison Books, 1993.
Adams, Michael. *Fire and Ice: The United States, Canada, and the Myth of Converging Values*. Toronto: Penguin, 2003.
Albrow, Martin. *The Global Age*. Stanford, CA: Stanford University Press, 1996.
Anderson, Benedict. *Imagined Communities*. Londres: Verso, 1983.
Appadurai, Arjun. *Modernity at Large: Cultural Dimension of Globalization*. Minneapolis: University of Minnesota Press, 1996.
Archibugi, Daniele, David Held, e Martin Kohler, eds. *Re-Imagining Political Community: Studies in Cosmopolitan Democracy*. Stanford, CA: Stanford University Press, 1998.
Arendt, Randall G. *Conservation Design for Subdivisions*. Washington, DC: Island Press, 1996.
Aries, Philippe. *Centuries of Childhood: A Social History of Private Life*. Nova York: Random House, 1962.
Axford, Barrie, Daniela Berghahn, e Nick Hewlett. *Unity and Diversity in the New Europe*. Oxford, R.U.: Peter Lang, 2000.
Babe, Robert E. *Communication and the Transformation of Economics*. Boulder, CO: Westview Press, 1995.
Bacon, Francis. "Novum Organum." 1620 *The Works of Francis Bacon*, vol. 4. Londres: W. Pickering, 1850.
Barley, M. W. *The House and Home: A Review of 900 Years of House Planning and Furnishing in Britain*. Greenwich, CT: New York Graphic Society, 1971.
Beaglehole, Ernest. *Property: A Study in Social Psychology*. Nova York: Macmillan, 1932.
Beck, Ulrich. *What Is Globalization?* Cambridge, R.U.: Polity Press, 2000.
Beck, Ulrich, Anthony Giddens, e Scott Lash. *Reflexive Modernization: Politics, Tradition and Aesthetics in the Modern Social Order*. Stanford, CA: Stanford University Press, 1994.
Becker, Ernest. *Escape from Evil*. Nova York: Free Press, 1975.
Bendix, Reinhard. *Max Weber*. Garden City, NY: Anchor-Doubleday, 1962.

Benfield, F. Kaid, Matthew D. Raimi, e Donald D. T. Chen. *Once There Were Greenfields*. Nova York: Natural Resources Defence Council. 1999.
Beniger, James R. *The Control Revolution: Technological and Economic Origins of the Information Society*. Cambridge, MA: Harvard University Press, 1986.
Beresford, Maurice, e John G. Hurst, eds. *Deserted Medieval Villages*. Nova York: St. Martin's Press, 1972.
Berman, Morris. *Coming to Our Senses: Body and Spirit in the Hidden History of the West*. Nova York: Simon & Schuster, 1989.
Bethell, Tom. *The Noblest Triumph*. Nova York: St. Martin's Press/Griffin, 1998.
Birdsall, Nancy, e Carol Graham. *New Markets: New Opportunities?* Washington, DC: Brookings Institution Press, 2000.
Boorstin, Daniel J. *The Discoverers*. Nova York: Random House, 1983.
Braudel, Fernand. *The Perspective of the World: Civilization & Capitalism 15th-18th Century*. Vol. 3. Nova York: Harper & Row, 1979.
Brett, Gerard. *Dinner Is Served: A History of Dining in England, 1400-1900*. Londres: Rupert Hart-Davis, 1968.
Brown, Norman O. *Life Against Death. The Psychoanalytical Meaning of History*. 2. edição. Middletown, CT: Wesleyan University Press, 1959.
Brownlie, I., ed. *Basic Documents on Human Rights*. 3ª edição. Oxford, R.U.: Oxford University Press, 1992.
Brunot, Ferdinand, ed. *Histoire de la langue française: des origines à nous jours*. 13 vols. Paris: s/e, 1900.
Bull, Hedley. *The Anarchical Society*. Nova York: Columbia University Press, 1977.
Calleo, David P. *Rethinking Europe's Future*. Princeton, NJ: Princeton University Press, 2001.
Canetti, Elias. *Crowds and Power*. Carol Stewart, trad. Londres: Gollancz, 1962.
Capra, Fritjof. *The Web of Life: A New Scientific Understanding of Living Systems*. Nova York: Doubleday, 1996.
Casey, Edward S. *The Fate of Place: A Philosophical History*. Berkeley: University of California Press, 1997.
Castells, Manuel. *The Information Age: Economy, Society and Culture*. Vol. 3, *End of Millennium*. Cambridge, MA, e Oxford, R.U.: Blackwell, 1996, 1998.
Cesarini, D., e M. Fulbrook, eds. *Citizenship, Nationality, and Migration in Europe*. Londres: Routledge, 1997.
Chandler, Alfred D. *The Visible Hand: The Managerial Revolution in American Business*. Cambridge, MA: Harvard University Press, 1977.
Ciaramicoli, Arthur P., e Katherine Ketcham. *The Power of Empathy*. Nova York: Dutton, 2000.
Clark, Wesley K. *Waging Modern War*. Nova York: Public Affairs, 2001.
Condorcet, Marquês de. *Outlines of an Historical View of the Progress of the Human Mind*. Londres: J. Johnson, 1795.
Cooper, Charles. *The English Table in History and Literature*. Londres: Sampson Low, Marston & Company, s/d.
Cooper, Robert. *The Post-Modern State and the World Order*. Londres: Demos, 1996.
Cullen, Jim. *The American Dream*. Nova York: Oxford University Press, 2003.
Dean, M., e B. Hindess, eds. *Governing Australia: Studies in Contemporary Rationalities of Government*. Cambridge, R.U.: Cambridge University Press, 1988.
Dean, Mitchell M. *Governmentality: Power and Rule in Modern Society*. Londres: Sage, 1999.
Decker, Jeffrey Louis. *Made in America: Self-Styled Success from Horatio Alger to Oprah Winfrey*. Minneapolis: University of Minnesota Press, 1997.
de Grazia, Sebastian. *Of Time, Work, and Leisure*. Nova York: Anchor/Doubleday, 1964.
Delanty, Gerard. *Inventing Europe: Idea, Identity, Reality*. Londres: Macmillan, 1995.
Delbanco, Andrew. *The Real American Dream*. Cambridge, MA: Harvard University Press, 1999.
de Mauro, Tullio. *Storia linguistica dell'Italia unita*. Bari, Itália, 1963.
Desidério, Erasmo. Trad. Robert Whittinton. *De civilitate morum puerilium (On the Civility of Children.)*. 1530.

de Soto, Hernando de. *The Mystery of Capital.* Nova York: Basic Books, 2000.
Diamond, Henry L., e Patrick F. Noonan. *Land Use in America.* Washington DC: Island Press, 1996.
Dobb, Maurice M. A. *Studies in the Development of Capitalism.* Nova York: International Publishers, 1947.
Downes, Larry, e Chunka Mui. *Unleashing the Killer App: Digital Strategies for Market Dominance.* Boston: Harvard Business School Press, 1998.
Duby, Georges, ed. *A History of Private Life: Revelations in the Medieval World.* Vol. 2. Cambridge, MA: Harvard University Press, 1988.
Durant, John, e John Gregory, eds. *Science and Culture in Europe.* Londres: Science Museum, 1993.
Ehrlich, J. W., ed. *Ehrlich's Blackstone.* San Carlos, CA: Norse Publishing, 1959.
Elias, Norbert. *The Civilizing Process.* Oxford, R.U.: Blackwell, 1994.
Ely, James W. *The Guardian of Every Other Right.* Nova York: Oxford University Press, 1992.
Featherstone, M., S. Lash, e R. Robertston. *Global Modernities.* Londres: Sage, 1995.
Flora, Peter. State, *Economy and Society in Western Europe 1815-1975.* Vol. 1, capítulo 5. Frankfurt, Londres e Chicago, 1983.
Foster, Ian, e Carl Kesselman, eds. *The Grid: Blueprint for a New Computing Infrastructure.* São Francisco, CA: Morgan Kaufmann Publishers, 1999.
Frederick, Christine. "The New Housekeeping." *Ladies' Home Journal.* Vol. 29. Nº 9. Setembro de 1912.
Freud, Sigmund. Trad. James Strachey. *Civilization and Its Discontents.* Nova York: Norton, 1961.
Furnivall, Frederick J. *English Meals and Manners.* Detroit, MI: Singing Tree Press, 1969.
Gehlen, A. *Man: His Nature and Place in the World.* Nova York: Columbia University Press. 1988.
Gellner, Ernest. *Nations and Nationalism.* Ithaca, NY: Cornell University Press, 1983.
Gergen, Kenneth. *The Saturated Self.* Nova York: Basic Books, 1991.
Giedion, Siegfried. *Mechanization Takes Command: A Contribution to Anonymous History.* Nova York: Norton, 1948.
Gimpel, Jean. *The Medieval Machine.* Nova York: Penguin, 1976.
Ginsberg, Roy H. *The European Union in International Politics.* Lanham, MD: Rowman & Littlefield, 2001.
Ghéhenno, Jean-Marie. *The End of the Nation-State.* Minneapolis: University of Minnesota Press, 1995.
Guttman, Robert J. ed. *Europe in the New Century: Visions of an Emerging Superpower.* Boulder, CO: Lynne Rienner Publishers, 2001.
Hansen, Marcus Lee. *The Atlantic Migration, 1607-1860: A History of the Continuing Settlement of the United States.* Cambridge, MA: Harvard University Press, 1940.
Harremoes, Poul, David Gee, Malcolm MacGarvin, Andy Stirling, Jane Keys, Brian Wynne e Sofia Guedes Vaz, eds. *The Precautionary Principle in the 20th Century: Late Lessons from Early Warnings.* Londres: Earthscan Publications, 2002.
Hastings, Adrian. *The Construction of Nationhood.* Cambridge, R.U.: Cambridge University Press, 1997.
Hastings, Elizabeth Hawn, e Phillip K. *Index to Intenational Public Opinion, 1988-1989.* Nova York: Greenwood Press, 1990.
Heilbroner, Robert L. *The Making of Economic Society.* Englewood Cliffs, NJ: Prentice-Hall, 1962.
Heisenberg, Werner. *Physics and Philosophy: The Revolution in Modern Science.* Nova York: Harper, 1958.
Held, David, Anthony McGrew, David Goldblatt e Jonathan Perraton. *Global Transformations: Politics, Economics and Culture.* Stanford, CA: Stanford University Press, 1999.
Hirst, Paul, e Grahame Thompson. *Globalization in Question: The International Economy and the Possibilities of Governance.* Cambridge, R.U.: Polity Press, 1996.
Hobsbawm, E. J. *The Age of Extremes: The Short Twentieth Century, 1914-1991.* Londres: Michael Joseph, 1994.
_____. *Nations and Nationalism Since 1780: Programme, Myth, Reality.* Cambridge, R.U.: Cambridge University Press, 1990.

Holmes, U. T. Jr. *Daily Living in the Twelfth Century: Based on the Observations of Alexander Neckham in London and Paris.* Madison: University of Wisconsin Press, 1952.

Jackson, Kenneth. *Crabgrass Frontier: The Suburbanization of the United States.* Nova York: Oxford University Press, 1985.

Jacoby, Russel. *The End of Utopia.* Nova York: Basic Books, 1999.

Jameson, Anna Brownell. *Winter Shades and Summer Rambles in Canada.* Reedição. Toronto: New Canadian Library, 1990.

Johnson, Paul. *The Birth of the Modern.* Nova York: Harper Perennial, 1991.

Jones, E. L. *The European Miracle: Environments, Economies and Geopolitics in the History of Europe and Asia.* Cambridge, R.U.: Cambridge University Press, 1981.

Kagan, Robert. *Of Paradise and Power: America and Europe in the New World Order.* Nova York: Knopf, 2003.

Karabell, Zachary. *A Visionary Nation.* Nova York: HarperCollins, 2001.

Kelley, Donald R. *Historians and the Law in Postrevolutionary France.* Princeton, NJ: Princeton University Press, 1984.

Kern, Stephen. *The Culture of Time and Space, 1880-1918.* Cambridge, MA: Harvard University Press, 1983.

Kickert, Walter J. M., Erik-Hans Klijn, e Joop F. M. Koppenjan. *Managing Complex Networks: Strategies for the Public Sector.* Londres: Sage, 1997.

Kupchan, Charles A. *The End of the American Era.* Nova York: Knopf, 2002.

Lamont, William, e Sybil Oldfield, eds. *Politics, Religion and Literature in the 17th Century.* Londres: Dent, Rowman & Littlefield, 1975.

Landes, David. *Revolution in Time: Clocks and the Making of the Modern World.* Cambridge, MA: Harvard University Press, 1985.

Lasch, Christopher. *The Culture of Narcissism: American Life in an Age of Diminishing Expectations.* Nova York: Norton, 1979.

Le Goff, Jacques. *Your Money or Your Life: Economy and Religion in the Middle Ages.* Nova York: Zone Books, 1988.

Lifton, Robert J. *The Protean Self: Human Resilience in an Age of Fragmentation.* Nova York: Basic Books, 1993.

Lipset, Seymour Martin. *American Exceptionalism: A Double-Edged Sword.* Nova York: Norton, 1996.

Locke, John. *The Second Treatise of Civil Government:* Capítulo 5: "Of Property." Ed. Thomas P. Peardon. NY: Liberal Arts Press, 1952.

_____. *Two Treatises of Government.* Ed. Peter Laslett. Cambridge, R.U.: Cambridge University Press, 1967.

Lovelock, James. *The Ages of Gaia: A Biography of Our Living Earth.* Nova York: Norton, 1988.

Lowe, Donald M. *History of Bourgeois Perception.* Chicago: University of Chicago Press, 1982.

Lowe, P., e S. Ward, eds. *British Environmental Policy and Europe.* Londres: Routledge, 1998.

Lukacs, John. *Historical Consciousness: The Remembered Past.* New Brunswick, NJ: Transaction Publishers, 1994.

Macfarlane, Alan. *The Origins of English Individualism.* Nova York: Cambridge University Press, 1978.

MacPherson, Crawford. *Democratic Theory: Essays in Retrieval.* Cambridge, R.U.: Oxford University Press, 1973.

Manuel, Frank E., e Fritzie P. Manuel. *Utopian Thought in the Western World.* Cambridge, MA: Belknap Press of Harvard University Press, 1979.

Marcuse, Herbert. *Eros and Civilization.* Boston: Beacon Press, 1955.

Maren-Grisebach, Manon. *Philosophie der Grünen.* Munique, Alemanha: Olzog, 1982.

Marshall, T. H. *Citizenship and Social Class.* Cambridge, R.U.: Cambridge University Press, 1950.

Marty, Martin E. *A Short History of Christianity.* Nova York: Collins World, 1959.

Marvin, Carolyn. *When Old Technologies Were New.* Nova York: Oxford University Press, 1988.

Marx, Leo. *The Machine in the Garden.* Nova York: Oxford University Press, 1964.

McCann, Justin. *The Rule of St. Benedict.* Londres: Sheed & Ward, 1970.

McHugh, F. P., e S. M. Natale, eds. *Things Old and New: Catholic Social Teaching Revisited.* Nova York: University of America, 1993.
McKenzie, Evan: *Privatopia: Homeowner Associations and the Rise of Residential Private Government.* New Haven, CT: Yale University Press, 1996.
McLuhan, Marshall. *Understanding Media: The Extensions of Man.* Nova York: McGraw-Hill, 1964.
Melville, Herman. *White-Jacket; or, the World in a Man-of-War.* (1850) Oxford, R.U.: Oxford World's Classics, 2000.
Meyrowitz, Joshua. *No Sense of Place: The Impact of Electronic Media on Social Behaviour.* Nova York: Oxforf University Press, 1985.
Milberg, William, e Robert Heilbroner. *The Making of Economic Society.* Inglewood Cliffs, NJ: Prentice-Hall, 1980.
Miller, Perry. *Errand into the Wilderness.* Cambridge, MA: Harvard University Press, 1984.
Miringoff, Marc, e Marque-Luisa Miringoff. *The Social Health of the Nation: How America is Really Doing.* Nova York: Oxford University Press, 1999.
Misgeld, Dieter, e Graeme Nicholson. *Hans-Georg Gadamer on Education, Poetry, and History: Applied Hermeneutics.* Albany: State University of New York Press, 1992.
Mishel, Lawrence, Jared Bernstein, e Heather Boushey. *The State of Working America 2002/2003.* The Economic Policy Institute. Ithaca, NY: Cornell University Press, 2003.
Moore, Barrington. *Reflections on the Causes of Human Misery and Upon Certain Proposals to Eliminate Them.* Boston: Beacon Press, 1970.
Morgan, Edmund S., ed. *The Diary of Michael Wigglesworth, 1653-1657.* Nova York: Harper & Row, 1965.
Morris, Colin. *The Discovery of the Individual, 1050-1200.* Nova York: Harper Torchbooks, 1972.
Mumford, Lewis. *The Culture of Cities.* Nova York: Harcourt, Brace, 1963.
_____. *The Pentagon of Power.* Nova York: Harcourt Brace Jovanovich/Harvest Book, 1964.
_____. *Technics and Civilization.* Nova York: Harcourt, Brace, 1934.
_____. *Technics and Human Development.* Nova York: Harcourt Brace Jovanovich/Harvest Book, 1966.
Murphy, C. *International Organization and Industrial Change: Global Governance since 1850.* Cambridge, R.U.: Polity Press, 1994.
Newman, Peter W. G., e Jeffrey R. Kenworthy. *Cities and Automobile Dependence: A Sourcebook.* Aldershot, R.U., e Brookfield, VT: Gower Publishing CO., 1989.
Newton, Isaac. *Mathematical Principles of Natural Philosophy.* Book 3. NY: Philosophical Library. 1964.
Nisbett, Richard E. *The Geography of Thought: How Asians and Westerners Think Differently... and Why.* Nova York: Free Press, 2003.
Nivola, Pietro S. *Laws of the Landscape.* Washington, DC: Brookings Institution Press, 1999.
Nye, Joseph S. Jr. *The Paradox of American Power.* Oxford, U.K.: Oxford University Press, 2002.
Ong, Walter J. *Orality and Literacy.* Londres: Methuen, 1982.
Pagden, Anthony. *The Idea of Europe: From Antiquity to the European Union.* Cambridge, R.U.: Cambridge University Press, 2002.
Polanyi, Karl. *The Great Transformation: The Politican and Economic Origins of Our Time.* Boston: Beacon, 1944.
Putnam, Robert D. *Bowling Alone: The Collapse and Revival of American Community.* Nova York: Simon & Schuster, 2000.
Quinn, James Brian. *Intelligent Enterprise: A Knowledge and Service Board Paradigm for Industry.* Nova York: Free Press, 1992.
Quinones, Ricardo J. *The Renaissance Discovery of Time.* Cambridge, MA: Harvard University Press, 1972.
Randall, John Herman, Jr. *The Making of the Modern Mind: A Survey of the Intellectual Background of the Present Age.* Cambridge, MA: Houghton Mifflin, 1940.
Rank, Otto. *Beyond Psychology.* Nova York: Dover, 1941.
Rees, Martin. *Our Final Hour.* Nova York: Basic Books, 2003.
Reeve, Andrew. *Property.* Londres: Macmillan, 1986.
Rhodes, Martin, Paul Heywood, e Vincent Wright. *Developments in Western European Politics.* Nova York: St. Martin's Press, 1997.

Rieff, Philip. *The Triumph of the Therapeutic.* Chicago: University of Chicago Press, 1966.
Rifkin, Jeremy. *The Age of Access.* Nova York: Tarcher/Putnam, 2000.
____. *Algeny.* Nova York: Viking, 1983.
____. *Beyond Beef.* Nova York: Penguin, 1992.
____. *Biosphere Politics.* Nova York: Crown, 1991.
____. *The Biotech Century: Harnessing the Gene and Remaking the World.* Nova York: Tarcher Putnam, 1998.
____. *The Emerging Order.* Nova York: Ballantine, 1979.
____. *The End of Work.* Nova York: Tarcher/Putnam, 2002.
____. *Entropy.* Nova York: Bantam, 1981.
____. *The Hydrogen Economy.* Nova York: Tarcher/Putnam, 2002.
____. *Time Wars.* Nova York: Holt, 1987.
Roosevelt, Theodore. *The New Nationalism.* 1910. Englewood Cliffs, NJ: Prentice-Hall, 1961.
Rose, Nikolas. *Powers of Freedom: Reframing Political Thought.* Cambridge, R.U.: Cambridge University Press, 1999.
Rossi, Alice, ed. *The Family.* Nova York, Norton, 1965.
Rousseau, Jean-Jacques. *Basic Political Writings.* Trad. e ed. Donald A. Cress. Indianapolis: Hackett Publishing, 1987.
____. *On the Social Contract.* Trad. Roger Masters. Nova York: St. Martin's Press, 1978.
Rumford, Chris. *The European Union: A Political Sociology.* Oxford, R.U.: Blackwell Publishers, 2002.
Russell, J. C. *Medieval Regions and Their Cities.* Newton Abbot, R.U.: David and Charles, 1972.
Salamon, Lester, et al.. *Global Civil Society: Dimensions of the Nonprofit Sector.* Comparative Nonprofit Sector Project. The Johns Hopkins Center for Civil Society Studies. 1999.
Schaff, Philip. *America: A Sketch of Its Political, Social, and Religious Character.* Cambridge, MA: Harvard University Press, 1855, 1961.
Scharpf, Fritz W. *Games in Hierarchies and Networks.* Frankfurt am Main, Alemanha: Campus Verlag, 1993.
Schlatter, Richard. *Private Property: The History of and Idea.* Nova York: Russell & Russell, 1973.
Scruton, Roger. *A Dictionary of Political Thought.* Londres: Pan, 1982.
Shafer, Byron E. *Is America Different?* Oxford, R.U.: Clarendon Press, 1991.
Shapiro, Michael J., e Hayward R. Alker. *Challenging Boundaries: Global Flows, Territorial Identities.* Minneapolis: University of Minnesota Press, 1996.
Shore, Chris. *Building Europe: The Cultural Politics of European Integration.* Londres: Routledge, 2000.
Siedentop, Larry. *Democracy in Europe.* Nova York: Columbia University Press, 2001.
Skaggs, Jimmy M. *Prime Cut.* College Station: Texas A&M University Press, 1967.
Smith, Adam. *An Inquiry into the Nature and Causes of the Wealth of Nations.*1776. Ed. Edwin Cannan. Londres: Methuen, 1961.
Smith, Anthony D. *Nationalism: Theory, Ideology, History.* Cambridge, R.U.: Polity Press, 2001.
Smith, Dennis, e Sue Wright, eds. *Whose Europe? The Turn Towards Democracy.* Oxford, R.U.: Blackwell Publishers/The Sociological Review, 1999.
Soja, Edward W. *Postmodern Geographies.* Londres: Verson, 1989.
Sombart, Werner. *Why Is There No Socialism in the United States?* White Plains, NY: International Arts and Sciences Press, 1976.
Strauss, Leo. *Natural Right and History.* Chicago: University of Chicago Press, 1950.
Strayer, Joseph R. *On the Medieval Origins of the Modern State.* Princeton, NJ: Princeton University Press, 1970.
Tawney, R. H. *The Acquisitive Society.* Nova York: Harcourt, Brace, 1920.
Taylor, Charles. *Sources of the Self.* Cambridge, MA: Harvard University Press, 1989.
Taylor, Frederick. *The Principles of Scientific Management.* Nova York: Norton, 1947.
Thomas, Keith. *Man and the Natural World: A History of the Modern Sensibility.* Nova York: Pantheon, 1983.
Thomas, Lewis. *The Lives of a Cell.* Nova York: Bantam, 1975.

Thompson, Grahame, Jennifer Frances, Rosalind Levacic, e Jeremy Mitchell. *Markets, Hierarchies & Networks*. Londres: Sage, 1991.
Tichi, Cecelia. *Shifting Gears*. Chapel Hill: University of North Carolina Press, 1987.
Tilly, Charles, ed. *The Formation of the National State in Western Europe*. Princeton, NJ: Princeton University Press, 1975.
Tocqueville, Alexis de. *Democracy in America*. 1835, 1840. George Lawrence, trad. Nova York: Harper, 1988.
Tuan, Yi-Fu. *Segmented Worlds and Self: Group Life and Individual Consciousness*. Minneapolis: University of Minnesota Press, 1982.
Turner, Frederick Jackson. *The Frontier in American History*. 1893. Tucson: University of Arizona Press, 1994.
Urry, John. *Sociology Beyond Societies: Mobilities for the Twenty-First Century*. Londres: Routledge, 2000.
Vernadski, Vladimir. *The Biosphere*. Trad. David Langmuir. Ed. Mark McMenamin. Nova York: Copernicus Books, 1998.
Vibert, Frank. *Europe Simple Europe Strong: The Future of European Governance*. Cambridge, R.U.: Polity Press, 2001.
Wallach, Lori, e Michelle Sforza. *An Assessment of the World Trade Organization*. Washington, DC: Public Citizen, 1999.
Weber, Max. *The Protestant Ethic and the Spirit of Capitalism*. Nova York: Scribner's, 1958.
Weber, Steven. *Globalization and the European Political Economy*. Nova York: Columbia University Press, 2001.
Wehler, Hans-Ulrich. *Deutsche Gesellschaftgeschichte 1700-1815*. Munique, Alemanha, s/e, 1987.
Weiner, Antje. *"European" Citizenship Practice*. Boulder, CO: Westview Press, 1998.
Wesson, Robert. *State Systems: International Pluralism, Politics, and Culture*. Nova York: Free Press, 1978.
White, Lynn, Jr. *Medieval Technology & Social Change*. Londres: Oxford University Press, 1962.
Whitehead, Alfred North. *Science and the Modern World*. Nova York: Free Press, 1967.
Wiener, Norbert. *The Human Use of Human Beings: Cybernetics and Society*.Nova York: Da Capo, 1950.
Windoulf, Paul. *Corporate Networks in Europe and the United States*. Nova York: Oxford University Press, 2002.
Wolf, Charles Jr., e Benjamin Zycher. *European Military Prospects, Economic Constraints and the Rapid Reaction Force*. Santa Monica, CA: RAND Publications, 2001.
Wolf, Edward N. *Top Heavy*. Nova York: New Press, 2002.
Wright, Lawrence. *Clockwork Man*. Nova York: Horizon Press, 1969.
Wynne-Tyson, Jon. *The Extended Circle*. Sussex, R.U.: Centaur Press, 1985.
Zerubavel, Eviatar. *Hidden Rhythms: Schedules and Calendars in Social Life*. Chicago: University of Chicago Press, 1981.
Zielonka, Jan. *Europe Unbound: Enlarging and Reshaping the Boundaries of the European Union*. Londres: Routledge, 2002.

Índice Remissivo

A Cultura do Narcisismo (Lasch), 18
abstenção de voto, 161
Acordo Geral sobre Tarifas e Comércio (Gatt), 186-187
Acordo Norte-Americano de Livre Comércio (Nafta), 332-333
Adams, James Truslow, 4-5
Adams, Michael, 23
Adenauer, Konrad, 186
administração científica, 101
adulação, 22
África do Sul, 68
afro-americanos, 32-33
agricultura, 346
agricultura orgânica, 317-319
agricultura sustentável, 317-319
Airbus, 56
Al Qaeda, 263
Albright, Madeline, 288-289
Alemanha, 6-7, 14, 54-55, 192
    agricultura orgânica na, 317-319
    casa própria na, 137
    garantias dos direitos animais na, 320-321
    guildas na, 147
    imigrantes na, 229, 231
    metragem quadrada domiciliar na, 136
    produtividade na, 36-37
    semana de trabalho na, 40-41
    uso do princípio da precaução na, 304
    venda de propriedades da Igreja na, 158
    vernáculo, 152
alimentos
    e etiqueta, 109
    e medicamentos, 57-58
    grãos, 341
Amazon.com, modelo da, 167-168
American Sociological Review, 171-172
Amsterdã, Tratado de, 320
Amusing Ourselves to Death (Postman), 18
animais, direitos dos, 319-326
animais, para pesquisas médicas com, 325-326
antibióticos, 324
Antigo Testamento, 264-265
Appadurai, Arjun, 242
aquecimento global, 273, 320, 340
Aquino, São Tomás de, 91, 251
Área de Livre Comércio do Leste Asiático (Eafta), 334-335
Aries, Philippe, 111-112
Armagedom, 11-12
ascensão social, 28-31
Ash, Timothy Garton, 240
assistência humanitária, 281
Associação das Nações do Sudeste Asiático (Ansea), 334-336
Ato das Concessões, 134-135

Ato das Terras Públicas, 134
Ato Nacional de Política Ambiental (Nepa), 298
Ato para o Controle de Substâncias Tóxicas (Tosca), 298
Ato Único Europeu (AUE), 188
Atos do Cercamento de Terras, 121
automóvel, 78
autonomia, 266-267, 308, 352
auxílio externo, 281

Bacon, Francis, 86-87, 108
Banco de Desenvolvimento Asiático, 335
banho, 113
Barfield, Owen, 343-347, 350-351
Barry, Andrew, 213
baterias para aves domésticas, 325
Beck, Ulrich, 210, 238, 248
Beetham, David, 248
Bélgica, 41, 55
beneditinos, ordem dos, 93-95
benefícios familiares, 34
Berman, Morris, 112
Bernstein, Jared, 30-31
Bertelsmann, 56
Bíblia, 11
Bielo-Rússia, 329-330
biosfera, 311-312, 324
biosfera, política da, 347
Biospheria (Vernadski), 311
Blackstone, Sir William, 174-175
Bodin, Jean, 124-125
Boeing, 56
bomba atômica, 248, 302
Borgatti, Stephen, 173
Bósnia, 277-278, 282, 287-288
Boushey, Heather, 30-31
Boutmu, Émile Gaston, 141
Boutros-Ghali, Boutros, 224
Bowling Alone (Putnam), 26
Bracciolini, 113
Bretton Woods, Acordo de, 186
British Petroleum (BP), 56
Brown, Norman O., 345
Bull, Hedley, 209-210, 243
burguesia, 114-117
Bush, George W., 13, 266-272, 273, 284-285, 316

caçadores-coletores, 346
cadeira, 112
calendário, 92-93
Califórnia, 54-55
calvinismo, 17
Calvino, João, 99, 115, 123
cama, 112-113
Caminho da Europa rumo à Sociedade da Informação, O, 205
Campolargo, Mário, 38-39
Canadá, 22-23, 333
Canetti, Elias, 352
capitalismo, 143-144, 146, 218
  americanos como últimos fiéis verdadeiros do, 159-161
Capra, Fritjof, 314
Carta do Tribunal Militar Internacional, 253-254
Carta dos Direitos Fundamentais da União Européia, 194
Carta Européia das Pequenas Empresas, 59
casas senhoriais medievais, 110-115
Castells, Manuel, 170-171
catedrais, 84-86
celulares, tecnologia dos telefones, 77-79
Centro para o Desenvolvimento Global, 281-282
Centros para o Controle de Doenças, 70
Cheney, Dick, 269
Cherifi, Hanifa, 239
China, 333-335
  cultura da, 216
  diáspora, 237
Chirac, Jacques, 286
Churchill, Winston, 183
cibernética, 201
cidadania, 252-253, 256
cidadania dupla, 252
ciência
  do Iluminismo, 86-90, 309-314
  nova visão da, 308
Citizenship and Social Class (Marshall), 252
civilizando a natureza humana, 107-110
civismo, 23-27
Clark, Wesley, gen., 283
classista, política, 228-230
Clinton, Bill, 274, 288-289
Cobb, Clifford, 61
Cobb, John, 62
Cohen, Dov, 264
Cohen, William, 288
Coke, Sir Edward, 108
Comênio, projeto de, 52
Comentários sobre as Leis da Inglaterra (Blackstone), 174-175
comércio cooperativo, 171-176

Comissão Européia, 70-71, 105, 231-232, 235-236
Comitê das Regiões, 189
companhias transnacionais, 56-59, 258
comunicações, tecnologia das, 166-167, 237
Comunidade Econômica Européia (CEE), 184-189
Comunidade Européia de Energia Atômica (CEEA), 185
Comunidade Européia do Carvão e do Aço (Ceca), 184-185
comunidades-dormitório, 139
comunismo, 13
Condorcet, Marquês de, 132
conectividade, 350
Conferência Européia dos Ministros da Administração Territorial (Cemat), 140
Confucionismo, 337
Congresso da Europa, 183
Congresso de Viena, 267
consciência global, 246-249
Conselho da Europa, 140
Conselho Nacional de Comércio Exterior, 306
Convenção Européia dos Direitos Humanos, 255
Cook, Thomas, 83
Coolidge, Calvin, 141
Corneille, Pierre, 152-153
crescimento das cidades, 146-147
crescimento salarial, 30
criacionismo, 11
Crianças e a Mídia no Novo Milênio, As (pesquisa), 349
Cristianismo, 182, 249-250, 264-265
culturas impressas, 82
culturas orais, 82

D'Azeglio, Massimo, 151
Daimler-Benz, 55-56
Daly, Herman, 62
Darwin, Charles, 311
Dean, Mitchell M., 204
Declaração da Independência Americana, 17, 248
Declaração do Acordo da Ansea, 334
Declaração dos Direitos do Homem e do Cidadão, 157-158
Declaração Universal dos Direitos Humanos, 253-254
defesa, 286-290
Delanty, Gerard, 256
Delors, Jacques, 186, 244

Departamento de Agricultura dos EUA, 305
Descartes, René, 87-90, 320
desenvolvimento, assistência ao, 281
desenvolvimentos de interesse comum (CIDs), 177
desigualdade de renda, 29-31
desregulamentação, 202
Deus, 12, 14, 193
Deutsche Post, 56-57
DHL, 52-53
diáspora muçulmana, 238-241
diásporas culturais, 236-243
Dinamarca, 318
direitos humanos universais, 6-7, 220-226, 248, 266
  imposição dos, 251-258
direitos humanos. *Ver* direitos humanos universais
Discurso sobre a Origem da Desigualdade (Rousseau), 39
diversidade cultural, 227
dividendos da paz, 65
Dobb, Maurice, 148
Dois Tratados sobre o Governo Civil (Locke), 125-127
dólar (americano), 53-55
domínio, 354-355
Dorgan, Byron, 83
Duby, Georges, 106

ecologia, 311
Edelman PR, 225
educação, 67, 152-153
  programas para a, 52
eficiência, 97-104
Eichmann, Adolf, 263
Eizenstein, Stuart, 289
elefantes, 323
Elizabeth II (rainha), 324
empatia, 250-251, 258-260, 326
empregos, 42-47
empresas de pequeno e médio porte, 58-59
encarceramento, índice de, 70
encefalite espongiforme bovina (EEB), 300, 305, 324
energia, consumo de, 66
engenharia e construção, indústria da, 57-58
entrosamento, 172
equilíbrio de poder, 275
era global, 249
era moderna, 249
Erasmo, Desidério, 108-109

escolas, 111
escravidão, 160, 262
Escritório de Estatísticas Trabalhistas dos EUA, 30
Escritório do Recenseamento Americano, 135
Eslováquia, 329
espaço, 243-244
espaços múltiplos, 243-245
Espanha, 55
    casa própria na, 137
    Madri, bombardeios em, 241
    metragem quadrada da casa média na, 136
    venda de propriedades da Igreja em, 158
espelhos, 112
Estado-Nação, 84, 143, 181, 202-203, 224-225, 247, 257, 280, 333
    americanos como os últimos fiéis verdadeiros, 159-161
    ascensão do, 149-154
    consolidação do poder, 154-160
    e imigrantes, 227-228
Estados Unidos
    auxílio externo, 281
    campos culturais nos, 6
    constituição da UE *versus* constituição dos, 193-195
    contribuição para o tempo e o espaço, 97-104
    déficit nos, 54
    desafio ao princípio da precaução, 307
    e a mentalidade de fronteira, 32, 78, 140-141, 264-266, 273
    e a pena de morte, 262-266
    e a propriedade privada, 133-140
    empregos nos, 43-47
    individualismo nos, 117, 301-302
    nacionalismo e patriotismo nos, 14, 159-161
    os americanos como o "povo escolhido", 9-15
    política externa dos, 13
    produtividade nos, 35-39
    qualidade de vida nos, 66-74
    recursos naturais dos, 35-36
    religião, 5-6
    semana de trabalho nos, 39-43
estruturas dissipadoras, 179
ética de trabalho prostestante, 15-19, 124
ética universal, 339-343
Etiópia, 341
euro, 54, 189
Europa Central, 199
Europa na Vanguarda da Sociedade Global da Informação, A, 205

Europa Ocidental, 52-53, 60
Europa Oriental, 51-53, 199
Europa, 48-51
    ascensão do Estado-nação na, 149-154
    densidade populacional, 135-137
    dessacralização da natureza na, 84-91
    dessacralização do tempo na, 90-98
    e a sociedade utópica, 134
    movimento pela eficiência na, 102-104
    obsessão com o espaço e o tempo na, 80-84
    sistema de guildas (associações) na, 147-150
expectativa de vida, 68
Exploração, 82-83
extinção de espécies, 320
exúrbios, 138-139

fábricas, 148
Fauroux, Roger, 239
fé, 250-251
Feira de Frankfurt, 145
Ferrovia, 159
filosofia processual, 200
Financial Times, 233
Fischer, Joschka, 275
Flórida, 55
forças do bem e do mal, 13, 265-266
Foreign Affairs, 271, 281
Foreign Policy, 281
Fórum Econômico Mundial, 183-184
Foucault, Michel, 203-204, 243-244
França, 6-7, 13-14, 54-55, 191-192, 276-277
    e o Comando Europeu autônomo, 286-287
    ferrovias na, 159
    guildas na, 147
    imigrantes na, 229, 231
    metragem quadrada domiciliar na, 136
    muçulmanos na, 238-239
    parque transfronteiriço na, 329
    produtividade na, 37
    semana de trabalho na, 39-41
    venda de propriedades da Igreja na, 158-159
    vernáculo na, 152
Franklin, Benjamin, 16-18, 116
Frederick, Christine, 101
Freud, Sigmund, 343-345
fronteira, mentalidade da, 32, 78, 141, 265-266, 273
Fukuyama, Francis, 274
Fundo de Coesão, 189
Fundo Marshall da Alemanha, 273
Fundo Monetário Internacional (FMI), 54

Gaia, hipótese, 312
Gallup International, 14, 279, 355
Gandhi, Mohandas, 319-320
Gartner, 52-53
gasolina, impostos sobre a, 274
Gelb, Leslie H., 281
Gellner, Ernest, 209
geopolítica, 347
Gergen, Kenneth J., 348-350
Ghéhenno, Jean-Marie, 244-245
Gillette, 53
Giscard d'Estaing, Valéry, 191-192, 194
Global Finance, 58
globalização, 57, 80, 143-144, 218, 228, 237, 308, 351
   e comércio em rede, 165-179
gorilas, 322
Gove, Michael, 284
governo, 24, 196-207. *Ver também* União Européia, governo da
   na era medieval, 154-158
   multinível, 207-208
   policêntrico, 206-207
   redes de política, 211-213
Grã-Bretanha. *Ver também* Reino Unido
   ferrovias na, 159
Grande Cadeia do Ser", 120
Grande Sociedade, 142-143
Grupo Combatente Islâmico Marroquino, 241
Grupo Visionário do Leste Asiático (EAVG), 334
Guerra Fria, 65, 188, 261, 290
guildas austríacas, 147
guildas inglesas, 147
guildas têxteis, 147-148
Gutenberg, Johannes, 94
habitação pública, 137-138

Hábitos da Boa Sociedade (1859), 109
Haeckel, Ernst, 311
Halstead, Ted, 61
Hegel, Georg Friedrich, 127
Heilbroner, Robert, 148-149
Heisenberg, Werner, 310-311
Held, David, 154
Helms, Jesse, 288
Helsinque, Acordo de, 288
Hesterly, William, 173
hidrogênio, economia do, 315-319
Hirst, Paul, 206
Hobbes, Thomas, 115, 249
Hoffman, Stanley, 271

Holanda, 56
   casa própria na, 137
homicídios, taxas de, 70
Horatio Alger, histórias ao estilo de, 17
Hume, David, 126-127

Idade Média, 249
   arquitetura da, 85-86
   governo na, 154-158
   guildas durante a, 147-150
   o lar na, 109-115
   organização política na, 209-210
   senso do espaço na, 243-244
   visão da propriedade, 118-122
identidade cultural local, 220-226
ideologia, 344
Igreja Católica, 182
   e a propriedade privada, 120-121
   visão do tempo, 90-98
Ikenberry, G. John, 271
Illinois, 55
Iluminismo, 16, 17, 73, 130, 143, 243, 257
   ciência do, 86-90, 309-314
   filosofia do, 89-91, 107, 301-302
   no Novo Mundo, 97-104, 117
   o segundo, 315
imigração, 28, 53
   diásporas culturais e fidelidades múltiplas, 236-243
   para a Europa após a Segunda Guerra, 230-232
   ressentimento contra a, 232-237
imigrantes mexicanos, 238
Índia, 333-334
Indiana, 55
Índice de Bem-Estar Econômico Sustentável (IBEES), 62-63
Índice de Compromisso com o Desenvolvimento, 281-282
Índice Fordham de Saúde Social (FISH), 62-63
índios americanos, 160, 230
individualismo, 24, 105-107, 302
   civilizando a natureza humana, 107-110
   criação de burguesia, 114-117
   nascimento da privacidade, 109-115
indústria de veículos e peças automotivos, 58
indústria dos seguros, 57
indústria química, 57, 298
indústria têxtil, 96
instituições financeiras, 57
interesse próprio, 267
Investigação sobre a Natureza e as Causas da Riqueza das Nações (Smith), 80, 170

Itália, 56, 79, 192
  casa própria na, 137
  guildas na, 147
  parque transfronteiriço na, 329
  unificação da, 151
  venda de propriedades da Igreja na, 158
  vernáculo, 152

Jackson, Kenneth, 136, 138
James, William, 128
Japão, 36, 59-60
  semana de trabalho na, 41
Jefferson, Thomas, 16-17, 248, 295
Jesus, 264
João Paulo II (papa), 193
jogos, 19-20
Johnson, Lyndon B., 143
Johnson, Samuel, 98-99
Jones, Candace, 173
Jordan, Z. Pallo, Dr., 327
Jospin, Lionel, 196

Kagan, Robert, 277
Kaiser Family Foundation, 349
Kakizawa, Koji, 336
Kaldor, Mary, 280
Kant, Immanuel, 275
Kennedy, Robert, 62
Kinhide, Mushakaji, 337
Kosovo, Guerra de, 277-278, 282, 287
Kuznets, Simon, 62

Ladies' Home Journal, 101
Landes, David, 96
lar medieval, 110-114
Lasch, Christopher, 18
Lazarus, Emma, 28
Le Goff, Jacques, 92, 96-97
Leonardo da Vinci (programa educacional), 52
liberdade, 24
licença-maternidade ou paternidade, 34
Lifton, Robert J., 349
línguas, 152
Linux, 198
Livro do Gênesis, 354-355
livros, publicação de, 169
Locke, John, 87-88, 126, 128, 130
Londres, Inglaterra, 82-83, 114
Lovelock, James, 312
Luís XVI, 157-158
Lukacs, John, 112
Luke, Tim, 210

Lutero, Martinho, 122-123
Lutz, Wolfgang, 234-235
Luxemburgo, Estudo de Renda de, 29

Maastricht, Tratado de, 188-189, 286
Macedônia, 290
MacPherson, Crawford, 176-177
Madonna, 215
Madri, bombardeios de, 241
males frios, 339-341
males quentes, 341-342
Manifesto Comunista (Marx), 133
manufatureiro, setor, 30
manutenção da paz, 280
Margulis, Lynn, 312-313
Marshall Plan, 187
Marshall, George, 187
Marshall, T. H., 525
Marx, Karl, 80, 133
Maryland, 137
Massachusetts, 137
McIlwain, Charles H., 120-121
Melville, Herman, 10
Mencken, H. L., 102
mente ocidental, 336-338
mente oriental, 337-338
mercado de ações, 20
mercado, economia de, 143-146, 167, 169
  e a ascensão do Estado-nação, 149-154
  luta pelos mercados livres, 146-150
mercantilismo, 157, 160
mestres-artesãos, 148
método científico, 86-87
México, 333
Microsoft, 198
Milbank, John, 243
milionários, 60
militares
  europeus, 280-287
  gastos, 65-66
Milosevic, Slobodan, 282-283
Milton, John, 108-109
Mishel, Lawrence, 30-31
mobília, 112
modelo dos sistemas abertos, 202-203
modelo hierárquico fechado, 202-203
moeda corrente, 53-55, 188-189, 335-336
monarquia, 154-158
Monnet, Jean, 183, 185, 190
Montero, Carlos Closa, 255-256
Moore, Barrington, 248
moral, 13, 339-340

morte, instinto da, 345, 352-355
morte, pena de, 262-266
movimento pelos parques nacionais, 327-330
multiculturalismo, 6
Mumford, Lewis, 95-97
Muro de Berlim, 188, 231
Mussa, Michael, 60

nacionalismo, 14
nade ou afunde, mentalidade do, 31-35
narcisismo, 18
National Opinion Research Center, 13
National Research Council (NRC), 20
Nature, 320
natureza humana, 107-110
natureza
 amor europeu pela, 307-308
 dessacralização da, 84-91
neoconservadores, 268-272
New Deal, 142-143
Newsweek, 18
Newton, Sir Isaac, 89
Nisbett, Richard, 264, 336-338
Nokia, 56
Noruega, 36-37
Nova Caledônia, corvos da, 322
Nova Jérsei, 55
Novartis, 38
Novo Testamento, 264
Nuremberg, Doutrina, 253
Nye, Joseph Jr., 278-279

O Contrato Social (Rousseau), 155
O Mistério do Capital (Soto), 131
O'Neill, Brian C., 234
obesidade, 69
OCDE, 34, 67
Ong, Walter J., 82
orangotangos, 322
organismos geneticamente modificados
 (OGMs), 296, 318-319
Organização das Nações Unidas, 253-255
 Carta da, 270
 Conselho de Segurança da, 254
 Unicef, 69-70
Organização do Tratado do Atlântico Norte
 (Otan), 186-187, 283, 286-290
Organização dos Países Exportadores de
 Petróleo (Opep), 53-54, 187
Organização Internacional pela Migração, 232
Organização Mundial da Saúde (OMS), 68, 69,
 233

organizações da sociedade civil (OSCs), 216-
 226, 255
Our Final Hour (Rees), 291-293

Paine, Thomas, 131, 235
Painel Europeu da Inovação, 59
Palacio, Anna, 193
papagaio cinzento da África, 322
parques da paz transfronteiriços, 327-330
patriotismo, 14
Patten, Bernard, 314
Patten, Chris, 278
Paz da Vestfália, 156, 267, 275
paz perpétua, 274-280
Paz Perpétua: um Esboço Filosófico, A (Kant),
 275
pena capital, 262-266
pensamento sistêmico, 309-315
persona global, 348-352
perspectiva (na pintura), 85-87
Pesquisa Internacional sobre a Alfabetização
 Adulta (IALS), 67
planejamento espacial, 139-140
Platão, 124
pobreza infantil, 69-70
pobreza, 31-35, 69-70
Polanyi, Karl, 144, 149
política cultural, 228-230
Política Européia de Segurança e Defesa, 287-
 288
Política Externa e de Segurança Comum, 286
política externa
 da União Européia, 271-280
 dos Estados Unidos, 12-14, 268-272
 teoria liberal da, 267-268
política preventiva, 270-271
política processual, 201-204
Polônia, 329-330
Poole, Joyce, 323
Poor Richard's Almanack (Franklin), 17
porcos, 321
pós-modernismo, 4-5, 339, 348-349
Postman, Neil, 18
postos de pedágio, 148
Powell, Walter W., 173
Prigogine, Ilya, 178-179
Primeira Guerra Mundial, 266
princípio da precaução, 303-309, 312-314
Princípio da Subsidiariedade, 207-208
privacidade, 109-115
privada, propriedade. *Ver* propriedade
privatização, 202-203

Prodi, Romano, 219, 275-276, 317
produtividade, 35-39
Produto Interno Bruto, (PIB), 6-7, 34, 43, 51, 55
    americano *versus* europeu, 65-67
    história do, 61-62
    medidas da qualidade de vida, 67-71
    precisão do, 63
programa da juventude, 52
Programa Internacional de Avaliação de Alunos (Pisa), 67
Projeto Comparativo do Setor sem Fins Lucrativos da Universidade Johns Hopkins, 217
Projeto Erasmo, 52
Projeto Pew sobre Atitudes Globais, 14, 31-32
proletariado, 34
propriedade, 118-119, 193-194
    colisão com a democracia, 140-144
    e a Reforma Protestante, 122-124
    e os americanos, 133-140
    filosofia da propriedade privada, 124-129
    meu *versus* teu, 129-133
    visão medieval da, 119-122
Protocolo No. 6, 263
Psychosomatic Medicine, 42
puritanos, 9, 99-100
Putnam, Robert, 26

qualidade de vida, 66-74
Quioto, Protocolo de, 269, 273-274, 316

ração de grãos, 340-341
racismo, 32-33
Raffarin, Jean-Pierre, 234
RAND, Institute, 283-284
Random House, 56
razão, 251
Reagan, Ronald, 13, 143, 202
reality shows, 21
recessões, 202
Redes TransEuropéias (TENs), 51-52
redes, 144, 167-171, 259
    comerciais, 211, 213
    comércio cooperativo, 171-176
    governança em, 204-211
    pertences *versus* pertencer, 175-179
    públicas, 211-213
redistribuição de riquezas, 142-143
Rees, Sir Martin, 291-293
Reforma Protestante, 73, 113, 116-117
    e a propriedade privada, 122-124

Registro, Avaliação e Autorização de Produtos Químicos (REACH), sistema de, 298
Reino Unido, 6-7, 50, 55, 191-192, 210
    agricultura orgânica no, 318-319
    caça a raposas no, 324
    e o Comando Europeu autônomo, 287
    imigrantes no, 230-231
    metragem quadrada da casa média no, 136
    surto de EEB no, 305
religião, 5-6
    de americanos *versus* europeus, 10-16
    dos peregrinos, 9-10
    no setor sem fins lucrativos, 24-26
Relógio, 95-98
Renascimento, 84
    arte do, 85
renda *per capita*, 39
reparticipação, 350-351
resolução de conflitos em crise, 280-281
responsabilidade pessoal, 356-357
retroalimentação, 200-202
reunificação de ecossistemas, 327-330
Revolução Americana, 73
Revolução Francesa, 158
Rice, Condoleezza, 285
Rilke, Rainer Maria, 347
Rippe, Richard D., 44-45
riscos, assunção de, 19-23, 301
riscos, regras para a precaução de, 295-303
Roosevelt, Franklin D., 143
Roosevelt, Theodore, 142
Rosemount, Henry, 336-337
Rosenthal, Justine, 201
Rosseau, Jean-Jacques, 133, 155
Rowe, Jonathan, 61
Royal Ahold, 56
Royal Dutch/Shell, 56
Ruberti, Antonio, 222
Ruggie, John Gerard, 244
Rumsfeld, Donald, 270
Russell, Bertrand, 89

Salamon, Lester, 24
Santo Império Romano, 181
São Benedito, 94
saúde, 68-69
Say, Jean-Baptiste, 131
Schengen, Acordo, 44
Scherbov, Sergei, 234
Schlatter, Richard, 120
Schumman, Robert, 186
Science, 234, 322

Scruton, Roger, 256
Segunda Guerra Mundial, 36, 187, 230, 251, 266
sensação de merecimento, 22
setor sem fins lucrativos, 24-26
Shakespeare, William, 106
sistema das guildas, 147-150
sistema de trabalho em domicílio, 147-148
Siviy, Steven, 323
Smith, Adam, 80, 90, 115, 146, 170, 217-218
Smith, Anthony, 158
Smith, Gordon, 288
Smith, Robert, 238
Snow, John, Dr., 303-304
socialismo, 134
socialismo democrático, 73
sociedade civil, 214-216
sociedade utópica, 4-5, 134
Sócrates (programa educacional), 52
Sombart, Werner, 134
Sonho Americano, 71, 73-74, 146, 161, 236, 245
    contradição básica no, 177
    e a ascensão social, 28-31
    e a assunção de riscos, 19-23
    e a ética do trabalho americana, 16-19
    e a mentalidade do nade ou afunde, 31-35
    e a política externa de Bush, 268-272
    e o civismo, 23-27
    e o instinto da morte, 351-355
    exclusividade americana do, 9-15, 46-47
    versus Sonho Europeu, 3-9
Sonho Europeu, 47, 71-72, 223, 245, 246, 355-357
    a política da empatia do, 258-260
    como sonho universal, 339-343
    da razão à empatia, 250-251
    e a imigração, 234-237
    e os direitos humanos universais, 251-259
    versus Sonho Americano, 3-9
    vulnerabilidades compartilhadas e consciência global no, 246-249
Soto, Hernando de, 131, 178
Soysal, Yasemin, 256
subúrbios, 136
Suécia, 55, 79, 318
Suíça, 137

Tarefas de Petersberg, 288
Tawney, Richard Henry, 123-124
taxa de fertilidade, 233-234
Taxa de suicídios, 70

Taylor, Frederick W., 100-103, 199
tecnologia das comunicações móveis, 77-79
tecnologia das grades, 37-39, 51-52
telecomunicações, indústria de, 58
telégrafo, 159
Tempestade, A (Shakespeare), 106
tempo profundo, 243-245
tempo
    créditos de, 41-42
    dessacralização do, 90-98
    profundo, 243-245
terceirização, 52
terceiro estádio da consciência humana, 343, 348
terroristas, 240-241, 263, 270
Texas, 55
Thatcher, Margaret, 202
The Atlantic, 61
The Epic of America (Adams), 4-5
The Geography of Thought (Nisbett), 336-338
The Mirror, 324
The New York Times Magazine, 240
The Novum Organum (Bacon), 86
The Saturday Evening Post, 102
Thompson, Grahame, 206
Tichi, Cecelia, 102
TimeEurope.com, 278-279
Tocqueville, Alexis de, 23, 131
trabalho infantil, 340
transição energética, 82-83
transporte, 237
Tratado contra Mísseis Balísticos, 269
Tratado das Minas Terrestres, 269
Tratado de Amsterdã, 189
Tratado de Paris, 184
Tratado de Proibição Total de Testes Nucleares, 269
Tratado de Roma, 183-184
Tribunal Criminal Internacional, 269, 274
Tribunal Europeu de Justiça, 256
Tribunal Europeu dos Direitos Humanos, 255
Troplong, Raymond-Théodore, 131-132
Turner, Bryan, 248-249, 250-251
Turner, Frederick Jackson, 140-142

União Européia, 6-7, 50, 58-60
    como superpotência econômica, 51-60
    constituição da, 191-195
    criação da, 184-191
    defesa da, 286-290
    definindo limites de poder, 196-199
    e a pena de morte, 262-266

e o princípio da precaução, 302-309
função de, 180-184
governança em rede, 204-211
governo
  imigrantes na, 230-245
  iniciativas de ciência e tecnologia na, 315-320
  mensurando o sucesso da, 59-67
  militares na, 280-287
  modelo para exportação da, 332-339
  Organizações da Sociedade Civil, 218-226
  partilha de poder, 211-213
  política externa da, 271-280
  política processual, 202-204
  produtividade na, 35-39
  qualidade da vida na, 67-74
  reformas econômicas na, 44-47
  revolução da retroalimentação, 199-202
União Soviética, 186, 199, 231, 261, 290
Urry, John, 252
USA Today, 45
usura, 91
utilitários esportivos (SUVs), 340
utilitarismo, 126-127
Uzzi, Brian, 171-173

Vail, John, 54
Vernadski, Vladimir, 311-312

viagens, 82-83
vida familiar, 111
vida, instinto da, 344
Vietnã, Guerra do, 278-279
violência, 23
Vodafone, 56
voluntariado, 25
vulnerabilidades, 246-249, 302

Wall Street Journal, 57
Wallstrom, Margot, 297, 306
Washington (Estado de), 55
Weber, Max, 17, 86, 115, 123
Whitehead, Alfred North, 200-201
White-Jacke; Or, the World in a Man-of-War (Melville), 10
Wiener, Norbert, 200
Winthrop, John, 9, 99-100, 116
Wolf, Martin, 233
Woodcock, George, 93
World Values Survey, 12-13, 32

Yarjani, Javad, 53-54

Zapatero, José Luís Rodríguez, 241
Zergour, Mustapha, 239
Zerubavel, Eviatar, 94-95
Zinsmeister, Karl, 284

SOBRE O AUTOR

JEREMY RIFKIN é um crítico social de renome mundial e o aclamado autor de *O Fim dos Empregos*, *O Século da Biotecnologia* e *A Economia do Hidrogênio*, todos os quais foram traduzidos para mais de 15 idiomas. Presidente desde 1994 da Fundação para Tendências Econômicas em Washington, Rifkin é membro do Programa de Educação Executiva da Wharton School, conferenciando para CEOs e altos administradores de todas as partes do mundo acerca de novas tendências nas ciências e na tecnologia e seus impactos globais na economia, na sociedade e no meio ambiente. Ele é também consultor de estadistas e oficiais do governo em um grande número de países. Rifkin atua presentemente como consultor de Romano Prodi, presidente da Comissão Européia, órgão de governo da União Européia. Sua coluna mensal sobre assuntos globais aparece em muitos dos principais jornais e revistas da Europa. Ele vive com a esposa, Carol Grunewald, em Washington, D.C.

CADASTRO DO LEITOR

- Vamos informar-lhe sobre nossos lançamentos e atividades
- Favor preencher todos os campos

Nome Completo (não abreviar):

Endereço para Correspondência:

Bairro: Cidade: UF: Cep: -

Telefone: Celular: E-mail:

Sexo: ☐ F ☐ M

Escolaridade:
☐ Ensino Fundamental ☐ Ensino Médio ☐ Superior ☐ Pós-Graduação
☐ MBA ☐ Mestrado ☐ Doutorado ☐ Outros (especificar): _____

Obra: **O Sonho Europeu – Jeremy Rifkin**

Classificação: **Economia / Economia Política / Política Social**

Outras áreas de interesse: _____

Quantos livros compra por mês?: _____ por ano? _____

Profissão:

Cargo:

Enviar para os faxes: **(11) 3079-8067/(11) 3079-3147**
ou e-mail: **vendas@mbooks.com.br**

Como teve conhecimento do livro?

☐ Jornal / Revista. Qual?
☐ Indicação. Quem?
☐ Internet (especificar *site*):
☐ Mala-Direta:
☐ Visitando livraria. Qual?
☐ Outros (especificar):

M.BOOKS

M. Books do Brasil Editora Ltda.

Av. Brigadeiro Faria Lima, 1993 - 5º andar - Cj 51
01452-001 - São Paulo - SP Telefones: (11) 3168-8242/(11) 3168-9420
Fax: (11) 3079-3147 - e-mail: vendas@mbooks.com.br

DOBRE AQUI E COLE

Carta Resposta
7212018100-DR/SPM
M.Books
CORREIOS

CARTA – RESPOSTA
NÃO É NECESSÁRIO SELAR

O selo será pago por
M. BOOKS DO BRASIL EDITORA LTDA

AC Itaim Bibi
04533-970 - São Paulo - SP

DOBRE AQUI

End.:
Rem.:

Impressão e Acabamento
na Gráfica Imprensa da Fé